U0941813

"十二五"江苏省高等学校重点教材

高等职业教育物流类系列教材

经济地理

（第二版）增订版

阎美功　编著

孙欣欣　主审

"十二五"江苏省高等学校重点教材（编号：2014-1-012）

科学出版社

北　京

内 容 简 介

本书由基础篇、产业篇、区域篇（国内）和区域篇（国外）4 个部分构成，共 14 章：基础篇包括第一章、第二章，主要介绍经济地理学、地理与经济相关知识；产业篇包括第三章至第五章，主要介绍世界第一、第二、第三产业的地理状况；区域篇（国内）包括第六章至第八章，主要从基础、产业和区域 3 个方面介绍我国的经济地理状况；区域篇（国外）包括第九章至第十四章，分别介绍各大洲主要地区和国家的经济地理状况。

本书结构清晰、内容精练，既强调知识的传递，也注重知识的实际运用，充分体现“管用、够用、实用”的高职高专教学理念。

本书既可作为高职高专院校国际物流、国际商务、外贸运输、航运管理、国际海运等专业的教学用书，也可作为相关行业企业在职人员的参考用书。

图书在版编目(CIP)数据

经济地理/阎羡功编著. —2 版. —北京：科学出版社，2014.3（2020.3 增订）

（“十二五”江苏省高等学校重点教材）

ISBN 978-7-03-039454-5

I. ①经… II. ①阎… III. ①经济地理学-高等职业教育-教材 IV. ①F119.9

中国版本图书馆 CIP 数据核字（2013）第 312507 号

责任编辑：任锋娟 薛飞丽 袁星星 / 责任校对：王 颖

责任印制：吕春珉 / 封面设计：三函设计

科 学 出 版 社 出版

北京东黄城根北街 16 号

邮政编码：100717

http://www.sciencep.com

三河市骏杰印刷有限公司印刷

科学出版社发行 各地新华书店经销

*

2008 年 8 月第 一 版 2020 年 3 月第十六次印刷

2014 年 3 月第 二 版 开本：787×1092 1/16

2020 年 3 月增 订 版 印张：25

字数：586 000

定价：69.00 元

（如有印装质量问题，我社负责调换）

销售部电话 010-62136230 编辑部电话 010-62135763-2039

增订版前言

随着经济和科技的发展、教育改革的深化，高等院校所使用的教材更要与时俱进，适应新时代的要求。《经济地理》（第二版）一书出版后，受到了许多高等院校的关注。为进一步充分体现“管用、够用、实用”的高职教学理念和讲清概念、注重应用、培养能力的编写宗旨，适应教学的需要，编者在保留《经济地理》（第二版）框架的基础上，主要从以下 5 个方面对本书进行了较大的修改：

一是仔细校对了全书的文字，而且对书中每一个事件的细节进行了考证和确认，改正了个别谬误。

二是对所有表格中的数据进行了核实，并更新了经济活动的分析数据。

三是将 2008 版的地图替换成国家测绘地理信息局 2016 版的地图，核查统改了图片来源问题。

四是对每一章节中的经济活动描述进行了修改，力求紧跟时代、贴近岗位、易教易学。

五是为配合职业院校“三教”改革，及时动态更新经济贸易和产业升级情况，在相应章节中以二维码形式链接了大量的地图和图片，增强学习趣味性，激发学生的学习兴趣。

本书的编写人员及分工如下：江苏海事职业技术学院阎羡功教授负责全书的统稿工作；江苏海事职业技术学院盛方清老师和高晓英老师负责第一章至第八章的增订工作；江苏海事职业技术学院赵默洋老师负责第九章至第十四章的增订工作；上海海事职业技术学院孙欣欣研究员对本书增订内容进行了审阅。同时，江苏远洋运输有限公司黄西柳高级船长、南京红鼎汽车零部件有限公司吴金喜总经理等企业专家对本书的增订给予了大力支持。

编者在编写本书的过程中，参考了大量的国内外文献，在此谨对相关作者表示衷心的感谢。

由于编者水平有限，加之时间仓促，书中疏漏之处在所难免，敬请广大读者批评指正。

第一版前言

“经济地理”是一门兼有自然科学和社会科学内容的综合性课程，是研究经济活动和地理环境相互关系的地域系统的形成过程、结构特征、发展趋向和优化调控的学科。具体地讲，其研究对象是世界主要国家和地区商品生产的地域分工、商品交换的地理分布和地理格局的形成、发展和变化的规律。其阐述的内容主要有世界自然地理因素及人文地理因素分布情况、特点及其对经济的影响，世界主要国家和地区当前经济的特点、产业部门的构成及其分布等。随着世界经济一体化和区域化的发展，特别是我国加入 WTO 后经济一体化的不断深入，掌握世界主要国家和地区的经济条件与特点，了解它们在国际市场中所处的地位与作用，对于加速我国的经济发展有着十分重要的作用。

本书是为高职高专院校开设“经济地理”课程编写的教材，在结构安排上突出产业和区域，在内容组织上强调图表和数据，既重视基本知识的传递，也注重知识的实际运用。各章以案例为引导，先对基本概念进行简明扼要的阐述，然后通过大量真实、有效的数据对经济地理的现象做全面的分析，最后对本章进行小结并精选了具有代表性和启发性的思考题。全书结构清晰、内容精练、文字通俗，充分体现“管用、够用、实用”的高职高专教学理念和讲清概念、注重应用、培养能力的编写宗旨。

本书由基础篇、产业篇、区域篇（国内）和区域篇（国外）四部分构成，全书共十四章，主要内容包括：绪论，主要介绍经济地理学的产生、发展、学科性质和研究方法；地理与经济，主要介绍自然、人文地理与经济的关系及世界经济发展状况；第一产业地理——农业，从种植业、畜牧业、林业、渔业四方面介绍世界农业地理状况；第二产业地理——工业，从能源、钢铁、电子、汽车四方面介绍世界工业地理状况；第三产业地理——交通运输，从海上、铁路、公路、航空、管道五个方面介绍世界交通地理状况；中国经济地理基础，主要介绍我国自然、人文地理状况；中国产业地理，主要从农业、工业和交通运输三方面介绍我国产业地理状况；中国区域经济地理，主要介绍我国八大经济区和港、澳、台地区的经济地理状况；亚洲主要国家和地区的经济地理状况；欧洲主要国家和地区的经济地理状况；北美洲主要国家和地区的经济地理状况；南美洲主要国家和地区的经济地理状况；非洲主要国家和地区的经济地理状况；大洋洲主要国家和地区的经济地理状况。

参加本书编写的人员及分工如下：江苏海事职业技术学院的阎羡功副教授编写了第一、二、三章；江苏海事职业技术学院的陈军高级工程师、副教授编写了第四章；南京铁道职业技术学院的骆卫青老师编写了第五章的第一至四节、第六节；西安航空技术高等专科学校的王刚老师编写了第五章的第五节；南京交通职业技术学院的吕永壮老师编写了第六、第七和第八章；江苏海事职业技术学院的徐长江老师编写了第九、第十章；江苏海事职业技术学院的刘劲松老师编写了第十一、第十二章；江苏海事职业技术学院的邵凯老师编写了第十三、第十四章。上海海事职业技术学院的常务副院长孙欣欣副教授对本书进行了审阅，江苏海事职业技术学院港航运输与物流管理系的徐安喜主任和李东平老师对本书的编写给予了大力支持和指导。

本书在编写过程中，参考了大量的国内外文献，在此谨对相关作者表示衷心的感谢。

鉴于编写时间紧促和编者水平有限，书中疏漏之处在所难免，敬请广大读者批评指正。

目　录

基　础　篇

产　业　篇

区域篇（国内）

区域篇（国外）

基础篇

第一章

绪　论

知识点

经济地理学的形成与发展；经济地理学研究的对象、性质与科学体系；经济地理学的研究方法。

技能点

能够用发展的眼光看待经济地理这门学科在整个科学体系中的地位及其对工作、生活的影响；能够运用经济地理学的研究方法进行实际分析。

案例导入

有人认为：有些知识对人们而言，多则有益，少亦无碍。但地理知识不是这样，缺少它不仅会给人的生活带来很多障碍和不必要的麻烦，而且会失去许多美好的东西……经济地理也是这样，它把与人类息息相关的经济问题和地理知识联系在一起，人们通过了解和运用地理环境的发展与变化规律，研究人类经济活动与地理环境的结合关系。在世界经济一体化和区域化不断深化的今天，人口、环境和资源成为制约人类社会可持续发展的重要因素，对经济地理问题的研究显得更加重要。

学习经济地理相关知识对于我们来讲有十分重要的现实意义。我们可以了解各地的自然状况和人文特征，以确定不同产业的安排和调整；可以了解各种原料、产品的产地和市场，从而开展国际贸易业务；可以了解各种运输方式的布局及联系，以进行国家间的运输活动；可以分析各经济部门在区域的分布结构、规模和相互联系等，以规划和构建区域物流体系。让我们感受经济地理的魅力吧！

第一节　经济地理学的形成与发展

经济地理学是一门独立的学科，它的形成与发展经历了漫长的过程。大体来讲，经济地理学经历了以下几个阶段。

一、古代史志阶段

在三四百万年前，地球上诞生了人类。为了生存，他们需要知道哪里可以进行采摘和渔猎，需要知道物产与周围环境的关系及周边部族的生产与生活情况，等等。所有这一切促使了远古时期经济地理知识的萌芽。

原始社会末期，人类的生活从迁徙不定过渡到定居状态。由于掌握了种植与驯养技术，产品有了剩余并出现了交换。随着生产力的发展，畜牧业和手工业逐渐从农业中分离出来，产生了直接以交换为目的的商品生产和远距离的贸易。为了保证交换活动的顺利进行，人们开始有意识地对地理环境、物产分布、交通状况和消费习惯等情况进行观察和积累。这一点从古代史志的描述中可以清楚地看到。

在中国，关于经济地理最早的文献当属春秋、战国时代的《山海经》和《尚书》。《山海经》中的"五藏山经"叙述了山的脉络和蕴藏的矿物，记载的矿物种类达 70 余种。《尚书》中的"禹贡"一卷，以 1 000 多字的篇幅记述了当时中国九州疆土的山川、水利、植物、土壤、田地肥力、土地利用、物产、贡赋、交通等情况，可以说是一部原始的经济地理著作。

西汉史学家司马迁在其编写的中国第一部纪传体通史《史记》"货殖列传"一卷中，根据他游历黄河流域和长江中下游的见闻，叙述了各地的人口、经济、物产、贸易和城市，是一篇具有开创意义的中国经济地理著作。

东汉史学家、文学家班固主编了中国第一部纪传体断代史《汉书》，其中《地理志》和《食货志》两个部分，分别记述了全国各地的山川、物产、户口、城邑、田制、赋役、仓储、漕运、农业、牧业、手工业、采矿业和市场等，是极重要的经济地理史料。此后，在历代所撰的史籍中都承袭了这一体例，如北魏的《水经注》、唐代的《元和郡县图志》、宋代的《太平寰宇记》、明末清初的《天下郡国利病书》、清代的《大清一统志》等，而且子目不断增添，在《宋史》和《明史》编写时，所列"食货志"子目已达 20 余种。

但是，受封建社会生产关系的束缚，特别是明、清两代实行海禁，阻止民间商船出海活动。明朝初期除郑和于 1405～1433 年七次下西洋，进行短期的对外贸易外，基本上没有推行海外开拓，以致在整个封建时代中国的经济地理著作一直停留于本土本乡的记述。

在欧洲，古希腊历史学家斯特拉波著有《地理学》(17 卷)，描述了当时欧洲人所了解的世界各地的自然特征、物产、居民、风俗习惯等，可视为西方最早的人文和经济地理志。在古希腊、古罗马时期，出现了《商路图》《周航记》等记叙性的经济地理文献。

9 世纪，在阿拉伯世界有关物产、港口、手工业、贸易、城市等状况的记叙性文献不断涌现。例如，《道路与王国》一书大量记述了波斯湾、阿拉伯海东北岸、西亚和中亚地区的物产、港口和重要贸易城市的情况。

14～17 世纪，欧洲各国先后出现了资本主义萌芽，并伴有地理大发现活动，这使地理科学进入了一个新的发展时期。新航路的开辟和新大陆的发现，扩大了世界市场，要求人类对世界各地的地理环境、资源分布、经济生产、交通运输、商业中心和港口城市等的情况进行广泛调查与研究。在这种重商主义思潮的影响下，经济地理学的前身——商业地理学逐渐成为地理学研究的重点。

二、商业地理阶段

17～18 世纪，随着近代科学的建立与发展，在继承和发展古代经济地理的基础上，商业地理首先在欧洲各国发展起来。这一时期最突出的现象是商业地理著作的日益增多和经济地理知识的传播与普及。例如，德国地理学家明斯特尔撰写的《宇宙志》一书详细地记述了各国的地理位置、物产、交通等商业地理知识。该书在百余年间被译成 68 种文字，发行了 46 版。欧洲许多商业学校把它作为教科书或参考手册。

19 世纪中叶，居住在荷兰的德国地理学家瓦伦纽斯写了一本商业地理教科书，为阿姆斯特丹商人和当地政府提供了有关世界各国物产和出口区的信息。1898 年，苏格兰地理学家 G.G.奇泽姆出版了《商业地理手册》，此后不断再版，他故世后由伦敦经济学院斯坦普帮助改写，该书确切地描述了以商品为纲的世界生产与贸易，说明生产分布的气候与地理基础，以及各国的主要生产地区，并且指出商业发展的前景。他的思想对以后经济地理学区域差异分析、环境决定及各要素之间的关联等思想均有一定影响。

18 世纪后半叶，资本主义在俄国也得到了较大的发展。伴随着记述统计学的发展，产生了着重研究经济部门的商业地理学，它主要是把经济资料按部门、地区加以整理，着重统计相关资料，被认为是一门“关于各个经济部门状况的科学”，但缺乏对生产分布原因的分析。例如，18 世纪 80 年代出现的多卷本著作《俄国商业之历史描述》详细描述了国内外贸易、港口、交通、工业企业和城市，对各地区和商品进行了详细记载。

随着商业地理研究的发展，农业、林业、牧业、渔业和矿业等生产部门的地区分布相继被引入研究领域，并分别形成了分支学科，通称为产业地理。它们较之商业地理稍微前进了一步，标志着经济地理的发展深入到了更广泛的领域。但其内容大多偏重于单纯记述物产的地理分布，介绍各国的自然条件与资源，各种物产的生产、消费与贸易情况，以及交通运输线路与工具、规模等，缺少分析研究，仍属记述的性质。因此，商业地理学从本质上讲是一门实用地理学，它为日常贸易活动及政府取得生产和商业信息服务。

三、经济地理阶段

经济地理学由概念的提出到发展成为系统的科学，经历了很长时间。一般以第二次世界大战为界将经济地理学分为近代经济地理学和现代经济地理学。1760 年，俄国科学家 M.F.罗蒙诺索夫在他写的《地理考察》笔记中首先提出了要建立“经济地理”这门学科，指出经济地理学由数学、自然和经济 3 个方面组成，研究国家经济必须结合地理条件来进行，但对经济地理学这门学科的特点和概念未做具体说明。1882 年，德国地理学家 W.葛茨在《柏林地理学会会志》上发表的《经济地理学的任务》一文，论述了经济地理学的本质及其构成。它和重商主义时代出现的商业地理学相比，研究范畴更为广泛，而且内容比较系统化，具体提出了建立作为科学体系的经济地理学。这标志着经济地理学已从地理学中分化出来，成为一门独立的学科。其后不久，美国的 E.约翰逊在普林斯顿大学开设了经济地理课程。1925 年，美国克拉克大学 *Economic Geography* 杂志创刊。这表明经济地理学已不断趋向成熟。

20 世纪是经济地理学的重大发展期，产生了许多不同的理论和流派，诸如环境决定论（1900 年至 20 世纪 30 年代早期）、区域差异研究（20 世纪 30 年代至 50 年代中期）、区位分析、空间组织、空间系统演化（20 世纪 50 年代中期以来）、行为主义方法、生态方法（20 世纪 70 年代以来）等。20 世纪初期，资产阶级地理学者为了掩饰资本主义社会内部日益加深的矛盾和帝国主义对殖民地人民的掠夺，运用地理唯物论，即用自然规律来解释社会经济现象，隐讳问题的本质，散布“环境决定论”，强调人类活动依靠自然环境。特别在 1900～1930 年，“环境决定论”成为西方地理界的主导思想。该理论的创立人是近代人文地理早期理论开创人李特尔的学生、德国地理学者拉采尔，他首次系统地说明了文化景观的概念。其间，法国人文地理学家维达尔·白兰士则从地理唯物论派生出了人文地理学，在他去世后发表于 1922 年的《人文地理学原理》中，表达了人类文化与环境相互依存的观点，认为自然并非直接控制人类活动，而是定下一些界限，在界限之内人类可以自由活动。这对“环境决定论”无疑是一种很大的冲击，对后来的人文地理、经济地理以至整个地理学的研究，都有一定的借鉴价值。

李特尔的另一位学生李希霍芬及其弟子赫特纳则更认为区域是地理学的核心，提出区域地理样板，包括区内的地貌、气候、水文、动植物与人类活动各要素及其相互关系，这在以后也成了区域地理研究的原始规范。20 世纪 30 年代以后，西方经济地理学家一度对理论研究缺少兴趣，大多从事地区之间在生产、交换、流通、消费等方面的相似性、差异性和联系的具体研究，以区域或国家为单元，以地图来表示全世界某项商货的生产与贸易的空间类型。区域性的研究压倒了一切。美国地理学家理查德·哈特向经过多年钻研，梳理了西欧经典地理著作，1939 年发表了巨著《地理学的性质》，该著作被誉为地理学思想的里程碑。他提出“地理学是区域差异的研究”的结论，成为西方近代地理学的主要学说。

俄国十月革命胜利后，经济地理得到了较大的发展，各学派相继崛起，争论不断，此起彼伏。其中以巴朗斯基和科洛索夫斯基为首的区域学派同杰恩为首的部门统计学派最具代表性。苏联的区域学派沿袭了区域地理的传统观点，在社会主义革命和建设的实践中赋予了其马克思列宁主义的思想观念，建立了较为完整的区域地理描述体系，因而较赫特纳提出的区域地理样板前进了一大步。而科洛索夫斯基根据苏联国内建设的实践，提出了生产力地域综合体理论，主张从自然、技术、经济的联系中去研究、分析生产力的地域组合现象，同时，其研究以自然为基础，以经济为核心，以技术为纽带，主要客体是经济现象，因而被称为经济地理学中的环境学派。它源于此前的景观学派，但又是一大飞跃，它使经济地理的研究从以自然为重心转变为以经济为重心，这是学科发展的一大进步。

经济区位论是 20 世纪经济地理学发展中的重大事件。它起源于 19 世纪初德国的古典政治经济学流派，由德国农业经济学家 J.H.冯·杜能首创。他在《孤立国同农业和国民经济的关系》中，用区位地租来解释农业区域以市场为中心的环状分带，反映了自由资本主义时代城乡之间生产地域结构的分异和农业土地利用类型的专门化。特别是土地利用类型的区位存在客观规律性与优势区位的相对性两个概念极具科学价值。1909 年，德国经济学家韦伯提出了工业区位论，他的《工业区位论》堪称世界第一部关于工业区位的较为系统和完整的理论著作。1933 年，德国地理学家克里斯塔勒完成了《南德的中心地》一书，提出了以商业为主的城市区位理论即中心地理论，总结出三角形聚落分布和六边形市场区的经济地域体系。1940 年，德国经济学家勒施发表了《经济的空间秩序》，把商业、服务业的地域分析扩展成为包含加工工业的市场区理论。这些德国学者的区位研究理论有一个共同点，即侧重于区域内的单体企业（农场、工厂、商业点）的微观分析。

第二次世界大战后，特别是 20 世纪 60 年代以来，伴随着工业化和城市化的急剧发展，在人类经济活动与地理环境的关系方面出现了一系列全球性或地区性的新问题，如资源短缺、人口过剩、城市膨胀、环境污染等，这些都对经济地理学在研究的领域、方法手段上提出了新的要求。

从经济地理学研究的领域来看，无论是区域和人文研究较发达的欧美，还是偏重自然研究的苏联，都开始重视人口地理与城市地理的研究。其中城市地理学在“计量革命”和“交叉分析”推动下，分别形成了新的实证区位学派和行为学派。而传统的区划与区域开发研究也应用生态与系统论的观点，研究人类社会经济活动与自然环境的关系。美国一些经济学家在研究区位论的基础上，开始了对区域经济的整体研究。20 世纪 50 年代，艾萨德创立了区域科学。它联结经济学、地理学和规划理论，强调用理论和数量模型方法分析区域经济和区域问题。它跳出了单一企业的圈子，更加侧重于区域内各企业之间的联系和协调发展。70 年代，苏联的经济地理学则从生产配置科学演变成社会经济地理学。1977 年出版的《苏联人口聚落地理学的发展》重点阐述了经济地理学中社会要素的问题。同时，苏联的经济地理学还大力引进其他学科的成果和方法，明显出现了经济化、社会化、生态化发展的趋势。此外，在对经济地理学的研究中还出现了一批具有边缘科学特点的新学科，如资源地理学、计量地理学、感应地理学、行为地理学、旅游地理学等。

从经济地理学研究的方法来看，20 世纪 60 年代开始掀起了地理研究革命。它把数学方法、计算机和遥感等新技术手段引进地理学领域，并从经济学、社会学、生态学方面引进有关理论方法，使经济地理学朝着数量化、信息化、经济化、生态化、社会化的方向发展，从而更好地发挥这门科学的建设性和预测性的作用。

目前，经济地理学已成为地理科学系统中富有生命力、较为发达的一门分支学科，其应用方向、学科研究领域和研究方法必将不断加强和完善。

在中国，西方近代经济地理学主要是在 20 世纪 20 年代后通过欧美学者和中国派送欧美的留学生陆续传入的。1921～1949 年，在先后成立的十多所大学地理系内系统讲授了这门学科，其中以英国斯坦普为代表的统计记述学派的经济地理思想有较广泛的影响。中国学者也曾努力以新的观点完成了若干著述，如刘思慕 1936 年出版的《世界经济地理讲话》、陆象贤 1941 年出版的《新中国经济地理教程》、陈原 1948 年出版的《世界政治地理讲话》等。在这一阶段，中国的经济地理工作主要是有关人口分布、土地利用、农业区别、边疆勘察和地区综合考察方面。

中华人民共和国成立初期，特别是 20 世纪 50 年代，我国经济地理工作大体是按照苏联的模式进行的。通过为社会主义建设服务的实践，逐步发展起马克思主义经济地理学；中国科学院组织编写了巨著《中华经济地理志》；并在继续综合考察和科学研究的同时，参加了国内区域规划、农业规划、经济区划、流域规划等实践。

1978 年以后我国实行改革开放政策，中国地理界恢复了同西方国家的联系，加强了国际学术交流，引进了西方国家的一些经济地理理论和方法。由于国家大规模的社会主义建设的开展，客观上要求摸清全中国各地的建设条件、资源情况，进行生产的合理布局，这就为经济地理工作者开拓了极为广阔的道路，提供了极其有利的工作条件。广大经济地理工作者先后积极承担了若干大河流域规划、主要新铁路干线的经济选线调查、边远地区的自然资源综合考察、土地利用、宜农荒地和热带作物宜林地资源的调查、主要工业区区域规划、农业区域经济规划、全国和区县级的农业区划、城市规划、地区工业布局、综合运输网规划、旅游业发展规划和国土整治等多方面的研究任务；同时进行了区域经济地理志、全国和省区农业地理、全国分省和外国经济地理的编写，并开展了经济地理学理论问题的探讨。这么多年来，由于坚持了为国家为社会主义建设服务的方向，通过实践，我国经济地理工作者帮助解决了生产建设中的一些具体问题，壮大了专业队伍，改进了工作方法，提高了业务水平，积累了大量科学资料，从而带动了中国经济地理学的发展。

第二节　经济地理学研究的对象、性质与科学体系

一、经济地理学的研究对象

从经济地理学萌芽、形成和发展的历史过程来看，它是地理学体系中逐步成熟的一个重要的独立分支。因此，地理学的研究对象必然要制约甚至规定经济地理学的研究对象、内容与任务；同时，作为一门独立的科学分支，经济地理学的研究对象必然

有自己的特点。

地理学的研究对象是研究地理环境在空间上的变化、发展规律，以及人类活动与地理环境的关系。“人地关系”是经济地理研究的中心任务，地理学的各分支学科的发展都是以其为基础的。

多年来，在对经济地理学研究对象的阐述中呈现出不同的思想观点，主要表现为欧美和苏联两大分支。

（一）欧美学者对经济地理学研究对象的主流观点

欧美学者对经济地理学研究对象的主流观点包括以下4个方面：

1）多数学者的观点可综合为经济地理学研究经济活动的空间方面。

2）经济活动包括生产、交换、消费等各相关部分。

3）空间方面包括经济活动的区位和分布、空间组织和发展、经济活动与环境的关系（包括环境条件和资源的各种利用等）。

4）这种研究包括各种尺度，从小区到国家，以至到世界的研究。

除此之外，也有学者提出经济地理学研究中的社会方面，强调社会因素在经济流动中的特殊作用。这种观点在20世纪90年代有所发展，并有人用政治经济学的观点研究经济地理。

（二）苏联学者对经济地理学研究对象的主流观点

苏联学者在经济地理学研究对象上有两种不同的观点。一种观点认为经济地理学的研究对象是地域生产综合体或经济区，主要研究它的形成过程、功能、内部结构、空间形成、内外经济联系、进一步发展的途径和地理配置规律。持这种观点的学者比较重视自然条件的评价和地区特征的分析。另一种观点认为经济地理学是研究生产力和生产关系相统一的生产的配置，着重研究其规律。

20世纪70年代后，苏联学者认为经济地理学是研究社会生活过程中形成的地域系统，包括生产力的地域系统，以及社会发展过程中形成的社会、经济地域系统。其主流的观点是经济地理学是一门研究国民经济和整个社会地域组织的方法论原理的科学，它的主要任务是，研究各经济部门的发展和配置、地域生产综合体的形成、经济区划，以及自然条件和资源评价的理论及实践问题。

从苏联学者在经济地理学研究对象中对“地域生产综合体”“经济区”“生产力的配置”“国民经济和整个社会地域组织”等的强调可以看出，处于计划体制的背景，他们所主张的观点加强了生产关系和政府的作用，而弱化了市场经济本身的空间结构规律研究。这与欧美学者的研究形成了对照。

20世纪50年代，苏联经济地理学的两派观点传入我国，80年代开始，欧美学者的观点也开始引入我国经济地理学术界。到目前为止，我国学者对经济地理研究对象的主要观点如下：

1）经济地理学的中心研究内容是经济活动和地理环境相互关系的地域系统的形成过程、结构特征、发展趋向和优化调控（吴传钧等，1997）。

2）经济地理学研究人类的经济活动（主要是物质资料的生产活动）在地球表面的分布状况、特点，以及发展变化和地域分异的规律性。也可以说，经济地理学是主要研究生产分布的地域系统的一门学科（曾廷藩等，1991）。

3）经济地理学是研究各国、各地区生产力布局及其发展的条件和特点的科学（胡兆量，1987）。经济地理学是研究生产力布局和生产地域综合体的科学（杨万钟，1999）。

通过分析以上观点，可以看出苏联学者和欧美学者的观点均有一定影响。同时，也反映出中国的特殊国情及中国经济地理学家几十年参与各种经济建设的实践。例如，吴传钧教授 1997 年强调经济活动与地理环境的相互关系，并指出地域系统的优化调控。这一观点也是本书所采用的观点。

二、经济地理学的性质

经济地理学研究的是经济活动和地理环境相互关系的地域系统，涉及自然、技术、社会、经济等领域，因此，其学科性质表现出边缘科学的特性。具体地讲，经济地理学主要有社会性、区域性和综合性 3 个根本的性质。社会性决定了它是一门社会经济科学；区域性说明它是地理科学体系中的一部分；综合性决定它与自然科学、技术科学有着密切的联系。

（一）经济地理学的社会性

经济地理学所研究的人类经济活动与地理环境相互关系的地域系统表现为产业布局的地域系统。它包括各产业在地域上的布局，也包括各产业的结构、规模和发展，以及地域布局与产业结构的相互联系。它的主要任务是探索、发现、阐明和运用经济活动地域系统的发展规律，来解决经济活动在地域布局上的一系列问题。其发展变化虽受自然、技术、历史、人口等多种因素的制约，但起决定作用的因素是社会生产方式。因此，它是一种特殊的社会经济活动，是一种社会现象，具有社会性。

从起源看，经济地理学的社会性表现在它的一个重要来源是经济学。经济地理学研究的一些规律与经济科学研究的规律息息相关。在研究过程中，往往需要借用经济学的一些概念和方法（如经济效果论证、经济评价等方法），也需要运用经济科学，特别是政治经济学提供的一些理论（如生产要素在不同的社会制度下结合特点的理论、级差地租理论、价值理论等）。早期一些经济地理学的重要理论，如农业区位论、工业区位论等均出自经济学家之手。

从研究对象的性质看，经济地理学的社会性表现在其研究对象的历史性上。各国、各地区的产业布局状况是在历史演变的过程中形成的，并在不断地发展变化。由于条件的差异，各国、各地区的发展速度和变化方向是不一样的。有些本来先进的地区逐步衰落，有些后进地区迎头赶上。经济地理研究对象的历史性，决定了经济地理学的科学性质是社会经济科学，决定了经济地理研究要有鲜明的历史观点，要运用历史分析的方法。

作为社会科学，经济地理是要为本国的社会目标和经济发展服务的，研究者的立场受一定指导思想的影响，而经济地理所揭示的规律是客观存在的。由于体制和思想认识等原因，特别是涉及利益分配问题，经济布局中常存在国与国之间、全局与局部之间、部门与地区之间的矛盾，因此，经济地理工作者在经济地理学的研究中要以国家和民族的最高利益为准绳。

（二）经济地理学的区域性

区域性是地理学的一个最基本的特性。作为地理学的一个分支学科，经济地理学当然也有区域性。经济地理学和地理学一样要分区域进行研究，在区域研究的基础上建立科学的理论体系。区域之间存在一定的差异，离开区域的自然和社会差异就没有地理学和经济地理学。

区域性是自然地理学、经济地理学与其他地理科学结合成地理科学体系的纽带。在地理学发展的前期，区域性把自然地理学与经济地理学的知识融合在一起。那时，地理学按区域描述，既有自然地理方面的内容，又有社会经济地理方面的内容。至今，地志、国家地理等作品中仍旧包括自然地理与经济地理的内容。这些内容共同存在于一个区域，彼此影响。

区域性是经济地理区别于其他技术学科、经济学科的主要标志。这些学科，在研究时尽可能排除具体地区在具体条件影响下出现的特殊情况，研究那些典型条件下的普遍规律性。而经济地理学以研究区域为基础和出发点，虽然也从事普遍性的规律研究，但其更注重运用普遍规律来研究区域的具体情况。

经济地理学的传统研究方法与区域有关、涉及研究的位置，探索生产分布的地点、类型、范围和界限，概括区域的经济地理特点、运用区划的方法，利用地图等，即“位置、分布、区域、区划、地图”5个方面，其地理性问题主要通过这5个方面反映出来。像历史学研究要在各个朝代上下功夫一样，经济地理学研究需要在各个区域上下功夫，并引进其他学科的理论和方法提高区域研究的质量。

由此可见，经济地理学的研究绝不能离开区域，对一定地域内与产业分布有关的各种自然条件和各种社会经济条件的分析，都必须重视地区的个性和特点，以利于因地制宜。同时，不仅要研究地区内部的情况，还要研究区与区之间的关系。目前我国正面临进行经济结构调整的机遇，加强区域经济研究，做好区域经济发展规划，对发挥区域经济优势将有重要的作用。

（三）经济地理学的综合性

作为科学研究的方法，每个学科都有其综合性的一面，都要求对相关要素进行综合归纳，经过分析得出结论。对于经济地理学来讲，其综合性更具特殊意义。经济地理学是研究人类经济活动与地理环境相互关系的地域系统，由于经济活动的空间分布涉及自然、社会、经济、技术条件等多方面的因素，其综合范围相对较广，并运用多学科的研究成果。

1）要综合一国、一地区经济活动的各个方面，把各个经济部门作为一个统一的有机体的组成部分，要综合经济活动与原料、燃料、市场、自然、人口等条件的关系，即对自然规律与经济规律进行综合。

2）在对特定地域内的诸条件进行综合的同时，也要求对地域之间的差异与分工进行综合，即把区域作为整体中的一部分进行研究，不是孤立地研究区域，而要特别注意局部与整体的关系，区域地区与全国乃至全世界的关系。不了解全局，不了解整体，对区域的研究就无法下手。研究区域不脱离整体，研究局部不脱离全局，这是经济地理学在经济建设中发挥作用的重要立足点。

3）经济地理学具有历史性与发展性，这要求对产业的历史、现状与发展方向进行综合研究。区域开发和产业结构调整都需要对区域过去、现在和未来进行综合性的考虑，特别要协调好生态、社会和经济效益的关系，避免出现片面强调经济发展，重复一些国家和地区“先污染后治理”的老路。

另外，对于一个区域的调查、考察，每个学科都有可能提出独立的报告并从本学科的角度提出建议，但这些学科提出的建议往往相互间有矛盾，难于完全统一。职能部门制定决策时必须从全局利益和长远利益出发，把它们统一起来。经济地理学从经济开发的角度全面研究区域发展，比较适于承担这类任务。

三、经济地理学的学科体系

学科体系是指一门学科内部的分支系统。在整个地理科学系统中，经济地理学从属于地理学；而经济地理学在百余年的发展中，也形成了自身的科学体系。

关于经济地理学在地理学科学体系中的地位，目前存在两分法和三分法两种看法。两分法认为，地理学可分为自然地理学和人文地理学两大分支，经济地理学只是人文地理学的一个分支。三分法则认为，经济地理学和自然地理学、人文地理学并列为地理学的三大分支。当然，这些观点的不同并不影响各分支学科的发展。地理学及经济地理学的学科体系（两分法）如图 1.1 所示。这里仅对经济地理学的学科体系作简单的介绍。

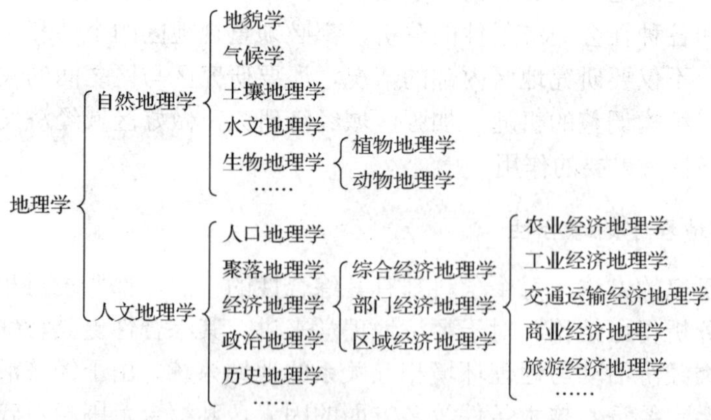

图 1.1　地理学及经济地理学的学科体系（两分法）

经济地理学按研究的对象可分为综合经济地理学（又称通论经济地理学或系统经

济地理学）和区域经济地理学（又称专论经济地理学），随着其研究范围和内容的不断拓展与深入，部门经济地理学（又称产业经济地理学）又从综合经济地理学中分化出来。

（一）综合经济地理学

综合经济地理学是研究经济地理一般的理论与方法论。它把经济活动作为一个整体，研究其区位、空间组织及其与环境关系的一般原理，包括经济地理学中一些带普遍性的综合问题及经济地理学本身的基本理论和方法问题等。例如，自然条件和社会经济条件对经济活动的影响分析、经济活动的区位分析、区域经济发展的一般规律、经济地理学研究的思维方式和技术方法、经济地理学发展趋势等均属于综合经济地理学研究的主要内容。

（二）部门经济地理学

部门经济地理学是研究社会经济部门布局规律的一门科学。它以经济活动的某一部门为单位，研究其区位、空间组织及其与环境的关系。部门经济地理学的研究，在20 世纪得到迅速发展，在总结各部门实践的基础上，逐步形成了部门经济地理学的理论与方法，并用以解决实际中的问题。根据经济活动的部门划分，部门经济地理学包括以下主要分支。

1）农业经济地理学。它是经济地理学体系中形成独立分支较早的学科之一。它以栽培的植物和饲养或捕捞的动物为客体，研究农业地域分布和生产布局的规律。农业生产过程是经济再生产与生物再生产相结合的特殊生产过程。自然是发展农业生产的基础，技术是发展农业的手段，社会经济条件则对农业生产起着定向作用。农业地理具有明显的区域性、严格的季节性、较长的周期性、生产的不稳定性，以及对自然的依赖性和面状布局的特点。

2）工业经济地理学。它通过对影响工业分布的各种自然、社会经济、技术条件等因素的分析，以及工业布局与各影响因素之间、工业各部门之间、工业与其他经济部门之间的错综复杂关系的分析，研究工业布局的一般规律。它既研究具体工业企业或部门的发展与布局，也研究地区的工业结构或工业生产地域综合体，包括工业发展条件的综合评价、工业布局特征、工业基地和工业中心的形成、地区工业专业化和工业体系的演变趋势等。

3）交通运输经济地理学。它是研究交通运输地域组织规律的一门学科，包括两项基本内容：一是各种交通运输方式线路布局，即通常所说的交通地理；二是客、货运输的构成及其流量，流向的地理分布，又称运输地理。它既不同于工业的点状布局，也不同于农业的面状布局，而是线状布局。它根据交通运输业的特点，分析自然条件、技术条件、人口条件对不同交通运输方式布局的影响，分析交通运输布局与工、农业生产及其他经济部门之间的相互关系，研究交通运输业布局的规律，包括交通运输方式的构成，不同类型运输业和地理因素的空间联系及地域布局，线路、枢纽和综合运输网的布局，客货流的形成、流向和流量分析，运输枢纽和腹地的关系，各种运输区划及其变化的条件评价和经济论证等。

4）商业经济地理学。它是一门较古老的部门经济地理学，是经济地理学的前驱。它以商品为主要线索，将商品生产部门、商品的消费市场及商品的流通领域串接起来，综合分析生产资料和商品生产的地域分布、贸易方式和流通线路的特征及各个消费市场的特征，研究商品生产基地和商业网点的布局规律。随着现代化大生产和商品经济的发展，它的研究内容越来越丰富。

5）旅游经济地理学。它是研究旅游业布局规律的一门新兴的边缘学科。旅游业是20世纪60年代形成的一个具有明显社会性、区域性和综合性的经济部门。旅游业的布局既受旅游资源的制约，也受交通运输、服务业和旅游商品生产等条件的影响。旅游地理学的研究内容包括旅游资源的种类、数量、质量和分布情况的评价，各类旅游项目的布局，旅游区的划分及各地区旅游业的合理组合与综合布局，旅游与环境改善和保护等。

（三）区域经济地理学

区域经济地理学研究具体区域的产业布局和组合的规律，它是经济地理学的基本分支，也是历史悠久的分支。记述阶段的经济地理，多以区域经济地理的形式出现。区域经济地理学以地域范畴明确的区域为单位，如上海、长江三角洲、中国、美国、欧洲等，研究其经济发展条件、经济结构、地域生产综合体与经济中心的形成与发展、生产地域分工及与其他区域的关系等。其主要任务是通过对其自然资源的综合研究与评价，探索地域生产综合体的形成条件、因素、特征和发展趋势，规划区域的经济建设，研究区域经济综合发展。在我国的实践中，国土资源调查、地区经济可持续发展、经济区划和区域规划成为区域经济地理学的主要研究方向。

2017年我国各地区生产总值/（元/人）

第三节　经济地理学的研究方法

研究方法是学科理论的主要组成部分，任何一门学科都有自己的研究方法。对于边缘科学的经济地理学，与其相关的地理学、社会学、经济学等学科的研究方法都是适用的。通常，经济地理学的研究方法可分为传统研究方法和现代研究方法两大类。

一、传统研究方法

经济地理学的传统研究方法主要有实地考察法、统计图表法、经济地图法及技术经济论证等几种。本书采用的图表大多是统计图表和经济地图的形式。

（一）实地考察法

经济地理工作者实地考察的主要目的有两个，一是增加感性认识，搜集有关资料；

二是明确地区或部门经济布局中存在的突出问题。

1. 实地考察的形式

实地考察主要有全面考察、重点考察、典型考察、抽样考察等形式。

1）全面考察和重点考察（普查）。全面考察是指对整个考察区域或考察对象的各个部分作观察和调查，从而取得全面、系统、准确的材料（如人口普查）的一种考察方式。全面考察的优点是对考察对象形成轮廓性认识，可以从整体上把握考察对象。其缺点是工作量大，时间长，人、财、物消耗量多。因此，在全面考察后一般还要对一些重点地区、部门和企业做进一步深入、细致的重点考察，以掌握情况，发现问题。

2）典型考察。它是指在对考察对象全面分析的基础上，有意识地选择典型单位进行深入、细致的考察，借以推论总体的特征和规律的一种考察方式。典型考察灵活轻便，收效快，节省人力、财力和时间。其关键是选择的考察对象应有典型性和代表性。经济地理一般采用点、线、面相结合的方法。

3）抽样考察。它是指利用社会经济现象空间活动的随机性，按随机原则从总体中选取部分进行考察或调查，用以推算总体的一种考察方式。抽样考察与典型考察都是非全面考察。两者的区别在于：对考察对象前者是任意后者是有意；对结果前者是推算后者是分析。

2. 实地考察的内容

经济地理工作者实地考察的主要内容包括以下 3 个方面。

1）对考察地区的经济发展过程、现状、特点和存在的问题进行研究。

2）对自然条件和自然资源进行技术经济评价。

3）提出地区远景发展方向、发展水平、部门结构及综合布局的初步设想。

（二）统计图表法

通过实地考察取得数据后，经济地理工作者常运用统计学的方法对这些大量繁杂的数据进行整理、汇编加工成统计图表，用以说明经济发展过程、布局现状及经济联系等。

1. 统计表

统计表是指将统计数据按一定的顺序表现出来的表格。它除了包含汇总统计指标外，还有加工所得综合指标。因而可以通过多方面系统地分析数据，找出社会经济的数量关系及其发展趋势。

统计表的种类，按主词是否分组和分组程度，分为简单表、分组表和复合表。简单表即主词不经过任何分组的统计表，其主词只是按照统计项目的名称或时间序列简单排列。这种表因主词未经分组加工，故编制图表容易，可用来分析经济活动的基本特征和发展进程。分组表是将主词按某一标志进行适当分组的统计表，它可以显示事物不同的特征，揭示总体的内部结构和现象之间的关系。复合表是将主词按两个或两个以上标志进行分组的统计表。这 3 种统计表在经济地理研究中都有较大的用处，尤其是在分析复杂的经济地理特征和生产力布局条件时，使用分组表和复合表效果更好。

2. 统计图

统计图是指利用几何图形、地理略图或具体形象来说明统计资料的图件。它使统计资料更加直观、形象、鲜明、具体、生动。

统计图可分为几何图、象形图和统计地图 3 种类型。经济地理学研究中常用的统计图主要有几何图中的条形图、圆形图、曲线图和统计地图。统计地图实际上属于下面要介绍的经济地图的一种类型。曲线图中常用的有动态曲线图和相关曲线图。

1）条形图。它是利用长短不同相互平行的条形图案显示事物状况及其发展变化趋势的图形。使用的资料既可以是绝对数指标，也可以是相对数或平均数，既可对同类指标在不同条件下进行比较，也可显示现状与发展指标的对比。它操作简单、通俗易懂。

2）圆形图。它是以圆形面积、圆的个数或圆内扇形面积来表示指标数值大小的图形。它既可以用于各指标数据的比较，也可说明总体内部结构。一般有圆形结构图、圆形比较图和圆形结构比较图 3 种，其中圆形结构比较图较常用。

3）动态曲线图。它是通过直角坐标系中曲线的升降显示现象在时间上变动过程的图形。通常横坐标为时间，纵坐标为要素。它反映了社会经济要素在时间上的发展变化，说明各个时期的发展水平，并从曲线的斜率上反映这种发展变化速度的快慢。其作用在于把动态数列用图形表示出来，从图中可清楚地看出社会经济现象的变化过程，并借以分析未来发展的趋势。

4）相关曲线图。它是通过直角坐标系中曲线的变化显示两个要素之间相关关系的曲线图。通常横坐标为影响要素，纵坐标为被影响要素。它反映了两个社会经济要素之间的关联度。

（三）经济地图法

经济地图法是把经济地理内容按照地图学原理、原则和表示方法画在地图上，是对经济现象、数据进行分析、表达的一种方法。它不仅可以表现一定时期内经济活动的空间分布、各地区经济实力对比及发展趋势，还可以表现各地区经济的内在联系，以及生产布局与发展条件之间的关系。

经济地图种类很多，按其内容主要分为综合经济图和部门经济图两种。综合经济图反映制图区内国民经济各主要部门（工、农、交、商等）的发展和布局状况；部门经济图仅仅反映制图区内某一经济部门的发展和布局状况。目前，经济联系图也经常在经济地理工作中使用。经济联系图大致有 3 类：一是部门经济联系图，它适合于表示某一地区专门化部门与综合发展部门之间的关系；二是区际经济联系图（包括国家间），主要用来表示各国、各地区之间的劳动地域分工及其相互关系，通常通过交通运输的形式反映出来；三是经济现象与自然条件的关系图，也称为经济剖面图，其意义在于表示一国、一地区主要经济部门与地区的自然条件、自然资源之间的关系，以及该地区利用自然条件和自然资源方面存在的问题。此外，按经济部门的分类程度不同，还可分为基本经济部门地图（如工业地图、农业地图等）和专业部门经济地图（如冶金工业分布图、化学工业分布图等）。

经济地图的表示方法也很多，主要有符号法、动线法、范围法、点值法、分级统计图法、图形统计图法、区划法和等位线法8种。符号法常用于表示点状分布事物（如工矿企业、交通节点等）的种类、规模与分布；动线法常用于表示线状分布事物（如交通线路、贸易联系等）的运动路线、方向及数量和结构；范围法、点值法、分级统计图法和图形统计图法则用于表示面状分布事物（如资源分布区域、人口分布等）的分布范围、特点及其地区差异；区划法用于表示经济区划、土地类型、土地利用等；等位线法表示人口密度、地区经济发展水平差异及城市经济作用的强弱等。在实际运用中，尤其是在绘制综合经济图时，往往需要几种方法同时使用。

（四）技术经济论证

经济地理学中的技术经济论证就是对各种产业规划与布局方案进行经济效果计算、分析和评价，然后选出最优方案。因为采用了定量的模型计算，故选出的发展与布局方案更具说服力。

1. 技术经济论证的主要内容

其主要内容包括以下几个方面。

1）自然资源合理开发利用的技术经济论证。

2）区域经济总体布局的技术经济论证。

3）具体区位方案的技术经济论证。

4）交通运输方案选择的技术经济论证。

5）规模问题的技术经济论证。

2. 技术经济论证的工作程序

技术经济论证的工作程序如下：

1）通过综合分析和充分考虑，提出各种可行的布局方案。

2）全面、细致地分析、比较各方案的优缺点及其原因，分析影响布局方案经济效果的各种因素，包括其自然条件，原料的来源、数量与质量，运输费及其他社会经济条件等。

3）确定衡量布局方案经济效果的标准，如经济效果最大、成本最低、投资最小、投资回收期最短、产值产量最高等。

4）根据衡量标准，选择比较项目及其指标体系。通常采用经济指标，如产值、产量、投资、成本、劳动生产率等。

5）根据不同的衡量标准确定相应的计算方法和数学公式。

6）将各指标的数值代入计算模型中计算出衡量标准值，对比各布局方案的经济效果，从中选择最优方案。不能定量计算的要进行定性分析以优化方案。

必须指出，技术经济论证从经济效果上对产业布局方案进行最优化选择，仅是一方面，要取得最佳的方案还要从社会效益和生态效益两个方面进行全面评估。

二、现代研究方法

经济地理学的现代研究方法主要有遥感技术、计量法、地理信息系统等。

（一）遥感技术

遥感技术是20世纪60年代发展起来的一门综合性的探测技术。所谓遥感，就是遥远感知的意思，是在地球以外的飞机、卫星、飞船上，使用光学、电子和遥感仪器，接受物体辐射、反射和散射的电磁波信号，利用图像胶片和数据磁带等将其记录下来，传达到地面接收站。经过加工处理，从中提取有用的信息，再结合地面物体光谱特征，来识别物体的种类和性质。整个系统由遥感平台、遥感仪器、图像接收处理和分析判断4个部分组成。

遥感技术在经济地理学中的应用主要表现在以下3个方面。

1）应用遥感技术进行自然环境与资源普查。

2）应用遥感技术进行土地利用研究。

3）应用遥感技术进行趋势预测和动态分析。

（二）计量法

经济地理学中所应用的计量方法和模型主要有回归分析、数学分类技术、主成分分析与因子分析、投入与产出分析、线性规划、其他决策技术等。

1）回归分析。它是数理统计的一个分支，包括简单回归分析和多元回归分析、逐步回归分析和趋势分析等一组统计数学模型。简单回归分析指应用于两个地理要素之间数量关系的分析和预测；多元回归分析和逐步回归分析指应用于被预测的地理要素在受两个以上因素影响下，各要素之间关系的分析和预测；趋势分析指应用多元回归分析的原理，研究地理要素的空间分布和变化规律。

2）数学分类技术。它是多元统计方法中应用于事物分类统计的总称，主要有判别分析和聚类分析两类。判别分析指用于划分经济地理区的界线和类型，又可分为二级判别和多级判别，其中以挑选、剔除影响因素形成最优判别模型的判别分析称为逐步判别。聚类分析以“距离”和“相似系数”确定经济地理区或类型之间的差异性和相似性，然后用不同种类的归类方法划分出类型组合。

3）主成分分析与因子分析。它是在多要素相互作用的复杂系统中，提取主要因素、分析各要素相互关系的多元统计方法。通过载荷计算求出代表若干经济地理要素的主成分或因子，并得到它们和其他要素的对应关系，通过精简构成要素并计算主成分得分与因子得分，求得各区域以新的综合要素衡量时的相对数值。

4）投入与产出分析。它是从生产部门和区域的最终产品出发，处理部门和地区之间的物质生产和财政平衡的方法。利用投入产出表，列成数据矩阵，并以线性代数关系式进行运算，以求得部门间和地区间各生产要素的综合平衡与预测。

5）线性规划。它是在区域产业布局中考虑资源的可能条件和区域各产业部门间的关系及它们对资源的消耗，并考虑社会需求和国家计划的要求，使地区发展方向和部门规模的决策符合最优的计量方法。其实质就是使地区产业的发展能互相协调、综合平衡并达到较好的社会经济效果。

6）其他决策技术。决策技术是指根据一定的条件和要求作出最优决策的数学方法。除线性规划外，还包括0-1规划、整数规划、非线性规划、多目标规划、混合规划、网络分析、马尔可夫链模型、控制论模型、大系统理论与方法、离散动态规划、决策论与博弈论方法、系统动力学方法、耗散结构理论与方法、协同学方法等。

（三）地理信息系统

地理信息系统是一种在计算机软件、硬件支持下，对空间相关数据（地理定位数据和属性数据）进行采集、管理、操作、分析、模拟和显示，为地理空间规划和决策服务而建立起来的计算机信息技术系统，英文简称为GIS（geographic information system）。其实质是地理事物本身及其相互关系以影像的形式在地理三维空间中信息化或数值化运作的过程。

地理信息系统的功能体现在空间相关数据的存储、管理、查询、检索、操作、分析和产品输出等方面。通过空间操作与分析，在计算机系统的支持下，能够确定地理事物特征间的空间关系并建立新联系，将新属性与地理事物联结，完成我们需要的图件或方案。

地理信息系统在经济地理学中的应用主要表现在以下5个方面。

1）城市地理信息系统的应用。

2）土地利用和土地规划地理信息系统的应用。

3）投资环境评价地理信息的应用。

4）区域分析与规划地理信息系统的应用。

5）资源开发和环境监控地理信息系统的应用。

小　结

经济地理学的形成与发展经历了漫长的过程，一般将其分为3个过程：古代史志阶段、商业地理阶段和经济地理阶段。其中，经济地理阶段的经济地理学又分为近代经济地理学和现代经济地理学。经济地理学在发展过程中产生了许多不同的理论和流派，主要包括环境决定论、区域差异研究、区位分析、空间组织、空间系统演化、行为主义方法、生态方法等诸方面。

经济地理学的研究对象即经济地理学的中心研究内容是经济活动和地理环境相互关系的地域系统的形成过程、结构特征、发展趋向和优化调控。经济地理学的性质主要有社会性、区域性和综合性3个根本的性质。社会性决定了它是一门社会经济科学；区域性说明它是地理科学体系中的一部分；综合性决定它与自然科学、技术科学有着密切的联系。

两分法认为，地理学可分为自然地理学和人文地理学两大分支，经济地理学只是人文地理学的一个分支。三分法则认为，经济地理学和自然地理学、人文地理学并列为地理学的三大分支。经济地理学按研究的对象可分为综合经济地理学、部门经济地理学和区域经济地理学，部门经济地理学包括农业经济地理学、工业经济地理学、交通运输经济地理学、商业经济地理学和旅游经济地理学。区域经济地理学包括各大洲经济地理。

经济地理学的研究方法可分为传统研究方法和现代研究方法两大类。传统研究方法主要有实地考察法、统计图表法、经济地图法及技术经济论证等几种。经济地理的现代研究方法主要有遥感技术、计量法、地理信息系统等。

思考题

1. 简述经济地理学的发展过程。
2. 经济地理学的研究对象是什么？
3. 经济地理学的性质是什么？
4. 经济地理学的学科体系是怎样的？
5. 经济地理学有哪些研究方法？
6. 尝试在报纸和杂志上找出各种统计图表。

第二章 地理与经济

知识点

世界自然地理环境中陆地、海洋、地形、河流与湖泊、气候的基本情况及对人类经济活动的影响；世界人文地理环境中人口、种族与民族、文化、国家、科技的基本情况及对人类经济活动的影响；世界经济的形成与发展；经济全球化与区域经济一体化的含义、特征与作用；世界性经济组织与区域性经济组织的基本情况。

技能点

能够针对具体的自然环境和人文环境，分析其对人类经济活动的影响；能够借助各种媒体的经济信息，分析世界经济的形势。

案例导入

历史上曾经有过海陆两条丝绸之路。从张骞出使西域到郑和下西洋，这两条丝绸之路把中国的丝绸、茶叶、瓷器等运往沿途各国，送去了友好和文明。同时，中国也吸收了世界各国众多的物质文明和精神文明。千百年来，各国的文化在古丝绸之路上交相辉映、相互影响，积淀形成了和平、开放、包容、互信、互利的丝绸之路精神。如今，随着中国经济的崛起和腾飞，中国在更多方面需要“走出去”。为了适应这一形势，2013 年秋，中国国家主席习近平先后提出构建“丝绸之路经济带”和打造“21 世纪海上丝绸之路”的倡议，合称“一带一路”。

“一带一路”不是一个实体和机制，而是合作发展的理念和倡议，是依靠中国与有关国家既有的双多边机制，借助既有的、行之有效的区域合作平台，旨在借用古代“丝绸之路”的历史符号，高举和平发展的旗帜，主动地发展与沿线国家的经济合作伙伴关系，共同打造政治互信、经济融合、文化包容的利益共同体、命运共同体和责任共同体。

在国际层面，“一带一路”涵盖亚洲、非洲、欧洲三大洲的64个国家，总人口46亿，占全世界的2/3。经济规模21万亿美元，占全世界的29%，货物和服务出口占全球的23.4%。丝绸之路经济带的地域范围从中国向西延展至中亚、西亚、独联体国家及中东欧国家，向南延展至南亚。21世纪海上丝绸之路，从中国出发向东南延展至东南亚、经南亚至东北非，同时向东南延伸至南太平洋。丝绸之路经济带和21世纪海上丝绸之路在南亚和西亚地区交汇，形成涵盖亚洲、非洲、欧洲的广泛合作区域。

在国内层面，“一带一路”范围包括18个省份。丝绸之路经济带涉及新疆、陕西、甘肃、宁夏、青海、内蒙古、黑龙江、吉林、辽宁、广西、云南、西藏、重庆13个省份。21世纪海上丝绸之路囊括上海、福建、广东、浙江、海南5个省份。“一带一路”陆海两路并进，共建六大经济走廊。陆上依托国际大通道，以沿线中心城市为支撑，以重点经贸产业园区为合作平台，共同打造新亚欧大陆桥、中蒙俄、中国—中亚—西亚、中国—中南半岛等国际经济合作走廊；海上以重点港口为节点，共同建设通畅安全高效的运输大通道。中巴、孟中印缅两个经济走廊与推进“一带一路”建设关联紧密，要进一步推动合作，取得更大进展。

在推进“一带一路”建设进程中，中国积极发展境外经贸合作区。境外经贸合作区不仅是推进“一带一路”建设的重要平台，还全方位提升了中国企业的国际竞争力，降低了中国中小企业在国际合作中的风险。截至2016年年底，我国企业在36个国家在建合作区77个，累计投资241.9亿美元，入区企业1 522家，总产值702.8亿美元，上缴东道国税费26.7亿美元，为当地创造就业岗位21.2万个，对促进东道国产业升级和双边经贸关系发展发挥了积极作用。

（资料来源：行业频道，2017.“一带一路”倡议将提升中国区域经济合作主导权【图】[EB/OL].(2017-07-07)[2018-10-10].http://www.chyxx.com/industry/201707/539426.html.）

第一节　自然地理环境与经济

自然地理环境是指所有能够影响人类社会发展的自然地理要素，如地形、河流和湖泊、气候、土壤、动物和植物等组成的相互影响、相互制约的有机综合体。当某一个自然要素发生变化时，必然引起其他要素的改变，从而影响整个自然地理环境的改变。如气候变干，必然导致河湖干涸；植被减少，则风沙侵蚀加剧，水土流失严重，地表形态也随之变得沟壑纵横等。自然地理环境为人类的经济活动提供了自然物质基础。

一、世界的陆地和海洋

地球表面的面积为5.1亿平方千米。其中，海洋面积占71%，为3.61亿平方千米；陆地面积占29%，为1.49亿平方千米。地球表面海洋面积远远大于陆地面积，从全球看，陆地主要分布在北半球，海洋主要分布在南半球；东半球陆地多，西半球陆地少。地球表面的海水虽然是相互贯通、连为一体的，但由于陆地的包围，形成了4个相对封闭的区域，即太平洋、大西洋、印度洋和北冰洋。陆地由于海洋的分割，形成了 6 块大陆和许多岛屿。6 块大陆分别为亚欧大陆、非洲大陆、北美大陆、南美大陆、南极大陆和澳大利亚大陆。最大的岛屿是格陵兰岛。世界的陆地共分为七大洲，即亚洲、非洲、北美洲、南美洲、南极洲、欧洲和大洋洲。

（一）七大洲

通常面积广大的陆地称为大陆，小块而分散的陆地称为岛屿，大陆及其附近的岛屿合在一起称为大洲。地球上七大洲的基本情况如表 2.1 所示。

表 2.1　世界各大洲的面积及平均高度

洲别	面积/百万平方千米	占全球陆地面积比例/%	平均高度/米
亚洲	44	29.4	950
非洲	30.2	20.2	650
北美洲	24.2	16.2	700
南美洲	17.8	12	600
南极洲	14	9.4	2 350
欧洲	10.2	6.8	300
大洋洲	8.9	6	400
合计或者平均	149.3	100	875

1. 亚洲

亚洲位于东半球东北部，亚欧大陆的中部和东部，是世界上面积最大、占纬度最广的大洲。南北从赤道带到北极带覆盖了大部分的气候带和自然带。东西时差达 11 小时。自然条件呈现出多样性和复杂性。

2. 非洲

非洲位于东半球的西部，是世界第二大洲。由于赤道穿过非洲的中部，因此非洲全部在热带和亚热带，有“热带大陆”之称。非洲海岸平直，缺少岛屿和半岛，最大的岛屿是马达加斯加岛。

3. 北美洲

北美洲位于西半球的北部，是世界第三大洲。北美洲北宽南窄，呈倒三角形，大部分陆地在北纬 30°～70°，处在北温带，其北部海岸曲折，岛屿、海湾众多，除格陵半岛外，还有巴芬岛、阿留申群岛等。

4. 南美洲

南美洲位于西半球的东南部，大部分地区在南半球，是世界第四大洲。南美洲南北占 68 个纬度，但绝大部分在北纬 10° 至南回归线范围内，亚热带、温带地区陆地较少。

5. 南极洲

南极洲以南极为中心，三面被太平洋、大西洋、印度洋所包围，面积虽大，但绝大部分陆地在南极圈以南，气候严寒，终年为冰雪所覆盖，目前还无长期定居的人口，人类活动仅限于科学考察。

6. 欧洲

欧洲位于亚欧大陆的西部，三面环海，岛屿众多。大部分陆地处在北温带，只有地中海沿岸属亚热带地区，是有人类居住的唯一一个没有热带的大洲。除南极洲外，欧洲是离赤道最远的大洲。

7. 大洋洲

大洋洲包括澳大利亚大陆、伊里安岛、塔斯马尼亚岛、新西兰南北二岛，以及广布在赤道两侧的美拉尼西亚、波利尼西亚、密克罗尼西亚 3 组群岛，是世界上面积最小的洲。陆地绝大部分在热带和亚热带，温带地区很小。

（二）四大洋

根据海洋要素的特点及形态特征，可将世界海洋分为主要部分及附属部分。前者称为洋，后者称为海、海湾和海峡。

1. 洋

洋远离大陆，面积广阔，约占海洋总面积的 89%，深度大，一般在两三千米以上。海洋要素如盐度、温度等不受大陆的影响。全世界海洋的平均盐度为 35‰，且年变化小，透明度大，有各自的潮汐系统和强大的洋流系统。大洋沉积物多为深海特有的钙质软泥、硅质软泥及部分铁、锰结核等。世界四大洋的基本情况如表 2.2 所示。

表 2.2　世界四大洋的基本情况

大洋	面积/百万平方千米	占全球海洋面积比例/%	平均深度/米
太平洋	179.7	50	3 940
大西洋	93.3	25	3 575
印度洋	74.9	21.4	3 840
北冰洋	13.1	3.6	1 296
合计或者平均	361	100.0	3 163

（1）太平洋

太平洋位于亚洲、大洋洲、南极洲和南、北美洲大陆之间。面积约 1.8 亿平方千米，是面积最大的大洋，在四大洋中其水温最高（表层海水平均温度超过 19℃）；深度最大（平均深度超过 4 000 米，西缘的马里亚纳海沟深达 11 034 米，是世界大洋最深的地方）；岛屿和珊瑚礁最多，占世界岛屿总面积的 45%；洋底有长达 1 万多千米的海岭。太平洋地区是多火山地震区，全球 85%的活火山和约 80%的地震集中于此。东、西两岸的活火山多达 370 座。太平洋洋底有丰富的锰结核和石油等矿产资源。

（2）大西洋

大西洋位于欧洲、非洲、南美洲、北美洲和南极洲大陆之间，北邻北冰洋，面积约 9 330 万平方千米，是世界上第二大洋。其轮廓呈 S 形，海底的中部有一条长达 15 000 米的 S 形海岭（大洋中脊）。大西洋海岸曲折，有许多边缘海和海湾，且大西洋周边大陆架广阔，约占其总面积的 10%，洋底有丰富的石油资源。

（3）印度洋

印度洋被亚洲、非洲、南极洲和大洋洲大陆包围，其主要部分在南半球，面积约 7 490 万平方千米。除北部有若干边缘海、海峡和岛屿外，其余三面海岸线都陡峭平直。岛屿多为大陆岛，也有部分火山岛。印度洋底的中部有“人”字形的大洋中脊，多火山、地震。洋底有丰富的石油、天然气和锰结核等矿产资源。

（4）北冰洋

北冰洋基本以北极为中心，被亚洲、欧洲与北美洲所环绕，面积约 1 310 万平方千米。北冰洋大陆架面积广阔，占总面积的 36%。北冰洋海岸曲折，多边缘海、岛屿、半岛和海湾，岛屿多为大陆岛。北冰洋沿岸气候严寒，大部分洋面被终年不化的冰雪覆盖，未冻结洋面上漂流着由东向西运动的冰山和浮冰。洋底石油和天然气储量丰富。

2. 海

海是海洋的边缘部分，彼此相互沟通。海的面积占海洋总面积的 11%，深度一般在 2～3 千米。海的盐度一般在 32‰以内，透明度小；潮汐涨落明显。海又可分为地中海和边缘海。

3. 海湾

海湾是一片三面环陆的海洋，另一面是海，有 U 形及圆弧形等，通常以湾口附近两个对应海角的连线作为海湾最外部的分界线。

4. 海峡

海洋中相邻海区之间的宽度较窄的水道称为海峡。海峡在海运中的地位相当重要。

（三）陆地与海洋对人类经济活动的影响

人类活动在地球上的分布是以分散的陆地为活动基地，在主要利用陆地自然资源的同时又向海洋索取自然资源，并穿行海洋而把分散的陆地关联起来。

1）陆地是人类生存的基本要素，是人类活动的基本场所。其水热资源与地形条件的地理分布，决定了人类的活动范围。其中，欧亚非地区、亚洲东南部地区、北美洲东南部地区、南美洲东部地区、澳大利亚外围地带和非洲热带草原等是最适宜人类活动的场所，也是人类经济活动最活跃的地区。而北半球欧洲、亚洲和北美洲三大洲的北部、南极洲和亚非高原地区是人类生存的自然障区。人类在合理利用和开发最适宜人类活动场所的自然资源的同时，又向陆地上的自然障区索取自然资源。

2）海洋是一个潜在的资源宝库。到目前为止，人类已知的海洋矿物（不计盐类）的数量虽然比不上陆地矿物，但是其中一些金属及非常规能源异常丰富，与人类当前在陆地上开采同类矿物和常规能源的规模比较，几乎是“用之不竭”的。此外，海洋又有多层次的生物捕捞场地与培育场地，非陆地上的单层的农业场地可比。同时，海洋是相对方便的通道，其连续性强。除北冰洋以外，海洋比陆地上的山区、荒漠、沼泽、森林、冰原等更便于通行，利用深入陆地的内海及江河可以到达大陆内地，而且运输费用低。

3）在亚洲的东部、东南部、南部，欧洲的西部和南部，北美洲的北部、东部和东南部，海岸曲折，多岛屿、半岛、海湾、海峡、边缘海和内海，形成了许多著名的港口，位于这里的沿海国家充分利用这种优势，发展航运、捕捞、养殖等海洋事业，促进了本国经济的发展。许多国家如日本、美国、英国、法国、中国、意大利、德国等均是世界著名的海运大国。

4）太平洋中岛屿众多，且分布的区域广泛，因此，分布在这些岛屿上的众多港口，如夏威夷群岛上的火奴鲁鲁、斐济的苏瓦、法属社会群岛的帕皮提等成为沟通亚洲、大洋洲和美洲交通航行的重要中继港，有利于国际经济贸易的发展。

二、世界的主要地形、河流和湖泊

（一）地形

1. 地形概况

地形是指地表的形状特征，包括陆地地形和海底地形。世界陆地地形高低不平，最高点是喜马拉雅山上的珠穆朗玛峰（8 844.43 米），最低点是死海（湖面海拔为−430.5 米）。按其形态和外貌特征，分为山地、高原、丘陵、平原和盆地 5 种类型，具体如表 2.3 所示。

表 2.3　5 种地形比较

名称	海拔	特点	典型地区
山地	500 米以上	高度较大，坡度较陡	天山、昆仑山
高原	500 米以上	高度较高，顶面较平	青藏高原、巴西高原
丘陵	500 米以下相对不超过 200 米	高度起伏，坡度较缓	江南丘陵、黄土丘陵
平原	200 米以下	宽阔平坦	西伯利亚平原、亚马孙平原
盆地	—	周边高、中部低	刚果盆地、塔里木盆地

地球上山地所占面积不大，主要集中分布在两大高山带：一条高山带分布在环太平洋东西两岸，包括北美洲的落基山系、南美洲的安第斯山脉、澳大利亚的大分水岭、亚洲的日本群岛和我国台湾岛上的一系列山脉；另一条高山带西起欧洲南部的阿尔卑斯山，向东经兴都库什山连接我国的喜马拉雅山，并最终落海形成东南亚的一系列岛屿。

高原主要分布在非洲、亚洲和南美洲。主要的高原有巴西高原、东非高原、德干高原、阿拉伯高原、青藏高原、中西伯利亚高原等。其中，巴西高原是世界上面积最大的高原，青藏高原是世界上海拔最高的高原。

平原面积较少，约占陆地面积的 1/4。在南美洲、北美洲和澳大利亚，平原主要分布在大陆中部。主要有亚马孙平原、密西西比平原等，其中，亚马孙平原是世界上面积最大的平原。亚欧大陆上的平原主要分布在阿尔卑斯山和喜马拉雅山高山带以北和各大河流的中下游。主要有东欧平原、西西伯利亚平原，我国东北、华北、长江中下游平原，恒河和印度河平原，以及西亚的美索不达米亚平原等。

盆地主要分布在非洲和亚洲，最大的是非洲刚果盆地。亚洲的盆地主要有我国的塔里木盆地、准噶尔盆地、柴达木盆地、四川盆地等。

海洋底部的地形同样也不平均。自大陆边缘向海底延伸，地形可分为大陆架、大陆棚、大陆坡、海沟、洋底等几种海底地形。其中，大陆架是大陆向海底自然延伸的部分，坡度平缓，地势平坦，水深不超过 200 米。大陆架以下为大陆棚，大陆棚以下坡度陡增为大陆坡，大陆坡以下往往是深达数千米乃至万米以上的深邃海沟，海沟继续向外延伸则为大洋底部。洋底地形又可分为海盆、海底高原和海底山脉等。例如，位于大西洋中部的大西洋海岭实则是巨大的海底山脉。山脉较高处往往露出海面形成岛屿，如冰岛就属于大西洋海岭。

2. 地形对人类经济活动的影响

地形的差异和地势的高低往往影响着气候、河流的流向和分布、土壤和动植物的种类，从而影响工农业生产和交通运输等人类经济活动。

1）平原。地面宽广低平，土壤一般较肥沃，水网较稠密，利于发展农业，尤其是利于推行农业机械化、水利化，以及建立大规模的农业专业化生产基地。高原虽海拔高，但顶部平坦也有利于发展种植业，铁路、公路等交通线路的建设投资少、见效快。从目前世界各国情况来看，人口稠密、经济发达的地区往往集中在平原和高原区，一个国家或地区如果地形种类多样，则有利于发展多种生产。

2）山地。地表起伏大、坡地多、气温的垂直变化大，不利于工业生产，只能进行山地多种经营。因此，山区一般经济发展较为滞后。但多山的地形却为旅游业的发展创造了优越的自然景观条件。世界上许多旅游大国把山地开发为旅游胜地。世界两大高山带，由于正处于大陆板块与大洋板块相碰撞的地带，这里火山、地震频繁，为工农业生产带来一定的不利影响，但丰富的地热资源却可供人们利用。

3）丘陵。地表破碎，虽不利于大农业，但基本适于耕作，有利于发展林业、畜牧业和采矿业。起伏的地表对交通业的发展却造成一定的障碍。

4）一些盆地、洼地等地势低洼的地形区。由于周围有山脉的阻挡，往往空气对流不畅，工业烟尘的排放十分困难，从而造成了酸雨、粉尘污染等环境问题；影响了那些要求清洁度与精密度高的工业的生产；消除污染则要加大成本，从而降低了产品的竞争能力。

5）岩溶、丹霞地形区。往往山奇水秀，为旅游业的发展提供了独特的资源，从而促进了旅游业的发展。例如，我国广西桂林、云南石林等著名的游览区均为岩溶地形。

6）海底的大陆架。由于地势平坦、水温高、光照充足，不但适宜海水养殖业和海洋捕捞业的发展，而且地下蕴藏着丰富的石油、天然气资源，目前已成为世界重要的能源供应地。例如，我国的渤海、黄海、东海的绝大部分及南海的一部分均为大陆架，而欧洲的北海、西亚的波斯湾、北美的墨西哥湾、北冰洋的绝大部分大陆架更为宽广，成为世界重要的石油开采地。

（二）河流和湖泊

1. 河流和湖泊概况

地球上有丰富的水。地球上的水分为液态水、固态水和气态水 3 种存在形式，它们分布于海洋、大陆和大气中。陆地上的水依据其存在方式和状态，分为地表水和地下水。

地表水主要以河流、湖泊、沼泽、冰川和积雪等不同状态存在。

河流是陆地水的主要部分，分布最广泛，与人类关系最密切。河流又分内流河和外流河，外流河水流入海洋，内流河水不流入海洋。世界上主要的外流河有南美的亚马孙河，非洲的尼罗河、刚果河、尼日尔河和赞比西河，亚洲的长江、黄河、湄公河，北美的密西西比河，欧洲的伏尔加河、莱茵河、多瑙河、易北河、塞纳河等，其中，亚马孙河是世界流域面积最大、水量最大的河流。世界上主要的内流河有中亚地区的阿姆河、锡尔河，中国的塔里木河等，具体如表 2.4 所示。

表 2.4　世界主要河流的分布

水系	名称	位置	注入	主要特点
太平洋	长江	中国	东海	航运价值高
	黄河	中国	渤海	含泥沙最多
	湄公河	中南半岛	太平洋	流经国家最多
	哥伦比亚河	美国	太平洋	水力资源丰富
印度洋	恒河	南亚	孟加拉湾	河口有三角洲
	印度河	南亚	阿拉伯海	重要的灌溉资源
	赞比西河	非洲	莫桑比克海峡	上游多瀑布
大西洋	伏尔加河	俄罗斯	里海	欧洲最长
	多瑙河	欧洲	黑海	欧洲流经国家最多
	莱茵河	欧洲	北海	欧洲航运最发达
	密西西比河	北美洲	墨西哥湾	北美第一大河
	刚果河	非洲	几内亚湾	世界水力资源最丰富
	亚马孙河	南美洲	大西洋	世界流量最大、流域面积最广
	尼罗河	非洲	地中海	世界流程最长
北冰洋	鄂毕河	俄罗斯	北冰洋	结冰期最长
	叶尼塞河	俄罗斯	北冰洋	
	勒拿河	俄罗斯	北冰洋	

世界湖泊也分内陆湖和外流湖。世界最大的外流湖是位于美国和加拿大之间的五大湖群中的苏必利尔湖。五大湖水域面积共 24.5 万平方千米，互有短程的水道相连，各湖水面的高度不等，多形成急流和瀑布。世界上最大的内流湖是位于亚洲、欧洲之间的里海，面积为 38.64 万平方千米。位于亚洲东部的贝加尔湖是世界第一深湖，湖底

最深处为 1 637 米。位于亚洲西部的死海是世界最低的湖泊，是世界陆地表面的最低点，它是由地壳断裂陷落而形成的。

2. 河流和湖泊对人类经济活动的影响

河流、湖泊的经济功能除了提供人类生存的水源外，主要还具有航运、灌溉、发电、养殖、旅游等经济意义。例如，外流湖可以调剂河流水量，发挥航行、养殖、灌溉农田等多种经济效益。有些内陆湖则含有丰富的矿产资源，如食盐、钾盐等。但河湖的经济利用价值往往与河流的自身条件，如水量的多少、水位的季节变化、河床的坡降与流速、有无结冰期及冰期的长短，以及沿河地区人口、经济的密集度、开发利用的技术难度、国家与国家之间的关系等社会条件有关。因此，世界主要河流、湖泊目前开发利用的水平与重点是有着明显差异的。

1）航运功能。航运比较发达的河流主要是一些流程长、水量稳定、水流平缓、无结冰期或结冰期短、沿岸人口密集、经济发达的河流，如我国的长江，美国的密西西比河和圣劳伦斯河，欧洲的莱茵河、多瑙河和伏尔加河。其中，莱茵河与多瑙河由于流经多个国家，具有国际航运意义。莱茵河流经荷兰、德国、法国和瑞士，与其支流美因河、鲁尔河、利珀河及许多人工运河构成了四通八达的水运网，有欧洲“黄金水道”之称。多瑙河发源于德国西南部黑林山东麓海拔 679 米的地方，自西向东流经欧洲 11 个国家，流入黑海，从德国乌尔姆以下均可通航，莱茵—多瑙运河修通后航运更加便利。

2）灌溉功能。自古以来人类就有引水灌溉农田、发展农业生产的做法。古代中国、印度、巴比伦、埃及都修建了许多著名的水利工程，如我国 2200 多年前的都江堰工程。随着人口的急剧增长，人们对粮食等农产品需求的增加，许多国家尤其是气候处于干旱和半干旱地区的国家，大力修建水利工程，实现河水的梯级利用和开发，正越来越受到重视。主要水利灌溉工程有我国黄河上的青铜峡、刘家峡、三门峡水利工程及长江上的丹江口和江都水利工程，埃及的阿斯旺水利工程，巴基斯坦在印度河上修建的曼格拉大坝工程，乌兹别克斯坦修建的土库曼大运河工程，美国的田纳西河水利枢纽工程，以及迪拜将要建设的穿越阿里山地区沙漠的全球规模最大的阿拉伯运河等。

3）发电功能。在河流上筑坝蓄水，利用水流落差来发电，是人类改造世界的一大创举。世界水电资源分布不均，中国、俄罗斯、美国、巴西、刚果（金）5 国水能蕴藏量就占全世界的一半。开发利用的程度也相当悬殊。西欧发达国家已开发 70%～80%。美国为 44%，俄罗斯为 20%，而我国只占 5.5%，刚果（金）只占 1%。自 20 世纪 50 年代以来，水电建设进入高潮，目前全世界已建成的最大的水电站为我国三峡水电站，其装机容量达 2 250 万千瓦，其规模大大超过伊泰普，为世界上最大的水电工程。

三、世界的气候与经济

气候是长年（30 年以上）天气特征的综合，包括其平均状况及极端变化。为说明一个地区气候的具体情况，通常用气温、降水、风、气压等特征来表达，它们称为气候要素。

（一）世界的气候特征

气温由赤道地带向两极地区逐步降低，形成不同的温度带。温度带是形成气候带的基础。尽管地球表面划分成热带，南、北温带，以及南、北寒带 5 个温度带，但由于世界各地区所处的地理位置（纬度位置和海陆位置等）、气压带及风带位置不同，地面状况千差万别，因此实际上地球上出现的气候带远比 5 带复杂，大致可进一步划分为赤道带、热带季风带、热带、亚热带、温带、寒带、极地冰原带。除赤道气候带兼跨赤道南北两侧外，其他各气候带在南、北半球基本作对称分布。

由于热量和水分结合状况的差异，或降水量的季节分配不同，或有高大的山地、高原存在，因此同一气候带内部的气候仍有一定差异，还可划分为若干气候类型。例如，同是亚热带气候带，亚欧大陆的东岸是季风气候，西岸则是冬雨型地中海式气候。全世界主要有以下气候类型。

1. 热带

1）热带雨林气候。终年高温多雨，年平均气温在 25℃以上，年降水量在 2 000 毫米以上，且季节分配均匀。分布在赤道附近，如亚马孙河流域、刚果河流域和东南亚赤道附近的部分岛屿。

2）热带草原气候。终年高温，年平均气温在 25℃以上，分干、湿季，冬干夏湿，年降水量在 1 500 毫米左右。分布在热带雨林的南、北两侧，如非洲中部和南美洲的巴西。

3）热带季风气候。终年高温，年平均气温在 25℃以上，年降水量在 1 500 毫米左右，主要集中在夏季，有季风。主要分布在亚洲的南部，以中南半岛和印度半岛最为显著。

4）热带沙漠气候。终年高温、干燥，年平均气温在 25℃以上，年降水量不足 100 毫米，其分布以南、北回归线穿过的大陆内部和西部，如北非的撒哈拉大沙漠、阿拉伯半岛和澳大利亚大沙漠等。

2. 亚热带

1）亚热带季风气候。分布在南、北纬 30°～40° 的大陆东岸，冬温夏热，降水集中在夏季，年降水量在 800～1 600 毫米。我国秦淮以南地区是典型的亚热带季风气候。

2）地中海式气候。分布在南、北纬 30°～40° 的大陆西岸，冬暖多雨、夏热干燥为其特征，年降水量在 1 000 毫米左右。以地中海地区最为典型。

3. 温带

各大陆自西向东，气候类型的排列顺序如下：

1）温带海洋性气候。冬暖夏凉，年降水均匀，在800～1 600毫米。以西欧、美国为代表。

2）温带大陆性气候。冬寒冷，夏炎热，温差很大，降水稀少且在夏季，年均在500毫米以下。主要分布在亚欧大陆、北美洲大陆的中部，西伯利亚地区也属温带大陆性气候区。

3）温带季风气候。冬冷夏热，年降水在500～800毫米，多在夏季。以我国的东北、华北地区最典型，朝鲜半岛和日本北部也表现明显。

4）亚寒带针叶林带气候。冬季寒冷且漫长，夏季凉爽且短暂。降水量少，相对集中在夏季，且蒸发弱，为湿润地区，生长有大面积的针叶林。这种气候类型处在北纬50°～70°的亚欧大陆和北美大陆的北部。

4. 寒带

1）极地苔原气候。分布在亚欧大陆和北美洲大陆的北冰洋沿岸。终年严寒，降水少，蒸发弱，云量较多。自然植被主要是苔原（苔藓、地衣类）。

2）极地冰原气候。分布在南极大陆和格陵兰岛内部。全年严寒，各月平均气温都在0℃以下，为全球气温最低地区。

3）高山气候。主要分布在高大山地和大高原地区。气温随高度增加而降低，垂直变化显著。在一定高度内，湿度大，多云雾，降水多，海拔愈高，风力愈强。我国的青藏高原、喜马拉雅山，南美洲的安第斯山脉都是典型的高山气候地区。

（二）气候对人类经济活动的影响

气候与人的生产和生活密切相关。人类自身的生活需要适宜的气温和降水，而农作物的生长更需要充足的阳光、温度和雨露，甚至一些工业品的生产、加工制造和使用也受气候的影响。

1）世界气候类型的多样性、空间分布的地域性和时间变化的季节性，使世界农作物的生长也具有多样性、地域性和季节性的特点，从而影响了国际贸易中大宗农产品的构成和流向。例如，咖啡、可可、油棕、橡胶等经济作物适宜种植在热带雨林和热带草原气候区，因此，巴西、哥伦比亚、印度尼西亚、马来西亚、加纳等国成为这些农产品的主要生产国；而园艺及葡萄、柑橘、无花果、油橄榄、柠檬等果品，以及蔬菜和花卉等适宜在亚热带地中海式气候种植，在国际市场上，意大利和西班牙的油橄榄与橄榄油的产量分别居世界第1位、第2位，法国、意大利和西班牙的葡萄与葡萄酒分别居世界前三位；小麦、玉米、棉花适宜种植在温带大陆性气候、温带季风和亚热带季风气候区，所以美国、加拿大、中国、乌克兰、法国等位于温带中纬度的国家是重要的粮食生产国和出口国；而俄罗斯、加拿大由于有大面积的亚寒带针叶林带气候，森林茂密，是世界上重要的木材、木制品和纸浆等林产品的生产国和出口国。

2）气候的差异影响了农产品的品质，从而影响了国际贸易中农产品的价格。例如，在温带大陆性气候区种植的农作物，由于温差大、光照充足，农作物的籽实饱满、瓜果含糖分高、品质好，在国际市场上售价高。

3）气候的差异影响了居民的消费习惯，因此影响了消费品的种类与数量。例如，生活在寒冷气候条件下的居民，多需要富含脂肪及热量的食品和羽绒、裘皮等服装；而生活在热带气候条件下的居民，则多需要清淡食品、防暑药品和降温空调等设备。

4）灾害性的气候。如水灾、旱灾、风灾等，常常使工农业减产，交通中断，从而影响了国际贸易中工农业产品供应数量、价格和履约的时间。

5）气候影响对外贸易中商品的包装、储存和运输。例如，商品输往冬季气候寒冷的国家或地区，储存、包装、运输过程中要注意防冻；而易腐烂、霉变的商品在输往气温高、降水多的国家时，则要注意防腐、防霉和防雨。

气温上升对全球实际人均收入的影响

6）适宜的气候也可以成为一种重要的旅游资源，可以大力发展旅游业。例如，葡萄牙、西班牙等国属地中海式气候，春、夏气温高、阳光明媚，瑞典、挪威等国的居民在经过漫长阴冷的冬季之后，多去地中海沿岸各国旅游，可以充分享受温暖的阳光。

第二节 人文地理与经济

人文地理环境是指人类自身长期在社会生产和生活实践中所形成的民族、语言、宗教信仰、风俗习惯、政治、经济、技术和法律等因素。它们是人类自身创造的，反过来又影响人类自身的生产和生活。

一、世界人口

（一）人口与经济的关系的表现

人是生产力中最积极的因素。人既是物质资料的生产者，也是物质资料的消费者。人口与经济的关系主要表现在人口的增长、人口的分布，以及人口的移动等方面。

1. 人口的增长

人口的增长主要由生产力发展水平决定，同时也受其他社会、经济与自然因素的影响。世界人口的增长主要呈现出以下几个特点。

1）人口的增长速度不断加快。据估计，在公元前100万年时，地球上只有1万～2万人。公元前500年，地球上的人口才突破1亿。而据联合国人口活动基金组织推算，在人类纪元开始时全世界只有2亿～4亿人，直到19世纪初才达到10亿人。而20世纪中，人口在30年代左右达到20亿，在60年代左右突破30亿，1975年达到了40亿，1987年增长到50亿，在20世纪末超过了61亿。在史前时期，由于生产力水平极其低下，原始人类的死亡率极高，人口增长极其缓慢。随着生产力的发展，世界人口增长有所加快，但由于气候等自然灾害和社会原因，世界人口增长曲线呈现为波浪式。近代，特别是进入资本主义时代，一是随着社会物质和文化生活水平，以及医疗卫生水平的提高，人类平均寿命增加，死亡率相对降低；二是出生率高，尤其是人口基数大，纯增数就必然多。

2）世界各地区的人口增长状况很不平衡。发达国家人口增长缓慢，发展中国家人口增长过快。人口增长快的地区主要是亚洲、非洲、拉丁美洲的发展中国家，在非洲的一些国家人口年自然增长率高达 3%。而欧美发达国家第二次世界大战后虽采取鼓励生育政策，但人口仍然增长不快。

发展中国家的经济和科学技术落后，人是生产力中主要的因素，因此，发展中国家往往以增加人口数量来增加生产力的投入，以获取较大的经济效益。而发达国家的科技发达，科学技术成为生产力中重要的因素，加之妇女面临失业、子女教育等社会压力，因此，发达国家不需要人口过快地增长。

2. 人口的分布

人口的地理分布是人口增长过程在空间上的表现形式。它是一种复杂的社会现象，既受自然条件的影响，也受经济规律的作用，但最终是由生产力的发展和社会经济、政治制度所决定的。世界人口分布最大的特点是不平衡性。

从纬度来看，世界人口主要分布在北半球中纬度地带，在北纬 20°～40° 和 40°～60° 地带上，大约居住着世界人口的 50%和 30%，南半球人口只占全世界的 11.5%。而有 2/3 的人口集中分布在离海岸 500 千米以内的地区，这些地区只占整个地球陆地面积的 1/7。

从各大洲来看，截至 2018 年世界人口已经超过 76 亿，且分布极不平衡。其中：亚洲人口 45.4 亿，约占世界总人口的 59.6%；欧洲人口 7.42 亿，约占世界总人口的 9.7%；非洲人口 12.8 亿，占世界总人口的 6.8%；北美洲人口 3.63 亿，约占世界总人口的 4.8%；南美洲人口 6.51 亿，约占世界总人口的 8.6%；大洋洲人口 4 100 万，约占世界总人口的 0.5%；南极洲仅有一些来自其他大陆的科学考察人员和捕鲸队，无定居居民。

从国家看，人口集中在少数国家。世界 230 多个国家和地区中，人口超过 1 亿的有 13 个（2018 年年底），分别为中国（约 14.15 亿）、印度（约 13.54 亿）、美国（约 3.27 亿）、印度尼西亚（约 2.67 亿）、巴西（约 2.11 亿）、巴基斯坦（约 2.01 亿）、尼日利亚（约 1.96 亿）、孟加拉国（约 1.66 亿）、俄罗斯（约 1.44 亿）、日本（约 1.27 亿）、埃塞俄比亚（1.08 亿）、菲律宾（1.07 亿）等。而像梵蒂冈、圣马力诺等“袖珍小国”的人口数量相当少。

从地区看，人口分布也不均匀。亚洲虽是人口数量最多的地区，但人口密度大的地区主要在东亚、东南亚和南亚，而北亚、中亚和西亚人口稀少。非洲人口稠密的地区主要分布在大陆南北两端。欧洲人口稠密区主要在西欧大西洋沿岸。北美洲人口密度大的地区是五大湖及圣劳伦斯河沿岸、大西洋沿岸、太平洋沿岸及墨西哥湾沿岸。南美洲人口主要集中在大西洋沿岸，而安第斯山区及亚马孙河流域人口稀少。大洋洲人口主要集中在澳大利亚东南部、西南端和新西兰的北岛。

世界人口稀少的地区主要是干旱的沙漠（如北非沙漠、阿拉伯沙漠）、寒冷的高原（如青藏高原）、热带丛林（如亚马孙平原）及高纬的大陆内部（如西伯利亚和加拿大的北部）。

3. 人口的移动

人口的移动从本质上说属于经济和社会现象，它和人口增长都是影响人口分布的基本因素，并对国内和国际劳动地域分工、生产力分布及经济地域的形成和发展有着重要影响。人口迁移在客观上促进了种族、民族的融合和经济、文化的交流。

人口移动具有复杂性和多样性，这不仅反映在移动动机、时间、距离、方向、数量和速度上，还反映在选择性、组织性和社会经济后果上。人口移动根据时间差异，可分为季节、临时和永久等几种类型；根据社会形态差异，可分为自发、强迫和计划等几种类型；根据空间差异，可分为国内、国际和洲际等几种类型。

国际人口移动指跨越国界或特定地域的人口移动，主要包括长期或永久性移民、难民、劳动力输出等几种类型。这个时期的人口移动是资本主义基本的人口规律起作用的。这个规律就是资本的积累导致人口相对过剩，失业和贫困使一部分人不得不抛弃故土到他乡谋生。资本主义政治经济在各国之间发展不平衡的规律为人口的国际流动提供了基本的前提。

第二次世界大战以后，人口移动开始从发展中国家流向发达国家。因对移民具有选择性，尤其对文化技术水平要求的加强，规模没有以前大，劳动力输入这样新的移民形式发展起来。目前，人口移动的主要流向：欧洲由人口迁出地区变为人口迁入地区，拉丁美洲由人口迁入地区变成迁出地区，北美和大洋洲仍是大量的移民迁入地区，而西亚和南非成为新的劳动力输入地。此时人口移动的主要原因是世界各国生产发展的不平衡性。第二次世界大战后，欧美各国资本主义高度发展，生活水平有了很大的提高，可以提供较多的工作机会和较高的待遇；其中不少国家人口增长缓慢，人口老龄化现象严重，需要青壮年劳动力从事繁重、脏累等工作；而一些发展中国家，人口增长过快，经济发展缓慢，出现了人口过剩现象，因而一批批劳动力被吸引到北美、西欧等发达国家。

国内人口移动主要有以下两种情况。

1）城市化。它是指变农村人口为城镇人口的过程，或是变农业人口为非农业人口的过程。其表现：一是乡村人口大量涌入城镇，城镇人口比重迅速上升，发展中国家在城市化进程中超过了发达国家；二是大城市不断涌现，许多城市规模急剧膨胀，大城市的发展速度明显地超过中小城市，出现了一批巨型的特大城市，如东京、墨西哥城等，有些城市互连成为巨大的城市群、城市带，如美国的波士顿—华盛顿、日本的东京—横滨等。

2）国土开发。国土开发也会促成规模较大的人口移动，如近代俄国由西部欧洲地区移向东部亚洲地区，美国由其东北部地区移向西部地区和南部地区，中国的三峡移民。这对各国人口移入地区的经济发展和人口分布均有重要影响。

（二）世界人口对人类经济活动的影响

人口数量、人口增长、人口素质、人口结构及人口的移动等情况，严重地影响着人类的经济活动。

1. 人口数量

作为生产者，人口数量多、密度大的地区和国家，必然劳动力资源丰富，劳动成本低，有利于发展纺织、服装、玩具、电子装配等劳动密集型产业。第二次世界大战后，新兴工业化国家和地区的经济腾飞，正是通过发展劳动密集型产品的生产和出口而取得的。作为消费者，人口数量多、密度大的地区和国家，必然对商品的需求数量大，市场广阔，有利于产品的进口和吸引外资。人口数量少，必然劳动成本高，国内市场狭小，在一定程度上会限制经济贸易的发展。

2. 人口增长

人口增长过快、人口数量过多，就会产生一系列问题，人们为满足住房、食物、燃料等需要，往往滥伐森林、滥垦草原，这样会使森林面积迅速减少，草原遭到破坏，地面植被减少，造成许多地方水土大量流失、土壤沙化等严重后果。由于人口增长过快，粮食及其他生活用品、工业品的生产赶不上人口增长的需要，医疗卫生、教育、交通、住房、就业、保险等方面的改善就困难重重，因此，人类尽量有计划地生育，控制人口数量，提高人口素质，使人口的增长与社会、经济的发展相适应，与环境、资源的状况相协调。

3. 人口素质

人口素质是人的文化教育水平、劳动技能、身体健康状况、交往开拓能力等方面的综合体现，它说明了一个人适应社会再生产能力的状况。在不同生产力水平下对人口素质有不同的要求。作为生产者，人口素质高的国家或地区，有利于发展知识和技术密集型产品的生产和出口，产品的档次、质量和附加价值高，竞争力强。作为消费者，人口素质的高低影响消费的层次和水平。对于人口素质高、经济发达的国家或地区，人们对高档、时尚、新潮商品的需求旺盛。而人口素质低、经济欠发达的国家或地区，消费需求多为基本生活用品，人们追求物美价廉、坚固耐久，对新产品接受能力低。

4. 人口结构

人口结构是指一个国家或地区的总人口中，根据生理特征、社会经济或地域特征而划分的各种人口占总人口的百分比，如年龄、性别、职业、民族、地区结构等。人口结构状况与经济关系密切，青壮年人口占比大的国家，劳动力资源丰富，劳动力成本低，效率高，消费相对旺盛；而老人多的地方，劳动力相对缺乏，消费需求不旺。从职业结构来分析，如果一个国家农业人口占大多数，说明这个国家经济落后，出口商品多为农产品及其加工制成品；如果人口以第二、第三产业为主，则这个国家经济比较发达，以工业制成品和服务贸易为主。

5. 人口的移动

无论哪种方式的人口移动，都会对本国经济的发展产生有利或不利的影响。一个国家人口的输出对于缓和人口过多的压力有一定好处，但也会造成人才外流；对于移入国虽提供了廉价劳动力，促进了它的经济发展，但同时也增加了国内的就业难度。近年来，随着社会经济的发展变化，有些国家采取了限制移民入境的政策。总之，在促成各种类型的人口迁移中，经济因素是主要的和经常起作用的因素。

二、种族与民族

（一）种族

种族即人种，是指具有共同起源和共同遗传特征的人群。其形态特征包括头部、五官、头发的形状，皮肤、头发及眼睛的颜色，身高及比例等。根据这些特征，一般把人类划分为四大种族，即黄色人种、白色人种、黑色人种和棕色人种。黄色人种，主要分布在亚洲东部、东南部（包括美洲的印第安人）。白色人种，分布在欧洲、美洲、大洋洲、北非及亚洲的南部和西部。黑色人种，主要分布在非洲的中部、南部，以及大洋洲和亚洲东南部的边缘地区。棕色人种，分布在大洋洲的三大群岛，即美拉尼西亚群岛、密克罗尼西亚群岛和波利尼西亚群岛。此外，世界上还有些混血人种和多种过渡型人种。例如，科学家在非洲发现了“绿色人种”，在撒哈拉沙漠发现有“蓝色人种”。

（二）民族

种族属于人的自然范畴，而民族属于人的社会范畴。所谓民族，是指人们在历史上形成的一个有共同语言、共同地域、共同经济生活及表现于共同文化上的共同心理素质的稳定的共同体。目前世界上有 2 000 多个民族和部族。世界人口最多的民族是中国的汉族。人数不到 10 万的民族有 400 多个。人口在 1 亿以上的民族有 8 个，分别是汉族、印度斯坦族、美利坚族、俄罗斯族、孟加拉族、大和族、旁遮普族和巴西族。

世界上各个国家的民族构成情况不相同，大体上分为以下 3 种类型。

1）单一民族的国家。全部或绝大多数的居民属于一个民族成分，如蒙古国、朝鲜。

2）两大民族并立的国家。这类国家人数较少，如比利时、塞浦路斯、加拿大等。

3）多民族的国家。这类国家数量最多，它们都有一个人数占优势的民族。例如，我国除汉族外，还有人数较少的少数民族 55 个。

一般情况下，民族与国家息息相关，但也有几个民族很难与某个国家联系起来，他们散布在世界各地，甚至过着漂泊不定的流浪生活，成为世界地理中的独特现象，如吉卜赛人。世界上还有同一民族分布于许多国家的现象，如阿拉伯民族分布于西亚、北非的许多国家。

（三）种族与民族对人类经济活动的影响

1）无论从生理的或社会的特点来看，各种族在本质上是相同的。现代科学证明，所有的人类都属同一物种，有共同的祖先。世界上各个人种尽管生活的地理环境有所不同，但对人类的文明均有着自己的贡献。既没有种族优劣的不同，也无贵贱、高低之分。种族歧视和种族主义观点在理论上是站不住脚的。

2）由于民族有着共同语言、共同地域、共同经济生活、共同文化及共同心理素质，因此，同一民族在其经济活动中更易形成联合体，他们目标一致、制约相同。而同人种比较起来，各民族之间有着广泛得多的混合和融合。其文化和经济上的交流，对人类文明的发展起着很大的促进作用。

3）由于各个民族经济发展水平的差异，习惯、风俗、宗教的不同，民族之间的矛盾是客观存在的。多民族的国家如果民族政策失误，常常会造成民族冲突，从而影响国内局势的稳定和经济的发展。

三、文化

文化是人类自身在长期社会生产和生活实践中所创造出来的物质和精神财富，包括语言、教育、宗教信仰、道德、价值观和风俗习惯等各个方面，它是影响人类生产和生活的最长期、最持久、最深刻的因素。文化具有地域性、民族性和发展性的特点。

（一）语言

语言是人类交流思想的工具，也是一个国家或地区文化的缩影。要想了解一个国家或地区的文化背景，就得借助该国（地区）所使用的语言。现在世界上有三四千种语言，使用情况不一样，有的语言使用人数众多，有的使用人数很少。其中使用人数较多的有汉语、英语、西班牙语、俄语、法语、阿拉伯语、印度语、孟加拉语、日语、葡萄牙语、德语、印度尼西亚语、意大利语 13 种，其中英语是当今世界上主要的国际通用语言。

语言对人类经济活动的影响主要表现在以下两个方面。

1）一种语言往往在不同的国家或地区使用，由于在长期历史过程中受当地文化因素的影响，同一个语汇往往在词义、语音和习惯用法上有很大的差异。这种差异会对经济活动产生负面影响，应当引起注意。

2）一些多民族的国家往往使用语言众多，民族矛盾也反映在语言上，因此，如果使用语言不当，就会引起当地居民的不悦甚至反感，不利于国际交流和经济活动。

（二）宗教信仰

1. 宗教类型

宗教是人类的社会意识形态，是自然力量和社会力量在人们意识中的虚幻反映。作为民族共同文化素养的一种表现，宗教必然对人们生活的许多方面产生较大的影响，它实际上也是人们的一种信仰。目前，世界上有1/2以上的人是无神论者，不信仰宗教；剩下不到一半的人是信仰宗教的人，即教徒。目前世界上的宗教种类众多，但信仰人数多、影响范围广的主要有3种：佛教、伊斯兰教、基督教。

（1）佛教

佛教产生于公元前6～前5世纪的古印度的迦毗罗国（今尼泊尔境内），由王子释迦牟尼（也称乔达摩·悉达多）所创。全世界目前有佛教徒4亿多人，佛教主要在东亚和南亚一些国家盛行。佛教分为大乘佛教和小乘佛教两种。我国则有天台、禅宗、净土、密宗等教派。

（2）伊斯兰教

伊斯兰教产生于7世纪，是三大宗教中创建最晚而又发展较快的宗教，阿拉伯语译音为穆斯林。由于多方面的原因，伊斯兰教又分成许多派别。亚洲的西部和东南部、非洲的北部和东部许多国家的居民多信奉伊斯兰教。我国旧称伊斯兰教为回教。我国的回族、维吾尔族等少数民族中的居民信仰伊斯兰教的较多。

（3）基督教

基督教包括天主教、东正教、新教三大教派及一些小的派别。它于1世纪产生于巴勒斯坦地区，现在全世界基督教徒达24亿人以上，分布在上百个国家和地区，主要是欧洲、美洲和大洋洲。

2. 宗教对人类经济活动的影响

宗教属于意识形态的范畴，它对人类行为的影响是深远的、持久的、潜移默化的。

宗教影响人们的生活方式和对社会、经济、法律及各种制度的价值观。不同宗教信仰有不同的家庭观念、作息制度、消费和丧葬习俗。宗教对食物有一定的禁忌，如伊斯兰教徒和犹太教徒不吃猪肉，印度教徒不吃牛肉，天主教徒在星期五禁吃肉。摩门教和天主教崇尚大家庭制度。美国对教会组织不收税，这是新教政治影响的反映。某些宗教节日放假，也影响经济活动。宗教团体还占用大片土地，天主教堂、清真寺、佛庙等建筑往往是各地的主要人文景观，吸引着大量的旅游者，如柬埔寨的吴哥窟、中国西藏的布达拉宫等。

（三）风俗习惯

风俗习惯主要包括传统的节日、交往中的礼仪形式、婚丧嫁娶的传统习俗，对颜色、图案的爱好禁忌等多种因素。各国和地区出于习惯的差异，对经济活动的影响更直接、更具体。

例如，西方国家的圣诞节是居民较重大的节日，不但假期长，而且对商品的需求量大，因此，出口到西方国家用于过圣诞节的商品一般最迟于11月底运到，否则过了圣诞销售旺季，对方就要拒收或退货。而对于中国，春节则是重大节日，是一年中的销售旺季。

西方国家青年人结婚时，新娘要披白色的婚纱，象征着爱情坚贞无暇；丧礼要穿黑色衣服，以示肃穆庄重。而东方人婚礼时新娘多穿红色服装，以示吉祥；丧礼则穿白色丧服，佩戴白花。

朋友相见通常以相互握手表示致意和欢迎，但信奉伊斯兰教的国家，与妇女见面不能主动握手，只有对方有握手表示时才能握手。东方各国不经事先约定访问朋友是常有的事情，而在西方国家如无事先约定，去冒昧访问是不礼貌的，甚至有被拒之门外的可能。

各国对颜色和图案也有不同的爱好和禁忌。例如，泰国等信奉佛教的国家把黄色作为高贵的颜色，而传统的基督教徒视黄色为下流的颜色。老挝、印度、泰国、缅甸等国喜欢将大象作为图案或商标，而英国人讨厌将大象作为商标。

东方人在交往中询问年龄、收入等往往是关心的一种表示。而西方人视年龄、收入等为个人隐私，打听别人的年龄、收入是不礼貌的。

四、国家

国家是阶级的产物，是一个阶级统治其他阶级的工具。世界上的国家无论从类型划分、空间分布都呈现着多样性和复杂性，其在人类政治经济生活中所发挥的作用也有明显差异。

当今世界上共有 230 多个政区单位，其中独立的国家有 190 多个，其余是一些尚未独立的地区。七大洲中以非洲的国家和地区最多，共有 59 个；其次是亚洲，共 49 个国家和地区；欧洲共有国家和地区 45 个；北美洲有 36 个国家和地区；大洋洲有 24 个国家和地区；南美洲有 13 个国家和地区；南极洲没有国家。每个国家面积有大有小，人口有多有少，经济有强有弱，由于划分标准的不同，存在着多种的分类和组合。例如，按人均国民生产总值可分为高收入、中收入和低收入的国家；按资源与生产关系状态可分为资源型、加工型和混合型的国家等；按国家在世界政治、经济中所处的地位和作用可分为超级大国、经济发达国家和发展中国家。

1. 超级大国

美国是当今世界上的超级大国，领土辽阔，占世界陆地总面积的 6.7%，人口适中，占世界总人口的 5%。美国有着雄厚的经济、军事实力，技术水平高。其资源丰富，种类齐全，储量大且分布集中，对外经济联系广，贸易伙伴多，是经济力量最强大的国家。

2. 经济发达国家

经济发达国家包括欧洲绝大部分国家，亚洲的日本，大洋洲的澳大利亚、新西兰，北美洲的加拿大等国家，它们的领土面积共占世界陆地面积的 30%左右，人口占 18%左右。这些国家经济都比较发达，它们与超级大国经济联系密切，但也有矛盾。它们的原料和燃料主要依赖于发展中国家，同时，也把发展中国家当作它们重要的商品市场和投资场所。

经济发达国家的发展程度也不相同。日本、德国这两个国家遭受战争破坏严重，但第二次世界大战后迅速崛起为经济大国；英国、法国等一些国家，第二次世界大战后丧失了大部分殖民地，但在科技领域仍占世界先进地位，目前依然是世界上主要的资本主义工业国；俄罗斯从苏联分解出来后，失去了超级大国的地位，但仍然是发达的经济大国之一。

3. 发展中国家

发展中国家分布在亚洲、非洲、拉丁美洲、大洋洲等极为广阔的地区，面积占世界陆地面积的 60%多，人口占世界的 70%多。发展中国家资源丰富、市场广阔，在世界贸易中占有十分重要的地位。发展中国家整体情况也较复杂，就其经济发展水平，大体上可分为以下 4 类。

1）石油输出国。总共不到 20 个国家，人口约占发展中国家人口的 1/5。虽然工业化水平不高，但由于大量开采和出口原油，经济得以大幅度提高，成为高收入国家。随着石油价格的涨落，人均国民生产总值变化较大。这一类并不包括所有的石油输出国。

2）新兴工业化国家和地区。即中产阶层国家，如亚洲的新加坡、韩国，拉丁美洲的巴西、墨西哥、阿根廷等。它们经济发展水平高、速度快，但外债多，国际市场上利率的提高对它们影响也最严重。

3）经济转型国家。正在实现工业的现代化，已建成了完整的工业体系和国民经济体系，主要工业产品的自给程度不断提高，人均国民总收入大大超过贫穷国家的标准，经济外向度不断增强，如亚洲的马来西亚、印度尼西亚、菲律宾、泰国、印度、中国、越南等。

4）最不发达国家。也叫低收入国家，有 40 多个，工业化水平极低，它们的国民生产总值之和只占全球国民生产总值的 6%左右，生活在绝对贫困线以下的人口高达 12 亿多，它们大部分在非洲撒哈拉沙漠以南及南亚和加勒比海地区。这些国家发展经济的主要困难是缺乏资金和基础设施，人民生活贫困。

五、科学技术

作为第一生产力的科学技术，是推动社会经济发展的动力。人类历史上的三次科技革命，使人类的经济活动发生了根本性的变革。

第一次科技革命，蒸汽机应用下的大机器工业的普遍建立，奠定了英国、法国等工业国的地位，它们利用其优越性向世界各地输出工业品，迫使不发达地区的手工业和工业破产，从而走上工业原料国的道路。

第二次科技革命，内燃机和电动机的应用推广，使动力和交通运输业发生了重大变革，在促进生产发展的同时，资本日益集中并向外输出。外国资本控制不发达国家的主要经济部门，直接影响这些国家的经济发展方向和国际劳动地域分工的内容。例如，巴西专门生产咖啡、铁矿石等，古巴专门生产食糖，委内瑞拉专门生产石油等。世界范围的生产社会化和国际化的实现，成为资本主义国际劳动地域分工体系形成的社会经济条件。

第三次科技革命，原子能、电子技术、合成原料的应用，一方面，促进了交通和通信的现代化，缩短了国家间的时空距离，加速了各国产业结构的调整，使国际市场日益统一，市场容量不断扩大。另一方面，新产业、新产品在给国际市场带来勃勃生机的同时，对传统产业和产品造成了极大的威胁，市场竞争也更加激烈。因此，任何一个国家或企业如不能紧跟科技进步的步伐随时调整自己的产品结构，终有一天会被挤出市场。

第三节　经济全球化与区域经济一体化

一、世界经济的形成与发展

（一）世界经济的含义

世界经济是世界各国与各地区经济在国际分工和世界市场的基础上，通过商品和各种生产要素的国际流动而形成的相互联系与相互依赖的全球经济体系。

世界经济是在一定历史条件下产生的，且随着社会的进步不断地发展变化。世界经济不等同于国际经济，它不是各国和各地区经济的简单相加，而是以国家为出发点和基本单位，反映国际经济关系和全球性经济问题。它体现了国与国之间的国际分工和世界市场的特性。因此，民族国家、跨国公司和国际经济组织是世界经济的重要主体，国际分工和世界市场是世界经济形成与发展的基础。

国际分工是世界各国和地区之间相互依赖的专业化劳动分工，它与社会分工不同，社会分工是社会生产各部门之间的分工，仅局限于国内经济循环，商品交换表现为国内贸易；国际分工则是社会生产力发展到一定阶段，社会分工冲破国家界限而形成的，其商品交换表现为国际贸易。国际分工的产生与发展取决于社会经济条件和自然条件。前者是决定性因素，而后者是主要条件。随着科学技术的不断发展和自然资源的逐渐消耗，国际分工中自然条件发挥的作用已越来越小，而社会经济条件的重要性在不断提高。

按分工深度，国际分工可分为产业间分工和产业内分工。按要素密集度，国际分工可分为劳动密集型产业、资本密集型产业，以及知识、技术密集型产业之间的国际分工。按参与国际分工的国家或地区间的社会经济水平，国际分工可分为垂直型分工、水平型分工和混合型分工。

国际分工是一种历史趋势，它打破了落后国家闭关自守、自给自足的自然状态，把广大的农业国家引向工业文明。它有利于在世界范围内节约社会劳动和提高劳动生产率，有利于资源配置，发挥各国的经济优势，发展规模经济，从而转化为世界范围的巨大生产力，促进世界经济的加速发展。国际分工也有消极的一面。发达资本主义国家利用它们在国际分工中的优势地位，加重了发展中国家或地区经济的脆弱性和依附性。

世界市场指世界各国和地区间进行商品及各种生产要素交换的场所或领域。世界市场是在各国国内市场的基础上形成的，当国内市场发展到一定程度时，交换关系突破国家的界限，扩大到世界范围。

世界市场具有统一性、竞争性、扩展性、延伸性、不平衡性等基本特征。统一性主要表现在各国经济周期的同步性、商品和资本的自由流动、“一种商品一个价格”的规律等方面。竞争性主要指商品交换中的价格竞争和非价格竞争。扩展性既包括商品数量的增多、商品种类的翻新、商品结构的变化，也包括贸易组织的完善、交易手段的多样和市场功能的扩大。延伸性指地理范围。不平衡性则表现在贸易量的地理分布和结构的变动上。

世界市场的运行机制主要包括价格机制、资源配置机制、传导机制、关税率机制、资本收益率机制、汇率机制等。

世界市场由以下 3 种市场构成：国际商品市场，包括以商品交易所为代表的有固定组织形式的市场和以拍卖市场为代表的没有固定组织形式的市场；国际资本市场，包括以股票与证券交易所为代表的长期信贷市场和以国际货币市场为代表的短期信贷市场；外汇市场，由一批从事外汇买卖的银行等金融组织构成。

（二）世界经济的形成

世界经济是一个历史范畴，它是在资本主义机器大工业及由此引起的国际分工和世界市场的基础上形成的，是人类社会发展到一定历史阶段的产物。

原始社会后期出现了社会分工和部落商品交换。奴隶社会和封建社会又出现了国家间的商品交换，但由于生产力水平低下，还不存在真正的国际分工和世界市场，没有形成世界经济。直到 15 世纪末 16 世纪初，世界经济才开始形成。

1. 世界经济的萌芽（15 世纪末～18 世纪 60 年代）

15 世纪末 16 世纪初是“地理大发现”时期，新航线和新大陆相继被发现，国际贸易领域扩大到了世界各地，世界市场初步形成，同时以国际分工为特征的早期资本主义专业化生产也从某一地域扩展到世界各地。由于此时的国际贸易对各国的再生产过程起不了决定性作用，各国间的经济联系是局部的和松散的。因此，这一时期出现的国际分工和世界市场只是一种早期的原始形式，但它标志着世界经济已经萌芽。

2. 世界经济的初步形成（18 世纪 60 年代～19 世纪 70 年代）

第一次科技革命用蒸汽机代替了人力、畜力、水力等自然力，完成了工场手工业向机器大工业的过渡，社会生产力出现质的飞跃。商品经济的高度发展，促进了国际分工和世界市场的发展，为世界经济的初步形成准备了必要的条件。因此，世界经济的初步形成是由第一次科技革命促成的，其主要标志是机器大工业的基础上的国际分工体系的建立和世界市场的形成。

1）国际分工体系的建立。机器的广泛采用扩大了生产规模，促进了工业内部的分工，生产所需原料本国已不能满足，产品也非本国的市场所能容纳，社会分工迅速向国际领域扩展，越来越多的国家被引入国际分工体系中来。一方面，质优价廉的机器工业产品摧毁了国外传统的手工业生产，打开了商品的销售市场；另一方面，外国消费者为购买工业品而不得不出卖自己的生产原料和初级产品，从而使这些国家变为工业国的原料供应地。到 19 世纪中期，欧美先进国家逐渐把亚洲、非洲、拉丁美洲国家的经济改造成依赖于国际分工的单一经济，形成了既相互对立又相互依存的垂直性国际分工体系。

2）世界市场的形成。机器大工业对开拓世界市场产生了极大的促进作用。首先，不断地扩大生产，不仅需要不断拓展海外市场，也需要日益增加原料来源。这促使了市场由国内向国外的扩展，促使了世界市场的范围不断扩大。其次，进入世界市场的商品数量和种类也大幅度地增加，使世界市场的内容不断丰富。世界市场供求关系和行情的任何变动，对于世界各国的经济生活都会产生不同程度的影响。这一时期有 3 个主要标志：一是各种正规的、大型专业化贸易组织形式的出现，如各种商品交易所；二是黄金演变为单一的世界货币，各主要资本主义国家相继过渡到金本位制；三是世界性经济危机的出现。

3. 世界经济的最终形成（19 世纪 70 年代～20 世纪初）

19 世纪 70 年代开始的第二次科技革命促成了世界经济的最终形成。第二次科技革命是以电的发明和应用为主要标志、以内燃机和电动机为核心、以重化工业为经济发展中心的科技革命。它不仅为自由竞争资本主义过渡到垄断资本主义奠定了物质基础，也为世界经济的最终形成提供了强大的动力。

1）第二次科技革命对社会生产力产生了巨大的推动，进而促进了国际分工的深化和世界市场的扩大。生产力的发展，一方面促进了垄断资本和金融寡头的产生，使国际分工日益深化；另一方面也出现了新的国际资本市场，从而扩大了世界市场的内涵。

2）交通运输和通信业变革将世界连成一个整体。第二次科技革命使交通运输和通信业发生了真正的革命，火车、轮船得以普及和发展，把世界联结成一个庞大的国际交通运输网。而通信革命使世界市场形成了迅捷的信息网络。

3）第二次科技革命引起的产业结构的变化促进了国际分工的深化。新产品、新部门的出现，使工业产量首次超过农业，一些资本主义国家从农业国转变为工业国，经济不发达国家也开始发展自己的民族工业。发达工业国与初级产品生产国之间形成了垂直分工的国际分工体系，发达国家之间也形成了以不同部门为主的国际分工体系，国际分工进一步深化。

综上所述，科技革命及其引起的生产力发展，不断推动国际分工的深化和世界市场的扩大，世界经济于 20 世纪初最终形成。

（三）世界经济的发展

在经历了 20 世纪上半期的动荡之后，世界经济在 20 世纪下半期有了超乎想象的发展和变化。其深层因素有两个：第一，社会主义革命和民族解放运动的高涨导致殖民体系最终瓦解，世界政治、经济结构演变成发达国家、发展中国家和社会主义国家 3 类国家对市场经济体制的探索，世界经济面貌发生了极大的改变，特别是在“冷战”过后；第二，第三次科技革命极大地推动了世界范围内的生产力发展，并使产业结构不断软化和融合，从而使世界经济进入了全新的历史阶段。20 世纪下半期，世界经济的发展与变化主要表现为经济全球化的发展、经济区域化的加强、各类国家市场经济体制的调整、世界经济协调机制的形成和发展、国际直接投资和跨国公司的大发展、知识经济的萌芽、可持续发展问题的出现等。

二、经济全球化

（一）经济全球化的含义

20 世纪 80 年代中期以来，经济全球化已成为世界经济最重要的特征和发展趋势，并表现在贸易、生产、金融、科技和劳动力领域。所谓经济全球化，是指各种生产要素在世界范围内优化配置，使各国经济相互依赖、相互影响和融合的过程。

关于经济全球化的起源，大致有两种观点：一种观点认为，经济全球化是伴随世界经济成长而成长的，即经济全球化的过程早已经开始，只是在第二次世界大战后的几十年间才得以快速发展；另一种观点认为，经济全球化是第二次世界大战后，特别是 20 世纪 80 年代以后发展起来的，即各种生产要素大范围和大规模地进行国际流动，从而使国家间形成了相互依赖的关系，各国经济融合在一起，真正的全球经济体系得以形成。

经济全球化的动因主要有以下 5 个方面。

1）科技革命及生产力的发展。主要表现在 3 个方面：一是各国生产规模空前扩大，二是现代化的运输和通信网络的应用，三是国际分工日益深化。

2）经济自由化的发展。在贸易方面，不但关税与贸易总协定和世界贸易组织（World Trade Organization，WTO）对贸易自由化提供了组织保证，而且发达国家和发展中国家都推动经济自由化，扩大开放，出现了世界各国广泛参与国际分工和交换的局面。在金融自由化方面，发达国家纷纷放松金融管制，发展中国家则进行金融深化改革。

3）跨国公司的迅猛发展。跨国公司的发展直接带动了商品、资金和技术及人员等生产要素的全球化，从微观角度推动了经济全球化的发展。

4）全球市场经济体制趋同。市场经济体制日益发展成全球性经济体制，各种类型国家经济体制的趋同使经济全球化的体制渠道畅通，世界市场的统一性得到很大的提高。

5）区域经济一体化的发展。区域经济一体化是经济全球化在区域范围内更加深化的具体表现。它的发展为经济全球化的发展起到了促进和桥梁的作用。随着区域经济合作组织一体化的发展，其内部经济贸易自由化不断发展，其经济组织范围不断扩大，这些都是迈向世界经济全球化的重要步骤和环节。

（二）经济全球化的表现形式

经济全球化把各国和各地区的社会经济生活紧密联系起来，使不同社会制度、不同发展水平的国家都纳入统一的全球经济体系之中。具体表现在以下几个方面。

1）贸易全球化。贸易全球化是经济全球化的起点和主体，因而是经济全球化最主要的表现形式。经济全球化起始于贸易全球化，商品和服务贸易是经济全球化的主要内容。在过去的几十年里，世界贸易的迅猛增长及各国对世界贸易的依存度在不断提高就说明了这一点。

2）生产全球化。从微观层次来说，生产全球化主要表现在跨国公司的全球生产上，而且这种现象还在被进一步推动和发展。从宏观层次来说，生产全球化体现了国家之间的产业分工和产业关联。这主要表现为由世界范围内的产业结构调整和转移带来的国家间产业分工与由跨国公司形成的国家间的联系这两个方面。这使各国成为全球产业体系的宏观组成部分。

3）金融全球化。金融全球化是指各国金融活动和金融风险发生机制日益紧密联系的过程。由于越来越多的国家放松对金融业的限制，取消外汇管制，各国金融市场逐渐融为一体。主要表现为金融市场一体化，金融机构全球化，货币流通全球化，私人资本大规模、高速度跨国流动，国际金融高度相关，金融风险与监管的全球化等。金融全球化已成为经济全球化发展最快的领域。

4）科技全球化。由于科技的研发越来越具有高投入、高风险和更新周期加快的特点，世界各国和企业除了重视自主开发以外，也非常重视科学技术的引进。另外，各国和跨国公司的海外研发及联合研发也发展起来。

5）劳动力的国际流动。第二次世界大战后国际经济技术合作和跨国公司的发展使劳动力的流动呈现出新的特点（如双向交叉流动和选择性等），并逐步具有了世界规模，使劳动力国际市场逐步形成和发展起来。

（三）经济全球化的作用

作为世界经济的重要特征和发展趋势，经济全球化对世界各国经济都具有重要的作用。

1. 经济全球化的积极作用

1）经济全球化有利于各国优化资源配置、发挥比较优势，为各国提供了发展机遇。

2）经济全球化有利于发挥世界市场的竞争机制和资源配置机制，促进世界经济的发展。

3）经济全球化不断削减各种障碍和壁垒，使贸易、国际金融和国际直接投资不断发展。

4）经济全球化能够促进国际分工的发展和世界产业结构的升级。

2. 经济全球化的消极作用

1）经济全球化使各国经济的不稳定性和风险性增强。

2）经济全球化弱化了国内经济政策的有效性和国家经济主权，增强了非国家行为主体的协调功能。

3）在经济全球化下，参与程度和主导权的不同会带来风险与收益的不平衡性。

三、区域经济一体化

（一）区域经济一体化的含义

区域经济一体化至今尚无一致公认的、明确的定义。多数人认为，它是指随着世界生产力的发展，特别是随着生产和资本国际化的迅猛发展，区域各国间的经济联系和相互依存关系日益增强，逐步形成有组织的、可协调的、能有效运转的国际经济体系，使区域经济成为一个有机整体的过程。

区域经济一体化的具体表现形态则是区域经济集团化，即指地理区域上接近的两个或两个以上的国家通过条约组成经济贸易集团，在集团内成员国之间打破疆界实行紧密的经济合作和国际协调，并建立一系列超国家的制度性组织机构，制定和执行统一的对内、对外政策，使成员国联结成为一个有机的、排他性的经济实体。

区域经济一体化的萌芽可追溯到 19 世纪中叶，其标志是德意志关税同盟，但其真正形成和发展是在第二次世界大战以后。遭受战火损害的各国希望通过加强合作、扩大生产、提高效益来维护自身利益，巩固和发展本国的国民经济，于是在欧洲形成了 3 个地区性的经济一体化组织，即世界第一个经济一体化组织经济互助委员会、欧洲经济共同体[欧洲联盟（以下简称欧盟）的前身]和欧洲自由贸易联盟。在其示范效应下，从 20 世纪 60 年代后半期开始，区域经济一体化组织蓬勃兴起。其中除澳新自由贸易区属于发达国家的经济一体化组织外，其余 20 多个区域经济和贸易组织都是由发展中国家组成的。其后，在经历了 10 年左右的停滞阶段后，从 20 世纪 80 年代后期开始，在世界经济国际化、全球化和新技术革命的推动下，区域经济一体化进程出现了新的高潮，大多数世界贸易组织成员参加了区域一体化组织，有的成员甚至同时加入多个一体化组织。究其原因主要有以下几个方面。

1）由于各国经济实力悬殊，发展阶段各异，市场经济成熟程度不同，有的国家（弱国、穷国）认为难以承担全球合作的义务，有的国家（强国、富国）则认为现行的国际合作规则太宽松，不能满足它们的需要。因此，各国就先寻求在地区范围内的经济合作。

2）对任何国家来说，它的对外经济关系是不均衡的，因地理、历史、文化等原因而有疏有密。因此，当经济生活要求跨越国界走向全球时，各国首先趋向于与邻国建立更加密切的合作关系，在此基础上，达成某种一体化合作协议，组建地区经济组织，这是十分自然的。

3）随着经济全球化的加强，各国间的竞争日益激烈，外部的压力迫使它们联合起来，加强合作，以求地区内各国间的优势互补、资源在本地区的有效配置，从而促进各国的共同发展；还可以以一个地区组织的资格，在国际事务中争取更大的发言权和更有利的国际地位。

4）国力强大的国家建立本地区的经济一体化组织，除促进本国的经济发展外，还在于争取在本地区内起主导作用，使本地区其他国家依附于自己，形成以自己为核心的势力范围，并以此为依托，向其他地区乃至全球扩张。

总之，经济区域化作为一种趋势，既有主观原因，也有其客观必然性，今后这种趋势仍将继续发展和加强。

（二）区域经济一体化的特点

1）区域经济一体化大多是在同一地区内各国间发展经济合作的基础上建立的，也有不同地区的国家参与某一区域经济组织的，但这种情况是个别的。

2）区域一体化组织都是由政府出面，签订一定的协议后建立的。这种国家间的协议是区域性一体化组织发展合作的机制。如果仅是民间组织或企业，就不能形成区域一体化组织。

3）为了按照协议朝着一定目标推进本地区各国之间的经济贸易合作，区域一体化组织往往需要建立一定的超国家机构，或至少需要由各成员国领导人定期举行会议，形成制度。

4）同一地区的国家既然已经通过签订协议，建立一体化组织，则参加这个组织的各成员国就享受协议所规定的权益，同时也必须尽协议所规定的义务。这也就意味着，一体化组织的成员国不能不把自己的部分主权，首先是某些经济决策权，让渡给这个一体化组织，由这个超国家组织去执行。这样，各国的主权就受到了某种制约或限制，也可以说，国家主权受到了某种“侵蚀”。但同时，它们作为区域一体化组织的成员，又享有发言权和参与决策的权利，而这归根结底是为了从中获得预期的利益。

（三）区域经济一体化的作用

1. 对区内成员国经济贸易的影响

1）促进了集团内部经济贸易的增长。区域经济一体化组织成立后，通过减免关税、取消数量限制、削减非关税壁垒，形成区域性的统一市场，加强了区域内商品、劳务、资本和技术等生产要素的自由流动。同时，集团内分工加深了成员国在经济上的相互依赖程度，使区域内成员国的贸易量迅速增长，集团内部贸易额在成员国对外贸易总额中所占比重显著提高。

2）提高和增强了区域在国际贸易中的地位和谈判力量。经济一体化组织对成员国的经济发展起到了一定的促进作用，使原来一些单个经济力量比较薄弱的国家以整个集团的姿态出现在世界经济舞台上，其经济实力大大增强，经济地位明显提高。这无疑加重了这些国家在国际贸易谈判桌上的分量，在一定程度上维护了它们的贸易利益。

3）促进了区域内分工的深化和技术合作的加强，加速了产业结构的优化组合。经济一体化的建立有助于成员国之间的科技协调与合作，即区域科技一体化。同时，经济一体化创造了自由贸易区和共同市场，给区域内企业提供了重新组织和提高竞争能力的机会与客观条件。通过兼并或企业间的合作，促进了企业效率的提高，实现了产业结构的高级化和优化。

4）加速了区域内部资本的集中和垄断。由于贸易自由化和统一市场的形成，成员国间市场竞争加剧，一些中小企业遭淘汰或被兼并，大企业在市场扩大和竞争的压力下，趋于结成或扩大一国的或跨国的垄断组织，资本流动在成员国间加快。政府通过制定一些政策、措施加速了资本的集中和垄断，追求规模经济效益，也增强应对来自其他国家和经贸集团的竞争力。

5）成员国经贸政策的自主权相对受到约束。区域经济一体化之后，区域性协调渗透到各成员国经济贸易政策的制定过程之中，成员国都要遵守区域性安排中的法规和规范，承担相应的义务，并不断协调彼此间的实施步伐和利益分配，从而在一定程度上缩减了自己的经济自主权。随着经济一体化程度的不断深化，成员国的经济自主权将愈趋缩减。

2. 对区外非成员国经济的影响

1）区域经济一体化加强了对区内国家的保护，对非成员国的影响更为不利。扩大内部贸易使区外国家本可以进入区内的商品和劳务受到打击，这反映了其固有的排他性和歧视性。随着经济一体化的深化和扩大，这种保护主义将随之加强。这就恶化了国际贸易环境，尤其是使区外发展中国家的贸易环境雪上加霜，特别是出口商品结构较落后的发展中国家。

2）区域经济集团化改变了国际直接投资的地区流向。由于贸易转移，原来以出口方式进入市场的，改为直接投资，在一体化区域内生产。这样可以绕过进口关税与非关税壁垒，以保护本来的出口市场。这样，广大发展中国家发展经济贸易的资本不能引进，国内资金短缺的矛盾加剧，严重地阻碍了其经济贸易的发展和竞争能力的提高，使南北经济差距进一步拉大。

3）区域经济一体化不利于多边贸易体系的改进和完善。世界经济区域化、集团化趋势将使若干个实力相当或相近的区域性经济贸易集团并存，它们之间有竞争也有合作。这样，区域间的国际协调将替代国与国间的协调。经济贸易集团具有错综复杂的利益格局，任何一种国际协调都不可能完全符合各国的经济利益，因此，国际协调将不能完全或顺利地贯彻。

区域经济一体化对非成员国的经济贸易活动也有一定的积极影响，主要表现为：区域性集团实现内部经济一体化后，其成员国自身会增强经济活力，促进经济加速发展，扩大对外需求，从而在一定程度上促进国际贸易总量的增长。这就为各国的经济发展提供了更多的机遇。此外，区域经济一体化在技术开发领域创造的新成果也会向外扩散，使区外国家也可受益。

（四）区域经济一体化的形式

1. 按经济一体化的程度划分

1）优惠贸易安排。它是指成员国之间通过协定或其他形式，对全部或部分商品规定特别的关税优惠的经济一体化的一种初级和松散的形式。东南亚经济联盟（以下简称东盟）就是此种形式的经济一体化组织。

2）自由贸易区。它是指签订自由贸易协定的国家所组成的贸易集团，在成员国之间取消关税和数量限制，使商品在区域内自由流动，但成员国仍保持各自对非成员国的贸易壁垒的一种松散的经济一体化形式，其基本特点是用关税措施突出了成员国与非成员国之间的差别待遇。欧洲自由贸易联盟和北美自由贸易区就是典型的例子。

3）关税同盟。它是指同盟成员国之间完全取消关税和其他壁垒，实现内部自由贸易，并对非同盟成员国实行统一的关税税率的形式。这在一体化程度上较自由贸易区更进了一步。结盟的目的在于使参加国的商品在统一关税内的市场上处于有利地位，排除非成员国商品的竞争。北德意志关税同盟、比卢荷关税同盟、欧洲共同体等就是典型的例子。

4）共同市场。它是指除了在成员国内取消关税和数量限制并建立对非成员国的共同关税，实现商品自由流动的同时，还实现生产要素（劳动力、资本等）的自由流动的形成。例如，欧洲共同体建成统一大市场。

5）经济同盟。它是指成员国之间不仅实行商品与生产要素的自由流动及建立共同的对外关税，还制定和执行某些共同的经济政策和社会政策，使一体化的程度从商品交换扩展到生产、分配乃至整个国民经济，形成一个庞大的、有机的经济实体（如经济互助委员会）的形式。

6）完全经济一体化，它比经济同盟更进了一步，它除了要求成员国完全消除商品、资本和劳动力流动的人为障碍，还要求各成员国在货币政策、财政政策、福利政策等方面协调一致，进而在经济、政治上结成更紧密的联盟，统一对外经济、政治、防务政策，建立统一的金融机构，发行统一的货币，如欧盟。

2. 按经济一体化的范围划分

1）部门一体化，是指区域内成员国间的一个或几个经济部门（或商品）的一体化。例如，欧洲煤钢共同体和欧洲原子能共同体便属此类。

2）全盘一体化，是指区域内成员国间所有经济部门都一体化。欧盟就属此类。

3. 按参加国的经济发展水平划分

1）水平一体化，又称横向一体化，是指经济发展水平相同或相近的国家间所形成的经济一体化。从区域经济一体化的发展实践来看，现存的经济一体化组织大多属于这种形式，如欧盟、中美洲共同市场等。

2）垂直一体化，又称纵向一体化，是指经济发展水平不同的国家间所形成的一体化，如北美自由贸易区。

3）混合一体化，是指上述两种形式相结合的一体化形式，如亚洲太平洋经济合作组织（以下简称亚太经合组织）。

第四节　国际经济组织

国际经济组织是国际组织的一种，目前已成为整个国际组织中数量较大、活动频繁、影响广泛的一个重要组成部分。这种组织可以通过其成员国政府对它所作出的建议和决定予以考虑和实施，从而能对国际经济和政治的发展产生一定的影响。而且随着国际经济交往的不断发展，国际经济组织的种类和规模也在不断扩大，它们在现代国际经济活动中所起的作用越来越重要。国际经济组织主要分为世界性经济组织和区域性经济组织两类。

一、世界性经济组织

当今具有较大影响的全球性经济组织是被称为三大支柱的 WTO、国际货币基金组织（International Monetary Fund，IMF）及国际复兴开发银行（International Bank for Reconstruction and Development，IBRD）。此外，还有联合国贸易和发展会议、经济合作与发展组织、石油输出国组织等。这些组织在世界经济生活中扮演着重要的角色，发挥着举足轻重的作用。

（一）WTO

WTO 成立于 1995 年 1 月 1 日。它的前身是 1948 年 1 月 1 日正式生效的关税及贸易总协定，简称关贸总协定。其总部设在瑞士的日内瓦，是目前世界最大的多边贸易组织，其贸易量占世界贸易的 97%以上。部长级会议是 WTO 的最高决策权力机构，一般两年举行一次会议，讨论和决定涉及 WTO 职能的所有重要问题，并采取行动。会议下设总理事会和秘书处，负责 WTO 日常会议和工作。总理事会设有货物贸易、服务贸易、知识产权 3 个理事会和贸易与发展、国际收支、行政预算 3 个委员会。秘书处设总干事一人。经过长达 15 年的艰难谈判，中国在 2001 年 12 月 11 日正式加入 WTO，成为其第 143 个成员。

WTO 的主要使命是制定多边贸易规则、主持多轮多边贸易谈判、调解各国的贸易纠纷。其宗旨是提高生活水平，保证充分就业和大幅度、稳步提高实际收入和有效需求；扩大货物和服务的生产与贸易；坚持走可持续发展之路，各成员方应促进对世界资源的最优利用、保护和维护环境，并以符合不同经济发展水平下各成员需要的方式，加强采取各种相应的措施；积极、努力地确保发展中国家，尤其是最不发达国家在国际贸易增长中获得与其经济发展水平相适应的份额和利益。其目标是建立一个完整的，包括货物、服务、与贸易有关的投资及知识产权等内容的，更具活力、更持久的多边贸易体系，使之可以包括关贸总协定贸易自由化的成果和乌拉圭回合多边贸易谈判的所有成果。

（二）IMF

IMF 是政府间国际金融组织，它成立于 1945 年 12 月，1947 年 3 月开始办理业务，1947 年 11 月成为联合国的专门机构，但在经营上仍然维持独立运作。IMF 的组织结构由理事会、执行董事会、总裁和常设的 16 个职能部门等组成，负责经营业务活动。此外，IMF 还有 2 个永久性的海外业务机构，即欧洲办事处（设在巴黎）和日内瓦办事处。

按照 IMF 章程的规定，该组织的宗旨：为会员国在国际货币问题上进行磋商与合作提供必要的机构，促进国际的合作；促进国际贸易的均衡发展；促进各国汇率的稳定；为经营性交易建立一个多边支付和汇兑制度；为会员国融通资金；争取减轻各成员国国际收支的不平衡。IMF 的主要业务：向成员提供贷款，在货币问题上促进国际合作，研究国际货币制度改革的有关问题，研究扩大基金组织的作用，提供技术援助和加强同其他国际机构的联系。

（三）IBRD

IBRD 与 IMF 一样，它也是根据 1944 年布雷顿森林协议建立起来的。它于 1945 年 12 月成立，1946 年 6 月开始营业，1947 年 11 月成为联合国的专门机构，是世界上最大的政府间金融机构之一。IBRD 总部设在美国的华盛顿。

IBRD 的主要宗旨：为用于生产目的的投资提供便利，以协助成员国的复兴和开发；通过保证或参与的方式促进私人对外投资；鼓励开发生产资源，促进国际贸易。其原则：提高向发展项目提供贷款的选择性；加强与各类发展机构的伙伴关系；认真适应借款国的需求，促进它们参与 IBRD 的设计和执行；扩大贷款项目对经济发展的总体影响；消除官僚主义，讲究实效；完善 IBRD 自身的财务管理。IBRD 的资金来源主要有 3 个方面，即各成员国缴纳的股金、向国际金融市场的借款、发行债券和收取贷款利息。

（四）其他世界性经济组织

1）联合国贸易和发展会议。它是联合国系统内唯一综合处理发展与贸易、资金、技术和可持续发展领域相关问题的政府间机构。其主要目标：帮助发展中国家增强国力，最大限度地获取贸易与投资机会，加速发展进程，并协助它们应付全球化带来的挑战和在公平的基础上融入世界经济。

2）经济合作与发展组织。它是在第二次世界大战后美国、加拿大协助欧洲经济重建的基础上发展起来的组织。其宗旨：促进成员国经济和社会的发展，推动世界经济增长；帮助成员国政府制定和协调有关政策，以提高各成员国的生活水准，保持财政的相对稳定；鼓励和协调成员国为援助发展中国家做出努力，帮助发展中国家改善经济状况，促进非成员国的经济发展。

3）石油输出国组织。它是 5 个石油国联合起来共同应对西方石油公司、维护石油收入的组织，随着成员的增加，现已发展成为亚洲、非洲和拉丁美洲一些主要石油生产国的国际性石油组织。它是发展中国家的第一个经济合作组织。

二、区域性经济组织

区域性经济组织是指主要在世界的某一个地区发挥作用的经济组织。目前世界上的各种区域经济集团不下几十个，其主要分布情况和成立时间如下：

1）欧洲。欧盟（1993 年，其前身为 1957 年成立的原子能共同体）、欧洲自由贸易联盟（1960 年）、里海经济合作组织（1992 年）、维谢格拉德集团（1993 年）、独联体经济联盟（1993 年）。

2）亚洲。东盟（1967 年）、南亚区域合作联盟（1985 年）、中西亚经济合作组织（1985 年）、孟印缅斯泰经济合作组织（1997 年）。

3）中东、北非。海湾合作委员会（1981 年）、阿拉伯合作委员会（1989 年）、阿拉伯马格里布联盟（1989 年）。

4）撒哈拉以南非洲。西非经济共同体（1974 年）、西非国家经济共同体（1975 年）、东南部非洲共同市场（1981 年）、中非国家经济共同体（1983 年）、南部非洲发展共同体（1992 年，其前身是 1980 年成立的南部非洲发展协调会议）、东非合作委员会（1996 年）。

5）北美。北美自由贸易区（1992 年）。

6）中、南美洲。中美洲自由贸易区（1962 年）、安第斯国家共同体（安第斯条约组织，1969 年）、加勒比共同体（1973 年）、拉丁美洲一体化协会（1981 年）、南方共同市场（1991 年）。

7）大洋洲。澳新自由贸易区（1966 年）。

在众多的区域经济一体化组织中，欧盟、北美自由贸易区和亚太经合组织最具规模、影响力和代表性。

（一）欧盟

1951 年 4 月成立的欧洲煤钢共同体和 1957 年 3 月成立的欧洲原子能共同体于 1967 年 7 月合并为欧洲经济共同体，简称欧共体，它于 1993 年更名为欧盟。相比较而言，欧盟是经济一体化程度较高的一个区域性集团，现有 27 个成员国，2017 年人口数量为 5.125 亿，国土面积为 4 379 963 平方千米，GDP（gross domestic product，国内生产总值）为 17.278 万亿美元。欧盟的主要机构组织有欧盟理事会、欧洲理事会、欧盟委员会、欧洲议会和欧洲法院，此外还有欧盟审计院、欧盟中央银行、欧洲投资银行、经济和社会委员会、地区委员会、欧盟外交署等。

欧盟的宗旨：在欧洲各国人民之间建立不断的、愈益密切的、联合的基础，清除分裂欧洲的壁垒，保证各国经济和社会的进步，不断改善人民生活和就业的条件，并通过共同贸易政策促进国际交换。在修改文件中更是强调其旨在共同切实促进欧洲团结的发展，共同为维护世界和平与安全作出应有的贡献。在内部建设方面，欧盟实行一系列共同的政策和措施：实现关税同盟和共同外贸政策，实行共同的农业政策，建立政治合作制度，基本建成内部统一大市场，建立政治联盟等。此外，还实行了共同的渔业政策、建立欧洲货币体系、建设经济货币联盟等措施。在对外关系方面，欧盟同世界上许多国家和地区建立和发展了外交关系。1975 年 5 月，当时的欧共体与中华人民共和国建立正式外交关系。

（二）北美自由贸易区

1987 年 10 月，美国与加拿大签订了自由贸易协定。在美国、加拿大两国的基础上吸收了墨西哥参加，1994 年，《北美自由贸易协定》正式生效，形成了北美自由贸易区。北美自由贸易区是世界上第一个由发达国家和发展中国家组成的经济集团。

北美自由贸易协定是北美自由贸易区建立的蓝本，其宗旨：取消贸易壁垒，创造公平竞争的条件，增加投资机会，保护知识产权，建立执行协定和解决争端的有效机制，促进三边和多边合作。

（三）亚太经合组织

亚太经合组织原为经济论坛和磋商机构，根据澳大利亚的提议，首次亚太经济合作部长会议于1989年11月在堪培拉举行；1991年中国政府正式参加；1993年增加了亚太经合组织非正式首脑会晤，并正式采用亚太经合组织的名称；1994年进入制度化合作阶段。亚太经合组织共有5个层次的运作机制：领导人非正式会议；部长级会议，包括外交、外贸双部长会议及专业部长会议；高官会，高官会下设4个委员会，即贸易和投资委员会、经济委员会、经济技术合作高官指导委员会和预算管理委员会；委员会和工作组；秘书处。目前该组织共有成员21个，还有3个观察员，分别是东盟秘书处、太平洋经济合作理事会和太平洋岛国论坛。亚太经合组织的宗旨：保持经济的增长和发展；促进成员间经济的相互依存；加强开放的多边贸易体制；减少区域贸易和投资壁垒，维护本地区人民的共同利益。与其他两个组织相比，亚太经合组织有许多特点：从发展阶段来看，它仍然属于一个政府间合作的经济论坛；从组织原则看，它形成了独树一帜的组织方式，即在承认多样化的前提下，坚持互利、协商一致、自愿、灵活的原则，多形式、多结构地推进本地区的经济合作。亚太经合组织采取自主自愿、协商一致的合作方式，所做决定需经各成员一致同意。会议最后文件不具法律约束力，但各成员在政治上和道义上有责任尽力予以实施。其主要议题是讨论与全球及区域经济有关的议题，如促进全球多边贸易体制，实施亚太地区贸易投资自由化和便利化，推动金融稳定和改革，开展经济技术合作和能力建设等。近年来，亚太经合组织也开始介入一些与经济相关的其他议题，如人类安全（包括反恐、卫生和能源）、反腐败和文化合作等。

小　结

自然地理环境包括地形、河流和湖泊、气候、土壤、动物和植物等自然地理要素，它是人类经济活动的物质基础。地球上有七大洲和四大洋。陆地地形分为山地、高原、平原、盆地和丘陵5种。不同地形对人类经济活动产生不同的影响。河流、湖泊是陆地水的主要部分，除了提供人类生存水源，还具有航运、灌溉、发电、养殖、旅游等经济意义。世界主要气候类型有热带雨林气候、热带草原气候、热带季风气候、热带沙漠气候、亚热带季风气候、地中海式气候、温带海洋性气候、温带大陆性气候、温带季风气候、亚寒带针叶林带气候、极地苔原气候、极地冰原气候和高山气候，它们影响着农产品的构成、品质和流向，也影响着居民的消费习惯。

人文地理环境指人类自身长期在社会生产和生活实践中所形成的民族、语言、宗教信仰、风俗习惯、政治、经济、技术和法律等因素。它们是人类自身创造的，反过来又影响人类自身的生产和生活。人口的影响表现在其数量、素质、增长、结构和移动等方面。人类有黄色人种、白色人种、黑色人种、棕色人种四大人种，但却有2 000多个民族和部族。较大的有汉族、印度斯坦族、美利坚族、俄罗斯族、孟加拉族、大和族、旁遮普族和巴西族 8 个。世界上有三四千种语言，常用的有汉语、英语、西班牙语、俄语等 13 种。世界上宗教较多，主要有佛教、伊斯兰教和基督教三大宗教。世界上共有 230 多个国家和地区，分为超级大国、经济发达国家、发展中国家 3 类。发展中国家又分为石油输出国、新兴工业化国家和地区、经济转型国家和最不发达国家。民族、文化、国家的差异使人类在经济活动中有着不同的表现。

世界经济是世界各国与各地区经济在国际分工和世界市场的基础上，通过商品和各种生产要素的国际流动而形成的相互联系与相互依赖的全球经济体系。世界经济萌芽于地理大发现时期，因两次科技革命而最终形成。经济全球化是指各种生产要素在世界范围内优化配置，使各国经济相互依赖、相互影响和融合的过程。其主要表现为贸易全球化、生产全球化、金融全球化、科技全球化和劳动力的国际流动。区域经济一体化是区域内各国间的经济联系和相互依存关系，表现为区域经济集团化，有多种分类方式：按经济一体化的程度可分为优惠贸易安排、自由贸易区、关税同盟、共同市场、经济同盟、完全经济一体化；按经济一体的范围可分为部门一体化、全盘一体化；按参加国的经济发展水平可分为水平一体化、垂直一体化、混合一体化。

国际经济组织可分为世界性经济组织和区域性经济组织。前者主要有 WTO、IMF 及 IBRD，此外，还有联合国贸易和发展会议、经济合作与发展组织、石油输出国组织等。目前世界上的各种区域经济集团不下几十个，欧盟、北美自由贸易区和亚太经合组织最具规模、影响力和代表性。

思考题

1. 自然地理对人类经济活动有什么影响？
2. 人文地理对人类经济活动有什么影响？
3. 简述世界经济的产生与发展。
4. 经济全球化的表现形式和作用是什么？
5. 区域经济一体化的特点和作用是什么？
6. 试比较世界性经济组织与区域性经济组织的异同。

产 业 篇

第三章

第一产业地理——农业

知识点

第一产业发展的历程、现状与特点；世界农业地域的类型；世界粮食作物的生产状况与分布；世界经济作物的生产与分布；世界畜牧业的类型、畜牧数量与畜牧产品的生产与分布；世界森林资源的分布及林产品的生产与分布；世界渔业的发展与产品的分布。

技能点

能够根据世界第一产业的生产及分布，分析世界农产品的贸易及运输特征，并能够借助相关信息，分析、预测第一产业的生产贸易形势。

案例导入

杜能是19世纪初德国的经济学家和经济活动空间模式的创始人。他于1810年在门克伦堡东南泰罗购置了146公顷土地，亲自经营多年，并在积累管理经验的基础上，对农业区位论进行深入的研究。他于1826年完成的《孤立国》(即《孤立国同农业和国民经济的关系》)成为第一部农业区位理论的古典名著。杜能的著作动机是对泰尔合理主义农业论的质疑。产业革命后，德国开始资本主义化，泰尔提出农业经营集约化，以英国为样板，即德国农业应由原来的谷草式转向轮作制，由放牧转向饲养。泰尔认为英国的集约农业可无条件地适用于德国。这在对德国农业革新时犯了不考虑地域差异的错误。杜能的理论回答了这个问题，他认为，农业土地利用类型和农业土地经营集约化程度不仅仅取决于土地的天然特性，更是取决于其经济状况，特别是它到农产品消费市场的距离，即不是任何地区和地带都必须采用同样的集约化经营方式，根据条件进行合理的空间组合。虽然杜能的理论存在一定的局限性，但在当时对农业生产是非常有意义的。

第一节　概　　述

第一产业又叫第一部门，指广义的农业，包括种植业、畜牧业、林业和渔业等。它是人类通过生产活动，利用动植物的生长繁殖来获得人们需要的生活资料和初级产品的物质生产部门。它是国民经济的基础生产部门，既为人们提供食物，又为工业生产提供原材料，还吸收大部分劳动力。农业可以说是一个国家经济发展、自强自立、民族团结、社会安定的基本条件。

一、第一产业的发展历程

第一产业是起源最早的生产部门，在漫长的历史过程中经历了 3 个阶段。

（一）原始农业阶段

原始农业阶段，原始社会生产力的水平极端低下，人们依赖于自然界，靠集体捕鱼、打猎、采集食物为生。随着生产工具和生活资料谋取方式的进一步改善，畜牧业和农业的发展，产生了社会分工。因而，其他各种生产活动也随之逐步发展起来。随着手工业的发展和炼铁术的发明，人类创造了新的生产工具，并开始种植作物，饲养牲畜。这个阶段的主要特点：利用简陋的生产工具，通过一定范围内的共同劳动，将获得的农牧产品平均分配，维持极端贫乏的生活。

（二）传统农业阶段

一般来说，从奴隶社会经封建社会再到资本主义社会初期，即产业革命以前，这个阶段称为传统农业阶段。在奴隶主占有制条件下和封建主义时代的经济基本上是自然经济，很少同外界进行交换，农业生产占主导地位。农业生产主要靠人力劳动，以及简单的手工工具和一些简单的铁器农具，生产技术靠传统经验而发展。此时的生产规模很小，以自给自足的自然经济为主。随着商品经济和工场手工业的萌芽，生产地域分工和国内市场也相继产生和发展。在农业中各地区的某些农作物和部门逐步专门化，出现了商业性的农业区。

（三）现代化农业阶段

产业革命之后，大工业的发展使机器被引入了农业生产，农业技术得到了进一步的提高，这使第一产业有了飞跃的发展，特别是第二次世界大战结束以后，在经济发达国家中，农业机械化更为广泛，更多样地应用于第一产业的各个部门，它们相继实现了农业现代化。而随着生物科技的进步与发展，一系列的耕作制度与栽培技术也产生了巨大变革，农业劳动生产率获得空前提高。在生产力大大提高的同时，第一产业也出现了专业化。区域专业化、农场经营专业化、产品加工专业化成为农业发展的新趋势。随着农业生产专业化的发展，目前已有不少国家出现了农工商联合企业的新的经营形式。

二、第一产业发展的现状和特点

目前世界上第一产业的发展还相当不平衡，各洲、各国的农业发展处于不同的阶段，具体表现在以下 3 个方面。

（一）发达国家与发展中国家的不平衡

第二次世界大战以后，发达国家第一产业各个部门经营高度集约化、机械化，产品高度商品化。它们的生产技术水平高、劳动生产率高、经济效益大。欧洲、北美、日本、澳大利亚等已进入现代化农业阶段，而亚洲、非洲、拉丁美洲的发展中国家虽获得独立，不少国家进行了土地改革，利用本国的有利条件发展民族经济，并取得了巨大成就，第一产业有了较大的发展，但大多数仍然处于传统农业阶段，还有少数的非洲国家尚处于原始农业时代。发展中国家相对落后的生产关系阻碍了第一产业的大力发展，农业生产技术水平低，机械化程度不高，产业内部结构不合理，使各种农业产品的产量不高。粮食生产大部分国家不能自给，肉、奶、蛋的产量和消费量都比较低，仅供出口的农业原料和热带农产品比重较大。

（二）发达国家内部的不平衡

第二次世界大战以后，发达资本主义国家之间经济、政治发展的不平衡更加明显，第一产业发展也很不平衡，农业现代化水平有很大差别，同时，在地区分布上也有较大的差异。

1）北美洲的美国、加拿大，大洋洲的澳大利亚等国家，地域辽阔，人口不多，劳动力不足。所以，它们非常重视第一产业向现代化方向的发展，农业机械向大型、高速、联合作业方向发展，并采用电子技术和自动控制等先进手段。有些国家的农、林、牧业使用飞机作业，生产效率得到很大提高，农、牧产品丰富，历年均有出口。

2）西欧的英国、法国、荷兰、比利时，中欧的德国、瑞士，北欧的丹麦和南欧的意大利等国，耕地有限，人口不多，劳动力不足，对机械化和生化技术都相当重视，农、牧产品较前有了较大的提高，一些国家畜牧业的比重超过了种植业，其乳、肉、蛋除自给外，尚有部分出口。但因耕地有限，有些国家的粮食不能自给。

3）俄罗斯和东欧国家，农业机械化程度较高，劳动生产率也较高。第一产业在国民经济收入中所占比重为 12%～20%。大部分国家牧业产值在农牧业产值比例中超过 50%。多数国家农牧产品基本达到自给，但有些国家直到目前还需要进口，也有的为了发展畜牧业，需要从国外进口大量的玉米、大麦等饲料。

4）东亚的日本，多山和岛屿，平原狭小，耕地少，人口众多，人均土地极少，农场规模也相对较小，因而特别重视农业技术改革，大力发展农业“四化”（机械化、电气化、水利化、化肥化）和生物科技。农业机械向小型农机具方向发展，许多农产品单产和营养含量位于世界前列。渔业生产特别是远洋捕鱼在世界上曾长期独占鳌头。

（三）发展中国家内部的不平衡

1. 发展中国家的农业发展不平衡的表现

第二次世界大战后，发展中国家在政治上取得了独立，许多国家没收了外国垄断资本家或殖民者在本国的一些企业，为发展民族经济创造了条件。但是由于各自的自然条件、技术条件和社会经济条件不同，发展中国家第一产业生产发展不但表现出区域之间的不平衡，而且国家内部发展也很不平衡。

1）东亚、东南亚和南亚虽然稻谷产量较高，但由于人口多、人均耕地少、经营管理落后、缺乏现代化生产技术，以及其他社会经济原因，除少数国家尚有粮食出口外，大多数国家只能基本自给，还有一些国家粮食不能自给。西亚国家第一产业大多生产技术落后、生产水平很低、粮食不能自给。有些国家牧业比重较大，如阿富汗等。

2）非洲是世界上农业发展最缓慢的地区，除个别国家外，大部分国家缺乏粮食。农业发展缓慢的原因，主要是生产技术落后、农业机械化水平很低，以及频繁的自然灾害和战争等。仅木材产量较大。

3）拉丁美洲第一产业占重要地位。第二次世界大战后，它的农业生产和农业技术水平有所提高，其中，巴西、阿根廷等国农业生产发展较快，机械化水平较高，农、牧业产品尚有出口。

4）在大洋洲，特别是美拉尼西亚、密克罗尼西亚、波利尼西亚三大群岛，其开发程度很低，生产工具很落后，生产水平也很低，经济落后。有许多国家和地区第一产业是国民经济的重要支柱，有些国家仍过着自给自足的原始部落生活。单一经济是它们最重要的经济特征。

2. 农业生产与发展的主要特点

从当前世界农业生产与发展的状况来看，农业生产与发展主要表现出以下特点。

1）农业产值增大，地位下降。第二次世界大战结束以后，世界各国恢复了国内建设，第一产业得到了很大的发展，世界农业总产值增长较快，许多国家在40多年的发展中产值增长超过了两倍。但随着第二、三产业的发展，在国民经济生产中，第一产业的比重显著降低，这是社会发展的必然。第二、三产业比重的提高，标志着经济结构的进步。

2）农业结构发生变化。随着世界经济的发展，畜牧业在第一产业中所占比重相对提高，种植业的比重则相对下降。当然，仍有一些国家种植业的比重仍占主导地位，也有些国家的渔业收入在国民经济中占重要地位，这与其国情有关。总体来说，畜牧业比重的提高，标志着产业结构的进步。

3）农业技术装备水平不同。第二次世界大战后，各国都把农业机械化和生物科技提到重要地位，但由于自然条件、科技水平及经济能力的不同，发展的方向与水平大不相同。地域辽阔的国家以发展大型机械化为主，狭窄多山的国家则注重品种改良和设备的小型化。发达国家在农、林、牧、渔等方面基本上实现了机械化，而发展中国家的进展相对缓慢。

4）农业地带性明显，地域差异性大。世界农业的生产自低纬度到高纬度和由平原到高原地带，呈明显的水平地带性和垂直地带性的分布。世界各大洲、各国自然条件的水平地带性分布非常明显，从而形成了不同的农业带。这些农业带对农业的分布、农业部门的地域结合特点有着直接的影响。

5）季节性与周期性明显。作为自然再生产，农业要受光、热、水、土等自然要素的制约；作为经济再生产，农业有与自然再生产密切结合的种、养、管、收、藏、售等社会经济过程和环节。作为农业生产对象的各种动植物为适应环境变化，其生命过程必然呈季节性和周期性变化，在不同季节，农业生产的内容、强度也随之有规律地变化。

2017年我国农业总产值分布/亿元

三、世界农业地域类型

根据第一产业的发展水平，商品化和专业化的程度，农、林、牧、渔的生产结构与生产方式、经营管理等特点，世界农业按地域可划分为以下几个类型。

1）温带高度商品化、集约化农业。温带地域广大，自然条件优越，农业经营管理科学化、机械化水平很高，新技术应用广，农、牧业结合好、发展水平高，农畜产品和商品率均高，人均粮、肉产量皆高，其产品主要依赖国际市场，如美国、加拿大、法国等。

2）季风型水田农业。主要包括东南亚、南亚、东亚东部沿海地带，尤其是各大河流的三角洲平原。种植业以稻谷为主，大多数国家自给自足，经济作物主要有茶叶、甘蔗、麻类、水果等，其中有些为出口物资。该区畜牧业比较发达，渔业也占一定的地位。

3）地中海型农业。在地中海沿岸各国受地中海式气候和地形的影响，种植业除麦类、玉米粮食作物外，园艺业发达，主要栽培葡萄、柑橘、无花果、橄榄、椰枣、蔬菜、花卉等，世界驰名。乳肉畜牧业发达，林、渔业占一定地位。

4）热带种植园农业。位于南、北回归线之间，常年高温多雨，主要种植热带经济作物，以橡胶、棕榈、香蕉、咖啡、可可、剑麻等为主，其经营方式大多是种植园，纯粹属于商品经济，多为外国垄断资本所控制，如马来西亚等。

5）自给性旱作农业。包括各大洲非灌溉农业区，绝大多数国家或地区仍然处于传统农业阶段。主要种植麦类作物和杂粮作物，畜牧业发展占一定比重，林业比重更小，鱼类资源十分缺乏，农业生产以自给为主。区际经济联系较差。

6）干燥粗放游牧业。主要包括蒙古高原、中亚细亚、沙特阿拉伯半岛、澳大利亚中西部等。游牧业主要是逐水草而居，生产经营、管理技术很落后，一般与种植业联系不大，随季节变化交换牧场，每公顷载畜量很少。

7）高度商品化、集约化畜牧业。主要包括西欧、北欧、北美等，牲畜和牧场的经营管理科学化、机械化水平高，农、牧业结合好，畜产品率和商品率都较高。以生产牛奶、奶油、奶酪等奶制品为主，种植业以牧草为主，还有麦类、马铃薯、甜菜等，多用作饲料。

8）城郊高度商品化、集约化农业。随着世界城市化的迅速发展，城市人口不断增加，人们对蔬菜、瓜果、乳、肉、禽、蛋等农副产品的需求量急剧增加。因此，城郊蔬菜、园艺种植、家畜、家禽饲养业获得较快的发展，城郊高度商品化、集约化的农业发展起来。

9）荒漠绿洲农业。地处大陆腹地，常年干旱缺雨，如中国西北部、中亚细亚、西亚等荒漠地带。农业生产靠季节性河水、高山冰雪融水、地下水灌溉，农业生产基本稳定。种植业以发展粮食作物为主，如麦类、玉米、谷类等；经济作物主要栽培棉花、甜菜、油料、啤酒花；园艺作物以种植葡萄、瓜类较为突出；畜牧业比较发达。

10）沿海渔业。濒临海洋，捕鱼和渔产品加工业是国民经济的重要支柱，在某些国家又是主要的出口物资，占本国出口总额的大部分，如冰岛、马尔代夫等。

11）原始型农业。主要是非洲和亚洲一些国家，农业生产长期处于原始农业阶段，生产工具极端落后，农业技术改革缓慢，农业人口比重大多超过 80%，耕作粗放，农业产值占国民生产总值的 3/5～4/5 及以上，有的国家或地区的粮食生产长期不能自给。

12）寒带养鹿、狩猎、捕鱼业。位于亚欧和北美大陆北纬 60° 以北，冬季严寒，夏季冷湿，经济以原始农业为主，生产工具很简陋，经济很落后，居民生活依赖自然界，以养鹿、狩猎、捕鱼为其主要经济活动。例如，俄罗斯境内居民善于养鹿，格陵兰岛狩猎是传统行业，加拿大北部巴芬岛的因纽特人擅长狩猎、捕鱼。

第二节 种 植 业

种植业是指在耕地上种植农作物的农业生产部门。其中，农作物是在耕地上人工种植的、以满足人们某种需要为目的的草本植物，包括粮食作物和经济作物两种。根据美国地质调查局（United States Geological Survey，USGS）2017 年发布的全球农田 30 米高分辨率互动地图，全球农田共 18.7 亿公顷，其中，耕地面积占比最高的国家是印度（9.6%），其次是美国（8.9%）、中国（8.8%）、俄罗斯（8.3%），这 4 国占全球农田总面积的 1/3 以上。

一、世界粮食生产分布

粮食是人类赖以生存的重要生活必需品，世界耕地中种植粮食作物的耕地占近 50%。

（一）世界粮食生产状况

第二次世界大战后至 20 世纪 80 年代末，世界粮食生产量不断增加，1946 年谷物产量为 5.33 亿吨，1990 年达到 19.51 亿吨，增长了 2.66 倍。进入 20 世纪 90 年代后，在西方发达国家经济不景气和世界大面积自然灾害等影响下，世界粮食生产停滞不前。1995 年谷物产量为 18.96 亿吨，而同期世界人口由 52.83 亿增加到 56.73 亿，使人均谷物产量由 369 千克降为 333 千克，并导致世界粮食库存不断减少，粮价不断上涨；发展中国家饥饿和营养不良的人越来越多，许多发展中国家粮食消费严重依赖进口。因此，从 1996 年开始，欧美发达国家纷纷采取调整农业生产结构、放松对农产品生产的管制等政策，以增加粮食产量。2001 年世界谷物总产量达到 20.77 亿吨，2008～2009 年度总产量突破 22.89 亿吨，2015 年世界粮食产量达到 24.67 亿吨。根据联合国粮食及农业组织（以下简称粮农组织）公开的数据，2017 年全球粮食产量约为 26.27 亿吨。

（二）世界粮食生产分布情况

粮食作物以谷物为主。从大洲看，谷物种植主要分布在亚洲、欧洲、非洲和北美洲，但产量方面亚洲、欧洲和北美洲所占比例较高。

按国家看，2017 年，中国的粮食产量为 6.18 亿吨（夏粮产量 14 031 万吨，早稻产量 3 174 万吨，秋粮产量 44 585 万吨），约为同期全球粮食总产量的 23.5%，是全球粮食产量最大的国家，同时也是粮食进口量最大的国家。

美国为全球粮食的第二大生产国，2017 年的粮食总产量接近 5 亿吨，并且是全球最大的农产品出口国。2017 年，美国生产的大豆总量约为 1.19 亿吨，约为全球大豆总产量的 33.9%（全球大豆总产量约为 3.52 亿吨）。而美国出口的大豆总量约为 5 620 万吨（其中 3 286 万吨出口到了中国），约为全球出口总量的 36.73%。

第三名是印度，2016 年粮食总产量约为 2.8 亿吨。值得一提的是，印度已经超过了泰国，成为全球最大的大米出口国，2017 年出口的大米总量接近 1 200 万吨。

第四名是巴西。巴西在 2017 年的粮食产量约为 2.4 亿吨，其中 1.14 亿吨为大豆，且 2016 年大豆出口总量达到了 6 600 万吨（其中 80%的大豆出口到了中国），成为全球大豆出口量最大的国家。

第五名是俄罗斯，2016 年粮食产量约为 1.35 亿吨，粮食出口量约为 5 200 万吨，包括约 4 200 万吨的小麦，成为全球小麦出口量最大的国家。

2017 年世界主要产粮国家谷物产量如表 3.1 所示。

表 3.1　2017 年世界主要产粮国家谷物产量

国家/地区	产量/万吨	国家/地区	产量/万吨
世界总计	262 710	孟加拉国	5 333
中国	61 886	澳大利亚	5 005
美国	44 012	越南	4 788
印度	28 361	德国	4 556
巴西	24 114	巴基斯坦	4 409
俄罗斯	13 578	泰国	3 872
印度尼西亚	10 933	墨西哥	3 749
阿根廷	7 639	土耳其	3 613
法国	6 449	波兰	3 192
乌克兰	6 069	尼日利亚	2 887
加拿大	5 631	缅甸	2 812

资料来源：粮农组织数据库。

（三）世界主要粮食作物的分布

世界主要粮食作物包括小麦、稻谷、玉米、大麦、高粱、燕麦、黑麦和粟 8 种。小麦、玉米和稻谷都是被子植物，易于种植、产量高、适应性强，其果实营养价值高、代谢能高，蛋白质及人体所需的营养成分齐全。小麦、水稻、玉米被称为世界三大粮食作物。2009 年，这 3 种作物的种植面积占世界谷物种植面积的 78.84%。

1. 小麦

小麦是世界播种面积最大、产量最多和分布最广的粮食作物，小麦在世界粮食作物中居首要地位，世界人口特别是发达国家人口大多以小麦为主要口粮，种植面积最大，2016 年达 2.2 亿公顷，产量达 7.5 亿吨。小麦种植分布范围最广，遍及世界各地，主要分布在北纬 27°～57° 和南纬 25°～40° 的温带地区，特别是在海拔 200 米以下的平原河谷地区和海拔 200～1 500 米地势比较平坦的高原山地。从国家来看，小麦种植主要分布在中国、印度、俄罗斯、美国、法国、加拿大等国，2016 年世界主要小麦生产国小麦的产量及其占世界产量的比重如表 3.2 所示。小麦种植的主要分布地区：俄罗斯的温带草原区的黑土带；美国和加拿大中部的小麦带；印度、澳大利亚的亚热带和热带草原区；中国的华北平原和东北平原。

表 3.2　2016 年世界主要小麦生产国小麦的产量及其占世界产量的比重

国家/地区	产量/万吨	所占比例/%	国家/地区	产量/万吨	所占比例/%
世界总计	74 946.0	100	泰国	2 609.9	3.48
中国	13 168.9	17.57	菲律宾	2 600.5	3.47
印度	9 350.0	12.48	巴西	2 446.4	3.26
印度尼西亚	7 329.5	9.78	巴基斯坦	2 227.5	2.97
孟加拉国	6 285.9	8.39	美国	2 060.0	2.75
越南	3 048.7	4.07	柬埔寨	1 855.8	2.48
缅甸	2 950.5	3.94	日本	1 498.5	2.0

资料来源：中华人民共和国国家统计局，2018．2017 国际统计年鉴[M]．北京：中国统计出版社．

2. 稻谷

稻谷是热带和亚热带作物，主要产地首先是亚洲东部和南部季风气候地带，特别是该气候地带的大河三角洲、江河冲积平原和沿海平原；其次是墨西哥湾沿岸、密西西比河下游地区。其中稻谷主产区是东亚、东南亚、南亚，尤以中国长江流域、孟加拉国、爪哇岛等处产量最高。稻谷是世界上最重要的粮食作物之一。全球主要的稻谷生产国家包括中国和印度。2016 年世界主要稻谷生产国稻谷的产量及其占世界产量的比重如表 3.3 所示。

表 3.3　2016 年世界主要稻谷生产国稻谷的产量及其占世界产量的比重

国家/地区	产量/万吨	所占比例/%	国家/地区	产量/万吨	所占比例/%
世界总计	74 096.1	100	泰国	2 526.8	3.41
中国	20 950.3	28.27	菲律宾	1 762.7	2.38
印度	15 875.7	21.43	巴西	1 062.2	1.43
印度尼西亚	7 729.8	10.43	巴基斯坦	1 041.2	1.41
孟加拉国	5 259.0	7.10	美国	1 016.7	1.37
越南	4 343.7	5.86	柬埔寨	982.7	1.33
缅甸	2 567.3	3.46	日本	804.4	1.08

资料来源：中华人民共和国国家统计局，2018．2017 国际统计年鉴[M]．北京：中国统计出版社．

3．玉米

玉米是人们的食粮又是饲料作物，被视为“杂粮”或“粗粮”。随着畜牧业发展对饲料需求的增加，玉米生产发展很快。玉米对自然条件的适应性强，单位面积产量高，因此分布十分普遍；除大洋洲外，各洲的夏季高温多雨区都有玉米种植。玉米在全球三大谷物中，总产量和平均单产均居于世界首位，玉米的播种面积以北美最多，其次为亚洲、拉丁美洲和欧洲等。以玉米为原料制成的加工产品有 3 000 种以上，玉米是制造复合饲料的最主要原料，一般占 65%～70%。

全世界每年种植玉米 1.77 亿多公顷，2016 年玉米总产量超过 10.65 亿吨，占全球粮食总量的 30%～35%，主要分布国家有美国、中国、巴西、阿根廷，这 4 个国家的总产量占全球总产量的 70%左右。2016 年世界主要玉米生产国玉米的产量及其占世界产量的比重如表 3.4 所示。

表 3.4　2016 年世界主要玉米生产国玉米的产量及其占世界产量的比重

国家/地区	产量/万吨	所占比例/%	国家/地区	产量/万吨	所占比例/%
世界总计	106 010.8	100	印度	2 626.0	2.48
美国	38 477.8	36.30	印度尼西亚	2 037.0	1.92
中国	23 167.4	21.85	俄罗斯	1 531.0	1.44
巴西	6 414.3	6.05	加拿大	1 234.9	1.16
阿根廷	3 979.3	3.75	法国	1 213.1	1.14
墨西哥	2 825.1	2.66	罗马尼亚	1 074.6	1.01
乌克兰	2 807.5	2.65	尼日利亚	1 041.4	0.98

资料来源：中华人民共和国国家统计局，2018．2017 国际统计年鉴[M]．北京：中国统计出版社．

二、世界经济作物生产分布

2017 年我国粮食产量分布/万吨

经济作物是除粮食作物以外的农作物，是重要的轻工原料。它的生产大多要求有特殊的自然环境，要求精耕细作，使用劳动力多，生产技术要求较高，因而大多集中于少数地区。

经济作物种类很多，一般分为 5 类：一是纤维作物，如棉花、麻类等；二是油料作物，如大豆、花生、油菜籽、芝麻等；三是糖料作物，如甘蔗、甜菜等；四是饮料作物，如茶叶、可可、咖啡等；五是其他工业原料作物，如天然橡胶等。

（一）世界纤维作物

纤维作物主要指棉花和麻类，2003～2017 年世界纤维作物产量如图 3.1 所示。

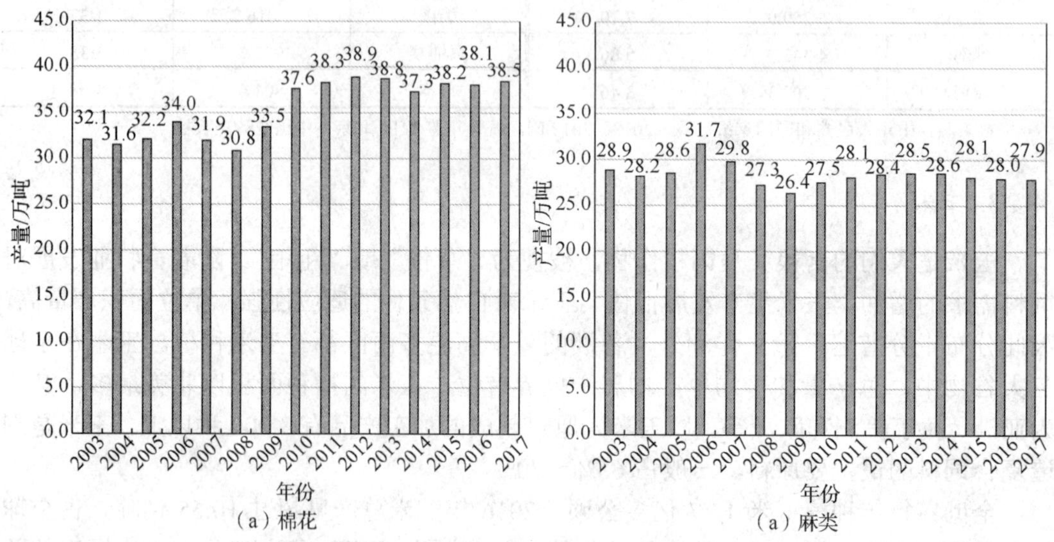

图 3.1　2003～2017 年世界纤维作物产量

资料来源：粮农组织数据库。

亚洲和美洲是全球纤维作物主要产区，其中美洲产量占总产量的 47.6%，亚洲产量占全球产量的 34.1%。

1. 棉花

棉花是纺织工业的主要原料，随着人们对纺织品需求的不断增加，棉花产量不断增长。1960 年世界棉花产量为 1 008.3 万吨，1990 年达到 2 066.8 万吨，以后有所下降，2000 年仅有 1 914.7 万吨。21 世纪棉花的产量有所回升，2004 年总产达到 2 620 万吨，2016 年达到 6 539.2 万吨。

棉花是亚热带作物，喜温、喜光照，随着对棉花质量要求的不断提高和灌溉技术的进步，第二次世界大战后，棉花生产日益向具有灌溉条件的干旱地区集中。世界棉花生产主要集中在以下 4 个地区。

1）亚洲中部、东部和南部地区。这是世界棉花的主要产区，中亚地区包括乌兹别克斯坦、土库曼斯坦、哈萨克斯坦，中国的天山南北；东亚地区包括中国的华北平原、长江中下游平原和东北平原；南亚地区包括印度的德干高原和印度河平原。

2）北美洲南部地区。主要是美国南部的棉花带，它是世界第二大棉花产区。

3）非洲东北部地区。主要是埃及和苏丹的棉产区。其长绒棉产量占世界产量的

80%以上。

4）拉丁美洲地区。包括巴西、阿根廷、墨西哥和中美洲各国。

从国家看，全球棉花主产国包括美国、印度、巴基斯坦、中国、土耳其、澳大利亚及巴西。其中印度、中国、美国分列第一、二、三名。世界棉花出口最多的是美国，其次是中亚地区，中国是当今全球最大的棉花进口国。

2. 麻类

麻类是重要的工业原料，主要种类有黄红麻、亚麻、剑麻等。黄红麻主要用于制麻袋；亚麻分为纤维用麻和油用亚麻，分别用于纺织和榨油；剑麻纤维坚韧耐腐，用于制造船缆。全球麻及麻类纤维产区主要集中在印度和孟加拉国，两国分别占世界麻产量的64.62%和24.65%，中国占3.78%；其他种麻类作物的国家有俄罗斯、缅甸、泰国、越南、印度尼西亚、巴西等，但产量少，仅几万吨甚至几千吨。黄红麻主要产于亚洲的印度、孟加拉国，产量占世界产量的90%以上；亚麻以俄罗斯为最多，此外，还有中国、法国、荷兰等；剑麻主要产于巴西。

发展中国家生产的麻类大部分加工成麻袋或绳索，出口到发达国家。

（二）世界油料作物

油料作物种类较多，一年生的有大豆、花生、油菜籽、芝麻等，多年生的有油橄榄、油棕、椰子、油茶等，前者占世界产量的80%左右，后者占20%左右。油料作物一般分布普遍，有少数油料作物受自然条件的限制，分布较集中，具体如表3.5所示。

表3.5　2017年世界主要大豆和油菜籽生产国产量及占世界产量的比重

大豆			油菜籽		
国家/地区	产量/万吨	比例/%	国家/地区	产量/万吨	比例/%
世界总计	35 264.6	100	世界总计	7 623.8	100
美国	11 951.8	33.9	加拿大	2 132.8	27.9
巴西	11 459.9	32.5	中国	1 327.4	17.4
阿根廷	5 497.1	15.6	印度	791.7	10.4
中国	1 315.2	3.1	法国	520	6.8
印度	1 098.1	3.7	澳大利亚	431.3	5.6
巴拉圭	1 047.8	3.0	波兰	427.5	5.6
加拿大	771.6	2.2	德国	269.7	3.5

资料来源：粮农组织数据库。

1. 大豆

大豆是重要的油料作物，一般含油率为16%～22%。1950年，世界大豆产量为1 815万吨，20世纪70年代以后大豆生产迅速增长，2017年达到35 264.6万吨。世界生产大豆的国家有50多个，但产量大的只有几个国家。美国的大豆产量占世界大豆产量的33.9%，巴西占32.5%，阿根廷占15.6%，中国占3.1%。此外，生产大豆较多的还有印度、加拿大、印度尼西亚、俄罗斯、意大利等国。美国、巴西、阿根廷是大豆的主要出口国，日本和欧洲一些国家是大豆的主要进口国。

2. 花生

花生是重要的油料作物，一般含油率为45%～50%，油质好。花生对自然条件适应性强，可在沙质土中种植。2016年世界花生产量为4 398.2万吨，其中发展中国家的花生产量占93.37%。从国家看，中国的花生产量占世界花生产量的37.5%，高居世界首位，印度占19.2%。此外，生产花生较多的国家有尼日利亚、美国、印度尼西亚、缅甸等。世界花生的主要出口国是中国、印度等，主要进口国是日本和欧洲一些发达国家。

3. 油菜籽

油菜籽也是一种重要的油料作物，一般含油率为35%～46%。油菜籽对自然条件适应性强，分布普遍，从热带、亚热带到温带都有。2016年世界油菜籽产量为6 885.5万吨，其中，加拿大油菜籽产量占世界油菜籽产量的26.76%，中国油菜籽的产量占22.19%，印度和德国分别占9.87%和6.65%。此外，生产油菜籽较多的国家有法国、英国、波兰、澳大利亚等。油菜籽的出口国主要是欧洲国家，出口到亚洲和非洲。

4. 芝麻

芝麻也是一种重要的油料作物，原产中国，性喜温耐旱，主要分布在亚洲和非洲。2017年，中国芝麻产量为36.6万吨。从国家来看，加拿大、印度均为芝麻的产量大国。

（三）世界糖料作物

世界糖料作物中最主要的是甘蔗和甜菜，其出糖率分别为11%～12.6%和12%～14%。2016年世界主要甘蔗、甜菜生产国产量及占世界的比重如表3.6所示。

表3.6　2016年世界主要甘蔗、甜菜生产国产量及占世界的比重

甘蔗			甜菜		
国家/地区	产量/万吨	比例/%	国家/地区	产量/万吨	比例/%
世界总计	189 066.2	100	世界总计	27 723.1	100
中国	76 867.8	40.66	俄罗斯	5 136.7	18.53
印度	34 844.8	18.43	法国	3 379.5	12.19
美国	12 266.4	6.49	美国	3 345.8	12.07
巴基斯坦	8 746.9	4.63	德国	2 549.7	9.20
巴西	6 545.1	3.46	土耳其	1 946.6	7.02
乌兹别克斯坦	5 644.7	2.99	乌克兰	1 401.2	5.05
土耳其	3 695.1	1.95	波兰	1 352.4	4.88

资料来源：中华人民共和国国家统计局，2018．2017国际统计年鉴[M]．北京：中国统计出版社．

1. 甘蔗

甘蔗是热带、亚热带作物，喜高温，需水量大，生长期长，主要分布在南北纬35°之间。

2016 年，世界甘蔗产量为 189 066.2 万吨，中国甘蔗产量占世界甘蔗产量的 40.66%，印度占 18.43%。其他甘蔗产量较多的国家有美国、巴基斯坦、巴西、土耳其、澳大利亚等。

2. 甜菜

甜菜喜温凉气候，适宜在中温带地区种植，主要分布在北纬 40°～60°。2016 年，世界甜菜产量为 27 723.1 万吨，俄罗斯的甜菜产量占世界甜菜产量的 18.53%，法国占 12.19%，其他甜菜产量较多的国家有美国、德国、乌克兰、土耳其、中国、波兰、英国等。

甘蔗和甜菜收割后不能久储，要及时加工成糖，制糖厂必须建在原料产地，因此，甘蔗、甜菜产量大的国家，糖的产量也大，但各国对糖的消费量不同，产量大于消费量的国家大量出口糖。世界糖的主要出口国有巴西、古巴、法国、澳大利亚等，主要进口国有日本、美国、中国、韩国等。

（四）世界饮料作物

茶叶、咖啡、可可是世界三大饮料作物。

1. 茶叶

茶叶是热带、亚热带多年生常绿植物，喜湿润气候，耐阴性强，分布较普遍，在北纬 42°以南至南纬 33°以北地区，有 40 多个国家种植茶树。国际茶叶委员会数据统计显示，2016 年，全球茶叶产量 546.3 万吨，比 2015 年增加 18.2 万吨，同比上升 3.4%。其中，中国产茶量为 235 万吨，是全球最大的茶叶生产国，占总产量的 43%。印度茶叶产量为 123.9 万吨，位居第二，占全球茶叶总产量的 22.7%。肯尼亚茶叶产量为 47.5 万吨，创历史最高水平，比 2015 年增加 75 597 吨，位居第三，占全球茶叶总产量的 8.7%。斯里兰卡茶叶产量为 29.3 万吨。越南茶叶产量为 16.5 万吨。茶叶产量位居前 5 位的其他国家是印度尼西亚（12.5 万吨）、土耳其（11.9 万吨）、阿根廷（8.4 万吨）、孟加拉国（8.3 万吨）、日本（7.7 万吨）。

2016 年，全球茶叶出口总量为 177.4 万吨，同比下降 1.2%。肯尼亚是世界最大茶叶出口国；中国位居第二，茶叶出口 32.8 万吨；印度出口 28.1 万吨，位列第三。其他主要茶叶出口国分别是印度（21.3 万吨）、越南（12.7 万吨）、阿根廷（7.9 万吨）、乌干达（50 368 吨）、印度尼西亚（5 万吨）、马拉维（2.9 万吨）、坦桑尼亚（2.6 万吨）。美国、英国、俄罗斯等国是主要的茶叶进口国。

中国是茶叶的原产地，茶园面积占世界第一，但单产较低。中国出口茶叶以绿茶为主，而世界茶叶市场上红茶销量约占 90%，今后我国应调整茶叶品种结构，以适应国际市场的需要。

2. 咖啡

咖啡是世界上最重要的饮料之一，其消费量要比茶叶多 4 倍。咖啡是热带作物，主要分布在拉丁美洲和非洲。在南美洲，咖啡生产国主要有巴西、哥伦比亚、委内瑞拉、厄瓜多尔等。其中，巴西咖啡的种植面积最大，产量也最大，有世界“咖啡王国”之称，同时，它也是世界最大的咖啡出口国。在中美洲，咖啡生产国主要有危地马拉、哥斯达黎加、萨尔瓦多、尼加拉瓜等；在非洲，西非的科特迪瓦、几内亚、喀麦隆等国，东非的肯尼亚、坦桑尼亚等国，中非的扎伊尔等国是主要的咖啡生产国。在亚洲，生产咖啡最多的是印度尼西亚，产量居世界前列。世界咖啡生产主要集中在发展中国家，其产量的3/4供出口，主要销往发达国家。

3. 可可

可可是热带作物，喜高温多雨气候，集中产于南北纬15°之间的非洲西部沿海地区，主要生产国有科特迪瓦、加纳、喀麦隆、尼日利亚等；南回归线（23.5°）以北的拉丁美洲沿海地区也盛产可可，主要生产国有巴西、厄瓜多尔、苏里南、委内瑞拉、圭亚那、巴拿马、多米尼加等。这些国家可可产量的大部分用于出口，主要销往发达国家。

第三节　畜　牧　业

畜牧业是指利用动物的生理机能，通过饲养、繁殖使其将牧草和饮料作物等植物能转变为动物能，以获得牲畜及畜产品的生产部门。发展畜牧业不仅对提高人民生活有重要意义，而且对促进整个农业发展，为工业生产提供轻工业原料，扩大出口等都有重要作用。

一、世界畜牧业的生产状况

伴随着人类发展至今，畜牧业的技术水平和生产方式已经发生了根本性的变化。由于不同国家或地区的发展阶段不同，畜牧业的生产性质和经营方式也存在较大的不同。

（一）畜牧业的类型

1. 按生产性质划分

1）游牧畜牧业。这是指生产水平较低，以自己消费为目的的畜牧业。非洲的广大牧区大多属这种类型，一方面，牧民放养牲畜为自己消费；另一方面，牲畜数量的多少是财富多少的象征。因此，即使有剩余的牲畜，牧民一般也不肯出售。

2）商品性畜牧业。这是指以出售为主要目的的畜牧业。出售的畜产品包括活体畜、肉、皮、毛、奶、蛋等。

2. 按经营方式划分

1）粗放式畜牧业。从生产性质上看，该种经营方式是自给性生产，非定居的牧民赶着牲畜过逐水草而居的游牧生活，基本上靠天养畜。

2）大农牧场放养畜牧业。它属集约型畜牧业生产，主要表现在以下几个方面：一是对草场的科学管理，如将草场分割，轮流放牧，对退化草场采取封闭培育、补播等措施，以恢复草场的生产能力，并保证冬、春季的饲料储备；二是对牲畜的科学管理，如保持合理的畜龄结构和适龄母畜，以保证畜产品的商品率；三是实行草畜结合，如根据牧草生产情况确定养畜数量，合理载牧。该种畜牧业经营方式中，具有代表性的国家有澳大利亚、新西兰、美国等。

3）舍饲畜牧业。这是指主要依靠粮食作为饲料，占用很少土地的畜牧业。高度集中饲养的畜牧业，主要饲养奶牛、肉牛、猪、鸡、鸭、兔等畜、禽。例如，美国中部的玉米带就是用玉米和大豆作饲料，大规模饲养牛、猪等。

（二）畜牧业的发展

1. 世界畜牧业的发展特点

世界畜牧业的发展特点如下：

1）草原面积广阔。全球现有 33.04 亿公顷的草原，占世界土地总面积的 25.27%，比耕地面积多 1.2 倍，草原主要分布在非洲、亚洲、拉丁美洲，占世界的 3/5 以上。

2）畜牧数量增长较快。受到人口增加和饮食结构的变化影响，全球对肉、蛋、奶等食品的需求快速增加，导致世界范围内的畜牧业发展速度加快。其中，家禽的生产发展最快，其次是生猪生产，增长较慢的是牛和羊的生产数量。2017 年世界牲畜数量达到 51.7 亿头，比 20 世纪 50 年代初增长了 99.2%。亚洲、非洲、拉丁美洲牲畜头数占世界的 3/5 以上。

3）畜牧业发展水平悬殊。发达国家畜牧业各个部门都向集约化、专业化方向发展，产品率、商品率均高，而发展中国家大多数仍然是粗放畜牧业，生产技术落后，商品率很低。

4）机械化程度差别大。近 20 年来，发达国家非常重视机械化程度的提高，在畜牧业各个部门广泛采用机械作业，减少劳力，降低成本，不断地提高经济效益；而发展中国家一般机械化程度较低，生产力的提高受到一定的制约。

5）畜牧业在各国的农牧业中所占的比重差别很大。绝大部分发达国家畜牧业的比重接近 50%，或超过 50%，有的国家则高达 70%以上；而发展中国家畜牧业的比重却很低，如中国的牧业仅占 27.5%。

2. 世界畜牧业的发展趋势

世界畜牧业的发展趋势如下：

1）发展超级畜禽，提供更多的畜禽产品。如用转基因技术把大型动物基因引入小型动物，培育巨型畜禽。

2）培养微型家禽，满足美食需要。畜牧专家正在考虑把猪、羊、兔等培育成小到可放入盘子里的微型畜禽。

3）开发合成型家禽，降低粮食消耗。如培育草食猪，以节约粗食。

4）发展快生长型畜禽，以提高经济效益。如快速育猪、育牛、养禽等技术已日趋成熟，多种添加剂、生长剂、埋植技术等得到广泛应用。

5）培育功能性保健畜禽，促进人类健康。如韩国培育的低胆固醇优质猪肉，我国生产的低胆固醇高碘蛋、高铁蛋、高锌蛋，具有一定防病功效，更多的功能性食品还在研制中。

二、世界畜牧业的生产分布

第二次世界大战后，世界畜牧业的产品、产量增长迅速。但是，不同类别国家的畜牧业发展情况不同，大多数发达国家粮食供应大于粮食的直接消费，因而有充裕的土地用于发展饲料和牧草生产。所以，从世界主要畜产品产量来看，除少数几个土地面积较大的发展中国家，如中国、印度、巴西、阿根廷外，畜产品主要分布在北美、西欧、东欧和澳大利亚等地区和国家。

（一）世界畜牧饲养量分布

世界畜牧业主要包括饲养牛、羊、猪、马、驴、骡子、骆驼等。这里重点介绍牛、羊、猪，如表 3.7 所示。

表 3.7　2017 年世界主要牲畜饲养国产量及占世界产量的比重

牛			羊			猪		
国家/地区	产量/万头	比例/%	国家/地区	产量/万只	比例/%	国家/地区	产量/万头	比例/%
世界总计	169 280.2	100	世界总计	223 698.4	100	世界总计	97 298.7	100
印度	29 843.3	17.6	中国	30 126.7	13.5	中国	44 063.9	45.3
巴西	21 628.1	12.8	印度	19 641.7	8.8	美国	7 341.5	7.5
中国	10 682.7	6.3	尼日利亚	12 053.7	5.4	巴西	4 109.9	4.2
美国	9 370.5	5.5	巴基斯坦	10 230	4.6	西班牙	2 997.1	3.1
巴基斯坦	8 210.0	4.8	澳大利亚	7 572.5	3.4	越南	2 757.8	2.8
阿根廷	5 335.4	3.2	孟加拉国	6 192.5	2.8	俄罗斯	2 740.7	2.8
墨西哥	3 177.2	1.9	蒙古国	5 745.7	2.6	缅甸	2 202.8	2.3
苏丹	3 073.4	1.8	土耳其	4 132.9	1.8	墨西哥	1 799.9	1.8
澳大利亚	2 617.6	1.5	英国	3 493.6	1.6	加拿大	1 721.0	1.8
孟加拉国	2 541.3	1.5	印度尼西亚	3 487.3	1.6	菲律宾	1 425.0	1.5
法国	1 923.3	1.1	新西兰	2 762.5	1.2	荷兰	1 242.8	1.3
俄罗斯	1 875.8	1.1	巴西	2 756.8	1.2	丹麦	1 240.9	1.3

资料来源：粮农组织数据库。

1. 养牛业

第二次世界大战后，各国养牛业发展很快。2017 年，全球肉牛存栏量为 169 280.2 万头。以亚洲、拉丁美洲、非洲和欧洲为主，约占世界的 85%以上。印度、巴西、中国、美国、阿根廷 5 国占世界总量的 1/2 左右。印度牛的头数为 2.98 亿头，约占世界的 1/5，居世界首位。巴西、美国、阿根廷、俄罗斯以养肉牛、奶牛为主，中国绝大多数则属耕牛。现在，世界养牛业在许多国家已发展到很高的水平，并出现了一些高产品种牛。

奶牛业日益向集约化、专业化方面发展，有不少国家把小型农牧场合并为大型专业化奶牛场。例如，英国饲养 100 头以上的农牧场比重由 20 世纪 70 年代的 20%提高到 80 年代初的 55%以上。奶牛业集约化最重要的一点就是采取定向育种，即选择高产奶牛，并能很好地适应工业化生产技术的要求，所以有不少国家减少了兼用性品种牛的头数，不断向单一奶用型发展。至于肉牛业的发展，一些国家重视乳肉食用品种。例如，比利时既重视奶牛业，也重视肉牛业，所养的安继尔牛不但产奶量较多，而且瘦肉分布良好，屠宰率为 65%；意大利重视提高肥育公牛的比例，小公牛生产的牛肉占 70%以上，丹麦等国也在 50%以上。奥地利具有良好的饲养技术，因此，种牛强健、优质，属国际高标准，牛肉产量超过国内市场需求（自给率约 140%），大量向外出口，其生产的牛肉誉满全球。

2. 养羊业

过去养羊业以毛用羊为主，第二次世界大战后人造纤维工业的大力发展，对世界养羊业产生了一定的影响。目前，养羊业多向兼用方向发展。2017 年，全世界羊只（山羊加绵羊）存栏数为 22.36 亿只，比 2003 年增长了 15.9%，以亚洲、非洲、欧洲、大洋洲为主，四洲合计羊只数量约占世界的 95%，其中亚洲超过了 50%。20 世纪 70 年代以前，澳大利亚的羊只曾长期居世界首位，曾被称为“骑在羊背上的国家”，以美利奴羊驰名世界。70 年代期间，中国和苏联的羊只均超过了澳大利亚，分别占世界的第 1 位和第 2 位。除以上 3 国外，还有印度、新西兰、土耳其等国的养羊业较为重要。中国、印度等国的山羊比重较大，澳大利亚、俄国、新西兰等国绵羊比重较大。其中，发展中国家的羊只占世界的 2/3。现在国际养羊业发展的主要趋势是由毛用转向兼用方面、由粗放经营逐步向集约化方面发展。

3. 养猪业

世界的养猪业发展更快。2017 年，全世界生猪的存栏量达到 97 298.7 万头。中国生猪存栏占有绝对优势，高达 45.3%，其次为欧盟、美国、巴西，分别占比为 11.9%、7.5%和 4.2%。亚洲养猪业最发达，中国、美国、巴西三国猪的头数占世界的 1/2 以上，不过中国一般喂养时间过长，尤其是育肥期长，与世界先进国家相比差距甚大，今后应不断改进饲养方法。世界养猪业的发展趋势主要是由脂肪型到肉脂兼用向瘦肉型发展、由副业生产向集约化和商品化方向发展、由品种杂交向专业化品系杂交方面发展。

（二）世界畜产品生产分布

世界粮农组织发布的食品前景报告显示，2016 年，全球肉类的生产总量约为 3.207 亿吨，这个产量基本上与 2015 年持平。猪肉的产量约为 1.164 亿吨，家禽肉的总产量约达到 1.162 亿吨，牛肉产量达到 6 018 万吨，羊肉产量达到 1 445 万吨。猪肉以领先家禽肉 200 000 吨的产量占据全球肉类市场生产总量的榜首。

肉类产量增长仍主要来自发展中国家，由于生产成本较高、国内肉类消费停滞及发展中国家激烈竞争，发达国家增产幅度较小。美国、欧盟、澳大利亚、加拿大、巴西和阿根廷是世界主要肉类出口国和地区，俄罗斯、日本、中国和墨西哥是主要肉类进口国。中国是牛羊生产消费大国，羊肉产量稳居世界第一位，牛肉产量仅次于巴西和美国，居第三位。2016 年全年，德国肉类的产量达到 825 万吨，创造了历史新高。

2016 年，世界禽蛋产量为 7 737 万吨，其中中国产量达到 3 095 万吨，占世界禽蛋总量的 40%左右，且连续 30 年位居世界首位，中国已经成为世界禽蛋生产与消费大国。

2016 年全球奶类产量为 8.17 亿吨，同比增长 1.1%，增速明显低于过去 2 年，且低于消费增长速度，而主要乳制品出口国产量已出现负增长，2016 年产量为 2.9 亿吨，同比下降 0.1%，为近 10 年来首次下降。我国奶类总产量达到 3 712 万吨，居世界第三位，仅次于印度和美国。在目前全球奶业贸易中，主要的出口国家（地区）有新西兰、澳大利亚、欧盟和美国。

2016 年世界羊毛产量为 116 万吨，世界上主要羊毛生产国包括澳大利亚、中国和新西兰，3 国产量合计占比为世界总产量的一半。2016～2017 年，澳大利亚和新西兰羊毛产量均呈现下降的趋势，而中国羊毛产量相对稳定。

根据经济合作与发展组织和粮农组织秘书处统计，畜牧业生产日益受到人们饮食习惯和食品消费模式的转变的影响，呈快速发展势头，并且发展中国家增速明显快于发达国家。多数发展中国家的肉类、蛋类和奶类产量分别增长了 5 倍、8 倍和 3 倍以上，而发达国家的增长分别在 2 倍、0.5 倍和 0.5 倍以下。畜牧业生产结构也正在发生着重大变化，禽肉大幅增长，比重快速上升，成为仅次于猪肉的第二大肉类，而牛羊肉比重正逐步下降。预计 2022 年肉类产量增量中的 80%、奶类产量增量中的 74%可能来自发展中国家。其中，在世界人口增长较快的亚洲发展中国家，肉类的消费量以每年约 3%的速度增长，乳制品消费量以约 5%的速度增长。由于人口的增长和城市化发展，全球对畜产品需求将持续增长，其中发展中国家的需求是未来畜产品生产与消费增长的主要动力。

第四节　林　　业

林业是对森林进行培育经营、管理保护，以取得木材和其他林产品的社会生产部门。林业生产的主要对象是森林，包括天然林和人工林，其生产发展既取决于地形、气候等自然因素，又取决于人口、经济发展水平等社会经济因素。

一、世界森林资源及其分布

森林是自然环境的重要组成部分，森林资源是人类最宝贵的财富，素有“绿色金子”之称。森林不仅有经济价值，还是陆地上的最大生态系统，它具有调节气候、涵养水源、保持水土、净化空气、改善自然条件等一系列的作用。没有森林，生态系统就会崩溃，因此，在保持自然界的生态平衡中，森林占有极其重要的地位。破坏森林就等于破坏人类赖以生存的自然环境。森林覆盖率的高低是衡量一个国家国土资源保护情况的主要标志。

森林可分为郁闭林、疏林地和灌木林地。按照粮农组织森林资源统计的规定，林地的郁闭度在0.2以上才算是森林资源，郁闭度在0.2以下的称为疏林地。

世界森林大部分分布在热带地区和高纬度寒温带地区，如热带地区的巴西、哥伦比亚、秘鲁、委内瑞拉、玻利维亚、刚果（金）、刚果（布）、苏丹、坦桑尼亚、加蓬、喀麦隆、印度尼西亚、巴布亚新几内亚、马来西亚等，寒温带地区的俄罗斯、瑞典、芬兰、加拿大等。

世界主要森林分布地区：亚马孙河流域热带原始森林区，包括巴西及哥伦比亚、秘鲁、玻利维亚等国；刚果河流域热带原始森林区，包括刚果（金）、刚果（布）、安哥拉、赞比亚、喀麦隆、中非等国；亚欧大陆北部寒温带针叶林区，主要分布在亚欧大陆北纬55°以北地区，包括俄罗斯、芬兰、瑞典、加拿大等国。

《2018全球森林资源评估报告》中指出，目前全世界森林面积为39.78亿公顷，占全球陆地面积的27%。近50年来，由于天灾人祸等原因，世界森林面积处于缩小状态。加上人口的增加，世界人均森林面积不断下降，由1950年的1.6公顷减少到目前的0.6公顷。

全球森林主要集中在南美、俄罗斯、中非和东南亚。这4个地区和国家占有全世界60%的森林。按照拥有的森林面积从高到低排名，俄罗斯、巴西、加拿大、美国、中国依次排前5位。全世界平均的森林覆盖率为22.0%。

从区域分布上来看，世界森林资源最丰富的地区是欧洲，最少的是亚洲。森林蓄积量最多的是欧洲，最少的是大洋洲。自20世纪90年代以来，全世界所有地区的森林资源都有不同程度的下降，其中非洲是减少最多的地区，南美洲其次。森林资源减少最多的国家依次是巴西、印度尼西亚、苏丹、赞比亚和墨西哥。持续增长最多的则有中国、俄罗斯、加拿大、美国。

二、世界林产品的生产和分布

林产品是指林木产品、林副产品、林区农产品、苗木花卉、木制品、木工艺品、竹藤制品、艺术品、森林食品、林化工产品，以及与森林资源相关的产品。具体包括原木、锯材、纸浆、栗子、榛子、桐籽、核桃、松子等树果和天然树脂、天然橡胶、棕榈油等。

世界原木产量的一半用于工业，如建筑、家具、造纸、煤炭等工业需要大量木材，其他大多作为薪炭烧掉。世界原木产量中，发展中国家约占55%，但其中的80%用作薪炭材，估计有20亿人口的家用燃料靠木材，并且还有许多发展中国家仍然缺乏薪炭材。在木材的利用上，发展中国家木材综合利用率低；发达国家的原木产量中，80%以上作为工业用材，木材的综合利用率高。

世界生产原木较多的国家有俄罗斯、巴西、加拿大、美国、中国、澳大利亚、印度尼西亚、印度等，由于各国对木材的需求量不同，它们并不都是木材出口国。中国和印度的原木产量虽然很大，但需求量更大，尚需依赖进口，是木材主要进口国。例如，2016

年我国木材消费总量约 60 941 万立方米，其中工业木材消费共 60 141 万立方米，约占全国木材消费量的 98.69%；基建、装修和农民建房等其他木材消费约 800 万立方米，约占全国木材消费量的 1.31%。随着中国木材加工业的快速发展，国内木材需求量也在不断增加，我国原木从 1997 年的进口量 447.1 万立方米，增加到 2016 年的 4 872.47 万立方米，增长 9.9 倍；锯材从 1997 年的进口量 132.5 万立方米，增加到 2016 年的 3 151.27 万立方米，增长 22.79 倍。2016 年世界林产品产量如表 3.8 所示。

表 3.8　2016 年世界林产品产量

产品	单位	产量	与隔年变化百分比/%		
		2016 年	2015 年	2000 年	1980 年
原木	百万立方米	3 737	1	8	19
木制颗粒	百万吨	29	6		
锯木	百万立方米	468	3	21	11
人造板	百万立方米	416	4	123	310
木制纸浆	百万吨	180	2	5	43
非木纤维纸浆	百万吨	12	−7	−19	70
回收纸及纸板	百万吨	230	1	60	354
纸及纸板	百万吨	409	0	26	142
林产品贸易额	十亿美元	461.78			

资料来源：粮农组织数据库。

第五节　渔　　业

渔业也叫水产业，是在海洋和江、河、湖、塘等水中从事捕捞和养殖水生动植物的生产事业，一般以鱼类捕捞和养殖为主。水产品是人类不可缺少的、营养价值较高的食品，水产业是利用天然水面生产、投入少、产出多的产业。随着世界人口的增长和人们生活水平的日益提高，人们对水产品的需求也日益增长，因此，大力发展水产业具有重要意义。

一、世界渔业的发展概况

世界渔业的发展概况如下：

渔业正成为人类食物生产的重要领域。当今世界人口以每年约 8 700 万的速度增加，耕地则从 1961 年的人均 0.44 公顷降到目前的 0.26 公顷，预计到 2050 年将下降到 0.15 公顷，土地将出现严重短缺的局面。然而，今天人类食物的 90%是在耕地和牧场上生产的，只有 10%来自地球的水域。因此，世界经济要持续发展将更多地依靠海洋，如何开发海洋和内陆水域、如何开发新的食物来源已经成为各国政府优先考虑的战略问题。一场全球性的“蓝色革命”正在蓬勃兴起。

世界渔业资源争夺激烈。进入 20 世纪 90 年代以后，全世界 17 个重点渔区中已有 13 个渔区处于鱼群枯竭或产量急剧下降状态，这迫使许多国家的政府不得不制定极其严厉的捕捞措施甚至关闭渔场，休渔禁捕。渔业资源日益枯竭，众多国家的渔民受经济利益所驱动而奔赴远洋捕捞，导致了各国争夺渔业资源的纠纷四起，冲突不断。

捕捞水平的可持续性。粮农组织对所评估种群开展的监测显示，在生物可持续限度内的鱼类种群比例呈下降趋势，从 1974 年的 90.0%下降至 2015 年的 66.9%。相比之下，在生物不可持续水平上捕捞的鱼类种群比例从 1974 年的 10%增加到 2015 年的 33.1%，20 世纪 70 年代末和 80 年代增幅最大。

水产养殖占渔业生产的比重逐渐增加。自 1980 年年末，水产养殖产量已有明显增长，1974 年水产养殖产量只占水产品总产量的 7%，而到了 1994 年这一份额增加到了 24%。2016 年，全球水产养殖达到 11 013 万吨，占水产总产量的百分比已经达到 49.5%。以目前世界水产养殖产量逐年增长的趋势看，未来世界水产养殖产量将超过野生捕捞产量。

渔业贸易消费逐年增长。2016 年全球渔业贸易总额约为 1 420 亿美元，照比 1976 年增长 245%；其中，供人类消费鱼类出口量增长超过 514%。其中，鱼和渔产品的全球贸易额也增势迅猛，出口额由 1976 年的 80 亿美元增至 2016 年的 1 430 亿美元，名义年均增速为 8%，实际年均增速为 4%。

渔业船舶状况。2016 年世界渔船总数估计为 460 万艘，非洲和北美洲渔船估计数量较之前分别有所减少。亚洲、拉丁美洲及加勒比、大洋洲渔船均呈现增长趋势。总体而言，机动船在海洋渔船中所占比重高于在内陆水域渔船中所占比重。

发达国家，如美国、日本及欧盟等国，尽管其自然条件不同，社会经济条件也有差异，但它们都依仗工业现代化的强大基础来发展渔业。渔业发达国家很注重对农、渔用工业产品新技术、新工艺的开发和应用。例如，在渔业机械中配置更先进的自动驱动系统和电子监视器，使农、渔民在作业中进一步降低劳动强度；或者进一步降低生产成本，使农、渔产品在国际市场上更具竞争力。此外，生物技术和现代信息技术（如遥感、全球定位系统、地理信息系统等高新技术）已广泛地应用于育种和渔业资源管理等方面。

1995～2016 年，中国虽为第一水产养殖大国，但是占全球水产养殖总产量的比例呈下降趋势。在过去的 20 年间非洲和美洲水产养殖产量占全球总产量的百分比有所提高，欧洲和大洋洲则略有下降。

中国作为水产第一大国，面临着诸多问题。目前我国渔业资源已进入严重衰退期，我国近海资源随着持续高强度的捕捞，野生鱼类资源已越来越少；水产养殖业发展较快，内陆和近海的渔业养殖越来越多，传统产卵场、索饵场、渔场功能受到破坏；养殖鱼类出现密度大、产品质量低的情况；环境也受到污染，使生态资源超负荷。

二、世界渔业的生产分布

（一）世界海洋渔场

根据海洋捕捞的区域，世界上的渔业生产国大致分为两类：一类是以联合国《海洋法公约》规定的沿海岸 200 海里经济专属区以内的水资源为主的国家，包括美国、加拿大、澳大利亚、挪威、南非、中国、印度、秘鲁等，距海岸 200 海里以内的水域，集中了世界最主要的海洋渔场；另一类是在很大程度上以远洋捕捞为主的国家，如日本、俄罗斯、英国、德国、法国、荷兰、西班牙、葡萄牙等。

世界海洋渔场的分布是不均衡的。第二次世界大战前，世界重大渔场是北太平洋渔场、北海渔场和北大西洋纽芬兰渔场。第二次世界大战后，随着渔业技术的进步和新渔场的开辟，可将世界主要渔场分为 13 个区域：太平洋西北部渔区（鱼产量居世界首位）、大西洋东北部渔区（包括北海海域和波罗的海）、太平洋中西部渔区、太平洋东南部渔区、大西洋东南部渔区、大西洋中东部渔区、大西洋西北部渔区、印度洋西部渔区、大西洋中西部渔区、太平洋中东部渔区、太平洋东北部渔区、大西洋西南部渔区、印度洋东部渔区。

粮农组织 2016 年的报告《世界渔业和水产养殖状况》显示，全球鱼类产量在 2016 年达到约 1.71 亿吨的峰值，其中水产养殖业的产量占总数的 47%，如果不包括非食品用途（用于加工鱼粉和鱼油的水产品），则占 53%。而根据粮农组织捕捞数据库，2016 年全球捕捞渔业总产量为 9 090 万吨，与前两年相比略有下降。世界海洋捕捞产量排名前 10 位的国家是中国、印度尼西亚、美国、俄罗斯、日本、秘鲁、印度、越南、缅甸、挪威。中国作为人口第一大国，海洋捕捞产量也位居第一名。

全球人口增长、全球粮食供应安全问题、野生渔业资源的枯竭等问题推动了水产养殖市场的发展。新技术应用到海洋动植物的养殖中，导致了市场份额的增长。2016 年，全球水产养殖市场价值 2 435 亿美元，预计到 2022 年，全球水产养殖市场的规模将达到 2 420 亿美元。水产养殖对全球水产品产量的贡献率 2016 年达到 46.8%，高于 2000 年的 25.7%。2001～2016 年，水产养殖的年增长率为 5.8%，继续高于其他主要粮食生产部门，但已不再有 20 世纪 80 年代和 90 年代超高的年增长率。

未来 10 年，全球渔业产量将依然增长，但增速将大幅减缓（过去 10 年增速为 2.4%），年平均增长率 1%。捕捞渔业或实现 0.1%的负增长，而过去的十年为 0.3%正增长；水产养殖依然是渔业的引擎，但增速将从 5.3%减至 2.3%。2021 年养殖总量将超过捕捞，2025 年全球养殖产量将突破 1 亿吨。

（二）世界渔业贸易

2016 年数据显示全球渔业贸易总额约为 1 420 亿美元；全球多个地区主要经济指标显示，2017 年全球经济持续呈现积极向上的趋势，尽管经济增长缓慢，但是在稳步复苏。随着收入的增长，以及各国政府认识到渔业和水产养殖业对数百万人的食品、营养和就业起到至关重要的作用，全球市场对动物蛋白包括海鲜的消费需求增加明显，直接导致了各地对海鲜消费需求的增加。尽管渔业产量也在增加，但是明显难以跟上需求增长的速度。据粮农组织数据，截至 2017 年 4 月，全球鱼类价格指数同比上涨了 7%。

从出口看，一些沿海鱼类资源丰富的发展中国家，如中国、印度尼西亚、泰国、印度、菲律宾、韩国、越南、秘鲁、智利、厄瓜多尔、科特迪瓦、毛里塔尼亚、摩洛哥等是渔产品的主要出口国。在发达国家，俄罗斯、挪威、加拿大是渔产品的主要出口国。

从进口看，日本是世界上鱼类消费量最大的国家，虽然其鱼产量居世界前列，但仍需大量进口渔产品；法国、德国、意大利、西班牙、英国、美国等也大量进口渔产品。

随着全球渔业产量额的上升，全球人均消费量以每年 1%的速度增长，2016 年人均消费量达到 20.5 千克。值得注意的是，在过去的 3 年，全球渔业贸易总量一直维持在 6 000 万吨的水平，消费主力逐渐偏移向发展中国家市场。在发展中国家海鲜需求稳步增加的同时，传统发达国家需求依然强劲，美国、欧洲随着经济的复苏，居民消费不减，海产贸易将迎来发展与需求两强的机遇。

小　结

第一产业指广义的农业，包括种植业、畜牧业、林业和渔业等，是人类通过生产活动，利用动植物的生长繁殖来获得人们需要的生活资料和初级产品的物质生产部门。第一产业的发展经历了原始农业阶段、传统农业阶段和现代化农业阶段 3 个阶段，现今呈现出全球发展不平衡的特点。

种植业是指在耕地上种植农作物的农业生产部门，包括粮食作物和经济作物两种。粮食作物主要分布在亚洲、欧洲、非洲和北美洲，但亚洲、欧洲和北美洲的产量所占比例较高。经济作物种类很多，纤维作物分布在亚洲、非洲、拉丁美洲三大洲；油料作物种类较多，主要分布在亚洲、欧洲和美洲；糖料作物主要分布在亚洲、欧洲和美洲。

畜牧业主要分布在亚洲和美洲，从畜产品产量来看，除中国、印度、巴西、阿根廷外，畜产品主要分布在北美、西欧、东欧和澳大利亚等地区和国家。

林业是对森林进行培育经营、管理保护，以取得木材和其他林产品的社会生产部门。林业生产的主要对象是森林，包括天然林和人工林。目前世界森林面积处于缩小状态。世界林产品的生产分布主要集中在森林覆盖率较高的地区，发达国家的综合利用率高。

渔业也叫水产业，是在海洋和江、河、湖、塘等水中从事捕捞和养殖水生动植物的生产事业，一般以鱼类捕捞和养殖为主。世界渔业产量不断增加，其中养殖数量增长迅速，主要分布在亚洲、欧洲、南美和非洲。

思考题

1. 简述世界农业发展的历程、现状及其特点。
2. 世界粮食作物分布有何规律？主要粮食生产国和出口国有哪些？
3. 比较农、林、渔、牧业4类经济作物的生产分布情况。
4. 畜牧业的生产条件、生产方式及国家类型间有什么关系？
5. 森林资源与其他资源有何不同？当前世界森林状况如何？
6. 分析位置条件及经济技术条件对渔业发展的影响。

第四章

第二产业地理——工业

知识点

第二产业发展的历程、现状与特点；世界大工业带分布；世界能源的生产状况与分布；世界钢铁工业的生产与分布；世界电子信息产品的生产与分布。

技能点

能够根据世界第二产业的生产及分布，分析世界工业产品的贸易及运输特征，并能够借助相关信息，分析、预测第二产业的生产贸易形势。

案例导入

杜能建立了古典农业区位论后的半个世纪，以西欧工业，特别是钢铁和机器制造工业的蓬勃发展及铁路、轮船交通工具的普及为背景，出现了以讨论成本和运费为内涵的工业区位研究，即古典工业区位论，其集大成者为阿尔弗雷德·韦伯。

韦伯是德国经济学家，他于 1909 年出版了《工业区位论：区位的纯理论》一书，从而创立了工业区位论。其时代是德国产业革命之后，近代工业有了较快发展，从而伴随着大规模人口的地域间移动，尤其是产业与人口向大城市集中的现象极为显著的时代。在这种背景下，韦伯从经济区位的角度，探索资本、人口向大城市移动背后的空间机制。在上述背景及目的之下，韦伯在经济活动的生产、流通与消费三大基本环节中，挑选了工业生产活动作为研究对象，通过探索工业生产活动的区位原理，试图解释人口的地域间大规模移动，以及城市的人口与产业的集聚原因。韦伯在提出工业区位论之前，对 1860 年以后德国的工业区位进行了详尽的调查，著有《工业分布论》一文，这成为其工业区位论研究的实证基础。

第一节 概 述

第二产业又叫工业部门，是指从自然界取得物质资源和对原材料进行加工、再加工的社会物质生产部门。它是国民经济的主导部门，工业水平的高低是衡量一个国家经济发达程度的重要标志，也是国民经济发展中的主要增长点和支柱产业。

按产品的性质和用途，通常把工业分为重工业（主要生产资料）和轻工业（主要生产消费资料）两大类。重工业为国民经济各部门的发展提供能源、原材料、生产工具和技术装备。一般把重工业分为 3 类：一为采掘（伐）工业，是指对自然资源的开采，包括石油、煤炭、金属与非金属矿开采和木材采伐等工业；二为原材料工业，是指向国民经济各部门提供基本材料、动力和燃料的工业，包括金属冶炼及加工、炼焦及焦炭化学、化工原料、水泥、人造板，以及电力、石油和煤炭加工等工业；三为加工工业，是指对工业原材料进行再加工制造的工业，包括装备国民经济各部门的机械设备制造、金属结构、水泥制品等工业，以及为农业提供的生产资料，如化肥、农药等工业。轻工业门类繁多，主要包括纺织、食品、文化用品和日用品等工业部门。其产品与人们的衣、食、住、行息息相关。轻工业可促进重工业、农业、旅游业等经济部门的发展。重工业为轻工业提供机器设备，轻工业的发展又为重工业开辟广阔的市场。部分轻工业产品如工业用布、工业陶瓷、工业用纸和农用薄膜、五金工具等也是重工业原料和农用生产资料。同样，有部分重工业产品如电力、煤炭（气）、公交车船、装潢材料、玻璃制品及小轿车等直接用于生活消费。二者相辅相成，共同发挥作用，促进国民经济的发展。

一、第二产业的发展历程

工业作为一个基本物质生产部门，它的产生晚于农业。原始社会末期，随着农牧业的发展出现了第二次社会大分工，手工业从农业和畜牧业中独立出来，产生了部落之间的产品交换和经济联系。在奴隶社会，人们开始使用铜器，商业也从手工业分离出来构成第三次社会大分工。在手工业、商业贸易活动中心出现了一些早期的城市，同时，世界一些发展较早的地区之间陆上及海上的经济联系均有加强。到封建社会后期，由于生产力的发展，手工业技术不断进步，并逐步形成工艺的分化和过程的分工，采矿和冶炼业也得到很大的发展。同时，各地域间的经济联系日益扩大，形成一些东西方联系的重要贸易中心和通商口岸，出现了手工工场与手工业作坊并存的格局。14～15 世纪，欧洲地中海沿岸一些城市出现了资本主义生产的萌芽，“地理大发现”促进了资本主义的原始积累。17 世纪，英国资产阶级革命的胜利，标志着人类社会开始进入资本主义时代，工业从此进入了新的历史阶段。

18 世纪中叶在英国出现的产业革命，引起了工业发展划时代的变革。科学技术作为第一生产力，有力地促使了现代化工业的迅速发展。科学技术的每一次重大发明与革新，都大大地促进了工业生产的迅速发展，同时，也引起工业地区分布的重大变化。

历史上出现过3次科技革命。第一次科技革命在18世纪后期，以蒸汽机的发明、应用为标志。蒸汽机应用于纺织工业及其他工业部门，使工厂能离开河流、峡谷，在煤、铁资源产地形成。第二次科技革命是19世纪70年代，以电的发明与应用，即电气化为标志。电的发明与应用改变了工业的面貌，内燃机和电力广泛应用于现代工业，使电力、电器、冶金、机械、化学等部门有了很大的发展，并出现了汽车、飞机等新的工业部门。当时世界上形成了西欧、美国两大工业带，德国的鲁尔、英国中部和美国东部为世界三大工矿业发达地带。到20世纪初，完成了由以轻工业为主到以重工业为主的转换时期。第二次世界大战后，20世纪50年代，产生了第三次科技革命，以电子技术（计算机和电信）、新能源、新材料为基础，以微电子技术发明应用为标志，加速了传统工业部门的技术改革与发展，并建立了一系列新的部门，如石油化工、合成纤维、半导体、航天、电子、原子能工业等。在新技术革命的推动下，新兴尖端技术工业也随之发展起来，如微电子、遗传工程、光导纤维、激光、新型材料等。特别是计算机工业高速向前发展，电子工业又带动其他新兴高科技工业的兴起。超高压输电技术和核电技术的出现及能耗少电子工业的崛起，进一步使工业布局摆脱了能源的地理限制；科学技术水平的提高，使更多的资源、能源被发现和开采，使诸多的新材料代替了旧材料，从而大大扩大工业原料的来源，发掘了原有原材料的潜力。这些新的能源和物质耗能很少，因而使新的工业布局的主要条件更着重知识和技术。

二、第二产业的发展现状与特点

从全球范围看，当前第二产业在国民经济中的地位是上升的，占GDP的1/3以上。由于科学技术的进步，原有的工业布局增强，新的工业基地不断涌现，加之国际市场的作用，近几年来在发达国家或一些发展中国家的工业生产和布局都出现了新的特点。

1）工业生产不断大型化。随着工业化程度的提高，世界各国、各地区原有的工业基地或工业中心得到不同程度的改进与充实，出现了以大型企业为中心的工业布局，逐步形成世界性的大工业地带。这些大工业地带的地域分布很不均衡，大部分分布在气候温暖的温带地区，如北美工业地带、西欧工业地带、东欧工业地带、日本工业地带和中国东部沿海工业地带等。工业生产大型化、系列化和综合化成为当今工业结构的主要特点。

2）一批新兴的大型工业中心迅速涌现。现代科学技术的发展，工业新技术的不断采用，人类利用自然、开发资源能力的空前提高，大大扩大了工业生产的地域空间，形成了若干新兴的工业基地和工业区域。如造船技术的提高，超级油轮、大型货轮和集装箱运输的出现，为沿海、近海地区建立大型工业企业提供了优越的条件。超高压输电技术的进步，使远距离输电成为现实。大型坑口发电，不仅提高了煤炭的利用率，也减少了长距离输煤的困难。

3）产业结构发生了变化。由于传统工业的萎缩和第三产业的迅猛发展，发达国家第二产业比重有下降的趋势，但处于工业化过程中的发展中国家其比重依然不断上升。

知识、技术密集型工业和资本密集型工业成为主要的发展方向，为调整其产业结构，顺利进行产业结构的升级，发达国家把资源密集型产业向外转移。与其相适应，发展中国家目前仍然以劳动密集型工业和资源密集型工业为主，一些工业发达区则开始向知识密集型转化。

4）世界工业空间分布集中与分散并存。集中是主导方面。科学技术的进步为生产的集中创造了条件，一些工业发达国家的工业布局基本采取集中分布的方式，形成成片的工业区或工业地带。但工业过于集中，往往也带来地价昂贵、环境恶化、劳动力成本上升等一系列问题。因此，工业从高密度区向低密度区扩展成为世界工业空间分布分散的基本形式。在全球范围内，它表现为自西向东、由北向南移动，由发达国家向发展中国家推移。在各国国内，这种趋势也同样存在。当然，也有些国家的主要工业城市周围还建立工业卫星城镇和远郊工业区，以减少主要城市各方向的压力，这也是工业由集中逐步走向分散的趋势。

5）大型工业企业趋向沿海地带。由于高科技运输工具的出现与改进，工业所需的原料、燃料和工业产品可以利用费用低廉的海上运输。因此，目前世界各主要工业国家都在沿海港口建立了大型工业基地和工业中心。例如，法国新建的钢铁工业基地敦刻尔克和福斯，意大利东南沿海的新建钢铁工业基地塔兰托等均属这种类型。

6）临空型工业布局类型的出现。第二次科技革命前，世界工业中心布局主要是煤铁复合体型和临海型两种类型。煤铁复合体型是钢铁工业的布局套式；临海型主要是原料依赖进口，产品离不开国际市场。临空型工业布局则迎合了电子工业的发展。电子工业的原料和产品型小价高，运输方便，适于采用航空运输手段。这种临空型的分布目前以美国旧金山附近的“硅谷”和日本本州岛北部的新兴电子工业中心“硅岛”最为典型。

7）亚洲太平洋地区工业发展十分迅速，正逐步成为世界新的工业中心，世界经济重心逐渐向亚太地区转移。

三、世界大工业地带分布

第二次世界大战后，随着世界加工工业的迅猛发展，原有的工业地带得以扩展和充实。已逐步形成世界性的大工业地带。大工业地带主要集中在北纬40°～50°的温带地区，呈东西向不连续的带状分布，主要有西欧工业地带、北美工业地带、东欧工业地带、日本太平洋沿岸工业地带和中国东部沿海工业地带。同时，新的大工业地带正在迅速建立和形成之中。

1. 西欧工业地带

西欧工业地带位于欧洲西部，包括英国、法国的东部和北部、德国、荷兰、比利时、卢森堡、瑞士和意大利的北部，以及斯堪的纳维亚各国的南部。这里现代工业发展历史悠久，拥有熟练的高科技人才，又邻近丰富的铁、煤资源，交通运输方便，经济基础雄厚，是世界工业化最早的地区，也是现代化工业最发达的地区之一，目前居世界第 2 位。它是以重工业、化学工业为中心的综合性工业区，其中以知识、技术密集型工业，核能、航空、汽车、化工等部门最为重要。钢铁、机床、汽车、船舶、电力等产量居世界前列。工业地域结构特征与趋势，从内陆指向型布局逐渐向沿海地区发展，第二次世界大战后法国、意大利、荷兰等国利用进口资源在沿海发展工业；英国北海油田的开发，直接带动了东北部沿海地区的工业发展。由于德国的统一，西欧工业生产能力有所增强，同时也增加了新的矛盾与冲突。

2. 北美工业地带

北美工业地带以美国东北部和加拿大东南部为中心，兴起与形成晚于西欧工业地带，于 19 世纪后逐渐形成，而在短时间内超过西欧工业地带，成为世界最大的工业地带。20 世纪 50～60 年代以来，北美工业地带在国际市场上参与欧盟、日本和一些发展中国家的工业地带的竞争，许多工业部门在世界工业中的优势相对降低，但仍是世界较著名的综合性工业地带。北美工业地带的工业部门结构以重工业为主，轻工业也很发达；部门齐全多样，系统完整，尖端技术和高科技工业居世界领先地位。

3. 东欧工业地带

东欧工业地带主要包括俄罗斯的莫斯科—圣彼得堡工业区、乌拉尔工业区、乌克兰顿涅茨—第聂伯河沿岸工业区、捷克、斯洛伐克、波兰等。俄罗斯和乌克兰工业区资源丰富，基础工业实力雄厚，成为以重工业为主的综合性工业地带，其中，燃料动力、钢铁、机械、化学等部门是主要支柱。第二次世界大战后，东欧工业地带的新兴工业电子、宇航、原子能等得到发展，轻工业相对发展迟缓，属资源型的重工业地带，多布局在内陆靠近原料、燃料产地的区域。俄罗斯工业以欧洲部分为核心，近年来，工业生产地域向东扩展的趋势明显。波兰的西南部、中部区和捷克斯洛伐克的中部区，形成以重工业为主的工业地带，是东欧工业地带的组成部分，亦称中欧工业区。西里西亚是世界著名的煤产区之一，其传统的采煤、电力、煤化学、纺织等部门较发达。第二次世界大战后，机械、钢铁工业发展较快，机械、造船、仪表、汽车等部门较为重要。

4. 日本太平洋沿岸工业地带

日本太平洋沿岸工业地带从东京湾东侧的鹿岛开始，经千叶、东京、横滨、骏河湾沿岸、名古屋、大阪、神户、濑户内海沿岸直达九州北部，长达 1 000 千米，包括京滨、中京、阪神、濑户内和北九州五大工业地带及其联结地带，共 16 个县。它是以重、化工业为主的综合性工业地带，全地带面积占全国面积的 1/5，工业地带吸引工人务工及企业来此建厂的数目约占全国人口、工厂数的 6%，沿海工业地带的工业产值和国民收入的 75%和 65%；汽车、钢铁、炼油、造船工业发达，近年来，知识、技术密集型工业发展迅速，属依靠进口原、燃料的加工贸易型，多布局在海运发达的港口，是世界著名的临海工业地带。

5. 中国东部沿海工业地带

中国东部沿海工业地带包括中国东部沿海各省市，集中了中国的主要工业区，形成自北向南连续分布的工业地带。其中，主要有以上海为中心的沪宁杭工业区，以京津唐为中心的工业区，以沈阳为中心的辽中南工业区，以济南为中心的山东半岛工业区，以广州为中心的珠江三角洲工业区，以及改革开放以来新崛起的经济特区等。

第二节　能　　源

能源是资源的一部分，是人类生产和生活的重要物质基础。当今世界，能源不仅是重要的燃料动力资源，而且是重要的原材料和重要的战略物资。能源直接影响国民经济的增长，也与政治、环境等问题密切相关。

按能源的基本形态，能源可分为一次能源和二次能源。一次能源即天然能源，指在自然界现成存在的能源，如煤炭、石油、天然气、水能等。二次能源指由一次能源加工转换而成的能源产品，如电能、煤气、蒸汽及包括汽油、柴油在内的各种石油制品等。一次能源又可分为可再生能源（水能、风能及生物质能）和非再生能源（煤炭、石油、天然气、油页岩等）。凡是可以不断得到补充或能在较短周期内再产生的能源称为可再生能源，如风能、水能、海洋能、潮汐能、太阳能、地热能和生物质能等；经过亿万年形成的、短期内无法恢复的能源，称为非再生能源，煤炭、石油、天然气等，它们随着大规模地开采利用，其储量越来越少，总有枯竭之时。了解各种能源的世界储量及主要分布对于一个国家在能源及其相关贸易方面的决策有重要意义。

一、世界能源的生产和消费

随着科学技术的进步，人类历史上的能源利用经历了薪炭时代、煤炭时代和石油时代，并正从传统的矿物能源向水能、太阳能、地热、风能等可再生能源和新能源方向发展。

1. 世界能源工业生产保持着快速增长势头

20 世纪 50 年代后，全球能源生产进入了一个新的发展时期。2017 年，世界煤炭产量达 77.3 亿吨，原油产量为 19.2 亿吨。

由于世界各国拥有的各种能源资源状况不同，各国能源工业生产的状况也不同。有的国家煤炭、石油、天然气生产全面发展，如美国、俄罗斯等；有的国家以煤炭生产为主，如中国、印度、南非、澳大利亚、波兰等；有的国家以石油、天然气生产为主，如中东地区各国、委内瑞拉、阿尔及利亚、尼日利亚等；有的国家水力资源利用率高，如瑞典、瑞士、巴西、加拿大等；有的国家核能利用多，如法国；有的国家各种能源资源都贫乏，如日本。

2. 能源消费总量和结构有持续变化

2017 年，世界能源的消费量也迅速增长，一次能源消费增长 2.2%，增速高于 2016 年的 1.2%，为 2013 年以来最快增长。分品种看，天然气领涨全球能源消费，其次是可再生能源和石油。中国能源消费增长 3.1%，连续 17 年成为全球能源消费增量最大的国家。

石油、天然气比煤炭在性能上更为优良，因而得到广泛使用，从而其增长更快。因此，第二次世界大战后能源的消费结构也发生了很大的变化。煤炭消费量所占比重大幅度下降，石油、天然气消费量稳步上升，水力和核能也有较大的增长。2017 年世界一次能源消费结构如表 4.1 所示。

表 4.1　2017 年世界一次能源消费结构

年份	一次能源总量/百万吨油当量	分燃料消费量/百万吨油当量					
		原油	天然气	原煤	核能	水力发电	再生能源
2007	11 588.4	4 167.8	2 543.4	3 451.8	621.5	696.9	107.0
2008	11 738.5	4 148.8	2 607.2	3 500.6	619.5	738.5	123.9
2009	11 549.9	4 077.6	2 534.6	3 447.0	610.8	736.2	143.7
2010	12 119.4	4 208.9	2 370.8	3 605.6	626.2	777.5	170.5
2011	12 414.4	4 252.4	2 786.8	3 778.9	600.0	792.7	203.5
2012	12 589.0	4 304.9	2 860.8	3 794.5	559.5	830.7	238.7
2013	12 829.3	4 359.3	2 899.0	3 865.3	563.8	859.4	282.6
2014	12 953.9	4 394.7	2 922.3	3 862.2	575.0	879.7	320.1
2015	13 060.2	4 475.8	2 987.3	3 765.0	582.8	880.5	368.8
2016	13 258.5	4 557.3	3 073.2	3 076.0	591.2	913.3	486.8
2017	13 511.2	4 621.9	3 156.0	3 731.5	596.4	918.6	486.8

资料来源：《BP 世界能源统计年鉴（2018 年）》。

3. 世界各国一次能源消费各有特色

当今全球能源仍然处于石油时代，或者说处于石油向清洁能源过渡的后石油时代，原油价格暴跌必然引发世界各地区和国家的一次能源消费结构的变动。石油进口国大量储备石油，同时也给清洁能源提供了发展机会，中东地区的清洁能源所占份额极低，但原油和天然气占主导地位，而中南美洲的清洁能源所占比例最高，原因是其水力发电份额高；而欧洲和欧亚地区的再生能源份额很高，原因是其光伏、生物质利用率较高。由于所处的地理位置不同，各国经济状况不同，因此各国能源使用差异很大，但总体朝向清洁能源发展。

2017 年，核能在全球一次能源消费中占比为 4.5%，比 2016 年度增长 0.1%，绝大部分增长来自中国；水力发电占全球一次能源消费的 6.7%，比 2016 年度增长 0.1%，中国仍是世界上最大的水力发电国。

总体来看，能源贸易主要集中在资源丰富和能源消费量多的国家。能源的主要出口国家和地区有中东地区、西非和北非地区、中南美地区、俄罗斯、澳大利亚、加拿大等。能源的主要进口国家和地区有西欧地区、东欧地区、日本等。美国和中国的能源生产量大，消费量更大，进口总量大于出口总量。

二、主要能源工业部门的生产和消费

（一）煤炭工业

1. 世界煤炭资源分布集中

煤炭是世界上储量最丰富的化石能源。从资源分布看，煤炭分布相对比较集中，90%分布在北半球，北纬 30°～70°是世界上最主要的聚煤带，占世界煤炭资源的 70%以上，尤其集中在北半球的中温带和亚寒带地区。

各大洲相比，北半球的三大洲煤炭资源都比较丰富，煤炭资源量占世界的 90%以上。已探明煤炭资源量中，欧洲及欧亚地区居第一位（3 046.04 亿吨），占 35.4%；亚太地区居第 2 位（2 658.43 亿吨），占 30.9%；北美地区居第 3 位（2 450.88 亿吨），占 28.5%。南半球各大洲的煤炭资源都比较少，其中，非洲和中东地区（328.95 亿吨）占 3.8%，中南美洲地区（125.08 亿吨）占 1.4%。

从煤炭资源区域分布来看，储量超过 100 亿吨的有美国、中国、俄罗斯、澳大利亚、印度、德国、乌克兰、哈萨克斯坦、南非和印度尼西亚 10 个国家，煤炭探明可采储量合计 8 119.99 亿吨，占世界煤炭探明可采总储量的 91.1%。其中，美国、中国和俄罗斯属于煤炭资源大国，煤炭探明可采储量都在千亿吨以上，3 国合计煤炭探明可采储量 5 088.05 亿吨，占世界煤炭探明可采总储量的 59.1%。美国煤炭探明可采储量为 2 372.95 亿吨，占世界煤炭探明可采总储量的 26.6%，居世界第 1 位；俄罗斯煤炭探明可采储量为 1 570.10 亿吨，占世界煤炭探明可采总储量的 17.6%，居世界第 2 位；中国煤炭探明可采储量为 1 145.00 亿吨，占世界煤炭探明可采总储量的 12.8%，居世界第 3 位。

世界煤炭储量丰富，可供开采年限长，但呈现逐年减少的趋势。截至 2017 年年底，世界煤炭探明可采储量为 10 350.12 亿吨。按照 2017 年的开采规模，全球煤炭已探明可采储量可供开采 134 年，与其他矿种相比，可供开采年限较长。

2. 世界煤炭生产集中度高，产量不断增加

因为世界煤炭资源分布集中度高，所以煤炭生产集中度也很高，约 70%集中在亚太地区。第二次世界大战前，煤炭生产集中在美国、英国、德国和苏联，4 国所产煤炭占世界煤炭总产量的 3/4。20 世纪 70 年代以来，煤炭生产重心向发展中国家转移。中国、印度、澳大利亚和南非的煤炭产业发展迅速，产量相继跃居世界前列，成为煤炭主要生产国。2017 年，世界煤炭产量约为 77.3 亿吨，其中，中国煤炭产量为 35.2 亿吨，占世界煤炭总产量的 45.6%，保持世界首位。

3. 煤炭消费不断增加，主要集中在亚太地区

2017 年，世界煤炭消费量是 37.3 亿吨油当量，比 2016 年上升 1%。中国的煤炭消费量世界总消费量中依旧占有 5 成比例。印度超过美国，成为世界第二大煤炭消费国。世界煤炭消费量排名前 10 位的分别是中国、印度、美国、日本、俄罗斯、南非、韩国、印度尼西亚、德国和波兰。亚太地区煤炭消费量在世界总量中占有很大比重。

受煤炭、油气等能源资源分布区域性不平衡性及能源运输管道的限制，煤炭消费在一次能源中的份额区域差别很大，各国之间的能源消费格局也有很大差异。由于中东地区油气资源丰富、开采成本低，因此中东地区能源消费 97%为石油和天然气，远高于世界平均水平。在亚太地区，中国、印度等发展中国家的煤炭资源丰富，煤炭在能源消费结构中所占比例相对较高，石油和天然气的比例较低。

中国能源结构中煤炭所占比例为 66%，油气所占比例为 23.1%，低于世界平均水平。除亚太地区外，其他地区的石油、天然气所占比例均高于 60%。

世界煤炭贸易仍主要集中在四大贸易市场，即亚太、欧洲、北美和拉丁美洲。亚太地区仍是世界最主要的煤炭贸易区，该地区长期以来经济活力最强，煤炭交易量最大，约占世界煤炭贸易总量的一半。该地区煤炭供应方有世界最大煤炭出口国印度尼西亚，以及主要出口国澳大利亚；有世界最大煤炭进口国中国，主要进口国日本、印度等，以及经济发展迅速且煤炭基本全靠外部供应的韩国、中国香港和中国台湾等国家和地区。

（二）石油和天然气工业

1. 石油、天然气资源分布

天然气的生成和聚集环境与石油相似，很多情况下，天然气是与石油同时伴生的，因而天然气资源的地理分布与石油分布较为接近。

世界石油资源主要分布在两个弧形地带，即东半球的北非—中东—俄罗斯中部，西半球的委内瑞拉—墨西哥湾西部—美国中部—加拿大西部—阿拉斯加北部。东半球的储量约占 83%，西半球的储量约占 17%。天然气主要分布在俄罗斯、西伯利亚、中亚、波斯湾沿岸、墨西哥湾沿岸、北非、北海等地。

按地理纬度带划分，石油资源北半球约占 95%，南半球约占 5%，在北半球 55%～60%的石油资源分布在北纬 24°～42°。海上油田主要分布在北纬 30°至南纬 10°。拥有大型油田的海域是波斯湾、加勒比海、墨西哥湾和南美北部大陆架等。

从各国 2017 年储量数据来看，原油储量位居前列的包括委内瑞拉、沙特阿拉伯、加拿大、伊朗及伊拉克，探明储量分别达到 3 032 亿桶、2 662 亿桶、1 689 亿桶、1 572 亿桶及 1 488 亿桶，这些国家的原油储量占全球总储量的 61%。

全球原油储量分布不均，石油储量主要集中在中东和美洲地区。从储量分布来看，石油输出国组织占据了全球 71.6%的石油储量，而非石油输出国家石油储量仅占到 28.4%。根据 BP 世界能源统计数据，2017 年年底全球天然气储存量为 193.1 万亿立方米，其中大部分集中于中东，占比为 40.9%。从历史数据来看，中东地区天然气储备相

对稳定，美国受益页岩气革命储量增长明显。随着勘探开采技术的进步，剩余探明可采储量有进一步上升的趋势。丰富的储量给天然气消费提供了充足的弹药，也为天然气产业的快速发展提供了坚实的基础。

2. 石油、天然气工业分布

石油、天然气具有发热量高、清洁、便于储存和运输、用途广泛等特点。因此，自 1857 年进行工业开采以来，石油、天然气的产量持续上升。随着各国科技和经济的迅速发展，对石油和天然气的需求也在迅速增加，促使油气工业飞速发展。

（1）石油的生产和消费

各国的原油开采呈现较大差别，2017 年原油产量前 3 位的国家分别为美国、沙特阿拉伯、俄罗斯，产量均在 1 100 万桶/天的水平以上，而位列第四的伊朗，其产量仅为 498 万桶/天。前 10 位国家的产量占全球产量的 67%。

石油储量大国并不一定是石油的生产大国，如委内瑞拉与加拿大虽然石油储量位居世界前三，但是石油产量并未进入前五的行列。这与各国的储产比有关系，影响各国储产比的因素有很多，主要为石油的丰度、油田的品质、油气勘探开发能力、政府的能源政策。委内瑞拉虽然石油储存量位列全球第一，但是该地区原油的开采成本高、掌握的开采技术有限，原油产量并未位列前茅。

（2）各地区石油消费与经济规模高度相关

世界石油储量、产量、冶炼、销售的地区分布很不平衡，使石油贸易量在世界能源贸易中数量最大，在世界石油贸易中，以原油为主，以油品为辅。2017 年，全球平均石油消费量达到 9 818 万桶/天，全球的石油消费呈现集中度较高的特点，前五消费大国的石油消费总量占世界消费总量的 46%。其中，美国的石油消费量稳居全球第一，达到 1 988 万桶/天；中国的石油消费量位居第二，达到 1 280 万桶/天。分地区来看，亚太地区是全球石油消费量最大的地区，包含消费大国中国、日本、韩国；其次为北美地区，包括美国、加拿大及墨西哥 3 个石油消费大国。从各地区消费增速来看，亚太地区的石油消费增速冠绝全球，中国的石油消费增量是亚太地区增长的主要动力。但近 10 年以来，亚太地区和中东地区的石油消费增速在逐步下降，而欧洲及北美地区的石油消费增速从负增长转为了正增长，增速有逐渐上升的趋势。

（3）天然气的生产和消费

在常见的 3 种化石能源（煤、石油、天然气）中，天然气是最清洁的能源。天然气较煤炭、石油等而言，在安全性、效率、环保等方面优势非常明显。除 2009 年因全球金融危机导致天然气生产与消费量的下降外，近 10 年世界天然气产量和消费量总体呈逐年上升趋势。2017 年产量达到 36 804 亿立方米，同比增长 4.0%。全球天然气产量稳定增长，新增产量主要来自中东、亚太和北美地区，非洲产量保持平稳，欧洲产量于 2011 年开始出现下滑。美国贡献了北美地区的全部新增产量，并于 2009 年开始成为全球最大的天然气生产国。

分国别来看天然气产量，2017 年，美国的天然气产量为 7 345 亿立方米，占全球天然气总产量的 19.9%，居世界第一位；俄罗斯的天然气产量为 6 356 亿立方米，占全球天然气总产量的17.2%，居世界第2位。其他主要的生产国家包括伊朗、卡塔尔、加拿大和中国。

至2017年，全球天然气消费量为36 704亿立方米，同比增长3.0%，占全球一次能源消费量的23.3%。随着页岩气、可燃冰等非常规天然气开采技术的逐步成熟，未来全球天然气仍将保持持续增长的态势。

具体到国别来看天然气消费量，美国和俄罗斯既是主要的天然气生产国家，也是主要的天然气消费国家。2017年，美国天然气消费量为7 395亿立方米，占全球天然气消费总量的20.5%；俄罗斯消费量为4 248亿立方米，占全球消费总量的11.8%。其他主要的天然气消费国家包括中国、伊朗、日本和沙特阿拉伯。

（三）电力工业

《BP世界能源统计年鉴（2018年）》数据显示，2017年，全球发电量合计为255 513亿千瓦时，较2016年增长2.8%，2006～2016年均复合增长率为2.7%。

2017年，北美地区发电量达52 902亿千瓦时，中南美地区发电量达13 158亿千瓦时，欧洲地区发电量达39 013亿千瓦时，亚太地区发电量达114 629亿千瓦时，中东地区发电量达12 109亿千瓦时，非洲地区发电量达8 307亿千瓦时。

2017年，中国发电量达64 951万亿千瓦时，美国发电量达42 818万亿千瓦时，世界发电量和消费量多的大多是发达国家和人口众多的发展中国家。2013～2017年主要国家（地区）发电量如表4.2所示。

表4.2　2013～2017年主要国家（地区）发电量　　单位：万亿千瓦时

排序	国家/地区	2013年	2014年	2015年	2016年	2017年
1	中国	5 431.6	5 649.6	5 814.6	6 142.5	6 495.1
2	美国	4 330.3	4 363.3	4 348.7	4 350.8	4 281.8
3	印度	1 141.4	1 252.0	1 308.4	1 400.8	1 497.0
4	俄罗斯	1 050.7	1 058.7	1 063.4	1 087.1	1 087.1
5	日本	1 087.8	1 062.7	1 030.1	999.6	1 091.2
6	德国	638.7	626.7	646.9	648.4	654.2
7	加拿大	651.2	648.6	652.3	663.0	693.4
8	巴西	570.8	590.5	581.5	581.7	590.5
9	法国	573.1	561.7	568.7	553.4	554.1
10	韩国	537.2	540.4	545.5	551.2	571.7
11	英国	358.2	338.2	339.1	338.6	335.9
12	沙特阿拉伯	284.0	311.8	328.1	330.5	375.6
世界总计		23 402.9	23 844.0	24 215.5	24 816.4	25 513.0

资料来源：《BP世界能源统计年鉴（2018年）》。

1. 火力发电工业

火力发电是目前世界上应用最广泛的发电方式，它以煤炭、天然气、原油作为燃料发电。各国基本上立足于本国能源资源状况发展火电。在煤炭资源丰富的国家，如波兰、中国、印度、澳大利亚等，主要用本国的煤炭发电。一些油气资源丰富而煤炭资源少的国家，如中东各国、墨西哥等，主要用本国油气发电。有少数各种矿物能源都贫乏的国家，如日本、意大利，用进口的煤炭、天然气、原油来发电。

2. 水力发电工业

国际水电协会（International Hydropower Association，IHA）的《2018 年全球水电现状报告》称，2017 年，全球水电发电量达到了 4 185 太瓦时，避免了 40 亿吨温室气体和其他有害污染物的排放。全世界水电稳步发展，新增装机容量为 2 190 万千瓦，其中抽水蓄能新增 320 万千瓦。东亚和太平洋地区水电增长最为迅猛，中国是世界最大的水电生产国，新增装机容量为全球水电新增装机容量的近一半。水电增长的驱动因素不仅是因为电力需求的普遍增长，还因为各国力求实现《巴黎协定》规定的碳减排目标所需要的可靠、清洁和价廉的电力能源。抽水蓄能的发展意味着水电在支持能源系统中的作用越来越受到认可，特别是其平衡风能和太阳能等不稳定可再生能源的作用。

虽然水电建设投资大、工期长、收益慢，但水力资源可再生、清洁无污染、发电成本低廉，因此，各国都在大力开发水力资源。特别是随着电力需求量的增加和水电建设技术水平的提高，以及超高压远距离输电技术的发展，当今世界水电的发展更是呈现出新的特点。第一，水电站建设规模越来越大。1950 年，装机容量 100 万千瓦以上的大型水电站世界上仅 2 座，而截至 2017 年年底，全球 400 万千瓦以上的就有 22 座。全世界已建成的最大的水电站为我国三峡水电站，总装机容量达 2 250 万千瓦，其规模大大超过世界第二大的巴西与巴拉圭在巴拉那河上合建的伊泰普水电站。第二，注重发挥综合利用效益，即不仅能提供电力，一般还具有防洪灌溉、航运、养殖、旅游等综合利用价值。第三，修建抽水蓄能电站以满足电力系统中调峰的需要。目前，水电已经成为仅次于火力发电的第二大电源，法国、瑞士等国家的水能资源利用率已经达到 97%。第四，重新重视小水电。主要是在经济不发达和偏僻地区对农业生产和人民生活起到重要作用。第五，开发新的水力发电形式，如利用潮汐能、波浪能、温差能发电。全世界潮汐能的理论资源量为 30 亿千瓦，波浪能为 30 亿千瓦，温差能为 400 亿千瓦。目前，有的国家根据自身的资源条件已开始利用这些新的发电形式来发电，如挪威、日本已建造了小型海洋波浪能发电站。

3. 核电工业

核能俗称原子能，它是原子核里的核子——中子或质子，重新分配和组合时释放出来的能量。核能分为两类：一类叫裂变能，另一类叫聚变能。与火电燃料相比，核燃料（目前最主要的是铀）体积小而能量大，成本便宜，对环境污染少。核电站发展 50 年来，从技术指标来看，一般可以分为三代，同时将目前正在进行概念设计，预计二三十年后才能投入商业运行的核电站称为第四代。第一代核电站主要是 20 世纪五六十年代开发的原型堆和试验堆。第二代核电站指 20 世纪 70 年代至现在运行的大部分商业核电站基本堆型，它们大部分已实现标准化、系列化和批量建设，主要有压水堆（PWR）、沸水堆（BWR）、重水堆（CANDU）、苏联设计的压水堆（VVER）和石墨水冷堆（RBMK）。第三代核电站一般指符合美国《用户要求文件（URD）》或《欧洲用户要求文件（EUR）》的先进核电反应堆。2002 年，第四代核电国际论坛（GIF）对第四代核电堆型的技术方向达成共识，在 2030 年以前将开发 6 种“新型发电”反应堆与燃料循环技术，即气冷快堆、铅冷快堆、熔盐堆、钠冷快堆、超临界水堆和极高温堆。

核能除作为清洁能源外，一个最大的优点就是经济性。例如，一座 100 万千瓦的大型烧煤电站，每年需原煤 300 万～400 万吨，运这些煤需要 2 760 列火车，相当于每天 8 列火车，还要运走 4 000 万吨灰渣。同功率的压水堆核电站，一年仅耗铀含量为 3%的低浓缩铀燃料 28 吨，运输根本不成问题。

核电的发电成本由运行费、基建费和燃料费 3 部分组成。核电站的运行费和火电站的差不多。但核电站运行可靠，每年利用小时最高达 8 000 小时，平均约为 6 000 小时。核电站的燃料费比火电站的要低得多。对 100 万千瓦压水堆核电站，每年需要补充 40 吨燃料，其中只消耗 1.5 吨铀-235，其余的尚可收回。所以燃料运输是微不足道的。而对一座 100 万千瓦烧煤的发电厂，每年至少消耗 2 120 000 吨标准煤，平均每天要有 1 艘万吨轮，或 3 列 40 节车厢的火车运煤到发电厂。运输负担之沉重可想而知。出于核电站系统的复杂和安全的考虑，它的基建费比火电高，对 10 万～20 万千瓦容量的轻水堆比火电约高 100%，对 100 万千瓦容量的轻水堆高 60%～70%。重水堆和气冷堆的基建费还要贵一些。随着石油调价和核电技术的逐步成熟，核电成本已经低于油电站、煤电站和油煤电站的成本。据统计，美国、法国、英国、德国和加拿大等国的核电成本平均比火电低 1/3 左右。核电的经济性与安全性毋庸置疑。

根据世界核能协会的《2018 世界核电行业状况报告》显示，2017 年，全球核反应堆发电量为 2 506 太瓦时，这是连续第五年核能发电量增加。亚洲、东欧和俄罗斯的核电产量有所上升，西欧和中欧的有所减少。这些变化延续了近年来的趋势。北美的核电产能数量略有下降，南美洲和非洲的发电量也有所下降。

截至 2017 年年底，在世界能源结构中，全球核能发电量占比为 12%，低于水电的 16%和化石燃料的 66%。不过在人们越来越重视地球温室效应、气候变化的形势下，人们越来越认识到，没有核能的能源供应，从经济上和生态上都有一定的风险，各个国家也认识到存在着不断改进核电厂安全技术从而减少事故风险的可能。核能对于满足经济和社会发展不断增长的能源需求，保障能源供应与安全，保护环境，实现电力工业结构优化和可持续发展，提升国家综合经济实力、工业技术水平和国际地位，都具有重要的意义。核能仍属于有发展前途的能源。

第三节 钢　铁

钢铁是人类社会进步所依赖的重要物质基础。钢铁工业长期以来是世界各国国民经济的基础产业，其发展水平如何，历来是衡量一个国家工业化水平高低和国家综合国力强弱的重要标志。因此，世界各国在工业化进程中都重视钢铁工业的发展。随着钢铁工业技术的日益进步，钢铁生产规模逐步扩大，生产分布也发生了明显的变化。

一、钢铁工业的生产和消费

（一）钢铁工业生产

20 世纪 70 年代以前，钢铁和汽车、石油一直是资本主义国家的支柱产业，但 20 世纪 70 年代后，由于科技的发展，钢铁工业的重要性有一定程度的削弱，钢铁工业的利润迅速降低。钢铁工业已经成为一个微利行业，不再有昔日的风光。当前，全球钢铁产业的生产主要呈现以下格局。

1）发达国家不再独占钢铁生产大国的地位，发展中国家在世界钢铁生产中的地位得到提升。钢铁工业曾经是发达国家的支柱产业，对发达国家的经济腾飞起到重要作用。但随着发展中国家的崛起及对钢铁技术的掌握，发展中国家的钢铁工业对世界钢铁的生产也起到重要作用。目前，钢铁生产的重心正在从发达国家向发展中国家转移。

2）钢铁产业产能严重过剩，导致价格低迷。2008 年金融危机爆发后，全球钢铁需求减弱，但不少国家为刺激经济，对钢铁企业实施扶持政策，导致全球钢铁产能不断扩大。另外，高新技术的突破极大提升了全球钢铁生产能力，把钢铁产业推向了产能过剩的境地。随着全球经济增长放缓，钢铁产品价格近几年处于低迷状态，这对于本已是微利行业的钢铁生产来说，更是雪上加霜。

3）钢铁生产商积极开发研究高新技术产品。进入 21 世纪，随着炼铁、炼钢材料的多样化，钢铁产品的替代品的增加，客户对钢铁产品的品种和质量要求越来越严格。为保持钢铁材料在 21 世纪作为基本工业原料的主导地位，以及提高世界钢铁工业的竞争力，钢铁生产商积极开发研究高技术含量产品。

虽然钢铁生产有起伏，但总的产量呈增长趋势。1950 年，世界钢产量仅为 1.89 亿吨，1970 年达到 5.94 亿吨，1990 年曾达 7.73 亿吨，以后有所下降，到 2000 年上升为 8.4 亿吨。2004 年，世界粗钢产量首次突破 10 亿吨大关，达到 10.67 亿吨，2017 年达到 16.89 亿吨。

世界钢产量的分布，分地区来看，亚洲持续多年保持世界最大的产钢地区，独联体、中东、亚洲、大洋洲的粗钢产量保持增长，欧盟、南美和非洲的粗钢产量则出现下滑。在全球前十大产钢国家中，日本、美国、德国和韩国为发达国家，包括中国、印度在内的其他 6 个国家为发展中国家，全球钢铁工业格局继续发生深刻变化。印度作为钢产量增速最快的国家，已经拉开与排名第 3 位的美国之间的差距，如果保持这个势头，有望逼近甚至超越日本而跃升至第 2 位。

2017 年全球主要国家和地区粗钢产量及 2017 年全球前十大产钢国家粗钢产量分别如表 4.3 和表 4.4 所示。

表 4.3　2017 年全球主要国家和地区粗钢产量

国家和地区	产量/百万吨
欧盟	168.4
欧洲其他国家	42.3
独联体	100.8

续表

国家和地区	产量/百万吨
北美	115.1
南美	44.3
非洲	15.1
中东	34.5
亚洲	1 161.7
全球总计	1 688.2

资料来源：《世界钢铁统计数据 2018》。

表 4.4　2017 年全球前十大产钢国家粗钢产量

排名	国家	2016 年/百万吨	2017 年/百万吨	同比/%
1	中国	807.6	831.7	2.9
2	日本	104.8	104.7	−0.1
3	印度	95.5	101.4	6.1
4	美国	78.5	81.6	3.9
5	俄罗斯	70.5	71.3	1.1
6	韩国	68.6	71.0	3.50
7	德国	42.1	43.4	3.1
8	土耳其	33.2	37.5	12.9
9	巴西	31.3	34.4	9.9
10	意大利	23.4	24.1	2.9

资料来源：《世界钢铁统计数据 2018》。

钢铁工业属资源密集型工业，是一个多环节组成的生产综合体，它的布局受多方面因素的影响，尤其是受原料、燃料资源的影响。在钢铁冶炼中，铁矿石的消耗量很大（炼 1 吨生铁一般需要 1.6～3 吨铁矿石），因此，在钢铁工业布局时必须考虑铁矿资源的储量、品位、开采条件、地理位置等。

据联合国有关机构的统计，世界铁矿石储量为 8 500 亿～9 000 亿吨（不包括海洋中约 2 500 亿吨的磁铁矿）。铁矿资源丰富的国家主要有俄罗斯、巴西、加拿大、澳大利亚、美国、中国、印度、南非、法国等，其中，俄罗斯、巴西、加拿大 3 国的储量占世界总储量的近 60%。

炼铁需要大量的燃料，主要燃料是焦炭，因此，钢铁工业在布局时必须考虑炼焦煤的来源。世界炼焦煤经济可采储量约 4 000 亿吨，以美国、俄罗斯、中国的炼焦煤储量最为丰富。

（二）钢材消费

国际钢铁协会最新公布的数据显示，2017 年，世界钢材表观消费量（即包含国内钢铁制造商自产加上进口钢材销往市场的钢材）达到 15.87 亿吨（表 4.5），与 2016 年相比增加 7 140 万吨。世界大部分国家和地区的钢材消费量都出现增长，其中亚洲在世界所占份额在 66%左右，仍保持第一的水平，欧盟占第 2 位，北美占第 3 位。2012～

2017 年全球主要国家钢材表观消费量如表 4.5 所示。

表 4.5　2012～2017 年全球主要国家钢材表观消费量　　单位：百万吨

国家	2012 年	2013 年	2014 年	2015 年	2016 年	2017 年
世界	1 443.7	1 534.2	1 546.9	1 500.1	1 516.0	1 587.4
中国	660.1	735.1	710.8	672.3	680.3	736.8
美国	96.2	95.7	107.0	95.7	91.9	97.7
印度	72.4	73.7	76.1	79.5	83.6	87.2
日本	64.0	65.2	67.7	62.9	62.2	62.2
韩国	54.1	51.8	55.5	56.0	57.1	56.4
俄罗斯	42.8	43.3	43.0	39.4	38.6	40.6
德国	37.5	38.0	39.6	39.0	40.5	41.8
土耳其	28.5	31.3	30.8	34.4	34.1	36.1
墨西哥	20.9	20.1	22.9	24.2	25.4	26.4
意大利	21.5	22.0	22.0	23.9	24.1	24.5

资料来源：《世界钢铁统计数据 2018》。

世界钢铁协会公布的数据显示，2017 年，全球人均钢材表观消费量为 214.5 千克，是自 2014 年开始连续 3 年下滑后呈现的上升态势。2017 年，亚洲钢材表观消费量和人均表观消费量均保持增长。其中，韩国人均钢材消费量达到 1 106.3 千克，在全球主要产钢国家中排名最高。2017 年全球各国家或地区人均钢材消费量排行榜如表 4.6 所示。

表 4.6　2017 年全球各国家或地区人均钢材消费量排行榜

排名	国家或地区	人均钢材消费量/千克
1	韩国	1 106.2
2	中国台湾	747.1
3	捷克	663.3
4	德国	508.5
5	中国	522.8
6	日本	505.5
7	奥地利	460.8
8	土耳其	446.5
9	加拿大	453.4
10	意大利	413.1

资料来源：《世界钢铁统计数据 2018》。

二、钢铁工业的产品贸易

随着世界钢铁工业民营化的发展，钢铁企业通过工艺结构调整，使钢铁产品生产更加专业化，因此，钢铁产品的贸易不断发展和扩大。

世界钢铁工业产品贸易包括铁矿石、燃料、生铁、废钢、铁合金和钢材等的贸易，其中以铁矿石和钢材贸易量最大。近年来，世界铁矿石的贸易量约占其总产量的 45%，铁矿石的主要出口国有巴西、澳大利亚、俄罗斯、加拿大、印度、利比里亚、瑞典、南非等。其中，巴西、澳大利亚是世界上两个最大的铁矿石出口国，约占世界出口总量的 1/4。日本、德国、美国是世界上最大的铁矿石进口国，其中日本约占世界进口总量的 1/3。

钢材作为钢铁工业的最终产品，用途很广，在钢铁产品贸易中占有极其重要的地位。当前世界钢材贸易具有以下特征。

1）世界钢材贸易量是不断增长的，占世界钢材总产量的比例不断提高，世界钢材产量近一半不是供产钢国本国消费的。

2）世界钢材贸易增长速度快于钢产量增长速度，特别是近二十几年。

3）世界钢材贸易地区比较集中。目前钢材进口和出口最大的地区是欧盟和亚洲地区。

4）世界钢材贸易在地区上以就近供销、区域集团内贸易为主。这与钢材品种、规格、型号多又不宜长途运输有关。

5）由于钢材的品种、规格、型号多，以及受市场、价格等因素的影响，一些主要生产钢材的国家在出口钢材的同时还进口钢材，如德国、法国、意大利、日本等。2017 年按地区划分的世界钢材贸易量如表 4.7 所示。

表 4.7　2017 年按地区划分的世界钢材贸易量　　单位：百万吨

出口地区或国家 / 进口地区或国家	欧盟28国	其他欧洲国家	独联体	北美自贸区	其他美洲国家	非洲和中东	中国	日本	其他亚洲国家	大洋洲	进口总量
欧盟 28 国	116.9	8.6	13.5	0.5	2.8	1.4	4.1	0.2	10.0	0.1	158.1
其他欧洲国家	10.0	0.8	8.0	0.1	1.1	0.4	1.0	0.2	1.3	0.0	22.8
独联体	1.9	0.3	8.7	0.4	0.0	0.1	2.2	0.1	0.4	0.0	14.2
北美自贸区	7.3	2.2	4.0	19.0	6.7	1.2	2.5	3.8	10.7	0.3	57.7
其他美洲国家	1.4	1.1	0.6	2.4	4.2	0.1	6.6	12	1.1	0.0	18.8
非洲	4.8	2.4	6.0	0.1	0.2	2.4	5.5	0.9	1.3	0.0	23.5
中东	1.7	3.7	4.3	0.1	0.3	5.3	6.5	1.0	4.2	0.1	27.1
中国	1.5	0.0	0.0	0.1	0.1	0.0	—	5.5	6.6	0.0	13.9
日本	0.1	0.0	0.0	0.0	0.0	0.0	1.1	—	5.0	0.0	6.2
其他亚洲国家	2.3	1.3	5.7	0.5	1.8	6.1	44.5	24.3	28.8	0.4	115.5
大洋洲	0.3	0.0	0.0	0.0	0.0	0.0	0.8	0.2	3.6	0.2	5.3
出口总量	148.2	20.5	50.7	23.2	17.0	17.1	74.8	37.4	73.1	1.2	463.1

资料来源：《世界经济年鉴 2017》。

6）国际市场竞争日趋激烈，竞争的焦点主要集中在高附加值产品上。高附加值钢材的贸易量早已占钢材贸易总量的 60%以上。由于一些高附加值产品的生产能力已远远大于需求，国际上高附加值钢材的竞争白热化。一些世界著名的钢铁企业不惜耗费巨额投资对现有企业的先进生产线进行大规模的技术改造，以确保在高附加值产品领域的竞争优势。

7）全球经济增长趋缓，钢铁贸易保护主义兴起，钢铁出口形势困难。近年来经济增长趋缓，各地区市场需求疲软，用户和分销商调整库存，钢材进口缺乏动力。另外，各国政府在本国钢铁企业的呼吁下，加强了对进口钢材的监控，并采取了一系列的贸易保护措施，导致全球钢铁出口形势更加严峻。

第四节　电　　子

电子信息工业是在电子科学技术发展和应用的基础上发展起来的。随着大规模集成电路和计算机的大量生产和使用，光纤通信、数字化通信、卫星通信技术的兴起，电子工业成为一个迅速崛起的高技术产业。电子信息工业的产品范围广泛，包括电子计算机、通信设备、消费电子产品、电子元件、微电子，以及办公、医疗、工业、军用设备等。

一、世界电子信息工业的生产与分布

2017 年，世界经济形势继续好转，但不稳定因素依然存在，经济复苏仍不明朗。发达经济体经济增长普遍提速，中国和亚洲新兴经济体经济增长依然强劲，拉丁美洲、独联体国家等的经济出现一定的改善迹象，世界经济总体增速有所提升。2017 年，信息技术产业对经济社会转型发展的基础性驱动作用持续释放，美国、日本、欧盟、中国等主要经济体均出台一系列促进政策，进一步加快布局新兴技术研发和产业化，抢占技术变革先机，推动产业发展。在人工智能、物联网、大数据等革新技术推动下，智能化应用场景迅速拓展，新兴市场需求持续增长，带动产业与技术创新不断涌现。在发达经济体普遍复苏、新兴经济体快速增长的双重带动下，2017 年，世界电子信息产品产销额均保持较快增长态势，新兴市场国家的高速增长表明其仍是世界电子信息产业增长的重要推动力。

2017 年，全球经济继续保持低速增长态势，增速略有提升，经济增长依然面临不确定性因素的影响，复苏尚不明朗。美国、日本、欧洲国家等发达经济体总体回暖，发展中经济体保持较快增长速度，是推动全球增长的重要力量。2017 年，世界电子信息产品制造业持续复苏，在 2016 年略有增长的基础上，增速提升 2.95 个百分点，产销值均保持较快增长态势。《世界电子数据年鉴 2017》显示，2017 年，世界电子产品产值达到 17 911.37 亿美元，同比增长 4.02%，销售额达到 17 561.39 亿美元，同比增长 3.03%，与 2014 年相比，产销值恢复较快增速，销售摆脱衰退态势，复苏形势整体向好。

2014～2017 年世界电子产品产销值及增速如图 4.1 所示。

2017 年，在智能硬件等新兴市场的带动下，电子元器件成为增长最快的产品门类，控制与仪器设备、无线通信设备保持较高增速，消费电子产品、办公设备同比下滑，其中办公设备的下滑态势最为显著。从产值看，办公设备、消费电子产品同比负增长，其他各产品门类均实现正增长。其中电子元器件产值增速为 8.72%，控制与仪器设备、

无线通信设备产值分别增长 3.46%和 3.10%，办公设备、消费电子产品产值分别增长-3.54%和-0.12%，总体产值增长 4.02%。从销售额看，除办公设备、消费电子产品同比下滑外，其他各门类产品均实现正增长，电子元器件销售额增速最快，增长 6.64%，办公设备下滑最显著，增速为-3.31%，电子产品整体销售额增长 3.03%。作为最大产品门类的电子元器件的强势增长带动电子产品整体产销值出现较快增长，其他门类的产销值增速均在平均值以下，仅控制与仪器设备销售额增速略超均值。具体情况如表 4.8 所示。

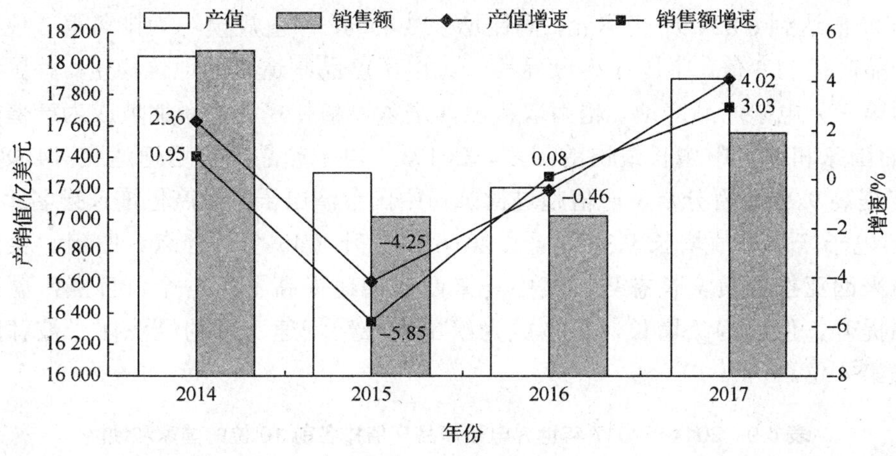

图 4.1　2014～2017 年世界电子产品产销值及增速

表 4.8　2014～2017 年世界电子产品产销值统计

项目		产销值/百万美元				2017 年增长率/%
		2014 年	2015 年	2016 年	2017 年	
电子数据处理设备	产值	461 213	419 460	392 706	391 420	0.36
	销售额	477 326	432 764	416 293	419 269	0.71
办公设备	产值	8 319	7 937	7 621	7 351	-3.54
	销售额	10 244	9 040	8 680	8 393	-3.31
控制与仪器设备	产值	145 086	137 594	139 077	143 895	3.46
	销售额	146 559	139 385	140 232	144 649	3.15
医疗与工业设备	产值	87 140	85 022	85 334	87 783	2.87
	销售额	80 653	76 651	77 791	79 924	2.74
无线通信设备	产值	366 359	367 540	370 805	382 312	3.10
	销售额	323 006	313 499	313 433	318 414	1.59
电信设备	产值	76 420	73 865	76 279	78 416	2.80
	销售额	83 757	786 622	79 091	80 638	1.96
消费电子产品	产值	124 280	113 141	106 267	106 137	-0.12
	销售额	118 525	105 867	102 872	101 268	-1.56
电子元器件	产值	537 699	525 161	543 709	591 123	8.72
	销售额	568 814	547 125	566 009	603 583	6.64
总计	产值	1 806 517	1 729 721	1 721 796	1 791 137	4.02
	销售额	1 808 883	1 702 953	1 704 402	1 756 139	3.03

资料来源：《世界电子数据年鉴 2017》。

受全球经济增长提速影响，发达经济体和新兴经济体的电子产品产销值普遍呈现增长态势。中国、美国、韩国、新加坡、中国台湾成为拉动全球电子产品产销值增长的主要力量，新加坡、越南、中国台湾和韩国增速最快，日本成为排名前 10 位的国家和地区中唯一增速下降的经济体，而墨西哥是唯一未摆脱衰退的国家。

在电子产品产值方面，受全球经济向好影响，2017 年，世界排名前 10 位的国家和地区（表 4.9）中仅墨西哥仍处于衰退中，但降幅有所收缩。中国仍居产值榜首位，2017 年产值达到 6 824.91 亿美元，同比增长 3.45%，产值规模约为排名第 2 位的美国电子产品产值的 3 倍，中国作为世界第一大电子产品制造国的地位稳定。韩国超过日本成为第三大电子产品产地，越南取代巴西进入产值榜榜尾。新加坡成为产值规模前 10 位的国家和地区中增长最快的国家，2017 年电子产品产值增速达到 14.38%，比 2016 年提高 9.25 个百分点，产值超过德国。中国台湾电子产品产值增速排名第 3 位，2017 年电子产品产值增长 9.36%，比 2016 年提升 7.45 个百分点。中国、美国、德国、马来西亚摆脱负增长态势，其中马来西亚增速提高了 8.5 个百分点，墨西哥增速小幅提升，但仍为负增长，日本成为榜单中唯一增速下降的经济体，被韩国超越后位居第 4 位。

表 4.9　2014～2017 年世界电子产品产值排名前 10 位的国家和地区

国家和地区	2014 年	2015 年		2016 年		2017 年	
	产值/百万美元	产值/百万美元	增长率/%	产值/百万美元	增长率/%	产值/百万美元	增长率/%
中国	677 535	669 495	0.29	659 750	−1.46	682 491	3.45
美国	234 537	231 006	−1.51	229 464	−0.67	234 051	2.00
韩国	115 429	107 992	−6.44	111 645	3.38	121 717	9.02
日本	125 858	113 074	−10.16	115 982	2.57	116 353	0.32
中国台湾	71 296	67 626	−5.15	68 920	1.91	75 368	9.36
新加坡	59 296	56 282	−5.08	59 170	5.13	67 678	14.38
德国	64 127	55 574	−13.34	55 382	−0.35	56 516	2.05
马来西亚	59 443	51 848	−12.78	50 233	−3.11	52 942	5.39
墨西哥	50 876	49 737	−2.24	49 494	−0.49	49 365	−0.26
越南	29 136	36 718	26.02	40 353	9.90	44 892	11.25

资料来源：《世界电子数据年鉴 2017》。

在电子产品市场规模方面，世界主要国家和地区市场均呈现增长态势，市场复苏迹象明显，前十大经济体排名没有发生变化。继 2015 年中国超过美国成为全球最大电子产品市场以来，榜首地位得以进一步稳固。越南持续成为榜单中电子产品市场规模增长最快的国家，印度、中国紧随其后。日本是前十大经济体中唯一增速下降的国家，由于与排名第 4 位的德国存在巨大的体量差距，其仍保持第 3 位的位置。具体情况如表 4.10 所示。

表 4.10　2014～2017 年世界电子产品市场规模排名前 10 位的国家

国家	2014 年	2015 年		2016 年		2017 年	
	市场规模/百万美元	市场规模/百万美元	增长率/%	市场规模/百万美元	增长率/%	市场规模/百万美元	增长率/%
中国	419 169	425 563	1.53	444 068	4.35	470 800	6.02
美国	420 657	422 126	0.35	418 683	−0.82	425 232	1.57
日本	142 113	121 818	−14.28	127 330	4.52	128 111	0.61
德国	74 735	62 793	−15.98	62 902	0.17	63 958	1.68
韩国	50 457	49 550	−1.80	48 941	−1.23	50 517	3.22
墨西哥	44 352	44 664	0.70	44 025	−1.43	45 142	2.54
印度	37 174	40 068	7.79	40 729	1.65	43 588	7.02
英国	45 657	42 412	−7.11	36 338	−14.32	36 427	0.24
法国	38 055	31 856	−16.29	31 777	−0.25	32 280	1.58
越南	23 684	26 016	9.85	28 043	7.79	307	9.47

资料来源：《世界电子数据年鉴 2017》。

二、世界电子信息工业主要部门的生产分布

（一）计算机工业

2017 年，计算机行业整体仍处在调整期，PC（personal computer，个人计算机）市场持续低迷，全年出货量仅为 2.63 亿台，是近几年出货量最低的一年；在中国市场的带动下，服务器市场出现回暖迹象，x86 架构设备在市场上仍占有绝对优势；高性能计算技术增速稳定，神威太湖之光为中国赢得了全球超级计算机 500 强排行榜的十连冠；受工业互联网、大数据、云计算、物联网等快速发展的影响，以太网交换机与路由器市场稳步增长。2007～2017 年全球 PC 销量如表 4.11 所示。

表 4.11　2007～2017 年全球 PC 销量

年份	2007	2008	2009	2010	2011	2012	2013	2014	2015	2016	2017
出货量/百万台	272	291	308	351	365	351	316	314	288	270	263
增长率/%	14	7	6	14	4	−4	−10	−1	−8	−6	−3

资料来源：《世界信息技术产业发展报告（2017～2018）》。

2018 年全球 PC 市场的前 6 位分别为联想公司、惠普公司、戴尔公司、苹果公司、宏碁公司、华硕公司，占据接近八成的市场份额，而其他厂商的份额进一步萎缩至 21.8%。2017 年和 2018 年全球主要计算机生产厂商出货量和市场份额如表 4.12 所示。

表 4.12　2017 年和 2018 年全球主要计算机生产厂商出货量和市场份额

公司	2018 年出货量/万台	2018 年市场份额/%	2017 年出货量/万台	2017 年市场份额/%	2017～2018 年增长率/%
联想公司	5 846.4	22.5	5 466.9	20.8	6.9
惠普公司	5 645.4	21.7	5 517.9	21.1	2.3

续表

公司	2018 年出货量/万台	2018 年市场份额/%	2017 年出货量/万台	2017 年市场份额/%	2017～2018 年增长率/%
戴尔公司	4 199.3	16.2	3 979.3	15.1	5.5
苹果公司	1 850.7	7.1	1 897.2	7.2	-2.5
宏碁公司	1 567.1	6.0	1 754	6.7	-10.7
华硕公司	1 218.5	4.7	1 349.6	5.1	-9.7
其他	5 653.6	21.8	6 303.8	24.0	-10.3
总计	2 5981	100.0	26 268.7	100.0	-1.1

资料来源：《世界信息技术产业发展报告（2017～2018）》。

联想公司是全球市场份额前 6 位的厂商中出货量增幅最大的厂商，2018 年的出货量约为 5 846.4 万台，比 2017 年增长了 6.9%，以 22.5%市场份额的微弱优势超越惠普跃升至第 1 位。

不过苹果公司的出货量与前 3 名联想公司（5 846.4 万台）、惠普公司（5 645.4 万台）和戴尔公司（4 199.3 万台）的差距仍较大，且较 2017 年有所下降。

2017 年我国微型电子计算机产量/万台

伴随智能手机的普及，PC 出货量下滑是种趋势，移动设备正逐步成为现在和未来的主流。

随着科技的进步，未来计算机行业将把重心逐步从互联网转向人工智能、云计算、信息安全、虚拟现实等方面。

（二）通信工业

随着各国国民经济的发展和人民生活水平的提高，世界通信工业有了迅猛的发展，通信工具日益先进，其使用日益普及。根据联合国国际电信联盟（International Telecommunication Union，ITU）的统计，至 2017 年年底，全球网民数量达到 41.57 亿，而智能手机使用者数量达到 33 亿。互联网和手机的高度普及大大提高了现代社会的运作效率，使“互联”理念深入人心。这即是万物互联或物联网时代的序幕，随着 4G 网络的进一步普及和 5G 网络技术的突破，移动宽带渗透率将持续提升，万物互联时代或将加速到来。5G 网络将在无人驾驶、智慧城市、物联网等多个领域为人们带来新一代体验，5G 正在成为全球最具影响力的技术变革之一。

除互联网和手机外， 2016 年全球通信网络维护服务市场规模为 642.5 亿美元，占网络管理服务市场的 78.64%；通信网络优化服务市场规模达 174.5 亿美元，占网络优化服务市场的 21.36%。

布局网络管理服务已成为设备商应对增长放缓的重要举措。主要设备企业目前已基本形成涵盖网络咨询、网络规划设计、网络建设实施、系统集成、网络运维、网络优化在内的整套网络管理服务，实现向服务型制造转型。目前全球网络管理服务市场稳步成长，2011～2016 年年均增长 6%～7%，为硬件设备市场增速的 2 倍以上，2016 年全球网络管理服务市场规模达 817 亿美元。

2017 年我国移动通信手持机产量分布/万台

北美是全球最大的通信网络管理服务市场，2016 年，网络管理服务市场占全球市场的 33.4%，其次是亚太地区（占 32.6%），再次是欧洲（占 27.%）。根据测算，2016 年，北美网络管理服务市场规模为 272.9 亿美元，亚太地区网络管理服务市场规模为 266.4 亿美元，欧洲网络管理服务市场规模为 227.2 亿美元。

（三）消费电子产品工业

未来一段时间，传统消费类电子产品市场将逐渐被新的物联网概念产品所替代，产业设备与消费产品相互交融，包括支持物联网的硬件设备、可穿戴设备、智能化家居和汽车等电子产品。全球正逐步进入以物联网引领的电子时代，产业运营模式从过去单一产品和技术导向发展模式，迈向多元化应用和系统整合发展模式。

2016 年，美国国际电子消费展给观者呈现了更新鲜的元素，如各式各样的虚拟现实/增强现实头盔、3D 和 4D 游戏、工业应用级无人机、形态不断改变的可穿戴设备、智能服装、智能家居、4K 电视及显示器、户外摄影电动平衡车等，还有无人驾驶技术，可以说目前正处于消费类电子产品发展的黄金时代。

（四）电子元件工业

1. 产业规模

全球电子元器件产值规模经历了 2015 年的短暂回落后，在 2016 年和 2017 年呈现快速上升态势。2014～2017 年产值分别达到了 5 376.99 亿美元、5 251.61 亿美元、5 437.09 亿美元和 5 911.23 亿美元。2015～2017 年同比增速分别为-2.33%、3.53%和 8.72%。具体情况如图 4.2 所示。

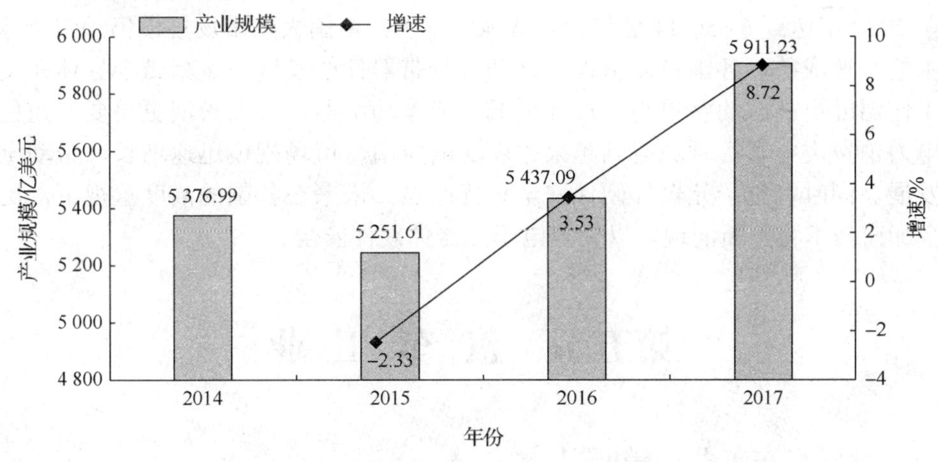

图 4.2　2014～2017 年全球电子元器件产值规模及增速

2. 区域竞争格局

从地区来看，2017 年，美国西欧和亚太地区各主要国家和地区均呈现增长态势，其中新加坡以 21.65%的增速领跑全球，韩国、中国台湾地区分别以 14.57%和 12.67%

位数的增速居于增长率的第 2 位和第 3 位。中国大陆仍是唯一产值规模超过 1 000 亿美元的地区，2017 年产值达到 1 514.74 亿美元，较 2016 年增长 8.69%，在全球总产值规模中的占比达到 25%，远超过第 2 名的韩国（14%）。从 2014～2017 年复合年增长率来看，新加坡和中国大陆分别以 10.51%和 7.62%位居第 1 名和第 2 名，韩国和中国台湾分别以 5.79%和 4.35%位居第 3 名和第 4 名，其他国家和地区则为负增长。2014～2017 年全球主要国家和地区电子元器件产值规模如表 4.13 所示。

表 4.13　2014～2017 年全球主要国家和地区电子元器件产值规模

国家和地区	产值规模/亿美元				2016～2017 年增长率/%
	2014 年	2015 年	2016 年	2017 年	
美国	593.09	566.88	544.61	574.14	3.52
西欧	461.3	400.05	400.48	408.9	2.10
中国	1 215.3	1 315.05	1 393.6	1 514.74	8.69
中国台湾	555.09	534.76	559.75	630.69	12.67
日本	676.89	628.84	634.68	641.09	1.01
韩国	698.3	667.1	721.61	826.74	14.57
新加坡	381.85	367.19	423.6	515.3	21.65
马来西亚	346.3	310.75	307.41	330.47	7.50
世界总和	5 376.99	5 251.61	5 437.09	5 911.23	8.72

资料来源：《世界电子数据年鉴 2017》。

3. 全球电子元器件产业发展趋势

在物联网电子信息产业技术的持续发展下，电子元器件的市场规模将持续增长，预计在 2020 年达到 6 650.34 亿美元。就地区来看，中国大陆市场规模仍领跑全球。随着技术的快速成熟，各国持续重视和推动宽禁带器件的发展，宽禁带半导体在实现更高、工作温度更高、功率更小、尺寸更低、成本功率器件方面扮演更重要的角色，在军事电力消费类电子等领域得到越来越广泛的应用，市场规模迅速增长，带动全产业链的发展。同时，电子元器件硬件安全担忧凸显，未来在各国的高度重视下，更多新型安全加密技术将不断涌现，以保障电子元器件硬件安全。

第五节　汽 车 工 业

一、世界汽车工业产销概况

1. 全球汽车产销总量继续增长

全球汽车产量逐年上升，2017 年，全球汽车产量达 9 730 万辆。汽车产量的增长在很大程度上得益于新兴市场国家良好的经济发展形势及巨大人口数量带来的市场需求。

全球的汽车销售市场不断增长，且连续 8 年呈现增长的趋势。在 2017 年，较 2016 年增长 3.1%，汽车销量达 9 680.44 万辆。在 2018 年，世界汽车组织在全球范围内有新一轮的增长，也伴随一定的波动性。不同的国家，有不同的发展形势。例如北美，在过去的 7 年中，增速比较快，但在 2016 年也呈现一定的波动。南美也在不断地复苏，但是整个市场的体量仍然处于比较低的值。欧洲保持了比较好的态势，汽车生产和销售都达到了最高值。亚洲也在不断增长，2016 年的增速一直在维持。非洲的汽车生产连续 8 年增长，但起点较低。2012～2017 年全球汽车产销情况如表 4.14 所示。

表 4.14　2012～2017 年全球汽车产销情况

单位：万辆

项目	2012 年	2013 年	2014 年	2015 年	2016 年	2017 年
销量	8 216.64	8 564.16	8 792.01	8 967.80	9 385.64	9 680.44
产量	8 423.62	8 735.4	8 977.65	9 068.31	9 497.66	9 730.25

资料来源：根据世界汽车组织公开数据整理。

2. 生产和销售区域有新变化

从消费区域分析，中国、印度及欧洲市场的销量增长拉动了全球销量实现增长。千万销售级别的依然只有中国和美国。中国已经成为全球最大的汽车生产和销售国家，也是 2017 年增幅最大的汽车市场。北美是全球汽车市场利润最高的市场，但是这一地区的汽车销量在持续数年的强劲势头之后放缓。就新兴汽车市场而言，印度展示了其实力，销量达 478 万辆。2017 年全球汽车市场中，有 18 个单一市场销量超过百万辆。2017 年汽车产销量前 10 位国家如表 4.15 所示。

表 4.15　2017 年汽车产销量前 10 位国家

排名	国家	2017 年产量/万辆	占全球总产量百分比/%	国家	2017 年销量/万辆	占全球总销量百分比/%
1	中国	2 901	29.8	中国	2 912	30.1
2	美国	1 119	11.6	美国	1 758	18.2
3	日本	969	10.0	日本	523	5.4
4	德国	564	5.8	印度	401	4.1
5	印度	478	4.9	德国	381	3.9
6	韩国	411	4.2	英国	295	3.0
7	墨西哥	406	4.2	法国	260	2.7
8	西班牙	284	2.9	巴西	223	2.3
9	巴西	269	2.3	意大利	219	2.3
10	加拿大	219	2.8	加拿大	207	2.1
合计		7142	78.6	合计	5 421	74.2

资料来源：根据世界汽车组织公开数据整理。

3. 欧洲国家、美国、日本主导全球汽车零部件市场发展

根据《美国汽车新闻》发布的《2018 年全球汽车零部件配套供应商百强榜》，博世、

2017年我国汽车产量分布/万辆

电装、麦格纳、大陆和采埃孚汽车零部件销售额位居前5位，其中博世已经连续8年蝉联百强名单榜首。在百强榜中，按照各大零部件供应商总部所在地，上榜企业以日系为最多，总共26家（2017年28家），其次是美国，21家（2017年22家），德国18家（2017年16家）。百强榜上中国汽车零部件供应商达到了史无前例的6家，分别为延锋、海纳川、中信戴卡、德昌电机、五菱工业和敏实集团。总体而言，欧洲国家、美国、日本仍然牢牢占据全球汽车零配件市场的主导地位。

二、主要国家和地区的汽车市场竞争格局及发展趋势

1. 生产、销售重心转移至亚洲

欧洲、美洲等发达国家和地区一直是全球汽车消费的主要市场。而近年来亚洲、大洋洲及中东地区汽车消费增长势头明显。在地区分布上，世界汽车主要生产地区也在发生转移，以中国、印度、巴西等为代表的新型汽车生产国的生产能力、所占市场份额不断扩大。2017年，亚洲地区的汽车产量总和在全球的占比超过了50%，其中中国的贡献最大。主要原因是近几十年来亚洲地区的经济一直保持高速发展；另外，该地区人口众多、每千人汽车保有量较低，因此，对国际汽车行业而言，亚洲市场潜力巨大，汽车厂商都非常重视亚洲市场，一些跨国企业，如通用、福特、大众等，都在亚洲投资建厂，以扩大其在亚洲地区的市场份额。亚洲本土国家，如日本、韩国和中国等，也将汽车行业确定为本国经济的支柱产业，大力发展本国的汽车行业。因此，亚洲地区将是未来汽车行业发展的主要区域。

2. 发达地区保有量高、增速低，发展中地区保有量低、增速高

欧洲、美国和日本的汽车工业发展较早，区域内的人均汽车保有量较高，因此，这些地区的汽车消费需求中，首次购车的比例较低，主要以更新、更换车辆为主，汽车消费市场的饱和度较高，且非常稳定。亚洲-太平洋地区人口众多，除日本和韩国以外，大多属于发展中国家，人均汽车保有量较低，因此，此地区的汽车消费市场的发展空间很大。

2008年金融危机以后，全球经济陷于低迷。在欧洲、美国和日本等发达国家和地区，由于就业率和收入水平的下降，消费者放缓了汽车的更新换代，上述地区的汽车销量受到了较大影响；而在以中国为代表的亚洲发展中国家，其经济发展带动了居民消费水平的提高，汽车消费需求持续增加，汽车销量和每千人汽车保有量的增速明显高于欧洲、美国和日本等发达国家和地区。

3. 汽车制造基地东移

美国是汽车工业化生产的发源地，日本在20世纪60年代后逐渐赶超美国，成为世界第一的汽车工业大国。目前，日本、美国和欧洲是全球汽车工业的“三强”，且三者的市场份额较为接近。

随着亚洲经济的发展，亚洲特别是中国的汽车需求增长迅速，不论是汽车的生产还是销售，国际汽车行业的发展重点都在向亚洲转移，全球主要的汽车厂商纷纷通过独资或合资的方式在亚洲地区投资建厂，扩大在亚洲地区的汽车产能，以满足亚洲的汽车消费需求，抢占市场，近年来亚洲地区的汽车产量增速远超欧洲及北美地区。受2008 年经济危机的影响，欧洲、北美的汽车消费需求下降，欧洲、美国的汽车厂商受到较大影响，一些老牌欧美汽车厂商被迫关停部分生产线，出售旗下的汽车品牌甚至陷入破产危机。而日本、韩国及其他亚洲本土汽车厂商依靠广阔的亚洲市场，受影响较小。从图 4.2 可以看出，近年来亚太地区的汽车产量占比增速一直高于欧洲和北美地区，两类地区的汽车产量在金融危机前后的表现也不同，发展中地区的汽车产量受危机的影响较小，复苏也更快。伴随着我国成为世界汽车产销第一的进程，汽车制造基地逐渐东移，目前亚太地区已成为全球汽车主要的生产基地。2003～2016 年欧洲、北美和亚太地区的汽车占比变动情况如图 4.3 所示。

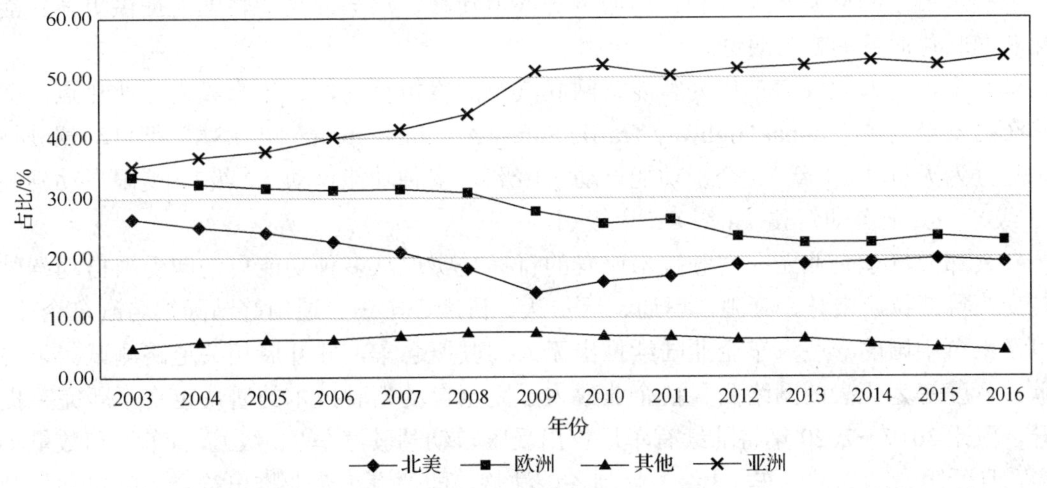

图 4.3　2003～2016 年欧洲、北美和亚太地区的汽车占比变动情况

目前，世界前 15 家主要汽车厂商的市场份额在 80%左右，集中在欧洲、北美和亚太地区，包括美国的通用和福特公司，德国的大众、宝马、奔驰公司，法国的标志-雪铁龙和雷诺公司，意大利的菲亚特公司，日本的丰田和日产公司，韩国的现代公司等。这种寡头垄断局面是长期市场竞争的结果，也进一步说明全球汽车行业已经进入成熟阶段。

4. 新能源汽车销量保持快速发展态势

随着人口增加和经济社会发展，全球空气质量下降和资源能源消耗加剧，排放和燃油限制性标准不断严格，新能源汽车替代燃料汽车的步伐将继续加快。

虽然经过多年的孕育和发展，新能源汽车市场占有量整体上还比较低，仅占全球机动车总量的 0.6%左右，但其高速增长潜力巨大。各国汽车工业协会数据显示，2018 年，各类电动车（纯电动车 BEV、插电混合式电动车 PHV、燃料电池车 FCV 与混合动力车 HEV）规模预估 373 万辆，年增长率为 18%，占全球汽车市场的 4%。2019 年，在电池价格持续下降，以及各国政策与汽车企业推进下，预期增长速度将加快至 33%，全球销售占比将到 5.2%。在类型变化上，以往占整体电动车比重超过 65%的油电混合车，2018 年比重下降到 53%，纯电动车和插电混合式电动车比重则持续增加，尤其汽车企业皆将纯电动车视为未来终极目标，因此纯电动车比重增长速度最快。2015 年，纯电动车占比仅 15%，至 2018 年已提高到 31%，预计 2021 年比重将达 50%左右。普华永道预计，到 2021 年中国将是全球最大的电动车市场。同时混合动力汽车将在新能源汽车市场占有更加突出的地位，各大汽车厂商将会重点加强高效电池和动力马达的研发，提升混合动力汽车的整体性能。

5. 汽车技术创新持续深化

随着新一代信息技术的发展和广泛应用，制造业和服务业的深度融合将推动汽车产业链重心不断向研发设计和使用服务等环节转移，汽车的功能将朝着提供更多智能化和网联化服务的方向演进。

其中，无人驾驶汽车作为智能、网联汽车的终极目标，近年来成为行业热点。美国公路安全局（National Highway Traffic Safety Administration，NHTSA）把自动驾驶技术划分为无自动（0 级）、个别功能自动（1 级）、多种功能自动（2 级）、受限自动驾驶（3 级）和完全自动驾驶（4 级）5 个级别。

大部分汽车企业无人驾驶技术研发的目标是实现从多种功能自动向受限自动驾驶转变，特斯拉、宝马、奔驰、奥迪、沃尔沃、日产、丰田、通用等国际知名汽车企业，以及来自中国的一些汽车企业陆续推出无人驾驶概念车，并开展相关道路测试。以谷歌、百度等为代表的网络高科技企业致力于完全自动驾驶技术的研发也将不断完善提升。预计 2019～2020 年将陆续有车厂推出受限自动驾驶汽车（3 级），但车型和数量不多，且受限自动驾驶汽车（3 级）受制各国法规，即便汽车企业推出符合受限自动驾驶汽车（3 级），若当地法规不允许，驾驶人仍须担任驾驶角色。完全自动驾驶汽车（4 级）为传统汽车企业终极目标，预计 2019～2021 年以试营运、累积数据与技术展示等条件，在特定场景下驾驶。由于完全自动驾驶车需满足特定条件，在复杂度高的环境下更需长时间测试，因此量产时间预计落在 2023 年后。在汽车企业和网络科技企业无人驾驶技术研发取得突破的同时，适应于无人驾驶汽车发展需要的相关汽车、道路安全法规修改完善也将被提上议事日程。

车载信息娱乐系统技术在 2018 年取得新突破。一方面，苹果、谷歌、百度等高科技企业将不断研发推出车载娱乐软件和技术；另一方面，传统汽车企业巨头也想把控这一庞大市场。未来，更加智能的人车对话界面、智能汽车大灯、手机控制汽车停车、汽车与智能家居联网等技术将会实现。

为满足汽车科技发展和汽车智能程度提升的需要，智能交通系统技术也会同步提高，其应用将愈来愈广泛，人、车、路之间将建立更加和谐紧密的联系。

小　　结

第二产业是指从自然界取得物质资源和对原材料进行加工、再加工的社会物质生产部门，分为重工业（主要生产生产资料）和轻工业（主要生产消费资料）两大类。第二产业的发展经历了 3 次科技革命。第二产业现今呈现出大型化、集中与分散并存等特点。世界能源包括石油、天然气、煤炭、水电、核能等。世界能源工业生产从产业革命以来一直保持着快速增长。

世界煤炭主要分布在北半球，北纬 30°～70° 是世界上最丰富的含煤带。煤炭储量较多的国家为美国、俄罗斯和中国，煤炭产量较多的国家是中国、美国和印度，煤炭消费量较多的国家是中国、美国和印度。世界石油、天然气主要分布在两个弧形地带，即东半球的北非—中东—俄罗斯中部，西半球的委内瑞拉—墨西哥湾西部—美国中部—加拿大西部—阿拉斯加北部。石油储量较多的国家是沙特阿拉伯、伊朗和伊拉克。天然气主要分布在俄罗斯、伊朗和卡塔尔。沙特阿拉伯、伊朗、伊拉克、阿联酋和科威特 5 国的原油产量居世界之首。俄罗斯和美国的天然气产量列居世界前两位。石油消费量前 3 位的是美国、中国和日本。天然气消费前 2 位的是美国和俄罗斯。世界发电量和消费量多的大多是发达国家和人口众多的发展中国家，如美国、中国、日本、俄罗斯等。世界钢产量大的主要是亚洲，其次是欧洲和北美，钢产量消费主要集中在中国和印度。世界电子信息产品的产销主要集中在欧洲和亚太地区。汽车工业则主要有北美、欧洲、亚太地区等市场。

思考题

1. 简述世界工业发展的历程及现状。
2. 世界能源分布有何规律？主要能源生产国和出口国有哪些？
3. 试比较 4 类能源产品的生产和消费情况。
4. 钢铁工业的生产条件、生产及消费情况如何？
5. 当前世界电子信息产业状况如何？
6. 分析世界四大汽车市场的状况。

第五章

第三产业地理——交通运输

知识点

国际货物运输的特点、作用和方式；世界主要远洋航线、海峡、运河及主要贸易港口；国际铁路运输的地位及分布；国际公路运输的发展及分布；国际航空运输的发展及分布；国际管道运输的发展及分布。

技能点

能够结合世界经济资源的分布和各种运输方式的分布及特点，分析利用各种运输方式的优劣，实现海洋运输、大陆桥及铁路运输、公路运输、国际航空运输线路的合理布局。

案例导入

在现代物流观念诞生之前，许多人将运输等同于物流，其原因是物流中很大一部分功能是由运输承担的，运输是物流的主要组成部分。马克思将运输称为“第四个物质生产部门”，将运输看成生产过程的继续，这个继续虽然以生产过程为前提，但如果没有这个继续，生产过程则不能完成。虽然运输这种生产活动和一般生产活动不同，它不创造新的物质产品，不增加社会产品数量，不赋予产品新的使用价值，而只变动其所在的空间位置，但这一变动却使生产得以继续下去，使社会再生产不断推进，所以人们将其看成一种物质生产部门。

运输包括人和物的载运及输送，这里专指“物”的载运及输送。运输就是通过运输手段使货物在物流结点之间流动。国际货物运输是国际物流系统的核心，它不同于国内运输，具有线长、面广、中间环节多、情况复杂多变和风险大等特点。为了多、快、好、省地完成进出口货物的运输任务，从事国际物流的人员必须合理地选用各种运输方式，订好买卖合同中的各项装运条款，正确编制和运用各种运输单据，并掌握与此有关的运输基本知识。

第一节　概　　述

第三产业主要指交通运输业，它是指人类利用各种运输工具，使人或货物沿特定线路实现空间位置移动的社会物质生产部门。在人类社会生产和生活过程中，运输是不可缺少的必要条件，它是生产在流通过程中的继续。

一、交通运输业的发展

交通运输业是经济体系中的重要组成部分。它与社会经济发展是相辅相成、相互促进的。在资本主义前期，人类以人力车、驮畜等作为运输工具。9 世纪出现了帆船。12 世纪，我国已经在海上使用指南针进行导航。指南针后由阿拉伯人传入欧洲，极大地促进了航海业的发展，扩大了国际交往的范围。15 世纪初，中国庞大的商船队伍越过印度洋，到达亚洲和非洲的 30 多个国家和地区。十五六世纪，欧洲资本主义生产关系形成，航海技术进一步发展，开辟了新的航线，产生了一系列的“地理大发现”。18 世纪末到 19 世纪初，欧洲发生产业革命，出现了火车和轮船等近代运输工具。进入 20 世纪 30 年代，汽车运输、航空运输和管道运输相继崛起，发展迅速，运输业从生产部门分离出来成为独立的行业。这样，就形成了包括水、陆、空多种运输方式构成的现代化运输体系。第二次世界大战后，科学技术的突飞猛进进一步推动了运输业的发展，使各种运输工具向大型化、高速化、专业化、自动化方向发展。特别是集装箱的广泛应用，并以此为媒介形成了多式联运，由“港到港”变成了“门到门”。运输方式的现代化，简化了运输过程中的单据和手续，提高了运输效率。

二、交通运输业的特点和作用

1. 交通运输业的特点

交通运输业作为一个特殊的物质生产部门，具有不同于工业、农业等生产部门的特点。

（1）不生产新的物质产品

其他部门的生产多是改变产品质量或增加产品数量。交通运输业的产品只是货物（或旅客）空间位置的变更，即“位移”，它是以“吨千米”或“人千米”为计算单位的（称为货运周转量、客运周转量）。对货物、旅客的运量愈大，运输里程（位移距离）愈长，说明交通运输的产品量（或称工作量）愈大；反之亦然。交通运输业不能产生新的产品，故在其他条件相同的前提下，其所消耗的劳动愈小，社会的总财富愈多。工业、农业生产力求增加产品，在交通运输业中则应在满足社会运输需求的前提下，力求减少运输产品和运输支出，即充分考虑节省运输工作量、降低运输成本，避免一切不合理的运输。

（2）产品的同一性

不同的运输方式生产同一的产品。交通运输的各种运输方式虽然线路、运输工具及技术装备各不相同，但生产的产品是相同的。不同运输方式生产同样的产品，故在运输布局中，应研究各种运输方式的特点及其在运输网中的地位和作用，使各种运输方式进行协作与合理分工，形成综合运输网。

（3）运力的不可储存性

运输产品的生产与消费同时完成。工农业等物质生产部门产品的生产和消费表现为在空间上和时间上的两种行为。其产品可以储备，运输产品则不能脱离生产而单独存在。运输生产的产品不能储存，不能积累，能储备的只有运输能力（线路、车站、港口等），而且只有运输能力大于运输量，才可满足运量增长的需要，保证运输生产的顺利进行。

（4）交道基础设施的先行性和不可贸易性

交通运输的生产布局具有超前性。任何一个物质生产部门，尤其是工业生产部门的布局，从基本建设起，都必须由交通运输为它运送原料、燃料、辅助材料，其生产的产品也必须由交通运输业运出，并最终到达消费地。因此，进行任何生产力的布局，必须首先建立起必要的、相应的交通运输网，而且都应储备一定的运力。只有超前布局交通运输，才会保证和促进生产力的发展，否则会成为其他物质生产部门发展的瓶颈。另外，交通运输线路及附属设施具有不可移动性，短缺时必须就地建设，而不能从外国或外地直接引进。

2. 交通运输业的作用

交通运输业的作用主要表现在以下几个方面。

1）运输业的发展为开辟更广阔的市场提供了可能。例如，苏伊士运河、巴拿马运河的开通，大大缩短了洲际航程，节约了运费，促进了世界贸易的发展。

2）运输业的发展促进了国际分工的深化，加强了各国间的经济联系，加速了经济全球化的实现。可以说，运输业是实现国际经济全球化的重要沟通媒介，如果没有运输业，跨国公司的经济活动将会停顿，全球化的目标也难以实现。

3）运输业的发展有利于降低产品的生产成本，提高本国产品在国际市场上的竞争力。由于运价一般占出口产品价格的10%～40%，因此，运输工具的大型化、高速化、专业化和现代化的发展，集装箱的使用，均可降低运费，从而降低商品价格，提高其竞争力。

4）世界贸易运输是平衡国家外汇收支的重要手段。国际运输业属世界服务贸易，随着世界经济的发展，其在世界贸易中的地位越来越重要。

三、交通运输的分类

现代交通运输，按其装载客、货的运输工具和凭借运输通道的不同，主要分为海洋运输、铁路运输、公路运输、航空运输和管道运输 5 种方式。各种运输方式都有自己的特点，它们之间相互联系、相互补充，组成一个国家或一个地区，以及整个世界的统一的交通运输网络。

第二节　国际海洋运输

一、国际海洋运输的发展状况

1. 海洋运输优势明显，发展迅速

海洋运输具有无与伦比的明显优势，通过海上通道可以联系世界上绝大多数国家或地区及大中城市。随着国际分工的形成及国际贸易的发展，运输距离越来越远，运输货物量越来越大，海洋运输的地位和作用更显重要。海洋运输的发展速度远远快于铁路和内河运输，仅次于公路运输，居于第 2 位。1950 年，世界海洋运输总量为 5.5 亿吨，1960 年为 10.8 亿吨，1972 年为 27 亿吨，1985 年达 32 亿吨，2017 年全球海运总产量达到 107 亿吨。与此同时，世界商船队的规模也不断扩大。1965 年，世界 300 吨以上船舶总吨位为 1.6 亿吨，1975 年为 3.42 亿吨，1985 年达 4.2 亿吨，1995 年增至 7 亿吨左右，2007 年年初达到了 10.4 亿吨。截至 2017 年年底，全球集装箱船为 5 177 艘、2 110 万 TEU①，同比增长 3.7%。全球集装箱订单量为 345 艘、267 万 TEU，其中大部分集中于大型班轮公司。2017 年，有 117 艘集装箱船舶处于短暂和长期的闲置状态，运力规模约为 41.6 万 TEU，占全球船队规模的 2%。这个比例是自 2015 年年初以来的最低水平，大大低于 2016 年中期的 400 艘闲置船舶的峰值。2016 年，全球船舶运能增速放缓，为 3.2%，低于 2015 年的 3.5%。截至 2018 年年初，商业船舶运载量达到 18.6 亿吨，市场价值达到 8 290 亿美元。

2. 船舶向大型化、自动化、高速化和专业化方向发展

第二次世界大战后，科学技术的发展促进了造船技术的不断进步，信息技术的产生提高了船舶的自动化水平，并与动力系统的改进相结合提高了航运速度。与此同时，运输不同货物的专业化船舶产生，提高了运输效率和运输货物的质量。更为重要的是，大型船舶的制造使运输成本大为降低，并成为一种趋势。目前投入使用的最大超级油轮在 50 万吨以上。20 万～30 万吨油轮成为石油运输的主力。专业化船舶如天然气船、运煤船、矿石船、运粮船的吨位也在不断增大。集装箱船的大型化更快，超大型集装箱船是船舶领域技术进步和新技术新材料应用的排头兵，引领着节能减排增效的最新发展，它还具有明显的规模经济优势。在同一航线上，3E 级 18 000 TEU 超大型集装箱船的成本要比 10 000 TEU 低 15%。因此，国际上主要班轮公司纷纷采取“追随者”战略，投身于超大型集装箱船市场，谋求占据市场份额。截至 2017 年 9 月，全球已交付 66 艘 18 300～21 400 TEU 集装箱船，未来还将交付 49 艘同类型船舶。

2018 年 3 月 22 日，由中远海运重工旗下南通中远海运川崎船舶工程有限公司建造的 20 000 TEU 超大型集装箱船“中远海运狮子座”建造完成下水，与此前交付的“中远海运白羊座”互为姊妹船，是南通中远海运川崎为中远海运集运建造的系列船中第 2

① TEU 是 twentyfoot equivalent unit 的缩写，意思是标准箱（系集装箱运量统计单位，以长 20 英尺的集装箱为标准）。

艘 20 000 TEU 超大型集装箱船舶。

3. 海洋运输以量大、笨重的大宗货物为主

海洋运输的自身特点决定了它所运输的货物量大、笨重、价廉、运距长、时间性不强。目前国际贸易运输中，海运的主要货物是能源，其中以石油及其制品最为重要，其次是集装箱货物、铁矿石、煤炭、散货等产品。

2015～2017 年世界按货种海运贸易量和 2014～2017 年世界按货物分类海运贸易量分别如表 5.1 和表 5.2 所示。

表 5.1　2015～2017 年世界按货种海运贸易量

项目	2015 年	2016 年	2017 年	2016 年/2015 年同比增速/%	2017 年/2016 年同比增速/%
全球海运贸易量/百万吨	10 825	11 136	11 604	3	4
液体散货贸易量/百万吨	3 500	3 654	3 779	4	3
干散货贸易量/百万吨	4 835	4 902	5 118	1	4
集装箱贸易量/百万吨	1 622	1 661	1 730	2	4
其他货物贸易量/百万吨	829	850	885	3	4

资料来源：《2018 年海运报告》。

表 5.2　2014～2017 年世界按货物分类海运贸易量

项目	2014 年	2015 年	2016 年	2017 年
铁矿石贸易量/百万吨	1 340	1 364	1 418	1 493
煤炭贸易量/百万吨	1 218	1 144	1 140	1 200
粮食贸易量/百万吨	432	459	480	511
小宗散货贸易量/百万吨	1 844	1 868	1 864	1 914
原油贸易量/百万吨	1 803	1 872	1 949	2 003
成品油贸易量/百万吨	957	1 022	1 067	1 096
液化气贸易量/百万吨	317	328	355	386
化学品贸易量/百万吨	267	278	283	294
集装箱贸易量/百万吨	1 622	1 661	1 730	1 821

资料来源：《2018 年海运报告》。

4. 运输结构与国家经济发展水平相关

随着经济的发展，国家和地区对基础原材料、能源和消费品的需求增加，世界海运贸易量也随之呈持续增长态势，与世界经济呈高度相关关系。

一般而言，经济发达国家海运量大，以出口工业制成品和进口能源、原料为主，卸货量大于装货量；而发展中国家以出口能源和原料为主，进口工业制成品，装货量大于卸货量。发达国家海运货物装卸量占每年海运货物装卸总量的 60%，其中装货量不足 40%，而卸货量占 80%以上，发展中国家正好相反。这种全球海上贸易中供需关系的持续不平衡，导致航运业收入增长缓慢，甚至是亏损。尤其是在集装箱运输市场，2016 年该市场共亏损 35 亿美元。

5. 发展不平衡

1）各大洋的海运发展不平衡。在地球上的四大水域中，以大西洋航区海运最发达。大西洋两岸是世界主要发达国家所在地，其海运货物的周转量和吞吐量占世界海运总量的 60%以上，其次为太平洋、印度洋，北冰洋航区因气候和地理位置等原因，目前海运量较少。

2）十大航运公司占全球海运量的 70%以上；三大联盟控制全球 93%的运力。近几年，随着复苏乏力和市场竞争的严峻，航运企业合纵连横、抱团作战的趋势愈发显著，市场资源和份额逐渐向大集团、大组织靠拢。联合国《2018 年海运报告》显示，截至 2018 年 6 月，世界前十大航运公司占全球海运贸易的 70%以上，而全球 3 个主要东西向集装箱航线，则由三大联盟控制了 93%的运力——航运业的这种大组织化、大集团化趋势越来越明朗。

3）新兴经济体和发展中国家快速崛起，海运贸易重心总体持续向新兴和发展中经济体转移。世界十大集装箱港口亚洲全包揽，吞吐总量超全球 1/3。在 2017 年全球集装箱港口吞吐量排名中，前 10 位的港口全部来自亚洲，其中有七大港来自中国的上海、深圳、宁波一舟山、香港、广州、青岛、天津，另外两大港分别来自新加坡、釜山和迪拜。亚洲包揽全球港口吞吐量排名前 10 位，充分反映出亚洲在全球航运中的“绝对优势”。总之，随着亚太地区经济的迅速发展及欧美经济低迷的影响，国际航运市场的重心正在向亚太地区转移。

二、国际各大航区的主要航线

根据世界海洋的地理分布，世界海洋航区可以划分为六大航区，即西太平洋航区、北印度洋航区、东南非和南非航区、地中海航区、北海和波罗的海航区和美洲航区。各大航区之间及内部有许多航线。世界主要海港和航线示意图如图 5.1 所示。

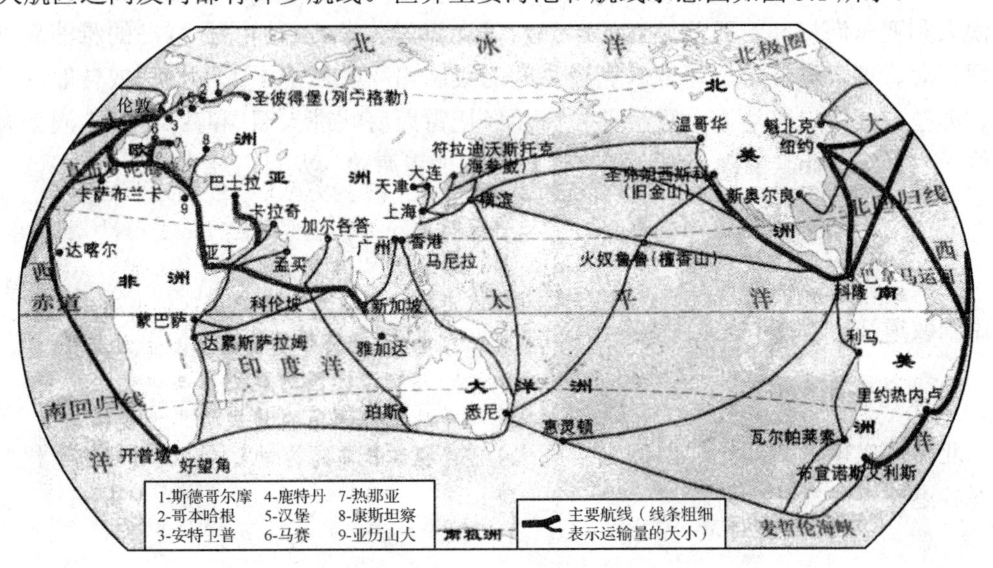

图 5.1　世界主要海港和航线示意图

（一）太平洋航线

1. 远东—北美西海岸航线

远东—北美西海岸航线包括从中国、韩国、日本和俄罗斯远东海港到加拿大、美国、墨西哥等北美西海岸各港的贸易运输线。从我国沿海的各港出发，偏南的经大隅海峡出东海；偏北的经对马海峡穿日本海后，或经津轻海峡进入太平洋，或经宗谷海峡，穿过鄂霍次克海进入北太平洋。

2. 远东—加勒比、北美东海岸航线

远东—加勒比、北美东海岸航线常经夏威夷群岛南北至巴拿马运河后到达。从我国北方沿海港口出发的船只多半经大隅海峡或经琉球奄美大岛出东海。

3. 远东—南美西海岸航线

从我国北方沿海各港出发的船只多经琉球奄美大岛、硫黄列岛、威克岛、夏威夷群岛之南的莱恩群岛穿越赤道进入南太平洋，至南美西海岸各港。

4. 远东—东南亚航线

远东—东南亚航线是中国、朝鲜、韩国、日本货船去东南亚各港，以及经马六甲海峡去印度洋、地中海、大西洋沿岸各港的主要航线。东海、台湾海峡、巴士海峡、南海是该航线船只的必经之路，航线繁忙。

5. 远东—澳大利亚、新西兰航线

远东至新西兰、澳大利亚东西海岸航线有所不同。中国北方沿海港口及日本等国到澳大利亚东海岸和新西兰港口的船只，需走琉球久米岛、加罗林群岛的雅浦岛进入所罗门海、珊瑚湖；中国、澳大利亚之间的集装箱船需在中国香港加载或转船后经南海、苏拉威西海、班达海、阿拉弗拉海后经托雷斯海峡进入珊瑚海；中国去澳新海岸航线，多半经菲律宾的民都洛海峡，然后经望加锡海峡、龙目海峡南下。

6. 澳、新—北美东西海岸航线

由澳、新至北美西海岸多经苏瓦、火奴鲁鲁等太平洋上重要航站到达。至北美东海岸则取道社会群岛中的帕皮提，过巴拿马运河而至。

7. 北美—东南亚航线

北美—东南亚航线一般要经过夏威夷、关岛、菲律宾等地；到北美东海岸和加勒比海各港要经巴拿马运河。

（二）大西洋航线

1. 西北欧—北美东海岸航线

西北欧—北美东海岸航线是西欧、北美两个世界工业最发达地区之间的燃料和产品交换的运输线，两岸拥有世界众多的重要港口，运输极为繁忙，船舶大多走偏北大圆航线。该航区冬季风浪大，并有浓雾、冰山，对航行安全有威胁。

2. 西北欧、北美东海岸—加勒比海航线

西北欧—加勒比海航线多半出英吉利海峡后横渡北大西洋。它同北美东海岸各港出发的船舶一起，一般经莫纳、向风海峡进入加勒比海。除去加勒比海沿岸各港外，还可经巴拿马运河到达美洲太平洋岸港口。

3. 西北欧、北美东海岸—地中海、苏伊士运河—亚太航线

西北欧、北美东海岸—地中海、苏伊士运河亚太航线属世界最繁忙的航段，它是北美、西北欧与亚太海湾地区间贸易往来的捷径。该航线一般途经亚速尔、马德拉群岛上的航站。

4. 西北欧、地中海—南美东海岸航线

西北欧、地中海—南美东海岸航线一般经西非大西洋岛屿、加纳利、佛得角群岛上的航站。

5. 西北欧、北美东海岸—好望角、远东航线

西北欧、北美东海岸—好望角、远东航线一般是巨型油轮的油航线。西北欧、北美去海湾运油的巨大油轮必须经过好望角。佛得角群岛、加纳利群岛是过往船只停靠的主要航站。

6. 南美东海岸—好望角—远东航线

南美东海岸—好望角—远东航线是一条以石油、矿石为主的运输线。该航线处在西风漂流海域，风浪较大。一般西航偏北行，东航偏南行。

（三）印度洋航线

印度洋航线以石油运输线为主，此外有不少是大宗货物的过境运输。

1. 波斯湾—好望角—西欧、北美航线

波斯湾—好望角—西欧、北美航线主要由超级油轮经营，是世界上主要的海上石油运输线。

2. 波斯湾—东南亚—日本航线

波斯湾—东南亚—日本航线东经马六甲海峡（20 万载重吨以下船舶可行）或龙目、

望加锡海峡（20 万载重吨以上超级油轮可行）至日本。

3. 波斯湾—苏伊士运河—地中海—西欧、北美航线

波斯湾—苏伊士运河—地中海—西欧、北美航线目前可通行载重为30 万吨级的超级油轮。除了以上 3 条油运线之外，印度洋其他航线还有远东—东南亚—东非航线，远东—东南亚、地中海—西北欧航线，远东—东南亚—好望角—西非、南美航线，澳、新—地中海—西北欧航线，印度洋北部地区—欧洲航线。

（四）集装箱运输的主要航线

当前，世界上规模最大的 3 条主要集装箱航线是远东—北美航线，远东—欧洲、地中海航线和北美—欧洲、地中海航线。

1. 远东—北美航线

远东—北美航线，习惯上也称为（泛）太平洋航线，该航线实际上可以分为两条航线，一条是远东—北美西岸航线，另一条为远东—北美东岸航线。

1）远东—北美西岸航线主要由远东—加利福尼亚航线和远东—西雅图、温哥华航线组成。其涉及港口主要有亚洲的高雄、釜山、上海、香港、东京、神户、横滨等港口和北美西岸的长滩、洛杉矶、西雅图、塔科马、奥克兰港和温哥华港，涉及亚洲的中国、韩国、日本，以及北美的美国和加拿大东部地区。

2）远东—北美东岸航线涉及的北美东岸港口主要有美国东部地区的纽约、新泽西港、查尔斯顿港、诺福克、萨凡纳和新奥尔良港等。

2. 远东—欧洲、地中海航线

远东—欧洲、地中海航线，也称为欧地线。该航线由远东—欧洲航线和远东—地中海航线组成。

1）远东—欧洲航线是 1879 年由英国 4 家船公司开辟的较古老的定期航线。欧洲地区涉及的主要港口有荷兰的鹿特丹港，德国的汉堡港、不来梅港，比利时的安特卫普港和英国的费利克斯托港。

2）远东—地中海航线是 1972 年 10 月开始集装箱运输的，其地中海地区主要涉及的港口有位于西班牙南部的阿尔赫西拉斯、意大利的焦亚陶罗和位于地中海的中央、马耳他岛南端的马尔萨什洛克港。

3. 北美—欧洲、地中海航线

北美—欧洲、地中海航线，也称为跨大西洋航线。该航线实际包括 3 条航线：北美东岸、海湾—欧洲航线，北美东岸、海湾—地中海航线和北美西岸—欧洲、地中海航线。

三、国际主要海峡和运河

（一）海峡

1. 马六甲海峡

马六甲海峡位于亚洲东南部马来半岛与苏门答腊岛之间，是连接南海和安达曼海的一条狭长水道。海峡呈喇叭形，西北—东南走向，可通行20万吨级海轮。马六甲海峡扼太平洋和印度洋之咽喉，是连接亚洲、非洲、欧洲、大洋洲四大洲的重要海上通道，有两洋“战略走廊”之称，也是北太平洋沿岸国家通往孟加拉湾、阿拉伯海、红海、地中海最短航道的必经之路，战略地位十分重要。

2. 霍尔木兹海峡

霍尔木兹海峡是连接波斯湾和阿曼湾的水道。海峡呈“人”字形，是波斯湾通往印度洋的唯一出口，也是海湾产油国石油出口的唯一通道。该海峡是一条石油运输的大动脉，战略地位不言而喻，成为沿岸各国石油输出的海运咽喉、著名的“国际石油通道”。

3. 曼德海峡

曼德海峡位于阿拉伯半岛西南端与非洲大陆之间，是连接印度洋的亚丁湾和红海的水道，是红海北上通苏伊士运河及东边的亚喀巴湾，南通印度洋的咽喉要道，地理位置十分险要，颇具战略意义。

4. 黑海海峡

黑海海峡位于土耳其的亚洲部分和欧洲部分之间，也称土耳其海峡，包括东北部的博斯普鲁斯海峡、马尔马拉海和达达尼尔海峡，全长 375 千米，是黑海、爱琴海、地中海间的唯一海上通道，经济和军事地位十分重要。

博斯普鲁斯海峡位于小亚细亚半岛西北端和巴尔干半岛东南端之间，沟通黑海和马尔马拉海的水道，为欧亚两洲分界线之一段，是黑海沿岸国家重要的出海口，俄罗斯通往大西洋和印度洋之咽喉要道。海峡南口的伊斯坦布尔修建了横跨博斯普鲁斯海峡的公路大桥，长达1 560米，连接了欧亚两大洲。

5. 直布罗陀海峡

直布罗陀海峡地处欧洲伊比利亚半岛和非洲西北角之间，是沟通地中海和大西洋的唯一水道，是西欧、北欧各国船只经地中海、苏伊士运河通往印度洋的咽喉要道，有“西方海上生命线”之称。

6. 英吉利海峡和多佛尔海峡

英吉利海峡和多佛尔海峡位于英国和法国之间。英吉利海峡，西通大西洋，东北与北海沟通。多佛尔海峡地处英吉利海峡东部，西南连大西洋，西北通北海，是英国去欧洲大陆最短的航道。两海峡是西北欧10多个国家与世界各国联系的主要通道。但两海峡内，潮高浪涌，多雾和风暴，虽然沿海有现代化的航行设备和浮标装置，但航行仍有一定困难。

7. 莫桑比克海峡

莫桑比克海峡是世界上最长的海峡，位于非洲大陆东南岸同马达加斯加岛之间，呈东北—西南走向，是南大西洋与西印度洋间的航运要道。载运波斯湾地区石油的大型油轮，多经此海峡，绕过好望角，输往西欧和美国。

8. 望加锡海峡、龙目海峡、巽他海峡

望加锡海峡位于印度尼西亚群岛中的苏拉威西岛和加里曼丹岛之间，北连苏拉威西海，南接爪哇海和弗洛里斯海，是亚洲和欧洲间的重要洲际海上航道，也是东南亚区际航线的捷径。它与龙目海峡相连，成为联结太平洋西部和印度洋东北部的战略通道。

龙目海峡位于印度尼西亚群岛的巴厘岛和龙目岛之间，北接巴厘海，南通印度洋。由于海流的强烈侵蚀冲刷，龙目海峡至今仍在继续加深加宽，它成为印度尼西亚群岛各海峡中最安全的水道，可通行载重 20 万吨以上的大型船只。它不仅是印度尼西亚群岛之间的纽带，也是太平洋与印度洋海上航运的重要通道。

巽他海峡位于印度尼西亚群岛中的苏门答腊岛和爪哇岛之间，平均水深远远超过马六甲海峡，非常适于大型舰船通航。巽他海峡因此成为太平洋通往印度洋的重要战略通道之一，来往于欧洲与中国香港、日本之间的舰船常常经此。

9. 麦哲伦海峡

麦哲伦海峡是位于南美洲南端同火地岛之间的海峡。巴拿马运河开航前，它是沟通太平洋和大西洋的要道。麦哲伦海峡内寒冷多雾，并多大风暴，是世界上风浪最猛烈的水域之一。

世界主要海峡的具体情况如表 5.3 所示。

表 5.3 世界主要海峡

海峡名称	沟通海域	长度/千米	宽度/千米	深度/米
马六甲海峡	南海—安达曼海	1 080	37～370	25～151
霍尔木兹海峡	波斯湾—阿曼湾	150	56～125	10～219
曼德海峡	亚丁湾—红海	50	26～43	30～323
直布罗陀海峡	地中海—大西洋	90	14～43	301～1 181
英吉利海峡	大西洋—北海	520	32～180	35～172
多佛尔海峡	英吉利海峡—北海	56	33	27～64
莫桑比克海峡	大西洋—印度洋	1 670	386～960	2 100～3 533
望加锡海峡	苏拉威西海—爪哇海	500	130～200	50～2 458
龙目海峡	巴厘海—印度洋	80	32～64	164～1 360
巽他海峡	巴厘海—印度洋	120	22～105	50～1 080
麦哲伦海峡	南太平洋—南大西洋	590	3.3～33	20～1 170

（二）运河

1. 苏伊士运河

苏伊士运河（图 5.2）位于埃及东北部，扼欧洲、亚洲、非洲三洲交通要塞，沟通红海和地中海、大西洋和印度洋，是欧洲到亚洲海上运输的最短捷径，比绕好望角近 5 500～8 000 千米。运河北起地中海边上的塞德港，南至红海苏伊士湾的陶菲克港，全长 195 千米（包括两端伸入海中的航道），河面宽 300～350 米，平均水深 20 米，可通过 15 万吨的满载货船和 30 多万吨的空载货船，平均过河时间为 12～13 小时。

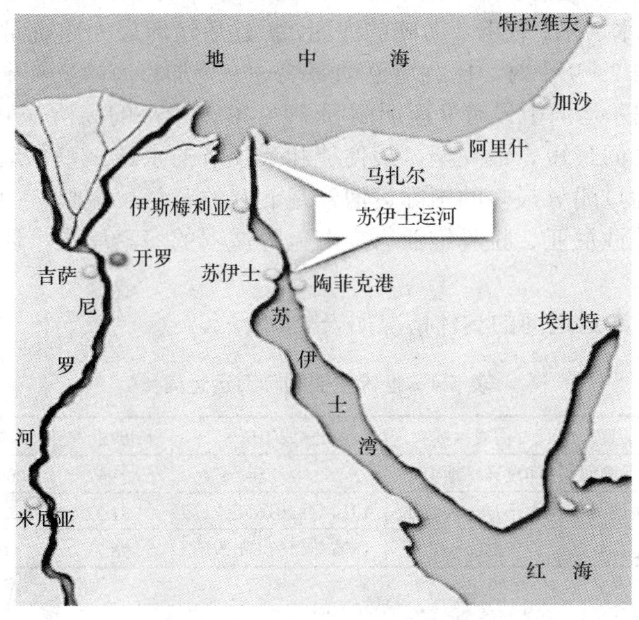

图 5.2　苏伊士运河地理位置示意

到目前为止，全世界有 100 多个国家和地区的船只通过苏伊士运河进行海洋运输，平均每天过往的大型船只达 60 多艘，载重量超过 100 万吨。每年经苏伊士运河运输的货物占世界海运贸易量的 14%，通过苏伊士运河的船只约 2.7 万艘次，货运量约 3 亿吨，居世界国际运河之首。苏伊士运河以其使用国家多、过往船只频繁、货运量大而名闻世界，在世界海洋运输中起着举足轻重的作用。

2. 巴拿马运河

巴拿马运河位于巴拿马共和国中部，是沟通太平洋到大西洋的捷径，全长 81.3 千米，河面最宽处为 304 米，最窄处只有 152 米，水深 13.5～26.5 米。巴拿马运河连接的大西洋和太平洋水位相差较大，运河大部分河段的水面比海面高出 26 米。巴拿马是世界最大的水闸式运河，为了调整水位差，建造了 6 座船闸。从太平洋一侧进口时，通过米腊弗洛雷斯双闸阶，经米腊弗洛雷斯湖和佩德罗米格尔单闸阶，将船只由海平面提升 26 米，进入加通湖，另一端经过三级加通船闸将船降低，与大西洋海面齐平。

船只通过巴拿马运河，一般需要 8～15 小时。船通过巴拿马运河往来太平洋和大西洋间，比绕道南美洲合恩角缩短路程约 14 800 千米；从欧洲至亚洲东部或澳大利亚缩短 3 200 千米。运河可通行 6.5 万吨级以下和宽度不超过 32 米的轮船，每年约有 1.5 万艘船舶通过，货运量达 1.8 亿吨，仅次于苏伊士运河，居世界第 2 位。

3. 基尔运河

基尔运河又名北海—波罗的海运河，是沟通北海与波罗的海的重要水道。它位于德国北部，西起北海畔易北河口的布伦斯比特尔科格，向东延伸 61 英里（1 英里≈1.64 千米），到达波罗的海的基尔湾。基尔运河全长 98.7 千米，河面宽 103 米，平均水深 11.3 米，可通航吃水 9 米、载重 2 万吨的海船，扩建后运河最大通航船舶为 3.5 万吨级。一般通过运河只需 7～9 小时，比绕道厄勒海峡—卡特加特海峡—斯卡格拉克海峡航程缩短 685 千米。基尔运河上设有 8 座船闸和 7 座 40 多米高的高桥，可通行海轮，现为北海与波罗的海之间最短、最安全、最便捷和最经济的水道。基尔运河地处欧洲繁忙的航运线上，是通过船只最多的国际运河，是北欧的芬兰、瑞典，中欧的波兰，以及东欧的俄罗斯、爱沙尼亚、拉脱维亚、立陶宛等波罗的海沿岸国家通往大西洋的海上捷径。

世界主要国际海运运河的具体情况如表 5.4 所示。

表 5.4 世界主要国际海运运河

运河名称	地理位置	沟通水域	建成年份	长度/千米	河宽/米	平均水深/米
苏伊士运河	西亚与非洲间	印度洋—地中海	1869 年	195	300～350	20
巴拿马运河	中美洲	太平洋—大西洋	1914 年（2016 年改造）	81.3	152～304	20
基尔运河	德国北部	波罗的海—北海	1895 年（1914 年改造）	98.7	103	11.3

四、国际主要枢纽港口

港口是各国外贸物资进出口的门户，是海陆交通最重要的联系枢纽。世界港口总共有 3 000 多个，其中用于国际贸易的大小港口约占 80%。大西洋拥有港口数量最多，约占世界的 3/4，太平洋的港口约占世界的 1/6，印度洋的港口约占世界的 1/10。

1. 鹿特丹港

荷兰的鹿特丹港是世界著名大港。该港位于荷兰西南沿海莱茵河和马斯河两大河流入海汇合处所形成的三角洲上，濒临世界海运最繁忙的多佛尔海峡，有“欧洲门户”之称。全港港区面积约 100 平方千米，水域面积达 27.7 平方千米，最大水深为 23 米。航道无闸，冬季不冻，泥沙不淤，常年不受风浪侵袭。该港位于欧洲的大陆交通要冲，是荷兰和欧盟的货物集散中心。

鹿特丹港进出货物的 90%以上属大宗货物。在海运货物构成中，原油及石油产品占 1/2 以上。鹿特丹港的进出口货物有 60%属过境贸易和转口货物，转运的货物主要是石油、煤炭。2017 年，鹿特丹港货物总吞吐量增长 1.3%，主要增长驱动力来自集装箱吞吐量的强劲增长（+12.3%，按吨计）。回到 2016 年前的增长趋势，从 4.61 亿吨增加至 4.67 亿吨。集装箱的增长被干散货（−2.6%）和液体散货（−4.1%）的下降所抵消。件杂货（滚装货物和其他件杂货）增长了 7%。

2. 纽约港

始建于 1614 年的纽约港位于美国东海岸哈得孙河口，东临大西洋，是美国第一大城市和主要海港之一，是美国第三大集装箱港和最大的交通枢纽，也是两条横贯美国东西大陆桥的桥头堡。纽约还是全美最大的工商业中心和世界金融中心。该港的对外贸易总值占全国的 40%左右。

纽约港包括 3 部分：纽约、新泽西、纽瓦克。港区自然条件十分优越，有纵深的港湾，湾内具有深、宽、隐蔽、潮差小、冬季不冻的优点。港区一般水深 15～20 米，有的主航道深达 25 米左右，20 万吨级的巨轮可以自由出入。5 万吨级以下的轮船可以进入哈得孙河作业区。该港是世界最大港口之一，港口总面积为 1 700 平方千米，码头岸线长 5 000 多米，年平均有 4 000 多艘船舶进出，2017 年集装箱吞吐量达 1 360 万 TEU。

3. 神户港

神户港是日本的最大海港，位于大阪湾西北岸。自古以来神户就是日本的重要交通枢纽，3 世纪就是日本、中国和朝鲜进行贸易与文化交流的门户，古称务古水门。该港是世界上最早设有集装箱码头的港口，也是日本主要的国际贸易中心和最大的工业中心之一。

神户港水域面积为 73.4 平方千米。码头岸线长 33 千米，呈扇形海面。港口西面、北面有山脉围绕，阻挡了春秋盛行的西北强风，西南和东南面筑有防波堤，以防风浪袭击。航道水深 9～12 米，有码头泊位 227 个。神户港由中心区及其东西沿海两侧工业专用码头所组成。中心区包括中央码头、兵库码头、新港码头、摩耶码头、港岛和六甲岛等。港岛是一个填海建造的人工岛，东西两面共有 4 个码头，码头岸线长 7 577 米，拥有 28 个泊位，其中有 12 个是集装箱泊位，成为日本最大的集装箱运载基地。港岛与市区的交通由神户大桥连接。港的北部有 1.5 万吨级泊位 22 个，为集装箱专用码头。整个神户港建有 180 多万平方米各种类型仓库。港区装卸设备先进，装卸效率很高。有 40 多条航线通往世界各地，国内航线更密如蛛网。神户港年进港船舶近 93 000 艘次，货物吞吐量达 1.48 亿吨，其中集装箱货物吞吐量为 2 280 万吨，均高于横滨港。因为神户港货物吞吐量国内占 70%以上，国外吞吐量不到 30%，所以神户港在国际贸易中的地位低于横滨港。神户港输入的货物主要是矿石、燃料、天然橡胶、粮食、化学药品等，输出的货物主要是机械、纤维纺织品、金属制品、车船、日用品等。现有 25 条定期航线同世界上 130 多个国家和地区有贸易往来，主要有美国、中国、东南亚各国、澳大利亚、南美、非洲等国家和地区。

4. 横滨港

日本横滨港位于东京湾西南岸，北与川崎港相邻，是日本第二大港口、日本第三大城市与工业中心，也是世界亿吨大港和主要集装箱港之一。这里海岸线异常曲折，港湾深入内地约 5 千米，水深港阔，很少受太平洋风浪的影响。它的北、西、南三面丘陵环绕，东面有深水航道通向太平洋，是日本著名的天然良港之一。

横滨港以日本经济最发达的关东地区为腹地，是关东地区的海上门户，它已发展成为日本的最大贸易港。2017 年，横滨港的集装箱吞吐量为 293 万箱，在东京湾区内排在东京港后面，凭借其汽车制造、汽车配件生产、机械工业在全国著名。该港主要从澳大利亚进口液化天然气，从沙特阿拉伯进口原油，从中国进口服装；向美国、澳大利亚和中国出口汽车，同时还向中国出口化工品和可再生材料。横滨港的突出特点是以输出业务为主，进口的物品主要是工业原料和燃料。

5. 新加坡港

新加坡港位于马来半岛南端的新加坡岛南岸，西临马六甲海峡的东南侧，南临新加坡海峡的北侧，是亚太地区著名的转口港和自由港，也是世界上最大的集装箱港口之一。该港是太平洋及印度洋之间的航运要道，战略地位十分重要。新加坡是全国政治、经济文化及交通中心，主要工业以电子电器、炼油及船舶修造为三大支柱，是世界第三大炼油中心。新加坡还是欧洲、亚洲及大洋洲的航空运输中心。

新加坡港自然条件优越，水域宽敞，处于赤道无风带，很少受台风袭击，潮差小。港区面积达 583 平方千米，水深适宜，吃水在 13 米左右的船舶均可顺利进港靠泊，港口设备先进完善。

近年来，新加坡港已成为世界上最繁忙的港口，共有 250 多条航线来往世界各地，平均每 12 分钟就有一艘船舶进出该港，有“世界利用率最高的港口”之誉。2017 年，新加坡港的集装箱吐量为 3 367 万 TEU，比 2016 年增长 9.0%，居世界第 2 位。

6. 汉堡港

汉堡港是德国第一大港，位于易北河下游，距北海入海口约 76 千米，是一个河海兼用的开敞式潮汐港。其位于欧洲市场的中心位置，已发展成为欧洲最重要的中转海港、欧洲第二大集装箱港和世界上最大的自由港。该港总面积为 90 平方千米，其中陆地面积为 44 平方千米，水域面积为 31 平方千米。该港内有 15 平方千米被单独划为“自由港”，有 320 个泊位，主要经营转口贸易。

汉堡港设备先进，机械化、自动化程度高，被称为“德国通向世界的门户”和“欧洲最快的转运港”。汉堡港有近 300 条航线通向世界五大洲，与世界 1 100 个港口保持着联系。每年进出港的船只达 1.8 万艘以上，铁路线遍及所有码头，车厢与船舶间可直接装卸。2017 年，其集装箱吐量为 900 万 TEU，比 2016 年增长 0.8%，居全球第 18 位。

7. 安特卫普港

安特卫普港是比利时第一大港，也是世界和欧洲设备先进、生产效率高、交通方便和经营管理科学性强的著名大港之一。它位于比利时北部斯海尔德河下游，距北海约 80 千米处。

安特卫普港区总面积为178平方千米，水域面积为18平方千米。港区码头岸线总长约为80千米，备有汽车、钢材、矿产、煤炭、谷物、木材、集装箱等各类专业码头。共有泊位757个，其中万吨以上的深水泊位有310多个。

港口每年进出口船舶约1.7万余艘次，码头最大可靠泊13万吨载重的船舶，港口年货物吞吐量达1亿吨，是近年来货物吞吐量增长最快的欧洲港口。

8. 伦敦港

伦敦是英国的首都，也是最大的港口，位于英格兰东南部、泰晤士河下游，距河口88千米。伦敦港是世界性大港，港区设备先进、完善。在欧洲，伦敦港是伯明翰—巴黎—鲁尔工业区这一经济发达地带中最大的港口之一。

伦敦港同世界100多个国家和地区的港口有往来。整个港口港区包括印度及米尔瓦尔、蒂尔伯里、皇港区，水域面积达207平方千米，大量的封闭式港池群是该港的一大特色。

9. 马赛港

马赛港是法国的最大港口，也是世界和欧洲的著名大港，有法国“南大门”之称。马赛港通过公路、铁路和罗纳河与法国腹地相联系。马赛港的空运也很发达，是一个具有国际水平的机场。马赛港也是非洲远程航线的停靠站，是通往科西嘉、西班牙的巴利阿里群岛和北非的桥梁。

马赛港是马赛市发展的基础。现在的马赛港由跨市镇的四大港区组成，即马赛港区、拉维拉区、福斯港区和罗纳—圣路易港区，福斯港区可容纳40万吨级的巨轮，拥有名列世界之首的大型船坞，容量为42.3万立方米，可修理大型巨轮。马赛港港口装卸设备齐全，导航设备也很先进。

10. 洛杉矶港

洛杉矶港位于美国西南部加利福尼亚州西南沿海圣佩德罗湾的顶端、太平洋东侧，是北美大陆桥的桥头堡之一，是横贯美国东南向的主要干线圣菲铁路的西部桥头堡，是美国第二大集装箱港。

洛杉矶港位于西部，由外港和内港组成，有各类深水泊位，是世界高度现代化的国际性大港。港口的主要输出产品有石油产品、航空设备、海洋工程设备、精密机械、棉花、罐头、水果和谷物等。进口产品主要是亚洲太平洋地区的钢铁、小轿车、家电产品、石油、木材、天然橡胶、咖啡和各类矿产品等。2017年，洛杉矶港的集装箱吐量为934万TEU，比2016年增长5.5%，居全球第17位。

11. 釜山港

釜山港位于韩国东南沿海，东南濒朝鲜海峡，西临洛东江，与日本对马岛相峙，是韩国最大的港口，也是世界第五大集装箱港。釜山港始建于1876年，20世纪初因京釜铁路的通车而迅速发展起来，它是韩国海、陆、空交通的枢纽，又是金融和商业中心，在韩国的对外贸易中发挥着重要作用。其工业仅次于首尔，有纺织、汽车轮胎、石油加工、机械、化工、食品、木材加工、水产品加工、造船和汽车等，其中机械工业尤为发达，而造船、轮胎生产居韩国首位，水产品的出口在出口贸易中占有重要位置。港口距机场约 28 千米。2017 年，釜山港的集装箱吐量为 2 140 万 TEU，比 2016 年增长 10.0%，居全球第 5 位。

12. 香港港

香港位于中国珠江口东侧，港口在九龙半岛与香港岛之间。香港港地处东西方交通枢纽，是中国进出口贸易的中转港，又是自由港，港湾优良，装卸效率高，有通往世界 100 多个国家和地区的航线。过去香港港作为珠三角货物运输最重要的中转站，港口优势比较明显，码头成熟，航线航班多，又位于主干航线上，中国内陆腹地的货物大多在香港港进行中转。不过，从近年来看，深圳港、广州港在政府的大力推动下逐渐崛起，且两港更贴近内陆经济腹地，对接更加顺畅，正在削弱香港港“中转站”的作用，分流已成为必然趋势。但是，港口发展到一定程度之后，光凭装卸、堆存货物对城市经济的推动作用是有限的，需拓展上下游产业链，发展高端航运服务业。例如，航运保险、航运仲裁等是进一步拓展港口经济的发展方向，在这些方面，香港港依然有着内陆许多港口无法比拟的优势。2017 年，香港港的集装箱吞吐量为 2 076 万 TEU，比 2016 年增长 4.8%，居世界第 6 位。

13. 上海港

上海港位于中国海岸线的中心，长江三角洲东部，黄浦江下游，长江入海口南岸，东濒东海，南临杭州湾，是中国最大的国际通航港口。该港区总面积达 3 619.3 平方千米，截至 2017 年年底，上海港拥有各类海港码头泊位 1 121 个，码头总延长 106.08 千米，比 2016 年减少 3.12 千米。其中万吨级泊位 223 个，比 2016 年减少 1 个，另有浮筒泊位 43 个。全年综合吞吐能力达 5.26 亿吨，其中，集装箱综合吞吐能力达 1 983 万 TEU。

上海港自 1978 年 8 月开辟第一条集装箱航线以来，一直保持着高速发展的强劲势头。2017 年，上海港完成集装箱吞吐量 4 023.3 万 TEU，同比增长 8.3%，连续 8 年位列世界第一。

2017 年度，上海港完成货物吞吐量 7.51 亿吨，排名第 2 位。2017 年世界港口集装箱吞吐量前 20 名如表 5.5 所示。

表 5.5　2017 年世界港口集装箱吞吐量前 20 名

排名	港口	2016 年吞吐量/万 TEU	2017 年吞吐量/万 TEU	同比增速/%
1	上海港	3 713	4 023	8.3
2	新加坡港	3 090	3 367	9.0
3	深圳港	2 411	2 521	4.6
4	宁波—舟山港	2 157	2 461	14.1
5	釜山港	1 945	2 140	10.0
6	香港港	1 981	2 076	4.8

续表

排名	港口	2016 年吞吐量/万 TEU	2017 年吞吐量/万 TEU	同比增速/%
7	广州港	1 858	2 037	9.6
8	青岛港	1 801	1 826	1.4
9	迪拜港	1 477	1 544	4.5
10	天津港	1 450	1 521	4.9
11	鹿特丹港	1 269	1 360	7.2
12	巴生港	1 317	1 206	−8.4
13	安特卫普港	1 004	1 045	4.1
14	厦门港	960	1 038	8.1
15	高雄港	1046	1 024	−2.1
16	大连港	959	971	1.3
17	洛杉矶港	886	934	5.4
18	汉堡港	893	900	0.8
19	丹戎帕拉帕斯港	828	833	0.6
20	林查班港	723	776	7.3

资料来源：《2018 年海运报告》。

第三节　国际铁路运输

一、国际铁路运输的发展状况

自世界第一条铁路出现以来，铁路运输便显示了其无与伦比的优越性，各国纷纷开始兴建铁路。19 世纪末，世界铁路总长度就超过 65 万千米。20 世纪 20 年代达到 127 万千米。2017 年，全世界铁路总长度约为 140 万千米。自 20 世纪中期，世界铁路运输面临着其他运输方式的挑战，在发展过程中表现出一些新的特点。

1. 铁路运输所占比重有所下降，但基础地位仍未动摇

铁路作为陆上运输的主力军，在长达一个多世纪的时间里始终居于垄断地位，但是自 20 世纪中后期以来，随着汽车、航空和管道运输的迅速发展，铁路不断受到新的运输方式的冲击和挑战。特别是第二次世界大战结束后，航空运输和高速公路的迅速发展，给铁路运输业造成了很大的压力。目前，世界铁路在各种运输方式中所占的比重在下降，从 20 世纪 20～60 年代，铁路的货运量下降了约 1/3。目前，在美国、英国、法国、日本等发达国家，公路汽车运输完成的货运量已占总运量的 80%左右。

进入 20 世纪 70 年代后，由于两次石油危机的冲击，铁路运输被重新受到重视。铁路作为最重要的陆路交通工具之一，即使是在公路运输最发达的美国，在大宗货物运输和联合运输中也发挥着不可替代的重要作用。近 10 年来，美国铁路承担的货物周转量份额一直保持在 40%左右，远远高于其他运输方式（公路约占 30%，水运约占 13%，管道约占 17%）。其中，小汽车运量的 70%、煤炭运量的 65%、谷物及农产品运量的

40%依靠铁路运输。日本铁路承担了本国运输业97%的客运周转量，为国民提供了方便、快捷、舒适的旅行方式。俄罗斯铁路承担了80%的货运周转量和40%的客运周转量，在国家综合运输体系中的骨干作用更为突出。

另外，铁路运输在资源与环境方面固有的可持续性优势，为各国运输发展战略的调整提供了依据。瑞士和德国两家研究所曾经联合对欧洲17国1年的运输外部成本进行了评估，结论是：交通事故和环境污染的外部成本高达5 300亿欧元，其中公路占92%，民航占6%，铁路仅占2%。铁路、公共汽车、民航、小汽车单位客运周转量的外部成本之比为1∶1.9∶2.4∶4.4，铁路运输远远低于其他任何一种运输方式。铁路、水运、公路、民航单位货运周转量的外部成本之比为1∶0.9∶4.6∶10.8，铁路的成本与水运相当。

2. 铁路运输向高速化、电气化方向发展

面对各种运输方式在运输市场上的竞争，铁路向高速化和电气化方向发展是必然的选择。根据国际铁路联盟（International Union of Railways，UIC）的定义，高速铁路是指营运速率达每小时200千米的铁路系统（也有250千米的说法）。1964年，日本的新干线系统开通，成为历史上第一个实现“营运速率”高于时速200千米的高速铁路系统。

高速铁路的优点是载容量非常高，无挤塞的问题，而无论是高速公路或机场都面临挤塞的问题。倘若旅程非以大城市中心为出发及目的地，使用高速铁路加上转乘的时间可能只与驾驶汽车相当。但高速铁路无须自行驾车，会感到更为舒适，且成本很低。而且，虽然高速铁路的速度比不上飞机，但在距离稍短的旅程（650千米以下），高速铁路因为无须到一般颇为遥远的机场登机，因而仍会较为省时，而且高速铁路的班次可以较为频密，总载容量亦远高于飞机。高速铁路不仅速度快，还具有运量大（单向运能每小时15万人以上）、占地少、能耗低、污染相对小的优点。从建设用地看，建一条高速铁路占地约为四车道高速公路的1/2；从能耗来看，高速列车、汽车、飞机的平均人千米能耗为1∶5.3∶5.6；二氧化碳放量比为1∶3∶4.1。美国的研究资料表明，修建高速铁路与扩建高速公路相比，不仅可节省一半以上的投资，而且更有利于环保。

目前，日本和法国在高速铁路技术方面居世界领先地位。新干线是日本的高速铁路系统，以子弹列车闻名。新干线于1964年东京奥运会前夕开始通车营运，这条路线也是全世界第一条载客营运高速铁路系统。新干线的轨距属于标准轨（1 435毫米）。除了迷你新干线的路段外，列车时速可达到260千米/小时。

新干线采用全车辆驱动方式，防止高速行驶时的蛇行运动，减轻路线的维护保养费用，没有行车时的摇晃，立起香烟都不倒，通车多年来从未发生过人员伤亡事故。每辆高速列车晚点时间全年累计平均只有54秒，因此，新干线号称全球最安全的高速铁路和行驶过程最平稳的列车。

2008年8月1日，中国第一条具有完全自主知识产权的高速铁路——京津城际铁路开通。中国已成为世界上高铁系统技术最全、集成能力最强、运营速度最高、运营里程最长、在建规模最大的国家。伴随着高速铁路的快速发展，技术标准也日趋发展与完善。我国已研究制定出高速铁路技术标准和技术文件，构建了高速铁路技术标准体系。2016 年，中国标准动车组首次载客运行，掌握完全自主知识产权，高速动车组的九大关键技术和十项配套技术的供应商实现国内企业主导设计制造。目前，在高速动车组技术水平上，中国在产品序列上非常完整，与法国、日本、德国 3 个高铁强国相比，基本上都有对应的产品。

电力机车本身不带原动机，靠接受接触网送来的电流作为能源，由牵引电动机驱动机车的车轮。电力机车具有功率大、热效率高、速度快、过载能力强和运行可靠等主要优点，而且不污染环境，特别适用于运输繁忙的铁路干线和隧道多、坡度大的山区铁路。电气化铁路是指以电能作为牵引动力的铁路。世界各国都非常重视对铁路电气化的建设和发展。西欧国家 2/3 的铁路已实现电气化，瑞士全部实现了电气化。日本、瑞士、挪威、荷兰、意大利等国铁路电气化率都已超过 50%。

3. 铁路货物运输向重载、快捷、集装化及物流化方向发展

货运重载化和快捷化是世界铁路运输两次大的战略性调整，在巩固和扩大铁路市场份额中显示出强大的生命力。重载货物运输作为一种重要的运输组织方式，始于 20 世纪 50 年代的北美铁路，并在世界范围内得到了迅速的发展。目前，已有美国、加拿大、俄罗斯、巴西、南非、澳大利亚、中国、瑞典等 10 多个国家开展了重载运输。

铁路重载运输广泛采用新材料、新工艺、计算机控制和信息技术等现代高新技术，使重载运输技术及装备水平得到很大提高。重载货车向大轴重、低自重、低动力作用的方向发展，最大轴重已超过 30 吨。重载运输线路采用高强度重型钢轨，铺设无缝线路，加强道床基础和改进轨枕结构等技术，强化重载运输线路，减少了维修成本，保障了重载列车的安全运行。重载单元列车是用同型车辆，固定编组、定点定线循环运转的。它首先用于煤炭运输，后来扩展到其他散装货物，对提高运能，减少燃油消耗，节省运营车、会让站、乘务人员等都有显著效果，经济上受益很大。例如，美国铁路货运量有 60%是通过单元列车完成的。俄罗斯曾试验开行重量为 43 407 吨的超长重载列车，列车由 440 辆车组成，全长 6.5 千米，由 4 台电力机车牵引，情景十分壮观。

美国诺福克西方铁路公司开行的运煤重载列车，全长 6.5 千米，编组 500 辆，总重达 44 066 吨。南非铁路公司矿石重载运输发展得比较早，技术也比较成熟，有一条 861 千米的矿石专用线，列车全长 7.2 千米，编组 660 辆，总重达 71 600 吨。快捷与集装箱货运最为发达的铁路主要集中在欧美发达国家。

在美国，双层集装箱列车已覆盖整个路网，收入达到铁路运输总收入的 20%左右。印度铁路集装箱运输的发展始于 20 世纪 90 年代初，虽然起步较晚，但发展速度很快。2000 年，在印度铁集装箱总运量中，国际箱运量占全国港口吞吐量的 30%，国内箱运量占国内集装箱总运量的 90%。

物流化是当今货物运输的一个重要趋势，铁路货物运输也正在向物流化方向发展。为特定货主提供专门的运输产品是快捷物流化发展的一大特点。例如，瑞典铁路为了争取承担全部食品工业的运输任务，开行了为食品配送服务“保鲜列车”；美国设计了

运送钢水的“勺子车”，为定期维修融钢炉的钢铁厂运送钢水。许多发达国家的铁路公司已经突破了过去单纯搞铁路运输的传统模式，通过并购其他运输公司，向国际物流企业发展。

4. 铁路在城市轨道交通中发挥骨干作用

大力发展城市轨道交通已成为世界各国城市实现现代化和可持续发展的共同选择。市郊铁路是城市轨道交通体系的重要组成部分，也是各国铁路参与城市轨道交通的重要形式。目前，国外市郊铁路运输系统主要有两种形式：一是构建完善的市郊铁路网，在特大城市郊区形成完善的客运轨道系统，与地铁直接过轨；二是在客流较大的地区修建市郊客运专线。在日本，仅东京市郊铁路就有 2 000 千米，每天客流量达 3 500 万人次，年客运量约 50 亿人次；法国市郊铁路的年运量达 5.4 亿人次，占法国国铁总客运量的 65%；德国在 13 个城市修建了城市快速铁路，承担了德国铁路总客运量和短途客运总量的 66%和 74%。另外，俄罗斯和印度也正在大力发展市郊铁路运输。世界发达国家的市郊铁路在城市公共交通中的份额大体上占到 35%～50%，在城市轨道交通中具有重要的地位和作用。

5. 铁路网分布不均衡

铁路运输是在一定自然条件下，经济技术发展到一定阶段的产物。世界各国自然条件不同，经济技术水平差异较大，这些条件决定了世界各国铁路网在分布上的不平衡。

目前，世界铁路主要分布在欧洲和北美。其中，欧洲铁路最密集，约占世界总长度的 1/3，北美铁路约占世界铁路总长度的 1/3。其余 1/3 的铁路线分布在其他国家或地区，主要集中在日本、中国东部、印度、巴基斯坦、孟加拉国、澳大利亚东南部、非洲东南部、阿根廷的经济重心区潘帕斯草原和巴西以里约热内卢和圣保罗为中心的东南地区。

截至 2017 年年底，世界铁路里程最长的 10 个国家如表 5.6 所示。

表 5.6　2017 年世界铁路里程十大国家　　单位：千米

排名	国家	铁路里程	电气化铁路里程
1	美国	224 792	1 600
2	中国	127 000	85 300
3	俄罗斯	87 157	43 300
4	印度	63 974	23 541
5	加拿大	46 552	129
6	德国	41 981	20 497
7	澳大利亚	38 445	2 715
8	阿根廷	36 966	136
9	法国	29 640	15 140
10	巴西	28 538	1 122

资料来源：根据世界银行公开数据整理。

2018 年，世界上共有 22 个国家和地区运营高铁，运营总里程为 42 722 千米，其中中国的运营里程为 22 349 千米，约占全球的 51.8%，其次分别是西班牙（约占 7.1%）、德国（约占 7.0%），如表 5.7 所示。

表 5.7 2018 年世界高铁运营里程

单位：千米

国家和地区	中国	日本	西班牙	法国	德国	意大利	土耳其	韩国
运营里程	22 000	2 765	3 100	2 658	3 038	923	1 420	880
国家和地区	美国	中国台湾	波兰	比利时	瑞士	荷兰	英国	奥地利
运营里程	44.8	349	85	209	137	120	1377	292

资料来源：根据世界银行公开数据整理。

根据世界铁路联盟 2017 年发布的《世界高速线路》报告，世界各国高速铁路远期规划里程将达 5.08 万公里。分洲际看，亚洲、欧洲垄断现有高铁市场。根据世界铁路联盟数据，亚洲和欧洲占全球高铁运营和在建总里程的 98.07%。其余已投运或在建的高速铁路项目集中在美国、摩洛哥等北美洲和非洲地区。

二、国际主要铁路干线

铁路网由干线和支线构成。干线是铁路运输的主干道，承担铁路运输的最主要任务；支线是干线的分支，对干线起着分流和集散的作用。世界铁路网分布很不均衡，铁路干线主要集中在欧美等国。

1. 西伯利亚大铁路

西伯利亚大铁路位于俄罗斯境内，该铁路有两条：第一条东起俄罗斯的纳霍德卡或东方港—符拉迪沃斯托克（海参崴）—伊尔库斯克—新西伯利亚—鄂木斯克—古比雪夫—莫斯科，全长 9 300 多千米，1916 年全线通车；第二条（贝阿铁路）东起苏维埃港—共青城—乌斯季库特—叶赛尼斯特—苏尔古特—秋明—新西伯利亚，再与第一条汇合，全长 6 500 千米，它是为了开发远东地区的自然资源、增加运输能力而兴建的。

西伯利亚大铁路是世界上最长的铁路干线，全线均为复线、双轨，已全部实现电气化。该线是连接亚洲东部国家、欧洲各国及西伯利亚铁路网的运输干线，是欧亚大陆桥的重要组成部分，在世界货物贸易运输中占有重要地位。

2. 北美主要铁路干线

北美地区铁路网较稠密，铁路以货运为主，货运量占铁路运输的 99%，集装箱运输和多式联运是北美铁路最主要的运输方式。北美铁路以双层集装箱运输为主，占美国集装箱总运量的 70%以上。

北美地区穿越大陆东西的铁路干线有多条，在美国境内主要有 4 条：①西雅图—俾斯麦—圣保罗—芝加哥—底特律；②奥克兰—奥马哈—芝加哥—匹兹堡—费城—纽约；③洛杉矶—堪萨斯城—圣路易斯—辛辛那提—华盛顿—巴尔的摩；④洛杉矶—图森—帕索—休斯敦—新奥尔良。

在加拿大境内主要有两条：①鲁珀特王子港—爱德蒙顿—温尼伯—魁北克；②温哥华—卡尔加里—温尼伯—蒙特利尔—圣约翰—哈利法克斯。

3. 欧洲主要铁路干线

欧洲是铁路网最稠密的大洲，其中以欧盟密度最大，欧盟15国铁路线总长达15.38万千米，但铁路客货运量在总运量中比重不大。自20世纪50年代以来，欧盟各国铁路市场份额一直在减少，从1970年的35%降至1997年的15%。在汉堡、鹿特丹、安特卫普等大港口，向内陆运输的集装箱中，铁路运量只占5%～35%，大部分靠公路、内河运输。但欧洲公路一直拥挤不堪，欧洲各国目前正采取各种措施来发展铁路运输，改善交通布局状况。

欧洲的主要铁路线有3条：①巴黎（法国）—慕尼黑（德国）—维也纳（奥地利）—布达佩斯（匈牙利）—贝尔格莱德（塞黑）—索菲亚（保加利亚）—伊斯坦布尔（土耳其）—巴格达（伊拉克）；②巴黎（法国）—科隆（德国）—柏林（德国）—华沙（波兰）—莫斯科（俄罗斯），与西伯利亚大铁路相接；③里斯本（葡萄牙）—马德里（西班牙）—巴黎（法国）—科隆（德国）—柏林（德国）—华沙（波兰）—圣彼得堡（俄罗斯）—赫尔辛基（芬兰）。

4. 拉丁美洲主要铁路干线

1）穿越墨西哥境内的铁路干线：马萨特兰—瓜达拉哈拉—墨西哥城—韦拉克鲁斯。该铁路沟通了太平洋和大西洋的墨西哥湾。

2）横穿南美的主要铁路线：布宜诺斯艾利斯（阿根廷）—圣地亚哥（智利）—瓦尔帕莱索（智利）。该铁路形成了南美大陆桥，沟通南美大陆东西两岸的联系，特别是对邻国的贸易起着重要作用，也为开展集装箱水陆联运创造了良好条件。

5. 非洲主要铁路干线

非洲的铁路主要分布在东南部，纵贯东南非的铁路线：达累斯萨拉姆（桑尼亚）—卢萨卡（赞比亚）—布拉瓦约（津巴布韦）—哈博罗内（博茨瓦纳）—开普敦（南非）。该铁路穿越5个国家和地区，沿线矿产丰富，一旦大量开采，运输将会十分繁忙。

6. 亚洲主要铁路干线

1）巴士拉（伊拉克）—巴格达（伊拉克）—科尼亚（土耳其）—伊斯坦布尔（土耳其）—巴尔干地区。该线全长3 100多千米，向西经索菲亚、贝尔格莱德、布达佩斯、维也纳等，与其他中、西欧铁路相连，是中东地区连接欧洲最重要的铁路线。

2）横穿印度的加尔各答—孟买的铁路。该铁路在陆上连接了孟加拉湾和阿拉伯海，形成了南亚大陆桥。

3）中国的主要铁路干线。中国的铁路是亚洲最多的，北方的铁路可以通过欧亚陆桥与中亚及欧洲相连，南方铁路与东南亚相连。

三、大陆桥运输

（一）大陆桥运输的概念及产生

大陆桥运输是指以横贯大陆的铁路或公路运输系统作为中间的“桥梁”，通过各种运输方式的相互衔接，把大陆两端的海洋（港口）连接起来，以集装箱为媒介的联合运输方式。从地理学角度，我们把跨越水域连接两端陆地的通道叫作桥。如果我们将水和陆地的位置关系倒过来，那么，连接陆地两端与水运相连接的陆上通道就可以称为“陆桥”。大陆桥运输可以有 3 种组织形式：海—陆（铁路）—海、海—陆（公路）—海、海—陆（航空）—海。不论哪种组织形式，一般都采用集装箱运输，陆地运输部分以铁路运输为主，所以又被称为大陆桥国际铁路集装箱运输。

大陆桥集装箱运输是从美国和苏联开始的。20 世纪 50 年代初期，日本货运公司从日本把集装箱货物装船运到美国太平洋沿岸港口上陆，再利用横贯美国东西的大铁路运到美国东海岸（大西洋沿岸），再装船继续运到欧洲。这把美国大陆（铁路）当成一座“桥梁”，于是人们把这条路线的运输形式称为“大陆桥运输”。这是世界第一条大陆桥运输线路。

1967 年 6 月，以色列入侵埃及，爆发了第三次中东战争，导致苏伊士运河关闭，航运中断。此时的巴拿马运河也因过多的船只集中通过，通过能力有限而发生堵塞。远东与欧洲之间的海上货运船舶不得不绕道远航非洲好望角或南美的麦哲伦海峡，致使航运距离和运输时间成倍增加，并且风险增大。当时又正值世界石油价格上涨，导致航运成本增加。就在此时，世界集装箱运输兴起。1971 年，日本货运公司利用集装箱将货物用船运到苏联远东港口纳霍德卡上陆，经西伯利亚铁路和东欧、西欧、北欧各国的铁路运到欧洲港口装船，最后运到目的地英国。人们把欧亚大陆（铁路）比作一座“桥梁”，这是世界上第二条大陆桥运输，即西伯利亚大陆桥。经过多年的发展，这条大陆桥将欧洲、西亚、中亚、远东的贸易运输联系在一起。

第三条大陆桥是中荷大陆桥，又称新亚欧大陆桥。此外，还有加拿大大陆桥、南亚大陆桥和南美大陆桥等。

（二）世界主要的大陆桥

1. 北美大陆桥

北美大陆桥是指利用北美的大铁路从远东到欧洲的“海、陆、海”联运。该大陆桥运输包括美国大陆桥运输和加拿大大陆桥运输。美国大陆桥有两条运输线路：一条是从西部太平洋沿岸至东部大西洋沿岸的铁路和公路运输线；另一条是从西部太平洋沿岸至东南部墨西哥湾沿岸的铁路和公路运输线。美国大陆桥于 1971 年年底由经营远东/欧洲航线的船公司和铁路承运人联合开办“海—陆—海”多式联运线，后来美国几家班轮公司也投入营运。目前，主要有 4 个集团经营远东经美国大陆桥至欧洲的国际多式联运业务。这些集团均以经营人的身份，签发多式联运单证，对全程运输负责。加拿大大陆桥与美国大陆桥相似，由船公司把货物海运至温哥华，经铁路运到蒙特利尔或哈利法克斯，再与大西洋海运相接。

北美大陆桥是世界上历史悠久、影响较大、服务范围较广的陆桥运输线。据统计，从远东到北美东海岸的货物有 50%以上是采用双层列车进行运输的，因为采用这种陆桥运输方式比采用全程水运方式通常要快 1～2 周。例如，集装箱货从日本东京到欧洲鹿特丹港，采用全程水运（经巴拿马运河或苏伊士运河）通常需 5～6 周，而采用北美大陆桥运输仅需 3 周左右。

随着美国和加拿大大陆桥运输的成功营运，北美其他地区也开展了大陆桥运输。墨西哥大陆桥就是其中之一。该大陆桥横跨特万特佩克地峡，连接太平洋沿岸的萨利纳克鲁斯港和墨西哥湾沿岸的夸察夸尔科斯港。墨西哥大陆桥于 1992 年开始营运，目前其服务范围还很有限，对其他港口和大陆桥运输的影响还很小。

美国东部港口和铁路过于繁忙，货物拥挤，到达后很难保证及时换装，这使大陆桥运输带来的节省时间的优越性不能体现。由此派生的小陆桥和微型陆桥运输方式却在不断发展。

小陆桥运输从运输组织方式上看与大陆桥运输并无大的区别，只是其运送货物的目的地为跨越陆地沿海港口，称为海陆运输，少了一段海运。目前，北美小陆桥运送的主要是日本经北美太平洋沿岸到大西洋沿岸和墨西哥湾地区港口的集装箱货物。当然也承运从欧洲到美国西岸及墨西哥湾地区各港的大西洋航线的转运货物。北美小陆桥在缩短运输距离、节省运输时间上的效果是显著的。以日本—美国东岸航线为例，从大阪至纽约全程水运（经巴拿马运河），运输时间为 21～24 天。而采用小陆桥运输，运输时间可缩短为 16 天，节省 1 周左右的时间。

微陆桥运输与小陆桥运输基本相似，只是交货地点在内陆地区，相当于“半陆桥”。北美微陆桥运输是指经北美东、西海岸及墨西哥湾沿岸港口到美国、加拿大内陆地区的联运服务。

北美陆桥运输系统如图 5.3 所示。

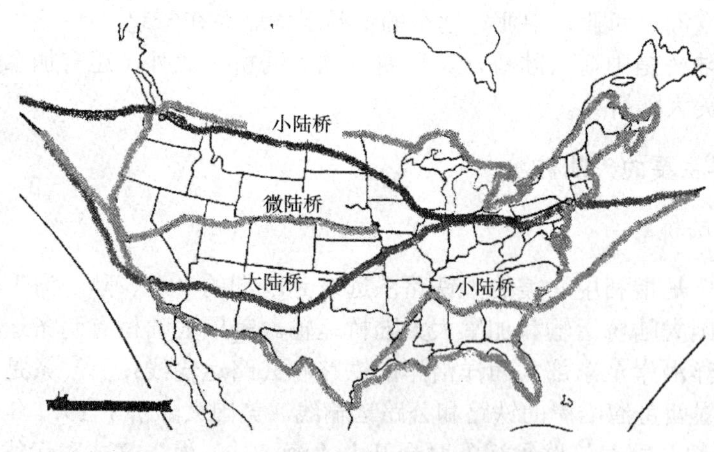

图 5.3　北美陆桥运输系统

2. 西伯利亚大陆桥

西伯利亚大陆桥是指使用集装箱，将货物由远东海运到俄罗斯东部港口，再经跨越欧亚大陆的西伯利亚铁路运至波罗的海沿岸，如爱沙尼亚的塔林或拉脱维亚的里加等港口，然后采用铁路、公路或海运运到欧洲各地的国际多式联运的运输方式。

西伯利亚大陆桥全长1.3万千米，东起俄罗斯东方港，西至俄芬（芬兰）、俄白（白俄罗斯）、俄乌（乌克兰）和俄哈（哈萨克斯坦）边界，过境欧洲和中亚等国家。1997年后，俄罗斯将西伯利亚大陆桥运输作为国家竞争力的重要组成部分，采取了一系列措施改进运输条件，近几年年均运量增长50%以上。

西伯利亚大陆桥运输包括海—铁—铁、海—铁—海、海—铁—公和海—公—空4种运输方式。由俄罗斯的过境运输总公司担当总经营人，它拥有签发货物过境许可证的权力，并签发统一的全程联运提单，承担全程运输责任。可以说，西伯利亚大陆桥是较为典型的一条过境多式联运线路。

西伯利亚大陆桥是目前世界上最长的一条陆桥运输线。它大大缩短了从日本、远东、东南亚及大洋洲到欧洲的运输距离，节省了运输时间。从远东经俄罗斯太平洋沿岸港口去欧洲的陆桥运输线全长为13 000千米。而相应的全程水路运输距离（经苏伊士运河）约为20 000千米。从日本横滨到荷兰鹿特丹，采用陆桥运输不仅可使运距缩短1/3，运输时间也可节省1/2。此外，在一般情况下，运输费用还可节省30%～70%，因而对货主有很大的吸引力。西伯利亚大陆桥于1971年由苏联对外贸易运输公司正式确立。

目前，西伯利亚铁路运量的22%来自中国沿海地区。广州、深圳、厦门、宁波、上海、青岛、天津等港口都有直达俄罗斯东方港的航线。中国、日本、韩国等东亚国家出口的货物70%选择西伯利亚大陆桥运输，而没有选择近3 000千米的新欧亚大陆桥。其主要原因是西伯利亚大陆桥有专门的组织协调机构及较多的会员，能提供完善的服务及合理的价格，并开行集装箱专列，平均每昼夜运行达1 000千米，运行时间比海运缩短了1/3。

3. 新亚欧大陆桥

新亚欧大陆桥（图5.4）是相对旧欧亚大陆桥而言的，它东起太平洋西岸中国东部沿海港口连云港，西可达大西洋东岸荷兰的鹿特丹、比利时的安特卫普等港口，横贯亚欧两大洲中部地带。它的东端直接与东亚及东南亚诸国相连；它的中国段西端，从新疆阿拉山口站换装出境进入中亚，与哈萨克斯坦德鲁日巴站接轨，西行至阿克套，进而分北、中、南3条线连接欧洲铁路网通往欧洲。该大陆桥全长10 900千米，连接亚洲与欧洲的国家和地区有40余个。大陆桥在中国境内全长约4 313千米，是我国最大的东西铁路主干线，连接东部、中部和西部，贯穿多个省会城市和主要中心城市。

北线：经由哈萨克斯坦阿克套北上与西伯利亚大铁路接轨，经俄罗斯、白俄罗斯、波兰通往西欧及北欧诸国。

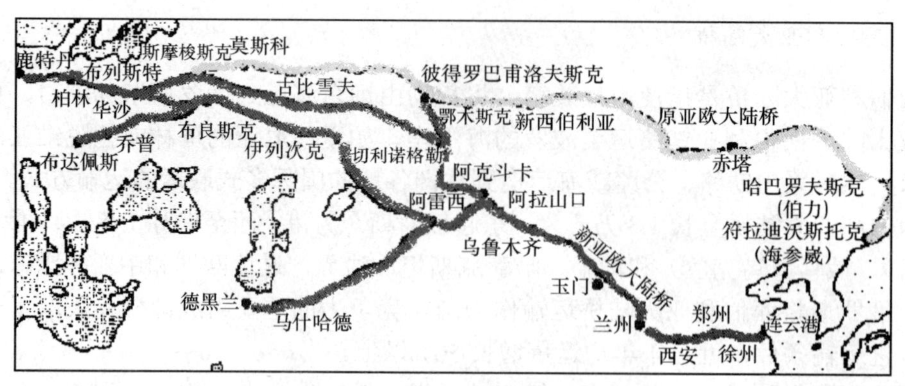

图 5.4　新欧亚大陆桥示意

中线：经由哈萨克斯坦往俄罗斯、乌克兰、斯洛伐克、匈牙利、奥地利、瑞士、德国、法国至英吉利海峡港口转海运或由哈萨克斯坦阿克套南下，沿吉尔吉斯斯坦边境经乌兹别克斯坦塔什干及土库曼斯坦阿什哈巴德西行至克拉斯诺沃茨克，过里海达阿塞拜疆的巴库，再经格鲁吉亚第比利斯波季港，越黑海至保加利亚的瓦尔纳，并经鲁塞进入罗马尼亚、匈牙利通往中欧诸国。

南线：经由土库曼斯坦阿什哈巴德向南入伊朗，至马什哈德折向西，经德黑兰，入土耳其，过博斯普鲁斯海峡，经保加利亚通往中欧、西欧及南欧诸国。

与前一条西伯利亚大陆桥相比，新亚欧大陆桥具有以下明显的优势。

1）地理位置和气候条件优越。整个大陆桥避开了高寒地区，港口无封冻期，自然条件好，吞吐能力强，可以常年作业。

2）运输距离短。新亚欧大陆桥比原西伯利亚大陆桥缩短陆上运输距离 2 000～5 000 千米，到中亚、西亚各国，优势更为突出。从远东到西欧的货物，经新亚欧大陆桥比绕过好望角的海上运输线缩短运距 15 000 千米，比经苏伊士运河的海上运输线缩短运距 8 000 千米，比经巴拿马运河的海上运输线缩短运距 11 000 千米，比经北美大陆桥缩短运距 9 100 千米。

3）辐射面广。新亚欧大陆桥辐射亚欧大陆 40 多个国家和地区，总面积达 5 071 万平方千米，居住人口占世界总人口的 75%左右，占世界国家数的 22%。

4）对亚太地区吸引力大。新亚欧大陆桥吸引范围除我国外，日本、韩国、东南亚各国，一些大洋洲国家，均可利用此线开展集装箱运输。

因此，新亚欧大陆桥这些固有的优势，决定了它必将全线运营，发展壮大，成为沟通亚太地区与欧洲的主导运输线。

目前，新亚欧大陆桥运输主要服务于中国和日本、韩国到中亚五国的进出口运输，没有扩展到西欧、北欧等大的贸易国家，由于中亚五国与中国的贸易量不大，因此大陆桥运输量占中国外贸运输量的比例也不大。新亚欧大陆桥运输至少要经过 3 个国家的口岸，轨距不同，货物在口岸的平均滞留时间占全程的 30%～50%。同时，这条洲际干线的总运输价格由各国的铁路、口岸等多个运输环节的价格决定，成本构成相对复杂。

中国和哈萨克斯坦自 20 世纪 90 年代初正式开通经由阿拉山口—德鲁日巴国际铁路联运（中哈边境铁路口岸在中方一侧的叫阿拉山口，在哈方一侧的叫德鲁日巴。哈萨克斯坦与中国新疆阿拉山口对接口岸为多斯特克）后，通过新亚欧大陆桥的货物贸易量不断增大。2005 年，阿拉山口口岸进出口货物运量突破了 1 100 万吨，逼近满洲里口岸的 1 650 万吨过货量。阿拉山口口岸的贸易伙伴发展到 20 个国家和地区。原油及原油制品、机电产品成为口岸贸易新的增长点。其中，原油及原油制品进口已超过废钢、钢材等传统大宗货物，成为口岸第一大进口商品和首位税源商品。口岸转关过境货物突破 100 万吨，增幅达到 82.3%。

4. 其他陆桥

（1）南亚大陆桥

南亚大陆桥在亚洲南部的印度半岛上，从印度东海岸最大的商业城市加尔各答，到西海岸的第一大港孟买之间，有一条东西向的长约 2 000 千米的大铁路，这就是通常所说的“南亚大陆桥”。它使阿拉伯海与孟加拉湾之间的海上运输可以改成铁路联运，从而缩短了距离，节省了运费，提高了效益。对加强印度半岛东西两岸的联系，带动中部经济腾飞起到了积极的作用。

（2）南美大陆桥

南美大陆桥位于南美大陆南部，长约 1 000 千米，略呈西北—东南走向。东起阿根廷的最大港口布宜诺斯艾利斯，西至智利首都圣地亚哥，到瓦尔帕莱索，穿越安第斯山脉，连接大西洋和太平洋两大水域，极大地缩短了水运绕道南美洲南端合恩角的距离，推动了南美诸国的协作，促进了经济发展。

第四节　国际公路运输

一、国际公路运输的发展状况

1. 公路运输发展迅速并已居主导地位

第二次世界大战以后，随着世界经济、技术的发展，机械化、自动化程度的提高，交通运输工具的不断革新与完善，公路网的形成及完整的汽车工业体系的形成，特别是高速公路的兴建，公路汽车运输后来居上，发展迅速，引起交通运输结构发生重大变化。20 世纪 70 年代，经济发达国家大多数改变了一个世纪以来以铁路运输为中心的格局，公路运输在各种运输方式中起到了主导作用。汽车运输的迅速发展与公路建设直接相关。工业发达国家拥有现代化公路网，加之高速公路的兴建，为汽车运输的大流量、速度快、安全、经济及联合运输创造了条件。

全世界各种运输工具中，汽车占总数量的 90%。在客运方面，美国和欧洲各国的公路运输所完成的旅客周转量占总旅客周转量的 80%左右，而铁路所占比重很小，如美国只占 0.7%。世界公路运输已超过铁路和其他运输方式，跃居主导地位。

2. 各国特别重视在汽车运输中采用先进技术

1）合理调整车辆构成。载货汽车向大型和小型两头发展，是当前汽车构成的变化趋势。大型车运送大宗货物，小型车运送短途小批量货物，各自发挥不同优势，能取得较好的经济效果。当运距大于 11 千米时，载重量 16 吨的汽车与 4 吨汽车相比，运输效率可提高 3～4 倍，成本降低 80%～85%。美国一些城市货运汽车的平均载重量已从 20 世纪 50 年代的 9 吨增至 2017 年的近 15 吨。

2）广泛开展拖挂运输。拖挂运输一般由一辆牵引车和一辆挂车组成，列车总重为 32～42 吨，而一车二挂或三挂组成的汽车、列车总重量达 60 吨以上。拖挂运输不仅能提高载重量，还能节约燃料和降低成本，目前为发达国家广泛采用。美国的公路货运量有近 80%是由汽车、列车完成的。英国总重 28 吨以上的货物是以汽车、列车的运输方式完成的，货物周转量占公路货运总量的 1/2 以上。

3）发展专用车辆运输。采用专用车能提高装卸效率，节约包装材料，保证运输质量，减少货损货差，降低运输成本。美国总重在 45 吨以上的载货汽车中，约有 80%是专用车，其中集装箱车占 33%，厢式车占 22%，自卸车占 11%，罐车占 7%。德国、英国等专用车也占很大比重。目前，国外生产和使用的专用车类型已有数百种。

4）大中型车辆柴油化。在发动机排量相同的条件下，柴油机汽车比汽油机汽车可节油 30%，并通过节约燃料费、折旧费和保修费等可降低运输成本 1/3。目前，德国和日本的大中型汽车已实现柴油化，美国生产的大中型载货汽车中，柴油车比重已达 70%。柴油化已成为汽车动力装置重要的发展方向之一。

3. 世界高速公路的兴建并向连线成网方向发展

第二次世界大战后，各工业国随着经济的恢复和发展，汽车运输的运量急剧增加。从 20 世纪 50 年代起，各国对干线公路进行了技术改造，普及了沥青路面，但仍不能适应汽车运输快速发展的需要，加之各种不同速度的车辆在公路上混合行驶，不能发挥汽车运输高速和机动灵活的特点，造成交通拥挤、运输效率低、交通事故多、油耗大等问题。为充分发挥汽车运输的作用，实现大流量、安全、经济的运输，各国分别制定建设高速公路的计划。另外，欧美国家的现代化汽车工业为公路运输提供了大量高效、节能的运输工具，使运输成本不断降低，运输经济效益不断提高。因此，各国相继大规模修建高速公路。20 世纪 50 年代后半期，美国、英国、法国、意大利、日本、德国等发达国家都制定了高速公路的建设与发展计划。1960 年，全世界建成的高速公路总里程为 3 万千米，1970 年则达到 7 万千米。不少发展中国家也开始修建高速公路。截至 2017 年，世界各国的公路总长度约 6 428 万千米，约 80 个国家和地区修建了高速公路，通车总里程达 37 万千米左右，其中美国、中国、英国、德国、法国、意大利、日本、加拿大等国高速公路里程占世界高速公路里程的 80%以上。2017 年年底，中国公路总里程已达到 470 万千米，位列世界第 1 位。

随着世界经济的发展及国际贸易的增长，提高运输效率，高速公路更有利于汽车运输向大型化、拖挂化、集装箱化、柴油化和专用化方向发展。所以，至今高速公路仍保持向前发展的态势。发达国家的高速公路已具相当规模，正向连线成网方向发展。在欧洲，各国的主要高速公路正逐步联结起来，形成国际公路交通干线网，高速公路的建设也正向高标准、高质量、自动化方向发展。

二、国际公路运输的分布

世界公路分布很不平衡，公路网主要分布在发达国家。其中，日本公路密度高，路网遍布整个列岛，总长 116 万千米，每千平方千米有公路 3 076 千米，在发达国家中也是最高的。

欧盟公路网稠密，总长 356 万千米，平均每千平方千米有公路 1 099 千米。各国首都和大城市间均有国际公路相连。法国国内公路四通八达，并同整个欧洲的公路交通网连成一片。全国公路里程总长度为 80.45 万千米，公路承担全国 86.4%的客运和 79.1%的货运。德国仅西部地区公路总长约为 54 万千米，公路运输在各种运输方式中占优势。

美国公路网密布全国，里程达 650.620 4 万千米，其长度居各国之首，公路网密度为每千平方千米有公路 680 千米。美国公路大致可分为干线和非干线公路两大类。干线的主要部分是州际公路。它是连接全国各州的高速公路，占全部公路长度的 1%，承担的车流量占全部车流量的 20%。其他干线占总长度的 9%，承担全部车流量的 49%。其余的地方公路占总长度的 69%，但承担的车流量只占 31%。美国陆上客运绝大多数依靠公路运输，货运承担货物周转量的 1/5 以上。

俄罗斯公路网发展水平落后于西方发达国家，但公路运输在各种运输方式中居首位，约承担了全俄货运总量的 80%和客运周转量的 44%。亚洲、非洲、拉丁美洲的发展中国家的公路运输较落后，但拉丁美洲相对较发达，公路总长 325 万千米，平均每千平方千米有公路 158 千米，非洲则公路稀少。

在世界贸易中，公路运输的地位虽远不及海运，也不如铁路，但在边境贸易中公路运输占重要地位。

第五节　国际航空运输

一、国际航空运输的发展状况

航空运输是一种较铁路、水运、公路汽车运输“年轻”的现代化运输方式，它是随着社会要求不断提高运输速度和世界科学技术，特别是发动机和空气动力学的进展而发展起来的。它的发展历史较短。1900 年，美国人莱特兄弟发明了第一架装有 16 匹马力四气缸发动机的双翼飞机。但直到 1909 年，法国人驾驶一架单翼机首次飞越英吉利海峡成功，世界才开始真正的航空运输。

第二次世界大战后，由于经济的发展，国际贸易的增加，各国人民间的交往日趋频繁，国际航空运输获得了飞速的发展。1950～1970 年，国际航空货运量增长 20 倍，其中北大西洋航空线剧增达 25 倍。国际民航的客运量，20 世纪 70 年代以来以年平均增长率 10%的速度向前发展，用于国际民航飞行的机群也有巨大的发展。80 年代是世界航空运输在起伏不平中持续发展的 10 年。10 年中，航空旅客人数和空运吨千米数年均增长分别为 47%和 75%。

从世界航空货运的发展历程可以看出，国际航空运输的发展呈现以下几个特点。

1）发展较快。IMF 的统计数据显示，伴随着全球经济形势的好转，近年来国际贸易表现出强劲的增长趋势。全球企业为满足制造业强劲的出口需求，缩短交货期、补充库存，对航空货运的需求也相应增加，航空货物运输业逐步成为全球国际化联通的主要力量。国际航空运输协会统计，2017 年 1～8 月与 2016 年同期相比，全球国际货运吨公里增长了 4.7%。未来 5 年，在世界主要贸易国家的共同引领下，受区域交通、快递业和新兴经济体增长的拉动，航空货运仍将保持 4%的增长。

2007～2017 年国际航空货邮运输量和旅客运输量如表 5.8 所示。

表 5.8　2007～2017 年国际航空货邮运输量和旅客运输量

年份	国际航空货邮运输量/百万吨	增长率/%	国际航空旅客运输量/亿人	增长率/%
2007	42.5	6.0	25.4	8.8
2008	41.1	−3.3	25.8	1.5
2009	40.8	0.7	24.8	−4.0
2010	48.6	19.1	26.8	8.1
2011	49.7	2.3	28.5	6.1
2012	49.2	−1.0	29.8	4.6
2013	50.2	2.0	31.4	5.5
2014	50.4	0.4	33.3	6.0
2015	52.2	2.3	35.7	7.4
2016	54.3	4.0	37.7	5.9
2017	55.3	2.3	39.3	3.9

资料来源：根据国际航空运输协会公开数据整理。

2）价值很高。据统计，2017 年，全球航空货物运输量达到 5 537 万吨，约占全球贸易量的 1%，但是这 1%运输量的货物总价值却高达 6.8 万亿美元，占世界贸易价值的 33%。可见，虽然航空货运占全球贸易吨量比重很小，但它属于高端运输，在全球贸易价值中占有很高份额，具有不可替代的重要作用。

3）规模性强。亚太地区约占全球航空货运总量的 40%，亚太、北美、中东三大地区占据全球大部分的航空货运市场份额，2017 年三者合计市场份额达到 81.7%。作为行业主力，这 3 个地区的经济和贸易的增长将对全球航空货运的增长产生较大影响。从国家来看，美国完成货运周转量 371 亿吨公里，中国完成 160 亿吨公里，两国完成数占全球的 28.6%。由此可见，全球航空货运量不仅主要集中在国际航线市场上，而且集中在少数国家和主要机场上。

4）趋于专业化。基于航空货运产品不同于航空客运的特点，很多大型客货混合型航空公司在发展中逐步将其货运业务独立运营，并形成专业化公司参与全球竞争，如汉莎货运和大韩货运等。以美国联邦快递和联合包裹服务公司为代表的全球快递型航空公司正成为全球航空货运趋于更加专业化的典型。

5）转向物流化。受全球经济一体化的影响，全球贸易呈多元化发展趋势，不同寿命期的产品对于运输速度和方式有不同的需求，尤其是高端商品的全球采购和全球销售正在逐步改变传统航空货运的商业模式。从联邦快递、联合包裹和其他大型货运公司的经营方式不难看出，国外大型货运航空公司通过服务链整合，并依靠现代信息技术，提供从空中到地面再到客户手中的全产业链服务，已基本实现从传统航空货运向现代航空物流的转型。

二、国际航空运输区、主要国际航空线及航空港

（一）国际航空运输业务区

为保证国际航行的安全，各国运输企业在技术规范、航行程序、操作规则上必须统一，同时为了便于各航空公司间的合作和业务联系，国际航空运输协会将世界划分为以下 3 个航空运输业务区。

1. ARETC1 区

ARETC1 区东临 TC2 区，西接 TC3 区，北起格陵兰岛，南至南极洲。该区主要包括北美洲、拉丁美洲及附近岛屿和海洋。

2. ARETC2 区

ARETC2 区东临 TC3 区，西接 TC1 区，北起北冰洋诸岛，南至南极洲。该区包括欧洲、非洲、中东及附近岛屿。

3. ARETC3 区

ARETC3 区东临 TC1 区，西接 TC2 区，北起北冰洋，南至南极洲。该区包括亚洲（包括除中东的亚洲部分国家）、大洋洲及太平洋岛屿的广大地区。

（二）主要国际航空线

目前，主要有以下国际航空线。

1. 北大西洋航空线

北大西洋航空线是西欧—北美之间的航空线，是当今世界最繁忙的航空线，为西欧的伦敦、巴黎和法兰克福等重要国际机场与北美的纽约、芝加哥、蒙特利尔等重要机场之间的往返航线。

2. 西欧—中东—远东航空线

西欧—中东—远东航空线连接着西欧各主要航空港至远东的东京和中国的北京、香港等各主要机场，为西欧与远东两大经济地带间的往来航线。

3. 北太平洋航空线

北太平洋航空线由香港、东京和北京等重要国际机场，经过北太平洋上空到达北美西海岸的温哥华、西雅图或圣弗兰西斯科（旧金山）、洛杉矶等重要国际机场，然后连接北美大陆航空中心，是远东和北美之间的重要航空线。太平洋上的火奴鲁鲁（檀香山）等国际机场是该航线的途中加油站。

4. 北美—澳新航空线

北美—澳新航空线是北美的温哥华、渥太华、洛杉矶、新奥尔良、纽约、波特兰等与澳大利亚的墨尔本、达尔文、悉尼和新西兰的惠灵顿、奥克兰、克赖斯特德奇等重要机场之间的往返航线，运输相当繁忙。

5. 西欧—东南亚—澳新航空线

西欧—东南亚—澳新航空线由西欧各主要机场经由东南亚的新加坡、雅加达、吉隆坡、马尼拉、仰光、曼谷等重要机场，到达澳大利亚和新西兰的各主要机场的来往航空线，运输任务也相当繁忙。

除以上外，西欧—南美、西欧—非洲、北美—南美和远东—澳新等的航空线亦是世界上重要的国际航空线。

（三）主要国际航空港

由于国际航空运输事业的不断发展，不少国家与地区建有国际航空港（站）。目前，各大洲重要的航空港（站）有以下几个。

1）亚洲的东京、卡拉奇、北京、上海、香港、马尼拉、曼谷、新加坡、仰光、加尔各答、孟买、德黑兰、贝鲁特和巴格达等。

2）北美洲的华盛顿、纽约、芝加哥、蒙特利尔、亚特兰大、洛杉矶、西雅图、圣弗兰西斯科等。

3）欧洲的伦敦、巴黎、法兰克福、苏黎世、罗马、维也纳、柏林、哥本哈根、华沙、莫斯科、布加勒斯特和雅典等。

4）非洲的开罗、喀土穆、内罗毕、约翰内斯堡、布拉柴维尔、拉各斯、达喀尔和阿尔及尔等。

5）拉丁美洲的墨西哥城、加拉加斯、里约热内卢、布宜诺斯艾利斯、圣地亚哥和利马等。

6）大洋洲及太平洋岛屿的悉尼、奥克兰、楠迪和火奴鲁鲁等。

目前，世界上主要的货运机场有法国的戴高乐机场、德国的法兰克福机场、英国的希思罗机场、美国的芝加哥机场、日本的成田机场和中国香港的启德机场等，它们都是当今世界现代化、专业化程度很高的巨型国际货运空中枢纽。

总之，世界航空运输业北美和欧洲最为发达，其次是亚太地区、拉丁美洲和加勒比海地区，非洲地区完成的客货运输量最少。

按国别分，航空业最发达的国家有美国、俄罗斯、日本、英国、法国、加拿大和澳大利亚等国。美国拥有的民用飞机、机场数量及完成的客货运输量均居世界首位。美国航空线遍布全国各地，主要集中在东北部，国际航线可通往世界许多国家的首都和大城市。

第六节　国际管道运输

一、国际管道运输的发展状况

管道运输是利用管道输送气体、液体和粉状固体的一种运输方式，其运输形式是靠物体在管道内顺着压力方向循序移动实现的。管道运输是一种特殊的运输方式，与普通货物的运输形态完全不同：普通货物运输是货物随着运输工具移动，被运送到目的地；而管道运输的运输工具本身就是管道，是固定不动的，只是货物本身在管道内移动，换言之，它是运输通道和运输工具合二为一的一种专门运输方式。

管道所运流体货物包括原油、成品油、天然气（包括油田伴生气）和煤、铁等固体料浆。管道按所运货物种类相应分为原油管道、成品油管道、天然气管道和固体料浆管道。

现代管道运输始于19世纪中叶。1865年10月，美国人锡克尔用管径50毫米的熟铁管，修建了世界上第一条9千米长的管道，用于输送石油，他在沿线设了3台泵，每小时输油13立方米。

世界上第一条实物运输管道是美国于1957年在西弗吉尼亚州建成的水力输煤管道，全长110千米，管道直径254毫米，每年运输100万吨煤。随着第二次世界大战后石油工业的发展，管道的建设进入一个新的阶段，各产油国竞相开始兴建油气管道。20世纪60年代开始，输油管道的发展趋于采用大管径、长距离，并逐渐建成成品油输送的管网系统。同时，开始了用管道输送煤浆的尝试。

在五大运输方式中，管道运输有着独特的优势。在建设上，与铁路、公路、航空相比，占地少、污染低，投资要省得多。就石油的管道运输与铁路运输相比，有关专家曾算过一笔账：沿成品油主要流向建设一条长7 000千米的管道，它所产生的社会综合经济效益，仅降低运输成本、节省动力消耗、减少运输中的减少运输中的损耗这3项，每年就可以节约资金数十亿元人民币左右；而且对于具有易燃特性的油气运输来说，管道运输更有着运量大、安全、密闭（油品不易挥发，质量不受影响）、损耗少等特点。

近年来，管道运输被进一步研究用于解决散状物料、成件货物、集装物料的运输，以及发展容器式管道输送系统。原油管道在世界原油运输中的作用和地位不可动摇。世界上 70%以上的出口原油产自陆上油田，这些油田所产的原油必须先用管道将原油输往港口终端装船外运。除了中东和西非一些海上油田直接在平台上装船外运以外，海上油田一般通过海底管道将石油运输到陆上油库，处理后再装船外运。所以，海运原油的数量虽多，但也不能脱离管道运输独立进行，可以说油轮运多少油，管道也运多少油。世界洲际贸易中也有大量商品原油是直接通过跨国管道输送的，如加拿大到美国，俄罗斯到德国，挪威经海底管道到德国等。洲内、国内陆地大宗原油运输（从油田到炼油厂）基本上也采用管道运输。

二、国际管道运输的分布

截至 2016 年年底，全球油气输送管道总里程约为 196 万千米，其中天然气管道约为 127.3 万千米，占管道总里程的 64.9%；原油管道、成品油管道、液化石油气管道分别约为 36.3 万千米、24.8 万千米、7.58 万千米。加上运送其他化工产品和固态物的管道，世界管道总长度已超过了世界铁路总长度，成为能源运输的主要方式之一。

目前，世界管道运输网分布很不均匀，主要集中在北美、欧洲、俄罗斯和中东，除中东外的发展中国家管道运输还比较落后。北美拥有全世界最发达的油气管网系统，占全世界管道总里程的 34%。根据中国统计局《中国统计年鉴》的数据，2015 年中国油气管道长度为 10.87 万千米，2016 年为 11.34 万千米，建设速度在全球名列前茅。2016 年，俄罗斯天然气管线为 171 400 千米，占世界输气管道的 6%。

2016 年全球各地区油气管道里程统计数据如表 5.9 所示。

表 5.9　2016 年全球各地区油气管道里程统计数据

区域	管道里程/千米			
	原油管道	成品油管道	天然气管道	总计
亚太	43 500	28 700	170 500	242 700
北美	152 900	17 912	513 000	683 812
欧洲	26 000	23 000	231 000	280 000
俄罗斯	75 000	19 000	200 000	79 600
南美	22 000	13 600	44 000	205 000
中东及非洲	57 000	44 000	104 000	242 700

资料来源：《管道燃气》。

以下介绍几个当今世界管道运输之最。

1）世界上输气管道最长的国家是美国。2016 年，美国天然气管线有 1 984 321 千米，占世界天然气管线总量 2 863 207 千米的 69.3%。如取赤道周长为 40 075.04 千米，美国的天然气管线可绕地球 13 圈半。

2）世界上最长的输气管线是中亚至中国管线（Central Asia–China gas pipeline）。中亚输往中国的有 4 条支线——A、B、C、D，起点都在土库曼斯坦，经过乌兹别克斯坦和哈萨克斯坦抵达中国边境霍尔果斯，或者经过乌兹别克斯坦、塔吉克斯坦和吉尔吉斯斯坦抵达中国边境乌恰。2016 年后涌往这条丝绸之路的天然气最高可达年输 850 亿立方米。如果计算从土库曼斯坦到上海，境外管线长度为1 833千米，境内干线全长4 859千米，管线总长8 653千米。

3）亚马尔—欧洲输气管线（Yamal–Europe pipeline）是欧洲最长的输气管线，长4 196千米，钢材用量803.3万吨，有1座天然气净化厂、34座压气站，将西伯利亚亚马尔半岛的天然气经由白俄罗斯、波兰输往德国东部，并与西欧的天然气管网联通。此输气管线1997年竣工。1999年10月，新干线贯通白俄罗斯，同时波兰的支线建成，形成330亿立方米/年的输气能力。

4）世界上最深的海底输气工程是2005年年底建成的从俄罗斯穿越黑海至土耳其的“蓝色溪流（Blue Stream）”输气管线，全长1 213千米。浅水区为380米，深水区达2 150米。年输气160亿立方米。

5）世界最长的海底管道是北溪天然气管道（Nord Stream）。该管道由Nord Stream AG负责营运，从俄罗斯维堡（Vyborg）起到德国格赖夫斯瓦尔德（Greifswald）止。该项目包含两条平行管道：1号管道于2011年5月铺设，2011年11月8日正式投入使用；2号管道于2011～2012年铺设，2012年10月8日正式投入使用。管径1 220毫米，管道总长1 222千米。

6）世界上最大的输气管网是俄罗斯统一输气管网。其主干线和支线共长158 200千米，俄罗斯境内长达2 808千米，境外长达3 251千米，有218个压气站、6个天然气净化加工厂、25个地下储气库。

三、国际管道运输的发展趋势

1）近年来，全球油气资源产量稳定增长，海上油气田、页岩气和油砂等非常规油气资源产量迅速增长。北美地区加大油砂和页岩气的开采力度，俄罗斯和中东加大能源出口力度。西方发达地区国家能源消费开始放缓，中国、印度等新兴经济体能源需求保持飞速增长，油气贸易量保持稳固增长，进一步推动油气管道建设的发展。全球各地区和国家的管道建设呈现出拓展能源进出口通道，完善油气资源配送管网，优化输送网络，加大技术投入，朝全方位、自动化控制的方向发展的趋势。

2）天然气管网建设、海底管道和跨国管道将会是未来全球油气管道建设的主要发展方向。

3）天然气清洁型能源作为未来能源利用的大方向，未来天然气管道的建设速度将远超液体管道的建设速度。

4）跨国管道作为保障国家能源安全的重要砝码，将继续成为未来世界能源博弈的重要组成部分。

小　结

交通运输主要分为海洋运输、铁路运输、公路运输、航空运输、管道运输5种，其中，前 4 种可以采用集装箱运输，也可组合成国际多式联运，大陆桥运输其实是多式联运的一种。

国际贸易货物流动 85%～90%是由海洋运输完成的，国际海洋运输具备通过能力大、运量大、运费低、货物适应性强、速度慢、受自然条件影响大的特点。国际远洋航线包括太平洋航线、大西洋航线、印度洋航线及集装箱运输的主要航线。

在国际货物运输中，铁路运输是一种仅次于海洋运输的主要运输方式。铁路运输运量较大、速度较快，运输风险明显小于海洋运输，能常年保持准点运行。在国际多式联运中，陆桥运输起着非常重要的作用，它是远东与欧洲国际多式联运的主要形式。目前，陆桥运输线路主要有西伯利亚大陆桥、北美大陆桥和新亚欧大陆桥。

公路运输是现代运输的主要方式之一，也是构成陆上运输的两个基本运输方式之一，它在整个运输领域中占有重要的地位。

航空运输是一种较铁路、水运、公路汽车运输“年轻”的现代化运输方式，具有快速机动、用途广、收效好等特点，适用于长途客运和邮件、贵重物品、鲜活物资等急需品的运输。

管道运输是利用管道输送气体、液体和粉状固体的一种运输方式，其运输形式是靠物体在管道内顺着压力方向循序移动实现的。它是运输通道和运输工具合二为一的一种专门运输方式。管道运输已成为工业国家重要的运输技术，其发展前景不可限量。

思考题

1. 国际货物有哪些运输方式？
2. 世界主要远洋航线有哪些？
3. 世界主要的海峡和运河各分布在哪些地方？
4. 试对照世界地图，掌握国际贸易港口的地理分布。
5. 新亚欧大陆桥与西伯利亚大陆桥相比有哪些优势？其前景如何？
6. 世界铁路的发展趋势表现在哪几个方面？
7. 我国有哪些通往国外的国际铁路？
8. 试说明世界公路运输发展迅速的原因及发展趋势。
9. 世界上重要的航空线有哪些？
10. 简述国际管道运输的分布情况。

区域篇（国内）

第六章

中国经济地理基础

知识点

我国的自然条件、人口和城镇的分布等。

技能点

能够针对我国具体的自然环境和人文环境，分析其对我国经济活动的影响；能够借助各种媒体的经济信息，分析我国的经济形势，并在今后的经济工作中趋利避害、扬长避短、因地制宜。

案例导入

改革开放以来，经过 40 多年的发展，海洋经济已经成为中国国民经济的重要增长极。2017 年，中国海洋生产总值突破 7 万亿元。当前，中国经济已经是高度依赖海洋的开放型经济。

近年来，在加快建设“海洋强国”大战略支撑下，中国海洋经济的活力愈发凸显。其中，海洋经济“走出去”，深度参与国际竞争，在全球海洋产业价值链中占据更重要的位置，是实现“海洋强国”战略的重要抓手。

自 2000 年“走出去”战略实施以来，以大型央企为主力的涉海企业对外投资遍布全球，不仅包括渔业、航运港口、海洋油气等传统海洋产业，也广泛涉及海洋装备制造、海水利用、海上风电、海洋服务业等新兴海洋产业。

其中，获得大范围“点赞”的主要包括以下产业：

一是海洋油气业“走出去”。中海油是中国海外海洋油气投资最重要的企业，海外业务遍及亚洲、非洲、大洋洲、北美洲、南美洲和欧洲的 40 多个国家和地区，主要勘探区净面积超过 7 万平方千米，其中东南亚是业务量最大的地区；公司海外资产占总资产之比、海外收入和产量占总量之比都在 1/3 以上。中石油、中石化及一些民营石油企业也开展了一定量的海外海洋油气项目。

二是航运港口业“走出去”。中国国际贸易的迅猛发展直接带动了航运业的飞跃式发展。为扩大运力，提高服务能力，进一步保障航运安全，航运企业纷纷“走出去”。2008年爆发的全球金融危机为中国航运企业海外投资提供了良机。航运企业“走出去”规模不断扩大，航线拓展速度加快，海外港口投资增长，有力地促进了中国的国际贸易发展，也为当地提供了大量就业岗位。

三是船舶业“走出去”。船舶业是中国海洋经济的支柱产业，船舶业高度外向型，国际化程度很高。中国船舶制造企业的对外直接投资较少，“走出去”的主要方式是船舶出口。20世纪90年代，世界造船业形成了以日本、韩国、欧洲和中国为代表的“四极格局”。完工量、新订单量和手持订单是衡量一国船舶业发展水平的重要指标。中国的这3项指标自2004年开始迅速提升，2010年居世界第1位；2017年，中国3项指标分别占全球的41.9%、45.5%和44.6%，均位居世界第1位。

四是海洋渔业“走出去”。海洋渔业已发展成为中国外向型经济中不可忽视的力量。海洋渔业“走出去”形式多样，如收购外国渔业公司、海外养殖投资、远洋渔业等，远洋渔业是最重要的形式。中国远洋渔业起步于1985年；2016年远洋渔业产量达198.75万吨；作业遍及40个国家专属经济区及太平洋、印度洋、大西洋公海及南极海域。

五是海水利用业“走出去”。中国海水利用业具有一定的国际竞争力，海水淡化技术趋于成熟，完全掌握反渗透法、蒸馏法两大主流海水淡化技术，设备造价比国外同类设备低，吨水成本接近国际先进水平。中国企业相继开展了多个海水淡化“走出去”项目。

六是海上风电业“走出去”。中国海上风电业发展较快，逐步开始了“走出去”的步伐。华锐风电是较早涉及国际海上风电市场的企业，目前已居于国际海上风机供应商前列，同时涉足海上风电的安装。

七是海洋旅游业“走出去”。近年来，中国旅游企业开始走出国门，广泛投资于国际旅游产业，部分投资涉及海洋旅游产业。

八是海洋工程（海工）装备制造业“走出去”。中国海工装备制造业发展势头迅猛，开始大力承接全球订单，中国自主研发的部分产品已达国际先进水平。2014年，中国新接海工订单量占全球的41%，首次超过韩国，居世界首位。

综合而言，中国海洋经济“走出去”优势明显，但也存在不足之处。例如，与韩国、日本等国相比，中国船舶业技术能力、创新能力和核心竞争力还相对较弱，从船舶出口结构来看，仍以油船、散装船等传统船型为主，承接的订单中高端产品占比较少；中国已成为世界远洋渔业大国，但在装备水平、作业方式、资源探测能力等方面与远洋渔业强国差距明显；总体上看，中国海工产业仍未处于全球海工产业链的高端行列。

（资料来源：闫景臻，2018. 海洋强国这五年：中国海洋经济“走出去”路径[EB/OL].（2018-03-14）[2018-11-15]. http://ocean.china.com.cn/2018-03/14/content_50703579.htm.）

第一节　中国自然地理概况

一、中国的疆域和面积

我国位于世界上最大的洲——亚洲的东部，最大的洋——太平洋的西岸，是一个海陆兼备的国家。

就纬度而言，我国位于赤道以北的北半球。领土最北端在黑龙江省北部漠河以北的黑龙江主航道中心线上，约在北纬 53° 附近；最南端在南沙群岛的曾母暗沙，约在北纬 4° 附近。南北纬度约 50°，长达 5 500 千米。

就经度而言，国际上一般以西经 20° 和东经 160° 两条经线把地球分成东西两个半球。我国位于东半球，领土最东端在黑龙江与乌苏里江主航道会合处，约在东经 135° 处；最西端在帕米尔高原上，约在东经 73° 处。东西跨度 62°，宽度约 5 000 千米。东西时差为 5 小时多。

我国在地球上的位置

我国领土辽阔，陆地总面积约 960 万平方千米，约占世界陆地面积的 1/15，占亚洲面积的 1/4，与整个欧洲差不多，仅次于俄罗斯和加拿大，居世界第 3 位。

我国大陆海岸线漫长，北起中朝边界的鸭绿江口，南达中越边界的北仑河口，绵延辽宁、河北、天津、山东、江苏、上海、浙江、福建、广东、广西 10 个省份，全长 18 000 多千米。若把岛屿海岸线计算在内，我国是世界上海岸线最长（总长约 32 000 千米）的国家之一。沿海自北向南濒临渤海、黄海、东海和南海，与太平洋连成一片。东部和东南部同韩国、日本、菲律宾、文莱、马来西亚、印度尼西亚隔海相望。

我国的陆上疆界长 22 800 多千米，绵延辽宁、吉林、黑龙江、内蒙古、甘肃、新疆、西藏、云南、广西 9 个省（区），与 14 个国家相邻，东接朝鲜，北面是蒙古国，东北邻俄罗斯，西北面是哈萨克斯坦、吉尔吉斯斯坦和塔吉克斯坦，西和西南与阿富汗、巴基斯坦、印度、尼泊尔、不丹等国家接壤，南与缅甸、老挝、越南相连。

我国现有 34 个省级行政区，其中 23 个省、5 个自治区、4 个直辖市和 2 个特别行政区。省以下有县（市）、乡（镇）、村三级体制；有自治州或省辖市的地方，省以下有自治州或省辖市、县（市）、乡（镇）、村四级体制。

我国政区图

二、中国的地形

我国是一个地形类型复杂多样的国家。按地形的基本形态，我国地形可分为山地、高原、丘陵、盆地和平原 5 个基本类型，占全国土地面积的比重，依次为 33%、26%、10%、19%和 12%。这些不同的地形基本类型受到我国复杂多变的气候、水文、植被、土壤等条件的影响，从而形成了全国各地若干特殊的地形类型，如分布于广大西部地

我国地势图

区沙海浩瀚的风沙地形，黄河中游千沟万壑、地表破碎的黄土地形，西南地区瑰丽多姿的石灰岩地形，以及大江、大河中下游和沿海地区的河网平原、三角洲地形等。

在我国各种地形类型中，以山地所占面积最大。若包括高原和丘陵等广义的地区在内，我国山地面积占全国土地面积的 69%，而且分布广泛，相对集中。在全国 2 300 多个县境内，有 2/3 属于山区县，高大雄伟的山地、高原则比较集中于西部地区，全国 1 000 米以上的山地和高原约占全国国土总面积的 60%。我国地形的分布具有一定的规律性，其总的格局是西高东低，面向太平洋，具有三级阶梯特点的巨大斜面。最高一级是青藏高原，平均海拔 4 500 米，有“世界屋脊”之称。从第一阶梯向东、向北，海拔高度急剧下降到 1 000～2 000 米，这是由一系列山脉、高原和盆地组成的第二阶梯，主要地形单元有天山山脉、秦岭山脉、内蒙古高原、黄土高原、云贵高原、四川盆地、塔里木盆地和准噶尔盆地等。以大兴安岭—太行山脉—巫山—雪峰山一线为界的二、三阶梯分界线以东则下降为海拔 500 米以下，这是以平原和丘陵为主的第三阶梯，主要地形单元自北向南依次是东北平原、华北平原、长江中下游平原，以及绵延起伏的江南丘陵和东南丘陵等。自第三级阶梯向东、向南就是浩瀚无际的海洋了。实际上，在沿海的一定范围内，还有属于我国第四阶梯的大陆架浅海，系大陆向海洋的自然延伸部分，是国家发展海洋事业的重要基地。

我国地势阶梯分布示意图

我国地形剖面示意图（沿北纬 32°）

如果通过北纬 32° 线，自西向东作一幅我国的地形剖面图，从西部的大高原，到中部的盆地，再到东部的平原，西高东低，呈阶梯状逐级下降的地势特点十分明显。

我国地形的这一基本特征，使大部分主要河流源出西部，从高到低，东流入海，提供了从沿海到内地联系的优越自然基础；它还有助于海洋暖湿气流自海岸深入内地一定范围，形成广大面积的外流区域，同时供给大量水汽，对气候和农业生产有良好的影响。此外，在三级阶梯的交接线上，无数江河形成多级落差，蕴藏着十分丰富的水力资源，为发展水电提供了优越条件。

（一）主要地形类型及其分布

1. 山地

山地指海拔 500 米以上、相对高度大于 100 米的崎岖地形。我国山地分布广泛，纵横有序，组成地形的骨架。按照山脉的走向，主要分为以下几组。

（1）东西走向的山脉

东西走向的山脉主要有天山、阴山山脉，昆仑山、秦岭山脉和南岭山脉 3 条山脉。它们成为我国地理上的重要分界线。天山分新疆为南疆和北疆，分别为塔里木盆地和准噶尔盆地所在地；昆仑山是塔里木盆地和青藏高原的分界线；秦岭是长江水系和黄河水系的分界线，向东与淮河组成秦岭—淮河线，是我国南方、北方的重要分界线，南岭是长江水系和珠江水系的分水岭。

（2）南北走向的山脉

南北走向的山脉主要有贺兰山、六盘山和横断山脉等。其中，横断山脉由几条平行山脉组成，岭间各地大河奔流，是全国水力资源最为富集的地区。但岭高谷深，相对高差大，对东西之间，尤其是对四川和西藏之间的交通形成严重的障碍。

（3）西北、东南走向的山脉

西北、东南走向的山脉多分布于西部地区，自北向南有阿尔泰山、祁连山和喜马拉雅山等。其中，喜马拉雅山是世界上最雄伟高峻的山脉，平均海拔达 6 000 米，8 000 米以上的高峰达 11 座，位于中国与尼泊尔边境的珠穆朗玛峰是世界上第一高峰。

（4）东北、西南走向的山脉

东北、西南走向的山脉多分布在东部地区，主要有大兴安岭、长白山、太行山、巫山、雪峰山、武夷山和台湾山脉等，海拔多在 2 000 米以下。台湾玉山海拔达 3 997 米，为我国东部最高的山峰。

我国主要山脉分布示意图

2. 高原

高原是指海拔较高、面积较大，但地面起伏不大、外围较陡的高地，全国共有四大高原，它们都分布在西半部广大地区，其位置和特征如表 6.1 所示。

表 6.1　我国四大高原的位置和特征

高原	位置	特征
青藏高原	位于我国西南部，主要包括西藏、青海和四川西部；在昆仑山、祁连山、横断山和喜马拉雅山之间	① 地势高，平均海拔 4 000 米以上，多雪山、冰川 ② 面积大，占全国面积的 1/4 ③ 高原上多大山，但相对高度较小
内蒙古高原	位于我国北部，包括内蒙古大部和甘、宁、冀的一部分，在大兴安岭、祁连山之间	① 地势起伏和缓，山脉少 ② 为我国第二大高原，平均海拔 1 000 米 ③ 东部多为草原，西部多戈壁、沙漠
黄土高原	位于我国中部，包括山西全省和陕、甘、宁的一部分。在内蒙古高原以南，秦岭以北，太行山以西，祁连山东端以东	① 海拔 1 000～2 000 米，地表覆盖深厚的黄土 ② 地表破碎，沟壑纵横 ③ 植被少，水土流失严重
云贵高原	位于我国西南部，包括云南东部、贵州大部。在横断山脉以东，雪峰山以西，四川盆地以南	① 地势崎岖不平，海拔 1 000～2 000 米 ② 多峡谷，多小型山间盆地（即坝子） ③ 石灰岩分布广，多典型的喀斯特地形

资料来源：中华人民共和国中央人民政府网。

3. 盆地

盆地是指四周山岭环绕、中间地势低平的盆状地形。全国主要有四大盆地，其位置和特征如表 6.2 所示。

表 6.2　我国四大盆地的位置和特征

盆地	位置	特征
塔里木盆地	位于新疆南部，天山与昆仑山之间	① 面积大，是我国面积最大的盆地 ② 沙漠广，塔克拉玛干沙漠是我国最大的沙漠 ③ 地势西高东低，海拔 800～1 300 米，边缘有绿洲

续表

盆地	位置	特征
准噶尔盆地	位于新疆北部，天山与阿尔泰山之间	① 为我国第二大盆地 ② 多风蚀地形，沙漠面积较小 ③ 地势西高东低，海拔 500～1 000 米，西侧山间有缺口
柴达木盆地	位于青海省西北部，阿尔泰山、祁连山和昆仑山之间	① 地势高，海拔 2 000～3 000 米，是我国地势最高的盆地 ② 东南多盐湖、沼泽
四川盆地	位于四川东部，在巫山、大巴山、横断山、大娄山之间	① 海拔 300～600 米，北高南低，内有平原、丘陵、低山分布 ② 河流众多，为我国最大的外流盆地

资料来源：中华人民共和国中央人民政府网。

4. 丘陵

丘陵是指海拔 500 米以下，高低起伏、连绵不断的山丘，主要分布在东部地区。我国共有五大丘陵。

1）辽东丘陵。位于辽宁省东部，以南北向海拔 900 米左右的千山山脉为脊梁，余为低缓丘陵，是我国煤、铁资源富集的地区。南部延伸为辽东半岛，沿岸多为天然良港。

2）山东丘陵。位于山东省中、东部，除泰山、崂山等少数 1 000 米以上的山岭外，大部分为低丘和宽谷，东部伸入黄海、渤海之间形成山东半岛，海岸曲折、多天然优良港湾。

3）江南丘陵。广泛分布于长江以南的湘、赣两省和鄂东南、皖南、苏南境内，丘陵起伏，盆地广布，有庐山、黄山、九华山和衡山等名山胜地，旅游资源丰富。

4）东南丘陵。位于浙、闽两省境内，故又称“浙闽丘陵”。主要山岭有武夷山、仙霞岭、天目山等。山地丘陵间多大小不等的平原和盆地。河流短急，直接入海，形成著名的东南沿海水系。海岸线曲折绵长，岛屿广布，良港密集。

5）两广丘陵。位于南岭以南，粤、桂两省境内，又称“岭南丘陵”。山丘绵亘、盆地相间。石灰岩地形发育，风景奇特，以广西桂林和广东肇庆最为著名。沿海海岸曲折，多岛屿和良港。

5. 平原

平原主要分布在东部沿海一带，地平土肥，河川密布，是我国人烟稠密、城镇集中和经济最发达的地区。全国有三大平原，其位置和特征及主要组成部分如表 6.3 所示。

表 6.3 我国三大平原的位置和特征及主要组成部分

平原	位置	特征	主要组成部分
东北平原	位于我国东北部，大小兴安岭和长白山之间，包括黑、吉、辽三省和内蒙古的各一部分	① 我国最大的平原，广泛分布着肥沃的黑土 ② 海拔多在 200 米以下，中部地势稍高，大部分低平，三江平原等地区多有沼泽	三江平原、松嫩平原、辽河平原

续表

平原	位置	特征	主要组成部分
华北平原	位于我国东部偏北，在燕山、太行山、淮河之间，主要包括冀、鲁、豫、京、津和苏、皖的一部分	① 我国第二大平原 ② 大部分海拔 50 米以下，地表平坦	海河平原、黄淮平原
长江中下游平原	位于我国中、东部，在巫山以东，长江干支流沿岸，包括鄂、湘、赣、皖、苏、浙、沪的大部分	① 大部分海拔 50 米以下，地势低平 ② 河网纵横、湖荡密布	江汉平原、洞庭湖平原、鄱阳湖平原、江淮平原、长江三角洲

资料来源：中华人民共和国中央人民政府网。

此外，我国还有南部沿海的珠江三角洲平原及内地著名的成都平原等，它们都是重要的经济发达地区。

（二）我国地形特点与国民经济建设的关系

地形是形成各类土地资源和风景旅游资源的基础，不同地形类型可直接影响，也可通过气候、水文、生物、土壤等自然要素间接影响经济发展与生产力布局。认识和掌握我国地形的特点及其分布规律，对促进国民经济发展，因地制宜合理安排生产布局具有十分重要的意义。

1. 因地制宜，充分、合理地利用各种地形条件，实现农、林、牧、副、渔全面发展

我国地形类型复杂多样，为农业实行农、林、牧、副、渔全面发展提供了条件。我国农业用地总面积较多，其中耕地面积虽较小，但林、牧、渔用地则很广阔。要根据各种地形类型的特点，按照自然规律和经济规律，进行综合开发利用，使各种资源用地各得其所，协调发展。

2. 合理开发丰富的矿物、水力和风景等资源，变资源优势为经济优势

我国多种类型的地形，由于内外应力作用的复杂多样，既富集了多种丰富的矿藏资源，又造就了姿态万千的旅游风景资源，并提供了广泛分布的水力资源和许多优良坝址。合理地开发这些资源，不仅能促进工业、运输业和旅游业等多种事业发展，还有利于保护环境，维持生态平衡，充分发挥各自的优势。

3. 趋利避害，积极改造不利的地形条件

我国山地面积大，特别是广大西部地区，地形崎岖，相对高差大，对经济、交通建设都有一定的不利影响。我国沙漠、戈壁、寒漠面积大，约占全国土地面积的 1/5。故改造这些不利因素，趋利避害，是一项十分重要的战略任务。

三、中国的气候

（一）我国气候的基本特征及其形成原因

大陆性季风气候和气候条件复杂多样是我国气候的两大基本特点。

在我国广大国土范围内，冬季盛行从陆地吹向海洋的偏北风，夏季盛行从海洋吹向陆地的偏南风，这种一年内随着季节不同而有规律地变换方向的风，叫作季风。在季风影响下的季风气候，夏季暖热湿润，高温多雨；冬季干燥寒冷，雨量很少。与世界同纬度地区相比，我国冬季平均气温要低得多，夏季平均气温则普遍高，而且大部分地区气温年、日差较大，降水变化率高，具有显著的大陆性季风气候特征。

我国幅员辽阔，受多种复杂自然因素影响，具有多种多样的气候。影响和形成我国气候上述特点的主要因素如下。

1. 纬度位置

我国南北跨越纬度近 50°，由于太阳辐射量从低纬向高纬递减，形成了赤道带、热带、亚热带、暖温带、温带和寒温带 6 个气温不同的热量带，这是我国气候复杂多样的基本因素。

2. 海陆位置

我国位于欧亚大陆和太平洋之间，由于海、陆吸热和散热的物理性质不同，从而形成了夏季多温暖、湿润的偏南风，冬季多寒冷、干燥的偏北风，这是我国东南沿海湿润多雨，越向西北内陆，越干旱少雨，形成湿润、半湿润、半干旱、干旱 4 种水分带的主要因素。

3. 地形的影响

地势越高，气温越低。我国西高东低的地形，使东西气候差异显著，青藏高原具有高寒气候的特点，相对高差大的山地气候具有垂直分异的特点，山脉高低与走向对气流有一定的屏障作用。例如，地形雨是受迎风坡气流抬升的作用，背风坡往往成为少雨的“雨影区”；东西向高山横亘，可以阻挡北方寒流南下，四川盆地冬季特别温暖，就是受惠于秦岭和大巴山双重屏障作用的结果。

（二）气温分布与光热资源

我国冬季 1 月平均气温分布示意图

我国气温分布的基本特点：年平均温度在东部地区自南向北递减，从南海诸岛的 25℃降至黑龙江北部的−5℃，西部青藏高原大部分在 0℃以下，位于其北面的塔里木盆地则在 10℃以上。在季节上，全国夏季普遍高温，冬季南北差异较大。

植物生长繁殖需要适宜的温度，热量资源是影响农作物生长分布的重要因素。在农业气候上，通常以日平均气温≥10℃持续稳定的积温作为主要指标，这期间植物生长活跃，故称之为活跃生长期，此期间积温即称为活动积温。按此，我国≥10℃积温分布除高山高原外，从北向南在 1 500～10 000℃，年持续期从 100 天左右到 300 天以上，南北相差很大。

我国夏季 7 月平均气温分布示意图

我国农作制度与年积温分布具有十分密切的联系。如秦岭、淮河线以南，长江以北广大地区年积温为4 500～5 000℃，属北亚热带的范围，作物一年两熟。这带向北，年积温渐减，属暖温带、温带，直至寒温带范围，农作物逐步向二年三熟、一年一熟过渡，大兴安岭北部，年积温降至1 500℃以下，冬季长达半年以上，夏季温度较低，只能生长一季耐凉、生长期短的春小麦、马铃薯和谷子等作物。此带以南，年积温渐增，属于中亚热带和南亚热带以至热带范围。其中，长江以南可种双季稻，一年三熟，南岭以南长夏无冬，水稻一年可三熟；西双版纳、海南岛、台湾南部等年积温高达10 000℃，是我国热带作物的集中分布地区。

（三）降水分布及其动态变化

降水包括雨、雪、雹等，以降雨为主，我国降水量分布的主要特点：自东南向西北逐渐减少，大部分降水集中在夏季，年际和年间变化较大。在我国年降水分布示意图上，我国年400毫米等降水量从大兴安岭经通辽—榆林—兰州一线直至西藏的拉萨附近，斜贯国土全境，这是我国半湿润区与半干旱区的分界线，大体为我国农区和牧区的分界线。年800毫米等降水量线与秦岭、淮河一线基本一致。此线以南，降水充沛，是我国水稻集中产区，以北降水渐少是旱作农业区。西北诸省（区）降水量多在250毫米以下，是我国最干旱的地区。

我国年降水量分布示意图

我国山区面积广大，由于地形对气流的抬升作用，降水量较邻近平原、盆地为多。山地迎风坡又多于背风坡，从而形成我国年降水分布示意图上出现的不少毗邻的多雨中心和少雨地区。南岭、秦岭南坡雨量大于北坡。

在季风气候影响下，我国降水的季节分配极不均匀。夏季风从海洋带来暖湿空气，与北来干冷空气相遇，水汽冷凝成雨水，这是我国降水的主要来源。由于冷暖空气强弱不等，在各地相遇时间与持续时间不同，各地雨期、雨量有早迟和多寡之别。5～10月暖湿空气影响大陆，这是我国雨量集中在夏季的主要原因。南方夏季风来得早退得迟，持续时间长，愈向北方，夏季风来得愈迟，退得愈早，持续时间愈短，这是我国南方降水多、北方降水少的主要原因。西南各省多受印度洋暖湿气流的影响，6～10月雨量一般占全年降水的80%左右。此外，东南沿海及长江中下游地区还受台风的影响，往往也带来大量的降水。秋、冬以后，北方干冷空气日渐强盛，影响范围逐渐扩大，全国进入降水少的时期，尤以北方地区降水更少，且多以降雪形式出现；秋冬和翌春往往持续地无雨雪或少雨雪，常导致严重的秋冬旱和春旱，对农业生产影响很大。

由于各年度、各地区，冬、夏季风的强弱程度、进退迟早、持续时间的长短不同，全国各地年际、年内的降水变化都比较大，这是形成我国各地区、各年份旱涝不均、时间不稳定的基本原因。全国降水变化的总趋势：东半部北纬30°以南地区变化最小，降水比较稳定可靠，而向北随纬度的增加，则年变化增大，华北地区是我国降水年变化最大、最不稳定的地区，但再往东北，变化又趋减小。由于夏季风很难深入内陆，西北地区降水量很少，且年变化更为突出。

（四）寒潮和台风

在我国的气流运行上，每年秋末到次年仲春，北方强冷空气时常暴发南下，影响全国广大地区。按照国家气象部门规定，如能使长江中下游及以北地区的气温在48小时内降低10℃以上，长江中下游最低气温在4℃以下，陆上出现5～7级、海上出现7级以上偏北大风的寒冷气流则称为寒潮。寒潮是我国主要灾害性天气之一，其影响范围很广，除青藏高原、四川盆地、云贵高原等因地形阻挡所受影响较小以外，其余各地均受到不同程度的侵袭。

台风是形成于太平洋西部热带海面上的强烈热带气旋，全年都会发生，但比较集中在每年5～10月，又以7～9月最为频繁。台风形成后西行北上，常在东、南部沿海一带登陆，对我国南方沿海地区的夏、秋天气产生重大影响。

（五）我国气候资源与国民经济建设的关系

我国气候资源十分丰富，从南到北包括6个热量带，从东到西拥有4个水分带，加之地形高度变化的影响，形成多种多样的气候条件，适于多种树木和农作物的生长，尤其是我国国土的大部分位于最适宜人类活动的温带和受季风影响的水热资源丰富的亚热带地区，对农业生产和经济发展十分有利。多种多样的气候条件与复杂多样的地形条件相结合，为我国综合发展农业生产，栽培多种作物，实行多种农业制度和广泛开展多种经营，提供了十分有利的自然条件。

温湿同季、水热条件结合良好是我国气候资源的又一重要优势。我国全年降水量的80%集中在作物活跃生长期内，降水对作物利用的有效性强，尤其是对生长期间需高温、多水的水稻栽培最为有利。由于下半年全国各地普遍高温，又有较多降水，因此不少喜温作物的北界可大大向北推移。

我国2/3地区年日照时间可达2 000小时以上，太阳能资源十分丰富（全年每平方米面积上的辐射能相当于114～286千克的标准燃料）。尤其是广大西部、北部地区，条件更好。据研究，一个居民如有2.5平方米采光面积的太阳灶，一年采热量相当于600千克的原煤，即可解决烧饭问题，如在这类地区积极利用太阳能资源，对保护当地林木、草场资源，解决燃料不足问题，都具有十分重要的意义。

此外，在我国广大西北地区，终年多大风天气，风能资源十分丰富，特别是河西走廊西端，风力强劲，为今后发展这种无污染的清洁能源提供了有利条件。

我国气候也有不利的一面。首先，降水年际、年内月份变化大，这是导致全国范围内旱涝灾害频繁的原因。如华北地区冬春干旱和盛夏洪涝，长江中下游的伏旱和夏秋洪涝等。至于同一年份南涝北旱或南旱北涝，以及同一地区先旱后涝或先涝后旱亦较常见。其次，强劲冬季风所引起的低温霜冻，往往是影响我国东部广大地区农业生产的又一严重不利因素，而广大北方牧区，往往也因风雪而引起畜群缺草以至落膘甚至死亡的现象。再次，我国暴雨区分布广、降水强度大，也是助长洪涝灾害、水土流失，以至泥石流、塌方、滑坡等灾害的重要因素。因此，认识我国气候资源的基本特点，充分利用有利因素，适应和改造不利因素，正是我国利用自然、改造自然，发展国民经济的重大任务。

四、中国的河流、湖泊、近海和水资源

（一）河流

我国是世界上河流最多的国家之一。全国天然河道总长度约 42 万千米，水利资源条件十分优越。受地势影响，我国大多数河流直接或间接向东、向南流入海洋，构成了约占全国面积 2/3 的广大外流区域，其中多数属太平洋流域，少数属印度洋流域，只有位于新疆的额尔齐斯河向西流出国境，属北冰洋流域。内流流域集中分布在西藏、内蒙古和西北诸省境内，其余广大地区属外流流域。

在地形、气候等条件的综合影响下，我国河流具有以下几个特点。

1）绝大多数外流河西源东流，即自干燥或高寒区流向湿润区，江河水量越向下游越增，河网密度越向下游越密；而内流河多源自西部高山地区的夏季熔融雪水注入干旱盆地或高原洼地之中，因沿途蒸发、渗漏，越向下游流量越小。

2）绝大多数河流，其上游穿行于崇山峻岭之中，水力资源特别丰富；中、下游奔流于广阔平原之上，富灌溉、航运之利。

3）径流资源比较丰富，全国每年平均径流量约 2.7 万亿立方米，居世界第 6 位（前 5 位是巴西、俄罗斯、加拿大、美国、印度尼西亚）；但空间分布则很不平衡，呈现东多西少、南丰北欠的基本特点。例如，占全国总面积 36%的西部内流流域，其径流量仅占全国总径流量的 4.5%；东南部外流流域，其中南北又很不平衡，如南方的长江及珠江流域最为集中，北方的辽河流域和海、滦河径流量就很少，是我国主要缺水地区。

4）多数外流河泥沙含量大，其中又以黄河含沙量最大，是历史上黄河善缺口、频迁徙的重要原因。

我国拥有长江、黄河、黑龙江、松花江、珠江、辽河和淮河七大主要河流，简述如下。

1. 长江

长江发源于唐古拉山脉主峰各拉丹冬，曲折东流，干流流经 11 个省、自治区、直辖市，最后注入东海，全长 6 300 千米，长度居世界第 3 位。长江支流众多，主要支流有雅砻江、岷江、嘉陵江、汉江、乌江、湘江和赣江等。长江流域面积达 180 多万平方千米，占全国总面积的 18.8%，年径流量达 9 513 亿立方米，约占全国河流年径流量的 52%，是我国第一大河，也是我国内河运输的大动脉。长江在重庆市奉节县向东切穿巫山到湖北省宜昌市形成了 193 千米的三峡峡谷，水能资源丰富，著名的三峡水利枢纽工程从 1994 年开始在这段峡谷的东段施工，到 2009 年工程完成后，将能控制附近流域百年一遇的特大洪水，年发电量可达 846.8 亿千瓦时，能改善航道条件，并为中下游地区的城镇供水和农田灌溉用水提供保证。

2. 黄河

黄河发源于青海省巴颜喀拉山北麓，向东流经 9 个省、自治区，注入渤海，全长

5 464 千米，是我国第二长河。黄河流域面积 75 万多平方千米，年径流量达 661 亿立方米。黄河主要支流有 40 多条，其中汾河、渭河是两大重要支流。由于黄河中游流经土质疏松的黄土高原，黄河成为世界上含沙量最大的河流，其挟带的泥沙约有 1/4 沉积在下游河床，使河床平均每年增高 10 厘米，现在黄河下游许多地段已成为高出两岸地面 3～5 米的“地上河”。黄河上游流经我国地势第一、二阶梯的交界地带，是黄河水能资源最集中的河段。目前，这里已建成龙羊峡、刘家峡、青铜峡等多座水利枢纽工程。黄河中游也有较丰富的水能资源，此处建有小浪底水利枢纽工程。

3. 黑龙江

黑龙江位于我国最北部，是中俄界河，流经我国的干流长 3 420 千米，我国境内流域面积约为 90 万平方千米。

4. 松花江

松花江全长 2 308 千米，流域面积为 557 180 平方千米，年径流量为 762 亿立方米。

5. 珠江

珠江是我国南方的最大河流，全长 2 214 千米，流域面积为 453 690 平方千米，年径流量为 3 338 亿立方米。从水量来说，仅次于长江，居全国第 2 位。

6. 辽河

辽河全长 1 390 千米，流域面积为 228 900 平方千米，年径流量为 148 亿立方米。

7. 淮河

淮河全长 1 000 千米，流域面积为 269 283 平方千米，年径流量为 622 亿立方米。

8. 京杭大运河

京杭大运河北起北京市通州区，南至浙江省杭州市，全长 1 794 千米，流经北京、天津、河北、山东、江苏、浙江 6 个省市，沟通了海河、黄河、淮河、长江和钱塘江五大水系。京杭大运河始凿于公元前 5 世纪，后经开凿疏浚，成为历代漕运要道。它是世界上开凿最早、路线最长的运河。如今，南方江浙河段仍可通航。

（二）湖泊

我国湖泊众多。据统计，面积在 1 平方千米以上的湖泊共有 2 800 多个，面积在 100 平方千米以上的湖泊共有 130 多个，总面积达 7.5 万平方千米。这些湖泊按其分布的特点可分为三大类型。

1. 东部淡水湖泊

东部淡水湖泊主要集中在长江中下游、云贵高原和东北三大地区，大多属河流吞吐湖，与河流息息相关，一般补给水量丰富，湖水位高低受制于河水的涨落，可调节河川径流。长江中下游的湖南洞庭湖、江西鄱阳湖、安徽巢湖、江苏太湖和洪泽湖是我国五大淡水湖泊，多具有良好的灌溉、航运及水产之利。但这些湖泊均须进一步进行综合规划，实现综合利用，恢复和保持良好的生态环境。云贵高原的湖泊以云南的滇池、洱海和贵州的草海最为有名，东北湖群主要有兴凯湖和五大连池等，风景资源比较突出。

2. 西北干旱地区内陆湖泊

西北干旱地区内陆湖泊共同的特点是湖水浅、蒸发强、补给水量小、含盐量大，多为咸水湖或盐湖，如内蒙古吉兰太盐池、宁夏的盐池等。新疆东部的罗布湖和内蒙古西北部的居延海是内陆河流尾闾汇注的内陆湖，都是著名的游移湖。多数湖盆周围水草肥美，为良好的牧场，内蒙古东部的呼伦湖、贝尔湖周围是我国优良的牧场之一。

3. 青藏高原湖泊

青藏高原湖泊是世界上最大的高原湖泊分布区，仅西藏就拥有大、小湖泊 1 500 多个，著名的有纳木湖、班公湖和羊卓雍湖等。本区地处高寒地带，湖水补给大多来自高山冰川和冰雪融水，川短水少，蒸发强烈，多属咸水湖和盐湖。其中青海湖面积为 4 583 平方千米，是我国最大的内陆咸水湖。柴达木盆地的察尔汗盐池和茶卡盐池等，盐、碱资源十分丰富。

（三）近海

按照地理位置和地形、水文特征，我国近海可划分为渤海、黄海、东海和南海四大海区。

1. 渤海

渤海是我国的内海，其中以辽东半岛和山东半岛蓬莱角一线的渤海海峡与黄海毗连，面积达 7.7 万平方千米，平均水深 18 米，最大深度达 70 米。渤海是一个大陆架浅海，环海有黄河、海河、滦河、辽河等含沙量大的河流注入，海域有逐渐淤浅、缩小的趋势，海底富藏石油和天然气等资源。

2. 黄海

黄海位于我国与朝鲜半岛之间，南以长江口、北至济州岛一线与东海相连，也属于大陆架浅海，面积达 38 万平方千米，平均水深 44 米，最大深度达 140 米，西部苏北沿海有古黄河水下三角洲，浅滩暗沙密布，附近的吕泗渔场为我国著名渔场之一。黄海海底也蕴藏丰富的石油和天然气资源。

3. 东海

东海位于我国大陆、我国台湾和日本九州、琉球群岛之间，南部以福建诏安至台湾南端连线与南海分界，大陆与台湾岛之间为著名的台湾海峡。东海面积达 77 万平方千米，平均水深 370 米，最大深度达 2 719 米。海底地形接近大陆部分为微微倾斜的宽广大陆架，最大宽度达 564 千米，面积达 51.9 万平方千米。靠近日本诸岛部分则为较陡的大陆坡和深海槽。我国台湾东北的钓鱼岛附近蕴藏丰富的石油资源。浙江的舟山渔场为我国最大的近海渔场。

4. 南海

南海位于我国大陆南部与菲律宾群岛、加里曼丹岛、苏门答腊岛和中南半岛之间，面积达 350 万平方千米，平均深度达 1 212 米，最大深度达 5 559 米，是我国最大、最深的领海。南海岛屿众多，由于地处热带，许多岛屿是由珊瑚尸骸堆积而成的，南海也蕴藏着丰富的石油资源。

（四）水资源

广义的水资源是指地球上所有的水，它主要由以下几个部分组成：97%以上是主要分布于海洋、咸水湖及地下水中的咸水，淡水总量约占 2.53%，其中有约 61%存在于南极大陆的冰盖中，7%是北冰洋周围的永久性冰雪，有约 30%是目前人类还无法开采利用的深层地下淡水，还有 1%多是大气悬浮水、土壤水等。

2017 年我国水资源分布/亿立方米

经常所说的水资源，即狭义的水资源，是指在目前条件下，人类可以开采利用的淡水，主要是陆地上的地表水和地下水。它占淡水总量的 1%略少，占全球总水量的 0.007 6%。

我国水资源的特点如下。

1. 有众多的江河湖泊和宽广的水域

我国河流的总长度达 42 万千米以上，水量丰沛，流域面积宽广。注入太平洋的大河有长江、黄河、黑龙江、珠江、淮河、辽河等。汇流入印度洋的河流有怒江和雅鲁藏布江等。

此外，天然湖泊也很多，湖水面积在 1 平方千米以上的有 2 800 个，其中面积达 1 000 平方千米以上的大湖有鄱阳湖、洞庭湖、太湖、呼伦湖、洪泽湖、微山湖、博斯腾湖等。

我国的海域：渤海、黄海、东海和南海四大领海的总面积约 473 万平方千米，滩涂面积达 2.08 万平方千米。漫长的海疆为发展我国海上交通与海洋捕捞、养殖、盐业等提供了优良的场所。

2. 陆上水资源的地区分布不均衡

我国陆上水资源的总量是十分丰富的，河川地表径流总量每年约为 2.7 亿立方米，地下径流量约为 1 亿立方米。但由于降水地区分布的不均衡，地表、地下水资源地区分布相差悬殊，从东南部沿海向西北内陆逐渐减少。例如，长江和珠江流域仅占国土面积的 1/4，而地表径流量约占全国的 1/2，地下水约占 2/3；黄河、淮河及海河 3 条河流流域面积约占国土的 1/7，地表径流量共占全国的 1/25。西北地区干旱少雨，地表径流量少，地下水只占全国的 10.7%，高山冰川积雪的融化成为西北内陆地表径流与地下水的主要源泉。我国水资源分布的不均衡，对农业生产布局产生很大的影响。因此，如何进行跨流域的水量调节（如南水北调），是解决水资源分布不均衡状况的有效途径。

3. 陆上水资源的季节和年际变化大

降水是江河地表径流和地下径流的主要补充来源。但是由于我国陆上降水量的季节分配不均衡，年际变化大，江河、湖泊水量丰、枯相差悬殊。汛期和丰水年水量充足，但易泛滥成灾；枯水季节和干旱年水量不足，造成供水紧张。因此，兴修水利、调节水量、抗旱防涝、丰枯调剂等都是合理解决自然条件所带来灾害的有效途径。

（五）河流、湖泊、海洋、水资源与国民经济建设

我国河湖众多，水域广阔，水资源比较丰富，近海又有宽广的大陆架、滩涂等自然资源，为我国工农业用水与生活用水，发展水运、水电、水产、海底资源和开发旅游等事业提供了极为优越的条件。

1. 我国水资源比较丰富，但分布极不平衡

我国水资源总量很大，但人均仅径流量为 2 200 立方米，约为世界人均量的 1/4。在地区分布上，长江以南人均有 3 200 立方米，北方则所得很少。海、滦河流域人均不足 250 立方米，可能用的水资源则贫缺。因此，经济用水，保护水资源，以及合理安排与用水条件相适应的工农业生产项目，将是我国经济发展的重大战略问题之一。

2. 进一步根治洪水危害

中华人民共和国成立以来，我国在水利建设上取得了很大的成就，但主要江河大洪水、特大洪水尚不能完全控制。今后除建大型水库控制调蓄外，应着重上、中游植树造林，采取“退耕还林、退耕还草”的措施，涵养水源，搞好水土保持，中下游保护调洪、滞洪湖泊，严禁围湖开垦，同时搞好堤坝维修加固工程等。

3. 综合利用水资源

水资源具有供水、发电、航运、渔业和旅游等多种经济效益。综合开发利用，可一举多得，相得益彰；反之，则不免顾此失彼，甚至两败俱伤。积极进行河流流域总体规划开发利用，是国土整治开发的重大课题之一。

4. 充分利用近海资源

我国近海资源十分丰富，为我国发展航运、捕捞、养殖、围垦、海底资源开发等提供了有利的条件。海洋资源是由多种因素组成的动态变化的有机整体。但在我国目前海洋资源利用中，一是利用不充分，二是运用不尽合理，如酷渔滥捕、围垦鱼贝类产卵的滩涂等。因此，必须统一规划，综合发展，充分发挥海洋资源的优势。

五、中国的土地资源

土地资源是人类居住和利用的陆地表层部分，是人类生存、活动的载体，是最重

要的自然资源。土地又是农业的最基本的生产资料，因此，土地资源的状况不仅直接影响农业生产的产量，又制约着农业生产的构成。土地资源具有数量的有限性和位置的固定性，人们不能任意增加和移动，但它具有更新性，使用得当可以不断提高其使用价值。

我国土地资源有以下 4 个特点。

1. 绝对数量大，人均占有少

我国国土面积约 960 万平方千米，居世界第 3 位，但按人均占有土地资源量，在面积位居世界前 12 位的国家中，我国居第 11 位。我国人均占有的土地资源只相当于澳大利亚的 1/58，加拿大的 1/48，俄罗斯的 1/15，巴西的 1/7，美国的 1/5。按利用类型区分的我国各类土地资源具有绝对数量大、人均占有量少的特点。

2. 类型复杂多样，耕地比重小

中国地形、气候十分复杂，土地类型复杂多样，为农、林、牧、副、渔多种经营和全面发展提供了有利条件。从全国地形来看，我国各种地形占国土总面积的百分比如表 6.4 所示。

表 6.4 我国各种地形占国土总面积的百分比

地形类型	山地	高原	盆地	平原	丘陵
占国土总面积的百分比/%	33.33	26.04	18.75	11.98	9.90

资料来源：中华人民共和国中央人民政府网。

但也要看到，有些土地类型难以开发利用。例如，中国沙质荒漠、戈壁合占国土总面积的 12%以上，改造、利用的难度很大。而对中国农业生产至关重要的耕地，所占的比重仅 10%多些。根据土地本身特点和人类利用的差异性，基本情况如表 6.5 所示。

表 6.5 我国土地资源及其利用情况

土地类型	面积		占全国总面积的百分比/%
	万公顷	亿亩	
全国土地总计	96 000.00	144.00	100.00
耕地	12 177.59	18.27	12.69
园地	1181.82	1.77	1.23
牧草地	26 193.20	39.29	27.28
林地	23 612.13	35.42	24.60
其他农用地	2554.10	3.83	2.66
居民点及独立工矿用地	2635.45	3.95	2.74
水利设施用地	361.52	0.54	0.38
交通运输用地	239.52	0.36	0.25
未利用地	27 044.67	40.57	28.17

资料来源：中华人民共和国自然资源部网。

总的来看，高原、山地、丘陵等构成的山区类型的土地面积显著大于盆地、平原所构成的平地类型土地的面积。前者约占全国土地面积的 69%，加上约一半国土属于干旱和半干旱地区，致使我国耕地面积较少，农耕作业的发展受到一定的限制。因此，为了合理并充分地利用土地资源，需要珍惜耕地，以利用和改造相结合，充分发挥有限耕地的潜力。同时，要尽可能地利用山区，大力发展林业、牧业等，逐步提高林业、牧业在农业结构中的比重。

3. 利用情况复杂，生产力地区差异明显

土地资源的开发利用是长期形成的历史过程，我国土地资源利用的情况极为复杂。我国东西两半部分土地类型有显著的不同，地区的农业发展具有很大的差别。例如，在广阔的东北平原，汉民族多利用耕地种植高粱、玉米、大豆等，朝鲜族则多种植水稻。山东的农民种植花生的经验丰富，产量较高，河南、湖北的农民则种植芝麻且收益较好。在相近的自然条件下，太湖流域、珠江三角洲、四川盆地的部分地区形成了全国性的桑蚕饲养中心等。

4. 分布不均，保护和开发问题突出

分布不均，主要是指两个方面：一方面，土地资源类型分布不均，如我国约 90% 的耕地、林地和水域分布在东南部地区，而草地、草原、戈壁、荒漠大部分集中在西北干旱地区；另一方面，人均占有土地资源分布不均。

不同地区的土地资源，面临着不同的问题。我国林地少，森林资源不足。例如，东北林区力争采育平衡的同时，西南林区却面临过熟林比重大、林木资源浪费的问题。我国广阔的草原利用也很不平衡，畜牧业生产水平偏低，许多草原面临过度放牧、草场退化的问题。

六、中国的植被与土壤

（一）我国植被与土壤的基本特征

在我国多样复杂的自然条件及长期的社会历史发展的影响和作用下，我国植被与土壤具有以下几个显著特征。

1. 我国是世界上植被和土壤类型最丰富的国家之一，拥有多种多样的植被与土壤资源

在植被方面，我国有木本植物 30 000 多种，其中乔木有 2 800 多种，仅次于马来西亚和巴西。植被类型复杂多样，北半球绝大多数的自然植被类型在我国可见到。在土壤方面，除极地苔原土、热带黑土和热带荒漠土外，世界其他主要土壤类型在我国也有分布，且肥力较好，为我国农业、林业、牧业的发展和国民经济的建设提供丰富多样的植被和土壤资源。

2. 我国植被与土壤发育历史悠久

在远古的某些时期大部分地区具有亚热带、热带气候。亚热带植物分布曾向北延

伸至今东北境内。此后全球气候转为寒冷，但在我国未形成大陆覆盖冰川，加之地形复杂，因此成为许多地质时期植物的“避难所”，保留有如水杉、银杏等特有植物。土壤的形成年代也十分久远，特别是亚热带和热带地区，迄今还保存着地质时代的岩石风化残积层和古土壤。例如，云贵高原在古热带气候条件下形成的砖红壤至今仍保存在1 500～2 000米的高原面上，并发育为山原红壤。

3. 我国植被与土壤深受人类活动的影响

我国古代森林茂密，由于人类长期的采伐、耕垦等活动，原始自然植被已大部分被次生植被与人工培育的农业植被所取代，一部分原始森林仅存在于东北边缘地带及川西等局部地区。自然土壤也因各种农业活动而人为熟化为耕作土壤，如广泛分布的水稻土。此外，我们的祖先在长期的农业生产活动过程中，发现和培育了很多优良的农作物品种、果品和其他经济作物，如水稻、大豆、梨、桃、柑橘、茶叶等，为世界农业的发展作出了重大的贡献。

（二）植被与土壤的分布特点

我国植被、土壤具有明显的地带性分布规律，不同地带内还有隐域性和垂直分异性的结构特征。

我国植被、土壤水平分布深受季风气候和地形条件的影响，从东南向西北依次出现森林、草原、荒漠三大基本区域。以大兴安岭—黄土高原东南—横断山—藏南一线为界，线东为森林区域；以内蒙古中部向西南到青藏高原西部，线西为沙漠区域。二者之间为草原和高山灌丛、草甸草原区域。

我国东部森林区域，雨量丰沛，植被、土壤的变化主要受热量的制约，具有明显的纬度地带性特征。例如，大兴安岭北部为寒温带落叶针叶林、棕色针叶林土区，向南逐步变化至最南部两广南部和滇、藏南部的热带季雨林、砖红壤土区。

秦岭、淮河以北，自东向西，降水量逐步减少，植被—土壤的经度地带性比较明显。植被依次为森林、森林草原、草原、半荒漠和荒漠；土壤依次为棕壤、黑钙土、黑垆土、栗钙土、灰钙土、灰棕漠土、风沙漠土、棕漠土等。其中荒漠面积广大，约占全国土地面积的1/5，植被稀疏，土壤瘠薄，是我国植被—土壤分布的一个显著特点。此外，西藏西北部大面积高寒寒漠，是世界植被—土壤的一个独特类型。

我国多高大山地，山地植被—土壤类型十分丰富，具有明显的分布特征，构成不同的垂直带谱。一般地说，我国西部山地从山麓到山顶，随着高度的增加，气温逐渐降低，湿度增加，在一定范围还有较多的降水，因此，植被—土壤垂直带的变化主要受潮湿程度的影响，自下而上，植被依次为荒漠、荒漠高原、山地灌木草原和草甸草原、森林、亚高山草甸，土壤则从荒漠土依次递变为山地栗钙土、山地黑钙土、山地灰褐色森林土、高山草甸土等。我国东部山地，从山麓到山顶，湿润程度增加不甚明显，垂直带谱结构主要反映热量的变化，基本上以各种森林为主。例如，温带山地，从下而上，基本为落叶阔叶林—棕壤，针叶落叶阔叶混交林—山地暗棕色森林土，冷杉云杉林—山地棕色针叶林土，亚高山草甸—高山草甸土。

除上述水平分布规律与垂直分布规律以外，我国境内还广泛发育着许多受地下水、岩性、地表组成物质等非地带性因素制约的隐域性植被和土壤，主要有草甸植被—草甸土，盐生植被—盐渍土，石灰岩植被—石灰土，沙丘植被—荒漠土等，也各具有一定的分布规律。例如，天然草甸多发育于三角洲平原、河漫滩、滨海低地和高原盆地内较低的地方，这里地下水位较浅，水源充足。若地下水为淡水，一般宜开垦发展农业，特别适宜水稻种植。又如，盐生植被—盐渍土多分布于沿海一带，沙丘植被—荒漠土主要分布在干旱、半干旱地区等。

植被与土壤是发展农业、林业、牧业的基础条件和基本资源，是人类直接利用的对象。植被、土壤之间，以及同其他自然要素的有机协调结合，将能保持持续稳定的生物再生产和环境生态平衡；反之，如果开发、利用不当，将会引起种种严重的不良后果。例如，丘陵山区由于乱砍滥伐森林，植被破坏，水土流失加剧；干旱草原过度放牧和开垦，导致严重的土地沙化；广大耕地上，由于大旱，土壤养分收支失调，土壤将变薄、变瘠；或因灌溉不当引起土壤次生盐渍化等。因此，必须认识和按照自然规律办事，合理利用与保护植被、土壤资源，因地制宜地发展农业、林业、牧业生产，如此才能持续不断地取得良好的经济效果与保持积极的生态平衡。

2017年我国森林资源分布/万公顷

七、中国的矿产原料资源

（一）我国矿产资源的特点

1. 矿产资源丰富，种类繁多

我国地质条件复杂，具有多种成矿条件。世界已知的矿产品在我国均有发现，2006年年初，查明储量的矿产就有159种，其中储量居世界首位的有钨、锑、钼、钒、钛、稀土、锌、硫化铁、菱镁矿、锂等。煤、铜、银、铅、锌、铁、锡、汞、镍、磷灰石和石棉等的储量也居世界前列。我国是世界上矿产资源丰富、已知矿种比较齐全、资源配套较好的少数国家之一，为建立我国独立、完整的工业体系提供了有利的条件。

此外，我国的金刚石、铬铁矿、铂铁矿等矿种短缺，远远不能满足需要。

2. 铁矿石资源储量虽大，但贫矿多、富矿少

我国铁矿储量较多，但矿石多为含铁30%左右的贫矿，含铁50%以上的富矿少而分散，不利开发，因此不得不长期、稳定地进口高品位的铁矿石。

3. 伴生矿多，分选冶炼技术要求高

我国伴生矿特别多，尤其是金属伴生矿较多。例如，我国钒的储量居世界第1位，但90%以上是与其他矿种伴生的，如白云鄂博的稀土矿与铁矿伴生等。矿石中多种元素共生给分选、冶炼带来困难。

4. *矿产资源地区分布不均*

我国矿产的地区分布不均。例如，铁矿主要集中在辽宁、冀东和川西，而西北很少；磷矿主要集中在川、滇、黔、湘、鄂等省，华北、东北和西北较少；煤主要分布在华北、西北、东北和西南，东南沿海则很少。这种分布给全国经济发展带来诸多不便，给交通运输业造成很大的压力，需要安排北煤南运、南磷北运等工作。

（二）我国矿产资源的分布

1. *金属矿产原料*

目前，我国已探明储量的金属矿产有54种。铁矿石是冶炼钢铁的主要原料，我国已探明的铁矿基础储量为212.4亿吨以上，主要分布在东北、华北和西南地区。此外，在湖北、广东等省也出产铁矿石。

有色金属矿产除个别品种，如铬的探明储量较少外，其他如钨、锡、锑、稀土、钽、钛等储量占世界第1位，钒、钼、铌、铍、锂、锌等居于世界前列。例如，攀枝花钒钛磁铁矿中伴生的钛储量非常著名；湖南柿竹园的钨矿、锡矿山的锑矿在世界列于首位；甘肃金川镍矿、陕西金堆城钼矿、江西德兴和西藏的铜矿、内蒙古白云鄂博与铁矿共生的稀土金属矿，其储量也极为丰富。

2. *非金属矿产原料*

在我国迄今已探明储量的非金属矿产原料有92种，黄铁矿、石膏、重晶石、石棉、萤石、磷矿石、滑石、云母、石墨、高岭土、菱镁矿、食盐、石灰岩、膨润土等资源名列前茅。我国非金属矿产分布广泛，又有相对集中的矿区，如生产磷肥的磷矿石各省区都有，但储量的3/4集中在湖北、贵州、四川、云南、湖南5省。我国漫长的海岸线是巨大的盐库，内地拥有丰富的湖盐、井盐和岩盐。

我国矿产资源十分丰富，但目前的勘探开发工作还跟不上国民经济建设的进程，今后，随着国民经济、技术条件的发展，矿产资源的丰富储量将会为我国社会主义现代化建设提供越来越多的矿产原料。

第二节　中国人文地理概况

一、中国的人口

人口分布是一种复杂的社会经济现象，它受自然、经济、历史、社会等多方面因素的影响。了解人口分布状况、认识人口分布规律，是充分利用人力资源、合理安排各项生产和建设的一项重要的基础性工作。

我国是世界上人口最多的国家。2018年年末，中国大陆总人口达139 538万，比2017年年末增加530万人。全年出生人口达1 523万，人口出生率为10.94‰。从性别结构看，男性人口为71 351万，女性人口为68 187万，总人口性别比为104.64。从年龄构成看，16～59周岁的劳动年龄人口为89 729万，占总人口的64.3%；60周岁及以上人口为24 949万，占总人口的17.9%，其中65周岁及以上人口为16 658万，占总人口的11.9%。从城乡结构看，城镇常住人口为83 137万，比2017年年末增加1 790万人；乡村常住人口为56 401万，减少1 260万人；城镇人口占总人口比重（城镇化率）为59.58%，比2017年年末提高1.06个百分点。全国人户分离人口（即居住地和户口登记地不在同一个乡镇街道且离开户口登记地半年以上的人口）为2.86亿，比2017年年末减少450万人；其中流动人口为2.41亿，比2017年年末减少378万人。

2018年年末中国大陆人口数及其构成如表6.6所示。

表6.6　2018年年末中国大陆人口数及其构成

指标	年末数/万人	比重/%
全国总人口	139 538	100.0
其中：城镇	83 137	59.6
乡村	56 401	40.4
其中：男性	71 351	51.1
女性	68 187	48.9
其中：0～15周岁（含不满16周岁）	8 202	5.9
16～59周岁（含不满60周岁）	89 729	64.3
60周岁及以上	24 949	17.9
其中：65周岁及以上	16 658	11.9

资料来源：《中华人民共和国2018年国民经济和社会发展统计公报》，中华人民共和国国家统计局网站。

我国是世界上有着悠久的历史文化的文明古国之一，也是一个统一的多民族国家。少数民族是指汉族以外的如蒙古族、回族、藏族、维吾尔族、哈萨克族、苗族、彝族、壮族、布依族、朝鲜族、满族等55个民族。据中国第六次人口普查统计，大陆31个省、自治区、直辖市和现役军人的人口中，汉族人口为1 225 932 641，占91.51%；各少数民族人口为113 792 211，占8.49%。我国少数民族人口虽少，但分布很广。全国各省、自治区、直辖市都有少数民族居住，绝大部分县级单位有两个以上的民族居住。中国的少数民族主要分布在内蒙古、新疆、宁夏、广西、西藏、云南、贵州、青海、四川、甘肃、辽宁、吉林、湖南、湖北、海南、台湾等省、自治区。

民族区域自治制度是我国政府结合我国实际情况采取的一项基本政策，也是我国的一项重要政治制度。1947年5月，我国建立了中国共产党领导下的第一个相当于省一级的民族自治地区——内蒙古自治区。中华人民共和国成立以后，又相继建立了新疆维吾尔自治区、广西壮族自治区、宁夏回族自治区和西藏自治区。截至2017年，全国共建立了155个民族自治地方，其中包含5个自治区、30个自治州、120个自治县(旗)。在全国55个少数民族中，有44个民族建立了民族自治地方，实行区域自治的少数民族人口占少数民族总人口的71%，民族自治地方的面积占全国国土总面积的64%左右。自治地方的数量和布局与中国的民族分布和构成基本上相适应。 我国人口分布总的特点：东南部多，西北部少；平原、盆地地区多，山地、高原地区少；农业地区多，林业、牧业地区少；温暖湿润地区多，干旱寒冷地区少；开发历史悠久的地区多，开发较迟的地区少；沿江、临海、铁路沿线的多，交通不便的地区少。这种“六多六少”的人口分布特点，正充分反映出我国人口分布的自然地理和社会经济基础的重大地域差异及我国人口分布的一般规律。

目前，人口已成了制约我国经济、社会发展的重要因素之一。除了人口基数大、农村人口多、人口素质偏低等原因以外，还有一个无法回避的现实——我国已经进入老龄化社会。据统计，截至2018年年底，我国60岁及以上人口达到2.49亿，占总人口的17.9%。预计到2050年前后，老年人口将达到4.87亿，占总人口的34.9%。而按照国际上的通用标准，一个国家或地区60岁以上老人达到总人口的10%，或65岁老人达到总人口的7%，即意味着这个国家或地区的人口进入老龄化社会。人口老龄化是人们生活水平提高和寿命延长的必然结果，但也意味着会减少劳动力供给，降低劳动生产率，并导致劳动年龄人口负担加重。政府也不得不大幅增加用于医疗、卫生、养老等社会服务的财政支出，从而减少在经济建设方面的投入。

人口发展必须与社会经济发展速度相适应，与资源利用和环境保护相协调。因此，我国政府在《中华人民共和国国民经济和社会发展第十三个五年规划纲要》中明确提出，要“加强顶层设计，构建以人口战略、生育政策、就业制度、养老服务、社保体系、健康保障、人才培养、环境支持、社会参与等为支撑的人口老龄化应对体系”。必须充分认识我国人口老龄化的规律和特征，并在此基础上进行科学的制度设计，提出合理的政策措施。社会各界也需要从多方面做进一步的努力，使全国人口有一个相对均衡、符合各地区客观条件的人口分布状况，以促进全国各地区经济的均衡发展。

二、中国的城市

所谓城市，一般是指工商业发达、人口集中的地区，通常是周围地区的政治、经济和文化中心。我国13亿多人口，目前约有5.9亿人居住在城镇。

（一）城市的特征

城市具有以下主要特征。

1. 人口集中，房屋集中

城市的人口较农村相对集中，房屋也集中。

2. 制造业和服务业发达

和农村不同，城市主要从事产品制造和商业、服务业，如机械制造、纺织、食品加工等行业，然后通过产品销售、购进农畜产品进行加工、制造；服务业门类多，范围广，如像商店、饭店旅馆、影剧院、学校、医院、邮政局、电信局、银行、报社、广播电台、电视台等，都是服务性行业。城市越大，对服务性行业的需求就越多，服务范围也就越广。

3. 有便利的交通运输线路

城市的位置多位于交通便利的地方。这样可以把城市需要的农畜产品、建筑材料、煤和石油等物品运进来，把城市制造、生产的物品运出去，同时也便于进行商品买卖、旅游或办事的人往来。城市必须有便利的交通运输线路同外部联系。我国许多城市，不是在河流、海湾旁边，就是在陆路交通要道上（即有公路、铁路经过）。有些大城市还建有飞机场，同国内外重要城市有定期或不定期的航空班机往来。

（二）城市的分类

城市通常的划分标准有 3 类：按行政等级划分、按规模等级划分和按城市功能划分。下面主要介绍前两类划分标准。

1. 按行政等级划分的城市类型

按行政等级，我国的城市被划分为直辖市、地级市、县级市 3 种类型。

1）直辖市。直辖市由中央政府直接管辖，是与省、自治区同级的地方行政建制，有权制定地方性法规。中国现有 4 个直辖市，分别是北京、上海、天津、重庆。

2）地级市。地级市是指位于省和县之间的、与自治州平行的建置于城市地区的地方行政建制。它们隶属于省和自治区领导，可以辖县或代管县级市。其中，省会市和经国务院批准的较大的市享有相对特殊的地位，根据《中华人民共和国地方各级人民代表大会和地方各级人民政府组织法》，它们有权制定地方性法规和规章，在管理上享有较大的自主权。

3）县级市。县级市是指行政地位相当于县一级的设置在城镇的地方行政建制。它们一般由省和自治州领导或由省及自治区的派出机构——地区和盟代管。县级市绝大多数是改革开放以来由整县改市而来的，辖区内有大片的农村地区，农业人口所占比例甚高，一般城市化程度相对较低，其中绝大部分尚不能发挥地区中心城市的作用。

此外还有一些特殊行政地位的市，如香港、澳门为特别行政区；在直辖市和地级市之间还出现了一些副省级城市，它们是改革开放进程中出现的新的行政等级的城市类型，其经济和社会发展的各项计划全部单列，直接纳入全国计划，综合平衡，统筹安排，在制订和执行计划、管理经济等方面享有相当于省一级权限，也称计划单列市。1993 年，中共中央决定，除重庆、深圳、大连、青岛、宁波、厦门保留计划单列外，其余省会城市不再实行计划单列。1994 年 2 月，中央机构编制委员会根据部分省会市和 6 个计划单列市的经济、政治地位及其中心城市的作用，报经中共中央同意，确定广州市、武汉市、哈尔滨市、沈阳市、成都市、南京市、西安市、长春市、济南市、杭州市、重庆市、大连市、青岛市、深圳市、厦门市、宁波市共 16 个市为副省级市。其中重庆市已于 1997 年 3 月改为直辖市。目前，全国共有 15 个副省级市。副省级市在隶属关系上由所在省的省政府领导，实际上仍为省辖市。

2. 按规模等级划分的城市类型

城市规模与人口、用地两个因素相关，通常以人口规模作为城市分类标准。中国城市按规模等级划分为4类，即特大城市、大城市、中等城市、小城市。

1）特大城市。特大城市是指市区非农业人口在100万以上的城市，它们是工业、人口高度集中的城市类型，是综合性的政治、经济、文化、信息中心。

2）大城市。大城市是指市区非农业人口在50万以上、100万以下的城市，其经济发展水平较高，科教文化水平较发达，是区域性的政治、经济、文化、信息中心。中国大城市数量增长的速度最快。

3）中等城市。中等城市是指市区非农业人口在20万以上、50万以下的城市，其经济发展潜力较大，用地和人口规模适中，是省区内的地域性政治、经济、文化、信息中心。

4）小城市。小城市是指市区非农业人口在 20 万以下的城市，处于高度集中的大城市和相对分散的乡村之间，是县级经济范围内的政治、经济、文化、信息中心。

城市作为人口相对聚居的区域，其分布的特点与人口分布的特点相似，呈现东部稠密，西部稀少；温暖潮湿地区多，干旱寒冷地区少；临海、沿江、铁路沿线的多，交通不便的地区少等特点。例如，上海至南京之间，有苏州、无锡、常州、镇江等城市；北京、天津附近的一些卫星城镇呈带状分布，而广大的西北内陆地区只有少数中心城市，如西安、兰州、乌鲁木齐等。

（三）城市发展的要点

目前，我国出于经济发展的需要正在大力推进城镇化战略，其中也暴露出不少问题。以下几项基本措施将是未来我国城市发展的要点。

1）适应经济全球化和信息时代的要求，加强城市功能与基础设施的完善，积极投入数字城市的建设、传统产业的信息化改造、城市服务体系的提升等，将中国城市的竞争力置于国际的大背景之中。

2）认真规划大城市的规模和数量，加强城市基础设施建设和第三产业发展，将其塑造成国际级和国家级的人才中心、贸易中心、物流中心、金融中心、技术中心、信息中心、文化中心等，充分发挥大城市的集聚效应、辐射作用、带动作用。

3）加大中小城市的建设步伐，重点提升城市建设的质量，尤其要加大城市基础设施建设、城市服务业和社区建设的力度。中小城市是中国城市体系的中坚力量，其发展状况直接影响我国城市化进程的目标。

4）将中国城市的发展视作一个有机联系的整体系统。进一步调整全国城市布局，围绕核心城市构建城市群，有效发挥大城市的规模效益、经济效益和社会效益，优化城市功能和加强产业转移力度，放大城市扩散效应，将其真正塑造成带动区域经济发展的龙头。

小　结

人类社会赖以生存的自然条件和自然资源，是社会经济发展和生产力布局的物质基础，是进行经济建设和生产力布局的基础条件。

我国疆域辽阔、地形条件复杂多样，包括高原、丘陵在内的山地比重近 70%，给经济发展和交通运输布局产生一定的影响。

我国自然资源种类繁多，钨、锡、锑、锌、钛、锂等有色金属储量居世界首位，铜、铝、钼、铅、汞也居于世界前列。水资源、煤炭、石油等能源为经济建设打下了坚实的基础。

我国人口众多，城市化进程不断加快，广阔的消费市场和人力资源吸引了工商业和服务业的进驻，同时也影响着交通线路的走向。

思考题

1. 简述我国疆域的特点。
2. 我国的陆上邻国有哪些？
3. 我国地形分布的基本格局是什么？
4. 按照山脉的走向，我国有哪几列山脉？
5. 分别说明我国的高原、平原、盆地和丘陵的分布状况。
6. 简述我国气候的基本特征及其形成原因。
7. 简述我国的河流和近海分布情况。
8. 自然资源如何进行分类？分哪几类？
9. 什么叫人口密度？我国人口分布的特点是什么？
10. 简述城市的主要特征。

第七章

中国产业地理

知识点

我国工业和农业的布局，交通运输的发展概况，特别是5种现代化交通运输方式的网络布局和发展情况。

技能点

能够结合我国工业、农业生产的布局及各种资源的分布，熟练、综合地利用5种现代化交通运输方式的干线网络，设计物资的运输路线，开展合理运输，达到降低物流成本的目的。

案例导入

一个个“刻度”，印证着中国高铁的不断前行。截至2017年年底，全国铁路营业里程达到12.7万千米，其中高铁里程达2.5万千米，占世界高铁总量的66.3%，是当之无愧的“世界冠军”。

随着近年来郑徐、沪昆、宝兰、石济等多条高铁的开通，我国高铁“四纵四横”的主骨架已基本形成。在长江三角洲、珠江三角洲、环渤海等城市群，高铁早已连片成网。在东部、中部、西部和东北四大板块，高铁也实现了互联互通。随着兰渝铁路、西成高铁和渝贵铁路投入运营，曾被视为“锅底”的川渝地区摘下“春运老大难”的帽子。

2018年春运，全国3 000余千米新建高铁投入服务，全国铁路整体发送人数增加3 000多万人次。

未来，中国高铁网将向“八纵八横”迈进。根据2016年7月新调整后发布的《中长期铁路网规划》，到2020年，中国铁路网规模将达到15万千米，其中高铁3万千米。届时中国将建成以“八纵八横”主通道为骨架、区域连接线衔接、城际铁路补充的现代高速铁路网。

第一节　中国农业地理概况

农业是利用动植物的生长发育规律，通过人工培育来获得产品的生产部门。狭义的农业特指种植业，广义的农业则包括种植业、林业、牧业、副业、渔业等。农业是国民经济的基础，为人们提供衣、食、用等生活资料，也为工业生产提供原料和消费市场。

一、中国农业概况

我国是一个农业历史悠久的国家，各地区农业发展的条件、规模、方式和程度，某些农作物和农业经营方式的引进、传播和发展，各部门作物的地区分布、生产水平、部门关系等，在历史上都有过很大的变化。

我国农业生产分布最主要的特点是地域差异十分显著，呈东农西牧、南稻北麦的基本格局。东部地区，水、热、土等条件比较优越，开发利用的历史比较长，人口稠密，交通方便，为我国农作物、畜禽饲养业、林业、渔业及副业集中发展的地区；而西部广大地区，气候干旱，水、土、热各项条件配合有较大的缺陷，同时，人口稀少，交通不便，农区小而分散，主要以放牧业为主。

我国南北差异也十分显著：东部秦岭—淮河以北的广大地区，以旱地为耕地的主要形态；秦岭—淮河以南的地区，以水田为主要耕地形态，是水稻及亚热带、热带经济作物的主要产区。西部祁连山以北的甘肃、新疆等地是广大的干旱地区，主要是荒漠和山地的畜牧业，只有局部地区有灌溉农业；西部的青藏高原，主要以放牧业为主，农业、牧业、林业都带有高寒地区的特点。

影响农业生产的因素有很多（表 7.1），自然条件包括气候、地形、土地、水资源，社会经济条件包括市场、政策、交通、劳动力、生产技术。一般来说，自然因素是基础，经济因素是条件，科技因素是“催化剂”。

表 7.1　我国农业发展条件

因素	有利条件	不利条件
气候	大陆性季风气候显著；夏季高温，雨热同期	降水季节变化、年际变化大，水旱灾害频繁；多大风、寒潮、暴雨、台风等灾害性天气
土地	总量丰富，类型多样；农耕历史悠久，土壤肥沃	多山，干旱地区面积广；耕地、林地比重小；后备土地资源不足，垦殖费用高
水资源	总量丰富，河川径流量居世界第 6 位	水资源时空分布不均；径流季节变化大
政策	保障和推动农业的发展，提高农业生产力和生产积极性	农业产业政策制定、实施尚有不足之处
劳动力	人口众多，劳动力丰富，有利于精耕细作、提高单产	劳动力素质偏低，不利于农业技术的推广和应用；人均资源量少
市场	人口多，市场需求量大	受经济条件限制，对动物性食品的消费量低

我国主要农业区的区位条件如表 7.2 所示。

表 7.2 我国主要农业区的区位条件

农业区	分布区	有利条件	不利条件	改造措施
东北商品农业基地	三江平原、松嫩平原、辽河平原	雨热同期，地势平坦，土壤肥沃，地广人稀，机械化程度高，交通便利	冬季温度低，热量不足，水源不足	温室、培育良种
华北旱作农业区	华北平原	夏季高温多雨，光热充足，地形平坦，土壤肥沃	三大障碍：旱涝、盐碱、风沙	节水农业、跨流域调水、兴修水利、引淡淋盐，生物措施
南方水田农业区	成都平原、江汉平原、洞庭湖平原、鄱阳湖平原、太湖平原、江淮平原	光、热、水资源丰富，配合较好；劳动力充足，市场广阔，交通便利	春季低温阴雨，夏季伏旱，人均耕地少	发展水利
西北灌溉农业区	新疆绿洲地带、河西走廊、河套平原、宁夏平原	光照充足，昼夜温差大；地形平坦，土壤肥沃，有灌溉水源；地广人稀，地价低	水源紧缺	植树造林、节水农业
青藏高原河谷农业区	雅鲁藏布江谷地、湟水谷地	与高原比较，海拔较低，气温较高，地势平坦，水源充足	与我国东部相比，热量不足	培育良种、大棚

二、中国农业种植业的种类和地区分布

粮食作物是人们消费最多的食品，常被称为“主食”。粮食的种类很多，可分为禾谷作物、豆类作物和根茎作物三大类。每一类又可以分成许多种。其中禾本科的稻类、麦类（小麦、大麦、燕麦、黑麦等）、玉米、高粱、粟、黍、谷子等叫作谷类作物，简称谷物。在众多的谷物中，最主要的是小麦、稻谷和玉米，这 3 种粮食产量约占全部粮食总产量的 2/3。因此，通常所说的粮食或谷物，多指这 3 种作物。

经济作物又称技术作物、工业原料作物，通常具有经济价值高、技术要求高、商品性强等特点。

中国南北方农业种植业的生产差异如表 7.3 所示。

表 7.3 中国南北方农业种植业的生产差异（以秦岭—淮河为界线）

项目	北方	南方
耕地类型	旱地	水田
粮食作物	冬小麦、春小麦、玉米	水稻、冬小麦
糖料作物	甜菜	甘蔗
油料作物	花生、大豆	油菜
纤维作物	棉花、亚麻	棉花、黄麻
作物熟制	东北一年一熟，华北平原两年三熟或一年两熟	一年两熟至三熟

1. 主要粮食作物及其分布

（1）小麦

小麦耐寒、耐旱、适应性强、分布较广。

1）春小麦。春小麦春季播种，夏秋季收获，多分布在纬度较高或者海拔较高、热量条件较差的地区。在我国主要分布在中温带东北平原、河套平原、宁夏平原、新疆和青藏高原等地。

2）冬小麦。冬小麦秋季播种，次年夏季收获，生长期比较长，地区差异也比较大。我国以冬小麦为主，主要分布在暖温带的黄淮海平原地区，长江以南的地区也有分布。

（2）水稻

水稻喜温、喜湿，根据对热量的不同要求可分为一季稻、二季稻、三季稻。

我国秦岭淮河以北多以一季稻为主，以南多以二季稻为主。长江中下游平原、四川盆地等地区是我国主要的水稻种植区域。

（3）玉米

玉米为喜温作物，品种有早熟、中熟、晚熟 3 类，属高产作物，经济价值较高，在我国分布比较广，是我国主要的杂粮，在粮食作物中仅次于水稻、小麦，居第 3 位。玉米主要分为北方春播玉米、黄淮海夏播玉米和南方低山丘陵玉米，其中黄淮海夏播玉米种植区是我国主要玉米区。

2. 主要经济作物及其分布

（1）棉花

棉花喜温、喜光、生长期长。我国的棉花多分布在暖温带的黄淮海平原和南疆盆地。目前，我国棉花优势区域是黄河流域棉区、长江流域棉区、西北内陆棉区。

（2）主要油料作物

1）花生。在各种油料作物中，花生的单产高，含油率高，是喜温耐瘠作物，对土壤要求不严，以排水良好的沙质土壤为最好。花生生产分布广泛，除西藏、青海外全国各地都有种植，主要集中在山东、广东、河南、河北、江苏、安徽、广西、辽宁、四川、福建等省区，其中山东的产量居全国首位，其次是广东。目前，全国花生主要集中在两个地区：一是渤海湾周围的丘陵地及沿河沙土地区，它是我国最大的花生生产基地和出口基地；二是华南福建、广东、广西、台湾等地的丘陵及沿海地区。

2）油菜。油菜是我国播种面积最大、地区分布最广的油料作物。我国是世界上生产油菜籽最多的国家。油菜是喜凉作物，对热量要求不高，对土壤要求不严。根据播种期的不同，油菜可分为春、冬油菜，春、冬油菜分布的界限，相当于春、冬小麦的分界线而略偏南。我国以种植冬油菜为主。长江流域是全国冬油菜最大产区，其中四川的播种面积和产量均居全国之首，其次为安徽、江苏、浙江、湖北、湖南、贵州等省。

3）大豆。大豆既是粮食作物，又是油料作物，也是副食品的重要原料，营养价值高，因而它在农业中具有特殊的地位。大豆是喜温作物，生长旺季需要高温，收获季节以干燥为宜，比较适宜在我国北方温带地区栽培。我国大豆分布广泛，而以东北的松辽平原和华北的黄淮平原最为集中。松辽平原是我国主要的大豆生产基地，主要集中于松花江、辽河沿岸和哈大线沿线。其中，哈尔滨、辽源、长春被称作我国大豆的“三大仓库”。

4）芝麻。芝麻是一种含油率很高的优质油料作物。我国是世界上生产芝麻最多的国家之一。我国芝麻分布广泛，主要分布在河南、湖北、安徽、山东等省，其中河南的芝麻产量居全国首位。

（3）主要糖料作物

糖料作物主要包括甘蔗和甜菜，其中以甘蔗为主。我国甘蔗主要分布在南方沿海各省份，甜菜分布在北方各省份，所以有“南蔗北菜”之说。

1）甘蔗。甘蔗是热带和南亚热带经济作物，具有喜高温、喜湿、喜肥的特性，生长期长。我国甘蔗主要分布在北纬 24° 以南的地区。其中以广东、广西、台湾、福建、海南、云南、四川等省区种植面积最大，广东是大陆上种植甘蔗最多的省份。

2）甜菜。甜菜喜温凉气候，有耐寒、耐旱、耐碱等特性。我国甜菜主要分布在北纬 40° 以北各省区。黑龙江、内蒙古、新疆、吉林、甘肃、宁夏为主要产地。黑龙江是我国甜菜的最大产区。甜菜生产基地有黑龙江松嫩平原西部、吉林西部、内蒙古河套地区和新疆玛纳斯地区。

（4）其他经济作物

其他经济作物种类繁多，这里仅介绍烟草和茶叶。

烟草原产于南美洲，按初加工的方法不同，分为烤烟和晒烟两种，我国以烤烟为主。 烟草具有喜温、喜光、好肥、怕旱、怕涝等特点，生长期间对热量、水分、土壤、肥料等条件要求高。我国烟草分布很广，河南、山东、云南、甘肃、湖南 5 省是我国重要的烤烟产地。其中河南是我国最大的烤烟产区，其产量占全国的 1/3，主要分布在许昌、南阳、周口和驻马店等地。山东烤烟主要分布在潍县到淄博的胶济铁路沿线，以昌潍地区的益都、临朐两地最为集中。云南的烤烟质量最好，分布在曲靖、玉溪、昭通等地。

我国是茶叶原产地，已有 2 000 多年的历史。明清时期，茶叶就成为我国重要的出口物资，曾长期独占世界市场。后来茶叶生产遭到严重破坏，1949 年年产仅 4.1 万吨。中华人民共和国成立后，我国茶叶生产恢复和发展很快，1996 年茶叶产量达 59 万吨，仅次于印度，居世界第 2 位。我国茶区辽阔，广泛分布在秦岭—淮河以南的广大山地和丘陵地带，以浙江、湖南、安徽、四川、福建 5 省产量最多，这些省份是我国著名的五大产茶省，其次是云南、广东、湖北等省。

经过多年不懈努力，我国农业发展不断迈上新台阶，已进入新的历史阶段。2017 年，我国粮食总产量达到 12 358 亿斤，比 2016 年增加 33 亿斤，增长 0.3%。全国粮食总产量 2013 年以来已连续 5 年超过 12 000 亿斤，确保国家粮食安全的物质基础和生产能力更加雄厚。

三、中国林区的分布

林业是利用森林生长而获得产品的生产部门。森林是重要的自然资源，具有巨大的经济效益，还具有重要的环境效益。森林不仅为国家提供大量木材和各种农副产品，还蕴藏着大量动植物资源，同时具有涵养水源、保持水土、调节气候、净化大气和防治水、旱、风、沙等自然灾害的巨大作用。

反映森林资源的丰富程度和生态平衡状况的重要指标是森林覆盖率，它是指一个国家或地区森林面积占土地面积的百分比。中国国土辽阔，森林资源少，森林覆盖率低，地区差异很大。全国绝大部分森林资源集中分布于东北、西南等边远山区及东南丘陵，而广大的西北地区森林资源贫乏。全国平均森林覆盖率为 21.63%，其中森林覆盖率超过 30%的有福建、江西、浙江、广东、海南、贵州、云南、黑龙江、湖南、吉林等地区，森林覆盖率超过 20%的有辽宁、广西、陕西、湖北等地区，森林覆盖率超过 10%的有安徽、四川、内蒙古等地区，其余地区多在 10%以下，而新疆、青海不足 1%。

历史上，我国的森林资源十分丰富，由于多种原因现在却成为世界上的少林国家。为实现森林资源和林业产业协调发展，多年来，我国投入巨额资金，加强森林生态系统、湿地生态系统、荒漠生态系统建设和生物多样性保护，全面实施退耕还林、天然林保护等重点生态工程，持续开展全民义务植树，大力发展林产工业。“十二五”期间，我国国土绿化快速推进，造林绿化取得明显成效。全国共完成造林 4.5 亿亩（1 亩≈666.67 平方米）、森林抚育 6 亿亩，分别比“十一五”时期的增加 18%、29%。截至 2016 年，我国森林总面积达到 2.58 亿公顷，森林覆盖率达 21.93%。值得一提的是，我国目前是全球森林覆盖率唯一还在增加的国家。

2017 年我国林业总产值分布/亿元

我国森林植被类型多样，但分布不够均匀，较大的林区集中在东北和西南山地。西北山地和南方热带、亚热带丘陵山地只有一些面积小的林区。广阔的丘陵、平原森林极少，近年来大力营造农田防护林和“四旁”林，才出现小片的森林。

我国主要的林区有东北林区、西南林区、西北林区和南方林区四大林区。

1. 东北林区

东北林区主要包括大、小兴安岭，长白山林地，目前是我国以落叶松、黄花松、红松、云杉和桦树为主的最大的天然森林区。这个林区是我国目前最大的森林采伐基地，主要采伐场和木材加工中心有黑龙江的库都尔、伊春，吉林的临江，内蒙古的图里河。伊春有我国“林都”之称。但由于过度采伐，资源严重枯竭。今后应注意资源更新，加强综合利用，积极发展林区劳动密集型和技术密集型产业。

2. 西南林区

西南林区主要为四川西部、青藏高原东南部和云南中部、北部一带的山地。这个林区是我国第二大林区，木材蓄积量仅次于东北林区。森林面积分布广大，自然条件复杂，树种很多。其中有不少材质优良、生长迅速的树种。主要森林类型为适于南方较高山地生长的云杉、冷杉林和多种松林。主要树种有云南松、高山松、乔松，以及喜马拉雅云杉、丽江云杉、川西云杉等，还有珍贵的柚木、紫檀、樟木、楠木、红木等。

3. 西北林区

西北林区主要包括新疆天山、阿尔泰山和甘肃祁连山等地区。西北地区具有强烈的大陆性气候，低山地带高温而干燥，高山地带干燥而寒冷，有的地方终年积雪，只有在海拔 1 800～3 300 米的阴坡、半阴坡才有块状分布的森林。这些森林植被组成比较单纯，主要类型有云杉、冷杉和落叶松林。云杉、冷杉林多分布在海拔 1 800～3 000 米的天山阴坡，主要树种为雪岭云杉。落叶松林多分布在阿尔泰山海拔 2 000 米附近的地区。

4. 南方林区

南方林区位于热带、亚热带地区，主要森林类型为雨林、季雨林和常绿阔叶林。这个区域的用材林以马尾松林和人工栽培的杉木林分布比较普遍。此外，我国南方各省经济林木特别多，如油茶、油桐、乌桕、女贞、毛竹等。广东、广西、福建、台湾等地区是我国热带、亚热带森林的宝库，盛产樟树、油棕、橡胶树、椰子、肉桂、咖啡等。

四、中国畜牧业的分布

畜牧业是靠放牧或饲养牲畜而取得产品的生产部门，是农业的组成部分之一，与种植业并列为农业生产的两大支柱。

畜牧业主要包括牛、马、驴、骡、骆驼、猪、羊、鸡、鸭、鹅、兔、蜂等家畜家禽饲养业和鹿、貂、水獭、麝等野生经济动物驯养业。它不但为纺织、油脂、食品、制药等工业提供原料，也为人民生活提供肉、乳、蛋、禽等丰富食品，为农业提供役畜和粪肥。因此，搞好畜牧业生产对于促进经济发展、改善人民生活具有十分重要的意义。

自改革开放以来，中国畜牧业生产方式发生积极转变，规模化、标准化、产业化和区域化步伐加快，畜产品结构及产能随宏观环境变化而逐步调整。2017 年，我国畜牧业总产值为 30 285.04 亿元，相比 2016 年减少了 1 418.11 亿元。产值占比较大的畜种依次为生猪、家禽、牛、羊、奶产品。同时畜产品产量逐年增长，目前我国肉类总产量世界第一，其中猪肉产量世界第一，禽肉和鸡蛋产量世界第一，鸭肉、鹅肉的屠宰量及产量世界第一，鸡肉的屠宰量及产量世界第二。2017 年，肉类总产量 8 546.8 万吨，其中猪肉产量 5 340 万吨。

我国是世界上猪、马、驴、牦牛等生产最多的国家，也是世界上主要牛、羊的生产国之一。

1）北部和西部牧区，从西到东，由于水热条件水平地带性的差异，形成以草原到荒漠的分布，其主要畜种依次由以牛、马等大牲畜为主，逐步变化为以马、绵羊为主，有的荒漠地区则以山羊、双峰驼为主。

2）西部和西南随着海拔升高，进入青藏高原，牦牛、犏牛与西藏绵羊逐步取代其他畜种。但在新疆、甘肃西部等荒漠的山地垂直带分布地区，随着不同的海拔高度水热条件的变化，从山地草甸到山前荒漠，与之相适应的畜种分布基本上和我国北部地区水平地带上的畜种分布状况相似。

3）我国东部从温带牧区到亚热带农区，畜种分布占明显优势的是猪、黄牛、水牛和家禽等。草原特有畜种如绵羊逐渐减少，有的省区则没有此畜种。

由上可见，我国各类畜产品在全国分布的基本状况是从东北到西北，依次为以乳肉、羊毛等畜产品为主，逐渐过渡到以毛绒与毛皮、肉产品为主。从北部温带草原地带过渡到南方热带地区，畜产品也从以毛皮、肉产品为主变为以肉、蛋、乳、革等产品为主。

我国大牲畜分布较多的有四川、云南、内蒙古、河南、青海、西藏、新疆等地区。

我国主要的大牲畜是黄牛、水牛、马、驴、牦牛、骆驼等。黄牛是旱作区的主要耕畜，分布在四川、河南、山东、云南、内蒙古、甘肃、青海、新疆等地区。水牛是水田地区的主要耕畜，分布在云南、四川、广东、广西、湖北、湖南、安徽、江西、江苏、浙江等地区。马主要分布在黑龙江、吉林、新疆、内蒙古、云南、青海、甘肃等地区。驴主要分布在河南、河北、陕西、山东、辽宁、甘肃、新疆等地区。牦牛主要分布在西藏、青海等地区。骆驼主要分布在内蒙古、甘肃、青海、新疆等地区。

养猪业广泛分布在全国各地，四川产猪占全国首位，其他产猪较多的地区有广东、湖南、江苏、山东、湖北、云南、浙江、广西、河北、辽宁等。

2017 年我国牧业总产值分布/亿元

我国广大牧区和大部分农区养羊业较普遍，且集中分布在新疆、西藏、甘肃、青海、四川、山东、河南、河北、山西等地区，尤以内蒙古为最，居全国首位。

五、中国渔业的分布

我国陆地上河湖面积广大，养殖历史悠久；海洋水域广阔，渔业条件十分优越，无论是淡水水产还是海洋水产，资源条件均属世界一流。我国还拥有非常丰富的鱼类及水生生物品种，水生生物达 2 万多种，鱼类约占世界鱼类物种数量的 20%。

改革开放以来，我国水产品总量以年递增 100 多万吨的速度增长，一直稳居世界首位。水产品人均量高于世界平均水平。2016 年，全国水产品总产量达 6 901.25 万吨，其中海水产品产量达 3 490.15 万吨，约占总产量的 50.57%；淡水产品产量达 3 411.11 万吨，约占总产量的 49.43%。全国水产养殖面积达 8 346.34 千公顷，其中海水养殖面积达 2 166.72 千公顷，约占水产养殖总面积的 25.96%；淡水养殖面积达 6 179.62 千公顷，约占水产养殖总面积的 74.04%。

（一）海洋渔业

海洋渔业是现代农业和海洋经济的重要组成部分，泛指海洋水产业，是以海洋为依托，充分利用海洋生物资源的生长发育等一系列生理活动的产物获取产品的物质生产活动，以及由此衍生的其他相关生产活动。我国拥有 300 多万平方千米的海洋国土面积、18 000 多千米的大陆海岸线，滩涂面积约为 2.17 万平方千米，海水养殖业发展空间广阔。

1. 渤海海区

渤海位于我国北部，是三面环绕陆地的内海，总面积约为 7.7 万平方千米，平均水深 18 米，有辽东湾、渤海湾和莱州湾三大海湾，有辽河、滦河、海河和黄河流入。沿海浮游生物丰富、天然饵料多，成为鱼类天然的产卵场所和重要的渔场。海底比较平坦，泥沙层厚，有利于拖网作业，主要水产有鱼、虾及海蟹等。

2. 黄海海区

黄海位于我国大陆和朝鲜半岛之间，为半封闭性浅海，总面积约为 38 万平方千米。北部水域较深，是我国冷水鱼类如鳕鱼等分布的海域，南部则受台湾暖流的影响为各种鱼类的生长提供了有利的条件。主要经济鱼类有大小黄鱼、带鱼、乌贼、鱿鱼、鲍鱼等。黄海沿岸水产养殖业发展较快，对虾和鲍鱼是这里海水养殖的主要对象。

3. 东海海区

东海海区包括广东省南澳岛至我国台湾鹅銮一线以北、黄海以南的大片水域，总面积达 77 万多平方千米，其中，大陆架面积近 52 万平方千米。入海河流有长江、钱塘江、甬江、瓯江、闽江。这一海域饵料极为丰富，鱼种以暖水性为主，是沿海四大经济鱼类，即大小黄鱼、带鱼、墨鱼的重点产区。近年来，在大陆架外缘和大陆坡深海发现一些新的渔业资源。东海的水产养殖也得到发展。东海海区的舟山渔场是全国最大的海洋渔业基地。

4. 南海海区

南海是我国仅次于东海的第二大海洋水产区，总面积约为 39 万平方千米，大小岛屿 800 多个。海水洋面宽广多大洋性水产品，主产蓝圆参、鲷鱼、沙丁鱼、鲨鱼、海蛇等，也产四大经济鱼类等近海鱼种。海龟、玳瑁、龙虾是南海特产。南海珍珠举世闻名，合浦、北海、东光被称为“珍珠之乡”，所产“南珠”扬名国际市场。北部湾为我国的重要渔场之一，雷州半岛、海南岛一带有发达的水产养殖业。

除上述边缘海区的水产业之外，我国还积极参与海洋渔业的竞争，发展远洋捕捞。自 1985 年我国第一支远洋渔船队出征远航至今，远洋渔业生产经营活动已遍及世界三大洋、二十多个国家和地区，形成一定规模。

（二）淡水渔业

我国内陆江河纵横，湖泊、水库、河渠星罗棋布，是世界上淡水水面最多的国家之一，也是世界上淡水渔业发展最早的国家。改革开放以来，我国淡水渔业无论在国内还是在国际的渔业发展中都具有十分重要的地位和作用。以占世界 6.7%的淡水径流量生产了世界 43.5%以上的淡水养殖产量。我国人均水产品占有量自 1995 年起达到和超过世界平均水平，水产品产量自 1989 年起至今一直居于世界首位。

1. 长江、淮河流域淡水水产区

长江、淮河流域淡水水产区包括秦岭—淮河以南、南岭以北的长江中下游平原、盆地和丘陵区，是我国最大的淡水水产基地，水产占全国的 60%以上，淡水鱼苗占全国的 70%以上。区内鱼种多，特种水产品多，主要经济鱼类有被称为“四大家鱼”的青鱼、草鱼、鲢鱼、鳙鱼；有鲤鱼、鲫鱼、鳊鱼、虾、甲鱼、河蟹等家养、野生皆宜的多种水产；有鳗鱼、鲚鱼等洄游鱼类；还有巢湖、太湖的特产银鱼。

2. 华南塘鱼精养区

华南塘鱼精养区包括两广和福建南部，是全国第二大淡水渔区。这里地处热带、亚热带，鱼类生长期长，生长迅速，是全国淡水鱼单产最高的地区。此区以养殖为主，品种主要有草鱼、鲫鱼、鲢鱼、鲤鱼、青鱼等。珠江三角洲已形成农、渔、副结合最经济、合理的农业生态系统。

3. 华北平原及黄土高原塘库粗养渔区

华北平原及黄土高原塘库粗养渔区包括秦岭—淮河以北、长城以南、黄土高原西缘以东的地区。该区水源不充分，水域面积小，水库洼塘分散，管理粗放，单产较低，以塘库粗养为主。主要经济鱼类有鲤鱼、鲫鱼、鳊鱼、鳜鱼、草鱼等，以黄河鲤鱼和白洋淀河蟹最为著名。

4. 东北河、湖、库、泡渔业区

东北河、湖、库、泡渔业区包括黑龙江、吉林、辽宁 3 省，河、湖、库、泡子面积大，气候寒冷，是中国冷水鱼类的产区之一。特产有镜泊湖的鲫鱼、兴凯湖的大白鱼、嫩江的哲罗和细鳞鱼，名贵品种有大马哈鱼、鲑鱼、鲟鱼和鳇鱼。本区捕捞历史悠久，但养殖历史短。

2017 年我国渔业总产值分布/亿元

第二节　中国工业地理概况

工业是国民经济中最重要的物质生产部门之一，它决定着国民经济现代化的速度、规模和水平，在当代世界各国国民经济中起着主导作用。

工业分为重工业和轻工业两大类。重工业是指为国民经济各部门提供物质技术基础的主要生产资料的工业，是为国民经济各部门提供原材料、燃料、动力和技术装备的基础工业，是实现社会再生产和扩大再生产的物质基础。一个国家重工业的发展规模和技术水平，是体现其国力的重要标志。轻工业是指生产消费资料的部门，如纺织工业、食品工业、家电工业、制药工业。

我国目前主要有四大工业基地：一是我国北方最大的综合性工业基地——京津唐工业基地，以重工业闻名；二是我国最大的重工业基地——辽中南工业基地；三是我国最大的综合性工业基地——沪宁杭工业基地，也就是长江三角洲地区；四是我国以轻工业为主的综合性工业基地——珠江三角洲工业基地，以轻工业为主。

一、中国的重工业

我国的重工业包括能源工业、钢铁工业、机械工业、化学工业、装备制造业等行业。

1. 能源工业

能源工业主要指煤炭工业、石油天然气工业和电力工业。

2017 年我国煤炭消费量分布/万吨

1）煤一直是我国的主要能源。我国是“富煤、贫油、少气”的国家，这一特点决定了煤炭将在一次性能源生产和消费中长期占据主导地位。目前，我国煤炭可供利用的储量约占世界煤炭储量的 11.67%，位居世界第 3 位。我国是当今世界上第一产煤大国，还是世界煤炭消费量最大的国家。

我国煤炭资源北多南少、西多东少，煤炭资源的分布与消费区分布极不协调。从各大行政区内部看，煤炭资源分布也不平衡。例如，华东地区的煤炭资源储量的 87%集中在安徽、山东，而工业主要在以上海为中心的长江三角洲地区；中南地区煤炭资源的 72%集中在河南，而工业主要在武汉和珠江三角洲地区；西南煤炭资源的 67%集中在贵州，而工业主要在四川；东北地区有 52%的煤炭资源集中在北部黑龙江，而工业集中在辽宁。

煤炭工业的分布和煤炭资源的分布基本一致。大型煤炭基地有山西大同、河北开滦、河南平顶山、安徽淮北、山东兖州、江苏徐州、黑龙江鸡西、辽宁铁法等。

2）石油天然气工业是我国重要的能源工业之一。多年来我国原油产量稳定在 1.3 亿吨以上，在国内一次能源构成中石油和天然气约占 1/4。石油、天然气工业主要分布在东北松辽石油基地、华北及环渤海油气产区、四川天然气基地和新疆石油基地。除在陆地建成了一大批特大型、大型石油天然气生产基地外，还在海上建成了渤海、南海东部、南海西部等海上油田。相比煤炭、石油这些对环境影响较大的能源，天然气是清洁能源，在当前国内能源转型升级的大背景下扮演着越来越重要的角色。我国政府正在提倡尽力“减煤、增油、发展气”，降低二氧化碳排放量，减少污染，多种清洁能源综合利用。

2017 年我国天然气产量分布/亿立方米

2017 年我国原油产量分布/万吨

3）水电和核电。近年来，我国电力工业秉承“因地制宜，水火并举，适当发展核电”的发展方针，发展非常迅速。水力资源丰富的地区重点发展水电站，煤和石油产区重点发展火电站，沿海及北方风力大的地区发展风力发电站，能源缺乏的地区修建核电站。目前，我国共有水电站 46 000 多座，水电装机容量达 33 000 万千瓦，其中规模以上水电站就有 22 000 多座，长江三峡水电站、溪洛渡水电站、白鹤滩水电站、向家坝水电站等都是在世界排名靠前的巨型水电站。目前，我国已建、在建、筹建及规划中的核电站已达 46 座之多。已建成投入使用的核电站有浙江秦山核电站、广东大亚湾核电站、江苏连云港田湾核电站、广东岭澳核电站、辽宁红沿河核电站、宁德核电站、阳江核电站。各大电网已覆盖了中国所有城市和大部分农村。2017 年，我国全部类型发电中，火电、水电、风电、核电占比分别为 75.1%、13.2%、4.2%、6.1%。由于国家鼓励清洁能源、限制火电发展，因此，在 4 种发电类型中火电增速最为缓慢，火电在总发电量中占比呈下降趋势。

2. 钢铁工业

钢铁产业作为一个原材料的生产和加工部门，是实现工业化的支撑产业，是技术、资金、资源、能源密集型的产业，在整个国民经济中具有举足轻重的地位。目前，全国有 4000 多家钢铁企业，其中有炼铁、炼钢能力的企业约 565 家。

2017 年我国钢材产量分布/万吨

我国钢铁产业区域布局呈现以下特点。

1）东多西少，北重南轻。从地理位置分布的角度来说，钢铁的产量和产能都集中于我国北部和东中部地区。北方地区粗钢生产规模占全国的 60%左右，东南地区则长期缺乏大型钢厂。

2）内陆多，沿海沿江少。进入 21 世纪，我国以宝钢、曹妃甸、鞍钢鲅鱼圈为代表的钢铁产业沿海型布局战略逐步推动，但受钢铁行业整体疲软的影响，效果并不理想。因此仍是内陆型钢铁企业为主导的格局。

3）资源依托型为主的格局仍未根本改变。国家发展和改革委员会（以下简称国家发改委）分析报告指出，与发达国家相比，我国钢铁集中度依然过低，企业数量多、规模小、布局分散的局面尚未得到根本改变，仍然延续依托资源为主的布局。例如，河北粗钢产量和原矿产量均居全国各省之首，东北鞍钢、内蒙古包钢、山西太钢、安徽马钢、四川攀钢、甘肃酒钢等企业都是在当地铁矿石资源基础上发展起来的重要钢铁生产基地。

4）钢厂城市型布局明显。我国钢铁企业一大部分位于城市。据统计，我国 75 家重点钢铁企业有 18 家建在直辖市和省会城市，有 34 家建在百万人口以上的大城市。

3. 机械工业

机械工业素有“工业的心脏”之称，它为工业、农业、交通运输业、国防等提供技术装备，是整个国民经济和国防现代化的物质技术基础。经过多年努力，我国已经建立起具备一定规模和技术水平的现代化机械工业系统，家电等若干产品的产量已居世界第 1 位。不过，国内经济发展的不平衡性决定了机械工业在地域分布上呈现出较大集中度。2017 年，中国机械工业百强企业排名中，长江三角洲地区有 37 家，珠江三角洲地区有 3 家，环渤海湾地区有 27 家。企业数最多的前 3 个省份分别是浙江（24 家）、江苏（11 家）、山东（10 家）。

4. 化学工业

化学工业属于知识和资金密集型产业，主要分为无机化学和有机化学工业两大类，可细分为化肥、农药、合成橡胶、感光材料、橡胶制品、塑料制品、石油化工、日用化工、医药化工等行业。我国是公认的化工大国，绝大多数化工品产能已居于世界第一。上海、北京、天津、沈阳、大连等地是我国重要的化学工业基地，其产品不仅可满足国内需要，还出口到100多个国家和地区。

5. 装备制造业

装备制造业。改革开放以来，我国装备制造业规模迅速扩大，目前，220多种主要工业产品产量居世界第一，汽车产量世界第一，钢铁产量是美国、日本、俄罗斯、印度4个国家的综合，全球近80%的空调、70%的手机、鞋帽及服装是中国制造。但与发达国家相比，我国还不是制造强国，随着市场竞争的加剧和产业结构的不断升级，发展高端装备制造业将成为不可回避的现实问题。我国装备制造体系日趋完善，实现了智能制造装备、节能和新能源汽车、船舶及海洋工程装备、轨道交通装备、民用航空航天装备等多头并进的良好态势，技术创新和应用能力显著增强。

从制造业空间分布的区域来看，目前，中国高端装备制造已初步形成以环渤海、珠江三角洲、长江三角洲地区为核心，湖北、湖南、江西等中部产业区，以及重庆四川等西部地区快速发展的产业空间格局，其中环渤海、珠江三角洲、长江三角洲地区及中部3省已呈现明显的产业集聚特征。

二、中国的轻工业

轻工业是以中小企业为主体的工业，其主要原料来自农业及化工等部门，一般具有投资少、建设周期短、资金周转快、积累多的特点。轻工业的发展速度与人民收入不断提高、生活不断改善有着直接联系，同时也受原料供应、装备水平的制约。

轻工业地理分布呈现以下特点。

1）很多轻工业部门需用原料数量大，有些原料或成品易腐坏变质，因此多分布在运输方便的地区。

2）轻工业产品是供人们消费的，很多轻工业部门又需要大量劳动力，所以轻工业地理分布与人口密度分布具有相当大的一致性。

3）食品工业，在大、中城市一般具有较大发展规模；而耐用工业品生产，更集中分布在人口稠密、文化技术水平高的大中城市。

4）轻工业的地理分布较重工业分散，但也有其相对集中的地区。

我国轻工业常见行业分布区域如表7.4所示。

表 7.4　我国轻工业常见行业分布区域

产业名称	产业特点	分布区域
纺织工业	深受消费因素、原料和劳动力因素的影响，其中消费是影响布局的主导因素	① 以上海为中心的苏浙皖地区 ② 以武汉为中心的湘鄂赣地区 ③ 以重庆为中心的四川盆地地区 ④ 以天津为中心的京津冀地区 ⑤ 以青岛、济南为中心的山东地区 ⑥ 以郑州为中心的河南地区 ⑦ 以山西为中心的山西地区 ⑧ 北京地区、东北地区及西北地区等
服装加工工业	靠近商品棉产地和大型印染厂，有丰富的人力资源	上海、广州、北京、天津、大连、石狮（福建）、青岛、深圳、汕头、武汉、宁波、珠海、哈尔滨、南京和成都等地
食品工业	粮食加工工业：受原料产地影响有强烈的地域性；产品销售市场十分普遍，受消费密度和运输条件影响较大	① 碾米工业：主要分布在苏、浙、鄂、赣、皖、粤及黑、吉、辽等稻谷集中产区和大米消费区 ② 面粉工业：主要集中在长江以北的小麦主产区和全国主要消费区
	食用植物油脂工业：原料及成品不宜久存和长途运输，布局要求在原料产地	① 花生：主要分布在山东、广东、河南、福建 ② 油菜籽：主要分布在江苏、上海、浙江、四川 ③ 芝麻：主要分布在河南、安徽、湖北 ④ 大豆：主要分布在黑龙江、吉林、辽宁 ⑤ 茶油：主要分布在湖南 ⑥ 棕榈油：主要分布在广东、云南
	制糖工业：原料加工后失重性大，不宜久存和长途运输，布局要求在原料产地	① 甘蔗：主要分布在广西、广东、云南、福建、四川、海南 ② 甜菜制糖工业：主要分布在黑龙江、吉林、内蒙古、新疆
	制盐工业：受自然条件影响大，消费面广，供应量大，体积笨重，价格低廉，不宜远途运输	① 海盐：主要分布在北方（长芦盐区、辽东盐区、山东盐区、苏北盐区），南方（莺歌海盐区） ② 湖盐：主要分布在内蒙古（吉兰泰）、甘肃（雅布赖）、青海（茶卡、察尔汗） ③ 矿盐：主要分布在湖北应城、云南一平浪、湖南津市、衡阳 ④ 井盐：主要分布在四川自贡、乐山、盐源
	制茶工业：按自然、经济条件一致，茶树品种、栽培、茶叶加工及今后茶叶生产发展任务相似进行茶区划分。我国一级茶区共 4 个，涉及 21 个地区的上千个市（县）	① 江北产区：包括河南、山西、甘肃、山东、安徽、江苏、湖北北部地区，主要生产绿茶 ② 华南产区：包括广东、广西、福建和海南的南部地区，主要生产红茶、乌龙茶、花茶、白茶 ③ 西南产区：我国最早的茶叶生产地区，包括云南、贵州、四川南部、西藏东部，主要生产红茶、绿茶、黑茶 ④ 江南产区：是中国主要的茶产区，产量约占全国的 2/3，包括浙江、湖南、江西、安徽、江苏、湖北南部地区，主要生产绿茶、红茶、花茶
	卷烟工业：初加工宜在烟叶产地进行，卷烟宜在技术条件高、协作条件好、人口集中、技术水平较高的消费中心	上海、天津、青岛、武汉、哈尔滨、昆明、玉溪、杭州、长沙、许昌等是全国主要卷烟生产中心

续表

产业名称	产业特点	分布区域
食品工业	酿酒工业：受原材料、技术、水质、气候的影响很大，宜在技术条件高、气候适宜、靠近原材料产地的地方生产	① 白酒：著名的白酒有仁怀的茅台酒、汾阳的汾酒、宜宾的五粮液、泗阳的洋河大曲、绵竹的剑南春、遵义的董酒、凤翔的西凤酒、泸州的老窖特曲、成都的全兴大曲、武汉的黄鹤楼酒、泗洪的双沟大曲等，均被评为国家名酒 ② 啤酒：主要的生产中心为青岛、上海、北京、广州、哈尔滨、沈阳、杭州等。青岛啤酒最负盛名，畅销国内外市场 ③ 黄酒：以浙江、江苏、福建 3 省为最多。浙江是全国最大的黄酒生产省。北方黄酒以小米为原料，生产主要分布在山东、辽宁、河北和内蒙古等地区 ④ 葡萄酒：集中分布于北方地区，以山东、天津、北京、河北、河南、江苏等地区的产量较大。著名的葡萄酒产地有烟台、天津、北京、青岛、沙城、民权等 ⑤ 果露酒：果酒和露酒的总称。果酒以水果为原料经发酵酿制而成，生产分布趋向水果产地。露酒是配制酒，生产分布趋向原酒产地
造纸工业	原料笨重，不宜远途运输，应就地取材，就地生产，既接近消费区，又接近原料产地。考虑到水源、排污因素，多布局于河流下游	① 东北三省：东北地区木材和芦苇资源丰富，具有发展造纸工业的良好条件，是我国重要的造纸工业基地，目前 3 省都有较大的造纸中心 ② 华东区：目前为我国最大的造纸工业产区，其中山东规模最大，上海是我国高级纸张生产中心，福建是我国新闻纸的主要产地之一 ③ 华北地区：天津是最重要的造纸中心。大型造纸中心还有北京、河北保定、山西太原、内蒙古扎兰屯等 ④ 中南地区：造纸工业发达，是我国重要的造纸工业产区。纸张产量占全国总产量的 30% ⑤ 西南地区以四川省纸张产量最大，西南地区以竹子、禾草、木材、龙须草为原料制浆造纸，造纸工业不发达，产量较少，但潜力很大。主要造纸工业集中在宜宾、重庆、青城、乐山、江油等地，宜宾为西南地区最大的造纸基地 ⑥ 西北地区造纸工业基础差，又受原料、水源等的限制，发展迟缓，目前以陕西产量为最大，主要造纸基地有咸阳、宝鸡、西安等。新疆的博斯腾湖拥有丰富的芦苇资源，发展潜力巨大
家用电器工业	受原材料、技术、经济、交通的影响较多	主要生产地分布于上海、常州、北京、天津、广州、南京等大中城市，分布较广

第三节　中国交通运输地理概况

一、中国交通运输发展概况

现代交通运输在我国的兴起以 1872 年招商局购置第一艘蒸汽机船为标志，时间上比西方落后了 65 年。此后，1876 年，中国修建了第一条铁路；1902 年，进口了第一辆汽车；1906 年，修建了第一条公路；1929 年，我国的航空事业开始起步。中华人民共和国的成立揭开了中国交通运输业的新篇章，尤其是改革开放以来，取得了巨大的成绩，目前已形成铁路、公路、民用航空、水运和管道组成的综合交通运输网络。2017

年各种运输方式线路长度如表 7.5 所示。

表 7.5　2017 年各种运输方式线路长度　　单位：万千米

项目	1980 年	1990 年	2000 年	2010 年	2016 年	2017 年
铁路营业里程	5.3	5.7	6.8	9.1	12.4	12.7
其中：复线里程	1.0	1.3	2.1	3.7	6.8	7.2
电气化里程	0.2	0.6	1.4	4.2	8.0	8.7
公路总里程	88.3	102.8	167.9	400.8	469.6	477.3
其中：高速公路	0	0.1	1.6	7.4	13.1	13.6
内河通航里程	10.8	10.9	11.9	12.4	12.7	12.7
民用航空	19.5	50.6	150.2	276.5	634.8	694.6
国际航线	8.1	16.6	50.8	107.0	282.8	376.3
其中：管道	0.8	1.5	2.4	7.8	11.3	13.3

注：①2006 年起，村道正式纳入公路里程统计；②高速公路通车里程自 1988 年开始统计计算。

2017 年，货物运输总量达 472.4 亿吨，货物运输周转量 192 588.5 亿吨公里。2017 年，旅客运输总量达 184.8 亿人次，旅客运输周转量达 32 812.5 亿人公里。

改革开放以来，国内多节点、全覆盖的综合交通运输网络初步形成，“五纵五横”综合运输大通道基本贯通，一大批综合客运、货运枢纽站场（物流园区）投入运营，运输装备发展不断升级，运输服务水平显著提升，科技创新和应用实现重大突破，交通运输市场体系、管理体制和法规体系不断完善。

二、中国铁路运输地理

（一）我国铁路运输概况

铁路运输具有运能大、成本低、能耗少、速度快的优势。在各种运输方式中，铁路一直承担着最多的客货运输任务，特别在中、长途客、货运输和大宗货物的运输方面，它将长期发挥国民经济大动脉的重要作用。

我国第一条铁路 1876 年在上海至吴淞间筑成，长 14.5 千米。中华人民共和国成立以来，国家大规模有计划地恢复、改造既有铁路和修筑新线。2006 年 7 月 1 日，青藏铁路格尔木至拉萨全线开通运营后，全国各省、自治区、直辖市都已有铁路相通。截至 2017 年年底，全国铁路营运里程达 12.7 万千米，其中高铁营运里程超过 2.5 万千米，占世界高铁运营总里程的 60%以上，位居全球第一。高铁与其他铁路共同构成的快速客运网已达 4 万千米以上，全国铁路路网密度为 32.2 千米/万平方千米。2017 年，铁路完成旅客发送量达 30.8 亿人，旅客周转量达 13 456.9 亿人公里；完成货运总发送量达 36.8 亿吨，货运总周转量达 24 091.7 亿吨公里。

（二）我国铁路网主要干线的布局

线路是铁路运输的基本设备，铁路线网的布局和发展是否合理，直接关系到国民经济发展的需要。中华人民共和国成立以来，我国铁路网布局日趋合理。目前，铁路网已遍及全国各省、自治区、直辖市，特别是重要的铁路干线已经伸展到西北、西南广大腹地，改变了内地交通闭塞的状况。

我国铁路网组成的基本特点是以北京为中心，形成了几条主要的纵向和横向线路组成的铁路骨架。南北向的纵干线有京广线、京沪线、京九线、太焦—焦枝—枝柳线、宝成—成昆线、成渝—川黔—黔桂线；东西向的横干线有京包—包兰线、陇海—兰新线（第二条欧亚大陆桥）、沪杭—浙赣—湘黔—贵昆线、湘桂线、襄渝线、南昆线。这些主干线路相互交叉，构成了关内联系各地区的铁路网骨架。东北的铁路密度很高，京沈线、京承—承锦线、京通线 3 条铁路把山海关内外的铁路连接起来。此外，还通过一些支线、联络线、专用线等，将全国主要的工矿城镇及农林牧生产基地联结成为一个铁路网。我国台湾地区内有贯通南北的铁路干线。现介绍我国关内的主要铁路线。

1. 南北铁路干线

（1）京广线

京广线北起北京，南止广州，横贯我国中部，经过河北、河南、湖北、湖南、广东等省，跨越海河、黄河、淮河、长江、珠江五大流域，连接华北平原、长江中下游平原、珠江三角洲，全长 2 324 千米。

京广线是我国关内地区主要的南北向铁路，为我国铁路网的中轴。在北端北京交汇了京秦、京包、京原、京通、京承、京沈等铁路线。在南端广州交汇了京九线、广茂线和广梅汕线，可达香港、茂名和汕头。

京广线的货运量巨大，由北向南的物资主要有煤、钢材、木材、石油及机械等，以及经由黄埔港出口的物资。由南向北运的物资主要有稻米、桐油、蔗糖、茶叶、有色金属及南方出产的水果等，以及黄埔港进口运往内地的物资。

（2）京沪线

京沪铁路北起北京，经天津南下，纵贯北京、天津、河北、山东、安徽、江苏和上海等地，跨越海河、黄河、淮河和长江四大水系，全长 1 462 千米，是我国东部沿海地区的南北交通大动脉。

京沪线沿线是东部沿海经济发达地区，有许多重要工业城市，大型煤、石油基地和粮棉集中产区，所经地区人口稠密、工农业发达，人员和物资交流频繁。京沪线是全国客、货运繁忙的干线之一。下行方向运输的主要物资有煤、石油、木材、钢铁、棉花、油料和杂粮等，上行的货流有机电设备、仪表、布匹、面粉、百货及茶叶等。

（3）京九线

京九线北起北京，经天津、河北、山东、河南、安徽、湖北、江西、广东，南至香港九龙，全长 2 364 千米。京九线是我国铁路建设史上规模最大、投资最多、一次建成里程最长的铁路干线。自 1995 年 11 月建成并投入运营以来，它对完善我国铁路布局，缓和南北运输紧张状况，带动沿线地方资源开发，推动革命老区经济发展，加快老区人民脱贫致富，促进港澳地区稳定繁荣，具有十分重要的意义。

（4）京哈线

京哈线起于北京，经天津、河北、辽宁、吉林、黑龙江等地，终点在东北北部最大城市哈尔滨，全长 1 388 千米，是东北通往首都和全国各地的一条铁路干线。

（5）焦柳线

焦柳线北起山西大同，经太原、焦作、枝城达广西柳州，基本上与京广线平行。焦柳线沿线经过五省（区），跨越三大流域，纵贯黄土高原、豫西山地、江汉平原、湘西山地和两广丘陵。全长 2 395 千米，沿线盛产粮、棉、油、烟叶等农副产品及煤、有色金属等矿产。该线对改善我国铁路布局，提高晋煤外运能力，分流京广运量，都具有重要作用。

（6）宝成—成昆线

宝成—成昆线北起陇海线上的陕西宝鸡，经凤县、阳平关、广元、绵阳、广汉、成都、峨眉、西昌、德昌、元谋，直达昆明，全长约 1 769 千米。宝成—成昆线经秦岭入剑门，飞越大渡河，穿过大、小凉山，横跨金沙江，沿线地形复杂，工程艰巨，全线除极少数线路过平原、丘陵外，其余路线均穿行在崇山峻岭、悬崖峭壁、高山深谷、川大流急、地质复杂、气候多变的地区。

宝成—成昆线共有隧道数百座、桥梁 1 000 多座，隧道和桥梁总长度达 510 多千米，占线路总长度的 40%，在隧道里或桥梁上建成很多地下车站和空中车站，工程之艰巨，为世界铁路建筑史上所罕见。该线在宝鸡与陇海线衔接，在成都与成渝线相接。沿线是我国特产丰富的多民族聚居地区，蕴藏着丰富的矿产资源和森林资源，铁路的建成促进了西南地区经济建设，加强了民族团结，也是连接西北地区的重要通道。

2. 东西铁路干线

（1）京包—包兰线

京包—包兰线东起北京，经张家口、大同、集宁、呼和浩特、包头、石嘴山、银川而达兰州，是沟通华北、西北的铁路干线，全长 1 813 千米。这条线通过大同、集宁可连接同蒲和集二线，把山西和内蒙古锡林郭勒地区与全国密切联系起来，并减轻了陇海线的部分压力。

京包—包兰线沿线煤、铁、池盐、磷矿等资源丰富，又分布着我国重要的畜牧业基地和商品粮基地。西运货物主要有钢铁、机械、木材等；东运货物以煤炭、矿石、畜产品为主。该线对促进华北和西北经济联系，分担陇海线运输压力，建设少数民族地区及巩固边防都有着重要意义。

（2）陇海—兰新线

陇海线东起连云港，由海拔不足 50 米的海滨港口，向西穿过豫中平原、关中平原，再越过西北黄土高原而到达海拔 1 500 米的兰州，沿途经徐州、开封、郑州、洛阳、三门峡、潼关、西安、咸阳、宝鸡、天水等重要的城镇，是横贯我国中部沟通华东和西北地区的运输大动脉，全长约 1 760 千米，先后交合京沪、京九、京广、焦枝、宝成、包兰等重要铁路干线；兰新线起自兰州，向西经张掖、酒泉、嘉峪关、吐鲁番、乌鲁木齐、昌吉、石河子、乌苏、博乐至阿拉山口，全长 2 459 千米。陇海—兰新线是我国又一条重要的国际干线，也是第二欧亚大陆桥的组成部分，这有利于对外开放、积极开展对外贸易，沟通我国同西亚、欧洲的联系，并通过连接海运，把欧亚大陆和北美等大洲顺利、快捷地联系起来。

陇海—兰新线横贯我国中部地带，把经济发达的东部沿海地区与西北边疆地区连接起来，是一条具有重要经济、政治、国防意义的铁路干线。

（3）沪杭线—浙赣线—湘黔线—贵昆线

沪杭线—浙赣线—湘黔线—贵昆线组成了一条横贯我国江南地区的东西向交通大动脉。它东起东海之滨的上海，西到云贵高原的昆明，贯通上海、浙江、江西、湖南、贵州和云南五省一市，连接长江三角洲、江南丘陵和云贵高原，全长 2 677 千米，是横贯江南的东西大动脉。该线东段人口密集、工农业发达，西段煤、铁等资源丰富。东运的货物主要有粮食、木材、有色金属等，西运的货物主要有钢铁、机械、水泥、日用百货等。这条铁路线对加强华东、中南和西南地区的经济联系具有重要的作用。

此外，还有沟通我国东北地区的京沈线、京通线、京承线，以及关外以哈尔滨和沈阳为中心的铁路线。

（4）京沈—京通—京承线

京沈线自北京经天津、唐山过山海关沿渤海北岸斜穿辽西走廊过锦州而达沈阳，全长 840 千米。全线均为复线，并采用了自动闭塞装置和电力机车运行，为我国通过能力最大的铁路干线之一。京沈线是我国关内和东北两大铁路网联系的主要干线，关内外物资交流大部分由京沈线负担，所以其运输任务极为繁重。

京通线从北京昌平，经隆化、赤峰，而抵通辽。连同北京郊区怀柔至怀北，河北承德至隆化的两条联络支线，全长 870 千米。它是沟通我国关内外的第二条主要交通干线，对于减轻京沈线的运输压力、支援工业发展具有重要的意义。

京承线及相连的锦承线也是沟通关内外的重要铁路干线之一，自北京经过通州、怀柔、兴隆、承德、建平、朝阳而达锦州，全长 700 多千米。它是京沈线的又一条辅助路线，对加强关内外的经济联系起着重要作用。

（5）哈大线和滨州—滨绥线

哈大线北起哈尔滨，经长春、四平、沈阳、鞍山，而达我国东北滨海的重要海港大连，全长 944 千米，全线均铺设复线。

滨州—滨绥线西起满洲里，经海拉尔、富拉尔基、安达、哈尔滨、牡丹江而达绥芬河，全长 1 500 多千米。哈大线和滨州—滨绥线在哈尔滨相会，构成了东北铁路线网“丁”的骨干，并通过沈阳、四平、长春、哈尔滨、牡丹江及齐齐哈尔等铁路枢纽，联系了东北地区五六十条干支线，将城市和工矿区连成一个经济整体。

哈大线纵贯南北，滨州—滨绥线横跨东西，东西端分别在绥芬河和满洲里与俄罗斯西伯利亚铁路接轨，成为我国对外贸易的桥梁。

我国台湾地区的铁路干线纵贯南北，除东部沿海从基隆经花莲到台东的一条外，其余分布在中央山脉以西平原、丘陵地带。主要是窄轨铁路多，约占总长度的 70%，所以运输能力较低。西部铁路主要干线北起基隆，经台北、新竹、台中、嘉义、台南而至高雄，全长 408.5 千米。沿线是台湾最主要的工农业生产地区，基隆、台北、台南、高雄是重要的工业城市。台西平原以盛产稻米、甘蔗而著称。沿线连接了许多与山区沟通的森林支线，据不完全统计，在台湾地区铁路中，地方和森林支线占全地区总长的 80%左右。

（三）我国铁路枢纽布局

铁路枢纽是指几条铁路干线相衔接的地点，是由若干个车站（包括货运站、客运站、工业站、编组站等）、站间联络线、进站线和信号所组成的总体。某些客货运输业务繁忙的尽头站或水陆联运站，也可形成铁路枢纽。若干个规模大小和性质不同的铁路枢纽把所有干线联结成一个整体，以保证客货运输在路网上及时而又迅速地移动。因此，网中枢纽的布局及其技术装备的作业能力直接影响着客货运量的大小及行车速度的高低。我国铁路枢纽的所在地区常常也是全国或省区的政治、经济中心或为大工业基地、水陆码头、游览地区等。目前，我国铁路枢纽约 40 个，重点铁路枢纽如表 7.6 所示。

2017 年我国铁路营业里程/万千米

表 7.6　我国重点铁路枢纽情况

铁路枢纽	所在地	交汇线路	备注
北京	北京	京哈线、京沪线、京广线、京九线、京包线、京通线、京承线、沙通线、丰沙线及京原线	全国铁路、航空、公路综合运输网的中枢
天津	天津	京哈线、京沪线	北方最大的水陆交通枢纽之一，首都北京的门户
沈阳	辽宁	京沈线、沈吉线、沈大线、沈芦线和沈丹线	东北地区南部的重要铁路、水路和公路综合枢纽
哈尔滨	黑龙江	哈大线、滨州线、滨绥线、滨吉线、滨佳线	东北地区北部的重要铁路、水路和公路综合枢纽
大连	辽宁	哈大线终端	东北最大的港口，海运、航空和管道等运输方式所组成的综合性运输枢纽
郑州	河南	京广线、陇海线	我国铁路的心脏
徐州	江苏	京沪线、陇海线	铁路、公路的综合枢纽，军事地位极为重要
武汉	湖北	京广线、汉丹线、武大线	水陆联运枢纽
广州	广州	京广线、广深线、广三线	南方门户，水运、铁路、航空的综合枢纽
上海	上海	京沪线、沪杭线	我国最大的城市，重要水运、铁路、航空综合交通枢纽
西安	陕西	陇海线、西铜线、西侯线、西延线、西康线	西北地区的政治、经济和文化中心城市
兰州	甘肃	陇海线、兰新线、包兰线、兰青线	联结内地与西北边疆的重要枢纽
重庆	重庆	成渝线、襄渝线、川黔线	西南地区的经济中心，重要的水陆联运码头
昆明	云南	成昆线、贵昆线、南昆线、昆渝线	西南边陲的重要城市

（四）《中长期铁路网规划》简介

铁路是综合交通运输体系的重要组成部分，也是国民经济发展的大动脉，目前我国铁路密度还低于发达国家，路网布局还不够完善，尤其是中西部铁路发展不足。为促进铁路网建设与交通大动脉建设支撑经济社会升级发展，经国务院批准，国家发改委联合交通运输部、铁路总公司于2016年印发了《中长期铁路网规划》。

1.《中长期铁路网规划》的发展目标

《中长期铁路网规划》期限为2016～2025年，远期展望到2030年。

到2020年，一批重大标志性项目建成投产，铁路网规模达到15万千米，其中高速铁路3万千米，覆盖80%以上的大城市，为完成“十三五”规划任务、实现全面建成小康社会目标提供有力支撑。

到2025年，铁路网规模达到17.5万千米左右，其中高速铁路3.8万千米左右，网络覆盖进一步扩大，路网结构更加优化，骨干作用更加显著，更好发挥铁路对经济社会发展的保障作用。

展望到2030年，基本实现内外互联互通、区际多路畅通、省会高铁连通、地市快速通达、县域基本覆盖。

2.《中长期铁路网规划》的主要方案

《中长期铁路网规划》的主要方案包括以下3部分。

1）高速铁路网。在原规划“四纵四横”主骨架基础上，增加客流支撑、标准适宜、发展需要的高速铁路，同时充分利用既有铁路，形成以“八纵八横”主通道为骨架、区域连接线衔接、城际铁路补充的高速铁路网。

《中长期铁路网规划》还明确划分了高速铁路网建设标准。高速铁路主通道规划新增项目原则采用时速250千米及以上标准（地形地质及气候条件复杂困难地区可以适当降低），其中沿线人口城镇稠密、经济比较发达、贯通特大城市的铁路可采用时速350千米标准。区域铁路连接线原则采用时速250千米及以下标准。城际铁路原则采用时速200千米及以下标准。

具体规划方案：一是构建“八纵八横”高速铁路主通道。“八纵”通道为沿海通道、京沪通道、京港（台）通道、京哈—京港澳通道、呼南通道、京昆通道、包（银）海通道、兰（西）广通道；“八横”通道为绥满通道、京兰通道、青银通道、陆桥通道、沿江通道、沪昆通道、厦渝通道、广昆通道。二是拓展区域铁路连接线。在“八纵八横”主通道的基础上，规划布局高速铁路区域连接线，目的是进一步完善路网，扩大高速铁路覆盖。三是发展城际客运铁路。在优先利用高速铁路、普速铁路开行城际列车服务城际功能的同时，规划建设支撑和引领新型城镇化发展、有效连接大中城市与中心城镇、服务通勤功能的城市群城际客运铁路。

2）普速铁路网。重点围绕扩大中西部路网覆盖，完善东部网络布局，提升既有路网质量，推进周边互联互通。

具体规划方案：一是形成区际快捷大能力通道。包含12条跨区域、多径路、便捷化的大能力区际通道。二是面向“一带一路”国际通道。从西北、西南、东北3个方向推进我国与周边互联互通，完善口岸配套设施，强化沿海港口后方通道。三是促进脱贫攻坚和国土开发铁路。从扩大路网覆盖面，完善进出西藏、新疆通道和促进沿边开发开放 3 个方面提出了一批规划项目。四是强化铁路集疏运系统。规划建设地区开发性铁路，以及疏港型、园区型等支线铁路，完善集疏运系统。

3）综合交通枢纽。枢纽是铁路网的重要节点，为更好发挥铁路网整体效能，配套点线能力，《中长期铁路网规划》按照“客内货外”的原则，进一步优化铁路客、货运枢纽布局，形成系统配套、一体便捷、站城融合的现代化综合交通枢纽，实现客运换乘“零距离”、物流衔接“无缝化”、运输服务“一体化”。

我国中长期高速铁路规划图

上述路网方案实现后，远期铁路网规模将达到 20 万千米左右，其中高速铁路 4.5 万千米左右。全国铁路网全面连接 20 万人口以上城市，高速铁路网基本连接省会城市和其他 50 万人口以上大中城市，实现相邻大中城市间 1～4 小时交通圈、城市群内 0.5～2 小时交通圈。

三、中国公路运输地理

（一）我国公路运输概况

同其他运输方式比较，公路汽车运输具有机动灵活、使用方便、技术要求低、投资少、周转迅速等特点。因此，它是目前发展最快、应用最广、日趋重要的一种运输方式。

2013～2017 年全国公路总里程及公路密度

改革开放以来，我国公路运输进入了一个新的发展时期，公路里程、公路运输量和民用汽车保有量均大幅度增长。目前，公路网已覆盖全国所有省、自治区和直辖市，以国道为主干线，以省道、县乡道路为支线的全国公路网已初步形成。截至 2017 年年末，全国公路总里程达 477.3 万千米，比 2016 年增加 7.8 万千米。公路密度达 49.7 千米/百平方千米，增加 0.81 千米/百平方千米。国道为 35.8 万千米，省道为 33.3 万千米。农村公路里程为 400.9 万千米，其中县道达 55.0 万千米，乡道 115.7 万千米，村道为 230.1 万千米。全国通公路的乡（镇）占全国乡（镇）总数的 99.99%。全国公路桥梁 83.2 万座、5 225.6 万米，比 2016 年增加 2.7 万座、308.6 万米，其中特大桥梁 4 646 座、826.7 万米，大桥 91 777 座、2 424.3 万米。全国公路隧道 16 229 处、1 528.5 万米，增加 1 048 处、124.5 万米，其中，特长隧道 902 处、401.3 万米，长隧道 3841 处、659.9 万米。公路建设的快速发展，为公路运输发挥在综合运输体系中的基础作用奠定了良好的基础。

2013 年，国务院批准了《国家公路网规划（2013 年—2030 年）》，根据该规划，总规模为 40.1 万千米的国家公路网由普通国道和国家高速公路两个路网构成。普通国道网由 12 条首都放射线、47 条北南纵线、60 条东西横线和 81 条联络线组成，总规模约为 26.5 万千米。国家高速公路网由 7 条首都放射线、11 条北南纵线、18 条东西横线，以及地区环线、并行线、联络线等组成，约为 11.8 万千米；另规划远期展望线 1.8 万千米，主要位于西部地广人稀的地区。按照目前的政策取向，未来我国公路交通由两大体系构成：一类是以高速公路为主的收费公路体系，提供更高效、更集约、更舒适的服务；另一类以不收费的公路体系为主，由国家公路、省级公路和乡村公路组成，覆盖所有的行政村、乡、县、市、口岸、重要经济节点，为经济社会的发展提供普遍的、基础性的服务。

（二）我国主要公路布局

公路按其在公路路网中的地位分为国道、省道、县道和乡道，并按技术等级分为高速公路、一级公路、二级公路、三级公路和四级公路。公路等级主要以公路的交通量大小、当地的经济状况等来确定，所以在有些省份，国道是高速或一级公路，而在经济不发达地区，国道也有可能是较低等级的公路。

2017年全国公路里程分技术等级构成

一般将国道和省道称为干线，将县道和乡道称为支线。国道为我国公路的主骨架，起着连接各省、自治区、直辖市的重要城市、港口、车站、工农业生产基地等作用。省道和县乡道路是国道的支线，起着省区范围内城乡之间联系和通过国道与省外联系的作用。公路网密度总的特点是东部密于西部，南方密于北方。

国道是国家干线公路的简称，是国家综合交通网中的重要线路。我国的国道由以下公路组成。

1）首都北京通向各省、自治区、直辖市的政治、经济中心和 30 万人口以上城市的干线公路。

2）通向各大港口、铁路枢纽、重要工农业生产基地的干线公路。

3）大、中城市通向重要对外口岸、开放城市、历史名城、重要风景区的干线公路。

4）具有重要意义的国防公路。

目前，全国有 70 条主要干线公路被划定为国道。这 70 条国道分 3 个序列，即首都放射线、南北纵线和东西横线，遍布于全国各省、自治区、直辖市。70 条国道的分布情况如表 7.7 所示。

表 7.7　公路国道情况简表

编号	方向	起点	终点	途经城市	长度/千米	备注
101	首都放射线	北京	沈阳	承德	858	
102		北京	哈尔滨	山海关、沈阳、长春	1 231	
103		北京	塘沽	天津	142	
104		北京	福州	南京、杭州	2 284	
105		北京	珠海	南昌、广州	2 361	
106		北京	广州	兰考、黄冈	2 497	
107		北京	深圳	郑州、武汉、广州	2 449	
108		北京	昆明	太原、西安、成都	3 356	
109		北京	拉萨	银川、兰州、西宁	3 763	
110		北京	银川	呼和浩特	1 063	
111		北京	加格达奇	通辽、乌兰浩特	2 034	
112		宣化	涞源	唐山、宁河	942	北京环线

续表

编号	方向	起点	终点	途经城市	长度/千米	备注
201	南北纵线	鹤岗	大连	牡丹江	1 822	
202		黑河	旅顺	哈尔滨、吉林、沈阳、大连	1 696	
203		明水	沈阳	扶余	656	
204		烟台	上海	连云港	918	
205		山海关	深圳	淄博、南京、屯溪	2 755	
206		烟台	汕头	徐州、合肥、景德镇	2 324	
207		锡林浩特	海安	张家口、长治、襄阳、常德、梧州	3 566	
208		二连浩特	长治	集宁、太原	737	
209		呼和浩特	北海	三门峡、柳州	3 315	
210		包头	南宁	西安、重庆、贵阳	3 005	
211		银川	西安		604	
212		兰州	重庆	广元	1 084	
213		兰州	磨憨	成都、昆明、景洪	2 852	
214		西宁	景洪	昌都	3 008	
215		红柳园	格尔木	敦煌	645	
216		阿勒泰	巴仑台	乌鲁木齐	826	
217		阿勒泰	库车	独山子	1 082	
218		清水河	若羌	伊宁、库尔勒	1 129	
219		叶城	拉孜	狮泉河	2 139	
220		东营	郑州	济南	526	
221		哈尔滨	同江		639	
222		哈尔滨	伊春		332	
223		海口	榆林		322	东线
224		海口	榆林		296	中线
225		海口	榆林		431	西线
226		楚雄	墨江			取消待批
227		西宁	张掖		345	
228		台湾环线				
301	东西横线	绥芬河	满洲里	哈尔滨	1 448	
302		珲春	乌兰浩特	图们、吉林、长春	1 024	
303		集安	锡林浩特	四平、通辽	1 265	
304		丹东	霍林河	通辽	818	
305		庄河	林东	营口、敖汉旗	561	
306		绥中	克什克腾旗		689	
307		黄骅	银川	石家庄、太原	1 193	
308		青岛	石家庄	济南	659	
309		荣成	兰州	济南、宜川	1 961	
310		连云港	天水	徐州、郑州、西安	1 153	
311		徐州	西峡	许昌	694	

续表

编号	方向	起点	终点	途经城市	长度/千米	备注
312	东西横线	上海	霍尔果斯	南京、合肥、西安、兰州、乌鲁木齐	4 708	
313		安西	若羌	敦煌		取消待批
314		乌鲁木齐	红其拉甫	喀什	2 073	
315		西宁	喀什	若羌	2 746	
316		福州	兰州	南昌、武汉	1 985	
317		成都	那曲	昌都	1 917	
318		上海	聂拉木	武汉、成都、拉萨	4 907	
319		厦门	成都	长沙、重庆	2 631	
320		上海	瑞丽	南昌、昆明、畹町	3 315	
321		广州	成都	桂林、贵阳	1 749	
322		衡阳	友谊关	桂林、南宁、凭祥	1 045	
323		瑞金	临沧	韶关、柳州	2 316	
324		福州	昆明	广州、南宁	2 201	
325		广州	南宁	湛江	771	
326		秀山	河口	毕节、个旧	1 239	
327		连云港	菏泽	济宁	395	
328		南京	南通	扬州	243	
329		杭州	沈家门	宁波	190	
330		温州	寿昌		318	

（三）我国高速公路建设

高速公路是在汽车数量增多、车行速度加快、汽车中长途运输在国民经济中日益重要的综合要求下形成和发展的。它是一种专供汽车快速行驶的道路，具有分隔带、多车道（双向 4～8 车道）、出入口受控制、立体交叉的汽车专用道。在这种道路上行驶的汽车速度每小时在 60～80 千米及以上，中途不允许停车，不许其他机动车、人、畜进入公路，因而高速公路对修建技术、设备和管理要求较高。

高速公路在运输能力、速度和安全性方面具有突出优势，对实现国土均衡开发、缩小地区差别、提高现代物流效率具有重要作用。目前，全世界已有 80 多个国家和地区拥有高速公路，通车里程超过了 23 万千米。它不仅是交通运输现代化的重要标志，也是一个国家现代化的重要标志。

1988 年，我国第一条高速公路上海至嘉定高速公路建成通车；1999 年，我国高速公路总里程突破 1 万千米；2003 年年底，超过 2.9 万公里，位居世界第二；2014 年年底，超过 11 万千米，位居世界第一；而到了 2016 年年底，全国高速公路总里程突破 13 万千米。除西藏外，各省、自治区和直辖市都已拥有高速公路，有 16 个省区的高速公路通车里程超过 1 000 千米。长江三角洲、珠江三角洲、环渤海等经济发达地区的高速公路网络正在加快形成，年均通车里程超过 4 000 千米。高速公路的快速发展，极大提高了我国公路网的整体技术水平，优化了交通运输结构，对缓解交通运输的瓶颈制约发挥了重要作用，有力地促进了我国经济发展和社会进步。

2013年，国务院审批通过的《国家公路网规划(2013年—2030年)》中指出，国家高速公路网（简称“71118网”）由7条首都放射线、11条南北纵线、18条东西横线，共36条主线，以及地区环线、并行线、联络线等组成，约11.8万千米。连接全国地级行政中心，城镇人口超过20万的中等及以上城市、重要交通枢纽和重要边境口岸。在国家公路网的基础上，各省、自治区、直辖市纷纷编制地方高速公路网，逐渐形成了以国家高速公路为骨架、以地方高速公路为补充的高速公路网规划格局。

国家高速公路网布局方案图

截至2017年年底，“71118网”36条主线已建成通车7万千米，在建约4 300千米，待建约3 900千米。已经实现全线贯通的路线有18条。7条首都放射线中，京哈、京沪、京港澳、京昆4条放射线已经贯通，京台高速北京至福州段已经建成，京新大通道也即将实现全线高速化；11条南北纵线中，鹤岗—大连、大庆—广州、济南—广州、包头—茂名4条纵线已经贯通；18条东西横线中，青岛—银川、南京—洛阳、上海—西安、上海—成都、上海—重庆、上海—昆明、福州—银川、泉州—南宁、广州—昆明、厦门—成都10条横线已经贯通。

2017年我国高速公路里程/万千米

公路交通的快速发展，将有效缓解我国交通运输紧张状况，显著提升国家的综合国力和竞争力。

（四）我国公路的发展前景

近60年来，我国公路建设已取得巨大成就。目前，我国公路交通仍处于扩大规模、提高质量的快速发展时期。但是，技术等级构成仍不理想。由于经济发展和人口分布的不平衡，公路发展在各地区之间也存在着较大差距。未来公路运输业的发展将主要体现在以下方面。

总体公路投资建设速度虽呈减缓趋势，但等级公路建设力度加大。

截至2030年，预计我国公路网总规模将达到580万千米。以2015年年底我国公路总里程457.7万千米为基数，截至2030年我国年均新增公路里程约8.15万千米，较2010～2015年的年均新增里程数11.38万千米有所降低。但是，等级公路建设总量，尤其是二级及以上高等级公路，将维持较快的建设速度，特别是国家高速公路网建设。提高长江经济带、京津冀地区高速公路网络密度和服务水平，推进高速公路繁忙拥堵路段扩容改造将是刻不容缓的任务。

1. 公路改扩建市场广阔

随着我国高速公路建设事业的快速发展，客运和货运量的增加，不少先期建成路段由于设计标准较低、超期服役等原因，已经无法适应目前大交通量的需求，面临着改建、扩建、提升路面等级等问题。

2. 特长隧道、特大桥梁等高技术等级项目比重加大

我国地形复杂，桥梁隧道的设计建设对高技术等级的要求也将日趋提高，同时，

日趋丰富的桥梁隧道也将对建设养护提出更高要求，这些均为公路桥梁隧道市场提供了广阔的空间。

3. 综合交通运输体系建设逐步完善

综合交通运输体系核心的任务之一就是实现各种运输方式之间，以及城乡交通之间的有机衔接、协调运转。虽然我国综合交通网的覆盖广度与通达深度不断提高，但各种运输方式之间的有效衔接尚未完全形成，综合交通枢纽和一体化服务发展滞后。因此，在加大各运输方式基础设施投资建设的基础上，综合交通枢纽已经成为我国综合交通运输体系实现“无缝”“连续”“零换乘”“一体化”目标的重要基础性支撑要素。

国家将以轨道交通和高速公路为骨干，以国省干线公路、通勤航空为补充，加快推进城市群（圈、带）多层次城际快速交通网络建设，适应城市群发展需要。建设京津冀、长江三角洲、珠江三角洲三大城市群以轨道交通为主的城际交通网络。在城市群内主要城市之间，加快高速公路改扩建。在中小城市与城镇之间及城镇分布较为密集的走廊经济带上，视运输需求，加密高等级公路网络、提升省道技术等级或以城市快速路的形式建设相对开放的快捷通道，并注重与区际交通网络的衔接；推进重点开发区域城市群的城际干线建设，构建都市交通圈。加快中心城市到区域主要城市的城际快速通道建设，发展较快的城市群区域，以轨道交通和高速公路为主；尚处于形成初期的城市群区域，以高等级公路为主。进一步完善区域中小城市及城镇间公路网络。

4. 未来智能交通系统市场空间广阔

智能交通系统是将先进的信息技术、数据通信传输技术、电子传感技术、控制技术及计算机技术等有效地集成运用于整个地面交通管理系统而建立的一种实时、准确、高效的新型运输管理系统。

2006 年 2 月，国务院发布的《国家中长期科学和技术发展规划纲要（2006—2020 年）》将智能交通确定为交通运输业的优先发展主题，将重点开发综合交通运输信息平台和信息资源共享技术、现代物流技术、城市交通管理系统、汽车智能技术和新一代空中交通管理系统。

根据《中华人民共和国国民经济和社会发展第十三个五年规划纲要》，“十三五”时期，我国将推进交通基础设施、运输工具、运行信息等互联网化，加快构建车联网、船联网，完善故障预警、运行维护和智能调度系统，推动驾驶自动化、设施数字化和运行智慧化。推动铁路、民航、道路客运“一站式”票务服务系统建设，建设综合运输公共信息服务平台和交通大数据中心。

5. 绿色交通趋势将强化交通基础设施建设

随着科技技术的不断创新、国家政策的强力支持，绿色交通将成为交通运输发展的趋势，节能减排、绿色交通将成为交通发展的关键词。

在交通基础设施上，绿色交通需要强化以下方面：第一，按照综合交通运输体系发展战略规划要求，实现相互衔接、畅通成网，推进各种运输方式协调发展，凸显整体优势和集约效能。加强综合交通枢纽及其集疏运配套设施建设，实现客运“零距离换乘”和货运“无缝衔接”。推动以公共交通为导向的城市发展模式，加快城市轨道交通、公交专用道、快速公交系统（bus rapid transit，BRT）等大容量公共交通基础设施建设。第二，节约能源资源要求贯彻到交通基础设施规划、设计、施工、运营、养护和管理全过程。在项目立项、初步设计、施工及验收各阶段，认真贯彻国家关于固定资产投资项目的节能要求。第三，优化设计，加强综合交通枢纽用地的综合立体开发。

四、中国水路运输地理

（一）我国水路运输概况

水路运输是为目前各主要运输方式中兴起最早、历史最长的运输方式。其技术经济特征是载重量大、成本低、投资省，但灵活性小，连续性差。水路运输较适于担负大宗、低值、笨重和各种散装货物的中长距离运输，其中特别是海运，更适于承担各种外贸货物的进出口运输。

我国水路运输历史悠久，早在春秋战国时期水上运输已十分频繁，这与我国丰富的水运资源有关。我国大江大河横贯东西，支流沟通南北，江河湖海相连，有着天然的水运网络。其中流域面积超过 1 000 平方千米的河流就有 1 500 条，1 万平方千米以上的河流有 79 条，总长 43 万千米；大小湖泊有 24 800 多个，其中面积在 1 平方千米以上的天然湖泊有 2 800 多个，总面积约为 8 万平方千米。此外，还有数以万计的人工水库。我国大陆海岸线长 18 000 多千米，岛屿海岸线长 14 000 多千米，大小岛屿共 6 400 多个，岛屿密布的沿海地带海岸线曲折，岛屿之间、岛屿与大陆之间海峡众多，形成了优良的港湾和水道，为发展我国水运提供了优越的自然条件。

中华人民共和国成立后，我国水运事业获得了很大的发展。水路货物运输量和港口吞吐量连续多年稳居世界第一，为我国经济社会和对外贸易发展提供了重要支撑；造船工业综合实力保持世界领先地位，为提高我国综合工业水平和海上运输、海洋矿产、海洋渔业、海上旅游、航海体育发展提供了重要基础；海洋渔业产量继续位居世界首位，同时，海洋工程装备、海水利用、海洋药物与生物制品、海洋可再生能源等海洋新兴产业蓬勃发展，成为新的经济增长点。截至“十二五”末，我国拥有海运船队运力规模达 1.6 亿载重吨，位居世界第三；沿海拥有万吨级以上泊位 2 207 个，通过能力 79 亿吨。2016 年全年，我国规模以上港口完成货物吞吐量 118 亿吨，完成集装箱吞吐量 2.2 亿 TEU。港口货物吞吐量亿吨大港达到 32 个，且在世界港口货物吞吐量和集装箱吞吐量前 10 位中，我国大陆港口分别占了 7 席和 6 席，宁波舟山港、上海港分别位居世界第 1 位、第 2 位。我国以港口、航道为主体，种类比较齐全，设备基本配套，具有一定规模和水平的水运体系已基本形成，我国成为公认的航运大国、渔业大国、造船大国和海洋大国。

（二）我国内河运输地理

内河运输是指在一条河流（包括运河）上或通过几条河流的运输，一般为国内运输。2017 年，全国内河航道通航里程达 12.7 万千米，比 2016 年减少 80 千米。等级航道达 6.6 万千米，占总里程的 52.1%。内河运输完成货运量 37.05 亿吨、货物周转量 14 948.68 亿吨公里。现有内河主要港口 70 多个，码头泊位有 5 000 多个。

1. 长江、淮河流域航运地理

（1）长江流域航运地理

长江是我国最重要的内河航运大动脉。长江水系有通航河道 3 600 余条，通航总里程达 5.7 万余千米，占全国内河通航总里程的 52.6%，其中 1 000 吨级以上航道达 3 042 千米。宜宾新市镇以下 2 900 多千米可全年通航轮船。重庆—宜昌段可通行 1 500 吨级船舶；宜昌—汉口段可通行 3 000 吨级船舶；汉口—南京段可通行 5 000 吨级船舶；南京—吴淞口可通行万吨级海轮。2 万吨级海轮可乘潮驶抵南京。长江航运资源的开发利用对长江流域的经济发展具有重要的意义。

2017 我国内河航运里程/万千米

长江水系发达，支流数以千计，流域面积为 1 万平方千米以上的支流有 49 条，嘉陵江、汉江、岷江、雅砻江四大支流的流域面积均在 10 万平方千米以上。长江中下游是我国淡水湖分布最集中的地区，主要有鄱阳湖、洞庭湖、太湖、巢湖等，与京沪、京广、京九、焦枝、川黔、成昆等铁路相交，是我国最重要的内河航道与水路联运干线。

长江沿岸自上而下的重要港口有重庆、宜昌、沙市、城陵矶、武汉、黄石、九江、安庆、芜湖、马鞍山、南京、镇江、南通和上海 14 个港口。其中，重庆、武汉、南京分别为上、中、下游最大的港口。长江货流构成以煤炭、粮食、石油、冶炼物资为主。下水运量大于上水运量。上水商品主要有机械设备、日用工业纺织品、石油及石油制品、食盐等；下水商品主要有粮食、棉花、食油、煤炭、矿产品、土特产品等。

（2）淮河流域航运地理

淮河地处我国东部，介于长江和黄河两流域之间，全长 1 050 千米，其中通航里程为 696 千米，流域西起桐柏山、伏牛山，东临黄海，南以大别山、江淮丘陵、通扬运河及如泰运河南堤与长江分界，北以黄河南堤和泰山为界与黄河流域毗邻。

淮河流域交通发达。京沪、京九、京广 3 条南北铁路大动脉从本流域东、中、西部通过，著名的欧亚大陆桥——陇海铁路横贯流域北部，还有晋煤南运的主要铁路干线焦（作）新（乡）日（照）铁路，以及蚌（埠）合（肥）铁路和新（沂）长（兴）铁路等。内河航运有年货运量居全国第二的南北向的京杭大运河，有东西向的淮河干流，平原各支流及下游水网区内河航运也很发达。货运构成以煤炭、粮食和日用工业品为主。蚌埠是淮河上最大的港口。流域内公路四通八达，近几年高等级公路建设发展迅速。连云港、日照等大型海运码头不仅可直达全国沿海港口，还能通往韩国、日本、新加坡等地。

2. 珠江流域航运地理

珠江是我国南方最大的河流，是西江、北江和东江的合称。珠江流域跨越滇、黔、粤、桂、赣和湘等地区。流域呈扇状辐射，但各水系呈树枝状分布。流域内各河流水量充沛，河道稳定，具有良好的航运条件，现有通航河道 1 088 条，通航总里程达 14 156

千米，约占全国通航里程的13%，年货运量仅次于长江而居第2位。

珠江流域总面积为45.26万平方千米（其中包括越南境内的1万多平方千米）。这里人口稠密，经济发达，森林、矿藏资源较丰富，水量极为丰富。西江是珠江水系主要的内河航运干线，万吨巨轮可达广州港。

珠江流域主要货物运输构成有粮食、煤炭、石油、木材、有色金属、建筑材料、食盐和日用工业品等；主要港口有广州、梧州、桂林、柳州、南宁等。

3. 黑龙江、松花江流域航运地理

（1）黑龙江流域航运地理

黑龙江是世界大河之一，流经我国东北部，全长4 370千米。黑龙江流域地跨中国、俄罗斯和蒙古国3个国家，下游在俄罗斯境内。

黑龙江的支流共200余条，其中较大的有松花江、乌苏里江等。因黑龙江纬度高，每年有半年封冻期，加上流域内经济不发达，故航运量不大。主要运输货物有粮食、木材、煤炭。黑河是最大的港口。

（2）松花江流域航运地理

松花江为黑龙江最大的支流，流经我国东北地区北部，是我国东北境内航运价值较大的河流，干流哈尔滨以下丰水期可通航1 000吨以下的江轮。松花江正源在吉林市以下江段，洪水期可通航 200 吨以下驳船。开江后和封江前的短暂流冰期不能航行。主要的港口有哈尔滨、佳木斯、牡丹江等。

4. 京杭大运河航运地理

京杭大运河是世界上开凿最早、里程最长、工程最大的运河，北起北京通州，南到杭州，全长1 794千米。京杭大运河对我国南北地区之间的经济、文化发展与交流，特别是对沿线地区工农业经济的发展和城镇的兴起均起了巨大的作用。

京杭运河自北而南流经京、津、冀、鲁、苏、浙等地区，贯通了海河、黄河、淮河、长江、钱塘江和一系列湖泊。

目前，京杭大运河济宁段以北河段因水源不足，未能发挥航运效益。济宁以南至杭州河段，已建成16座通航梯级，其中大型船闸有12座。运河及其沿岸河流、湖泊已节节设闸控制，洪水期调泄，枯水期补给，江水北调工程已初具规模。徐州以南河段，船闸年通过船舶吨位已达1 370万吨，年货运量达5 500万吨。为适应货运任务的迅速增长，分流煤炭南运，济宁至杭州段的运河扩建工程业已开始，将进一步疏浚拓宽航道，加建复线船闸，沟通运河至钱塘江的航道，扩大港口吞吐能力，使运河单向通过能力达到3 500万～4 000万吨，承担起年货运量1亿吨的总货运任务。京杭大运河对我国东部地区的经济发展有着不可忽视的作用。

（三）我国海上运输地理

我国东临太平洋，海上运输条件十分优越。海上运输是我国水上运输的重要组成部分，通常分为沿海运输和远洋运输两部分。

1. 沿海运输

（1）北方航区

北方航区以上海、大连为中心。北方航区主要的港口有丹东、大连、营口、锦州、秦皇岛、唐山、天津、黄骅、烟台、威海、青岛、日照、连云港、上海、宁波—舟山、温州等。

北方航区运量较大，占有突出的地位。南下的货物以煤炭、石油、钢铁、木材为主；北上的货物以磷矿石、粮食、机械设备、日用工业品、纺织品、食糖等为主。

（2）南方航区

南方航区以广州为中心。南方航区主要的港口有福州、莆田、泉州、厦门、漳州、汕头、汕尾、惠州、深圳、虎门、广州、珠海、阳江、茂名、湛江、海口、洋浦、八所、三亚、北海、钦州、防城等。

南方航区北上的货物主要以农产品、矿石、橡胶、食糖为主；南下的货物主要以煤炭、食盐、机械设备、日用工业品等为主。

2. 远洋运输

（1）远洋运输主要航线

我国远洋运输分为东行线、西行线、南行线、北行线4组主要航线。

1）东行线主要由我国沿海北方航区的各港口出发。东行航线由我国沿海港口东行到日本，并经日本东渡太平洋抵达北美和拉丁美洲各国，然后通过巴拿马运河到达加勒比海地区和北美、拉丁美洲各国的东海岸。出口以煤、石油、丝织品和农副产品为主，进口以钢材、机械设备、粮食、铁矿石等为主。

2）西行线是一条非常重要的航线，由我国各港口起先向南再往西航行，穿过马六甲海峡进入印度洋，经红海，过苏伊士运河，入地中海，出直布罗陀海峡，进入大西洋。还有一条航线，经印度洋，绕过非洲南端的好望角，进入大西洋。西行航线可达南亚、西亚、非洲、欧洲各国港口。这条远洋航线运输十分繁忙，进口主要是机械、电子产品、冶金、化工设备等，出口主要是纺织品、机械和农副产品等。

3）南行线由我国沿海港口起南行到东南亚、澳大利亚和新西兰等地。进口以橡胶、矿石、土特产为主，出口主要有纺织品、轻工产品和钢材。

4）北行线主要由我国北方航区各大港口北行，可到达韩国、朝鲜、俄罗斯等国家。

（2）以亚丁港为界划分的航线

具体以亚丁港为界，分为近洋（以东）和远洋（以西）航线。

1）近洋航线包括以下几条。

中国—朝鲜、韩国航线，主要港口是清津、仁川、釜山。

中国—日本航线，主要包括神户、大阪、横滨、东京、门司、川崎、四日等港口。

中国—越南航线，包括海防、胡志明市等港口。

中国—中国香港航线。

中国—俄罗斯航线，主要包括纳霍德卡、东方港、符拉迪沃斯托克等港口。

中国—菲律宾的马尼拉、宿务航线。

中国—新加坡航线，主要是指新加坡港，马来西亚的巴生、马六甲、槟城等港口。

中国—泰国航线，主要包括磅逊、曼谷等港口。

中国—北加里曼丹航线，主要包括文莱、古晋、米里等港口。

中国—印度尼西亚的雅加达、泗水、三宝垄的航线。

中国—孟加拉湾航线，包括仰光、吉大港、加尔各答、马德拉斯等港口。

中国—斯里兰卡的科伦坡航线。

中国—波斯湾航线，主要港口有孟买、卡拉奇、阿巴斯、科威特、多哈、迪拜、巴士拉等。

中国—澳新航线，主要包括悉尼、布里斯班、墨尔本、惠灵顿、奥克兰、弗里曼特尔等港口。

2）远洋航线包括以下几条。

中国—红海航线，主要包括亚丁、吉达、亚喀巴、苏丹等港口。

中国—东非航线，主要包括摩加迪沙、蒙巴萨、达累斯萨拉姆、马普托、路易港等港口。

中国—西非航线，主要包括马塔迪、黑角、杜阿拉、拉各斯、科纳克里、达喀尔、达尔贝达等港口。

中国—地中海航线，主要包括地中海南北岸的港口，如亚历山大、的黎波里、阿尔及尔和里耶卡、热那亚、马赛、巴塞罗那、康斯坦萨、敖德萨等。

中国—西欧航线，主要包括伦敦、利物浦、勒阿弗尔、鹿特丹、安特卫普、不来梅、汉堡等港口。

中国—北欧航线，主要包括哥本哈根、哥德堡、奥斯陆、斯德哥尔摩、赫尔辛基、圣彼得堡、格但斯克等港口。

中国—北美东西海岸航线，主要是美国、加拿大东西岸的各港口。

中国—中南美航线，主要包括拉丁美洲各港口，如马萨特兰、桑多斯、里约热内卢、蒙得维的亚、瓦尔帕莱索、卡亚俄等港口。

（四）我国水运系统布局规划简介

水运系统的规划是以港口为依托的。沿海港口作为国民经济和社会发展的重要基础设施，有力地支撑了经济、社会和贸易发展及人民生活水平的提高，对于国家综合实力的提升、综合运输网的完善等具有十分重要的作用。

根据不同地区的经济发展状况及特点、区域内港口现状及港口间运输关系和主要货类运输的经济合理性，全国沿海港口可分为环渤海、长江三角洲、东南沿海、珠江三角洲和西南沿海 5 个港口群体，为强化群体内综合性、大型港口的主体作用，形成煤炭、石油、铁矿石、集装箱、粮食、商品汽车、陆岛滚装和旅客运输 8 个运输系统的布局。

1. 环渤海地区港口群体

环渤海地区港口群体由辽宁、津冀和山东沿海港口群组成，服务于我国北方沿海和内陆地区的社会经济发展。

辽宁沿海港口群以大连东北亚国际航运中心和营口港为主，由丹东、锦州等港口组成，主要服务于东北三省和内蒙古东部地区。

津冀沿海港口群以天津北方国际航运中心和秦皇岛港为主，由唐山、黄骅等港口组成，主要服务于京津、华北及其西向延伸的部分地区。

山东沿海港口群以青岛、烟台、日照港为主及威海等港口组成，主要服务于山东半岛及其西向延伸的部分地区。

2. 长江三角洲地区港口群体

长江三角洲地区港口群体依托上海国际航运中心，以上海、宁波、连云港等港口为主，充分发挥舟山、温州、南京、镇江、南通、苏州等沿海和长江下游港口的作用，服务于长江三角洲及长江沿线地区的经济、社会发展。

3. 东南沿海地区港口群体

东南沿海地区港口群以厦门、福州港为主，由泉州、莆田、漳州等港口组成，服务于福建和江西等内陆省份部分地区的经济、社会发展和对我国台湾地区“三通”的需要。

4. 珠江三角洲地区港口群体

珠江三角洲地区港口群体由粤东和珠江三角洲地区港口组成。该地区港口群体依托香港经济、贸易、金融、信息和国际航运中心的优势，在巩固香港国际航运中心地位的同时，以广州、深圳、珠海、汕头港为主，相应地发展汕尾、惠州、虎门、茂名、阳江等港口，服务于华南、西南部分地区，加强广东和内陆地区与港、澳地区的交流。

5. 西南沿海地区港口群体

西南沿海地区港口群体由粤西、广西沿海和海南的港口组成。该地区港口的布局以湛江、防城、海口港为主，相应发展北海、钦州、洋浦、八所、三亚等港口，服务于西部地区开发，为海南扩大与岛外的物资交流提供运输保障。

全国沿海港口布局规划实施后，在区域分布上将形成环渤海、长江三角洲、东南沿海、珠江三角洲、西南沿海 5 个规模化、集约化、现代化的港口群体。港口群内起重要作用的综合性、大型港口的主体地位更加突出，增强为腹地经济服务的能力。港口群内部和港口群之间港口分工合理、优势互补、相互协作、竞争有序。

在主要货类的运输上，将形成系统配套、能力充分、物流成本低的八大运输系统。

1）由北方沿海的秦皇岛港、唐山港（含曹妃甸港区）、天津港、黄骅港、青岛港、日照港、连云港七大装船港，华东、华南等沿海地区电力企业的专用卸船码头和公用卸船设施组成的煤炭运输系统。

2）依托石化企业布点，专业化的、以 20 万～30 万吨级为主导的石油卸船码头和中、小型油气中转码头相匹配的石油运输系统。

3）临近钢铁企业布点，专业化的、以 20 万～30 万吨级为主导的铁矿石卸船泊位和工程接卸、中转设施匹配的铁矿石运输系统。

4）以大连、天津、青岛、上海、宁波、苏州、厦门、深圳、广州九大干线港为主，相应发展沿海支线和喂给港的集装箱运输系统。

5）与国家粮食流通、储备、物流通道配套的，专业化运营、集约化的粮食运输系统。

6）依托汽车产业布局和内、外贸汽车进、出口口岸，专业化、便捷的商品汽车运输及物流系统。

7）在满足岛屿出行要求的前提下，适应沿海岛屿社会经济发展要求的陆岛滚装运输系统。

8）以人为本、安全、舒适、便捷的旅客运输系统。

在全国沿海港口布局规划指导下，沿海港口将逐步形成布局合理、层次分明、功能明确、节约资源、安全环保、便捷高效、衔接协调、市场有序的水路客、货运输系统，辐射、服务面覆盖全国范围，明显提升我国沿海港口的综合竞争力，基本适应国家经济、社会、贸易、国防等发展的需要。

五、中国航空运输地理

（一）我国航空运输概况

我国民用航空运输事业始于1929年，1949年以后，航空运输事业发展较快。特别是1987年实行了政企分开，机场和航空公司分设，这样促进了空运的发展，其增长幅度超过其他各种运输形式。截至2017年年底，我国民用航空航线里程为182.9万千米，定期航班航线达到4 418条，内地民航定期航班通航机场达229个（不含香港、澳门和台湾），形成了以北京、上海、广州机场为中心，以省会、旅游城市机场为枢纽，以其他城市机场为支干，联结国内通航城市224个（不含香港、澳门、台湾），联结56个国家的145个城市的航空运输网络。民航机队规模不断扩大，截至2017年年底，全行业运输飞机期末在册架数达3 296架。

此外，我国还发展了航空摄影、探矿、除草、灭虫、人工降雨、防火护林等专业航空运输，直接为经济建设和国防科技服务。民航已发展成为国民经济中具有活力的一个增长领域。随着我国改革开放的不断深入，特别是加入世界贸易组织后，我国对外贸易将会有更大的发展。

（二）我国航空运输网络

1. 机场布局

民用运输机场作为国家重要公共交通基础设施，是民航业发展的基础，在综合交通运输体系中发挥着重要作用。根据国防与社会经济建设的需要来确定机场的地理分布。我国目前的机场发展状况如下。

1）机场布点不断加密，民航运输能力不断提高。截至2017年年底，我国共有民用运输机场229个，充分发挥了民航安全、快捷、舒适、灵活的优势，有效衔接高速铁路等交通运输方式，在支撑经济社会发展、满足人民群众出行需求、应对突发事件等方面发挥了重要作用。

2）枢纽作用日益凸显。北京、上海、广州机场的国际枢纽地位明显提高，北京首都机场年旅客吞吐量已位居全球第二，上海浦东机场年货邮吞吐量位居全球第三。成都、深圳、昆明、西安、重庆、杭州、厦门、长沙、武汉、乌鲁木齐等机场的区域枢纽功能显著增强，上海虹桥、西安、郑州、武汉等一批大型机场成为重要的综合交通枢纽。机场在综合交通运输体系中的作用日益突出。

3）服务能力稳步提升。2017 年，全国民用运输机场旅客吞吐量、货邮吞吐量和飞机起降量分别达 11 亿人次、1 617.7 万吨和 1 024.9 万架次。各机场中，年旅客吞吐量达 1 000 万人次以上的机场有 32 个，完成旅客吞吐量占全部境内机场旅客吞吐量的 81.0%，其中北京、上海和广州三大城市机场旅客吞吐量占全部境内机场旅客吞吐量的 24.3%。航线网络不断完善，进一步提高了航空服务的通达性。

2017 年我国各地区机场旅客、货物吞吐量对比图

目前，我国机场数量仍然偏少，覆盖范围不够广泛，中西部地区覆盖不足，特别是边远地区、民族地区航空服务短板突出。

为了缓解这种不平衡状态，适应新型工业化、信息化、城镇化和农业现代化同步发展的需要，2017 年，国家发改委联合民航局公布了《全国民用运输机场布局规划》，计划到 2025 年，在现有（含在建）机场基础上，新增布局机场 136 个，全国民用运输机场规划布局 370 个（规划建成约 320 个）。完善华北（由北京、天津、河北、山西、内蒙古 5 个省、自治区、直辖市内的机场构成）、东北（由辽宁、吉林、黑龙江 3 个省内的机场构成）、华东（由上海、江苏、浙江、安徽、福建、江西、山东 7 个省、直辖市内的机场构成）、中南（由河南、湖北、湖南、广东、广西、海南 6 个省、自治区内的机场构成）、西南（由重庆、四川、贵州、云南、西藏 5 个省、自治区、直辖市内的机场构成）、西北（由陕西、甘肃、青海、宁夏、新疆 5 个省、自治区内的机场构成）六大机场群。

2. *航空运输航线*

（1）主要航空线

1987 年进行了中国民航管理体制改革，先后组建了中国国际航空公司、中国东方航空公司、中国南方航空公司、中国西南航空公司、中国西北航空公司、中国北方航空公司六大国家航空公司，从而改变了我国国内航空运输网的分布格局，形成了以北京、上海、广州、成都、西安、沈阳为中心的国内航空运输网。截至 2016 年年底，我国共有定期航班航线 3 794 条，比 2012 年增加了 54.4%。按不重复距离计算的航线里程为 634.8 万千米，比 2012 年增加 93.5%，几近翻番。其中，国内航线 3 055 条，通航 214 个国内城市；国际航线 739 条，通航世界 56 个国家的 145 个城市。各省、自治区首府，各直辖市和其他主要城市，与北京均有直达或衔接航班联系，当日抵达。与此同时，上海、广州、武汉、杭州、厦门、桂林、昆明、成都、拉萨、兰州、乌鲁木齐、西安、沈阳、大连、哈尔滨等大、中城市或旅游中心之间的航空联系也变得日益方便。地处偏远和交通不便地区的航空运输也得到了发展。行业研究机构发布的相关报告显示，2017 年，全球 20 条最繁忙航线排行榜中，国内位居前列的航线包括北京—上海、台北—

香港、成都—北京、上海—深圳、广州—北京、深圳—北京及上海—广州的航线，表明中国民航不断优化调整航线结构，完善航线布局，航线网络更加发达，辐射力进一步增强。

在国内民航蓬勃发展之际，国际航班业务也获得了较快的发展。20 世纪 50 年代初期，我国只有 3 条通往国际的航线，到了 20 世纪 60 年代，中国民航开始做远洋飞行，陆续开辟了远航西亚、北非和美洲的国际航线。2000 年后国际航班业务大大发展，从北京、上海、广州、成都、昆明、大连、厦门、深圳、天津、西安、沈阳、乌鲁木齐等国际机场启程，可飞往亚洲、非洲、欧洲、大洋洲、北美洲 56 个国家的 145 个城市，主要航线有北京—东京、北京—洛杉矶、北京—旧金山、北京—苏黎世、北京—法兰克福、北京—伦敦、北京—巴黎、北京—卡拉奇、北京—新加坡、北京—曼谷、北京—莫斯科、北京—平壤、上海—东京、上海—大阪、上海—名古屋、上海—福冈、上海—法兰克福、上海—巴黎、上海—洛杉矶、广州—槟城、广州—大阪、昆明—仰光、大连—东京、拉萨—加德满都等。

（2）支线航空

支线航空是指航距较短、往来中小城市间的非主航线运行，所使用的支线飞机是指 50～100 座、飞行距离 600～1 200 千米的中小型客机。

在大力发展干线航空运输的同时，从 20 世纪 90 年代中期开始，支线航空也获得迅速的发展。在我国，支线航空一般指航距 600 千米以下，飞行时间 1 小时之内，来往于中、小城市与中心城市或中、小城市之间的航班。支线航空具有对机场等级要求低、运输周期短、投入少、产出快、社会效益好等特点。它较适合于我国的中、西部地区，尤其是高原山区、少数民族地区及人烟稀少地区发展现代化交通运输。例如，新疆面积达 160 多万平方千米，人口密度仅 12.8 人/平方千米，在一些重要城市和工矿业基地之间往往是人烟稀少的戈壁、沙漠，因此，在新疆支线航空获得了蓬勃发展；再如，云南的滇西、滇南地区，因垂直高差过大，地势崎岖，铁路、公路建设受阻，已先后建设了 10 余个支线机场，效益良好。除新疆、云南外，内蒙古、四川、贵州、陕西、西藏等地也在大力发展支线航空运输。

六、中国管道运输地理

（一）我国管道运输概况

管道运输是一种特殊的运输方式，它是货物在管道内借助高压气泵的压力输往目的地的一种运输方式。它既可以输送液体和气体（如石油、天然气），又可以输送固体物资（如煤炭、矿石、建材等），是运具与线路合二为一的运输方式。因此，同其他运输方式相比，管道运输具有连续性好、运价便宜、工期短、资金回收快、永久性占地少、管理方便等优点。

我国管道运输始于 1958 年，当时修建了从克拉玛依油田到独山子炼油厂的第一条输油管道。我国油气管道工程建设稳步推进，油气管网持续完善，基本形成联通海外、覆盖全国、横跨东西、纵贯南北、区域管网紧密跟进、储备设施不断完善、网络调度日趋灵活的油气骨干管网布局。截至 2017 年年底，我国长输油气管道总长度达到 13.3 万千米，其中，天然气管道约 7.7 万千米，原油管道约 2.8 万千米，成品油管道约 2.7 万千米。管道运输已成为我国综合运输网中的一个重要组成部分。

（二）我国管道运输的分布

1. 输油管分布情况

从地理分布来看，我国原油运输管道主要集中分布在东北、北部沿海地区，这里的原油输送管道以临邑和铁岭为枢纽，已将大庆、辽河、胜利、大港、中原、华北等大油田与大连港（鲶鱼湾）、青岛港（黄岛）、秦皇岛港和南京港（仪征）四大油港及各主要炼油基地连接起来，基本上形成原油管道网，而我国西部输油管道尚未成网。

我国主要原油输送管道有大庆—铁岭—大连、大庆—铁岭—秦皇岛港、大庆—抚顺—鞍山、任丘—北京—秦皇岛、任丘—沧州—临邑、胜利—黄岛、濮阳—临邑、临邑—济南、临邑—仪征、塔中—轮南、轮南—库尔勒、库尔勒—鄯善、克拉玛依—乌鲁木齐、克拉玛依—石河子、花土沟—格尔木、湛江—茂名、潜江—荆门、南阳—荆门等。其中，运量最多的是大庆—铁岭管线，长 500 多千米，年输油量达 4 300 多万吨。另外，1996 年动工兴建的库尔勒—鄯善输油管道是塔里木油田的第一条原油输出管道，全长 470 千米，设计输油能力为 500 万吨/年，1997 年建成后使塔里木原油直接输往兰新铁路上的鄯善火车站外运，改善了新疆原油外运条件。此外，塔中—轮南输油管线长 304 千米，已于 1996 年建成并投入使用。

除输送原油管道外，我国还有一些成品油输送管道。成品油输送管道主要连通炼油厂与港口或油库，一般距离不长。在成品油输送管线中，主要有格尔木到拉萨和 1999 年建成的天津—北京线及 2001 年开始建设的兰州—成都—重庆线等。其余成品油输送线多为运距短、运量小的线路，它们分属抚顺石化公司、天津石化公司、锦州石化公司、锦西炼油化工总厂等数十家大企业，地理分布集中于我国内陆西部及东部沿海地带。

近 200 条输油管道的建成，减轻了铁路运输的压力，并实现了既安全又经济合理的运输，对于逐步改变我国运输业的结构、布局具有重要意义。

2. 输气管分布情况

我国 7.7 万千米输气管道地理分布主要集中于四川、辽宁、天津、山东、河南、黑龙江、新疆、甘肃等地，尤以四川、新疆最为集中，四川的输气管道连通了垫江、长寿、重庆、泸州、自贡、成都、江油、德阳、安边等天然气产地和消费地。

由于受陆上能源开发基地西移的影响，我国陆上新建的管道运输干线呈现西气东输状况。例如，靖边—北京、涩北—西宁—兰州、轮南—上海、忠县—武汉等均为我国西气东输的骨干管线，特别是轮南—上海线为我国 21 世纪仅次于长江三峡的第二大基础设施工程。

1）靖边—北京。由陕西靖边至北京的输气管道，跨越陕、晋、冀、京 4 省（市），全长 860 千米，管径达 660 毫米，1997 年贯通。2000 年，靖边—北京输气管道年输气量约 10 亿立方米，预计 2010 年增至 50 亿～100 亿立方米。另外，由靖边至银川、西安的输气管道也已分别建成。

2）涩北—西宁—兰州。以柴达木盆地的涩北气田为源头，经青、甘两省，全长

950 千米，2001 年建成，设计年输气量 20 亿立方米，自 2008 年年初开始，日供气已达到 1 000 万立方米。沿线途经盐沼、沙漠、戈壁、山脉、冲沟、大河、黄土塬等复杂的地貌形态，且地势高耸，多在海拔 3 000 米以上，部分地区缺氧，故管道运输是最适合的运输方式。

3）轮南—上海。该线是“西气东输”最大的主干线，是“西部大开发”战略性项目之一。以新疆塔里木的轮南油田等为源头，集中输往 7 省区，最终至长江三角洲，途经新、甘、宁、陕、晋、豫、皖、苏、沪 9 省区，全长 4 167 千米，管径区 1 118 毫米，2004 年 12 月 30 日全线供气，年输气可达 120 亿立方米，稳定供气 30 年。轮南—上海输气管道是我国输气量最大、运距最长的管道干线。

4）忠县—武汉。以川渝气田的重庆忠县为源头，经湖北利川、长阳、枝江、荆州到武汉，长 800 千米，设计年输气量 30 亿立方米，其中，12 亿立方米直供武汉，余由沿线城市分享。

5）2015 年 10 月，“新粤浙”项目获得国家发改委批文。“新粤浙”年均用钢需求 140 万吨，油气管需求有望触底回升。中石化“新粤浙”煤制气外输管线计划总投资 1 300 亿元，包括 1 条干线、6 条支线，年输气能力为 300 亿立方米/年。干线起点为新疆伊宁，终点为广东韶关，全长约 8 372 千米。从管道总里程和总投资来看，该项目不仅是中国石化近年来最大的单项投资工程，也是目前国内核准的最大的国家基干管道工程，更是世界上规模较大的煤制气外输管道。该项目总体走向从西北到东南斜穿全国，连通多个气源、管道、储气调峰设施及主力市场，基本形成中国石化天然气基础设施“一张网”的布局。

除在陆上兴建管道进行管道运输外，我国的海底管道运输也正在兴起。海底管道是通过密闭的管道在海底连续地输送大量油（气）的管道，是海上油（气）田开发生产系统的主要组成部分，也是目前最快捷、最安全和经济可靠的海上油气运输方式。20 世纪 90 年代起，随着海洋油气资源商业开采的实现，海上油气成为沿海经济的动力源。因此，铺设海底管道，直接将油气（特别是天然气）从海上油田输往沿海城市，用于发电、化工或民用，日益成为经济效果显著的现代化运输方式之一。南海崖城 13-1 气田是我国目前最大的海上天然气气田，在 1996 年建成并投产。由此建有两条海底气管线：一条通往香港，长 778 千米，管径达 711 毫米，年供气近 30 亿立方米，主要用于发电；另一条通往海南三亚，长 99 千米，年供气 5 亿立方米，主要用于发电和化工原料。除此之外，还有东海平湖油气田至上海浦东的海底输气管道，长 370 千米，年输气 4 亿立方米；渤海渤西气田到天津塘沽的输气管道，长 40 千米，年输气 4 亿立方米。此外，南海东方气田所产天然气也将通过海底管道输送到海南作为化工原料。

3. 固体输送管道分布情况

我国固体货物输送管道的建设处于试验阶段，目前只有几条短距离的管道，如云南东川铜矿的铜精矿自流管道，晋北、京原铁路线上的峨口铁精矿运输管道，以及广东、甘肃、安徽、辽宁一些矿区输送尾矿的管道等。长距离输煤管道正在开发之中，从 20 世纪 90 年代开始建设。例如，由山西盂县经山东潍坊至青岛的“盂潍青输煤管道”跨越 3 省，长 720 千米，将在我国开创一种全新的大规模运输形式。

小　结

我国粮食作物的地理分布，主要包括秦岭—淮河以南、青藏高原以东地区，淮河—秦岭以北、长城以南、六盘山以东地区，东北地区，内蒙古及长城沿线地带，青藏高原地区。林区主要有东北林区、西南林区、西北林区和南方林区四大林区。畜牧业主要分布在北部和西部牧区、西部和西南高原地区及东部从温带牧区到亚热带农区。渔业的海洋水产业主要有渤海海区、黄海海区、东海海区、南海海区，淡水水产业主要分布在长江、淮河流域淡水水产区，华南塘鱼精养区，华北平原及黄土高原塘库粗养渔区，东北河、湖、库、泡渔业区。

我国矿产资源丰富，且分布不均。金属矿产主要分布在东北、华北和西南地区，非金属矿产主要集中在湖北、贵州、四川、云南、湖南 5 省。我国能源种类多、储量大、分布广。钢铁工业的分布基本集中在辽宁、上海、湖北、四川和北京 5 省（市）。有色金属种类繁多，分布也不均。造纸工业则分布在各大区，华东最大，上海最好，华南则产新闻纸。

交通运输业的布局与其他经济部门布局一样，深受自然条件、社会经济条件和技术条件的影响。各种运输方式都有区别于其他运输方式的技术经济特征，适应着不同的自然条件和运输要求，这就要求铁路、水路、公路、航空和管道等运输方式既要合理分工，充分发挥各自的优势，又要相互配合、相互衔接、取长补短，以提高运输效率、降低运输费用、加快客货送达时间、实现社会劳动的最大节约。本章重点介绍了 5 种现代化的交通运输方式的特点、线路布局及规划发展。

思考题

1. 我国有哪些主要的商品粮基地？
2. 如何进行工业的分类？
3. 我国能源分布的特点是什么？
4. 我国的钢铁基地有哪些？
5. 简述我国铁路网组成的基本特点。
6. 公路运输的特点是什么？
7. 试述我国公路网规模及发展趋势。
8. 我国水路运输的特点是什么？
9. 简要概括我国主要港口的布局。
10. 简述我国航空运输的特点及发展状况。
11. 简述我国管道运输的地理分布情况。

第八章

中国区域经济地理

知识点

各区域自然资源状况的区域优势、产业分布及交通运输网络布局等情况。

技能点

通过对各区域自然资源状况、产业分布及交通运输网络布局等情况的了解，研究如何合理地建立物流网络。

案例导入

2016 年 9 月，《长江经济带发展规划纲要》（以下简称《纲要》）正式印发。长江经济带覆盖上海、江苏、浙江、安徽、江西、湖北、湖南、重庆、四川、云南、贵州 11 个地区，面积约为 205 万平方千米，占全国的 21%，人口和经济总量均超过全国的 40%，生态地位重要、综合实力较强、发展潜力巨大。

《纲要》指出，推动长江经济带发展，有利于走出一条生态优先、绿色发展之路，让中华民族母亲河永葆生机活力，真正使黄金水道产生黄金效益；有利于挖掘中上游广阔腹地蕴含的巨大内需潜力，促进经济增长空间从沿海向沿江内陆拓展，形成上、中、下游优势互补、协作互动的格局，缩小东、中、西部发展差距；有利于打破行政分割和市场壁垒，推动经济要素有序自由流动、资源高效配置、市场统一融合，促进区域经济协同发展；有利于优化沿江产业结构和城镇化布局，建设陆海双向对外开放新走廊，培育国际经济合作竞争新优势，促进经济提质增效升级，对于实现“两个一百年”奋斗目标和中华民族伟大复兴的中国梦，具有重大现实意义和深远历史意义。

《纲要》提出了“一轴、两翼、三极、多点”的格局。

“一轴”是以长江黄金水道为依托，发挥上海、武汉、重庆的核心作用，构建沿江绿色发展轴，推动经济由沿海溯江而上梯度发展。

"两翼"分别指沪瑞和沪蓉南北两大运输通道，这是长江经济带的发展基础。通过促进交通的互联互通，增强南北两侧腹地重要节点城市人口和产业集聚能力。

"三极"是指长江三角洲、长江中游和成渝 3 个城市群，充分发挥中心城市的辐射作用，打造长江经济带的三大增长极。

"多点"是指发挥三大城市群以外地级城市的支撑作用，加强与中心城市的经济联系与互动，带动地区经济发展。

第一节　概　　述

随着人类商品经济的发展和生产力的提高，围绕着活动中心逐渐形成产业集聚区域，经济学家为了便于区域经济理论研究和实践应用，提出了经济区域的概念。这种地区由于自然特点、以往的文化积累和居民及其生产活动结合而成为国民经济总链条中的一个环节。

我国和世界上大多数国家一样，经济区域是产业布局的基础，因而受到各界的广泛关注。我国经济区域包括标准经济区、经济地带、经济协作区、都市圈、主体功能区等多种划分类型。经历了几个阶段，从传统的东、中、西三大地带的划分，到六大区、七大片经济区的划分，再到最近兴起的主体功能区的划分，其划分重点都是考虑地理位置、自然环境等因素，把经济结构类似的经济区域划分在一起，目的是便于宏观经济政策的实施和促进各个区域经济协调发展。因此，经济区域划分本质上是经济区域客观规律性的反映。

一、地理区域和经济区域的区别

经济区域和地理区域的概念存在多个方面的不同，主要区别是地理区域有明显的界线，是固定不变的；而经济区域的界限是模糊的，随着经济的发展，其范围也会发生变化。

我国一般分为七大地理地区：东北（黑龙江、吉林、辽宁）、华东（上海、江苏、浙江、安徽、福建、江西、山东、台湾）、华北（北京、天津、山西、河北、内蒙古）、华中（河南、湖北、湖南）、华南（广东、广西、海南、香港、澳门）、西南（四川、贵州、云南、重庆、西藏）、西北（陕西、甘肃、青海、宁夏、新疆）。

而按照我国不同区域的社会经济发展状况，"十一五"期间全国经济区域划分为东部、中部、西部和东北四大地区：东部地区包括北京、天津、河北、上海、江苏、浙江、福建、山东、广东、海南；中部地区包括山西、安徽、江西、河南、湖北、湖南；西部地区包括内蒙古、广西、重庆、四川、贵州、云南、西藏、陕西、甘肃、青海、宁夏、新疆；东北地区包括辽宁、吉林、黑龙江。

二、我国目前的经济区域划分

2016 年，由国务院发展研究中心发布的《地区协调发展的战略和政策》报告提出了新的综合经济区域划分设想，把内地划分为八大综合经济区域。

1）东北综合经济区，包括辽宁、吉林、黑龙江三省和内蒙古东部地区，总面积为 79 万平方千米。这一地区自然条件和资源禀赋结构相近，历史上相互联系比较紧密，目前，面临的共同问题多，如资源枯竭问题、产业结构升级换代问题等。目标是建成重型装备和设备制造业基地，以及全国性的专业化农产品生产基地等。

2）北部沿海经济区，包括北京、天津、河北、山东两市两省，总面积为 37 万平方千米。这一地区地理位置优越，交通便捷，科技教育文化事业发达，是最有实力的高新技术研究和制造中心之一，在对外开放中成绩显著。

3）东部沿海经济区，包括上海、江苏、浙江一市两省，总面积为 21 万平方千米。这一地区现代化起步早，历史上对外经济联系密切，在改革开放的许多领域先行一步，人力资源丰富，发展优势明显，是最具影响力的多功能的制造业中心和最具竞争力的经济区之一。

4）南部沿海经济区，包括福建、广东、海南三省，总面积为 33 万平方千米。这一地区面临港、澳、台，海外社会资源丰富，对外开放程度高，是最重要的外向型经济发展的基地和消化国外先进技术的基地。

5）黄河中游经济区，包括陕西、山西、河南、内蒙古三省一区，总面积为 160 万平方千米。这一地区自然资源尤其是煤炭和天然气资源丰富，地处内陆，战略地位重要，对外开放不足，结构调整任务艰巨，是最大的煤炭开采和煤炭深加工基地、天然气和水能开发基地。

6）长江中游经济区，包括湖北、湖南、江西、安徽四省，总面积为 68 万平方千米。这一地区农业生产条件优良，人口稠密，对外开放程度低，产业转型压力大，是以水稻和棉花为主的农业地区专业化生产基地及相关深加工工业，以钢铁和有色冶金为主的原材料基地。

7）西南经济区，包括云南、贵州、四川、重庆、广西三省一市一区，总面积为 134 万平方千米。这一地区地理位置偏远，土地贫瘠，贫困人口多，对南亚开放有着较好的条件，形成了以重庆为中心的重化工业和以成都为中心的轻纺工业两大组团。

8）大西北经济区，包括甘肃、青海、宁夏、西藏、新疆，总面积为 398 万平方千米。这一地区自然条件相对恶劣，地广人稀，市场狭小，向西开放有着一定的条件，是最大的综合性优质棉、果、粮、畜产品深加工基地。

三、区域发展政策

随着我国区域发展的协调性增强，持续推进“西部开发、东北振兴、中部崛起、东部率先”四大地区发展战略的同时，我国政府推动实施了“一带一路”建设、京津冀协同发展战略、长江经济带发展战略，统筹东中西、协调南北方，进一步优化经济发展空间格局，带动我国经济快速增长和参与国际经济合作与竞争的主要平台。

1）“一带一路”是“丝绸之路经济带”和“21 世纪海上丝绸之路”的简称。它将充分依靠中国与有关国家既有的双多边机制，借助既有的、行之有效的区域合作平台，旨在借用古代丝绸之路的历史符号，高举和平发展的旗帜，积极发展与沿线国家的经济合作伙伴关系，共同打造政治互信、经济融合、文化包容的利益共同体、命运共同体和责任共同体。

2）京津冀协同发展的核心是京津冀三地作为一个整体协同发展，要以疏解非首都核心功能、解决北京“大城市病”为基本出发点，调整优化城市布局和空间结构，构建现代化交通网络系统，扩大环境容量生态空间，推进产业升级转移，推动公共服务共建共享，加快市场一体化进程，打造现代化新型首都圈，加快推进北京城市副中心建设，规划和建设雄安新区，努力形成京津冀目标同向、措施一体、优势互补、互利共赢的协同发展新格局。

3）长江经济带是中国实施新一轮区域开放开发的战略，旨在打造具有全球影响力的内河经济带、中西互动合作的协调发展带、沿海沿江沿边全面推进的对内对外开放带、生态文明建设的先行示范带。长江经济带覆盖上海、江苏、浙江、安徽、江西、湖北、湖南、重庆、四川、云南、贵州 11 个地区，面积约为 205 万平方千米，人口和生产总值均超过全国的 40%。强化共抓大保护、不搞大开发的责任要求，加快建立沿江省市间合理高效的协商合作机制，沿江岸线保护、河道疏浚、内河航运、城镇布局等重点领域加快建设，依托黄金水道推动长江经济带发展，打造中国经济新支撑带。

第二节　东北综合经济区

东北综合经济区（以下简称东北区）包括辽宁、吉林、黑龙江和内蒙古东部地区（赤峰市、兴安盟、通辽市、锡林郭勒盟、呼伦贝尔市），土地面积为 145 万平方千米，占全国面积的 15%。同时，这一区域拥有占全国 21%的耕地资源、31%的森林资源和近 15%的草场资源，是我国重要的商品粮基地、畜牧基地和森林生态基地。2017 年，该地区总人口为 1.09 亿，占全国总人口的 7.6%。2016 年，该地区 GDP 约 5.54 万亿元人民币，占全国生产总值的 6.8%。

东北经济区具有综合工业体系、科教优势及人力资源、基础设施、农产品资源、优良的生态环境和对东北亚开放的区位优势。

一、产业优势

东北三省是全国重要的重化工业基地，产业聚集度高，辐射区域广。东北老工业基地制造业产业技术基础雄厚，其装备制造业特别是重大装备制造业，曾经为中国做出很大贡献，现在仍具有产业优势和产业实力。金属制品、普通机械制造、专用设备制造、交通运输设备制造、电气机械仪器制造、仪器仪表等行业具有很大的生产能力，主导产品的技术水平和生产规模在全国机械工业中占有重要地位。例如，辽宁省的机床产量占全国机床产量的 11%，吉林省的汽车产量占全国汽车产量的 11.5%，黑龙江省的大型火电和水电装备分别占全国市场的 33%和 50%，东北三省的输变电设备数占全国总数的 40%。

二、人文条件优势

劳动者素质高，而劳动成本较低，使东北三省在吸引外资和发展经济方面更具有一定的竞争力。东北三省的人才积蓄十分丰富，区内的知识储备、智力密度、科技产业等优势比较明显。

从综合科技水平看，全国科技进步统计监测结果显示，辽宁处于全国的上游水平，吉林和黑龙江处于全国的中上游水平，除京、津、沪之外，东北三省平均受教育年限仍然为全国较高水平。2015 年以来东北三省城镇人均可支配收入比国内东部和西部地区都低，仅比中部地区略高，这是 2013 年以来东北经济区经济发展放慢的结果，但客观上也成为今后招商引资和促进经济发展的一个有利条件。

三、自然资源优势

东北经济区原油、钢铁、土地、生物资源丰富。以矿产资源为例，现已探明储量的矿种有 84 种，占全国已探明矿种的 64%，其中有近 60 种为大中型矿床。累计探明储量占全国首位的有石油、铁、金、镍、锰、钼、菱镁、金刚石、石墨等；居全国前 5 位的有铜、镁、铅、锡、石膏、大理石等。其中，铁矿保有储量为 1 241.6 亿吨，占全国储量的 1/4；石油储量占全国 1/2 以上，特别是蒙东地区煤炭储量达上千亿吨，大兴安岭中南段是我国重要的有色金属成矿带，海拉尔盆地和二连浩特盆地可采石油储备量超过 10 亿吨。煤炭储量为 669.1 亿吨，占全国总量的 9%；油页岩储量为 211.4 亿吨，占全国总量的 68%。

东北三省还是全国重点林区，现有林地面积为 4 393 万公顷，森林总蓄积量为 37 亿立方米。木材产量占全国的 50%。东北林区木材品种齐全，林质优良，树的种类有 100 多种。全区有野生动物 1 000 余种。森林野生植物资源极为丰富，据不完全统计共有 2 400 多种，东北三省堪称我国的“生物资源宝库”。

东北经济区拥有三江平原、松嫩平原、辽河平原，土壤肥沃，土层深厚，土质较好，且耕地平坦，集中连片，适合机械化耕作。2018 年，全国粮食总产量达 65 789 万吨，其中黑龙江、吉林、辽宁、内蒙古的粮食总产量达 16 885 万吨，占全国总产量的 25.7%。东北地区成为全国粮食增长最快、贡献最大的区域，进一步发挥了“大粮仓”和“粮食市场稳压器”的重要作用。东北地区的粮食除供本地使用外，大部分销往华东、华南和华北等地区，粮食外调量占全国外调量的 60%以上。东北经济区作为国家的重要粮食生产基地，承担着粮食储备及特殊调剂任务，为支援国家建设和保持社会稳定作出了重要贡献，今后在国家粮食安全战略中仍需继续发挥重大作用。东北的生物资源丰富，具有发展大宗农畜产品加工业的优势。吉林和黑龙江都是全国生物资源和土地资源最丰富的省份之一。

四、区位优势

东北经济区是中国对东北亚地区开放的窗口，东北三省位于中国与东北亚市场板块的结合部，与俄罗斯、朝鲜、韩国接壤，与日本隔海相望，具有开拓东北亚市场的优越地理位置。东北三省对邻近五国的出口总额占全国出口总额的 20%左右。东北三省不仅具有得天独厚的地理位置，还具有丰富的经济资源、雄厚的工业基础和密切的内部联系，而且与东北亚各国在历史上形成了广泛的经贸合作关系。东北经济区与邻近五国相比，处于中等水平，其产业结构与这些国家有很大的互补性。

近几年，东北经济区注重区域资源配置，融入“一带一路”倡议。2015 年，辽宁积极部署打造东北亚国际物流枢纽区，建设中蒙俄经济走廊，开拓俄罗斯远东地区和蒙古国及欧美、日本、韩国高端市场；吉林提出长吉图向东开放和面向环渤海向南开放双翼并进战略，正式启动“长满欧”国际货运班列；黑龙江积极构建中蒙俄经济走廊和黑龙江陆海丝绸之路经济带，对俄合作由毗邻地区向俄罗斯中部及欧洲部分延伸。

五、交通优势

东北经济区已形成由水陆空立体交通组成的综合运输体系，它还是沟通东北亚和欧洲之间里程最近的大陆桥的重要中间站和联络点，从图们江口，经中国东北、蒙古国、俄罗斯至荷兰鹿特丹，就可以构筑一条新的欧亚大陆桥，东北是这条新欧亚大陆桥的必经之地。

1. 铁路方面

在东北区交通网中，铁路居骨干地位。全区共有大小铁路 70 多条，总长度近 16 000 千米，铁路密度是全国铁路网密度的 2 倍多。纵横交错的铁路连接了全区各主要工矿中心和农、林、牧业基地，以滨州、滨绥、哈大、沈山为骨干，以沈阳、四平、长春、哈尔滨为枢纽，联系干支线，形成比较完整的铁路网。以黑龙江为例，“十二五”期间，黑龙江打造“一轴两环一边”铁路网主骨架。一轴：与内蒙古联手打通满洲里经齐齐哈尔、哈尔滨、牡丹江到绥芬河的高速铁路，提升“绥满铁路轴”运输能力，形成 1 500 千米的对俄开放带。两环：建成哈牡、哈佳、牡佳快速铁路，形成“哈牡鸡七双佳哈”快速铁路东环线，建设“哈大齐北绥哈”铁路西环线，实现快速铁路覆盖全省 50 万人口以上的城市，形成哈大齐 1 小时经济圈、哈佳牡 2 小时经济圈、哈至四煤城 3 小时经济圈。一边：沿 2 981 千米的对俄边境线，打通连接 4 条断头路。同时，加快推进一批既有线电气化改造项目，建设一批支线铁路，扩大铁路服务范围，推进铁路枢纽及配套设施建设。

2. 公路方面

公路建设发展很快，2016年，全区公路长度达32万千米，其中高速公路已突破1万千米。4条国道干道及京哈、沈大、哈大、同江—三亚、绥芬河—满洲里等高速公路的建成，使区内运输结构发生明显变化，成为综合运输网的基础。

3. 水路方面

东北区内河水道有黑龙江、松花江、嫩江、乌苏里江、图们江、鸭绿江和辽河，可供通航的航程达7 000千米。目前，航运利用较多的是松花江，它流经吉林、黑龙江两省的主要城市和农业地区，是东北区目前最重要的内河航道，水量充足，水位比较稳定，航程较长，并与铁路线交叉分布，航运价值较大。哈尔滨以下的松花江干流可通航1 500吨级大型江轮，哈尔滨是东北的最大河港，货运以农产品、木材、煤炭为主，是铁路的辅助线，也是吉林、黑龙江两省间经济联系的重要通道。

东北经济区南临黄海与渤海，发展海上交通对加强我国沿海各地区及国外联系有特殊的意义。本区沿海有大连、丹东、营口、锦州、葫芦岛等港口，以大连港最为重要。大连港是东北区的海上门户，大量的石油、钢铁、机械、粮豆等产品从这里运往国内外。进口货物有矿石、建材、食盐、机械、小麦、食糖、轻工业品等。营口新港、丹东港、锦州港等都在迅速发展中，这些港口对大连港能起到重要的分流作用。

4. 管道运输方面

东北区内已有3 000多千米的管道运输线，大庆所产的原油80%可直接通过管道运到各大石油化工厂和大连、秦皇岛油港。

5. 航空运输方面

航空运输以沈阳、大连、长春、哈尔滨为中心，已经形成空中对外旅客和货物运输通道。

六、完整的经济单元优势

东北经济区是我国东北边疆地区自然地理单元完整、自然资源丰富、多民族深度融合、开发历史近似、经济联系密切、经济实力雄厚的大经济区域，装备制造、原材料、军工、农业、森工等行业在全国经济发展中占有重要地位。

七、重点城市辐射带动优势

以重点城市为增长极的特点是东北三省一区的空间特征。黑龙江的哈尔滨、大庆的发展水平与其周边城市的发展水平有明显差距，沈阳是辽宁乃至东北地区最大的中心城市，是东北的交通枢纽和经济中心。这决定了沈阳作为中心城市具有较大的积聚和扩散效应。大连作为辽中南城市群中经济发展最快的城市之一，交通发达，连接各地，对周边城市发挥着巨大的辐射和带动作用，成为辽中南城市群经济发展的增长极。

鞍山是辽宁第三大城市，也是东北地区最大的钢铁工业基地，经济实力雄厚，对周边地区有很强的辐射和带动作用。内蒙古东部五地发展以赤峰、通辽、呼伦贝尔为代表，重点发展。各大城市积极发挥自身的辐射带动作用，带动周边城市发展。但各省表现出偏远地级市落后的经济空间特点还需要加强重视。

受传统优势产业转型的影响，进入“十二五”时期以来，尤其2013年之后东北三省GDP占全国的比重逐年下降。未来东北振兴要采取以下措施：第一，大力发展制造业，提高工业的投资比重；第二，加快机制创新与经济转型；第三，培养接替产业，培育发展战略性新兴产业，加快发展现代服务业；第四，实现以区域合作为基础的共同市场。

第三节　北部沿海综合经济区

北部沿海综合经济区包括北京、天津、河北、山东，其陆地土地面积为37万平方千米。截至2017年，区域人口约2.1亿，分别占全国的3.9%和13.3%。人口密度为每平方千米498人，是全国平均人口密度的3倍多。2017年，该区域GDP约15.5万亿元人民币，约占全国的18.9%。

一、区域经济优势

本区经由渤海、黄海与太平洋相连；与韩国、日本、俄罗斯远东地区的地理位置接近；通过京包、集二线可沟通蒙古国、俄罗斯与东欧地区。本区在全国经济发展中处于中枢地位。以北京—天津、济南—青岛为中心组成的经济发展轴线所构成的经济核心区位于中国北方沿海的黄金海岸，地处全国经济发达的京津唐地区和胶东半岛，通过沿海岸线的天津、青岛等港口，对外与世界160多个国家和地区开展经济贸易联系，对内以东北、黄河中游、大西北为广大腹地，为中国北方内陆“三北”地区的重要结合部。这个地区又是东北亚经济圈的中心地带，是黄河中游、大西北地区进入太平洋，通向世界最便捷的出海口岸，也是我国参与东北亚经济技术合作与交流，发展包括日本、韩国、俄罗斯在内的东北亚跨国区域合作与产业分工的最佳地区和投资环境良好的国际协作区，是我国北部开展国际经济交流的主要基地。本区几个枢纽港是亚欧大陆桥东端的桥头堡，在连接西太平洋与中亚、中东、西欧的经济交往中有非常重要的作用。目前，胶东半岛已成为韩国的投资热点，天津已成为沟通本区的对外运输枢纽，这种周边国家的特殊区位关系和独特地缘优势为本区的开放开发提供了良好的时机和有利的环境。在中国全方位对外开放和区域经济发展战略中，本区具有促进全国经济由东向西扩散、由南向北推移的纽带作用，区位优势十分突出。

二、区域资源优势

本区自然资源丰富，矿产资源和海洋资源优势更为突出。

本区的铁矿储量约占全国的1/4，不仅储量丰富，而且分布广泛。著名的铁矿有冀东（迁安、滦县）、莱芜、金岭镇、邯郸、沫源、滦平、承德铁矿。其中冀东特大型铁矿是我国三大铁矿之一，储量大，且矿层厚，埋藏浅，大部分可露天开采。本区是铁矿富集地区，大多数与煤炭储量集中地接近，冀东铁矿与唐山煤矿，邯邢铁矿与邯郸、峰峰煤矿的地域配套组合非常理想，而且辅助材料可就地解决，对发展钢铁工业较为有利。

本区有丰富的石油资源，已探明石油储量达4.7亿吨以上，约占全国的19%。另有天然气储量约 824 亿立方米。本区石油资源主要分布在渤海湾沿岸、渤海海盆和黄河入海口。这一区域内拥有华北油田、大港油田、胜利油田及海上的渤海油田，陆海连成一片，是我国第二大油气产区。其中，胜利油田为我国第二大油田，探明储量占全国储量的10%左右。渤海海上油田前景良好，远景储量超过10亿吨。本区地处我国东部经济发达地区，交通也很方便。

本区其他自然资源，如硫、磷、石灰石、耐火材料、铜、铝等重要矿产在储量上也有较大保证。矿种也比较齐全，尤以铁矿最为丰富，煤、石油、天然气有较大储量，具有重型资源结构配套的特点。

本区拥有广阔的渤海海域，海岸类型多样，岛屿众多。渤海是中国最大的内海，水质好，饲料丰富，是鱼、虾、贝、蟹产卵和繁殖的场所，也是中国主要的渔场之一。渤海为半封闭的内海，沿岸水浅，坡缓，湾内浪小，为发展海水养殖提供了良好的场所。

本区是我国主要的海盐生产基地。这里不仅滩涂广阔、滩面平缓、底质适宜，且阳光充足、气候干燥、蒸发量大于降水量，适于发展海盐生产。长芦盐区和山东盐区是本区的两大盐区，丰富的海盐资源为发展以“两碱”为主的基本化学工业提供了良好的基础。

三、产业结构

本区依托有利的地理位置和丰富的自然资源，成为我国经济实力雄厚的地区之一，工业产值约占全国产值的1/5，是我国能源和重化工基地，煤炭、石油和钢铁产量都占全国产量的 40%。乙烯、两碱产量占全国产量的一半以上。电子、轻纺工业也具有相当的实力和水平。农业生产也相当发达，是我国主要的粮、棉、油生产基地。粮食、棉花、油料、果品、畜产品和海洋水产品等生产在全国占有重要地位。区内以京津为中心的首都经济圈地区、以济南—青岛为中心的山东半岛地区，构成的经济区域是中国北方最大的工业密集区，经济发展水平比整个本区明显高出一个层次，是带动整个地区经济发展的龙头和核心区。

本区是我国的政治、文化和国际交往的中心，又是全国经济发达地区之一。随着国民经济的发展，城市人口迅速集聚，城市数量不断增加，城市规模不断扩大，本区实际人口城市化程度已达 30%。本区以北京为中心，以天津、青岛、烟台、秦皇岛等沿海开放城市为扇面，以天津、石家庄、济南等地为区域经济中心，构成了我国北方最重要的集政治、经济、文化、国际交往于一体的外向型、多功能的城市群。进一步发挥这些中心城市的集聚、辐射、服务和带动作用，将会有力地促进区域经济的发展。

四、综合交通运输网络

本区以港口为中心的多种运输方式，已初步形成综合性、高效能的运输体系，对于促进国民经济发展及国际经济交流与合作起着十分重要的作用。

在渤海湾和山东半岛的海岸线上，分布着众多优良港湾，地理位置优越，依托的城市经济发达，沿海分布着秦皇岛、天津、烟台、青岛、日照等10多个经济辐射力较强的重要港口城市，形成独具特色的现代化港口群，货源充足，腹地范围涉及13个地区，是全国重要的物流发生地和消费地，每年调出调进的煤炭、钢铁、石油、粮食、建材、杂货等为港口提供了充足而稳定的货源；陆上集、疏运条件好，目前通过港口辐射内地的铁路干线、管道运输线和包括京津唐、济青高速公路在内的纵横交错的公路网构成了环渤海地区港口集疏运系统。

本区是全国铁路网和公路网密度最高的地区，线路技术水平也高于全国平均水平。铁路线路通过能力和运输能力均居全国前列。北京铁路枢纽是全国铁路网的中心，通过8条干线连接各省区。区内主要干线网络已形成“三纵五横”的格局，并辅以天津、石家庄、济南等枢纽组成点线相匹配的有机体系。本区也是全国公路网的中枢，以北京为中心有12条呈放射状的国道公路，以及通向主要港口的干线公路密集成网，是中国公路最密集的地区之一。

北京是全国航空线的交汇中心，也是中国通往世界大城市航空线的交汇中心。北京首都国际机场是中国三大门户复合枢纽之一、环渤海地区国际航空货运枢纽群成员、世界超大型机场。截至2017年7月，北京首都国际机场共开通国内外航线252条。1978～2017年，北京首都国际机场年旅客吞吐量由103万人次增长到9 578.6万人次，位居亚洲第1位、全球第2位。其年旅客吞吐量、货邮吞吐量、起降架次分别位居中国第1位、第2位、第1位。2014年8月，完成二期扩建工程天津滨海机场，2017年，实现旅客吞吐量2 100.5万人次，货邮吞吐量26.83万吨，运输架次16.5万架次。北京首都国际机场不仅可为北京的国际客运分流，还是环渤海地区最大的航空货运中心。

目前，本区已形成以港口为中心的立体交通网络，成为沟通东北、西北、黄河中游地区和进入国际市场的重要集散地。

第四节　东部沿海综合经济区

东部沿海综合经济区包括上海、江苏和浙江，全区土地面积约为21万平方千米，占全国土地总面积的2.2%。2017年年底，本区人口为1.6亿，约占全国总人口的11.5%。本区人口密度为每平方千米超过700人，是全国人口密度最高的地区。

本区位于大陆海岸线中部、长江入海口，濒临黄海和东海，基础设施好，农业经济比较发达，工业门类比较齐全，在钢铁、汽车、电子、石化、高新技术等领域都有一大批一流的骨干企业，在全国经济社会发展中占有重要的战略地位。2017年，本区

GDP 约为 16.7 亿元人民币，占全国的 20.4%，以及 1/3 以上的外贸进出口总额。

本区自然资源贫乏，尤其是煤炭、石油、天然气、铁矿石和有色金属每年需要从外部大量调入或进口。但本区人口稠密，交通便利，高校、科研院所密集，人才荟萃，科技力量强，依托经济开发区、出口加工区、科技园、保税区等优势，发展服装、文体用品、金属制品、普通机械、电气机械、仪器仪表、化纤、塑料、电子及通信设备制造业等能源、资源需求量相对较小的产业，取得了较好的效益，成为我国经济发展水平最高、外向型经济最活跃、城市化水平最高的地区之一。

本区位于我国沿海经济带和沿长江经济带的交汇处，具有明显的区位优势，已经建立了雄厚的发展基础。

1. 快捷、便利的综合交通运输网络

本区为世界上不可多得的集“黄金水道”和“黄金海岸”于一身的双优区位地区之一。1949 年以来，尤其是改革开放以来的建设，本区的交通运输发展迅速，一个以陆运为主，陆、水、空并进，铁路、公路、水运、民用航空并举的综合运输体系已经基本形成。

以长江、京杭大运河、苏浙水网和沿黄海、东海的水运骨架可联结我国南北沿海航道及远洋航线，方便联系沿海地区、沟通世界。自上海沿江而上，与京沪、京九、京广、焦柳等铁路干线交会，便于东西梯次推进、联动发展，南北互相借助、拓展辐射，有利于带动全国经济。

本区内沪宁、陇海、沪杭—浙赣及新长等铁路联结，沟通区内各地及全国铁路网，承担各类大宗货物和旅客的运输任务。

以大、中城市为中心，以国道、省道干线为骨架的公路网，使陆路交通运输无论在线路长度上还是在运量上，都在本区运输总体结构中占有优势。

以上海航空枢纽为中心，以南京、杭州、徐州、无锡、温州等机场为节点的民航线路，基本覆盖大部分地区。

2. 工业发达，基础雄厚

本区工业体系完备，我国现代工业的精华大部分集中在这一地带，如钢铁工业的宝钢，汽车工业的大众，电子工业的熊猫，石化工业的金山、扬子、镇海等企业。在生物工程、航天、激光技术、信息、新材料等高新技术领域，也集中了我国相当多的优势企业和科研技术单位。此外，长江流域内的农业也较发达，太湖、洪泽湖地区等是我国重要的商品粮、油、棉生产基地和其他一些重要的农副产品生产及出口基地。

3. 城市密集，市场广阔

本区集聚着我国产业经济的精华，人口密度比全国高近 5 倍，居民收入水平较高，人均购买力也高于全国平均水平，在居民消费上有着广阔的市场前景。

4. 人文繁荣，科技先进

长江流域是中华民族的文化摇篮，社会开化、文明进步。本区人才荟萃，劳动力数量多，素质较高；科学和教育事业发达，技术与管理先进。尤其是上海、南京等中心城市拥有众多大专院校、科研院所，汇集了大批高素质的人才，是建设长江经济带的重要人力资本，雄厚的劳动力资源和智力资源是长江流域经济起飞的重要有生力量。

第五节 南部沿海综合经济区

南部沿海综合经济区是指我国东南沿海，其依山面海、地理位置优越，范围包括福建、广东、海南，全区分大陆与海岛两部分。隔海与菲律宾、马来西亚、文莱等国相望。近岸诸岛除拥有我国第二大岛——海南岛之外，自海南岛至东沙群岛一线以南，远至曾母暗沙，包括中沙、西沙、南沙群岛。陆地总面积达 34 万平方千米，占全国土地总面积的 3.5%。2017 年年底，本区人口达 1.6 亿，占全国总人口的 11.5%，人口密度为每平方千米 471 人，为全国平均人口密度的 3.3 倍。

一、区域的自然基础

本区大部分地区为 1 000 米以下的低山丘陵，地表起伏不平，是我国东部沿海地区地势变化较大的区域。区内平原狭小，主要分布在河道两旁及入海的地方，形成面积不大的河谷平原和河口三角洲，如珠江三角洲、韩江三角洲、闽江三角洲等。因降水丰富，地表起伏大，海岸线长，形成了入海河流多、径流丰富的特点。由于河流流量大，沿程流量增长快，又多穿山越岭，峡谷险滩多，形成河床坡度陡、落差大、水流急、水能丰富的特点。同时其毗邻我国港、澳、台，华侨众多，极有利于外向型经济的发展。广东、广西为沿海省区，海南为岛屿省份，均有绵长的海岸线，由于毗邻我国的香港、澳门和台湾，更有利于经济发展。

本区面临东海和南海，拥有丰富的海洋资源，绵延的海岸线提供了大量优良的天然港湾，如三都、马尾、池州湾、泉州、厦门、汕头、广州、湛江、海口、八所、三亚等。广阔的海洋形成了天然运输通道，预示着东南沿海地区发展海洋运输的美好前景。

本区既是我国纬度位置最低的地区，又是海洋最辽阔、受海洋影响最深的地区。因此，高温多雨的热带、亚热带季风气候成为本区的基本特征和支配自然地理过程的主导因素。其特点是高温多雨，夏长冬暖，霜雪少见，降水丰沛，夏秋多台风。

本区矿产资源以金属矿最多。其中黑色金属的铁矿主要分布在海南岛石碌和粤北连平、韶关大宝山及福建永定—德化一带。有色金属主要分布在南岭山地。油气资源主要分布在北部湾凹陷、珠江口外凹陷等处；南海诸岛所在的海域也存在着良好的含油气远景，具有沼气生成和聚集的条件，前景可观。

二、区域经济发展的特点

我国的对外开放是从本区开始的，经过 40 多年的发展，现已形成了开放体系。其特点如下。

1. 经济水平较高

从 2017 年 GDP 绝对量来看，本区以 12.6 万亿人民币仅次于东部沿海和北部沿海地区；从人均量来看，本区居第 2 位，属经济水平较高的地区。本区经济的快速增长，主要是广东、福建的快速增长引起的。本区凭借发展对外经贸关系的有利条件，成为我国对外开放最早的地区、经济特区最多的地区，引进了大量的海外资金。大量的外资启动并推动了本区经济的快速增长。

2. 产业结构专业化、轻型化比较突出

1）在 GDP 的构成比中，第三产业近年已经突破 40%，居全国各大经济区首位。

2）在农业产值构成中，种植业产值比重明显偏低，占比不到 50%，林业、牧业、渔业的占比分别为 10%、26%和 18%。说明本区大农业结构的素质较高。

3）工业的轻型化突出。本区轻工业产值占工业总产值超过 60%，在全国各大区中位居第一。

4）能源、原材料比重低。能源工业的煤炭、石油、天然气，原材料工业的黑色冶金、化学工业、石油加工等居各区之尾，劣势突出。

5）工业专业化生产较明显。本区专业化系数居各大区之首。专业化部门主要有电器及电子机械制造业、食品加工业、纺织及制衣业、塑料制品业、日用品制造业、饲料加工业、有色金属矿采选业等。

本区由于能源、矿产资源比较贫乏，工业的轻型化、能源原材料工业比重低是一种必然。加工能源、原材料工业产品与一般加工工业产品的比价扭曲、利润失真，在投资主体多元化、分散化的条件下，国家宏观调控乏力，致使出现全国性的一般加工工业发展过快而能源、原材料工业发展滞后的状况。在这种背景下，本区因资源约束而轻型化、一般加工化的工业结构更加突出。

3. 经济外向型特点突出

本区具有发展外向型经济的优势，而且这一优势得到了充分的发挥，因而经济的外向型特点十分突出。例如，1995 年，本区实际利用外资额、对外借款、外商直接及其他投资分别占全国的 42.07%、26.85%和 43.09%。

4. 区内经济水平差异大

本区经济虽比较发达，但内部经济水平差异大。经济水平最高的是广东，最低的是海南。2017 年，福建的人均 GDP 为 8.27 万人民币，超越广东，是海南的 1.84 倍左右。不仅省区之间差异大，省内不同地区差异也很大，尤其表现在广东、福建的沿海地区与内陆山区之间。

三、区域交通运输业的发展与布局

本区历史上交通运输业是随着岭南经济的开拓而日渐兴起的，并由此逐渐形成了由区内、区际和海外交通组成的水运、铁路、公路、航空相结合的综合运输网。

1. 水运交通的发展与布局

本区利用江、河、湖、海发展水路交通运输的历史悠久，是全国水运条件优越、水上运输占有突出地位的地区。区内海运担负着国际和区际联系的双重任务。目前，沿海的广州港、厦门港、湛江港、汕头港、福州港、海口港等都有船只与国外往来。其中，广州港是我国南方最大的综合性枢纽港，远洋通航 100 多个国家和地区。2017 年，广州港集装箱吞吐量达 2 036 万 TEU，居全国沿海港口第 4 位，全球第 7 位。深圳港 2017 年集装箱吞吐量达 2 521 万 TEU，居全国第 2 位，全球第 3 位。湛江港位于雷州半岛东北部的广州湾内，是西南各省重要的出海门户。本区的内河运输以珠江流域和闽江流域为主。全区内河航道长 15 432 千米，占全国的 12.5%。珠江流域是岭南最长的内河航线，其航运价值仅次于长江，居全国第 2 位。珠江流域以西江为主要干线，珠江三角洲是我国著名的“水乡”，其内河航运业发达。闽江流域是福建的主要内河航线。

2. 公路交通的发展与布局

本区公路交通网稠密，在交通运输业中占有重要地位。由于公路里程长、密度大，客、货流量也较大。2016 年，全区公路里程达 33 万千米（其中高速公路里程达 13 496 千米）。本区主要的高速公路有广（州）佛（山）、广（州）深（圳）、广（州）珠（海）、广（州）花（都）、广（州）三（水）、深（圳）汕（头）、佛（山）开（平）等。现在已形成了以广州、福州为中心，以国道、省道为骨架，以县、镇公路为网络的公路运输网。主要区际干线有广州—长沙—武汉—郑州—石家庄—北京线、广州—桂林—贵阳—成都线、福州—广州—南宁—昆明线、厦门—长沙—成都线、福州—南昌—武汉—兰州线等。海南岛有海榆东、中、西线环绕全岛，形成网络。

3. 铁路交通的发展与布局

本区铁路线路较少，密度较低，且以纵向分布多，以海港为终点。近年横向分布的铁路线也已出现，使铁路网络初显端倪。截至 2017 年年底，全区铁路营业里程达 8 200 千米，占全国的 8.1%。以广州、厦门为枢纽，与东部沿海、长江中游和西南地区紧密联系起来，成为全国铁路运输网的重要组成部分。

京广和京九铁路分别从湖南、江西进入广东境内，南接广深线、广茂线和广梅汕线，并与海运相衔接，是通往我国香港的主要干线，也是我国南大门、与内地交通运输的大动脉；广茂线和广梅汕线是广东境内重要的横向干线。茂（名）河（唇）线在河唇与黎湛线相接后，使广州港和湛江港相互联结；黎湛线在黎塘与湘桂线相接后，成为连接两广、沟通西南的重要干线；鹰厦线沟通了福建与东部沿海地区的联系，扩大了厦门港的外引内联的地位；南（平）福（州）线是福州港内联的铁路干线，漳（平）坎（市）线与鹰厦线相接。

在海南岛有石（碌）八（所）线和八（所）三（亚）线。本区计划修建海（口）八（所）线和三（亚）海（口）东线，形成环岛铁路。

4. 民用航空交通的发展与布局

本区民用航空事业比较发达，改革开放以来，为了巩固“南大门”的地位和适应对外开放的需要，先后扩建改造了广州、湛江、汕头、海口、福州、厦门等机场，新建了深圳、珠海、三亚等机场。本区还改善了一批机场的地面配套设施，并采取直接购进和国际融资租赁方式增加了一批大中型客机。根据中国民航总局统计，2017 年，大陆地区机场按旅客吞吐量数据统计排名，广州白云国际机场居第 3 位，深圳宝安国际机场居第 5 位。经营航线 200 多条，航线网络连接全国几十个大、中城市及曼谷、马尼拉、新加坡、吉隆坡、雅加达、悉尼、墨尔本等国际城市。

第六节　黄河中游综合经济区

黄河中游综合经济区包括陕西、山西、河南和内蒙古，面积共 171 万平方千米，约占全国领土面积的 17.8%。2017 年年底，本区人口达 1.96 亿，占全国总人口的 14.1%，人口密度为每平方千米 148 人，与全国平均人口密度相当。2017 年，本区 GDP 约为 98 986 亿元人民币，占全国的 12.1%。

一、自然条件与产业布局

本区大部分地处黄土高原和内蒙古高原，大兴安岭—太行山一线是我国第二、三级阶梯的分界线，秦岭—淮河也是我国主要的地理分界线。河南位于黄河中下游平原，陕南位于秦巴山地，有汉水、嘉陵江注入长江。秦岭—淮河以南地区地处亚热带湿润季风气候区，年降雨量较大；秦岭—淮河以北地区属大陆性季风气候和温带大陆性气候特征，年降雨量自南向北逐渐减少，陕西北、山西北及内蒙古西部地区降雨量最少，且冬春多风沙。

本区内农业生产的差异较大，黄淮平原、汉中平原、内蒙古河套地区受水利灌溉之利，是我国重要的商品粮生产基地，尤其河南是我国的农业大省。陕西的南部、中部和北部差异性十分明显，秦岭南麓是我国重要的珍稀和野生动、植物保护区之一。内蒙古是我国重要的畜牧产业生产基地，畜牧业综合生产能力居全国之首。

本区自然资源丰富，煤炭、铬铁矿、钒铁矿、稀土矿产富集，尤其是煤炭资源，在本区分布广泛，储量占全国的 2/3 以上，是我国当前最大的煤炭开采、煤炭深加工基地和主要的煤炭外运基地。本区不仅煤炭储量丰富，而且煤种齐全，煤质优良，开采条件好，地理位置适中，具有建成我国特大煤炭能源基地的优越条件。本区有全国最好的动力煤（大同、东胜、准格尔）、优质焦煤和适于多种用途的无烟煤（晋城、阳泉）。陕北、豫东和蒙东地区是主要的油气产地。河南巩义和内蒙古的铝土矿、白云鄂博的稀土矿在全国占重要地位。

在丰富的自然资源基础上，本区重点建立了全国最大的煤炭开采和煤炭深加工基地、天然气和水能开发基地、钢铁工业基地、有色金属加工基地。形成以能源重化工为主体，依托煤炭、电力、机械、纺织、航空航天为重点的，门类较为齐全的工业体系，具有典型的能源型特征。“十一五”期间，国家规划重点建设的 13 个大型能源基地在本区有神东、陕北、黄陇（含华亭）、晋北、晋中、晋东、河南、蒙东 8 个，20 个主要的石油和天然气基地本区有东濮、南阳、延长 3 个。三门峡和黄河小浪底水利枢纽工程兼有水利和发电的双重功效。本区的包钢、太钢是我国重要的钢铁基地。此外，本区还重点建设陕西的钼、内蒙古的稀土、陕西和内蒙古的煤化工等优势矿产资源开采及加工基地。

二、交通运输网络布局

区内多条交通大动脉纵横交织，综合交通网逐步形成。本区河运条件优于我国北部和西部地区，铁路运输比东南沿海地区发达，已形成较完整的陆空综合交通网。

截至 2017 年年底，区内铁路通车里程为 29 600 千米，占全国的 23%。本区主要有纵贯南北的京九、京广、集二一同蒲一焦柳、西康一西延、宝成等线，横贯东西的陇海、焦新一新日、石太、神朔黄、大秦、京包一包兰、滨洲等线。京广线是运输最繁忙的铁路大动脉，京九线是内地与我国香港联系的通道，陇海线是亚欧大陆桥的组成部分。京广、陇海两大干线交汇处的郑州是中国最重要的铁路枢纽之一，也是亚洲最大的铁路编组站、全国最大的铁路零担货物中转站和铁路集装箱基地。大秦、神朔黄、焦新一新日是我国煤炭东运的主要通道。通过集二、滨洲铁路可以与蒙古国、俄罗斯的铁路相连，形成国际铁路运输大通道。

截至 2016 年年底，本区公路里程达 73.2 千米，约占全国的 15.6%，有多条南北向及东西向的国道通过本区。公路质量不断提高，其中高速公路里程达 21 000 千米，居各区之首。郑州、西安、太原是全国公路客货综合运输枢纽。

本区航空业较为发达，西安、郑州、呼和浩特和太原是地区性的航空枢纽，西安咸阳国际机场是仅次于上海、北京和广州的第四大机场，呼和浩特有通往蒙古国、俄罗斯的国际航班。其他如延安、安康、洛阳、南阳、包头、赤峰、大同、长治等机场，有通往国内北京、上海、广州等主要城市和旅游区机场的定期航班。

因黄河干流不具备通航条件，本区内河航道里程仅占全国的 4.2%，主要分布在长江的主要支流汉江和淮河及其支流。

第七节　长江中游综合经济区

长江中游综合经济区包括湖北、湖南、江西和安徽，面积约为 70 万平方千米，约占全国领土面积的 7.3%。2017 年年底，本区人口达 2.3 亿，占全国总人口的 16.5%，人口密度为每平方千米 326 人，为全国平均人口密度的 2.3 倍。2017 年，本区 GDP 约为 119 450.68 亿元人民币，占全国的 13.96%。

一、自然资源条件

本区大部分位于秦岭—淮河线以南，属亚热带湿润季风气候，夏季酷热，盛行水田农业；另有小部分位于秦岭—淮河线以北，属暖温带半湿润季风气候，盛行旱地农业。本区降水年际变率较大，常导致旱涝灾害发生，秦岭—淮河线以北旱灾较频繁，长江中下游平原及淮河流域则是我国水患较严重的地区。

长江中下游平原土地肥沃，是本区乃至全国农业生产条件优越的区域。本区大部分地区为平原、丘陵和盆地，有利于农业开发。区内西部以山地为主，为我国地势第二、三级阶梯的交接带。南部和东南部边缘也分布着山地。

长江、淮河流经本区，是我国淡水湖泊最多的区域，尤以长江中下游平原为甚，分布着全国最大的淡水湖群，其中鄱阳湖、洞庭湖、巢湖等是著名的大湖泊。区内水资源呈南丰北歉的特点，这类似于全国水资源的分布格局，可通过南水北调合理分配水资源。区内可开发的水能蕴藏量达 4 436 万千瓦，大部分在西部和南部山地，长江干流上的葛洲坝、沅江上的五强溪、汉江上的丹江口、赣江上的万安，这些都是国内重要的水电基地。

区内矿产资源品种多样。赣南及湘东南的钨矿、湘中的锑矿在全国乃至世界占有重要地位。江西德兴、湖北大冶和安徽铜陵的铜矿都在国内居重要地位。安徽马鞍山和湖北大冶的铁矿亦较为著名。河南平顶山和焦作，以及安徽淮北、淮南等地拥有丰富的煤炭资源。湖北的潜江是本区主要的油气产地。从总体上看，本区有色金属资源大多分布在南部，能源矿产则基本分布于北部，这类似于全国矿产资源南北差异的格局。

南北兼备和多样化的自然资源条件为本区成为国内多种农副产品和原料的供应地提供了基础。

二、居中的区位特色

（一）承东西，联南北，通达性良好

本区是从东部沿海发达地区向西部待开发地区过渡的中间地带。居中的经济地理位置，增强了区际空间通达性，也提供了较多的空间相互接触和区际交流的机会，便于物质、能量、人力和信息等要素的流动。本区在获取高效率的信息、能量和物质流方面处于极为有利的地位。

（二）接近原料地与消费地的双向优势

我国沿海地区的工业中心具有靠近消费地的优势，西部地区的工业中心具有靠近原料地的优势。本区在接近国内原料地方面比东部更优，在接近高收入水平消费地方面比西部更优。

本区自身就是重要的原料地和消费地。区域农业生产总量大，农副产品丰富，多种矿产资源储量位居全国前列，可为工业生产中心就近提供所需原料。本区人口众多，

又长期是我国人口分布的重心之所在，当外来投资者开拓市场时，本区的市场潜力必被重视。因此，总体上说，本区产业发展具有接近原料地与消费地的双向优势，有利于节约运输成本。

（三）主要产业的优势

本区现实的产业优势既与生产要素存赋和区位特点相关，也与国家和地方经济发展战略有关。国家长期要求本区作为大宗农副产品和工业原材料的供应地，促使本区形成了以农副产品、原材料和初级产品生产占优势而工业制成品生产相对落后的产业结构与商品结构。

本区是国内粮食、棉花、油料、麻类、茶叶、肉类和淡水产品的主要产区，也是重要的烟叶、柑橘和禽蛋产地，林、特产品的发展潜力较大。本区是全国最主要的钨、铜、锑产地和重要的铅锌、铝生产基地。湖北及安徽钢铁工业较发达，但大量进口廉价铁矿石的条件不如沿海钢铁基地优越。本区水泥、平板玻璃、陶瓷、硫酸、磷矿石与磷肥、氮肥、汽车、拖拉机、内河船舶和电力机车等产品在国内有一定地位。在以农产品为原料的轻工业领域中，棉纺织与食品工业的基础较好。

在耐用消费品生产领域，区域优势较小，市场大多被沿海地区的商品占有。内地企业要扩大市场占有率，必须采用更先进的技术、管理方式和经营战略，同时发挥劳动成本较低的优势。安徽的家用电器生产已形成几个大的企业集团，在市场竞争中正后来居上。

现有的产业结构和商品结构使本区在全国区域分工中处于外围区位。本区廉价的原料和劳动力向全国经济发达地区输送，又从发达地区运入大量附加值较高的工业制成品和消费品，在这种分工格局中，作为核心区的沿海发达地区获得的利益远多于本区。

（四）产业布局特色

1. 农业生产的地域分异

农业经济活动仍占有广阔的国土空间。由于本区地表自然条件具有南北兼备的地带性分异特色，境内又具有山地、丘陵、平原交错的多样性的非地带性分异特征，因此，本区形成了几个不同类型的农业区。

桐柏山、大别山及淮河以北平原地区盛行旱地农业，多实行冬小麦和杂粮、甘薯、豆类轮作与倒茬的两年三熟制耕作方式，棉田面积广大，油菜和芝麻种植较多。

鄂、豫、皖交界地带的桐柏、大别山区及周围丘陵、南阳—襄阳盆地，南北过渡特色明显，农作物主要有小麦、水稻、杂粮和油菜，养蚕业在大别山地区有发展潜力。

以平原为主的长江中下游地区是著名的“鱼米之乡”，盛行稻麦轮作和水稻连作的一年两熟制，棉花、油菜种植广泛，鸡、鸭、鹅、猪的饲养量大，还是全国最重要的淡水渔业基地之一。

长江以南广大的丘陵和南岭以北山地，多种植水稻、杂粮、甘薯、油菜和茶叶。这里宜林面积大，竹林、杉木、油茶和油桐等亚热带用材林和经济林在全国占有重要地位。

鄂、湘二省西部以山区为主，种植业不发达，粮食产量低，但发展林业的空间广阔，也有较大面积的草山、草坡适于发展畜牧业。

目前，本区在传统的农业地域上形成了范围较小的高产、优质、高效的空间聚集经济。颇有规模的城郊型农业多集中在武汉—黄石、长沙—株洲—湘潭这几个城镇密集区域，以及南昌、合肥等大城市近郊，主要发展运距不宜太长的蔬菜、肉禽蛋奶与水产养殖，旅游农业正兴起。在沿海市场需求拉动下，区内靠近交通线的部分农村重点发展了生猪、蔬菜和水果等鲜活农产品的专业化生产。

2. 工商业经济活动的核心区域

本区城市化和工业化水平低于沿海地区，工商业的发展和布局仍以向城市集中并扩张为主要特色，但起步较晚，且分布广而实力相对弱小。本区城市集中了大部分的工商业，城市化的空间运行特点仍然以集中化为主，分散化不显著。武汉、长沙、合肥和南昌等一部分城市规模较大，具有一定的经济能量，已向它们的经济腹地进行能量的辐射或传导，而城市内部同时存在能量的聚集及经济结构的调整、更新与置换。

区域空间经济系统中，城市作为节点，聚集了工业和第三产业，节点的成长发育水平与交通网络设施的组合状况及地域分布形式相关，网络发达的地域一般是节点发展水平较高和工商业较集中的区域。从总体上分析，本区的城市与工商业主要集中布局在两个经济网络相对发达的地域。

一是湘、鄂、赣三省内的环状与过境网络，京广、京九、浙赣、湘黔、武大—大沙铁路与长江水系航道及数条公路干线构成此网络，其中，武汉—岳阳—长沙—萍乡—南昌—九江—黄石—武汉沿铁路形成环状地带。该地带是我国近代首家钢铁联合企业汉冶萍公司的诞生地，经过多年建设，已成长为部门齐全的工业集中区。武汉、鄂州、黄石、大冶组成我国内地最大的冶金带，湘潭、新余、南昌钢铁工业实力较强，株洲是多种有色金属冶炼中心。岳阳、九江、武汉的石油化学工业发达。武汉与南昌的汽车工业、湘潭与株洲的机电工业、南昌的飞机工业地位重要。醴陵的陶瓷工业、萍乡的煤炭工业发展较早。武汉、黄石、长沙、德安的轻纺工业已有一定影响。武汉历来是我国内地主要的商业中心，长沙、南昌也是重要的商业都会，九江、武汉、岳阳随着沿江开放战略的实施，将发展成为外贸中心。

二是安徽省中部的过境网络，由淮南、京沪、合九、宁铜等铁路与长江、淮河航道及数条公路干线交织而成。网络上的主要城市有合肥、淮南、蚌埠、滁州、马鞍山、芜湖、铜陵和安庆等。马鞍山的钢铁、淮南的煤炭与电力、铜陵的炼钢、安庆的石油化工、合肥与滁州的电器、芜湖与蚌埠的食品工业都具较强的优势。

除核心区外，本区还有少数工业基地在全国具有重要影响，如鄂西宜昌附近的特大型水电基地和十堰、襄樊的汽车工业，湘中南的多种有色金属开采业，赣南的钨矿、赣东北德兴与贵溪的铜基地、景德镇的陶瓷工业，以及安徽省淮北煤电基地等。

3. 四通八达的水陆交通网

国内多条交通大动脉贯穿本区，刺激了区内交通网的形成和发展。本区河运条件优于我国北部和西部地区，已形成较完整的水陆交通网。

本区江河水网连贯，长江“黄金水道”横贯东西，它具有里程长、接纳支流及湖泊多和河宽、水深的优点，且与京广、京九、焦柳铁路交接，承受较大的货运密度，是中国南北货源转运、东西江海相连、吸引范围广阔的水运干线。长江的主要支流汉江和湘河、资河、沅河、漠河及赣河、抚河、信河、修河等河流，与长江共同组成内河运输网。本区北部主要水运干线是淮河及其支流。

本区内铁路主要干线有纵贯南北的京广、京九、焦柳、京沪—淮南—皖赣等线，横贯东西的浙赣—湘黔、襄渝—汉丹等线。京广线是运输最繁忙的铁路大动脉，京九线是内地与香港联系的通道。株洲是江南最大的铁路枢纽，武汉、南昌、襄樊和芜湖等地是重要的铁路与水运枢纽。

截至 2016 年年底，本区公路里程达 857 600 千米，约占全国的 18.3%，有多条南北向及东西向的国道通过本区。本区与国内其他区域间的通达性好，承担着大量的过境运输。

第八节　大西南综合经济区

大西南综合经济区包括云南、贵州、四川、重庆、广西，土地面积约为 137 万平方千米，占全国土地面积的 14.3%。2017 年，全区人口为 2.4 亿，占全国总人口的 24.4%，人口密度平均每平方千米约 172 人。本区是多民族聚居的地方，主要有壮族、彝族、藏族、苗族、布依族、土家族、哈尼族、傣族、回族、侗族、黎族、白族、瑶族等 40 多个民族，是我国民族构成最复杂、少数民族人口数量最多的地区。2017 年，本区 GDP 约为 10.5 亿元人民币，约占全国的 12.8%。

本区地处西南部，是我国的战略大后方。在“三线”建设期间，国家曾投入上千亿元资金，建立起当时具有先进水平的一批冶金、能源、机械、电子、化工、军工等以重工业为主的企业，拥有较雄厚的科技队伍，成为支援沿海开发开放的一支重要力量。本区处于沿海、沿江、沿边地带，是全国唯一拥有“三沿”区位优势的对外开放的前沿阵地。

正因如此，本区成为 3 个经济开发开放地带的结合部：其一，以浦东为龙头，以重庆、四川为龙尾的长江沿岸经济带的开发开放，以三峡工程建设为契机，以重庆为中心进行三峡库区开发性移民，把库区建设成为新兴产业群；其二，以湛江、北海、防城为主要港口，把大西南作为腹地，面向港澳、东南亚，目前正大力构建交通通道联系网络，使西南区位价值完全改观；其三，湄公河—澜沧江次区域合作，由亚洲开发银行牵头，中国、老挝、缅甸、泰国、柬埔寨、越南六国参加，构建一条中国西南通向中南半岛的陆上商路和经济走廊，这种区位优势将极大地扩展本区经济活动的空间。

一、自然环境和自然资源

（一）自然环境

本区跨越我国地势三大阶梯。山地高原广阔，地貌类型多样，平原狭小且分散，最大的成都平原面积不过 8 000 平方千米。大量的河谷平坝和山间盆地是本区人口稠密、经济繁荣、大小城镇集中的地域和农业生产的精华所在。全区绝对高度偏高，地表起伏相对高差大。特别是从岷江—怒江一系列纵向岭谷相间组成的川西滇北横断山区，是全国乃至全世界典型的高山深谷景观，相对高差达 1 000～2 000 米，尤以滇北三江（怒江、澜沧江、金沙江）并列处，相对高差可达 3 000 米以上。山地面积广阔，地貌类型多样，提供了丰富多样的自然条件，为发展多种经营、全面综合地发展经济奠定了物质基础。

西南石灰岩（碳酸盐类岩）山地分布广泛，是我国岩溶分布主要集中的地区，一向以风景优美而引人注目，为发展旅游业提供了优越条件。

气候类型复杂多样是西南地区自然环境的另一个重要特征。由于地域辽阔，多山的环境和大气环流的影响，水平地带性分异与垂直地带性分异相互交织，在水平分布中富有垂直变化的特点，从而形成多种多样的区域气候，以及明显的垂直带谱。从南至北大致可分为北热带、南亚热带、中亚热带、北亚热带、暖温带及高原温带、高原严寒带等。

本区除了川西和滇北高山高原属青藏高原气候，毕节、昭通和凉山连片接壤地区为暖温带气候，以及云南红河下游、西双版纳、德宏州南部为热带气候外，绝大部分是亚热带气候。本区不仅地域广，而且以内谷、盆地、丘陵和低山为主，是主要的农区，也是水稻、小麦、玉米、油菜、烤烟、甘蔗、茶叶、蚕桑、柑橘等的主产区。热带适宜发展橡胶、咖啡、中药、香料等多种热带作物和各种热带水果，是我国仅有的两块热带地区之一，在全国占有十分重要的战略地位和重大的科学研究价值。

（二）自然资源

由于本区占据地势三大阶梯的过渡地带，垂直高差大，地貌类型多样，气候复杂，自然资源极为丰富，种类繁多，数量巨大，资源地域组合匹配状况良好。

西南降水充沛，河湖众多，地表水较为丰富。但径流补给主要来自降水，而降水的时空分配不均，以致水资源的季节分配和地区分布差异大。同时，径流量年际变化大，径流总的分布趋势是由东南向西北递减，山地多于丘陵平原，岩溶地区地表水渗漏突出，河系缺乏，易旱易涝。

本区水系发达，水能资源极为丰富，水能资源理论蕴藏量为 2.9 亿千瓦，约占全国总量的 43%。水能资源可开发量巨大，大、中、小型电站齐备，有利于不同层次、不同规模的开发，为西电东送奠定了良好的物质基础。此外，本区尚有多处深川峡谷，优良坝址多，淹没损失小，搬迁人口少，不少电站点具有距负荷中心近、交通较方便等优点。

西南是我国植物资源最丰富的地区，植被类型复杂多样，植物种类繁多。不仅有亚热带、温带、寒温带的植被和植物种类，还有我国珍稀的热带雨林和季雨林；不仅有大量的常见种类，还有不少古老的孑遗植物和珍稀植物，如水杉、银杉、银杏、洪桐、金钱槭、水松、连香树等。云南素有“植物王国”之称，仅高等植物就有274科、2 076属、13 000多种。植物资源中森林蕴藏丰富，原始森林茂密，是我国四大林区之一。此外，西南的药用、淀粉、油脂、纤维、单宁、芳香等植物资源更是驰名中外，其中有许多可人工繁殖、栽培。

西南复杂多样的自然环境为种类繁多的动物提供了生息、繁衍的场所，动物资源同样十分丰富。据统计，云南脊椎动物有1 600余种，占全国总种数的一半以上；四川有1 100多种，贵州有807种，广西有700余种。其中，属于国家一、二类保护的珍稀动物有100多种。著名的有大熊猫、金丝猴、亚洲象、白眉长臂猴、华南虎、金钱豹、云豹、白唇鹿、羚牛、苏门羚、中华鲟、绿孔雀等。

西南是我国矿产资源十分丰富的地区。金属矿主要有钛、钒、锰、铁、铜、铝、锡、锑、汞、锶、锂、铍、镉、铂族、金、银等，非金属矿的磷、硫铁矿、岩盐、天然气、芒硝、砷、石棉、云母、煤等，在全国均占有重要地位。其分布具有资源分布广泛又相对集中、资源配套程度高、地域组合好及伴生共生矿多、综合开发利用价值高的特点。

二、经济特色与产业布局

西南地区原有经济基础十分薄弱，中华人民共和国成立后，西南经济发展很快，工业发展尤为迅速，初步形成了以机械、电子、冶金、化工、建材、能源等重工业为主，轻重工业部门比较齐全的工业基础。本区农业生产也取得显著的成就。

与东部各大区相比较，西南地区的经济发展水平仍然很低，资源的潜在优势远未得到发挥，而且发展差距日益加大，在西南各省区之间发展也很不均衡。2017年，四川人口占本区的34.5%，GDP却占35.2%，许多重要的工农业产品皆在西南占有绝对优势。四川总体经济规模很大，但是因为人口众多，其人均经济指标在全国才显得相对落后。云南和贵州二省人口占本区的34.9%，GDP仅占28.4%，二省产业结构各有特色，各自优势都较突出。

（一）经济发展特点

1. 三次产业基本协调，形成以农业为基础、以重工业为主导的经济体系

经过近60年的开发建设，本区已由20世纪50年代初期以落后的农业为主的经济结构，发展形成以工业为主导，以农业为基础，建筑业和运输业、通信业、商贸业、旅游业等均有较大发展的经济体系，三大产业基本协调。这说明本区农业占有更大的比重，工业生产具有明显的差距。

2. 基础薄弱，产业结构有待充实和调整改造

西南经济发展成绩巨大，但由于人口数量大和历史因素的影响，交通、能源、农

业等基础产业仍然薄弱，面临较大的困难，一些拥有雄厚优势的资源未能得到合理的开发利用，一些具有一定技术优势的机电工业和高技术产业也亟待充实和调整改造。2017 年，全区 GDP 约为 10.5 万亿元，占全国总量的 12.8%，而全区人口为 2.4 亿，占全国总人口的 24.4%，致使许多关键指标的人均占有量很少。

3. 区域经济发展差异大

首先，省与省之间差别大，重庆、四川经济较为发达，广西、重庆、云南居中，贵州相对较为落后。其次，各省内部区域差异甚至比省际更大，大致也可分为 3 种类型：一是以成都、重庆、昆明、贵阳大城市为中心包括邻近地区可称为较发达地区；二是中小城市和工矿基地及其邻近地区，同上一类比较，算是次发达地区，如四川的自贡、内江、宜宾、泸州、绵阳、乐山、南充、攀枝花，重庆的万县、涪陵，贵州的遵义、安顺、都匀、凯里、水城，云南的东川、曲靖、个旧、开远、楚雄、大理、玉溪等地，都以各自特有的资源或产业优势，带动着邻近一片农业区域，构成各省市次级经济中心；三是除上述两类以外的农区、山区和边远地区，面积辽阔，少数民族分布比较集中，交通不便，其社会经济条件一般不理想。

（二）以重工业为主体的工业生产与布局

1. 能源工业

本区能源资源异常丰富，尤其水能资源最具优势。水能蕴藏量达 29 027 万千瓦，占全国总量的 42.94%。不仅水量丰富，落差大，地质地形条件好，坝址距离区内主要工业中心和工矿区都在 300～500 千米范围内。发挥西南区水能优势，一方面，可以生产高耗能产品，如铝、钒、钦和特殊钢、铁合金、高纯度金属，以及黄磷、电石、化肥等；另一方面，可以用超高压输电网直接与长江中游、东部沿海、南部沿海电网联网，实现“西电东送”。

西南煤炭资源探明储量达 298.89 亿吨，占全国总量的 8.99%。区内贵州的煤炭资源最为丰富，约占全区的 1/2，是我国南方煤藏最多的省份。贵州的六盘水是本区重要的煤炭工业基地。

西南天然气蕴藏较为丰富，四川是世界上最早发现和利用天然气的地方。天然气主要分布于重庆的垫江，四川的泸州、隆昌、自贡、威远、江油等地。目前，本区已建成管道网，把天然气输送到重庆、成都、泸州、自贡等大中城市。在四川普光发现储量达 3 561 亿立方米的大型气田，它是迄今为止国内规模最大、丰度最高的海相大气田。以此为主供气源，干线全长 1 702 千米的川气东送工程已于 2007 年 8 月底正式开工。

2. 冶金工业

本区是我国重要的冶金工业产区之一，钢铁和有色金属的生产在全国占有一定地位。四川的攀枝花钢铁联合企业是我国西南钢铁工业基地，加上水城钢铁厂，贵阳、江油两座特殊钢厂，成都无缝钢管厂，遵义铁合金厂等，初步形成了西南钢铁工业生产体系。

本区拥有丰富多样的有色金属资源，有色金属工业发展潜力巨大。目前，本区以锡、铜、铅、锌、铝、汞、锑等采炼较盛，在全国占有重要地位。云南产锡历史悠久，个旧向有“锡都”之称。主要铜矿有东川、会理、易门等地，其中以东川规模最大。昆明、重庆、成都均有精炼铜的企业。铅、锌矿主要分布在云南的会泽、个旧，四川的会理、会东等地。西南铅锌矿藏的分布，比铜矿还要广泛，蕴量更为丰富。兰坪金顶铅锌矿是目前世界上第三大铅锌矿，储量在 1 200 万吨以上，已成为我国重要的铅锌矿生产基地。铝矿保有储量居全国 1/4，主要集中在贵州的修文、清镇等地，约占全区的 3/4。贵州铝厂是一个大型企业，生产氧化铝和电解铝。重庆有大型铝材加工厂，是全国三大铝加工厂之一。

3. 机械工业

机械工业是本区发展速度最快的工业部门，主要集中在四川和重庆，目前已形成了五大片：以重庆为中心的地区，特点是机械门类比较齐全，配套好，技术力量雄厚，产品种类繁多，以生产各类机床、动力设备、精密仪表、矿冶设备、汽车、造船、电讯器材等；以成都、德阳为中心的地区，主要有电站设备、电子仪器、矿冶机械、量具刃具、机车制造、农业机械等；以自贡、泸州、内江、宜宾为中心的川南地区，主要是轻化工设备、各式锅炉、锻压设备、工程机械等；贵州片有矿山机械、电子仪表、低压电器、动力机械、通用机床等；云南片主要有矿山机械、精密大型机床、动力机械、电器设备、通用机械等。

4. 化学工业

化学工业在全区工业中仅次于机械和食品而居第 3 位，现已形成了化肥、农药、酸碱、有机化工原料、染料、医药、合成橡胶、塑料等 10 多个化工部门，其中氮肥占有重要地位。四川和重庆的氮肥产量占全区的 2/3，占全国氮肥产量的 11.3%，是全国氮肥生产最多的省市。本区磷矿丰富，主要磷矿分布于云南的昆明，贵州的开阳、息烽、瓮安、福泉，四川的什加、马边等地，年产磷矿石达数百万吨。全区有近百个磷肥厂，主要生产过磷酸钙、重过磷酸钙、钙镁磷肥、磷氨等，还有大量磷矿粉支援外地。

5. 轻工业

本区轻工业得到不断加强，特别是耐用家用电器，其质量亦有显著提高。但本区的轻工业，除了制糖、制茶、卷烟、罐头、酿酒、油脂、制革、丝纺、造纸等以农产品为原料的轻工业具有全国意义外，绝大多数产品仅具有区内消费意义，且多数不能自给，产品质量也有待于进一步提高。本区轻工业以四川最发达，其产值约占全区轻工业产值的 2/3，尤其是日用轻工业品、家用电器。发展轻工业，应该着重发挥区域优势，大力发展以农副产品为原料的轻工业，以利于促进农业多种经营全面发展，也使轻工业具有自己的特色和优势。

三、以铁路和川江、西江为骨干的综合运输网络

西南幅员广阔，地形崎岖，自古交通险阻，常被视为畏途，早有“蜀道难，难于上青天”之说。经过近 60 年的努力，本区已先后修建了成渝、宝成、成昆、贵昆、黔桂、湘黔、川黔、襄渝、成达、内昆北段、南昆、青藏等铁路干线和若干支线，营运里程达 11 307 千米。同时，本区对内河航道进行了疏浚和整治，增设导航设施，建设港口码头和机械装卸设备，目前内河通航里程超过 2.6 万千米。公路建设更为迅速，截至 2016 年，全区运营公路里程达 101 万千米，占全国公路总里程的 21.6%，其中高速公路里程达 23 474 千米。航空运输有了巨大发展，成都、重庆、昆明、贵阳、南宁都有班机直达北京、上海、广州等全国各大中城市。以重庆、成都、昆明、贵阳、南宁、柳州为枢纽，联系区内的铁路、公路、水路、航空的综合运输网已初步形成。

西南区交通运输的地区布局有显著的地区差异。目前，本区东部已初步形成了以铁路和川江、西江为骨干的综合运输网络，川西、滇西地区则以公路运输为主，这是本区交通运输的一大特点。西南区是我国铁路运输发展较快的地区之一，已形成了有南北和东西向联系区内外的铁路运输骨架。纵贯南北的铁路干线由宝成—成昆—昆河、康（安康）渝—川黔—黔桂、枝柳等线路组成。宝成—成昆—昆河线北接陇海线，南抵中越边境河口，是通向北部沿海、西北、滇南的交通大动脉，也是中越国际交通线；康渝—川黔—黔桂线沟通了重庆与四川、陕西、贵州间的联系，是与南部沿海联系的捷径，并与湘桂、黎湛线相接，是西南通向海港最便捷的交通线。东西向的铁路干线由贵昆—湘黔线、成达—襄渝、南昆等组成。贵昆—湘黔线西迄昆明，东经贵阳至株洲，其东端接浙赣、沪杭线，是本区联系长江中游、东部沿海地区的重要通道；贵昆线在昆明与成昆线相接，沟通六盘水煤炭基地与攀枝花冶金基地之间的联系。成达—襄渝线是本区通往长江中游、黄河中游、北部沿海的又一条通道，它将对川东北、鄂西、陕南的经济建设发挥重要作用。

川江是本区与长江中下游地区之间的水上交通大动脉。川江经过整治以后，重庆—宜昌段常年可以通航千吨以上的客货轮，并实现了夜航，重庆—宜宾段亦可通行几百吨级客货轮。重庆是川江航运的最大港口，此外，宜宾、泸州、涪陵、万县等均为重要河港。川江主要支流岷江、汉江、陵江、乌江等均可常年通行小汽轮，组成内河运输网。

公路运输在本区有着相当重要的地位，起着联系城乡交流和辅助铁路、水运集散物资的重要作用。而在滇西、川西等广大地区，目前货运量主要依靠公路运输。

第九节　大西北综合经济区

大西北综合经济区包括甘肃、青海、宁夏、西藏和新疆，土地面积达 406 万平方千米，占全国土地总面积的 42.3%。2017 年年底，本区拥有人口 4 062 万，占总人口的

3.3%，人口密度为每平方千米 15 人，为全国平均人口密度的 1/10。本区是八大经济区域中土地面积最大、人口数量最少的一区。2017 年，本区 GDP 约为 18 325 亿元人民币，占全国的 2.2%。

西北地区是我国经济发展中特色鲜明的区域。这里地域辽阔，民族众多，资源富集，地缘优势突出，开发潜力巨大。但由于自然、历史和现实的原因，其经济发展水平在全国明显偏低，贫困人口比较集中。加快开发建设大西北，对于在全国范围内促进区域经济的协调发展，缓解我国的能源、原材料供需矛盾和增强农业发展后劲，完善全国的东西双向开放新格局，都有着重大的意义和作用。

一、资源与环境

（一）资源优势

1. 能源资源

能源资源是西北地区经济发展的最大优势，在全国具有举足轻重的战略地位。全区各种陆地能源资源种类全，储量丰富。

（1）煤炭资源

西北地区成煤地质条件好，含煤地层面积广。本区煤炭保有储量达 260.33 亿吨，占全国储量的 7.83%，在八大经济区中仅次于黄河中游和西南地区，人均保有储量则仅次于黄河中游地区。

本区煤炭资源不仅储量大，且煤种全、质量优、煤层厚、埋藏浅，开采容易。地域分布广泛又相当集中，尤以天山南北两麓和东疆、宁夏及陇东地区最为富集。

（2）油气资源

本区五大内陆沉积盆地都是我国主要的含油气盆地，尤其是新疆三大盆地。全区已探明石油资源达 54 764 万吨，依次为准噶尔、塔里木、吐—哈和柴达木盆地。

西北地区的天然气地质储量达 7 747 亿立方米，占全国储量的 27%。随着大规模的油气开发，本区必将为经济的发展提供条件。

（3）水能资源

西北地区水能资源颇为丰富，是多条国内外著名大河的发源地和流经地，蕴藏量达 27 199 万千瓦，占全国总量的 40.2%，在八大经济区中居第 2 位。

本区的水能资源主要分布于黄河干流、长江支流、澜沧江、怒江、雅鲁藏布江和新疆诸河流上。以黄河干流为例，从青海龙羊峡至宁夏青铜峡 918 千米长的河段，是全国三大水电“富矿区”之一。而且该河段开发条件好，淹没损失小，工程造价低，综合效益高，既利于同步发展高耗能的原材料工业，又可有效实施西电东送。

此外，本区还是我国太阳能和风能资源最丰富的地区之一。它们的开发利用，对于因地制宜地满足区内广大农村的能源需求、改善生态环境、减少大气污染有着特殊的意义。

2. 以有色金属和盐类为主的矿产资源

西北地区境内分布有多条巨型成矿带，矿产资源相当丰富，又以有色金属和盐类等我国长期紧缺的矿种为主。有色金属矿产资源主要分布在宁夏、新疆、青海3省区，以种类多、储量大、品位高和前景好而著称。其中，镍、钴的保有储量在全国占绝对优势，如金川铜镍矿镍的保有储量占全国的68%；铜、铅、锌、铂、锑、镁、汞等常用有色金属和黄金的保有储量在全国占重要地位，西藏的铬矿储量居全国首位，还有陇南西成铅锌矿带和北疆阿舍勒富铜矿等。

柴达木盆地是一个面积为25.6万平方千米的巨型"聚宝盆"，除了丰富的油气、有色金属和石棉等非金属资源外，其盐湖数量之多、面积之大、含矿之富、品种之全，为我国独有、世界罕见。这些盐湖中蕴藏着占全国98%以上的钾盐、镁盐和80%以上的池盐、钼矿，以及居前3位的钴、硼、溴、碘和芒硝等矿产。新疆的准噶尔盆地和吐—哈盆地则是我国另外两大盐类矿产富集区。

3. 旅游资源

独特的地理环境造就了大西北雄浑壮美的自然风光；悠久的文明历史，使大西北积淀了丰厚深邃的古代文化遗存，尤以赫赫有名的丝绸之路享誉世界；众多民族聚居，又使大西北展现出绚丽多姿的民族风情。丰富多彩的旅游资源为大西北旅游业的崛起提供了广阔的空间。西北地区是我国旅游资源数量大、种类多、极具特色和吸引力的区域之一。本区拥有世界文化遗产、国家重点风景名胜区、国家历史文化名城和全国重点文物保护单位，以及不胜枚举的大量省级、市县级旅游资源。

（二）严峻的环境形势

西北地区气候干旱，荒漠广布，森林覆盖率在全国最低，生态环境先天不足，加之人类长期开发利用不当，环境持续恶化，所面临的形势相当严峻。

1. 干旱频繁，水资源贫乏

西北4/5以上的地区属大陆性或高原干旱、半干旱气候区，降水少（多者不足400毫米，少者低于40毫米），蒸发多（干燥度达1.5～16），且全区降水普遍变率大，保证率低，旱灾频繁且影响地域广。

本区水资源不仅总量少，而且空间分布极不平衡：新疆是西北多，东南少；西藏是东南多，西北部少；其余3省区皆是南部多，中北部少，与区内工农业和城市的分布刚好相反。此外，经济欠发达的长江、澜沧江流域和北疆西北部地区则水资源过剩，未能得到充分利用。

2. 荒漠扩张，水土流失严重

西北是我国荒漠分布面积最广的地区，沙漠、戈壁面积达87.4万平方千米（其中新疆占81%），占全国沙漠、戈壁面积的68%以上。由于不合理的开垦、过牧和缺水，荒漠化土地面积不断增加。

甘肃、宁夏、青海3省区部分地处黄土高原。这里地形支离破碎，森林植被奇缺，降水少而变率大，暴雨多而集中，加之长期忽视生态环境保护，成为我国乃至世界水土流失面积广、土壤侵蚀强度大的典型地区，年土壤侵蚀模数高达 2 000～10 000 吨/平方千米。宁夏境内黄土高原的水土流失面积已超过全省总面积的 50%，甘肃达 1/3。

3. 草地退化，土地盐渍化现象普遍

西北的草地多属干旱、荒漠和高寒草地，其植被一旦破坏就极难恢复。由于长期超载放牧、滥垦乱挖、采矿和草原建设缓慢等人为因素，本区草地大面积退化、沙化、盐渍化和黑土滩化（由鼠虫害引起）。

西北的干旱气候易使土壤盐分积累，加之水资源长期利用不当，特别是大水漫灌和重灌轻排，各大灌区普遍存在土地次生盐渍化现象，急需改良治理。

4. 污染加剧，主要城市首当其冲

西北地区耗能多、污染重的能源、原材料工业比重大，经济不发达又导致环保投资少，“三废”污染治理能力和强度低，因而环境污染一直呈上升趋势。由于工业生产主要集中于大、中城市，随之而来的环境污染也主要分布于大、中城市及其周围地区，且以大气和地表水污染影响最大。其中位处河谷盆地的兰州大气污染最重，次为铜川、金昌、白银、石嘴山和乌鲁木齐等；地表水污染则以黄河银川—石嘴山段最重。

二、产业发展与布局

（一）以灌溉农业和放牧业为主体的第一产业

西北地区农业地域分布总体上呈东农西牧、农牧交错的空间格局。乌鞘岭—日月山一线以东大体上是黄土高原地区，是种植业和舍饲、放牧并存的农牧交错地带。该线以西的山区和荒漠以天然放牧的牧业为主；平原是以灌溉种植业为主的农牧业交错地带。耕地分布大体上呈现西分散东集中，牧草地、林地成带分布，垂直地带分布明显等特征。

西北地区除陇中青东的黄土丘陵、祁连山地、天山山地、阿尔泰山山地外，其他广大地区的年降水量大部分在 200 毫米以下，干燥度均大于 2，还有不少地方达到 4～16，这就决定了西北地区的农业生产难以依赖自然降水，必须进行人工灌溉。西北地区的灌溉农业有两种类型，一是利用井灌和电力提灌范围较广的黄河干支流河谷平原及盆地；二是利用绿洲灌溉农业，由来自于高山上冰川融化而成，自上而下流入平原和盆地的地表水和地下水而成的河西走廊绿洲、塔里木盆地绿洲、准噶尔盆地绿洲、伊犁河谷绿洲、银川平原绿洲等，孕育了西北区重要的商品粮、棉花、甜菜和水果生产基地。

西北地区的水分和气温适宜牧草生长，所以本区是发展畜牧业的最佳地。西北可利用的草场主要集中在新疆、青海、西藏和甘肃地区。

（二）以资源开发和产品初加工为特色的工业

西北地区的工业有两个特点，一是能源、原材料工业地位突出，二是加工工业有待发展。

1. 前景广阔的能源工业

（1）煤炭工业

本区是全国第二大余煤区和商品煤外调基地。煤炭开发布局与资源赋存与工业化水平基本吻合，主要集中在新疆、甘肃、宁夏3省区，西藏、青海煤炭工业则较薄弱。全区现已形成贺兰山年产超千万吨的煤炭基地和乌鲁木齐、哈密、靖远等年产超百万吨的重点统配矿区。从煤炭产销平衡看，宁夏和新疆自给有余，西藏、甘肃、青海则产不抵销。

（2）石油工业

本区石油工业的发展历史在国内最久，早已形成从原油开采、输送到提炼加工的完整体系。石油开采业拥有准噶尔、塔里木、吐哈、长庆、青海五大年产超百万吨（其中前四者超双百万吨）的油田和玉门年产超40万吨的中型油田。所产原油除在新疆就地加工利用外，还大量东调兰州和我国中东部地区。以克拉玛依为中心的准噶尔油田产量达800万吨，是我国第四大油田和西北地区高产、稳产时间最长的主力油田。

本区炼油工业接近消费区和原料地两种布局类型兼备，主要有兰州、独山子和乌鲁木齐 3 个大型炼油厂。其中兰州炼油化工总厂是我国建设的第一座现代化炼油厂，原油加工能力已达500万吨。

（3）水电开发与电力供需平衡

西北地区水电开发曾在全国居领先地位，但近年明显滞后。本区水电开发的重点一直在黄河干流上游，已完全建成了龙羊峡水电站、刘家峡水电站、盐锅峡水电站、八盘峡水电站、青铜峡水电站、李家峡水电站和大峡水电站等大中型水电站，构成了目前我国最大的梯级水电站群，总装机容量达568.4万千瓦，年均发电量达238亿千瓦时。其中李家峡水电站是黄河上装机容量最大（200万千瓦）的水电站。甘肃、宁夏、青海3省区早已组成水火并重、跻身全国六大区域性电网之列的西北电网，并与西南、中部地区联网。

2. 实力雄厚的原材料工业

（1）有色金属工业

有色金属工业为本区崛起迅速、全国性意义突出、经济效益颇佳的首要原材料工业部门。其发展得益于以下两个方面：一是立足区内丰厚的资源基础，进行大规模的开发生产，产品在全国有独占性或相当的地位，如镍、镁、铅、锌、铜、金等；二是依靠区内廉价的水电和冶炼技术优势，输入区外的资源进行加工冶炼，前者以电解铝生产最典型，后者则以稀土工业为代表。西北有色金属工业的空间布局主要集中于“一岸两翼”地区，“一岸”即从青海、西宁到宁夏石嘴山的黄河上游沿岸，“两翼”即黄河上游沿岸所辐射的东西两侧地区。

（2）黑色冶金工业

本区铁合金和碳素等高耗能工业发展迅速，空间布局主要集中于水电、硅石、石英石和煤炭资源富集的黄河上游沿岸，产品绝大部分东调全国各地并成为西北出口换汇的拳头产品；钢铁工业因铁矿资源相对不足而比较薄弱，钢产量在全国最少，不能满足区内需求，每年要从东部地区大量调入钢材。现有钢铁企业以中型为主，多接近消费区，除银川以外的各省会（首府）城市均有分布。位于嘉峪关的酒泉钢铁公司是本区发展条件最佳和钢铁产量唯一双超百万吨的大型联合企业。

（3）化学工业

本区化学工业的地域分布比较广泛，主要集中于甘肃、宁夏黄河沿岸、天山北坡、关中地区和格尔木市。其中前两者以石油化工、关中地区以基本化工和煤化工及精细化工、格尔木以盐化工见长。甘肃、宁夏黄河沿岸有兰州、白银和银川三大化工中心，兰州是西北最大的石油化工基地，产品以合成橡胶、塑料、乙烯和氮肥为主。天山北坡地区主要包括乌鲁木齐和独山子—克拉玛依两大石油化工中心，产品以氮肥、乙烯和化纤原料为主。全国仅有两座（另一座在海南）、集两套大氮肥装置于一身（合成氨和尿素）的塔里木化肥厂与塔里木石化厂已在库尔勒建成投产。格尔木市境内察尔汗盐湖上的青海钾肥厂是全国最大的钾肥基地，同时，以硫酸钾为主的其他盐化工和以环氧丙烷、大化肥为主的石油、天然气化工项目也正在格尔木启动。

（三）以陆路运输和商业贸易为中心的第三产业

1. 地位突出的交通运输业

西北地区的交通运输业以铁路和公路运输为主，以航空和管道运输为辅。本区现已初步形成了以兰州为中心的综合运输网，并因其独特的区位和地缘优势而在全国有着重要的地位：其一，新亚欧大陆桥——陇海—兰新铁路横贯本区，明显改善了西北地区在全国开放开发战略格局中的地位，不仅为其提供了一条便捷的东进西出的国际大通道，还为实现西北的经济腾飞提供了难得的历史机遇；其二，区内的青藏铁路和青藏公路是西藏同祖国内地联系的主要通道，格尔木—拉萨输油管线则专门担负着内地向西藏供应成品油的任务，它们对于建设西藏和巩固边防具有极为重要的意义；其三，由连云港经兰州、乌鲁木齐至霍尔果斯口岸的国道主干线是我国最长的东联西出公路大通道，以喀什为起点的中巴公路是我国与南亚联系的重要国际公路干线；其四，乌鲁木齐机场是我国现代化程度较高的国际机场，它使西北与我国东部沿海和世界各地的距离大为缩短；其五，西气东输工程的天然气长输管线，将显著改善首都、东部沿海和银川的民用燃料结构及大气环境，并促进区内天然气化工的发展。

（1）铁路运输

铁路是本区综合运输网的主干，它不仅沟通了区际乃至国际的联系，而且连接了西北三大经济核心区、主要中心城市和重点能矿资源开发区。在西北铁路网中，陇海、兰新、包兰、兰青—青藏四大区际主干线均以兰州为中心向四周辐射。2017年，全区铁路营业里程达10 300千米。

（2）公路运输

公路是本区综合运输网的脉络，并正在发挥着愈来愈大的作用。2016年，全区公路营业里程达519 535千米，约占全国公路营业里程的11.1%。全区现已形成以5个省会

（首府）城市为主枢纽，国道、省道和县乡公路相互结合、四通八达的公路运输网，所有的县城和绝大多数的乡已有公路通达。在纵横交错的国道主干线中，东西横贯全区的泾川—霍尔果斯口岸 312 国道正向全线高等级化发展，其中吐鲁番—乌鲁木齐—奎屯高速或高等级公路的建成通车，尤其是世界上第一条长距离、上等级的沙漠公路——轮南—民丰公路（全长 523 千米，其中有 422 千米纵穿塔克拉玛干大沙漠腹地）的建成，为塔里木油气资源的大规模开发提供了有力保障。

2. 日趋活跃的商贸流通业

西北地区的商贸业的空间布局主要沿亚欧大陆桥东西展开。总的来看，陇海—兰新铁路干线串联的甘肃、新疆二省区商贸业较为发达，而其南北两侧的青海、宁夏二省区相对薄弱，西藏则因历史原因最差。兰州按照国家的规划，依托居中的有利区位，正在建设成为西北的商贸中心。乌鲁木齐则依托地利之便，正在发展成为西北的外贸中心和中亚的旅游购物中心。

边境贸易和民族贸易发展迅速。本区地处我国向西开放的最前沿，与 8 个邻国接壤。近年来，新疆依托其 15 个对外开放口岸，以整个西北地区为强大后盾，边境贸易从小到大，成交额逐年增长。霍尔果斯口岸和阿拉山口口岸均已成为我国重要的陆地边贸口岸。甘肃的马鬃山口岸则是这个内陆省份与外国直接开展边境贸易的唯一口岸。西北乃全国第二大多民族区域，区内的回族、维吾尔族等少数民族向来有经商的传统。诸如甘肃、青海毗邻地区的“旱码头”临夏，拥有中亚最大“巴札”（集市）的南疆丝路重镇喀什，进出西藏的门户格尔木，宁夏主要回族聚居地吴忠，都已成为各具特色、颇负盛名的民族贸易中心和民族商品集散地。

3. 亟待开拓的旅游业

旅游业正在成为大西北的一项重要创汇产业。旅游资源和线路开发以丝绸之路为主轴，依托亚欧大陆桥，初步形成东西延伸、辐射南北的发展格局。由于东西横贯的丝绸之路串联了西北四省区，荟萃了其旅游资源的主体和精华，在国内外的知名度高，且与亚欧大陆桥中国段基本重合，从而将发达的欧洲旅游市场与崛起中的亚太旅游市场有机地联系在一起，它成为西北地区旅游资源和线路开发的主轴。

旅游区建设以兰州、敦煌、拉萨、乌鲁木齐和喀什为中心，已形成黄河干流上游、河西走廊西部、西藏、新疆中部和南疆西南部等各具特色、功能齐全的重点旅游区。上述 5 个旅游中心城市已成为带动西北旅游业发展的增长点。

第十节　港、澳、台地区

一、香港

香港位于南海之滨、珠江口东侧，与广东的深圳毗邻。香港包括香港岛、九龙、新界 3 部分，总面积达 1 104 平方千米，2017 年年底人口达 740.9 万。

（一）经济发展的自然依托

香港经济繁荣与其具有有利的地理位置、优良的深水港湾、广阔的中国腹地是分不开的。这种优越的空间依托，加上完善的现代设施和香港人民的辛勤经营，推动了香港经济的发展。

1. 优越的地理位置

香港地处欧亚大陆东南部，为太平洋与印度洋之间的航道要冲，历来都是沟通日本、东南亚、大洋洲及西太平洋沿岸各国的重要商埠，也是中国内地对外经济贸易往来的门户。

香港还有港口优势。位于九龙半岛与香港岛之间的维多利亚湾，与美国的旧金山、巴西的里约热内卢并称为世界三大最优良的天然深水港。这里既是世界航道要冲，也是北美、欧洲和日本的经济贸易进入中国经济特区和广大内陆腹地最重要的大门。

2. 海港成为香港发展的核心

香港全境多山、岩岛和港湾，大小岛屿星罗棋布，平地狭小，地表形态空间反差对比明显，适宜城市建设的土地十分有限。因而作为其城市生长点的维多利亚港便成了城市布局的核心，海港两岸成了“寸土寸金”的地方，成了摩天大厦最集中之地，城市由此向外作同心圆式扩散。由于海岸线长，海湾、海角、海峡多，便于移山填海，用人工办法“向海要地”，因此，填海造地便成了香港城市发展的一条主要途径，城市建设也就突出地表现为临海型。

3. 填海造地拓展空间

香港是一个山地丘陵多、岛屿多的地区，这对城市用地造成了很大障碍。为了维持对土地需求的供应，香港很重视开山填海，新增土地，但开山填海工程也产生了对自然环境及生态平衡的破坏。因此，保护好海岸环境不可忽视。

（二）产业结构现状

香港的产业结构有其独有的特点，具体表现在以下方面：第二、第三产业发展迅速，第一产业发展相对缓慢；在各业产值构成上，第二、第三产业的产值在香港总产值中占有非常重要的地位，第一产业的产值则无足轻重。

1. 第二产业

香港的第二产业主要包括矿业及采石业、制造业、水电煤气业和建筑业四大类。其中发展比较稳定的是建筑业和水电煤气业。发展速度相对缓慢的是制造业，但它是香港工业中的主导产业。矿业是香港工业的弱项。

香港的制造业始于 20 世纪 50 年代，主要是从纺织、成衣和制鞋等制造业开始的。经过几十年的发展，香港已进入新兴工业化地区之列，成了远东地区重要的制造业中心。有许多产品在出口数量或出口值上名列世界前茅。香港制造业按国际标准分类，可分为 22 个大类，共 41 个行业，尤以轻纺产品种类比较齐全。纺织业、制衣业、金属制品业（包括机械设备）、电机电子业和塑胶制品业五大类的产值最大，排各业之首。

香港的工业企业以中小型工厂为主。一般是独资经营或家庭式企业，资金主要来自创业者个人的积蓄，产品订单主要来自进出口商及当地工厂，生产比较专业化。香港的工业以轻纺工业为主，而生产以加工及装配为主。这种结构基本上适合香港资源短缺、地盘狭小、市场有限而海港优良的特殊情况。其工业产品以海外市场为主。产品中 90%以上是为出口生产的，并且市场主要集中在发达国家。此外，香港厂家信息灵通，适应性强，工作效率高，加上通信发达，出入方便，对瞬息万变的市场反应快，政策灵活。

2. 第三产业

香港第三产业或称服务业，主要包括批发、零售、餐旅业、交通运输仓储业、金融保险业、房地产业和社会服务业。这些产业的巨大发展，对推动香港经济向前发展起了重要作用。

从产值构成上看，香港服务业的产值在区内生产总值中的构成早在 20 世纪 70 年代初就占有非常重要的地位。进入 20 世纪 80 年代，香港第三产业发展更加迅速，整个服务业的产值不断扩大。香港服务业的发展体现在具有多中心的国际功能上。

目前，香港已拥有位居世界第三的国际金融中心、重要的国际贸易中心、国际航空运输中心、国际信息中心和国际旅游中心五大中心。

香港是世界第三金融中心，主要表现为金融市场全部开放，资金进出完全自由，银行多、资金多，股市繁盛、金市兴旺，它是除伦敦和纽约以外世界上第三个拥有最多外国银行机构的地区。香港成为金融中心还显示在股票市场和黄金市场上。香港是与伦敦、纽约、苏黎世齐名的在时差上相互衔接的世界四大黄金市场之一，是亚太地区的保险业和投资基金中心，是全球外汇交易在远东的国际交易站，是东南亚地区的主要股票市场。其以交易活跃著称的商品期货市场也吸引着越来越多的国际投资者。

香港是重要的国际贸易中心，这与其优越的地理位置和天然良港是分不开的。由于香港特殊的历史条件，南下北上各国商船的货物可以自由地在此转手买卖，从而使它开始形成转口港。随着香港制造业的发展，单纯的转口贸易变为以本地产品出口为主的进出口贸易，而且外贸已同香港本地制造业生产结合得非常紧密，香港的进出口贸易出现了新的跃进。其效率之高、贸易对象之广、贸易数额之大、位置之显、影响之深、收益之丰是令人吃惊的，处处显示了亚太贸易首脑、世界重要贸易中心的架势。2017 年，香港港口集装箱吞吐量为 2 076 万 TEU，是世界第五大集装箱港口。该港是中国天然良港，远东的航运中心，也是全球最繁忙和效率最高的国际集装箱港口之一，还是全球供应链上的主要枢纽港。目前，有 80 多条国际班轮每周提供约 500 班集装箱班轮服务，连接香港至世界 500 多个目的地。香港国际机场已成为忙碌繁华的现代机场，有几十家航空公司在此经营，每周有 4 300 多个定期航班的客货机，直通美国、加拿大、欧洲、印度、中东、大洋洲、亚洲各地和中国内地的 140 多个城市。2018 年，香港机场年载客逾 7 470 万人次，世界排名第 8 位，飞机起降量达 427 725 架次，货邮吞吐量约 510 万吨。

香港还有现代化通信设备、资料库和信息产业，是世界上信息充裕的地区之一。在香港随时可以从世界一些重要商埠收集多种经济技术情报资料。全港以香港大东电报局为转接中心，同美国、加拿大和英国建立起国际联机情报检索系统。因为信息灵通，所以香港的企业家素以灵活应变著称，这也是香港工业能根据世界市场需求不断发展的重要原因。

香港是世界旅游中心，这得益于它是一个驰誉全球的繁荣的现代化商业大都会、自由港和“购物天堂”，吸引着世界各地的游客纷至沓来。

二、澳门

（一）地理特点

澳门位于南海之滨，珠江口西侧，与广东的珠海接壤。澳门包括澳门半岛、氹仔岛、路环岛，总面积达 29.2 平方千米。2017 年，本区人口为 65.6 万，人口密度为 20 000 人/平方千米。在空间分布上大概 92%的人口集居在半岛，3%的居民住在离岛，5%的居民住在水上。

澳门半岛三面环海，南北长约 4 千米，东西最宽处达 1.4 千米，从东北向西南排列了数座山丘，其中最高的是东望洋山，海拔为 91 米。氹仔岛南北长约 1.5 千米，东西宽约 3.5 千米。岛上山丘数座，其中大氹山最高，海拔为 159.1 米。路环岛从东北向西南斜卧在海心，长约 4 千米，宽约 1.5 千米，山丘集中于中部和东部，以塔石塘山最高，海拔为 174 米。半岛和岛屿倚山环海，气象万千，景色如画。

（二）产业结构现状及发展趋势

澳门经济具有比较鲜明的特点。从三次产业的产值构成来看，第一产业基本上是空白，其生产总值仅占澳门本地生产值的 1%左右，主要是渔业。第二产业比较薄弱，工业基础差，门类不齐，轻纺工业占绝对优势。在全部工业企业中，纺织、制衣、皮革生产企业占半数左右。第二产业产值占澳门本地生产总值的 1/3 左右。第三产业相对发达，旅游博彩业闻名世界，商业、金融、房地产、邮电、通信业比较发达。第三产业的产值占全部产值的 2/3 左右。仅在 2017 年，博彩收入就占据了澳门 65.7%的 GDP。多年来，澳门形成轮廓明显的四大经济支柱或 4 个主导产业，即旅游博彩业、出口加工业、金融业、建筑地产业。

1. 旅游博彩业

拥有 400 多年开埠历史的中西文化交汇背景是澳门旅游的主要资源，既包括体现东西方文化特征的庙宇、教堂、古建筑等，也包括代代流传的中西文化传统习俗，又包括政府、民间年复一年所刻意安排的各类推广活动，如大赛车、国际音乐节等。作为传统旅游城市，澳门旅游业在整体经济中一向占有重要地位，20 世纪 70～80 年代，旅游业是澳门经济两大主体支柱之一，近年来更超越出口加工业，而上升为第一大产业。

澳门旅游是博彩加观光模式，且属博彩带动性。博彩在整个旅游部门中的地位极为特殊。博彩项目完整，中西合璧，日益多元化，除赌场外还有跑狗、跑马、幸运彩业、白鸽票等。专营博彩税在本地财政收入中举足轻重。博彩业还带动港、澳航海交通的改善及多项公益事业的发展，这既属专营合约的附加条件，又是专业公司为吸引更多赌客来澳门的一种需要。作为博彩业的派生行业之一的娱乐服务业也相当发达。近年经营层次越来越豪华，经营场所越设越多，服务对象以外来游客为主，从业员工也大多由来自东南亚的合约劳工充任。到澳门的游客以我国香港游客最多，其次是我国内地，其余来自德国、澳大利亚、加拿大、美国、法国、日本、马来西亚、英国、新加坡、泰国等国。

2. 出口加工业

澳门以出口导向为特征的加工业，曾多年位居最大经济支柱地位。由于加工业外向程度颇高，产品 95%以上外销，因此习惯上通称出口加工业，这是澳门工业的一个突出特点。20 世纪 50 年代以前的澳门经济，以爆竹、神香、火柴等手工业和渔业捕捞与加工为主。20 世纪 60 年代是澳门现代工业的萌发时期，机械和电动设备开始在澳门普遍采用，20 世纪 70～80 年代，澳门工业有了迅速发展，纺织工业及玩具、电子工业也纷纷涌现。

3. 金融业

20 世纪 80 年代以来，澳门金融业日渐活跃，成为四大经济支柱之一，当前所占本地生产总值比重已超过 10%。澳门金融业主要由银行与保险两大行业组成，近年由于多项大型工程纷纷动工兴建，带动内需市场扩大，金融业出现历年少见的旺势，经营颇为理想。

4. 建筑地产业

澳门 20 世纪 80 年代整体经济表现良好，特别是由于内部市场需求逐步扩大，建筑地产业得到急剧发展。整体市场容量的扩大，带动了从事房屋交易的房地产业空前活跃。

三、台湾

台湾位于我国东南海面上，西隔台湾海峡与福建相望，东临太平洋。台湾自古为中国领土的一部分，是我国一个具有独特政治、经济、社会和地理环境的海上省份，主岛台湾是我国最大的岛屿，面积达 35 788 平方千米。台湾全省由台湾本岛和周围属岛及澎湖列岛两大岛群，共 80 余个岛屿组成。台湾陆地总面积约为 3.59 万平方千米，为我国东南大陆的海上屏障和通往太平洋的重要门户，战略地位重要。台湾设 7 个市、16 个县，2017 年人口达 2 369 万，人口密度为 655 人/平方千米，有汉族、高山族等民族。

（一）自然条件特点

台湾在地质史上与大陆曾连在一起，后受喜马拉雅山造山运动的影响，致使与大陆相连接的部分陆地下沉为海峡，上升部分渐成为台湾岛。台湾岛以高山和丘陵为主，平原和盆地少，海域辽阔，岛上纵贯南北的中央山脉把台湾岛分成东西两部分，东部地势窄陡，西部较宽缓，丘陵和山地主要分布在台湾断层山系西缘与平原过渡的山麓地带，平原和盆地比重很小，但为地区内主要农业区。

台湾岛屿多，海岸线长达 1 566 千米，在诸多岛屿中，澎湖列岛是海峡两岸的海上交通要冲。

台湾地跨北回归线，并受台湾暖流的影响，属热带、亚热带海洋性季风气候，以长夏无冬、雨多风强为气候特色。年平均气温为 22℃左右，最高月份平均气温为 27～28℃，最低月份平均气温为 15～16℃。年降雨量达 2 000 毫米左右，南北两端多雨中心还可达 5 000 毫米以上，是我国多雨地区之一。台湾岛河流因受地形影响，具有流程短、落差大、水流急、多险滩瀑布和不宜通航等特点，但水能资源丰富，其蕴藏量达 515 万千瓦。

台湾森林资源丰富，陆上森林覆盖率达 55%，以热带、亚热带林木为主，树种繁多，经济价值较高的树种有 200 种以上。繁茂的森林为动物提供了良好的栖息之地。全省哺乳动物有 80 种。由于海域广阔，海洋生物资源也很丰富，周围海域有鱼类约 200 种，经济价值较高的有 20 余种。

此外，本省矿产资源蕴藏量虽不大，但石油和天然气则是较有希望的能源。

（二）产业结构现状及发展趋向

20 世纪 80 年代以来，随着台湾经济的调整，重、化工业比重的提高及世界高新技术发展的影响，台湾当局提出将“自由化、国际化、制度化”作为稳定经济发展的指导方针。在产业发展上，重点转向技术程度高、大产业关联效果附加价值高、能源密度低、污染程度低、市场潜力大的策略性产业，优先发展电子、资讯、材料、能源、机械及技术密集产业，以带动经济的进一步发展，使台湾经济进入一个新的增长时期。

1. 产业结构现状

台湾产业结构主要由农业、工业和服务业构成。第二次世界大战后，特别是 1949 年以后，台湾的产业结构发生了很大的变化。尤其是农业和工业在整个产业构成中的地位和作用发生了根本性的变化，主要表现为农业在地区内生产总值中的地位不断下降，工业所占比重则不断上升。若以 1992 年与 1952 年比较，工业生产产值在地区内生产总值中所占的比重由 18%上升至 42.5%，农业由 35.9%降为 3.65%。同期，服务业由 46%升至 53.84%。这表明，台湾经济已从由农业经济为主转变为以工业经济为主。

台湾的农业生产主要包括种植业、畜牧业、渔业和林业。20 世纪 60 年代以前，农业以稻蔗为主，有“米糖之业”之称。20 世纪 60 年代中期以后，随着轻纺工业的发展，农业由单一的种植业为主逐渐转变为畜牧业、渔业等各业综合发展的多元化农业与商业性农业。目前非常有竞争力的是休闲创意农业，即利用自然生态和环境资源，结合农林牧渔生产，提供民众休闲和旅游的经营项目。

台湾的工业主要包括矿产业、制造业、水电煤气业（公用事业）和建筑业（当地称营造业）4类。其中优势产业是电子信息产业、石油化学工业、机械制造业、金融服务业。制造业是整个工业中最积极、最活跃的主导产业。首先是新兴产业渐居主导地位，其中电子电机业更居制造业内各业之首；其次是资本和技术密集型重、化工业所占的比重日渐上升；再次是产品生产层次逐渐由非耐用消费品的加工向中间产品、资本设备向耐用消费品的加工制造过渡。

台湾的第三产业亦称服务业，近60年来一直占有地区内生产总值的1/2左右，对经济发展的影响较大。主要包括以下内容：

1）分配服务：运输、通信业、批发、零售及贸易等。

2）金融服务业：银行、保险及房地产等。

3）生产者服务业：会计师、建筑师、律师、工程顾问、管理咨询等。

4）消费者服务业：商店、旅馆、游泳场所、洗衣店及住宅服务。

5）公共服务：教育、医疗保健、司法、“国防”行政机关等。

在这众多的行业中，以商业、金融等发展最为迅速，在整个服务业中的地位不断提高。

从商业发展看，台湾的商业包括所有营利性事业，如批发、零售、进出口贸易、餐旅业等服务活动，是服务业中最大的产业之一，其产值和就业人数不仅在服务业中占有重要地位，还在台湾各业总产值及就业人员总数中占有较高的地位。

金融业是台湾第三产业中发展较快的另一个行业，主要包括金融保险业和不动产业。

综上所述，在台湾3种产业中，工业和服务业发展迅速，在地区内生产总值中的地位不断提高，农业的地位则不断下降。若仅从各业产值构成看，台湾的产业结构已接近发达国家的产业水平。

2. 生产布局变化

台湾的生产布局变化主要表现在以下几个方面：

1）以工业经济为核心的布局占主要地位，改变了历史形成的传统农业经济布局的面貌。

2）以重、化工业为主导的布局已基本形成，轻纺工业占绝对优势的布局状况有所改变。

3）以出口贸易为导向的布局正在形成，落后、单一的交通运输布局已明显改变。

4）台湾西部弧形经济带的布局已明显形成，东部地区也有所发展。

展望未来，早日完成祖国统一是包括台湾人民在内的中国各族人民共同的心愿。所有中国人应团结起来，高举爱国主义的伟大旗帜，坚持统一，反对分裂，全力推动两岸关系的发展，促进祖国统一大业的完成。

小　结

落实区域发展总体战略，形成东、中、西优势互补、良性互动的区域协调发展机制，是全面贯彻落实科学发展观、提高资源利用效率、增强可持续发展能力、全面建成小康社会的基本要求。

本章主要从区域经济的特点入手，紧紧抓住区域经济基础、产业布局特色、综合交通运输网络这条主线，介绍了我国八大区域及港、澳、台地区经济发展的概况。各区域的自然条件、社会经济基础、技术水平和科技水平不同，经济发展差异较大且各具特色，如何充分发挥各自的经济优势，振兴东北老工业基地，促进中部地区崛起，实现西部大开发，促进区域协调发展，对推进社会主义和谐社会建设具有积极的意义。

思考题

1. 综合分析东北地区的主要资源优势。
2. 分析北部沿海地区区域经济发展的优势。
3. 分析东部沿海地区经济发展的方针基础。
4. 分析南部沿海地区区域经济发展的特点。
5. 对比分析东部沿海与南部沿海地区区域优势的异同。
6. 分析黄河中游地区经济发展的资源优势。
7. 分析西南地区经济发展的资源优势及产业特点。
8. 分析西北地区经济发展的资源潜力。
9. 比较我国港、澳、台三地的自然地理特征及经济状况。

区域篇（国外）

第九章

亚洲

知识点

亚洲的地理位置、地形地貌、气候、工农业发展、对外经济贸易、人口构成、人文风情、主要国家、重要资源、交通状况等，以及主要航道及港口和航运在亚洲的发展状况。

技能点

通过对亚洲的地理特征、人文环境和经济环境的学习，了解亚洲经济发展的具体现状和内在潜力；熟悉亚洲交通物流业的现状和未来发展状况，具体了解主要航道和港口的基本情况。

案例导入

亚洲（Asia）是世界七大洲中面积最大、人口最多的一个洲，它的名字也最古老，全称是亚细亚洲。相传亚细亚的名称是由古代腓尼基人起的。频繁的海上活动要求腓尼基人必须学会确定方位。所以，他们把爱琴海以东的地区泛称为"Asu"，意即"日出地"；而把爱琴海以西的地方泛称为"Ereb"，意为"日没地"。Asia一词是由腓尼基语Asu演化来的，其所指的地域是不明确的，范围是有限的。到公元前1世纪，Asia已成为罗马帝国的一个行政省的名称，以后逐渐扩大，包括现在的整个亚洲地区，成为世界最大的洲名。

在中国明朝，有一位著名的航海家郑和（1371—1435），永乐三年（1405年）成祖派他与副使王景弘率水手和官兵27 800余人，乘"宝船"63艘远航西洋。他们从苏州刘家港出发，到占城（今越南南部）、爪哇、苏门答腊、锡兰（今斯里兰卡）等地，经印度洋西岸折回，至1407年返回中国。郑和又于1407～1433年出海，前后28年，7次远航，途经30余国，最远曾到达非洲东岸、红海和伊斯兰教圣地麦加。他所率领的船队规模宏大，最多时达200余艘，航海技术相当发达，使用了罗盘、测深器和牵星板等。

郑和下西洋是中国和世界航海史上的空前壮举，它发展了中国和亚洲的航海事业，加强了与亚洲、非洲各国的联系，丰富了人们的地理知识，开阔了人们的地理视野。

第一节　亚洲概况

亚洲大陆东至杰日尼奥夫角（西经 169° 40′，北纬 66° 04′ 45″），南至皮艾角（东经 103° 30′，北纬 1° 15′），西至巴巴角（东经 26° 14′，北纬 39° 27′），北至切柳斯金角（东经 104° 18′，北纬 77° 43′）。具体地说，亚洲处于东半球的东北部，东、北、南分别濒临太平洋、北冰洋、印度洋。西以乌拉尔山脉—乌拉尔河—里海—高加索山脉—伊斯坦布尔海峡（博斯普鲁斯海峡）—恰纳卡莱海峡（达达尼尔海峡）与欧洲分界；西南以苏伊士运河—红海与非洲分开；东南有一系列与大洋洲接近的群岛环绕大陆；东北隔着 60 千米的白令海峡与北美洲相望。大陆部分南北长、东西宽均约 8 000 千米，包括岛屿在内，总面积为 4 400 万平方千米，约占世界陆地面积的 29.4%。亚洲是世界上面积最大的洲。

亚洲共有 49 个国家和地区，在地理上习惯分为东亚、东南亚、南亚、西亚、中亚和北亚。东亚包括中国、朝鲜、韩国、蒙古国和日本。东南亚包括越南、老挝、柬埔寨、缅甸、泰国、马来西亚、新加坡、印度尼西亚、菲律宾、文莱、东帝汶等。南亚包括斯里兰卡、马尔代夫、巴基斯坦、印度、孟加拉国、尼泊尔、不丹。西亚也叫西南亚，包括阿富汗、伊朗、阿塞拜疆、亚美尼亚、格鲁吉亚、土耳其、塞浦路斯、叙利亚、黎巴嫩、巴勒斯坦、以色列、约旦、伊拉克、科威特、沙特阿拉伯、也门、阿曼、阿联酋、卡塔尔和巴林。中亚包括土库曼斯坦、乌兹别克斯坦、吉尔吉斯斯坦、塔吉克斯坦和哈萨克斯坦。北亚指俄罗斯的西伯利亚地区。

一、亚洲的自然环境

亚洲地形总的特点是地势高，地表起伏大，平均海拔约为 950 米，是除南极洲外世界上地势最高的一洲。山地、高原和丘陵约占总面积的 3/4，平原占总面积的 1/4。全洲大致以帕米尔高原为中心，一系列高大山脉向四方辐射延伸到大陆边缘，主要有天山山脉、昆仑山脉、喜马拉雅山脉、阿尔泰山脉等。其中，最高大的是喜马拉雅山脉，其顶峰为世界最高峰珠穆朗玛峰。在各高大山脉之间有许多面积广大的高原和盆地，有被称为“世界屋脊”的青藏高原。在山地、高原的外侧还分布着广阔的平原。亚洲有许多著名的高峰，世界上海拔达 8 000 米以上的高峰全分布在喀喇昆仑山脉和喜马拉雅山脉地带。亚洲有世界陆地上最低的洼地和湖泊——死海。亚洲还是世界上火山最多的洲，东部边缘海外围的岛群是世界上火山最多的地区。东部沿海岛屿、中亚和西亚北部地震频繁。

亚洲是世界上大江大河汇集最多的大陆，长度在 1 000 千米以上的河流有 58 条之多，其中 4 000 千米以上的有 5 条，大多数源于中部高山地带，呈放射状向四处奔流，分别注入太平洋、印度洋和北冰洋。流入太平洋的河流有黑龙江、黄河、长江、珠江、湄公河等；流入印度洋的有印度河、恒河、萨尔温江、伊洛瓦底江、底格里斯河、幼发拉底河等；流入北冰洋的有鄂毕河、叶尼塞河、勒拿河等。内流区主要分布在亚洲中部和西部，有锡尔河、阿姆河、伊犁河、塔里木河、约旦河等。亚洲最长的河流是长江（长 6 397 千米），其次是黄河（长 5 464 千米）、湄公河（长 4 909 千米）。亚洲湖泊分布较广，大致分布在北亚、中亚、西亚，以及青藏高原和长江中、下游五大湖群，亚洲湖泊较之其他洲不算太多，但不少湖泊具有特色，闻名世界。例如，亚欧界湖里海是世界第一大湖、最大的咸水湖，贝加尔湖是世界上最深的湖、亚洲最大的淡水湖，死海是世界上最低的洼地，巴尔喀什湖是同时存在着淡水和咸水的内陆湖。亚洲的森林总面积约占世界森林总面积的 13%，草原总面积约占世界草原总面积的 15%。

亚洲的海岸线曲折而漫长，大陆海岸线长达 6.99 万千米，是世界上海岸线最长的一洲，海岸类型复杂。大陆周围有许多半岛、岛屿、海和海峡。主要半岛有阿拉伯半岛（世界上最大的半岛）、印度半岛、中南半岛、朝鲜半岛等。东部和东南部太平洋中有星罗棋布的岛屿，呈弧形连续地环绕在大陆附近，有几万个大小岛屿，总面积为 320 万平方千米，其中面积超过 10 万平方千米的大岛有 6 个。自北向南主要有千岛群岛、萨哈林岛、日本列岛、琉球群岛、台湾岛、马来群岛等，其中，马来群岛中的加里曼丹岛是世界第三大岛。亚洲的大陆边缘还分布着许多边缘海，太平洋沿海自北向南有鄂霍次克海、日本海、黄海、东海、南海、苏禄海、苏拉威西海、班达海、爪哇海等。这些海都有海峡与大洋相通，自北向南有宗谷海峡、津轻海峡、朝鲜海峡、大隅海峡、台湾海峡、巴士海峡、巴林塘海峡、民都洛海峡、望加锡海峡、巽他海峡、龙目海峡等。印度洋沿岸有阿拉伯海、孟加拉湾、安达曼海等边缘海及波斯湾、红海等内海。波斯湾、红海沿岸有丰富的石油资源，主要海峡有霍尔木兹海峡、伊斯坦布尔海峡（博斯普鲁斯海峡）、马尔马拉海、恰纳卡莱海峡（达达尼尔海峡）。这些边缘海和海峡在世界航运中意义重大。

亚洲的矿产资源丰富，种类繁多，富集区多，主要矿产有石油、煤、铁、锡、钨、锑、铜、铅、锌、锰、镍、钼、镁、铬、金、银、岩盐、硫黄、宝石等。石油、煤、铁、锡等的储量均居各洲首位，其中著名的是西亚的石油和东南亚的锡。

亚洲沿海渔场面积约占世界沿海渔场总面积的 40%，著名的渔场主要分布在大陆东部沿海，有舟山群岛、台湾岛和西沙群岛渔场，以及鄂霍次克海、北海道、九州等渔场。中国沿海渔场面积占世界沿海渔场总面积近 1/4，主要盛产鲑鱼、鳟鱼、鳕鱼、鲣鱼、鲭鱼、小黄鱼、大黄鱼、带鱼、乌贼、沙丁鱼、金枪鱼、马鲛鱼及鲸等鱼类。

亚洲大陆地跨寒带、温带、热带三带，气候类型复杂多样，是世界上气候差别最大的一个洲。其原因主要有以下几个：南北跨的纬度多，热量条件相差大；东西跨的经度多，降水条件差异大；地形复杂，地形类型多样，海拔相差大。其气候基本特征是大陆性气候强烈，季风性气候典型。北部沿海地区属寒带苔原气候。西伯利亚大部分地区属温带针叶林气候。东部靠太平洋的中纬度地区属季风气候，向南过渡到亚热带森林气候。东南亚和南亚属热带草原气候，赤道附近多属热带雨林气候。中亚和西亚大部分地区属沙漠和草原气候。西亚地中海沿岸属亚热带地中海式气候，西伯利亚东部的上扬斯克和奥伊米亚康极端最低气温曾达−71℃，是北半球气温最低的地方。亚洲大部分地区冬季气温甚低，最冷月平均气温在0℃以下的地区占全洲面积的2/3，夏季普遍增温，最热月平均气温在20℃以上的地区占全洲面积的1/2。降水分布的地区差异悬殊，趋势大致是从湿润的东南部向干燥的西北部递减，赤道附近全年多雨，年降水量达2 000毫米以上，印度东北部的乞拉朋齐年平均降水量高达11 430毫米，为世界降雨最多的地区之一，西南亚和中亚为终年少雨区，年降水量多在150～200毫米及以下。

二、亚洲的人文环境

亚洲是人口最多的一个洲，总人口约为42.45亿（2018年7月）。其中，以中国人口为最多，人口在1亿以上的有印度、印度尼西亚、日本、孟加拉国和巴基斯坦。亚洲城市人口约占全洲人口的18%，人口分布主要以中国东部、日本太平洋沿岸、爪哇岛、恒河流域、印度半岛南部等地最密集，每平方千米达300人以上。新加坡平均每平方千米可达4 400多人，是亚洲人口密度最大的国家。人口密度最小的国家是蒙古国，平均每平方千米仅1人多，沙特阿拉伯、阿曼等国家平均每平方千米5～7人。

亚洲的种族、民族构成非常复杂，尤以南亚地区为甚。亚洲的主要种族是黄种人（又称蒙古利亚人种），占全洲人口的3/5以上，其次是白种人，其余为棕色人、黑种人及人种的混合类型。全洲大小民族、种族共约有1 000个，约占世界民族、种族总数的一半，其中有十几亿人口的汉族，也有人数仅几百的民族或部族。亚洲语言分属于汉藏语系、南亚语系、阿尔泰语系、朝鲜语系、日本语系、马来-波利尼西亚语系、达罗毗荼语系、闪米特-含米特语系和印欧语系。

亚洲是世界三大宗教（佛教、伊斯兰教和基督教）的发源地。其中，中南半岛各国的居民多信奉佛教；马来半岛和马来群岛上的居民主要信奉伊斯兰教，部分居民信奉天主教和佛教；南亚各国的居民主要信奉印度教、伊斯兰教和佛教；西亚各国的居民主要信奉伊斯兰教。

亚洲人很早就研究天体运动，创制七日星期制、六十进位计时法、楔形文字、成文法典、十进位法、九九乘法表、圆周率、中草药治病、农作物栽培、金属冶炼、指南针、造纸、火药、印刷术、棉丝纺织、修水利工程等，为世界科学文化事业作出了杰出的贡献。

世界四大文明古国中，有3个在亚洲。黄河流域、印度河流域和两河（幼发拉底河和底格里斯河）流域是著名的人类文明发源地。在古代，亚洲人民创造了灿烂的文化、发达的农业和手工业、许多科学发明创造，对世界经济的发展作出了伟大的贡献。

第二节　亚洲的经济状况及发展

一、亚洲的农业

农业在亚洲各国中占重要地位，农产品在世界上占有重要的地位。亚洲各国中，除日本为发达国家外，其余均是发展中国家，各国经济都有一定的发展，许多国家发挥其自然条件和资源的优势，经营多种热带和亚热带作物。

由于不同的自然、社会、历史和经济等因素的影响，亚洲在长期的农业生产发展过程中，逐渐形成了几种不同的农业地域类型。

1. 水田集约化农业

水田集约化农业是亚洲典型的农业地域类型，主要分布在亚洲季风气候区域，高温多雨，水热同季，有利于水稻的生长发育。水田在耕地面积中所占比重很高，水稻种植历史悠久，稻农种植技术水平较高。水稻集中分布在平原地区，如中国的长江流域、珠江三角洲和四川盆地，中南半岛的红河、湄公河、湄南河和伊洛瓦底江三角洲地带，爪哇岛，恒河中下游和印度河三角洲等地。中南半岛上的几个三角洲地带水田最为集中，大部分是单一水稻种植区和大米出口区。一般来说，中国、朝鲜、日本等国采用精耕细作，单位面积上投入的劳动量多，化肥施用量较大，单位面积产量名列世界前茅；而东南亚、南亚的水利化、化学化等水平较低，多靠天收成，单产不高。

2. 旱田农业

旱田农业多分布在水田区的周围，年降水量较少，雨量变率较大，须具备完整的灌溉与排水系统才能旱涝保收。大多数国家多采用分散个体经营，属集约化水平较低的自给性农业。旱田农业多种植旱田粮食作物，经济作物主要有棉花、花生等。同时，种植业与养畜业结合较紧密，主要饲养马、牛、羊、猪等。以中国的华北、东北，德干高原，恒河中、下游及北海道等为代表性区域。

3. 游牧半游牧农业

本区域包括蒙古国，中国的内蒙古、西北地区，以及西亚的干燥、半干燥草原与荒漠区，也包括部分山区和丘陵地带。本区域主要利用天然草原为放牧场，逐水草而居，放养牛、绵羊、山羊和骆驼等。畜产品以自给为主，商品率一般不高。水草丰富的“绿洲”地带发展有灌溉农业，以种植麦类和杂粮为主。

4. 种植园农业

种植园农业是亚洲近代出现的一种农业地域类型，是在西方殖民者入侵后推行强制政策逐渐形成的，多为资本主义经营的大农园，一般为外资所控制，生产技术水平较高。主要种植供出口的热带经济作物，多分布在热带雨林地区。

5. 迁移农业

迁移农业是一种原始的农业经营方式，以种植杂粮作物为主，大多同落后的生产力水平相适应，主要分布在偏远的山区。

进入21世纪，生物技术在亚洲很多国家被确定为优先发展的重点科研项目，各国试图通过这些研究，提高作物产量、改善农民生活状况、推动农村发展和满足食物安全要求等。中国对农业生物技术的研究投入了大量的资金。印度植物生物技术的优先发展项目是通过组织培养和遗传工程，培育具有优良性状的作物，用于柑橘、咖啡、红树、香子兰和小豆蔻的组织培养生产的新的再生技术。印度尼西亚政府高度重视在农业生产中应用生物技术。很多国家的科研机构和民营公司正在从事食用作物的生物技术研究。正在研发的主要作物有玉米、花生、大豆、马铃薯、甘薯、甘蔗、可可、油椰和水稻。马来西亚政府对生物技术的研究和开发给予了大量的资助，马来西亚的转基因作物培育工作主要在国家研究机构和大学内进行。菲律宾的植物生物技术研究计划的重点是培育转基因抗束顶病毒香蕉和转基因抗环斑病毒番木瓜，培育转基因延迟成熟的番木瓜和杧果。泰国农业生物技术的重点是利用技术改良传统的粮食作物、果类作物和出口农产品的品质，重点作物有水稻、木薯、甘蔗、橡胶植物、榴梿和兰花。越南农业生物技术正处在从先进国家引进技术时期。重点是培育抗病虫害作物，以及耐有害环境胁迫的植物，对水稻、玉米、马铃薯、甘薯、木薯、大豆、甘蔗、果蔬和棉花进行遗传改良。

亚洲的稻谷、天然橡胶、奎宁、马尼拉麻、柚木、胡椒、黄麻、椰干、茶叶等的产量分别占世界总产量的80%～90%及以上，原油、鱼、大豆、棉花产量均占世界总产量的30%～40%，锡精矿产量约占世界总产量的60%，钨精矿、花生、芝麻、烟草、油菜籽的产量均占世界总产量的45%，木棉、蚕丝、椰枣等的产量和牲畜总头数居世界前列。中国稻米产量占世界第1位，印度占第2位；马来西亚的天然橡胶产量占世界第1位，印度尼西亚占第2位。奎宁主要产在印度尼西亚，马尼拉麻主要产在菲律宾，柚木和胡椒主要产在东南亚各国。黄麻、椰干、茶叶的产量均占世界总产量的80%左右。黄麻主要产在中国、印度和孟加拉国，椰干主要产在菲律宾、印度尼西亚、印度、马来西亚和斯里兰卡等国。茶叶主要产在印度、中国和斯里兰卡。此外，棉花、花生、芝麻、烟草、油菜籽等的产量在世界上也占有一定的地位。

二、亚洲的工业

亚洲各国各地区工业发展水平和部门、地域结构差异显著。绝大多数国家的工业基础薄弱，采矿和农产品加工及轻纺工业占主要地位。中国工业发展迅速，工业体系完整。日本是高度发达的世界工业大国。蒙古国工业以畜产品加工为主。新加坡、泰国、马来西亚是新兴的工业化国家。印度尼西亚和文莱以生产原油为主。印度工业较发达。除阿富汗、黎巴嫩和土耳其外，西亚多数国家工业以生产原油和炼油为主。西亚能源在世界能源中占重要地位。

亚洲的石油年产量为 7 亿～10 亿吨，占世界年产量的 27%～30%；天然气年总产量约为 1 000 亿立方米，占世界年总产量的 6%以上；煤年产量为 10 多亿吨，占世界年总产量的 22%以上；年发电量约 10 000 亿度，约占世界年发电量的 13%；钢产量年约 1.7 亿吨，约占世界总产量的 24%；锡精矿产量占世界总产量的 60%左右，其中马来西亚产量占世界第 1 位；钨精矿产量约占世界产量的 45%。

随着亚洲经济增长形势的改善，各国的工业发展将复苏并将继续维持，刺激国内企业经济回升。2002～2008 年，中国工业经济增长稳健，为推动亚洲和全球工业经济发展起了积极的作用，中国成为吸引外资最大的国家。自 2002 年以来，韩国的经济复苏步伐明显加快，出口增长显著，其带动出口增长的主要因素是高附加值产品出口大幅增加，出口商品价格有所提高，出口市场日益多元化。韩国贸易协会认为，对中国市场的出口大增是推动韩国出口迅速复苏的主要原因。韩国政府决定从 2003 年开始于 5 年内投资 1 兆韩元的开发资金，以提高汽车、半导体、机械、家电等八大主力产业的技术竞争力。

2002 年以来，新加坡许多经济部门的情况有了改善，其中电子业的萎缩低于 2001 年。非石油出口在生物医药科学和电子产业的带动下连续获得增长，批发与零售贸易、交通与通信业等出现了不同程度的增长。在印度尼西亚，国内货币走强，市场物价相对稳定，通货膨胀下降，财政赤字有所减少，公共投资和个人消费都在增加。因此，IMF 强调指出，印度尼西亚政府需要把注意力重点放在银行系统的整顿和重新获得投资者信心方面。

三、亚洲的交通运输业

亚洲的交通各地发展不一。中国东半部、日本、爪哇岛、斯里兰卡西部、印度中部、土耳其西部交通发达，以铁路、公路运输为主。广大内陆地区和沙漠地区以畜力为主，东南部沿海海上运输发达，经济发达地区空运发展迅速。

总体上看，亚洲的现代交通和物流产业已得到可喜的发展，这得益于亚洲经济贸易的强劲发展，得益于亚洲交通设施的不断完善，得益于各国政府部门的有力推动。交通运输业发展呈如下态势：一是继续推行改革开放政策。完善交通运输法律法规，建立统一开放、竞争有序的交通运输市场，为各国的交通运输和物流企业创造一个良好的市场环境。继续深化交通体制改革，推动公路、水运和港口投资多元化和运营商业化，拓展交通枢纽、物流园区和保税工业港区，鼓励发展货物仓储、配送分拨和集装箱场站等设施，集中力量建设以一体化为目标的交通运输网络，为现代交通和物流产业的发展奠定基础。二是继续加快交通基本建设。继续加快航运、港口和公路等交通和物流基础设施建设，为交通和物流企业提供良好的硬件设施。航运方面，将大力发展远洋运输船队，特别是要积极推动集装箱、大型油轮、液化天然气、汽车滚装等船队建设。港口方面，提高港口的技术水平与生产效率，充分发展港口在物流体系和运输网络中的重要作用，使港口区域逐步形成工业、商贸和物流中心。公路方面，将继续推进公路的建设，推进国家高速公路网和公路枢纽的建设，形成通行能力强、通行效率高、安全便捷的高速公路网络，形成各种运输方式相互协调的综合运输大通道和较为完善的集疏运系统，加强亚洲区域交通和物流的合作。

中国同亚洲各国、各地区的经贸发展，有力地推动了中国与亚洲各国、各地区之间在交通和物流领域的合作与发展，交通物流发展与亚洲经济融合的互动局面正在形成。为适应经济贸易快速发展带来的巨大运输需求，中国不断加快交通建设步伐，基础设施不断完善，信息化程度不断提高，为现代物流业的发展提供了物理平台和信息支撑。中国已经成为全球航运市场最具活力和增长潜力的市场之一。“中国因素”成为带动国际航运市场复苏的一个重要力量。深圳、广州、宁波、上海、青岛、天津、大连都已相继发展成为世界著名大港和重要物流枢纽。公路交通发展也取得了重大进展，公路交通完成的货运量达到 116 亿吨，占全社会货运量的 74%。公路设施的不断完善和公路交通的快速发展，已经并将继续成为中国物流业发展的重要保障，成为促进亚洲经济融合的重要纽带。

四、亚洲的经济贸易

过去几十年，由于自身的条件和当时的国际经济环境，东亚和东南亚的多数国家致力于发展外向型经济，对国外市场的依赖程度越来越大。例如，日本制造业有 1/3 的产品是外销的，韩国对外贸依赖度最高的时候超过了 60%，东南亚国家也不同程度地面临同样的问题。一旦国际经济环境有变，这些国家的经济增长就会出现滑坡。

2006 年，亚洲地区的进口下降了 8.5%，出口仅增长 1%，贸易形势十分严峻。然而根据各方公布的统计数字，2007 年头几个月，亚洲这一地区的对外贸易状况均开始回升，出口增长滑坡的势头得到控制，进口的收缩在很多国家也已经到达谷底。3 月，泰国、菲律宾、马来西亚、韩国等的进口都较前一个月有不同程度的增长，表明亚洲制造商对海外原材料、半成品和零配件的需求渐旺，工业生产开始扩大，整个地区的经济活动趋向活跃。应该说，受到金融危机冲击的亚洲国家要想走出困境，有赖于经济结构的全面调整，特别是金融的改革和企业的重组。但是，作为该地区多年来经济发展的引擎，对外贸易状况恢复生机对亚洲国家来说起着至关重要的作用。

金融危机曾导致许多亚洲国家货币急剧贬值。虽然后来亚洲的贸易顺差明显增加，但原因主要是进口大幅度下滑，而不是出口的劲增。相反，一些国家由于经济衰退，出口加工型的支柱企业无力进口生产原料，陷入了进口减少、出口不振的恶性循环。为走出危机泥潭，许多国家把出口当作了复苏的关键手段。这些国家放弃了此前实行的紧缩政策，转而采取刺激经济增长的措施，增加财政开支，使进口需求加大。不少国家的政府还提出要通过税制方面的优惠来振兴出口。亚洲的企业面对流动资金特别是外汇的短缺，纷纷开展补偿贸易，靠易货对销的方式换取资金。同时，制造商们开始转向生产高附加值产品，力争恢复出口增长的势头，并把主要的出口方向对准美欧等有活力的市场，以弥补对本地区出口的不足。

其中，中国出口贸易涨势迅猛，中国内地和香港地区之间的贸易量一直呈现两位数的快速增长。商务部的统计表明，香港地区在 2006 年已经成为中国内地第四大贸易伙伴和第三大出口市场，两地间的贸易额增长了 21.6%，达到了 1 662 亿美元。2013 年，内地与香港贸易额达 4 010.1 亿美元，同比上升 17.5%，占内地对外贸易总额的 9.6%。其中，内地对港出口额达 3 847.9 亿美元，同比上升 19%；自港进口额达 162.2 亿美元，同比下降 9.3%。2013 年，内地共批准港商投资项目 12 014 个，同比下降 4.7%，实际使用港资达 733.9 亿美元，同比上升 11.9%。

亚洲已成为世界经济发展最快的地区，它是一个多样化的地区，在此有大量发展中国家与高度工业化的日本、新兴工业化国家和经济体韩国、新加坡、中国香港等并存。整个亚洲的发展虽然还存在着诸多问题，但其生机勃勃的发展趋势在世界经济中充满希望。

对于亚洲的经济贸易的走势，存在诸多观点：一些亚洲问题专家认为，亚洲区域贸易发展迅猛，外汇储备充足，足以抵御美国经济乃至整个全球经济放缓的影响。但亚洲开发银行和其他一些经济学家对此观点提出质疑，他们认为亚洲经济尚未发展到不需要依赖西方发达国家的地步。亚洲开发银行首席经济学家伊夫扎勒 ·阿里在华盛顿举行的一场研讨会上表示，实际上，从 1997 年以来，亚洲和西方发达国家之间的经贸关系更加紧密了。摩根士丹利公司首席经济学家斯蒂芬 ·罗奇发表的一份报告中指出，亚洲经济飞速发展带来的内部压力将为未来缓慢发展埋下隐患。他同时强调了亚洲发展对于外部需求的依赖性。

第三节　亚洲的主要地区

一、东亚地区

东亚指亚洲东部，面积约为 1 170 万平方千米，人口达 15.9 亿（2018 年 7 月）。地势西高东低，分 4 个阶梯。中国西南部称为“世界屋脊”的青藏高原，平均海拔在 4 000 米以上；东南部为季风区，属温带阔叶林气候和亚热带森林气候；西北部属大陆性温带草原、沙漠气候；西南部属山地高原气候。5～10 月东部沿海受台风影响。

东亚是稻、薯蓣、糜子、荞麦、大豆、苎麻、茶、油桐、漆树、柑橘、桂圆、荔枝、人参等栽培植物的原产地。所产稻谷占世界稻谷总产量的 40%以上，茶叶占世界茶叶总产量的 25%以上，大豆占世界大豆总产量的 20%。棉花、花生、玉米、甘蔗、芝麻、油菜籽、蚕丝等的产量在世界上占重要地位。矿物资源以煤、铁、石油、铜、锑、钨、钼、金、菱镁矿、石墨等最丰富。

（一）韩国

韩国（全称为大韩民国）位于朝鲜半岛的南半部，东濒日本海，南隔朝鲜海峡与日本相望，西面与中国山东省隔黄海相望。韩国国土的面积约 9.96 万平方千米，人口约 5 141 万人（2018 年 7 月），地形多为丘陵和平原，属温带季风气候，年平均降水量在 1 500 毫米左右。矿产资源十分贫乏，已经发现矿物有 280 多种，其中有经济价值的达 50 多种，由于自然资源匮乏，主要工业原料均依赖进口。

第二次世界大战后，韩国经济的恢复得益于以下 3 个有利条件：第一，受到美国政府的干预和指导，并获得了大量的物资和资金援助。这期间，美国提供 20 多亿美元的援助，约占其重建资金总额的 70%，这无疑对其重建经济发挥了重要作用。第二，美国将没收来的在韩日本人的大量资产转赠给韩国政府，这些资本涉及国民经济的许多重要领域，包括工厂、矿山、银行、铁路、通信、房地产及其他财产，由此为韩国经济的重建提供了必要的资本。第三，韩国政府进行了土地制度的改革，对大地主的土地实行有偿剥夺，再有偿重新分配，为促进农业的发展起到积极的作用。

在经济恢复和重建时期，韩国实行的是进口替代发展战略，依靠高关税壁垒和严格的进口限额来实行非耐用消费品和中间产品的进口替代，以满足国内市场的需求并逐步实现工业化。但韩国由于自身条件的制约，如缺乏资源、技术和先进的机械设备等，在这种情况下，将经济发展的基点放在国内有限的人力、物力和财力上，不参与国际经济交流与竞争，致使韩国经济出现了一系列的问题。例如，从事进口替代生产所需要的原材料仍要依赖进口；国内市场狭小，企业资本不足，国内购买力低下，反过来又制约了生产力的发展；加上出口不振，出口额只占国民生产总值的 1%，外汇收入不足，国际收支逆差扩大，对外依赖加深，因此进口替代战略收效甚微。

进入 20 世纪 80 年代以后，由于两次石油危机的冲击，世界经济进入了一个新的重建时期，生产力的发展及世界经济一体化进程的加快，金融自由化、国际化趋势日益加强，贸易摩擦加剧，促使贸易保护主义日益严重。为适应世界经济发展的潮流，这一时期，韩国政府制定了国际化、自由化、科技化发展战略，以改善经济结构和出口产业结构，增加经济的整体实力和竞争力。

韩国曾是传统的农业国，但随着工业化的进程，农业在韩国经济中的比重越来越小。2005 年，农林渔业产值占 GDP 的比重为 3.3%。2005 年，耕地面积达 182.4 万公顷，主要分布在西部和南部平原、丘陵地区。农业人口约占总人口的 7.1%。韩国是世界主要农产品进口国之一，粮食自给率不高，进口量趋于增长。韩国农业劳动力逐年减少，由于后继乏人，农户作为农业经营主体的性质逐渐减弱。

2017 年，韩国总统文在寅当选，消费者信心大增，部分原因是他成功地提高了工资和政府支出。这些因素加上出口增长，推动韩国实际 GDP 增长超过 3%，尽管由于美国在韩国部署导弹防御系统，韩国与中国的贸易中断。

2018 年及以后，韩国将面临经济增长逐渐放缓的局面，增速在 2%～3%，这对发达经济体来说并不罕见。这可能会被中国应对挑战的努力部分抵消，这些挑战来自中国迅速老龄化的人口、僵化的劳动力市场、财阀的持续主导地位，以及对出口而非国内消费的严重依赖。社会经济问题也依然存在，包括不平等加剧、老年人贫困、青年失业率高、工作时间长、工人生产力低下和腐败。

韩国现有港口 48 个，主要港口有釜山、仁川等。

釜山位于朝鲜半岛东南角、釜山湾内，临朝鲜海峡，是韩国最大的港口，年吞吐量达 6 400 万吨，釜山港集装箱吞吐量完成 2 140 万 TEU，由于中转箱量的稳步提升，

2017 年，釜山港集装箱吞吐量一举超过了香港港，成为全球第五大集装箱港口。为扩大吞吐能力，新港正在建设当中，它将成为韩国最大的物流中心和世界级大港。新港口的集装箱专用码头将有 24 个泊位，汽车专用码头有 1 个泊位。新港竣工后将具有年处理 460 万 TEU 的集装箱和 30 万辆汽车的能力。

仁川位于朝鲜半岛西海岸中腰江华湾内，为首都首尔之外港，两地相距 40 千米，有铁路和高速公路相通，吞吐能力达 6 000 多万吨。

（二）日本

日本（全称为日本国）是亚洲大陆东缘西北太平洋上的一个群岛国家，北临鄂霍次克海，东濒太平洋，西隔东海、黄海、朝鲜海峡、日本海同中国、朝鲜、俄罗斯相望。日本领土由北海道、本州、四国、九州 4 个大岛及周围 7 200 多个小岛组成，其总面积约为 37.78 万平方千米。日本列岛狭长，岛屿分散，海域较广，4 个大岛南北跨 14 个纬度，东西跨 16 个经度，其中 4 个大岛面积占全国总面积的 96%，本州一岛占全国总面积的 61%，面积最大，地位也最突出。

日本国土面积虽小，但自然条件非常复杂且独具特色，地形以山地、丘陵占优势。富士山为日本最高峰（3 776 米），是活火山。地表崎岖，多火山、地震，山脉纵横是日本地形的基本特点。日本平原面积狭小，分布零散，多分布于河流下游和沿海地区，是日本人口最集中、经济最发达的地区。日本的人口约为 1.264 5 亿（2017 年）。

日本气候大部属温带海洋性季风气候，以终年温和湿润、四季分明、冬无严寒、夏无酷暑为主要特征。但南北差异较大，年平均气温较高，无霜期较长，除北部以外，大部地区农作物可达两年三熟或一年两熟。日本台风频繁，北部低温寒冷，这些都是不利因素。日本南北两端属亚热带和寒带气候，由于介于亚洲大陆和太平洋之间，因此具有东亚海洋性季风气候的特征，从而日本有足够的水热资源。

日本矿物资源种类多，储量小，分布零散，且开采条件差，主要矿种有铜、铁、煤、石油等，地热资源丰富，森林茂密。

日本海岸线长约 3 万千米，寒、暖流在东北部沿海相汇，渔产资源丰富，年渔获量在 1 000 万～2 000 万吨，占世界的 15%左右，居世界首位。

日本林业资源丰富，森林面积占国土面积的 67%，居世界前列。木材蓄积量达 21.8 亿立方米，树种多种多样。20 世纪 60 年代以来，木材采伐量迅速增长，但仍不能满足要求，需大量进口，使日本成为世界上木材进口大国之一。

日本现有耕地约占国土面积的 14.5%，人均耕地不足 0.7 亩。日本农业的最大特点是在小农经济的基础上实行机械化商品性生产，依靠大量使用优良品种及化肥和农药来提高作物产量，因此，日本农业规模小而集约化程度高。

日本农业长期以来以水稻生产为主。由于生产的现代化，已达到稳定、高产的程度，每公顷平均产量 5.6 吨，居世界前列。水稻种植遍及全国，主要集中在本州岛的东北和中部的北陆地区。随着人们生活水平多样化的需要，农业生产的重点及时转向畜牧业和水果、蔬菜的生产，而用地多、收益少的小麦、大豆和饲料等则依靠进口，腾出土地用于发展畜牧业和水果、蔬菜的生产。蔬菜种植面积约占耕地面积的 12%、农业产值的17.6%，蔬菜自给率达97%。水果占全部农业用地的7.2%、农业产值的7.3%。水果以关东平原为界，北以苹果、南以柑橘为主。畜牧业发展很快，形成了一些生产基地：奶牛主要分布在北海道东部与本州北部，肉牛以南九州为最多，养猪业和养鸡业分布普遍。水稻、蔬菜水果及畜牧业已成为日本农业的三大支柱。

日本工业是沿着欧美资本主义国家的发展道路，从轻纺工业开始的。第二次世界大战后，日本工业结构转向以汽车、石油加工、石油化工、造船、钢铁、电力等为中心的重工业，从而建立起以机械、钢铁、石油加工和石油化工为主体的重化工业体系，轻工业发展缓慢。由于世界石油等燃料、原料相继涨价，供给出现紧张局面，国际垄断组织间争夺资源的斗争不断尖锐化，工业品的消费需求有了新的变化，电子工业和家电产品需求量激增，在这种情况下，日本工业明显由大量消费原料的基础资源型工业向发展快、工艺过程复杂、技术水平高、消耗原料少、成本低、产值高、污染少的技术密集型工业转换。随后，高新技术产业，如情报处理、省力机械、宇航工业、原子能开发、海洋开发、太阳能与地热能利用等迅速发展，信息情报产业中的电子工业发展最快。日本工业发展的原料、燃料及市场对外依赖严重，这是第二次世界大战后日本考虑工业布局的出发点。日本的人口、工业和国民收入大多聚集在东京湾、伊势湾、大阪湾及濑户内海的“三湾一海”地区，并形成了东起东京湾东侧的鹿岛，向西经千叶、东京、横滨、骏河湾沿岸、名古屋、大阪、神户、濑户内海沿岸，最后直达北九州的长达1 000千米的太平洋带状工业地带（包括京滨、中阪神、濑户内海、北九州等五大工业地带）。该地带约占全国面积的24%，拥有全国人口和工厂数的60%，工业产值的75%，大型钢铁联合企业设备能力的95%，重化工业产值的80%以上。特别是第二次世界大战以后，新建的大量消耗原料的资源型工业全部分布在这一地带的填海新陆上，成为世界临海型工业区的典型代表。太平洋带状工业地带是目前世界上最发达的工业区之一。

第二次世界大战后，日本的钢铁工业发展迅速，年钢铁产量超过亿吨，成为世界上唯一没有铁矿石资源的“钢铁王国”。同时，其钢铁生产的能耗量和焦比都是世界上最低的，在国际市场上很有竞争力。钢铁工业产值占日本工业总产值的10%左右，占对外贸易的15%以上。日本钢铁工业原料、燃料几乎完全依靠进口。铁矿石主要来自澳大利亚、印度、巴西、智利、南非、菲律宾、加拿大、俄罗斯、乌克兰等国。日本每年还需要进口约8 000万吨煤，其中80%以上是焦煤，成为世界上最大的煤炭进口国。煤炭主要来自澳大利亚、美国、加拿大、俄罗斯和中国等。重油是日本钢铁工业的重要能源之一，可转化为钢铁工业所需的电力。重油间接来源于石油，石油则主要来自海湾地区、北非地中海沿岸、西非几内亚湾沿岸和东南亚的印度尼西亚、文莱等。近年来，其钢和钢材出口量都在3 000万吨左右，占国内钢产量的1/3。日本钢铁输出地区中，东南亚居第1位，其次为北美、中东、西北欧、拉丁美洲和非洲等。钢铁工业的地区分布也表现为临海性特点，21座大型钢铁联合企业有19座集中在太平洋带状工业地带内，只有少数炼钢厂或特殊钢厂设在日本海沿岸或内地。钢铁工业多集中在阪神、京滨、濑户内海沿岸、北九州及中京5个工业区内，其中，阪神是最大的钢铁工业基地。进入21世纪，粗钢产量连续3年增加，2002年、2003年、2004年的粗钢总产量分别是 10 775 万吨、11 051 万吨、11 272 万吨，2005 年为 11 249 万吨，比 2004 年下降 0.2%，3 年来首次下降。2011 年，因“3·11”大地震对生产的破坏，以及日元升值影响出口，日本 2011 年粗钢产量仅为 10 759 万吨，这比 2010 年减少 1.8%。

日本的汽车工业在第二次世界大战后由军用转为民用。1949 年，小汽车年产量仅为 1 000 辆左右，且质量差、价格高。进入 20 世纪 60 年代后，汽车工业发展迅速。1995 年，汽车产量为 1 078 万辆，居世界第 1 位。汽车已超过钢铁、船舶而成为日本第一大出口商品，产量的一半以上用于出口，主要出口到美国、西欧及亚洲一些国家。日本的汽车工业主要分布在东京湾和伊势湾沿岸的京滨和中京两个工业区，丰田市是日本的汽车城，此外还有名古屋、川崎、东京等地区。日本的汽车生产主要集中于丰田、日产、东洋工业、三菱、本田五大公司，它们控制了日本汽车总产量的 80%以上。在世界十大汽车公司中，日本占了 4 个（丰田、日产、三菱、东洋工业），丰田汽车制造公司是目前仅次于美国通用汽车公司的世界第二大汽车厂家，它已控制了全日本汽车产量的 1/3。2011 年全年，日本汽车产量共计 839.8 万辆。

造船工业是日本第二次世界大战后发展最快的部门。1950 年开始，日本先后从德国、丹麦、瑞士引进技术。1957 年，日本船舶下水量达到 173 万吨，居世界第 1 位。日本有造船厂 1 500 多家，世界最大的几家造船公司大多数是日本公司。日本的造船业以生产商船为主，以油船产量最大，还有矿石船、液化气船、集装箱等专用船。近年来，为适应世界贸易发展的需要，船舶向大型化、高速化、专业化和自动化方向发展。在世界航运市场繁荣的 20 世纪 70 年代，年造船吨位达到 1 500 多万吨。日本的造船能力已达每年 2 000 万总吨。大型船厂主要集中在太平洋沿岸带状工业地带，其中北九州的长崎造船厂历史悠久，已成为日本和世界较大的造船中心。

电子工业是第二次世界大战后日本新兴的工业部门，20 世纪 60 年代以来发展迅猛，生产规模仅次于美国居世界第 2 位。在计算机生产方面，日本比欧美国家起步晚 10 年，但发展迅速；在大型机方面，日本已于 1970 年赶上美国，日本机数拥有量常年居世界首位。在世界十大计算机公司中，日本占有 3 家。日本的富士通公司已成为仅次于美国 IBM 公司的世界第二大计算机公司。在家用电器的生产方面，日本更居世界领先地位。电子工业集中在京滨与阪神工业区，九州已成为日本最大的集成电路生产基地，被称为可与美国硅谷相媲美的硅岛——筑波城设有几十个研究机构和十几家能源工业。2005 年，日本电子业产值约为 19.1 万亿日元，比 2004 年的 19.8 万亿日元减少 3.5%。在电子产业中，民用电子仪器产值为 2.6 万亿日元，同比增加 4%；产业用电子仪器产值为 7.3 万亿日元，同比减少 2.7%；电子零部件产值为 9.2 万亿日元，同比减少 6.1%。

日本的石油化学工业是 20 世纪 50 年代中期随着石油加工业的发展而出现的新兴工业部门。石油化工产品约占化工总产量的 1/3。目前，日本的乙烯产量仅次于美国，居世界第 2 位。日本的合成橡胶、塑料、化学纤维都居世界前列。主要石油化工中心集中在太平洋带状地区，其中规模较大的有川崎、千叶、鹿岛、四日市和水岛等。各工厂之间在地带布局上相距较近，以输油管道联成一体。

纺织工业是日本的传统工业。第二次世界大战后，日本由于迅速发展重、化工业，以及一系列新兴工业部门的兴起，纺织工业地位日趋下降，但合成纤维发展极为迅速，产量仅次于美国，居世界第2位。

日本交通运输发达，海运、铁路、公路、航空等运输门类齐全，运输技术与手段先进。随着沿海工业的形成和汽车工业的发展，运输业的结构也发生了很大的变化。铁路在运输业中的比重明显下降，公路运输的地位显著提高，海运业成为对外经济联系的重要运输方式，占货运总量的44.5%。日本的公路运输发展迅速，全国已建立起发达的公路网，公路运输不仅限于连接铁路、海运的短途运输，而且已能单独承担长途运输任务。日本拥有汽车 5 788.8 万辆，占世界汽车保有量的 9%，仅次于美国，居世界第2位。日本是世界上铁路运输发达的国家之一，铁路营运里程达2.8万千米，有一半以上实现了电气化，主要铁路多分布在沿海地带，并与海岸平行。此外，还有不少横贯东西的铁路，连接日本海沿岸和太平洋沿岸的一些城市，位于北海道与本州之间的津轻海峡，宽20千米～50千米。1988年，青函海底隧道建成通车，加之连接本州与四国的濑户内海大桥的建成通车，日本四大岛已由2万多千米的铁路线贯通一体，十分方便。从20世纪60年代起修建的"新干线"高速铁路，现已通车的有东海新干线（东京—福冈）、山阳新干线（大阪—博多）、东北新干线（大宫—盛冈）及上越新干线（大宫—新潟）。营运于新干线上的磁悬浮铁路列车速度可达每小时500多千米。日本是世界航空枢纽之一，空运在日本国内长距离客运和国际旅客运输中占重要地位。东京的成田国际机场和大阪的关西国际机场已步入亚洲乃至世界的大机场行列。日本海岸线绵长，加之对外原料、燃料及市场的严重依赖，海运量极大，使日本的海运业在交通运输业中占有特殊重要的地位。日本海上进出口货物运量不断增长，出口货物以钢铁、水泥、机械类、电器为主，按各航线的具体流量计算，占首要地位的是波斯湾—马六甲海峡—日本航线，每年通过该航线输入原油 2 亿多吨，输出主要是汽车和高档消费品；其次是日本—大洋洲航线，主要输入澳大利亚的煤炭和铁矿石、新西兰的羊毛、巴布亚新几内亚的铜矿石；再次是日本—美国西海岸、日本—巴拿马运河—美国东海岸，由于美国是日本的最大贸易伙伴，因此，这两条航线一直很兴旺，出入货种繁多，大批纺织品、汽车、家电产品等源源不断地输往美国市场，回程货物则以煤炭、粮食、水果为主。随着中国经济和中日间贸易的发展，中国已成为日本最大贸易对象国，中日航线货运量逐年增加，现在日本各主要港口同中国的许多港口有直达航班。从日本运往中国的主要是钢铁、机械设备、化工产品等；由中国运往日本的主要有石油、煤炭、盐、农产品等。

日本港口在地理分布上具有明显的不平衡性，大多数集中在太平洋沿岸一侧，而日本海沿岸海岸线平直，港湾稀少。全国21个特定重要港口除室兰、占小牧、新潟、伏木富山以外，其余均分布在三湾一海地带。

千叶（Chiba）港位于东京湾东北岸，东京以东50千米。千叶是一个以钢铁、炼油、化工为主的新兴工业城市，千叶港是日本最大的工业港口，共有泊位 300 多个，其中绝大多数是专用泊位。进港货物以石油、天然气、铁矿石、木材、农产品为主，输出以汽车为主，其次是钢铁、化工产品等。

名古屋（Nagoya）港位于伊势湾北端，为知多半岛和纪伊半岛所围护，是一个天然良港，因背倚中京工业区，发展迅速。名古屋的纺织、机械、汽车、钢铁、化学工业发达，纺织与陶瓷工业居全国之首。该港属亚热带季风气候，盛行西北风，年平均气温为 10～27℃，每年 4～6 月为海雾最盛期。本港背靠平原，湾口有半岛和小岛为屏障，湾内风平浪静，是一个得天独厚的优良深水港口。港区主要码头泊位有 200 多个，岸线长 12.6 千米，最大水深 14 米。装卸设备有各种岸吊、门吊、集装箱吊、浮吊及拖船等。

横滨（Yokohama）港位于东京湾西岸，它是作为东京的深水外港而发展起来的。横滨是日本第三大城市和工业中心，造船、汽车、钢铁、炼油、化工等工业发达。该港属亚热带季风气候，夏季盛行东南风，冬季多西北风，年平均气温为 15.8℃，每年有雾日 33 天，雷雨日有 10 天。本港外有两个天然半岛及防波堤进行围护。港区主要码头泊位近 100 个，岸线长 16 千米，最大水深 23 米。进港货物主要以原油、煤炭为主，输出以汽车、汽车零件、船舶、机电产品为主。

大阪（Osaka）港位于本州西部大阪湾东北岸。大阪是全国第二大城市，是阪神经济圈的核心，轻、重工业都很发达，以机械、化工、造船、石化工业为主。进港货物以煤炭、铁、铁矿石为主，输出钢铁、金属制品、家电产品、工艺品等。港口有泊位近 200 个，水深 12 米，岸线长 10 千米。港口还拥有最先进的计算机系统，设立了综合流通中心，能以最高效率处理集装箱货物。

川崎（Kawasaki）港位于东京与横滨之间。川崎是重要的工业城市，有大型的钢铁厂、造船厂、炼油厂和石油化工厂等。川崎港是典型的工业港，以输入工业原料和能源为主，进口原油、矿石、焦炭，该港有泊位 140 多个，水深 5～21 米。

北九州（Kitakyushu）港位于九州岛的北端，是日本西部最大的国际贸易港口，与中国仅一水之隔。该港有泊位 200 多个，水深 15～17 米，岸线长 5 千米，出口货物以钢材、水泥、化肥为主，进口货物有粮食、煤炭、石油、铁矿石等。

神户（Kobe）港位于濑户内海东端、大阪湾的西北岸。港口所在的关西地区工商业发达，经济基础雄厚。神户市重化工业和食品工业十分发达。为解决港口用地不足，在海中填筑了港岛和六甲岛两个人工岛。现有的 38 个集装箱泊位中有 34 个建在人工岛上。该港属亚热带季风气候，夏季盛行东南风，冬季多西北风。年平均气温为 10～27℃，年雷雨日有 12 天，降雪日有 19 天。港区主要码头泊位有 300 多个，最大水深 12.6 米。该港主要出口货物为机械、车船、纺织品、钢铁及家用电器等，进口货物主要有粮谷、棉花、原油、矿石、小麦、天然橡胶及食品等。

东京（Tokyo）港位于东京湾西北隅，是日本的五大港口之一，又是世界 20 大集装箱港口之一。第二次世界大战后，滨海工业的发展推动了港口建设，东京港成为日本的主要港口之一。东京是日本的首都，全国政治、经济及文化的中心，是全日本最大的工业城市，主要工业有汽车、钢铁、机械、化工、精密仪器、服装、印刷及电机制造等。东京是世界三大金融中心之一，拥有世界闻名的股票市场，在东京港的周围已形成高度密集的交通网，有 9 条高速公路、5 条干线公路及 5 条铁路和港区相连。该港属亚热带季风气候，年雾日有 33 天，雷雨天集中在 5～9 月。港区主要码头泊位有近 200 个，岸线长 20 千米，水深 10～12 米。其主要出口货物为钢铁、船舶、汽车、家用电器、化工产品及纺织品等，进口货物主要有煤、石油、机械设备、食品、木材、粮食、肉类及砂糖等。

在安倍政府的经济刺激政策下，日本政府试图加强与中国在海外市场的竞争，为日本企业创造新的出口机会，包括加入11国跨太平洋伙伴关系协定。2016年12月，日本成为第一个批准跨太平洋伙伴关系协定加入的国家，但美国在2017年1月退出协议。2017年11月，剩下的11个国家同意通过修改后核心元素的协议，它们改名为全面与进步跨太平洋伙伴关系协定。2017年7月，日本也与欧盟达成经济合作协议。

二、东南亚地区

东南亚指亚洲东南部地区，由中南半岛、马来群岛和伊里安岛东半部组成。马来群岛是世界上最大的群岛，由大巽他群岛、努沙登加拉群岛、菲律宾群岛、马鲁骨群岛、东南群岛、西南群岛等12 000个岛屿组成。东南亚北至巴坦群岛，南至罗地岛，西至苏门答腊岛，东至东南群岛，总面积约为448万平方千米，人口达6.5亿多（2018年7月），大陆海岸线长约1.17万千米。东南亚是世界上人口稠密的地区之一，以印度尼西亚人口最多，约占东南亚人口总数的43.7%；以新加坡人口最稠密，为亚洲人口密度最大的国家。东南亚民族众多，语言复杂。中南半岛是佛教盛行地区，其他地区居民多信奉伊斯兰教、天主教、基督教、印度教等。

东南亚的海域被马来群岛分隔成许多不同的海。其中属于太平洋的有班达海、爪哇海、苏拉威西海、苏禄海、马鲁古海、斯兰海、巴厘海、佛罗勒斯海等。属于印度洋的有帝汶海、安达曼海、阿拉佛拉海。南海南部、泰国湾、马六甲海峡、巽他海峡和爪哇海这一广大海域，深度不超过100米，有丰富的矿产资源，特别是石油资源。海洋中珊瑚礁分布较广。东南亚地处太平洋与印度洋、亚洲与大洋洲之间的十字路口，是联系亚洲、欧洲、非洲的海上必经之地，交通位置十分重要。马六甲海峡、巽他海峡、卡里马塔海峡、龙目海峡、望加锡海峡、民都洛海峡、马鲁骨海峡等在世界航运中意义重大。马六甲海峡位于马来半岛和苏门答腊岛之间，连接南海和安达曼海，长约800千米，最窄处宽约40千米，水深25～113米，新加坡港位于其南部入口处。马六甲海峡水域风平浪静，海流缓慢，潮差较小，并有良好的导航设备，是航行于太平洋与南亚、西亚、非洲、欧洲各国之间船舶的捷径，是世界三大最繁忙海峡之一。但超过20万吨的油轮满载时只能绕道龙目海峡，航程增加2 000千米。苏禄海和苏拉威西海是东亚各国与大洋洲之间的海上交通要冲。

东南亚各国人口众多，资源丰富，自然条件比较优越。农业在东南亚经济中占重要地位。除新加坡外，各国农业人口比重、农业产值在工农业总产值中的比重均在50%以上。稻米、橡胶、椰子等热带作物，由于历史的原因成为一些国家发展国民经济的重要支柱。东南亚是世界最大的稻米出口地区，泰国和缅甸是世界主要稻米输出国，曼谷和仰光被誉为世界两大米市。东南亚一直是世界上最大的天然橡胶的生产与出口地区，均占世界的80%以上。橡胶在东南亚广泛种植，马来西亚、印度尼西亚、泰国为世界三大产胶国。除此之外，还有马尼拉麻、棕油、木棉、奎宁、胡椒等热带作物，产量和出口量均占世界的90%以上。东南亚森林资源丰富，覆盖率高达57%，缅甸和泰国以产柚木而闻名世界。20世纪70年代末开始，印度尼西亚、马来西亚、菲律宾等大力开发原始森林，木材产量猛增，相继进入世界主要原木和木材出口国行列。渔业在东南亚居民生活中占重要地位，以洞里萨湖鱼产量最多，是世界上平均单位面积鱼产量最高的水域。

东南亚采矿业约占全国 GDP 的 10%，矿产资源丰富，主要有锡、石油，其次是金、铬、铜、镍等。泰国、马来西亚、印度尼西亚、缅甸 4 国锡的储量占世界总储量的 50%左右；石油主要分布在印度尼西亚的几个大岛上，其中以苏门答腊岛南部油田最为重要，其次是文莱和缅甸中部地区。20 世纪 60 年代以来，石油开发极为活跃，产量迅速上升，现已达 1 亿吨以上，其中海上石油占 2/5。印度尼西亚、马来西亚、泰国 3 国的天然气储量占世界第 7 位，是世界天然气的重要产区之一。

东南亚地区还有一些重要港口：

槟城（Pinang）位于马六甲海峡北端，是马来西亚最大的港口，主要出口锡矿砂和农、林产品。

巴生（Portkelang）位于马来半岛西岸中部，是马来西亚首都吉隆坡的外港。

马六甲（Malacca）位于马六甲海峡中段北部，是马六甲海峡的主要港口。

古晋（Kuching）位于加里曼丹岛西北岸，是沙捞越地区最大的港口。

丹戎不碌（Tanjungpriok）是印度尼西亚首都雅加达的外港，是全国最大的货运港口，在雅加达东约 10 千米处，濒爪哇海和雅加达湾，主要输出橡胶、咖啡等热带作物，进口杂货。

苏腊巴亚（泗水）（Surabaya）位于爪哇岛东北岸，为印度尼西亚第二大城市和重要的对外贸易港、军港和渔港，是爪哇岛东部和马都拉岛农产品的集散地。

巨港（巴邻旁）（Palembang）位于苏门答腊岛东南慕西河下游，距河口 90 千米，是苏门答腊岛南部最大的港口和贸易中心，主要出口原油及其制品。

望加锡（乌戎潘当）（Macassar）位于苏拉威西岛西南岸，临望加锡海峡，是印度尼西亚东北地区贸易集散中心，是农产品、橡胶和木材的主要出口港。

杜迈（Dumal）位于苏门答腊岛东海岸中段，濒杜迈海峡，是印度尼西亚最大的石油输出港。

沙璜（Sabang）印度尼西亚西北部港口，位于韦岛东北岸，为苏门答腊岛西北部货物中转港和煤炭输出港。

马尼拉（Manila）位于吕宋岛西南、马尼拉湾畔，是菲律宾最大的港口和海、陆、空交通中心，集中了菲律宾对外贸易货物的 80%左右。马尼拉港分南北两个港区，其中集装箱吞吐量近年来一直位居世界前 20 位行列内。

宿务（Cebu）位于菲律宾中部宿务岛东海岸，工商业繁荣，有全国最大的椰油厂，还有制糖、卷烟、啤酒等工厂。其农业发达，是椰干、马尼拉麻、烟草、木材的集散地。

（一）新加坡

新加坡（全称为新加坡共和国）位于马来半岛南端，北隔宽度仅为 1～3 千米的柔佛海峡与马来西亚相邻，有长堤通往马来西亚的新山，沿堤有一条公路和一条铁路，并铺设有一条向新加坡供应淡水的输水管道，南隔宽约 20 千米的新加坡海峡与印度尼西亚相望。新加坡地处太平洋与印度洋航运要道——马六甲海峡的出入口。新加坡正是因为处于这种国际航运的要冲位置，经济才能高速增长，成为世界主要的炼油、修造船、电子产品、钻井平台等生产中心，而且金融、旅游业成为其支柱产业和创汇的主要来源。

新加坡由新加坡岛与周围54个小岛组成，面积约为709.2平方千米(2018年7月)，新加坡岛占全国面积的91.6%。岛上地势较平坦，最高海拔为166米。因离赤道137千米，新加坡属热带海洋性气候，常年高温多雨，年平均气温为24～27℃，年平均降水量为2 400毫米左右。

新加坡原为马来柔佛王国的一部分，1824年沦为英国的殖民地，一直是英国在远东地区的转口贸易商埠和在东南亚的主要军事基地。1942年日本入侵，1945年英国恢复殖民统治，1959年实行自治，1963年作为一个自治州并入马来西亚，1965年8月宣布成立共和国。

由于长期的殖民统治和遭到外埠侵略，加之资源十分匮乏，新加坡的经济长期处在畸形、不发达的状态中。独立以后，新加坡政府充分利用了它的优势，即拥有设施先进的港口、重要的战略位置、技术水平高于邻国等，制定适当的经济发展战略，大力吸收外资，发展多元化经济，加上国内政局稳定，在新加坡人民的辛勤努力下，在不到30年的时间里，其经济发展速度、增长率在亚洲及东南亚地区位居前列，其人均收入仅次于日本，位居亚洲第2位，并在1995年被世界经济合作与发展组织列入“更先进的发展中国家”行列，将其外向型经济推到更广泛的国际服务领域，形成了以制造业为中心，交通运输、金融、旅游业发达的多元化经济。目前，新加坡已成为或开始成为世界上引人注目的石油工业中心、海空交通运输中心及航空和海事工业中心、电子工业中心、金融中心和国际会议中心。

新加坡的工业以制造业为主，包括炼油、石油化工、修造船、电子电器、纺织、交通设备等。制造业的设备与原料绝大部分依靠进口，产品主要供出口，且外资比重大，主要来自美国、日本和欧盟。电子工业是新加坡政府优先发展的工业部门，在制造业中占主导地位，是产值最大、人数最多的行业，其特点是资金雄厚、规模大、工艺水平高。主要生产电子计算机、雷达、导航设备、高级集成电路、彩电等。新加坡是世界上计算机磁盘机和集成电路的主要生产国，已成为东南亚地区电子元件、电子产品、家用电器、电子计算机、高级集成电路等的生产中心，产品大部分外销欧美和日本等地。随着越来越多的国际高新技术和电子公司将其重心转移到这里，新加坡正在成为东南亚的“硅谷”。

炼油业是新加坡仅次于电子工业的第二大产业，其原油加工量相当于东南亚地区的40%，是东南亚地区的炼油中心、分销中心和储存中心，也是世界上仅次于鹿特丹和休斯敦的第三大炼油中心。原油主要来自中东、马来西亚和文莱等地，石油产品的90%供出口。炼油工业全部分布在新加坡岛周围的小岛上，可以说一个小岛为一个炼油厂，而且环岛有绿化带，对新加坡岛没有形成污染。

新加坡拥有大、中、小型船厂60多家，使其成为亚洲最大的修造船中心之一，还是世界三大钻井平台的生产基地之一。其每年建造的石油钻井平台占世界石油钻井平台总数的 1/4。电子工业、炼油业、造船业是新加坡制造业的三大支柱。此外，还有食品加工、纺织服装、木材及造纸等，这些工业部门的产品也向出口高档商品方向发展。

新加坡利用其宜人的气候、花园般的城市国家风貌、航运要冲的地理位置，每年过往船只达 3 万多艘次，加之发达的航空运输条件，大力发展旅游业，其旅游业已成为国家外汇的主要来源之一。

新加坡以优惠的条件吸引外资，以解决本国的资金不足。加之新加坡处于东南亚的中心位置，经济活跃的东南亚地区成为新加坡金融业的腹地，使其金融业发展迅速。目前，新加坡全国拥有 500 多家跨国公司、130 多家外国银行。新加坡已与伦敦、纽约、中国香港同成为世界四大金融中心，也是亚洲的美元中心。

新加坡地处国际航道马六甲海峡的出入口，扼守太平洋与印度洋的咽喉，是连接亚洲、欧洲、非洲、大洋洲的海上交通枢纽，地理位置极为重要。新加坡港是世界著名的天然良港之一，港阔水深，各类船只终年畅通无阻。从 20 世纪 60 年代起，新加坡政府拨巨款扩建码头，改善交通运输设施，现有 100 多个泊位，港区面积达 583 平方千米，水深适宜，吃水在 13 米左右的船舶可顺利进出港。新加坡港以优质、高效、低价的服务吸引了大量的船只前来港口中转，中转箱比重达 80%以上，成为亚洲乃至世界著名的中转港口。裕廊码头的周围是新加坡最大的裕廊工业区，它对该码头干货、液货、散货的输出、输入起了一定作用。该码头有 9 个深水泊位，最大可停靠 30 万载重吨的船舶。近几年来，新加坡港已成为世界上最繁忙的港口，共有 250 多条航线来往世界各地，约有 80 个国家和地区的 130 多家船公司的各种船只日夜进出该港，所以新加坡有“世界利用率最高的港口”之誉称。2017 年，新加坡集装箱吞吐量为 3 346 万 TEU，GDP 达 3 058 亿美元。

（二）泰国

泰国(全称为泰王国)位于中南半岛的中南部。地势由西北向东南倾斜，南北长 1 650 千米，东西宽 780 千米，海岸线长 2 705 千米。泰国人口约为 6 841.4 万（2017 年），国土面积约为 51.3 万平方千米，其中耕地面积占国土总面积的 35.82%，森林面积占国土总面积的 28.2%。土地肥沃，雨量充沛，适宜农业发展。湄南河是泰国最重要的河流，全长 1 352 千米，流域面积达 15 万平方千米。泰国 90%以上的民众信奉小乘佛教，泰国因此被称为“黄袍佛国”。

农业是泰国传统的经济部门，农村人口占全国总人口的 60%以上。种植业是泰国农业最重要的部门，主要的农产品有稻谷、橡胶、木薯、甘蔗、热带水果等，其中大米、橡胶和木薯的出口量居世界第 1 位。泰国的渔业资源丰富，不仅拥有泰国湾和安达曼海的天然海洋渔场，还拥有总面积为 11 万公顷的淡水养殖场。

泰国拥有相对发达的基础设施、自由企业经济和普遍支持投资的政策，高度依赖国际贸易，出口约占 GDP 的 2/3。泰国的出口产品包括电子产品、农产品、汽车和零部件及加工食品。工业和服务业约占 GDP 的 90%。农业部门主要由小型农场组成，仅占 GDP 的 10%，却雇用了约 1/3 的劳动力。据估计，泰国吸引了 300 万～450 万移民工人，其中大部分来自邻国。在过去几十年里，泰国大幅度地减少了贫困。2013 年，泰国政府在全国范围内实施了每日 300 泰铢（约合 10 美元）的最低工资政策，并实施了旨在降低中等收入者税率的新税制改革。泰国经济正在从 2014 年政变以来的缓慢增长中复苏。泰国经济基本面良好，通货膨胀率低，失业率低，公共和外债水平合理。旅游业和政府支出主要用于基础设施和短期刺激措施，这帮助提振了泰国经济，泰国央行也提供了支持，多次降息。从长期来看，家庭债务水平、政治不确定性和人口老龄化对泰国的经济增长构成了风险。

三、南亚地区

南亚指喜马拉雅山脉南侧的亚洲南部地区，因北部有一系列高耸山岭与亚洲大陆主体分开，在地理上有相对的独立性，被称为南亚次大陆（印巴次大陆），大陆东、西濒临孟加拉湾和阿拉伯湾，南临浩瀚的印度洋。本区面积约为 437 万平方千米，人口达 10 亿以上。本区北部为喜马拉雅山脉南麓的山地区，南部印度半岛为德干高原，北部山地与德干高原之间为印度河—恒河平原。

南亚北部和中部平原基本上属亚热带森林气候，德干高原及斯里兰卡北部属热带草原气候，印度半岛的西南端、斯里兰卡南部和马尔代夫属热带雨林气候，印度河平原属亚热带草原、沙漠气候。矿物资源以铁、锰、煤最丰富。

南亚的人种兼有白、黑、黄 3 个种族。语言繁多，英语为官方语言。南亚是婆罗门教和佛教的发源地，婆罗门教 8 世纪、9 世纪演变成印度教，流传在印度和尼泊尔等地。佛教是斯里兰卡的国教，巴基斯坦、孟加拉国、马尔代夫以信奉伊斯兰教为主。

南亚历史悠久，印度河流域是古代世界四大文明发祥地之一。很早以前，这里已有发达的农业和手工业。15 世纪以前，南亚一直是世界上经济、文化发展水平较高的地区之一。15 世纪，欧洲工业革命前夕，西欧一批冒险家早就对南亚的财富垂涎三尺，积极开辟通往东方的航线。1498 年，葡萄牙人绕过好望角首航成功，葡萄牙、荷兰、法国、英国等殖民主义者相继入侵南亚。由于长期的殖民统治和封建束缚，南亚经济一直处于落后状态，独立以后发展也很缓慢。

农业是南亚经济的主要组成部分，农业人口占总人口的 2/3 以上，其中印度农业人口占全部劳动力的 70%，尼泊尔则高达 90%以上；农业产值占国民生产总值的 30%以上，其中印度为 30%，尼泊尔为 58%；农产品出口占出口商品的 1/3 以上。这些比重都高于世界其他地区。

南亚东部地区地势平坦，土壤肥沃，水热充足，为发展农业提供了有利条件。南亚是杧果、蓖麻、茄子、香蕉、甘蔗，以及莲藕等栽培植物的原产地。本区所产黄麻、茶叶占世界总产量的 1/2 左右。稻米、花生、芝麻、油菜籽、甘蔗、棉花、橡胶、小麦和椰干等的产量在世界上也占重要地位。斯里兰卡是热带岛国，盛产茶叶、椰子和橡胶等，产销量居世界前列，这 3 项出口占该国出口总额的一半以上；马尔代夫是一个渔业岛国，鱼干出口占出口总值的 90%；孟加拉国主要出口黄麻及其制品；巴基斯坦则出口棉花、羊毛及其制品。

南亚蕴藏较丰富的矿产、水力和森林资源，有利于工业发展。由于长期的殖民统治，南亚各国成为宗主国的原料供应地和产品销售市场，民族工业得不到发展。印度在南亚各国中重工业规模较大，重工业在工业中的比重已由当初的不足 25%提高到 60%，冶金、机械、动力等部门在发展中国家中占突出地位。能源工业是南亚各国突出的薄弱环节，每年把出口收入的 40%～70%用来进口石油，成为南亚各国严重的经济负担，严重地影响了其他工业的发展。

南亚因生产水平低、人口多，各国工农业产品大多用来满足国内市场需要，出口品种虽然不少，但数量不大，且多为农副产品和劳动密集型产品，因而对外贸易额较小。在世界贸易总额中，南亚的贸易额所占比重只有 1%，且呈下降趋势，南亚是亚洲各贸易区中贸易额最低的地区。在进出口比例中，各国长期处于逆差状况，多数通过借外债及劳务出口等手段来弥补，所有国家都严重依赖外援。

南亚交通运输比较发达，但内部差异较大。印度是世界上交通运输比较发达的国家之一，铁路占主要地位，公路运输发展极快，主要港口有孟买、加尔各答、马德拉斯等；拥有机场近百个，其中有 5 个国际机场（新德里、孟买、加尔各答、马德拉斯和特里朗特）。孟加拉国则以内河航运为主，海运主要港口有吉大港和恰那尔港。斯里兰卡国内交通主要依靠铁路和公路，对外联系主要靠全国最大港口科伦坡。卡拉奇是巴基斯坦唯一的国际港口，也是南亚的现代化港口之一。

卡拉奇（Karachi）位于阿拉伯海北岸、印度河口西侧，是巴基斯坦的最大港口，担负本国 95%和阿富汗部分货物的进出口任务。主要输出棉花、粮食、羊毛、皮革等，输入燃料油、机械、化工产品和钢铁等。

科伦坡（Colombo）位于斯里兰卡西海岸、凯拉尼河口，是斯里兰卡最大的人工港，是斯里兰卡的首都和全国政治、经济、交通和文化的中心，又是世界航道上印度洋的重要航站，是横渡印度洋过往船只的补给站。它是全国的交通枢纽，有铁路和公路通往全国各地。主要工业有纺织、炼油、化肥、轮胎、机器制造及钢铁等。港口距国际机场约 18 千米，有定期航班飞往世界许多大城市。该港属热带季风气候，盛行偏西风，年平均气温为 22～32℃，港区泊位有 20 个，岸线长 4.6 千米，最大水深 13 米。主要出口货物有茶叶、咖啡、可可、椰干、橡胶、椰油及皮革等，进口货物有石油、煤、大米、金属制品、棉制品、水泥及化肥等。

吉大港（Chittagong）位于孟加拉湾东北岸、卡富利河下游，距海 16 千米。该港是孟加拉国最大的港口，主要出口农产品。

印度

对于南亚地区，本部分重点介绍印度（全称为印度共和国）。

印度在南亚地区是最大的国家，国土面积约为 298 万平方千米（不包括中印边境印占区和克什米尔印度实际控制区），人口总数为 12.96 亿人（2018 年 7 月），居世界第 2 位。

印度的农业占 GDP 的 20%，印度吸收了全国 60%的就业人口。印度的农业极易受气象灾害的影响，有 60%以上的土地依旧靠天吃饭。印度是世界上最大的油料作物种植国家，其油料作物种植面积占整个世界油料作物种植面积的 15%。印度也是世界上最大的茶叶生产和消费国，约占世界产量的 27%和交易量的 13%。印度是世界上第三大渔业国家，淡水鱼的产量居世界第二，渔业的就业人口大约在 1 100 万。

在工业方面，按照印度国家产业分类，主要分为采矿业、煤电水供应行业、建筑业和制造业。其中，制造业占印度整个工业产值的 80%，实现了 9.4%的增长速度。印度的钢铁工业已经连续保持较高的增长水平，支撑钢铁工业增长的动力主要是国内市场的强劲需求；汽车工业的出口产值已经从 1999～2000 年占整个行业产值的 2.9%，上升到 2005～2006 年的 8.9%；印度的电子及 IT 产业是印度工业增长最快的部门，其中，印度的软件产业在 20 世纪 90 年代一直保持着 50%以上的增长率，印度是世界上唯一实现如此高增长速度的国家。

在印度的交通运输方面，公路承担着国家 85%的客运量和 70%的货运量。公路总里程达 320 万千米，但是道路质量普遍下降，快速、便捷的公路交通网络远未形成；铁路总里程为 63 028 千米，居世界第 2 位，已经有将近 24%的里程实现了电气化，运送国内和国际旅客人数也较 2004 年分别增长了 24.2%和 18%。印度海岸线全长 7 517 千米，沿岸共有 12 个主要港口和 187 个规模较小的港口，这 12 个大港口承担了全国港口运量的近 75%。

孟买（Bombay）位于阿拉伯海东岸，为印度最大的天然良港，年吞吐量在 2 000 万吨以上，承担全国海运货物的 1/5 和集装箱的 1/2。主要出口纺织品、大米、花生、黄麻等，进口原油、工业设备等。

加尔各答（Calcutta）位于孟加拉湾北岸，是印度最大城市和第二大港口，年吞吐量为 1 000 多万吨，是世界最大的黄麻加工中心。主要出口黄麻制品、机械、土产品等，进口工业设备、石油、钢材、水泥、化肥等。

莫穆冈（Mormugao）位于印度半岛西海岸，为印度第二大天然良港，主要向欧洲输出铁矿石。

维沙卡帕特南（Vishakhapatnam）位于印度半岛东海岸，为天然良港，是印度最大的铁矿石输出港，年吞吐量为 1 200 多万吨，还是印度重要的造船工业和炼油工业中心。

马德拉斯（Madras）位于孟加拉湾西岸，为印度最大的人工港、南部货物集散中心，年吞吐量为 1 100 多万吨，主要出口农产品、矿石、杂货，进口石油及其制品、机械、钢铁、化肥、小麦、纸张等。

在印度的对外贸易方面，2017 年对外贸易总额为 8 506 亿美元，其中进口总额为 4 520 亿美元，出口总额为 3 041 亿美元。印度的主要进口产品为原油、宝石、机械、化学药品、肥料、塑料、钢铁；主要出口产品为宝石、车辆、机械、钢铁、化学药品、医药产品、谷物、服装。

四、西亚地区

西亚指亚洲西部，面积为 700 多万平方千米。高原广布，北部多山脉。北部山地高原与南部阿拉伯半岛之间为幼发拉底河和底格里斯河所冲积而成的美索不达米亚平原。南部沙漠面积广大。本区地中海、黑海沿岸地区和西部山地属地中海式气候，东部和内陆高原属亚热带草原、沙漠气候，阿拉伯半岛的大部分地区属热带沙漠气候。

西亚指东起阿富汗、西至土耳其的亚洲西南部。国际上所说的“中东”一词，其范围大体与西亚相当，“中东”不包括阿富汗，而把非洲的埃及包括在内。西亚还是第二次世界大战后世界上人口增长最迅速的地区，人口分布极不平衡，尤其是海湾国家。西亚民族构成比较复杂，阿拉伯人占 50%以上，是世界上阿拉伯人聚居地区，集中分布在南部和中部，称阿拉伯国家，北部为非阿拉伯国家。西亚是伊斯兰教、基督教、犹太教等宗教的发源地，居民 98%信奉伊斯兰教，宗教在其社会生活中有着巨大而深刻的影响。

由于西亚地区干燥少雨，发展农业比较困难，但各国增加农业投资，扩大农、牧业生产，土地利用率不断提高，长期以来的粮食和副食品不能自给的状况得到改善。例如，沙特阿拉伯农业发展迅速，粮食、蛋、奶等基本自给。由于食品生产的发展，大大降低了用于进口食品的外汇支出。此外，一些土特产如伊朗传统的生丝、伊拉克的椰枣的出口量均在世界占重要地位。此外，西亚是胡萝卜、甜瓜、洋葱、菠菜、苜蓿、椰枣等栽培植物的原产地。

西亚有广阔的热带、亚热带草原，发展畜牧业条件较好，主要畜种有阿拉伯骆驼、阿拉伯马、安哥拉山羊、安哥拉兔等著名畜种，畜产品是重要的出口商品，羊皮、驼绒闻名世界。但由于长期粗放经营，草原遭破坏，给西亚畜牧业带来极为不利的影响。

西亚是世界石油蕴藏最丰富的地区，对世界经济的发展起着重要的作用。石油集中分布在波斯湾沿岸及周围 100 万平方千米的范围内。海湾地区在世界能源领域的中心地位可以从以下几个数字得到证明：拥有世界石油探明储量的 65.7%；年产量约占世界的 34%，销售量约占世界的 65%；石油剩余探明储量约占世界的 65.2%；探明石油储量最多的 5 个国家全部集中在海湾地区，它们是沙特阿拉伯、科威特、伊拉克、阿联酋和伊朗，其中，沙特阿拉伯一国已探明的石油储量就达 383 亿吨，占世界总储量的 1/4，比所有发达国家的总和还要多 1.4 倍，号称“石油王国”。海湾国家不仅石油储量极为丰富，开发条件也十分优越。

海湾地区虽石油储量极大，但油田总数并不多，总计不到 160 个（其中海上油田 50 个），而油田的平均储量高达 5.5 亿吨，比世界其他产油国油田平均储量高几十倍。海湾地区储量超过 6.8 亿吨（约 50 亿桶）的特大型油田共 27 个，沙特阿拉伯的加瓦尔油田和科威特的布尔甘油田储量均在 90 亿吨左右。波斯湾地区由深厚的沉积层和一系列巨大的背斜或穹窿构造，并具有分布集中、构造简单的特点。油气埋藏浅，渗透性强，油井自喷率高达 33%（其中科威特、沙特阿拉伯和卡塔尔均为 100%）。此外，波斯湾地区的气候条件十分有利于石油开发，这里几乎终年晴朗，陆地平坦干燥，海域水浅，且少风暴，虽然有的地方缺乏淡水，但总的自然条件远优于世界上其他一些大产油区。波斯湾地区的石油以经济价值较高的中、轻质油为主，含蜡少，凝固点低，便于运输。

波斯湾石油沉积盆地根据不同的地质特点可分为北、中、南三大产油区。北区包括伊拉克北部和伊朗陆上各油田；中部主要指伊拉克南部、科威特、中立地区（沙特阿拉伯和伊朗之间）及沙特阿拉伯西北部各油田；南部主要包括沙特阿拉伯东南部、巴林、卡塔尔、阿联酋、阿曼等各油田。其中，沙特阿拉伯的加瓦尔油田为世界最大的油田，探明储量达 90 亿吨左右，其年产量最高达 2.8 亿吨，独占全区产量的 30%。其他十几个年产石油在 3 000 万～7 000 万吨的大油田合计占全区产量的 40%，它们是沙特阿拉伯的萨法尼亚（海底）、伯里（海底）、阿卜凯克，科威特的布尔甘，伊拉克的基尔库克、鲁迈拉，伊朗的马龙、阿瓦士、加奇萨兰、阿加贾里。在波斯湾中部还分布着一些大型海底油田。

西亚地区采油业虽规模大、产量高，但本地仅消费其中的 6%，其余均出口，在世界石油市场上占有非常重要的地位，对许多国家和地区的能源供应起着决定性的作用。至今，日本、西欧和大洋洲每年进口石油的 70%来自西亚，美国的 30%来自西亚，南亚则有 90%来自西亚。西亚石油出口向以海运为主，少量通过管道运输。海运由波斯湾各输油港为起点，经霍尔木兹海峡运出。霍尔木兹海峡是连接波斯湾和阿曼湾的水道，是波斯湾通往印度洋的唯一出海口，流经该海峡的石油运量每天平均达 270 余万吨，这条石油大动脉十分繁忙，是一个关系许多石油进口国家安危的战略要地，因而是一条世界闻名的“石油海峡”。

为了减轻霍尔木兹海峡的负担，减少石油运输对海峡的依赖，海湾国家还兴建了几条大型输油管道。为了缩短至欧洲的航程，伊拉克和沙特阿拉伯还曾铺设了几条通达叙利亚和黎巴嫩的地中海港口的输油管，至 20 世纪 80 年代初已基本全部关闭。

西亚在第二次世界大战以前，经济发展缓慢，大多数国家均以农牧业为基本经济部门。自 20 世纪 50 年代以来，波斯湾地区石油产量激增，巨额的石油收入促进了整个地区经济贸易的发展，尤其是一些石油输出国，经济增长迅速，人均收入迅速进入世界前列。而一些非石油输出国发展则相对缓慢。西亚各国的经济特征可分为两种类型，即石油输出国与非石油输出国。

石油输出国指沙特阿拉伯、伊朗、伊拉克、科威特、阿联酋、阿曼、巴林（现已不出口石油）、卡塔尔 8 个国家。这些国家由于气候炎热干燥、沙多水少、地广人稀，加之社会和政治等原因，在石油开发以前，经济不发达，科学文化落后，人民生活贫困，多以捕鱼、畜牧、灌溉农业为主，部分以航海经商为生。石油生产在海湾国家兴起后，丰富的石油资源成为它们经济起飞的物质基础，很快由落后的贫穷国家一跃成为亚洲最富有的国家。海湾 8 国的经济增长速度之快在世界各大地理区域首屈一指，在整个人类经济史上也是罕见的。

从国民经济结构看，海湾 8 国均以石油业为其基本经济部门，石油业分别占 8 国国民生产总值的 36%（伊朗）～70%（科威特），占商品出口额的比值普遍达 95%以上。而建筑业、运输业、制造业和商业等其他经济部门在很大程度上也以石油为其赖以生存的基础，国民经济结构之单一程度在当今世界上也是少见的。由于经济结构过于单一，其经济基础的脆弱是不言而喻的。

海湾 8 国逐步认识到过分依赖石油对国家经济发展不利，因此，它们开始利用巨额的石油收入发展其他经济领域。例如，炼油工业和石油化学工业迅速发展，各国先后建起了大型炼油厂和石油化工厂。伊朗的阿巴丹、哈尔克岛、设拉子，沙特阿拉伯的腊斯塔努拉、利琉得、伯里、朱拜勒、延布，科威特的米纳艾哈麦迪、劳扎塔因舒艾巴，伊拉克的巴格达，卡塔尔的多哈，巴林的麦纳麦等建起了不同规模的炼油厂和石化工业基地。各国将20%～25%的石油加工后出口，逐步变单纯原油出口为原油及石油制品混合出口。这标志着石油输出国的工业化开始深化，同时对世界性的石油化学工业逐步向原料地转移，也将产生巨大的影响。

石油输出国很清楚，一旦石油资源枯竭，“石油繁荣”就会消失。因此，它们利用巨额的石油收入大力发展民族经济，开展基础设施建设，积极发展现代化工业，每年的招标工程达数百亿美元，招来外籍劳工达300万～500万人，建成了大批港口、公路、机场、住房、学校、清真寺等基础设施。在工业方面，除发展炼油和石化工业外，这些国家还大力发展为石油生产和建筑业服务的工业，如钢铁、造船、有色金属冶炼、建材、机械、水泥等的生产都达到一定的规模。另外，独具特色的海水淡化工程随着工业和生活用淡水的增加而大量兴建，如科威特所用淡水的96%来自海水淡化。在以前还属空白的纺织工业也在发展中。

大量的石油外汇收入还促进了本地区银行业的兴起。例如，科威特把石油收入的一半存入本地区银行，以改变以前大量存入外国银行的被动局面；巴林利用有利的地理位置，招徕外资，办起了近百家银行，成为亚洲的一个金融中心，它可以为海湾地区和世界其他国家提供贷款。海湾国家银行业的兴起，使它们在国际经济及政治生活中的地位和作用更加重要。

石油输出国的经济以石油为基础，因此，总体来说这种经济是脆弱的、不稳定的。此外，战争亦对石油输出国产生巨大影响。

除海湾8国外，西亚的其余国家石油的储藏、产量均不多，除个别国家有少量石油出口外，其他国家均不能自给，需进口石油，这些国家称为非石油输出国。这些国家的经贸特点和海湾石油输出国明显不同。在非石油输出国中，以色列工业化程度高，经济发达；黎巴嫩则以商贸、金融和旅游服务业为主要经济部门；其他国家则均以农牧业为主，农牧业在国民生产总值中占20%～50%，农业劳动力占国内从事经济活动劳动力的50%～75%，农牧产品占出口贸易额的50%～80%。西亚气候干燥少雨，对农牧业生产十分不利，灌溉对西亚有着特殊的重要意义，所以，西亚各国自古以来对水源非常重视，水浇地占全部耕地面积的1/3，这对西亚农业生产发展起到一定的促进作用。农作物以旱地作物为主，粮食作物主要有小麦、玉米，除土耳其、叙利亚等少数几个地中海沿岸国家外，其他国家粮食均不能自给。经济作物主要有棉花、桑蚕、咖啡、烟草及各种水果等。

这些国家无坚实的工农业生产作为外贸的基础，仅靠出口一些初级产品、工艺品、轻工业品等换取价格昂贵的机械设备、石油等，必然造成外贸逆差。20世纪70年代后期，整个非石油输出国年进口额都比出口额大100多倍。例如，土耳其是这个地区最大的农业国，多年来外贸逆差累计已达几百亿美元。各国利用劳务输出、开办旅游业、借外债等办法解决外汇储备不足等问题。

非石油输出国由于毗邻最大的石油产区，在经济上同石油输出国的关系十分密切，它们向邻近的石油输出国出口大量的蔬菜和干鲜果品，而从石油输出国那里进口原油，兴建石油化工业。例如，也门的亚丁炼油厂提供了全国工业总产值的80%以上；叙利亚原油加工占西亚全区原油加工总量的1/3。石油输出国缺乏劳动力，非石油输出国就向它们输出劳务，赚取外汇来补外贸逆差。另外，这些国家还通过收取石油管道过境费和港口码头服务费、为石油输出国提供金融和后勤服务等办法促进本国经济的发展，如黎巴嫩的贝鲁特是中东地区最大的金融中心之一。石油输出国也通过各种形式给其他伊斯兰国家一些财政方面的援助，这对双方经济的发展都起着积极的作用。

西亚地处亚洲、欧洲、非洲三大洲的连接地带，介于地中海、红海、阿拉伯海、黑海、里海（最大的内陆湖泊）之间，自古以来就是国际交通要冲，著名的“丝绸之路”横贯西亚，把中国和欧洲联系了起来。1869 年，苏伊士运河的开凿，沟通了地中海和红海，大大缩短了印度洋和大西洋的航程；土耳其海峡是黑海出入地中海的唯一出口和门户；霍尔木兹海峡和曼德海峡是国际石油重要的海上运输线的必经之地，具有重要的战略意义。

吉达（Jeddah）位于沙特阿拉伯红海沿岸中部，东距麦加 70 千米，是沙特阿拉伯第一大港和主要经济中心，年吞吐量在 1 000 万吨以上。

腊斯塔努拉（Ras Tanurah）位于沙特阿拉伯东部波斯湾沿岸，邻近巴林岛西北端，是沙特阿拉伯最大的原油输出港，共有泊位 174 个。

延布（Yenbo）位于沙特阿拉伯红海沿岸、吉达以北约 300 千米处，是原油输出港，也是沙特阿拉伯最大的原油管道的出口，年输油能力在 9 000 万吨以上。

达曼（Damman）位于沙特阿拉伯东部波斯湾沿岸、腊斯塔努拉港以南，是沙特阿拉伯波斯湾沿岸最大的商港。

巴士拉（Basrah）位于阿拉伯河南西岸，距河口 120 千米，是伊拉克最大的石油、椰枣输出港。

艾哈麦迪港（Mianalahmadi）位于科威特城以南 36 千米的波斯湾沿岸，是科威特最大的原油输出港，年吞吐量在 1 亿吨以上。

多哈（Doha）位于卡塔尔半岛东岸，是卡塔尔的首都和最大的商港。

迪拜港（Dubai）位于波斯湾沿岸迪拜城西南约 35 千米处，1991 年由拉希德港和贝勒阿里港合并而成，是海湾地区的天然深水良港，也是整个中东地区最大的港湾和中转港。

苏来曼（Miansulman）港位于巴林的木哈腊克岛上，是巴林最大的商港。

亚丁（Aden）港位于亚丁湾西北岸，是也门最大的港口。

伊朗

对于西亚地区，本部分重点介绍伊朗（全称为伊朗伊斯兰共和国）。

伊朗的国土面积约为 164.8 万平方千米，人口约为 8 202.1 万（2017 年）。

伊朗国有经济占有很大比重。据估计，计划经济比重占全国一半之多，伊朗经济以购买力平价计算，位列全球第 18 位，属过渡性经济（transition economy）。其出口主要是石油和天然气，占八成，收益占政府收入的六成（2010 年）。伊朗的经济特点是拥有庞大的宗教基金，占中央政府三成库房。尽管面对 2008 年环球金融危机和核计划引起的国际制裁，伊朗仍能保持经济增长，为一异数。物价控制和资助，对食品业和能源业尤甚，导致经济扭曲，不断拖累经济。而走私、行政管制、贪污成风等僵化问题，削弱了私有化的发展。前总统艾哈迈迪内贾德提出以目标性的社会援助取代现有的能源保助，然而，早前的经济改革，如 2007 年 7 月的燃料配给和 2008 年 10 月引入的增值税，均面对强大阻力和暴力示威。在全球竞争力报告中，伊朗在 139 个地区中排第 69 位。近年油价高企，使伊朗积累达 1 000 亿美元的外汇储备。收益增加虽有助自给自足和本地投资，但仍难阻挡达双位数字的失业率和通货膨胀问题。据伊朗中央银行称，2010 年 2 月的年通货膨胀率已减至 11.5%，经济只有轻微增长。伊朗的教育人口、经济放缓和外资不足等问题，迫使伊朗人到海外寻找工作，人数不断增加，导致严重的人才外流。伊朗的地理条件和人口数若能摆脱西方国家的围堵，则是有客观条件加入 20 国集团的，也有潜质成为未来 11 国。

交通运输方面，伊朗在大部分城镇及主要城市已有铺设完善的道路。2007 年，伊朗拥有 178 152 千米的道路，其中 66%已铺设好。铁路的总长度达 11 106 千米。伊朗的重要港口是位于霍尔木兹海峡的阿巴斯港。抵达伊朗后，进口货品会经火车及货车前往德黑兰。来往德黑兰及阿巴斯的铁路在 1995 年通车。其他主要港口包括位于里海的班达尔安扎里港、托尔卡曼港，以及位于波斯湾的霍拉姆沙赫尔及霍梅尼港。在德黑兰等大城市已经设置了地铁集体运输。超过 100 万人从事运输业，占国民生产总值的 9%。

伊朗的主要港口有以下几个：

阿巴丹（Abadan）港位于阿拉伯河东岸，距巴士拉约 50 千米处，为伊朗最大的港口，也是世界最大的炼油中心之一，主要输出成品油。

霍拉姆沙赫尔（Khorramshahr）港位于阿拉伯河与卡伦河交汇处以北，距入海口 104 千米，是伊朗最大的干货贸易港。

霍梅尼港（Bandarkhomeini）位于波斯湾西北的木萨湾内，为伊朗新建的重要干货贸易港。

伊朗在对外经济贸易方面，由于工业不发达、农业落后，每年需要以大量外汇进口生产资料、零部件和生活必需品等。对外经济贸易占伊朗 GDP 的 60%左右，对国民经济起着举足轻重的作用。

五、中亚地区

中亚指中亚细亚地区，东与中国新疆相邻，南与伊朗、阿富汗接壤，北与俄罗斯联邦相接，西边与俄罗斯、阿塞拜疆隔里海相望。中亚总面积近 400 万平方千米，总人口约为 2.1 亿（2018 年 7 月）。中亚的主要民族是哈萨克、乌兹别克、吉尔吉斯、土库曼、塔吉克、卡拉卡尔帕克等世居民族。中亚五国是以伊斯兰教为主的多宗教地区。中亚各国主体民族哈萨克、乌兹别克、吉尔吉斯、土库曼、塔吉克族都是信仰伊斯兰教的民族。此外，这里居住的卡拉卡尔帕克人、维吾尔人、东干人、鞑靼人大多信奉伊斯兰教。中亚地区的伊斯兰教信徒绝大多数是逊尼派，只有塔吉克族少部分伊斯兰教信徒属什叶派。此外，在中亚的俄罗斯人、斯拉夫语族居民中有相当数量的东正教教徒，还有部分群众信仰天主教、新教和犹太教，这些教徒的数量不多。中亚各民族都有自己的语言。

中亚在地形和地貌方面总体上呈现东南高、西北低。在塔吉克斯坦帕米尔地区和吉尔吉斯斯坦西部天山地区山势陡峭，海拔在4 000～5 000米，其中海拔7 495米的共产主义峰和7 134米的列宁峰是世界上较著名的山峰。在哈萨克斯坦西部里海附近，卡拉吉耶洼地发现有陆上低于海平面 132 米的最低点。在这东西之间广阔地区，荒漠、绿洲在海拔200～400米，丘陵、草原在海拔300～500米，而东部山区在海拔1 000米左右。中亚地区绵亘着温带最壮观的山地，冰川超过 4 000 条，总面积达 11 000 平方千米，其中最大的费德钦科冰川长71千米，它包括33条支流、面积达900平方千米，而山脚下却是一片一望无际的干旱炎热的荒漠，荒漠的水平线在弥漫如烟的粉尘黄土中渐趋消失。崇山环抱的山谷盆地和撒在广袤荒漠中的绿洲是中亚最富有生命力的地方，它滋养着这一方农人，而辽阔的北部草原和山坡草地驰骋着一个个马背上的民族。

中亚的塔吉克斯坦境内的帕米尔号称“世界屋脊”，无疑是中亚的制高点。它的东部占优势的是剥蚀高原和垅岗地形，这里的山脉相对高度不大，缓缓地向绝对高度3 500～4 000米的山间谷地倾斜。它的西部占优势的是切割剧烈的高山地形、狭窄而幽深的峡谷。帕米尔高原北缘是两座平行的高山——阿赖山脉和外阿赖山脉，由西向东倾斜。阿赖山在5 301米的伊格拉峰附近分成平行的3支山脉——突厥斯坦山、泽拉夫尚山和吉萨尔山，继续向西倾斜而最终消失在撒马尔罕绿洲附近的荒漠。由阿赖山向东北方向延伸是巍峨的天山山脉，西部天山的主峰为海拔6 995米的汗腾格里峰。由汗腾格里峰往西有两支平行的天山支脉——昆格阿拉套—吉尔吉斯山和捷尔斯克依阿拉套山，环抱着高山湖泊——伊塞克湖。在天山隘口的吐尔尕特附近，有一支脉费尔干纳山，往西北延伸再转西南恰特卡尔—库拉明山，圈出中亚著名的盆地——费尔干纳。费尔干纳盆地东西长 300 千米，南北最宽 150 千米，缓缓地由西向东倾斜。哈萨克斯坦东部边缘地区有几组平行山脉：阿尔泰山、塔尔巴哈台山、阿拉套山。在哈萨克斯坦与俄罗斯联邦交界线上的别卢哈峰海拔达4 506米。在中亚的西南，土库曼斯坦的科佩特山是由帕米尔向东南延伸出的兴都库什山的余脉，其高峰卡拉古拉峰仅有1 977米。

中亚所有的河流都没有通向大洋的出口，河水除了被引走用于灌溉外，或者消失于荒漠，或者注入内陆湖泊。锡尔河是流经中亚的最长的河流，全长3 019千米（含上游纳伦河），发源于天山山区西部，它所灌溉的费尔干纳和塔什干绿洲是中亚最重要的经济区。阿姆河全长 2 394 千米（含上游喷赤河），是中亚水量最充沛的大河，发源于帕米尔山区，落差大，拥有丰富的水电资源。锡尔河、阿姆河这两条大河最终注入中亚最大的湖泊——咸海。阿姆河与锡尔河之间的泽拉夫尚河是条重要的河流，它发源于阿赖山，哺育着中亚腹地美丽的绿洲——撒马尔罕绿洲和布哈拉绿洲，没于克孜尔库姆沙漠。阿姆河左方有两条河——卡拉捷詹河和穆尔加布河，它们发源于伊朗、阿富汗高原，滋润着土库曼斯坦的阿什哈巴德绿洲和马雷绿洲。锡尔河的右方有发源于吉尔吉斯斯坦天山山区的两条河——塔拉斯河和楚河。楚河灌溉着比什凯克附近的沃土，它与中亚最美丽的高山湖泊——伊塞克湖西岸仅 3 千米处擦肩而过。伊塞克湖为高山深水湖，已知最大深度为702米，在欧亚大陆的所有湖泊中仅次于贝加尔湖。伊塞克湖以其巨大的容水量影响着湖区的气候，它虽然高踞海拔 1 600 米，但即使在隆冬也不结冻，因此又以“热海”闻名于世。在哈萨克斯坦东西两端有两条重要的河流——伊犁河和乌拉尔河。伊犁河发源于中国新疆天山深处，全长 1 439 千米，在哈萨克斯坦境内 802 千米，注入巴尔喀什湖。巴尔喀什湖面积为 1.7 万～2.2 万平方千米，它的奇特景观是西半部咸水，东半部淡水，其间仅有极窄的水道相通连。乌拉尔河发源于南乌拉尔山，在哈萨克斯坦境内长 1 084 千米，注入里海。里海面积为 37.1 万平方千米，低于海平面 28.5 米。在北哈萨克斯坦有条大河额尔齐斯河，发源于中国阿勒泰山区，携带其支流伊希姆河、托博尔河汇入鄂毕河而最终注入北冰洋。额尔齐斯河长 4 248 千米，在哈萨克斯坦境内的长达 1 400 千米，它河道平稳、水量充足，在航运、灌溉、城市供水方面有着重要的经济意义。

中亚荒漠和草原占据从里海到天山山地之间的巨大面积。阿姆河和卡拉捷詹河之间的卡拉库姆沙漠（面积为 35 万平方千米）和阿姆河与锡尔河之间的克孜尔库姆沙漠（面积为 30 万平方千米）是中亚最大的沙漠，地势平坦，海拔均在 300 米以下，大部分为沙垅、龟裂地，间有闭塞的洼地和孤山，极度干旱、贫瘠、缺少植被。在哈萨克斯坦，草原覆盖在长 1 200 千米的哈萨克丘陵和长达 630 千米的图尔盖谷地，海拔在 300 米左右。哈萨克斯坦由于受到北冰洋湿气的影响，比起中亚腹地的荒漠要湿润一些。在北部台地、丘陵与南部沙漠之间的是别克帕克达拉草原，其地貌处于草原、半荒漠、荒漠的过渡地带。

中亚由于处于欧亚大陆腹地，尤其是东南的高山阻隔印度洋、太平洋的暖湿气流，该地区气候为典型的大陆性气候，其突出特征：第一，雨水稀少，极其干燥。一般年降水量在 300 毫米以下，咸海附近和土库曼斯坦的荒漠年降水量仅为 75～100 毫米，而山区年降水量为 1 000 毫米，费尔干纳山西南坡甚至可达 2 000 毫米，但山地中也有的雨量少于沙漠地区，如帕米尔的年降水量仅 60 毫米。第二，日光充足，蒸发量大。中亚每平方厘米地面由于阳光辐射每年可获 10～13 平方万卡热量，在土库曼斯坦则达到 16 万卡。科学测试，在中亚北纬 40° 地方，夏季所获阳光照射量并不逊于热带地区。空气极其干燥和高温引起大量的蒸发，阿姆河三角洲水面的年蒸发量达 1 798 毫米，即比这里的降水量大 21 倍。第三，温度变化剧烈。许多地方白天最高气温与夜晚最低气温之间可相差 20～30℃，在帕米尔高原则有日温差 40℃的记录。从哈萨克斯坦最北端到土库曼斯坦最南端，纵跨北纬 35°～57°，表现为寒温带经温带向亚热带的过渡。在盛夏 7 月，除山区外平均气温一般在 26～32℃；而在隆冬 1 月，平均气温由北端的−20℃向南端的 2℃过渡。

中亚各种矿藏丰富，特别是哈萨克斯坦品种比较齐全，拥有煤矿、铁矿、锰矿、铜矿、钾盐等矿藏，其中铬铁矿探明储量有 2 亿吨，仅次于南非、津巴布韦，居世界第 3 位。吉尔吉斯斯坦的有色金属、黑色金属特别是稀有金属汞、锑的储量可观。乌兹别克斯坦的矿产资源主要是铜矿、铅锌矿、钼矿、钨矿。此外，费尔干纳的石油及布哈拉和希瓦的天然气有比较丰富的储藏。石油、天然气的最丰富的储藏在土库曼斯坦和哈萨克斯坦。塔吉克斯坦和吉尔吉斯斯坦的水电资源丰富，塔吉克斯坦的水电资源达 6 400 万千瓦。

六、北亚地区

北亚地区主要指俄罗斯亚洲部分的西伯利亚地区。西伯利亚是俄罗斯境内北亚地区的一片广阔地带。西起乌拉尔山脉，东迄太平洋，北临北冰洋，西南抵哈萨克斯坦中北部山地，南与中国、蒙古国和朝鲜等国为邻，面积为 1 276 万平方千米，除西南端外，全在俄罗斯境内。也有人将北冰洋同太平洋水系分水岭作为其东界（以东称远东区）。东西长 7 000 多千米，南北宽达 3 500 千米，面积约为 1 000 万平方千米。依照自然条件，本区可分为 3 个主要的地区：西部为西西伯利亚平原，介于乌拉尔山脉和叶尼塞河之间，地势低平，沼泽宽广，平均海拔达 120 米，主要河流有鄂毕河和叶尼塞河；中部为中西伯利亚高原，西起叶尼塞河西北角的普托拉纳山，东达勒拿河流域，平均海拔达 300～500 米，高原面破碎；南部和东北部山地，包括切尔斯基山脉、上扬斯克山脉、贝加尔诸山、东西萨彦岭、阿尔泰山（西北段）等。

西伯利亚地处中高纬度，气候寒冷，北半球的两大“寒极”（上扬斯克和奥伊米亚康）均位于此。大陆性气候显著，自西向东逐渐增强，冬季寒冷漫长，夏季温和短暂，年均气温低于 0℃。东北部雅库特地区的绝对低温是−70℃。降水时空差异明显，北冰洋沿岸的年降水量达 100～250 毫米，针叶林地带的年降水量达 500～600 毫米，阿尔泰山地的年降水量达 1 000～2 000 毫米。75%～80%的降水主要集中在夏季。植被有苔原、森林沼泽、泰加针叶林、森林草原和无树草原等。自北向南有苔原、森林苔原、森林、森林草原和草原带。河流多流入北冰洋，大河有鄂毕河、叶尼塞河及勒拿河等。贝加尔湖是世界蓄水量最大和最深的淡水湖。永冻土和冻土广布。针叶林占全区山地面积的 60%～70%，多皮毛兽。西伯利亚自然资源丰富，矿藏有石油、天然气、煤、金、金刚石等，各类资源分布比较集中，而且大型矿床较多。水力资源蕴藏量占全俄罗斯一半以上。在广阔的原始森林里隐藏着神秘的普托兰纳高原——中西伯利亚高原最高的一部分，深达 1 000 米的谷地截断高原形成了湖泊。站在最高点——卡缅山上，方圆几百平方千米尽收眼底。水流沿着陡峭的谷壁倾泻而下，形成了串串瀑布。

西伯利亚地区的能源资源尤为丰富。在俄罗斯的石油潜在资源中，约有一半集中在西伯利亚，而秋明油田的远景储量可达 400 亿吨，能开采的就有 60 亿吨。天然气储量为 47.65 万亿立方米，居世界首位，而以秋明地区为主的西西伯利亚油气田，已发现的油田和气田就达 200 多个，是世界上仅次于波斯湾的第二大油气田。煤炭是俄罗斯主要燃料动力之一，共 93%的煤炭资源在乌拉尔以东的西伯利亚地区。

西伯利亚地区的金属矿和非金属矿十分丰富，这里拥有世界上已经发现的绝大多数矿物资源。铜、铝、锡、镍、铅、锌、镁、钛等有色金属矿，金、银等贵金属矿，钨、钼、钾等稀有金属矿，云母、石棉、萤石、石墨、滑石等非金属矿，以及盐、磷灰石、磷钙石等天然化学原料矿产资源的储量都十分可观。其中，铁、铜、铝、锡的储量尤为丰富。

西伯利亚地域广阔，人口稀少，加之气候严寒，对发展交通运输极为不利。针对这一实际，根据这一地区的发展需要，建成了以河运、铁路、公路、航空相结合的综合运输网络。铁路是西伯利亚地区主要的交通运输方式，铁路运输占西伯利亚货运总量的 80%以上。西伯利亚大铁路、贝加尔湖—阿穆尔河铁路横贯东西是西伯利亚的运输大动脉，著名的西伯利亚大铁路全长 7 416 千米，是世界上最长的一条电气化铁路。西伯利亚铁路全线铺设了复线，部分区段还实现了三线化。但各区段运输能力不平衡，西线年货运量可达 1 亿吨以上，东线则只有 2 500 万～4 000 万吨。贝加尔湖—阿穆尔河铁路全长 4 275 千米，年货运能力可达 7 000 万～7 500 万吨，是连接西伯利亚与远东地区的铁路干线。西伯利亚地区公路多集中于南部地区，特别是沿西伯利亚大铁路及贝阿铁路的大、中城市周围，与两条铁路干线相联络，构成小区域运输网络。在南部铁路干线、大中城市周围是路面质量好、设备完善、四季均可通车的公路。西伯利亚地区河流众多、水量充沛，鄂毕河、叶尼塞河、勒拿河等水系的运输河道近 10 万千米。许多河流还同铁路、公路相连，构成水陆联运网。鄂毕河是西西伯利亚地区最大的河运干线，通航距离可达 3 650 千米。鄂毕河及其主要支流额尔齐斯河连接着新西伯利亚、巴尔瑙尔、苏尔古特、乌瓦尔托夫斯克、莫戈钦、克拉斯内亚尔、鄂木斯克，以及秋明、库尔干等经济中心城市和工业基地，并与西伯利亚大铁路、土西铁路、南西伯利亚铁路、中西伯利亚铁路等相联结，运输地位极其重要。叶尼塞河长 3 487 千米，是东西伯利亚地区的主要河运干线，连接着克拉斯诺亚尔斯克工业枢纽、列索西比尔斯克森林工业综合体、伊尔库茨克工业枢纽、诺里尔斯克矿山冶金联合企业等工业基地。勒拿河是东北水运区的河运干线，通航距离为 4 125 千米，主要运输建筑材料、石油、煤炭、木材等。由于西伯利亚地区地形复杂、气候条件恶劣，地面运输受到制约，加之运输周期长、速度慢、易造成货损，空运成为西伯利亚地区的重要运输方式。西伯利亚的大、中型经济中心和重要的工矿区均通飞机，伊尔库茨克建有国际机场。

西伯利亚地域辽阔、资源丰富、地理位置比较优越，正在进入加速开发的阶段，为此，俄罗斯发展了这一地区的对外经济联系。西伯利亚出口商品的结构主要是由它的工业生产的专业化决定的。西伯利亚的黑色和有色金属产品在出口商品中的比重最大，约占 38.6%。同其他地区相比，西伯利亚木材出口基地显然占有优势。木材在西伯利亚出口商品中的比重仅次于黑色和有色金属产品，约为 24%。出口商品主要是锯材、原木、胶合板、刨花板、建筑用材。出口的制浆造纸工业产品有新闻纸、波纹纸、照相纸。木材和制浆造纸工业产品的出口额约为生产总额的 6.6%。

当前和今后，俄罗斯政府把开发、建设西伯利亚提到了重要的议事日程，西伯利亚地区正处于大规模开发、建设时期。西伯利亚地区缺乏建设资金、劳动力及必要的技术和设备，因而急切地期待着国内外投资者的加入。同时，西伯利亚地区极为丰富的自然资源也吸引着国内外投资者前来投资、进行经贸合作，求得双方的共同发展。

小　结

亚洲作为世界第一大洲，有悠久灿烂的文明、发达的农业和手工业，有许多科技发明创造，对世界经济的发展作出了贡献。亚洲由于长期受到外国殖民者的掠夺和剥削，虽然拥有良好的自然条件和丰富的资源，但是经济发展仍然比较落后，呈现两极分化和极不平衡的状态。自亚洲人民摆脱了殖民统治后，各国正在改变单一的经济模式，努力发展多元化经济模式，向创新型经济方向迈进。进入21世纪，各国经济都有不同程度的增长，对世界经济的全面增长起到很大的作用，亚洲未来的经济发展具有很大潜力。其中，亚洲的交通物流业发展迅猛，海运业在交通物流业中占有极为重要的地位；亚洲拥有众多的优良港口和重要航道，每年向世界各国运送大量货物，世界各国和亚洲的贸易主要通过海运完成。

思考题

1. 亚洲哪些地方是热带季风气候？哪些地方是热带雨林气候？对海运业有何影响？
2. 亚洲经济发展的特点是什么？
3. 列举亚洲各主要港口的进出口货物。
4. 比较亚洲各国航运业和港口建设的发展情况。
5. 日本、新加坡和中国的经济发展主要有哪些特点？

第十章

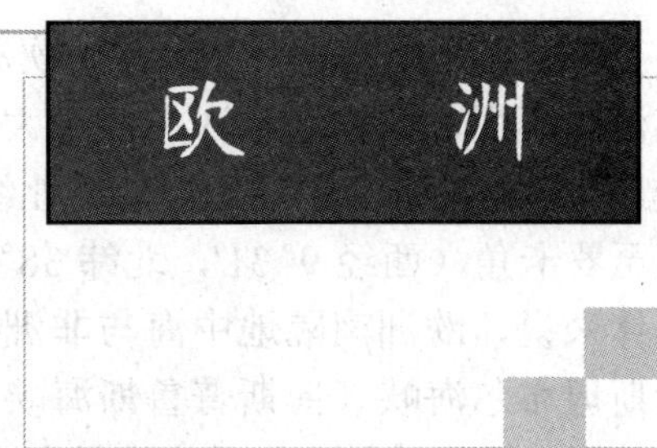

欧洲

知识点

欧洲的地理位置、人口构成、主要国家、重要资源、经济发展和主要航道及港口情况。

技能点

通过对欧洲的地理特征、人文环境和经济环境的学习，了解欧洲经济的发展状况和发展潜力；熟悉欧洲主要航道和港口的发展状况。

案例导入

在欧洲悠久的文明史中，充满了大量的富有传奇色彩的故事。其中，欧洲的全称是欧罗巴洲，英文为Europe。关于欧洲这个名称的由来，有一些传说。在希腊神话中，德米特是专管农事的女神，她保佑人间五谷丰登、人畜两旺，在有关这位女神的画像中，人们总是把她画成坐在公牛背上。古代，公牛是人类不可缺少的耕畜，女神既然主管农事，自然就要坐在公牛背上。这位女神的另一个名字叫欧罗巴，人们出于对女神的敬意，就把欧罗巴作为大洲的名字。此外，还流传着一个传说："万神之王"宙斯看中了腓尼基国王的漂亮女儿欧罗巴，想娶她作为妻子，但又怕她不同意。一天，欧罗巴在一群姑娘的陪伴下在大海边游玩，宙斯见到后，连忙变成一匹雄健、温顺的公牛来到欧罗巴面前，欧罗巴看到这匹可爱的公牛伏在自己身边，便跨上牛背。宙斯一看欧罗巴中计，马上起立前行，躲开了人群，然后腾空而起，接着又跳入海中破浪前进，带欧罗巴来到远方的一块陆地共同生活。这块陆地后来也就以这位美丽公主的名字命名，叫作欧罗巴。

第一节　欧洲概况

在古代地中海人的语言中，欧洲意为“西方日落之地”。欧洲位于东半球的西北部、亚洲的西面，北临北冰洋，西濒大西洋，南滨大西洋的属海地中海和黑海。大陆东至极地乌拉尔山脉（东经 66° 10′，北纬 67° 46′），南至马罗基角（西经 5° 36′，北纬 36°），西至罗卡角（西经 9° 31′，北纬 38° 47′），北至诺尔辰角（东经 27° 42′，北纬 71° 08′）。具体来说，欧洲南隔地中海与非洲相望，东以乌拉尔山脉—乌拉尔河—高加索山脉—伊斯坦布尔海峡（博斯普鲁斯海峡）—恰纳卡莱海峡（达达尼尔海峡）与亚洲大陆相连，西北隔格陵兰海、丹麦海峡与北美洲相望。欧洲面积约为 1 016 万平方千米（包括岛屿），约占世界陆地总面积的 6.8%，是世界第六大洲。

欧洲现有 48 个国家，在地理上习惯分为南欧、西欧、中欧、北欧和东欧 5 个地区。南欧指阿尔卑斯山脉以南的巴尔干半岛、亚平宁半岛、伊比利亚半岛和附近岛屿，包括塞尔维亚、黑山、克罗地亚、斯洛文尼亚、波斯尼亚和黑塞哥维那（简称波黑）、马其顿、罗马尼亚、保加利亚、阿尔巴尼亚、希腊、意大利、梵蒂冈、圣马力诺、马耳他、西班牙、葡萄牙和安道尔。西欧指欧洲西部濒临大西洋的地区和附近岛屿，包括英国、爱尔兰、荷兰、比利时、卢森堡、法国和摩纳哥。中欧指波罗的海以南、阿尔卑斯山脉以北的欧洲中部地区，包括波兰、捷克、斯洛伐克、匈牙利、德国、奥地利、瑞士、列支敦士登。北欧指欧洲北部的日德兰半岛、斯堪的纳维亚半岛一带，包括冰岛、法罗群岛（丹）、丹麦、挪威、瑞典和芬兰。东欧指欧洲东部地区，在地理上指爱沙尼亚、拉脱维亚、立陶宛、白俄罗斯、乌克兰、摩尔多瓦和俄罗斯的欧洲部分。

一、欧洲的自然环境

欧洲大陆是亚欧大陆伸入大西洋中的一个大半岛，其面积占亚欧大陆的 1/5。其总特点是以平原为主，海拔 200 米以下的平原约占全洲面积的 60%，平原西起大西洋岸，东至乌拉尔山脉，绵延数千里，形成横贯欧洲的大平原。高山峻岭大多汇集在南部，最大的山脉是阿尔卑斯山脉，此外还有比利牛斯山脉、亚平宁山脉、狄那里克阿尔卑斯山脉、喀尔巴阡山脉、高加索山脉，斯堪的那维亚山脉位于欧洲的西北部。

欧洲的大陆海岸线长 37 900 千米，是世界上海岸线最曲折复杂的一个洲，切割尤为厉害。多半岛、岛屿、港湾和深入大陆的内海，半岛和岛屿的总面积约占全洲面积的 1/3，其中，半岛面积约为 240 万平方千米，约占全洲总面积的 24%；岛屿面积约为 75 万平方千米，约占全洲总面积的 7%。

欧洲平均海拔为 300 米，是平均海拔最低的一洲。里海北部沿岸低地在海平面以下 28 米，为全洲最低点。东部欧洲、亚洲两洲交界处有乌拉尔山脉。东南部高加索山脉的主峰厄尔布鲁士山，海拔为 5 642 米，为欧洲最高峰。欧洲北部有斯堪的纳维亚山脉，南部有阿尔卑斯山脉，是欧洲最高大的山脉，平均海拔在 3 000 米左右，主峰勃朗峰海拔为 4 807 米，山势雄伟，许多高峰终年白雪皑皑，阿尔卑斯山脉的主干向东伸展为喀尔巴阡山脉，向东南延伸为韦莱比特山、特纳拉山脉，向南延伸为亚平宁山脉，向西南延伸为比利牛斯山脉。欧洲的平原和丘陵主要分布在欧洲东部和中部，主要有东欧平原（又称俄罗斯平原）、波德平原（也叫中欧平原）和西欧平原。

在世界各洲中，欧洲的河流分布很均匀，河网稠密，水量较充足，多短小而水量充沛的河流，不少河流之间有运河相连，主要河流有伏尔加河、多瑙河、乌拉尔河、第聂伯河、顿河、莱茵河、罗讷河、泰晤士河等，大多发源于欧洲中部，分别流入大西洋、北冰洋、里海、黑海和地中海。欧洲最长的河流是伏尔加河，长 3 690 千米。欧洲的许多运河及河流地处国际航运的要冲位置，在欧洲各国间及其与世界各大洲之间的经济联系、贸易往来、文化交流中起着重要作用，主要通航河流有莱茵河、多瑙河等。

莱茵河发源于瑞士南部的阿尔卑斯山脉北麓，流经瑞士、列支敦士登、法国、德国、荷兰，西入北海。全长 1 320 千米，干流通航 885 千米。重要的支流有莱茵河、摩泽尔河、鲁尔河等。各支流间有运河相连，与欧洲威悉河、塞纳河、多瑙河等也有运河相通，其下游近海处坐落着世界级大港鹿特丹。由于莱茵河流经西欧经济最发达地区，河海联运，货运量大，运输繁忙，成为欧洲最大的水运大动脉，也是主要的海船通航河道。

多瑙河发源于德国南部黑森林山区，蜿蜒向东流经德国、奥地利、捷克、斯洛伐克、匈牙利、塞尔维亚、黑山、克罗地亚、保加利亚、罗马尼亚和乌克兰等国家，东入黑海，全长 2 850 千米，是世界上干流流经国家最多的河流和欧洲第二大河流。其支流众多，水量丰沛，流域面积大，与莱茵河和黑海有运河沟通，是中欧一些国家出海的重要通道。

欧洲还有一些重要的运河。位于德国北部日德兰半岛的北海—波罗的海运河（基尔运河），全长 98.7 千米，它沟通北海和波罗的海，在国际航运中具有重要意义。位于法国的南方大运河，连接塞纳河、罗纳河、卢瓦尔河。莱茵河水系的中德大运河，连接北海与鲁尔河的埃姆斯运河，东欧平原上的伏尔加—顿运河及莱茵河—多瑙河—黑海运河。

欧洲是一个多小湖群的大陆，湖泊多为冰川作用形成，如芬兰素有“千湖之国”的称号，全境大小湖泊有 6 万个以上，内陆水域面积占全国总面积的 9%以上。阿尔卑斯山麓地带分布着许多较大的冰碛湖和构造湖，山地河流多流经湖泊，湖泊地区如日内瓦湖区成为著名的游览地。

欧洲的森林面积达 874 万平方千米，约占全洲总面积的 39%（包括俄罗斯全部），约占世界森林总面积的 23%。草原面积约占世界草原总面积的 15%。

欧洲的渔业资源丰富，渔场面积约占世界沿海渔场总面积的 32%，捕鱼量约占世界捕鱼量的 30%。西部沿海为世界著名渔场，主要有挪威海、北海、巴伦支海、波罗的海、比斯开湾等渔场。

欧洲的主要矿产资源有石油、天然气、煤炭、铁矿、铜矿、铬矿，铅、锌、汞、硫黄的储量也较丰富。欧洲的矿物资源以煤、石油、铁比较丰富。煤主要分布在乌克兰的顿巴斯、波兰的西里西亚、德国的鲁尔和萨尔、法国的洛林和北部、英国的英格兰中部等地，这些地方均有世界著名的大煤田。石油主要分布在喀尔巴阡山脉山麓地区、北海及其沿岸地区。其他比较重要的资源还有天然气、钾盐、铜、铬、褐煤、铅、锌、汞和硫黄等。

欧洲位于欧亚大陆的西部，西部大西洋沿岸夏季凉爽，冬季温和，多雨雾，是典型的海洋性温带阔叶林气候。东部因远离海洋，属大陆性温带阔叶林气候。东欧平原北部属温带针叶林气候。北冰洋沿岸地区冬季严寒，夏季凉爽而短促，属寒带苔原气候。南部地中海沿岸地区冬暖多雨，夏热干燥，属亚热带地中海式气候。强大的墨西哥暖流和盛行的西风给欧洲带来温和温润的天气，使欧洲绝大部分地区气候具有温和湿润的特征，除北部沿海及北冰洋中的岛屿属寒带，南欧沿海地区属亚热带，地中海沿岸属地中海式气候以外，大部分在温带，欧洲是世界上海洋性气候分布面积最广的一洲。最冷月大部分地区为0～16℃，最热月平均气温多为8～24℃。降水量及其分布情况因距大西洋的远近和盛行风向的不同而有差别。靠近大西洋的向风坡年平均降水量达 1 000 毫米以上，广大的低山、丘陵、高原和平原地区年降水量在 500～1 000 毫米，南欧三大半岛的南部属亚热带地中海式气候，夏季干燥炎热，冬季温暖湿润，冬季降水占全年降水量的30%～50%。

二、欧洲的人文环境

曲折的海岸线，多样化的自然环境，为欧洲的经济和文化发展创造了优异的条件。欧洲经济发展水平居各大洲之首，工业、交通运输、商业贸易、金融保险等在世界经济中占重要地位，在科学技术的若干领域内也处于世界较领先地位。19 世纪中叶，欧洲不少国家已进入资本主义高度发达的帝国主义阶段。帝国主义之间的矛盾和斗争一直表现得很剧烈，两次世界大战都是在欧洲发生的。欧洲是资本主义经济发展最早的一个洲，其工业生产水平和农业机械化程度均较高。生产总值在世界各洲中居首位，其中工业生产总值的比重很大。大多数国家粮食自给不足。西欧工业发展程度较高的国家主要为德国、法国、英国，其次为比利时、荷兰和瑞士等。德国、法国和英国的工业生产在世界工业生产中均居前列。文艺复兴运动是人类历史上一次伟大的文化运动，它奠定了欧洲近代资产阶级文化的共同基础，为资产阶级革命做好了思想上、舆论上的准备。

欧洲人口约为 6.07 亿（2018 年），在各洲中次于大洋洲和北美洲，居第 3 位，是人口密度最大的一个洲，欧洲的人口分布以西部最密，莱茵河中游谷地、巴黎盆地、比利时东部和泰晤士河下游每平方千米均在 200 人以上。欧洲绝大部分居民是白种人（欧罗巴人种），种族构成相对比较单一。

全洲有 70 多个民族，绝大多数民族的人口均达到一定数量，多数国家的民族构成也比较单一，民族构成较复杂的国家有俄罗斯、瑞士等。居民分属下列语系：印欧语系，属此语系的居民占全洲总人口的 95%，包括斯拉夫、日耳曼、拉丁、阿尔巴尼亚、希腊、凯尔特语族的民族；乌拉尔语系，包括芬兰、乌戈尔、萨莫耶语族的民族。主要语言有英语、俄语、法语、德语、意大利语、西班牙语、葡萄牙语等。

欧洲的宗教信仰由来已久，不同的国家和地区信奉不同的宗教，主要有天主教、基督教、新教、东正教，还有伊斯兰教、犹太教等。位于意大利首都罗马市西北角的城中之国梵蒂冈是世界天主教中心。

欧元是欧盟国家单一货币的名称，1999 年 1 月 1 日～2001 年 12 月 31 日为过渡期，由 2002 年 1 月 1 日开始，欧盟沿用单一货币欧元，在欧洲国家消费，一般需要兑换成欧元，在有些大商场内亦可直接使用美元，但找回的零钱可能是欧元。

欧洲的体育水平很高，足球强国有德国、西班牙、荷兰、法国、意大利、英格兰，篮球强国有德国、法国、希腊、意大利、西班牙、立陶宛等。

欧洲对人类历史所做出的贡献，包括大批科学家在科技领域的重大发现、发明和创造，一批又一批革命家推动社会进步的重大社会创举，先进人物不断地向世界文化思想宝库输送先进的思想，以及大批作家、诗人、音乐家创作的辉煌灿烂的文学艺术珍品。

第二节　欧洲的经济状况及发展

一、欧洲的农业

农业是欧洲文明的一部分，欧洲所处的地理位置及气候使其能生产绝大多数农产品，如橄榄油、肉类、葡萄酒、威士忌及其他烈酒等。其中，欧洲农业大量生产优质食品的能力及这些产品的多样性与高质量，已使欧洲成为全球第二大食品出口商。欧洲是世界上最大的葡萄酒和橄榄油生产地区（分别占全球产能的 65%和 80%），是最大的葡萄酒出口地区（占全球市场的 70%），还是诸如园艺、奶制品、肉类、蛋类及糖类等市场的主要参与者。

由于每个国家所处的地理位置不同，其气候生态类型也各不相同。法国、西班牙、英国、德国、荷兰、比利时、卢森堡，由于气候生态类型的差异，各国的农作物布局也各有特色。西班牙农作物最多的是柑橘、小麦、葡萄、油橄榄和油葵；德国的法兰克福经科伦到荷兰，山脉都被森林覆盖着，公路两旁是牧场和林地；荷兰地里最常见的是甜菜和马铃薯；法国有葡萄园、小麦和牧草。除了荷兰甜菜地的地势比较平坦外，其他国家的农田，都是顺着山坡的地形和走势的。一家农场只生产两三种主要农产品，这是欧洲农场的一大特点。

区域化布局是现代农业发展的内在规律，其最大好处是，根据农作物及农产品对生态气候条件的选择，充分、合理地利用其自然资源，在最适合它生长的地方充分发挥其生产效率，以形成其优良品质，取得最好的经济效益。

与此同时，欧洲农业的规模化经营、区域化布局和标准化生产有许多值得借鉴的地方。现代农业的规模化经营，如英国的奶牛场，法国的葡萄园，西班牙的小麦、油橄榄、柑橘，荷兰的甜菜、西红柿、肉牛养殖场，无不具有相当的规模。这种规模不仅体现在区域的规模化上，还体现在经营的规模化上。规模化经营是现代农业发展的基本条件，没有规模，就没有产业布局的区域化、农业生产的机械化、农业技术的标准化，就不可能实现农业的现代化。

国家科学技术水平对农业发展起关键性作用，从整个欧洲的农业发展现状看，凡是国民素质高、科学技术先进、市场经济高度发达的国家，其农业产业化、集约化程度就高，专业化水平高，生产设施先进，抵御自然灾害的能力也强。这些国家的土壤生产率、劳动生产率和产品商品率都很高。

欧洲的农业现代化程度高，竞争力强，在世界农业市场上居于领先地位，能够保障国内生产者的生活标准和收入。农业可持续发展性强、效率高，生产方式卫生、环保，能向消费者提供优质农产品。其功能不仅在于生产食物，还在于保证乡村作为人们工作生活的地方而存在，保证乡村作为环境本身而存在。

二、欧洲的工业

欧洲是世界上工业比较发达的地区，各国工业部门齐全，工业中心多。工业革命首先发生在英国，工具机的发明和使用是英国工业革命的起点，蒸汽机的发明具有巨大的历史意义，它使工业摆脱了地理环境和季节的限制，使工厂制度迅速确立起来，大大加速了工业革命的进程。轻工业部门的机器发明和广泛使用，推动了重工业和交通运输业的技术革新，到 19 世纪 30～40 年代，英国已基本上完成了工业革命，发展到现代，它已经是一个发达的工业国家，GDP、工业产值和对外贸易额居世界前列，拥有西欧规模最大、门类最齐全的航空航天工业。继英国之后，法国、德国等国大体上从 19 世纪 50 年代末到 80 年代末都先后完成了工业革命。德国位于欧洲中部，其汽车制造业、机械铸造业及化学工业发达。法国位于欧洲西部，手工业颇具特色。荷兰位于欧洲西部，经济发达，工业门类齐全，乳品加工、人造黄油、家用电器、电子仪器、特种船舶等在国际上享有盛誉。瑞士位于欧洲中西部，是发达的工业化国家。进出口贸易、外汇储备、国外投资、金融业和旅游业均列世界前茅。

进入 21 世纪，欧洲各国相继开始发展知识经济。涉及的主要产业：以信息技术、现代生物技术、航天技术、新能源技术等高科技的产业化形成的“高技术产业”；以现代高科技为手段的文化娱乐业，不仅包括高科技的产业化，也包括文化知识的产业化；新教育产业，是用现代高科技手段武装起来的、以传播知识经济时代的科技文化为中心任务的产业；企业策划、广告创意、规划、咨询活动组成的“脑业产业”，以各类社会科学为知识基础，对企业、政府、事业单位和个人进行各种规划设计等活动。未来欧盟国家将在信息技术领域同美国、日本等国家展开新的战略竞争，大力发展网络经济成为欧洲国家的共识，在发展网络经济中，欧洲国家将电子商务和移动上网作为赶超美国的两个主要战略重点。英国提出所有的政府采购必须以电子商务的形式进行，并提供了电子商务的税收优惠。法国将上网人数作为新经济的一个重要指标，尤其重视移动上网的发展，其手持电话拥有率的增长十分迅速。欧洲的移动电话技术略微领先于美国，是欧洲在信息技术领域的制高点。

欧洲的知识经济发展总量大，经济效益和发展水平较高，对经济增长拉动约达0.5个百分点，对于欧洲经济的发展将起到重要的作用。

三、欧洲的交通运输业

欧洲有发达的交通运输，法国、德国、英国、意大利等国家的铁路营运、公路运输、航空工业、管道运输及水运为繁荣欧洲经济作出了重要贡献。

铁路是国家的重要基础设施和大众化的交通工具，具有运力大、占地少、能耗低、污染小、安全性好等特点。加快铁路发展，与其他运输方式相互衔接，以便形成便捷、通畅、高效、安全的综合交通运输体系。越来越多的欧洲国家认识到，航运是综合运输体系重要的组成部分，是欧洲运输物流业可持续发展的重要因素。1998年，欧洲内河—海洋运输联盟宣告成立，该联盟已经成为欧盟的一个重要而强有力的组织，以航运业独特的优势为欧盟的社会和经济发展提供运输服务。

作为世界工业化革命的发源地和第一条铁路的诞生地，英国一直对如何发展交通运输非常重视。目前，英国在关注运输发展战略和具体问题的同时，提出了运输发展的根本目标是实现满足运输需求和提高生活质量之间的协调和发展，寻求满足经济、社会发展和环境保护目标的长期解决办法。

德国是欧盟成员国中人口最多、经济实力最强的国家。德国的交通运输规划与建设并不仅是为了国内的需要，也是为了满足欧洲其他国家的过境运输需求。但由于过去许多年来公路的迅猛发展和对铁路的重视不够，形成了今天铁路竞争力较弱的情况，需要政府大力扶持，为了实现交通运输规划中所设计的铁路地位，安排铁路的急需项目数量较多。在2003年发布的联邦交通线路发展规划中，铁路方面的急需项目包括26项。而同期，对公路急需项目的资金安排为 515 亿欧元，虽然绝对数比铁路投资大，但相对于庞大的公路网，公路投资的密度要显著低于铁路。

四、欧洲的经济贸易

（一）与欧洲自由贸易联盟国家的对外贸易

欧洲自由贸易联盟1960年5月正式成立。成员国原有英国、丹麦、挪威、葡萄牙、瑞士、瑞典、奥地利7国，后来英国、丹麦申请加入当时的欧共体。1972年7月22日，法国、联邦德国、意大利、荷兰、比利时、卢森堡、英国、爱尔兰、丹麦、挪威、奥地利、葡萄牙、芬兰、冰岛、瑞典、瑞士、列支敦士登17国在布鲁塞尔签署建立自由贸易区的协议，到1977年7月1日止，完全取消相互之间的工业品关税，从而形成一个包括17国的西欧大自由贸易区。

当时的欧共体和欧洲自由贸易联盟于1991年10月22日就建立欧洲经济区达成协议。根据协议，当时的欧共体12国和欧洲自由贸易联盟7国从1993年1月1日起实现商品、人员、资本和劳务的自由流通，后来，由于谈判的问题，该协议推迟自1994年1月1日起付诸实施。1994年1月1日意味着欧共体的商品、人员、资本和劳务的自由流通原则扩展到欧洲自由贸易联盟各成员国。欧洲经济区是世界上最大的自由贸易区。到 1994 年它已成为一个从北极到地中海、拥有 3.8 亿消费人口的大市场，其贸易额占世界贸易额的 43%。

（二）与美国的对外贸易

根据欧洲统计局公布的统计数据，2017 年，美国仍是欧盟 27 国货物贸易和服务贸易的第一大贸易伙伴。欧盟的贸易占比随着时间推移呈现不同的发展趋势。2000～2011 年，美国与欧盟的贸易占欧盟贸易总额的比重几乎是连续下降的，在 2015 年和 2016 年增至接近 18%，2017 年略有下降。2017 年，欧盟 27 国对美国货物进、出口额分别达到 2 670 亿欧元和 4 060 亿欧元，贸易顺差达 1 390 亿欧元。具体到行业，欧盟主要向美国出口机械、车辆、化学制品和其他制成品。

（三）与日本的对外贸易

欧洲统计局公布了 2017 年欧盟与日本货物与服务贸易及投资状况统计报告。统计数据显示，2017 年，日本是欧盟第六大商品贸易伙伴，排在美国、中国、瑞士、俄罗斯、土耳其之后。双边贸易额达 1 294 亿欧元。欧盟商品出口额为 604 亿欧元。日本商品出口额为 688 亿欧元。

2018 年，日本与欧盟签署了经济伙伴关系协定，新协定生效后，日本消费者将以更便宜的价格购买欧洲葡萄酒、猪肉和其他日用消费品，而欧洲从日本进口机械零件、汽车、茶叶和鱼产品的价格也将下降。

（四）与发展中国家的对外贸易

在欧洲共同市场与发展中国家的对外贸易中，石油输出国占有重要的地位，约占同整个发展中国家贸易的 1/2。欧洲共同市场在与石油输出国贸易中，进口的绝大部分为燃料。

据欧盟统计局统计，2017 年，欧盟 27 国与中国货物进出口额为 6 444.6 亿美元，增长 13.7%。其中，欧盟 27 国对中国出口额为 2 218.9 亿美元，增长 19.1%，占欧盟 27 国出口总额的 10.4%；自中国进口额为 4 225.8 亿美元，增长 11.1%，占欧盟 27 国进口总额的 20.1%；欧盟 27 国贸易逆差为 2 006.9 亿美元，增长 3.5%，中国为欧盟 27 国第二大出口市场和第一大进口来源地。

第三节　欧洲的主要地区

一、北欧地区

北欧境内多高原、丘陵、湖泊，第四纪冰川期全为冰川覆盖，故多冰川地形和峡湾海岸。斯堪的纳维亚半岛面积约为 80 万平方千米，是北欧最大的半岛，地形高低相差悬殊，半岛中部为挪威和瑞典交界的斯堪的那维亚山脉，高达2 000多米，东南部有面积较大的平原，其余为狭长的沿海平原。斯堪的纳维亚山脉纵贯半岛，长约1 500千米，宽400～600千米，西坡陡峭，东坡平缓，为一古老的台状山地，个别地区有冰川覆盖。瑞典地势北高南低，由高原到平原，大部分海拔为300～400米。丹麦全境地势低平，平均海拔为30米左右。芬兰是著名的千湖之国。挪威海岸陡峭曲折，多岛屿和峡湾，境内的格利特峰海拔为2 470米，为斯堪的纳维亚半岛的最高点。冰岛上多火山和温泉。

北欧绝大部分地区属温带针叶林气候，仅大西洋沿岸地区因受北大西洋暖流的影响，气候较温和，属温带阔叶林气候。北欧5国全部位于北纬54°以北的高纬度地区，大部分地区因受盛行西风带和北大西洋暖流的影响，气候均具有温和湿润的海洋性特点，比同纬度其他地区冬季气温偏高，夏季气温稍低。例如，丹麦1月平均气温为0℃左右，7月平均气温为16℃。

北欧地处波罗的海和巴伦支海通向北海，或由北冰洋通往大西洋的航线上，交通位置重要。挪威濒临大西洋的3个边缘海，从北向南依次是巴伦支海、挪威海和北海，这3个海都有广阔的大陆架，浅海大陆架拥有丰富的渔业资源，渔产丰富，西面沿海是世界三大渔场之一，捕鱼量约占世界捕鱼总量的9%。

（一）挪威

挪威（全称为挪威王国）位于北欧斯堪的纳维亚半岛西部，国土面积约为38.697 4万平方千米（包括斯瓦尔巴群岛、扬马延岛等属地），总人口约为532万（2017年）。最北部约有1/3的国土位于北极圈内，东北与芬兰和俄罗斯接壤，南与丹麦隔海相望，西面濒临挪威海。海岸线全长21 000千米，沿海岛屿多达15万个，挪威是名副其实的"万岛之国"。挪威是欧洲山脉最多的国家之一，大陆版图呈南北狭长状，全长约1 760千米，南部最宽处约432千米，北部最窄处约6.3千米，山川、高原及其冰川约占国土面积的75%，其中以斯堪的纳维亚山脉最为突出，从南到北贯穿全境，南端平均海拔高达1 000余米，北部有150多座山峰超过海拔2 000米，著名的加尔赫峰海拔达2 467米。

挪威有丰富的水力、木材、石油等资源。可利用的经济水能达1 300多万千瓦，河流多发源于高山冰川，急流险滩和瀑布众多，一般不需修高坝，多利用隧洞引水发电。挪威森林覆盖面积高达8.33万平方千米，占国土总面积的21%，以丰富的森林资源为基础，挪威大力发展木材加工、纸浆和造纸工业。20世纪60年代中期，在北海发现了大油田。此外，在挪威海和巴伦支海也发现了储油构造。70年代初，挪威正式开采石油和天然气，现在，挪威是西方工业国中不多的石油出口国之一。挪威工业发达，主要传统工业部门有水电、电力冶金、化工、造纸、木材加工、渔产品加工和造船业。挪威是西欧最大的铝生产国与出口国，镁的产量居世界第二，硅铁合金产品大部分供出口。挪威新闻纸产量居世界第7位。

在对外贸易方面，挪威属于典型的外向型经济，对外贸易在GDP中的比重较高。根据挪威中央统计局的资料，2017年，挪威GDP为3 812亿美元，其中出口贸易额为1 028亿美元，进口贸易额为950亿美元。欧洲是挪威最大的贸易伙伴，与欧盟国家的贸易出口额占总额的 75%，进口超过 60%，其中英国是挪威进口商品最多的国家。中国是挪威重要的经贸伙伴国之一，在 2003 年前就超过日本成为挪威在亚洲的最大贸易伙伴国。

挪威的港口主要有以下几个：

奥斯陆（Oslo）港位于斯卡格拉克海峡北岸奥斯陆峡湾北端，是挪威首都，是全国政治、经济、文化和交通的中心，又是全国最大的工业中心。工业产值占全国总产值的 1/4 以上，主要工业有造船、机械、电子、木材加工、造纸、纺织及食品等，它还是世界裘皮加工、出口的中心之一，有“裘皮之都”的誉称。港口距机场约 8 千米，有定期航班飞往欧美及远东各地。该港属北温带海洋性气候，盛行西—西南风，很少有大风。港口由群山环抱，港阔水深，是天然良港。冬季湾内有冰，但港内不冻，不影响航行。港区主要码头泊位有 30 多个，岸线长 5 846 米，最大水深 15 米。主要出口货物为纸浆、纸板、化工原料、毛皮、爆炸品、机器、日用品及化工产品等，进口货物主要有棉纺织品、燃油、谷物、咖啡、纺织纤维及运输设备等。

卑尔根（Bergen）港位于挪威西南海岸，是挪威最大的港口，是天然良港，无潮、避风、不冻。港区有码头泊位 20 多个，岸线长 4.6 千米，最大水深 24 米。年吞吐量达 1 000 万吨以上，主要进口粮食、焦炭、铁矿石、石油等，出口鱼及其制品、纸张、生铁、纺织品、电机等。

特隆赫姆（Trondheim）港位于挪威海特隆赫姆湾，为挪威第三大城市，是西海岸中部的重要港口。主要出口纸浆、木材、铁矿、鱼及其制品，进口煤、石油、粮食、糖、盐等。

纳尔维克（Narvik）港位于挪威北部挪威海韦斯特峡湾内，有电气铁路通往瑞典基律纳铁矿区。主要为瑞典出口铁矿石，年吞吐量达 1 600 万吨。

（二）丹麦

丹麦（全称为丹麦王国）位于欧洲北部波罗的海到北海的出口处，包括日德兰半岛的大部分及西兰岛、菲英、洛兰等大小 400 多个岛屿。丹麦北海大陆架的石油蕴藏量约为 2.9 亿吨，天然气约为 2 000 亿立方米。丹麦的地势平坦，土层较厚，国土面积约为 4.3 万平方千米（不包括格陵兰岛和法罗群岛），可耕地面积为 2.7 万平方千米，占国土面积的 63%。全国人口约为 560.59 万（2017 年）。丹麦是北欧袖珍富国。据统计，丹麦的人均 GDP 要比欧盟成员国的平均水平高 20%。2017 年，丹麦的 GDP 达到 2 855 亿美元，人均 GDP 为 49 600 美元。

丹麦的森林面积为 0.49 万平方千米，占国土面积的 12%，资源十分丰富。丹麦天然林较少，国家有计划地在贫瘠的地带种植成材林，主要是人造林。丹麦濒临波罗的海、北海，地处寒暖流交汇的海区，有 7 314 千米长的海岸线和广阔的海域，拥有丰富的海洋资源。

在农业方面，丹麦适宜的气候为农业奠定了良好的基础，主要以作物种植、家畜饲养为主。2017 年，丹麦农业总产值占 GDP 总量的 1.1%。

丹麦工业发达，工业企业以中小型和轻型为主，主要有石油开采、造船、水泥、电子、化工、制药、纺织、食品加工等，是世界主要船用主机生产国和输出国，产量占世界的25%～30%。此外，水泥设备、助听器、纺织品、啤酒、酶制剂和人造胰岛素等产品在世界享有盛誉。工业品的60%供出口，约占出口总额的3/4。

在对外贸易方面，丹麦的GDP中45%是由出口产品和服务贡献的。其中31%是货物贸易，而货物贸易中75%是制造业产品，其中机械和设备占27%，化学产品占12%。2017年，丹麦出口总额为1 136亿美元。

丹麦海运业十分发达，全国共有124个港口，主要有：

哥本哈根（Kobenhavn）港位于波罗的海出入厄勒海峡南口西岸，为丹麦首都，是全国最大的商港，工商业繁荣，年吞吐量达2 000万吨以上，出口主要为食品、化工品、纺织品、机械和船舶等，进口主要是原油、液化气、煤、生铁、木材等。

奥尔胡斯（Arhus）港位于日德兰半岛东岸中腰奥尔胡斯湾，为丹麦第二大港口，年吞吐量达1 000万吨以上，是日德兰半岛谷物和畜产品的集散地。

（三）瑞典

瑞典的自然资源主要是森林、水力和铁矿。森林面积占全境的1/2，境内河流众多，水流湍急，易于发电，水电约占全国总发电量的70%。瑞典还是世界上铁矿资源最丰富的国家之一和最重要的铁矿砂出口国之一，铁矿蕴藏量在40亿吨以上，且多为含铁量60%～70%的富矿，年开采量达3 000多万吨，居西欧第1位，所产铁矿砂的80%供出口，主要销往德国和英国。瑞典铀矿的蕴藏量为25亿～30亿吨，为欧洲铀藏量最多的国家，不过由于含量较低，至今未被开采利用。瑞典泥炭资源丰富，另外，铜、锌、铅、锰、钛、钒等矿藏也较丰富。瑞典工业发达，主要工业部门有矿业、机械制造业、电力设备、汽车、纸浆造纸、化工、森林工业等。新闻纸产量居世界第4位。2017年，瑞典人口总数达到996万，GDP为5 419亿美元。

哥德堡（Goteborg）港位于瑞典西南、卡特加特海峡之滨，是北欧最大的贸易港口，又是瑞典西部的工业中心，主要工业有造船、炼油、汽车、机械、木材加工及食品等，有全国规模最大的造船厂和炼油厂。该港属北温带海洋性气候，全年多南—西风。3～5月多雾，12～2月海面有冰，但不封港。全年平均降水量约550毫米。潮差不显著，一般为0.25米。港口分布在约塔河南北两岸和河口以北的海峡沿岸，哥德堡港是瑞典进出大西洋最近的港口。港区主要码头泊位有40个，岸线长10千米，最大水深20米。港口有运河与铁路可通斯德哥尔摩港。本港自由港区的面积达30万平方米。港口主要进口货物为煤、焦炭、机械、小汽车、铀矿、金属、铁、棉花、羊毛、丝织品、谷物、食品、水果及化工品等，出口货物主要有纸浆、木制品、纸张、钢铁、纸板、化工产品、汽车、机械及石油产品等。

斯德哥尔摩（Stockholm）港位于波罗的海西岸，是瑞典首都，是第二大港，也是全国政治、经济、文化的中心，有钢铁、机械、造船、炼油、化工、纺织等工业。

马尔默（Malmo）港位于波罗的海口，临厄勒海峡，是瑞典南部的重要港口，输出谷物、糖、水泥、机械等。

二、东欧地区

东欧地形以平均海拔 170 米的东欧平原为主体，东部边缘有乌拉尔山脉，平原上多丘陵和冰川地形，北部湖泊众多，东南部草原和沙漠面积较广。北部沿海地区属寒带苔原气候，往南过渡到温带草原气候，东南部属温带沙漠气候。欧洲第一大河伏尔加河向东南注入里海。主要矿物有石油、煤、铁、锰、磷酸盐等。盛产小麦、马铃薯、甜菜、向日葵。养畜业较发达，苏维埃重挽马、奥尔洛夫快步马、顿河马均为马的优良品种。

俄罗斯

对于东欧地区，本部分重点介绍俄罗斯。

俄罗斯（全称为俄罗斯联邦）具有突出重要的地位，其不仅继承了苏联的国际法地位，而且在人口规模、经济发展水平等各方面大大领先于其他国家，成为世界政治、经济中的重要成员。

在俄罗斯的领土中，亚洲部分约占 3/4，但其政治、经济、文化中心却位于欧洲部分。由于其首都、大部分人口、工业中心、交通中心等在欧洲部分，因此，俄罗斯是一个传统的欧洲国家。

俄罗斯国土面积约为 1 707.54 万平方千米，是世界上领土最大的国家。总人口约为 1.422 亿（2017 年）。俄罗斯地跨欧洲、亚洲两洲，领土由欧洲东部的大部分和亚洲北部的广大地区组成。俄罗斯是世界上海岸线最长的国家，其海岸线长约 4 万千米。北濒北冰洋，东临太平洋，西接波罗的海的芬兰湾，南临黑海和里海，主要边缘海有波罗的海、亚速海和太平洋水系的白令海、鄂霍次克海，为俄罗斯重要的通航海域；北冰洋水系的白海、巴伦支海、喀拉海、拉普捷夫海、东西伯利亚海、楚科奇海，海岸线长达 1 万多千米，均在北极圈内，终年被冰雪覆盖，多为闭锁性海岸，不利于海上航运。俄罗斯陆上同 14 个国家接壤：西北面同挪威与芬兰毗邻；西面同爱沙尼亚、拉脱维亚、立陶宛、波兰、白俄罗斯、乌克兰接壤；南面同格鲁吉亚、阿塞拜疆、哈萨克斯坦相邻；东南面同蒙古国、中国、朝鲜交界；隔海与日本、美国的阿拉斯加州相望。

俄罗斯地形的总体特征：以叶尼塞河为界，分为东西两个部分，西部以平原为主，东部多高原和山地，整个地形呈东南高、西北低。叶尼塞河以西的地形可分为 4 个区域：乌拉尔山脉以西的东欧平原（又称俄罗斯平原）、乌拉尔山脉以东的西西伯利亚平原、乌拉尔山地、南部黑海与里海之间的高加索山地。叶尼塞河以东地形可分为两个区域：一是勒拿河以西的中西伯利亚高原；二是勒拿河以东的区域，其主要由一系列山脉组成，称为东西伯利亚山地。

俄罗斯大部分地区纬度较高，基本上属于北半球寒温带及寒带大陆性气候，大部分地区冬季漫长而寒冷，夏季短促而温凉。全年温差大，1 月平均气温除个别地区外，均在−10℃以下，西西伯利亚气温为−25℃，东西伯利亚气温则降到−40℃，上扬斯克和奥伊尔米亚康极端最低气温曾分别达−70℃和−71℃，成为北半球的寒极；7 月平均气温为 1～25℃。在长期严寒气候影响下，俄罗斯形成了大面积的冻土层，占国土面积一半以上。由于地域广阔，俄罗斯各地区气候条件也存在明显差异，总体特征是自西向东大陆性逐渐加强。东欧平原西部受北大西洋暖流影响，气候比较温和湿润，广大的西伯利亚地区受极地寒冷气候影响，冬季异常寒冷，大陆性气候十分明显，北极圈至北冰洋沿岸一带占国土面积的 12%以上，终年积雪，形成永久冻土带，属极地气候，远东地区则为季风气候。俄罗斯降水由西向东逐渐减少，西部东欧平原为 500～700 毫米，西西伯利亚平原为 300～400 毫米，中西伯利亚高原为 200～300 毫米，太平洋沿岸及黑海沿岸的一些地区降水较多，可超过 1 000 毫米。

俄罗斯境内有许多大河。欧洲部分以伏尔加河为最长，也是欧洲最长的河流，全长 3 690 千米，流域面积达 138 万平方千米。支流大部分河段可通航，约承担全国河运总量的 2/3，通航期为 7～9 个月。通过伏尔加—顿运河可达黑海。此外，还有顿河、北德维纳河、伯朝拉河等。东部西伯利亚地区的鄂毕河、叶尼塞河和勒拿河都发源于南部山地，向北注入北冰洋，这些河流水量丰沛、水力资源丰富，但冬季封冻期长，通航期不足半年。俄罗斯的河流多自南向北流入北冰洋，北部水资源丰富，热量资源少；而南部热量资源较丰富，水资源则少，影响农业生产的发展。北水南调成为俄罗斯长期没有解决的问题。贝加尔湖是世界最深的湖泊，最深处达 1 620 米。

俄罗斯自然资源极其丰富，而且种类多、储量大、自给程度高。主要矿产资源有煤、石油、天然气、铁矿石、钾盐等，储量均居世界前列。其他如泥炭、磷灰石、黄金、铜、锌、锡、银等储量也很丰富。俄罗斯还是世界上林木资源最丰富的国家，森林覆盖面积占全国领土面积的 2/5 以上，占世界森林面积的 1/5 以上，木材蓄积量约占世界的 1/4，森林面积和木材蓄积量均居世界第 1 位。此外，还有大量的水产品资源和野生动植物资源等。丰富的资源为俄罗斯的发展提供了重要的物质基础，但俄罗斯资源的绝大部分分布在乌拉尔山脉以东地区，这里经济落后、交通不便，给资源的开发利用带来困难。

俄罗斯共有大小民族 100 多个，其中俄罗斯人占 82.6%，其他主要少数民族有鞑靼族、乌克兰族、楚瓦氏族、摩尔多瓦族、达格斯坦族、白俄罗斯族、日耳曼族、犹太族等。主要宗教为东正教，其次为伊斯兰教。

俄罗斯农业受自然地理条件和气候的影响比较大，其北部主要粮食作物产区土壤水分虽充足，但热量不足，夏季易受低温、干旱的影响；南部地区热量条件好于北部地区。总体而言，俄罗斯农业用地面积虽大，但土、热、水的诸因素的结合较差，土壤、水分条件没有美国好，农业用地的总的生物气候潜力比美国低一半以上。俄罗斯的北高加索、伏尔加河流域、西西伯利亚、中央黑土区是大型商品谷物生产区；中央黑土区还是甜菜、水果的主要产区；西西伯利亚、中央黑土区和北高加索为牛奶和蛋类生产区；蔬菜产区集中在俄罗斯南部地区及一些大城市、工业中心和城郊地区。畜牧业是俄罗斯农业中的另一重要部门。

俄罗斯是世界上主要原油生产国之一。目前，俄罗斯主要原油产区有伏尔加—乌拉尔油田、西西伯利亚地区的秋明油田，其中秋明油田是俄罗斯最大的石油储存区和生产区，炼油工业也居世界前列，油田有大型炼油厂。天然气是俄罗斯能源工业中的另一重要部门，其特点是储量大、产量高。天然气主要分布于西伯利亚和远东地区。俄罗斯是世界上煤炭资源最丰富的国家之一，其煤炭工业具有储量大、煤种齐全、易于大规模开采等特点。主要煤炭生产基地有库兹巴斯、卡拉干达等。俄罗斯发电量居世界前列，电力结构中以火电为主，约占总发电量的 5/6，主要分布在西部。随着东部地区的开发，电力工业布局也正在东移。俄罗斯钢铁产量稳居世界首位，最大的钢铁工业基地位于乌克兰。俄罗斯境内的主要钢铁工业基地有以马哥尼托哥尔斯克为中心的乌拉尔钢铁工业基地，以利佩茨克为中心的中央钢铁工业基地，以新库兹涅茨克为中心的西西伯利亚钢铁工业基地等。俄罗斯机械制造业十分发达，多种产品产量位居世界前列，尤其以各种车辆、飞机、动力机械、农用机械、电机和仪器制造等最为发达。机械制造工业主要分布在中央区、伏尔加河流域、西北地区和乌拉尔河一带。化学工业发达，曾一度占世界总产值的 15%，居世界第 2 位，且门类齐全、种类繁多，是重要的工业部门。

俄罗斯国土面积广大，生产与资源分布不平衡，各地区间生产发展水平差异较大，交通运输业在国民经济中占有非常重要的地位，已经形成了包括铁路、公路、航空、内河、海运、管道的完整的交通运输体系。2015 年，俄罗斯注册航空公司 32 家，飞机 661 架，全年客运量达 76 846 126 人次。

铁路运输长期以来在俄罗斯的运输业中居主要地位，而且在世界铁路运输中占有重要地位。在欧洲形成以莫斯科、圣彼得堡为中心的四通八达的稠密的铁路网，与东欧其他国家有铁路相连，与白海、波罗的海、黑海沿岸港口可铁路联运，亚洲部分有两条西伯利亚大铁路横贯东西。一条从莫斯科开始向东至符拉迪沃斯托克（海参崴），全长 1 万千米，为双轨电气化铁路，是俄罗斯联系其欧洲部分、西伯利亚、远东地区的大动脉。1984 年建成第二条西伯利亚大铁路——贝阿大铁路，西起贝加尔西部的泰谢特，东至太平洋沿岸的苏维埃港，全长 4 275 千米，这条干线位于西伯利亚大铁路北 180～600 千米。两者几乎是平行的。这条铁路的建设，对开发东部资源、减轻西伯利亚大铁路的负担起着重要的作用，它使贝加尔通往苏维埃港的路程缩短了 500 千米，通往萨哈林、楚科奇和堪察加的路程缩短了 1 000 千米。西伯利亚大铁路西同俄罗斯欧洲部分的铁路网相连，成为沟通欧洲、亚洲两大洲的陆上通道——欧亚大陆桥，它不仅承担俄罗斯的运输任务，还承担俄罗斯同其他国家及俄罗斯以外国家之间的货物的转运，其国际意义重大。公路运输在俄罗斯的运输中也占有重要地位，主要承担着中、短途货物运输的任务。随着国际集装箱联运业务的发展，跨国间长距离的汽车集装箱运输越来越普遍。俄罗斯公路发展不平衡，其欧洲部分发展很快，公路网四通八达，但在西伯利亚及远东地区，由于地广人稀，加之自然条件恶劣，公路建设发展较慢。与发达国家相比，俄罗斯的公路建设仍显落后。

俄罗斯周围虽海域广大，但缺少暖海和不冻港。俄罗斯海港分布于波罗的海、黑海和日本海沿岸。其中波罗的海和黑海沿岸的港口主要承担往来于欧洲和非洲的货物，日本海沿岸的港口主要承担往来于日本、韩国、中国、美国、东南亚国家的货物及向马加丹州、萨哈林州等北部地区运送货物。

圣彼得堡（Saint Peterburg）位于波罗的海芬兰湾东岸涅瓦河口，是俄罗斯最大的港口和第二大城市，为重要的水陆交通枢纽之一。工业发达，以机械工业为主。该港属北温带大陆性气候，春季多雾。涅瓦河口在秋、冬季水位差较大，有西南大风时可达 3.5 米，一般为 0.2～0.3 米。全年通航，但 11 月末至次年 4 月中旬须用破冰船协助。港区主要码头泊位有 49 个，码头前沿水深为 6.5～11.5 米。港口主要进口货物为工业产品，出口货物有木材、谷物、牛油、原油及蛋品等。

摩尔曼斯克（Murmansk）位于巴伦支海科拉湾东岸，由于受西风和暖流的影响，终年不冻，为俄罗斯北冰洋沿岸最大商港兼渔港。码头泊位有 20 多个，最大水深 12 米，有现代化的装卸设备，年吞吐量近 900 万吨，主要出口磷矿石、亚麻、矿砂及杂货等，进口煤炭等。

新罗西斯克（Novorossiysk）位于黑海东北岸，为黑海沿岸最大的港口，年吞吐量达 4 760 万吨，是俄罗斯最大的原油输出港。政府为了发展对外贸易，使该港得到了迅速发展，成为南方深水不冻港。本港还是俄罗斯最大的水泥生产中心，其他工业还有车辆制造、船舶修理及农业配件等。该港属温带大陆性气候，在秋、冬季节常有风暴出现，在海水温度偏低时有轻雾。本港东、西两侧有高山屏蔽，共分内、外两个港区，主要码头泊位有 35 个。主要出口货物除石油外，还有水泥、粮食、木材及冷冻食品等，进口货物以机械及杂货为主。

图阿普谢（Tuapse）位于黑海东北岸，是俄罗斯南部的石油输出港，有 6 个油船泊位，水深 12 米，大船锚地水深 23 米，可全年通航。

符拉迪沃斯托克（Vladivostok）位于阿穆尔湾与乌苏里湾之间，濒临日本海，是西伯利亚大铁路东部的起点，是欧亚大陆桥的转运港之一。工业以舰船修造业为主，现为远东地区最大的经济中心。年吞吐量达 410 万吨，主要为散货和杂货。冬季港口封冻，要靠破冰船协助航行。

纳霍德卡/东方港（Nakhodka/Vostochnyport）位于日本海西北海岸的符兰格尔海湾内，东方港位于纳霍德卡东侧 18 千米处，为俄罗斯远东地区最大的港口，年吞吐量达 1 250 万吨，主要是煤炭、集装箱和木材。港区内风力不大，冬季不结冰。纳霍德卡在符拉迪沃斯托克的东南方约 80 千米处，为欧亚大陆桥的转运港之一，年吞吐量为 520 万吨，主要为杂货和木材，每年有 4 个月左右的封冻期。

在对外贸易方面，2017 年，俄罗斯外贸出口总额为 3 368 亿美元，进口总额为 2 127 亿美元。就地区而言，西欧国家在俄罗斯的对外贸易中占有突出的地位，西欧国家与俄罗斯开展贸易较早，经济上互补性比较强，能提供俄罗斯迫切需要的食品、轻工产品和机械设备，同时有较强的购买力，是俄罗斯燃料和动力产品的主要客户。由于传统的经济联系，独联体国家仍然是俄罗斯重要的贸易伙伴。俄罗斯于 2012 年 8 月加入 WTO。

俄罗斯与中国之间的经贸关系具有丰富多彩的历史。平等和互利是中俄两国传统的紧密关系的特点。一条世界上最长的边界、互补的经济结构促进合作的发展。对于互补的经济结构，我们应理解为能够使中俄两国非单一的经济综合体所创造的那些优势，首先是使俄罗斯的机器制造业、工业、国防工业的生产水平、科技水平在对外经济关系中发挥作用。近年来，中俄双方贸易额大幅增长，中国已跃居俄罗斯第一大贸易伙伴。两国领导人制定了双边贸易额 2020 年达到 2 000 亿美元的目标。中俄贸易仍主要是传统商品交易。在俄罗斯对中国的出口中，机器设备、矿物燃料、木材、钢材、肥料、化工产品、海产品、有色金属、纸浆处于前 9 位，占 95%以上的贸易份额。俄罗斯从中国进口的主要商品有机器设备、皮革制品、鞋、纺织品、针织服装、化工产品、肉类、玩具和体育器材、裘皮、果蔬制品、干果制品、粮食、陶瓷、水果、矿物燃料，这些产品占其进口总额的 85%。

三、中欧地区

中欧南部为高大的阿尔卑斯山脉及其支脉喀尔巴阡山脉等所盘踞，山地中多陷落盆地；北部为平原，受第四纪冰川作用，多冰川地形和湖泊。除欧洲第二大河多瑙河向东流经南部山区注入黑海外，大部分河流向北流入波罗的海和北海。中欧的北、南两面同日德兰和亚平宁两半岛接壤，西南与西欧毗连，东面同东欧为邻，这就使它成为联结地中海、北海、波罗的海，以及南北欧和东西欧之间的通衢和十字路口。自古以来，这里的平原、低地和山间隘口与河谷盆地是欧洲各国间商业贸易的主要通道，并具有十分重要的战略意义。

中欧气候从西部的温带海洋性过渡到东部的温带大陆性。1 月平均气温为 0～7℃，7 月平均气温为 17～19℃，冬无严寒，夏无酷暑，降水量年均为 600～800 毫米，有利于农业发展。

中欧主要河流有莱茵河、多瑙河、易北河、奥得河、斯维瓦河等，海岸线短，除德国外，其他国家海运不发达。

中欧矿产资源种类少，储量小。主要矿产资源是煤炭，波兰最多，探明储量达 1 500 亿吨，居世界第 6 位；还有硫黄、钾盐、铁、铜、铅锌等矿物资源。森林资源丰富，各国林地面积均占国土面积的 1/4 以上。

农业在中欧各国中居次要地位，以畜牧业为主，尤以乳用和肉用畜牧业最发达，多数国家畜产品能自给或少量出口；种植业是薄弱环节，粮食需大量进口，经济作物以甜菜生产最为重要，中欧是世界甜菜糖的主要产区和出口地区之一。

中欧各国近代工业起步较晚，但发展较快，尤其是第二次世界大战后增长迅速，在欧洲乃至世界的地位日益重要。许多国家建立了电力、钢铁、煤、化学等基础工业，并发展了机械制造业，使中欧成为世界工业最发达的地区之一。机械制造业是工业的核心部门，以运输机械和造船业为主，采煤业为传统的工业部门，轻纺工业以质优闻名于世。中欧多数国家属于加工贸易型经济，其国民收入的 1/3 是通过进出口贸易来实现的，因而对外贸易在各国中占特殊重要地位。大多以进口原油、天然气、矿物原料、粮食及农业原料为主；出口主要是多种机械产品、电子元件、电器、仪表、钟表、精密仪器等工业。

交通运输业以铁路为主，但内河和海运也很重要。中欧是欧洲国际水运和铁路运输的必经之地。

德国

对于中欧地区，本部分重点介绍德国。

德国（全称为德意志联邦共和国）位于中欧西部，北临北海和波罗的海，陆上同荷兰、比利时、卢森堡、法国、瑞士、奥地利、捷克、波兰、丹麦 9 国接壤，面积约 35.711 万平方千米，总人口约为 8 059.4 万（2017 年），绝大多数为德意志人，少数为丹麦人和吉卜赛人，40%左右的人口信奉基督教，35%左右的人口信奉天主教。城市人口所占比重高达 80%以上，但百万人口以上的大城市较少。

德国是高度发达的工业国家，经济实力位居欧洲之首。德国是欧盟、北大西洋公约组织和欧洲安全委员会的重要成员，它的存在与发展必将对世界经济的发展产生极大的影响。2017 年，其 GDP 达 4.15 万亿美元。

德国地形南高北低，南部横卧着高大的阿尔卑斯山脉，北部是波德平原的一部分北德平原，中部是丘陵与不高的山地，以平原面积最大，占领土总面积的 2/5 以上。

德国境内河流众多，主要有莱茵河、威悉河、多瑙河和易北河。莱茵河是西欧最大的河流，全长 1 320 千米，在德国境内航道有 860 千米，流经北德平原的工业发达地区，其水量稳定，利于航行，又多支流，流域面积广阔，是德国最具经济价值的河流，也是中欧一些内陆国家对外贸易的水上通道。多瑙河不仅是德国南部的重要水道，还是德国联系中欧、东南欧各国的重要国际航道。德国境内主要河流之间均以运河沟通，中部大运河将莱茵河、威悉河、易北河连接起来，在德国北部形成东西向运输大动脉。莱茵河—多瑙河运河成为南部东西向的水运通道，构成了通向全国重要地区并联系主要邻国的内河水运网，对德国经济的发展具有重要的意义。

德国西北部属温带海洋性气候，湿度大、日照少、温差小，不利于种植业的发展，有利于发展畜牧业。东南部逐渐过渡到温带大陆性气候。南部山地水量丰沛，适于种植业发展；位于黑森林山区以西的莱茵谷地，气候湿润，地势低平，土壤肥沃。

德国矿产资源以煤炭、钾盐和磷矿为主。硬煤的探明储量为 230 万亿吨，仅次于俄罗斯、中国、美国，居世界第 4 位，主要分布在鲁尔和萨尔区及北部煤田区。鲁尔以南、莱茵河以西地区广泛分布着褐煤。钾盐主要分布在哈次山的两侧，以及易北河与威悉河之间，汉诺威附近的钾盐最丰富。磷矿集中分布在北德平原南部。天然气需求量的 1/4 可在国内满足。其他矿产资源贫乏，尤其是石油和铁矿石大多依靠进口。森林面积广大，覆盖面积占全国面积的 29%。

农业在德国国民经济中比重不大，但农业机械化程度高，劳动生产率和经济效益均很高，农产品可满足本国需求的 70%。农业内部结构以畜牧业为主，农、林、牧结合，综合发展为特点，畜牧业产值占农业产值的 2/3。农产品还有大量出口，同时德国还是世界上最大的农产品进口国。2009 年，德国粮食总产量达到 4 974.8 万吨。畜牧业以养牛、猪为主，畜产品中以肉类产值最高。种植业以粮食作物为主，兼营水果、经济作物、花卉和牧草。森林长期保持优质高产，采伐量低于生长量，集约经营，林产品加工业发达。

德国工业在国民经济中占绝对优势，从业人数约为 852 万，占国内总就业人数的

22%。西部地区工业高度发达。德国是能源消耗大国，除煤炭资源丰富、基本自给外，石油和天然气资源贫乏。煤炭工业是其经济发展最早的支柱，鲁尔区以优质炼焦煤为主，萨尔区以动力用煤为主，褐煤主要产自东部的莱比锡、哈勒和科特布斯及西部的莱茵地区。德国石油资源较少，主要分布在北德低地，炼油工业主要依靠进口原油。炼油工业分布较普遍，鲁尔区是炼油工业的集中地区，有输油管道从鹿特丹港与威廉港输入原油。天然气储量约为5 000亿立方米，主要分布在西北部埃姆斯河至威悉河口附近地区，以及德国的北海大陆架地区，自给率仅为30%，其余需进口。电力工业是燃料动力工业中的重要部门，以燃煤火电为主，约占发电量的65.7%，发电站主要集中在莱茵煤田与鲁尔煤田区；目前，德国共有17座核电站，按照德国领导层达成的最近时间表，日本福岛核电站事故后关闭的7座核电站将永久停止运行，其余的10座核电站将于2021年以前全部关闭。

德国钢铁工业发展历史悠久，技术先进。钢铁工业多分布在内地，且布局集中，多靠近煤炭产地。鲁尔区是钢铁工业的最大基地，产量约占全国的80%，全国生产能力超过4 000万吨的8个钢铁企业中，有6个分布在鲁尔区。第二大钢铁基地邻近萨尔煤田，还可就近进口法国、卢森堡的铁矿石。此外，在北德平原东部的铁矿附近，有扎耳吉茨特钢铁基地。德国是现代化学工业的发源地，以石油、天然气为原料的石化工业迅速发展，塑料、合成纤维、合成橡胶等有机化工部门与染料的生产都居世界前列，化工产品的出口居世界首位。鲁尔区是德国和西欧重要的化工基地，此外，法兰克福、路德维希港、曼海姆、不来梅港等都是重要的化工中心。世界最大的五大化工企业中，德国就占了3家，即目前控制德国化学工业的赫希斯特、巴斯夫和拜耳。

机械工业是德国最大的工业部门，其产值和就业人数均占整个工业部门的1/3左右，机械产品出口值约占全国出口总值的一半。主要产品是机床、印刷机械、冶金设备、纺织机械及木材与塑料加工设备等。鲁尔区是全国最大的重型机械工业基地，主要中心有埃森、多特蒙德、杜塞尔多夫等；马格德堡与柏林是重要的机床生产中心；莱比锡和卡尔·马克思城为印刷机和纺织机械生产中心；耶那为光学精密仪器制造中心。德国生产的数控机床、打字机、测量仪器、医学设备，多波段航空航天照相机、高精度显微镜等享誉世界，出口均占世界重要地位。汽车工业在德国工业中占有重要地位，汽车已成为德国仅次于机械的第二大出口产品，因其品种多、性能好，在国际市场上具有强大的竞争力。戴姆勒—奔驰汽车公司、大众汽车公司和宝马汽车公司是汽车工业的三巨头，以戴姆勒—奔驰汽车公司的营业额最高，大众汽车公司的产量最多。汽车工业分布集中，大众汽车公司总部所在地沃尔夫斯堡是最大的汽车生产中心，戴姆勒—奔驰汽车公司总部所在地斯图加特也是重要的汽车生产基地。此外，斯图加特以南的巴登—符腾堡、科隆、慕尼黑等都有汽车工业。电子电气工业的分布遍及全国各个工业城市，其中南部拜恩州与巴登—符腾堡州最为重要，慕尼黑、斯图加特、纽伦堡、柏林、莱比锡与德雷斯顿是最大的中心，慕尼黑已成为欧洲最大的微电子中心，被称为德国的“硅谷”，是世界最大的电器、电子公司之一，德国的“电子大王”西门子公司总部就设在这里。

在对外贸易方面，德国的出口产品主要是汽车、机械、化工和电器产品，在世界市场上，其金属加工机械出口额占世界贸易额的40%，运输设备出口额占世界贸易额的24.3%，建筑机械出口额占世界贸易额的20%以上，这些都超过美国和日本而居世界首位。德国是世界出口技术密集型产品专业化程度最高的国家之一。由于德国是一个贫矿的国家，大部分有色金属与稀有金属全部依赖国外，此外各类消费品和食品也是其进口的主要商品，主要贸易伙伴为法国、意大利、荷兰、美国、欧盟的其他成员国及日本。德国是中国在欧洲最大的贸易伙伴，也是中国的第六大国际贸易伙伴。

德国的交通运输业十分发达，现代化水平高、运量大、速度快、各种运输方式互相连接，构成了稠密的运输网。其中公路运输比重最大，公路密度为世界之冠，已形成以高速公路为主干的完整的公路网，并向运输大型化、专用化、高速化，以及集装箱运输和拖挂运输发展。德国是欧洲电气化铁路最多的国家。虽然由于公路运输的发展，铁路运输的地位比第二次世界大战前大大降低，但德国却是欧洲国际铁路的重要组成部分。重要的铁路干线有以下几条：第一条是卢卑克、汉堡经汉诺威、法兰克福，向南直达瑞士的巴塞尔，再穿越阿尔卑斯山到达意大利的热那亚，或向西南经法国东部的贝耳福，再沿索恩—罗纳河谷直抵马赛港的铁路线。这条铁路既是纵贯德国西部的南北要道，也是联系北欧和南欧的主要国际快车线。第二条以汉诺威为中心，向东至柏林，到达东欧各国；向西则横贯鲁尔区，经科隆通向比利时的布鲁塞尔和北法工业区及巴黎。这是横贯德国中部并联通整个东西欧的国际快车线。第三条是西起荷兰的鹿特丹，进入德国的鲁尔区，经科隆、法兰克福、纽伦堡、慕尼黑，再到奥地利的萨尔斯堡，经由维也纳、贝尔格莱德、伊斯坦布尔，直到中东各国。这条国际铁路是斜贯德国西部并连通西欧和中东的重要干线。柏林、科隆、慕尼黑是整个欧洲重要的铁路枢纽。德国航空运输业发达，各主要城市都有空运联系：法兰克福、汉堡、柏林、波恩、科隆与纽伦堡等都是重要的国际航空站。德国是世界上内河运输最发达的国家之一，境内河道纵横、海河相通，南北流向的天然水道与东西流向的运河构成了稠密的水运网。内河航道总长7 348千米，其中天然河道约占70%，人工运河约占30%。莱茵河是欧洲最繁忙的一条河流，约承担德国国内河运量的70%，被称为德国和欧洲的“黄金水道”。

德国东北面的基尔湾、卢卑克湾通向波罗的海，西北临北海，海岸线虽不长，但海运业发达。基尔运河在北部横穿日德兰半岛，全长98.7千米，是世界三大国际运河之一。它西起易北河口的布伦斯比特尔科格港，东至基尔湾的基尔港，提供了一条从北海南部到波罗的海的捷径，将北海到波罗的海的航程缩短了760千米。对德国而言，不必经过外国控制的海峡，即可由波罗的海通往大西洋，在航运和军事上都具有重要意义。德国依靠基尔运河对国外过往船只征收的费用增加了德国的外汇收入。

沿海有许多重要港口，多位于河流下游河口处，如汉堡、不来梅、威廉港、埃姆登港等都是河口港，内河为港口提供了便利的集疏运条件。

汉堡（Hamburg）港位于易北河下游两岸，北距河口约100千米，临北海，海船可直达，是德国最大商港，也是欧洲第二大集装箱港。它有别于其他海港，那就是它位于欧洲市场的中心，从而成为欧洲最重要的中转海港。它是德国重要的铁路和航空枢纽，市区跨越易北河两岸，市内河道纵横、多桥梁，在易北河底有横越隧道相通。汉堡港工商业发达，是德国的造船工业中心，主要工业除造船外还有电子、石油提炼、冶金、机械、化工、橡胶及食品等。该港属温带海洋性气候，全年多偏西风，温和湿润，冬雨较多，年平均气温为8℃，全年平均降水量约800毫米。平均潮差为2.8米。本港主要码头泊位有75个，岸线长17千米，最大水深14.5米。汉堡港有近300条航线通向世界五大洲，与世界1 100多个港口保持着联系。主要进口货物为煤、木材、矿石、原油、棉花、粮谷、水果、羊毛、烟叶、菜油、冰肉、蛋类、橡胶、咖啡、可可及杂货等，出口货物主要有焦炭、水泥、钢铁、机器及零件、车辆、电气用品、石油、人造肥料、糖、盐、玻璃器皿、纸张及化工品等。

不来梅/不来梅哈芬（Bremen/Bremerhaven）港位于德国北部威悉河下游及河口。两港区相距60千米。不来梅市港区分布在不来梅市区河道两岸，随着船舶大型化及货物吞吐量的增多，不来梅市内航道与港区已不能适应，于是在威悉河口区建了深水外港，其归属一个港务局，是内港与外港的关系，为德国第二大港，年吞吐量达3 000万吨。随着通往不来梅的航道加深到14.5米，港口无须候潮，可接纳第四代集装箱船。港内设有自由贸易区。该港属温带海洋性气候，盛行西南风，冬不冷夏不热，气温变化较小。码头泊位有50多个，岸线长12千米，最大水深11.5米。主要进出口货物有煤、石油、矿石、木材、钢铁、汽车、焦炭、食品、糖浆、化肥、粮谷、燃料油、化学品、钢铁制品及杂货等。

威廉（Wilhelmshaven）港位于德国西北部北海沿岸，是德国北部最大的石油进口港，有输油管道通往法兰克福，年吞吐量达3 000万吨，还是海军基地和渔业中心。港区码头泊位是一个油船突堤，长701米，突堤顶端岸线长640米，有4个卸油泊位，水深低潮时为14.9米，高潮时可达19.2米。码头最大可靠25万吨重的大型油船。主要进口货物有石油、煤、粮食、面粉、布匹、原木等，出口货物有机器及零件、废铁及杂货等。

埃姆登（Emden）港位于德国西北部埃姆斯河口，通过多特蒙德埃姆斯运河与鲁尔工业区相连，是鲁尔区进出口货物不经荷兰直接出海的重要通道，港内设有自由贸易区。港口有码头泊位20多个，岸线长5千米，最大水深12米。有各种岸吊、可移式吊、装船机、运输机及滚装设备等。主要进口货物有粮食、木材、糖、面粉、新闻纸、原油、汽车和杂货等，出口货物有汽车、水泥、化肥、煤、钢铁、石油产品、矿石及化工产品等。

卢卑克（Lubeck）港位于德国波罗的海沿岸，中型海船可直达，有运河通易北河，年吞吐量达1 000万吨以上，是德国波罗的海沿岸的重要港口。

四、西欧地区

西欧地形主要为平原和高原，山地面积较小。地处西风带内，绝大部分地区属海洋性温带阔叶林气候，雨量丰沛、稳定，多雾。河流多注入大西洋。主要矿物有煤、铁、石油、天然气、钾盐等。农作物以小麦、大麦、燕麦、马铃薯、甜菜为主，盛产葡萄和苹果。渔业和养畜业均较发达。比利时和法国所产阿尔登马，英国所产巴克夏猪、约克夏猪、大白猪、爱尔夏牛、纯血种马，荷兰所产荷兰牛等优良畜种世界闻名。

西欧是世界上资本主义经济发展最早的地区，也是世界现代工业的发源地，是世界资本主义经济最集中、最发达的地区之一，有生产水平先进的工业和高度集约化的资本主义农业，对外贸易额在世界总贸易额中占相当重要的地位。人均收入较高，还集中着伦敦、巴黎、鹿特丹、安特卫普等世界著名的工业、贸易、金融中心、交通枢纽。西欧不仅在欧洲，还在世界的政治、经济中占有举足轻重的地位。

（一）英国

英国（全称为大不列颠及北爱尔兰联合王国），是欧洲西北部大西洋中的一个岛国，由大不列颠岛、爱尔兰岛东北部及其附近 5 000 多个小岛组成，但 80%的小岛无经济意义，面积约为 24.41 万平方千米（包括内陆水域）。大不列颠岛又可分为英格兰、威尔士和苏格兰 3 个部分，以英格兰为最大，集中全国人口的 80%，是英国的政治和经济中心。

英国是四面环海的岛国，西海岸临大西洋和爱尔兰海，隔大西洋与北美洲相望，东北部濒临北海，东南和南部隔多佛尔、英吉利海峡与欧洲大陆各国相对，与法国最窄处只有 33.8 千米，即英国的多佛尔与法国的加莱之间的距离。大不列颠群岛原是欧洲古大陆的一部分，第四纪冰川后，由于大陆冰川融化，海水面上升，陆地相对下沉，出现了英吉利海峡，将其与大陆分开，形成今日群岛之雏形。大不列颠岛地势大致东南低、西北高，山地和高原多分布于北部和西部，主要在苏格兰、威尔士和北英格兰境内，平原、丘陵多分布于中、南英格兰，奔宁山脉纵贯英格兰中部，北爱尔兰周围环绕着高原、山地，中部为平原。

英国由于受西风和大西洋暖流的影响，冬暖夏凉，比同纬度其他地区夏季气温偏低，冬季气温偏高，年温差较小，属典型的温带海洋性气候。南北温差较小，北部 1 月平均气温为 3.5～4.3℃，7 月平均气温为 14℃；而南部 1 月平均气温为 5℃，7 月平均气温为 16℃。全国大部分地区全年不结冰。降水量各地差异较大，西部高达 2 000 毫米，东部则减少到 1 000 毫米以下。英国是世界上多雾的国家，全国平均日照时数每天只有 3～5 小时，冬季西北部少至 1 小时，首都伦敦曾以“雾都”而著称于世界。浓雾给航行及城市交通带来很大阻碍。夏季温度偏低而且湿度大，不利于种植业的发展，但对牧草生长十分有利，宜于发展畜牧业。东南部阳光较充足，是英国重要的农业区。

英国有较密的河网，流量平稳，冬季不结冰，但流程短，最长的塞文河只有 390 千米。泰晤士河是第二大河，仅 346 千米，其中通航部分为 280 千米，在伦敦附近河宽为 200～250 米，河口处宽为 16 千米，涨潮时下游水位可升高 6 米，使距海岸 64 千米的伦敦形成海港。

英国是能源资源丰富的国家，主要有煤、石油、天然气等。煤炭集中分布在苏格兰中部，南威尔士和中英格兰的沉积地层中可采储量达 46 亿吨。铁矿石资源丰富，铁矿储量达 27 亿吨，分布同煤炭大体一致。其他的非能源资源不丰富，主要工业原料依赖进口。

英国海域是冷暖流交汇之处，渔产极为丰富、种类繁多，是世界著名的渔场。英国是欧洲，也是世界主要渔业生产国之一，所以大不列颠岛被称为“鱼群环绕着的大煤堆”。这些资源对英国早期工业的建立和现代化经济的发展都起着十分重要的作用。

英国属人口密度大的国家，其总人口约为 6 564.8 万（2017 年）。英格兰人占人口总数的 83.4%，其次是苏格兰人（占 8.8%）、威尔士人（占 5%）、爱尔兰人（占 2.8%）。人口分布不平衡，人口都市化程度很高。据统计，80%的人口集中分布在距大城市中心 30 千米和特大城市中心 50 千米范围内。而大城市多分布在英格兰中部和东南部。居民多信奉基督教和天主教。英国是世界上人口移出最多的国家，美国、加拿大、澳大利亚、新西兰等都是以英国移民为主建立起来的国家。

英国农业虽然在国民经济中不占主要地位，但其农业高度发达，农业技术水平和劳动生产率都位于西欧的前列。农、牧业地区占国土面积的 76%，主要有畜牧业、粮食、园艺和渔业，生产的粮食可满足全国需求的一半以上，有些农产品还出口到其他国家，是欧盟第四大农产品出口国。农业以畜牧业为主，其次是种植业和园艺业。畜牧业产值占农业总产值的 70%左右，以奶牛、肉牛、绵羊和家禽为主。主要农作物有小麦、大麦、马铃薯、甜菜等。园艺业主要以蔬菜、水果、花卉为主。种植业主要分布在地势平坦、气候条件较好的英格兰东部、东南部。畜牧业主要分布在苏格兰、威尔士及英格兰北部、西南部。英国是欧洲最重要的捕鱼国之一，沿海渔业资源丰富，捕鱼量可满足本国 50%的需求量，每年为国家创造价值 550 亿英镑的食品，占全国总消费量的 2/3。

在工业方面，英国曾经是世界最大的煤炭生产国与出口国，英国能源长期以煤炭为主，年开采量超过 2 亿吨，占世界的 12%。随着石油和天然气的开发利用，煤炭在能源工业中所占的比重逐渐下降，2015 年 12 月英国关闭最后一座煤矿。英国采煤技术先进，综合机械化程度达 90%以上。石油年产量控制在 1 亿吨左右，自给有余，还有出口。北海油田给英国的经济增添了新的活力，石油工业的发展带动了英国整个工业的发展，改善了国际收支状况，也使经济相对落后的苏格兰地区工业结构和布局发生变化，阿伯丁成为英国最大的石油工业基地。英国还是世界天然气的主要生产国，天然气产量居世界第 5 位。电力工业以火电为主，约占总发电量的 75%，其次为核电，约占总发电量的 23%。英国是世界上建立核电站最早的国家，也是世界上拥有核电站较多的国家。

英国钢铁工业历史悠久，主要钢铁中心有塔尔伯特、莱温港、斯肯奈普、谢菲尔德和多瑟维尔等。钢铁产量的一半以上供出口。英国汽车工业主要分布在伦敦东南区和西米德兰区，且以生产高档小汽车闻名。造船工业是英国历史悠久的工业部门，曾占世界产量的 60%。现在英国造船业以制造军舰、商船及海上采油设备为主，产品 70%供出口。造船工业主要分布在格拉斯哥、加的夫、利物浦、贝尔法斯特和普利茅斯。英国现已成为世界上仅次于美国和法国的第三大航空航天工业国，其航空航天工业发展迅速。主要产品有飞机、直升机、导弹、飞艇、航空发动机、宇航飞行器、卫星、航空电子设备等，且已成为英国的主要出口商品。宇航工业主要分布在伦敦的东南部、伯明翰、考文垂及西米德区。

电子工业已成为英国主要的新兴工业部门，主要生产雷达、计算机、导航设备、通信设备、X 光扫描机等，其产品在国际市场上有一定的竞争力，约有一半供出口。电子工业主要分布在苏格兰的格拉斯哥—爱丁堡地区，集中生产计算机及附件，被称为英国的“硅谷”。化学工业是英国第二次世界大战后发展迅速的工业部门，主要产品有硫酸、药品、塑胶、合成树脂、化妆品、染料等。石化工业主要分布在北海沿岸或岛屿上，默齐河口、米德兰地区也是重要的化工中心，伯明翰是化肥生产中心。纺织工业是英国传统的工业部门，随着新兴工业部门的迅速发展，纺织工业已成为最小的工业部门，主要产品有棉纺、毛纺和化纤纺织等，其中，毛纺织品以质量高超而具有较强的国际竞争力。毛纺织工业中心在里兹，棉纺织工业主要位于曼彻斯特。棉花主要来自埃及、叙利亚、土耳其等国，羊毛则从澳大利亚和新西兰进口。

在对外贸易方面，英国是世界上第五大贸易国，与世界 80 多个国家和地区有贸易关系，主要的贸易对象是欧盟成员国、美国和日本。英国经济对外依赖性很大，素有“贸易加工国”之称，工业原料的 60%以上和食品的 40%依赖进口，商品和劳务出口则约占 GDP 的 15%。主要出口航空产品、电器和电子设备、化工产品、石油及各种机械设备，进口农产品、原材料和半成品等。

在交通运输方面，陆路、铁路、水路、航空运输发达，基础设施齐全，伦敦地铁更是四通八达，与铁路车站相连。公路是英国国内交通的主要方式，在客货运输中所占的比重远远超过铁路。第二次世界大战后，随着公路运输的迅速发展，铁路的地位逐渐降低，铁路总里程为 3.2 万千米。工业发达的英格兰南部、中部和东部铁路网密集，伦敦是全国最大的铁路枢纽。1994 年，英国、法国海底隧道贯通，从而将英国的铁路系统同欧洲大陆的铁路系统连接起来。英国航空运输发达，年客流量在 100 万人次以上的国际机场有 13 个，主要有西思罗、盖特威克、曼彻斯特、格拉斯哥、伯明翰、爱丁堡等。英国海岸线曲折，多天然良港。历史上的英国曾经是最强大的海运国家，拥有世界上最强大的商船队，是世界上重要的海运国之一，且海运是英国对外贸易的主要运输方式。全国共有大小港口 300 多个，其中吞吐量超过 1 000 万吨的港口有 12 个。

伦敦（London）港位于伦敦，为英国首都，是世界金融、贸易中心，也是南英格兰区的核心，包括周围 29 个城镇，面积约为 1 870 平方千米，称为“大伦敦”。伦敦港位于英格兰东南部、泰晤士河中下游两岸，距河口 80 千米，海船可直达，船舶从泰晤士河入港，河道两岸有许多货栈和码头，是英国规模最大、设备最完善的港口，年吞吐量达 7 000 万吨，主要作为进口港。伦敦还是英国最主要的制造业城市，以通用机械与电机著称，其飞机、精密仪器、汽车、炼油、化学、服装、造纸、印刷、食品、卷烟等工业均很发达。该港属温带海洋性气候，以西偏南风为主，多阴云雨雾，秋、冬季节常有浓雾，故有“雾都”之称。年平均气温为 11℃，年降水量约为 800 毫米。整个港区包括印度及米尔瓦尔、蒂尔伯里、皇港区，水域面积达 207 平方千米，大量的封闭式港池群是本港的一大特色，主要码头泊位有 84 个，岸线长 9.5 千米，最大水深 14.6 米。主要进口货物为石油、煤炭、钢铁、木材、矿石及粮谷等，出口货物主要有水泥、机械、车辆、石油制品、化工产品及日用杂货等。

费里克斯托（Felixstowe）位于伦敦东北方百余千米的伊普斯威奇城东南，与哈里季港隔河相对，濒临多弗尔海峡——北海国际航运要冲。有主要码头泊位 8 个，岸线长 1.5 千米，最大水深 10 米。经过 30 多年的建设，该港已成为英国最大的集装箱吞吐港。

利物浦（Liverpool）位于英格兰西北默西河河口，濒临爱尔兰海，是英国第二大港口。港口码头主要泊位有 34 个，岸线长 8 千米，最大水深 21.6 米。拥有各种现代化装卸设备。主要出口钢铁、化学制品、机械、汽车等，进口货物有粮食、矿石、木材、羊毛、肉类、饲料、棉花等。

贝尔法斯特（Belfast）港位于北爱尔兰东海岸，为北爱尔兰地区的重要港口。该港主要码头泊位有 24 个，岸线长 4 910 米，最大水深 11 米。装卸设备有各种岸吊、旋臂吊、运送吊、门吊及滚装设备等。出口货物有机器、废金属、纺织品、汽油、船舶、牲畜等，进口货物有煤、化肥、建材、粮食、木材、原油、饲料及化工品等。

南安普敦（Southampton）位于英吉利海峡北岸中段，为英国南部大商港。该港主要码头泊位有 31 个，岸线长 6.6 千米，最大水深 16 米。主要出口货物有机器、摩托车、精炼油及杂货等，进口货物有谷物、木材、原油、水果、羊毛、肉类等。

纽卡斯尔（Newcastle）港位于英国东海岸中部的泰恩河下游，是英国东部的煤炭输出港。该港属温带海洋性气候，盛行西南风，多阴云雨雾，冬季尤甚。年平均气温在 10～20℃，全年平均降水量约为 900 毫米。主要出口货物为煤炭、谷物、机器、燃油、纺织品、沥青、拖拉机及钢铁制品等，进口货物主要有矿石、木材、大麻、亚麻、水果、蔬菜、纸浆、柴油、啤酒及化工品等。

（二）荷兰

荷兰（全称为荷兰王国）又名尼德兰，位于欧洲西部莱茵河下游，西、北临北海，东、南分别与德国和比利时为邻。处于海河相连、重要水道枢纽的位置，这对荷兰经济发展具有重要的意义。荷兰面积约为 4.15 万平方千米，人口为 1 708.4 万（2017 年），是欧洲大陆上人口最稠密的国家之一。民族以荷兰族为主，占总人口的 90%，居民多信奉基督教和天主教。

荷兰是世界著名的洼地之国，60%以上的土地海拔不超过 1 米，38%的土地低于海平面，所以沿海建有 1 800 多千米的海堤用来防止水淹。高于海拔 50 米的地区不足国土面积的 20%，所以荷兰人以筑堤、排水、填海造地、与海水搏斗著称于世。荷兰河网密布，水面占国土面积的 1/6 以上，主要的河流有莱茵河、马斯河和斯海尔德河。荷兰属温带海洋性气候，冬暖夏凉，阴雨天较多。

荷兰境内矿产资源不多，资源已近枯竭，近年来在东北部发现丰富的石油、天然气资源。荷兰草场面积较大，占国土面积的 2/5 以上，耕地占 1/4，这对于发展农、牧业十分有利。荷兰资本主义发展很早，17 世纪荷兰就成为世界最大的海上殖民帝国，居欧洲领导地位。18 世纪后荷兰殖民体系逐渐瓦解，其海上霸权地位逐渐被英国所取代。

荷兰工业发达，主要工业部门有食品加工、化工、石油化工、冶金、机械制造、造船、印刷、钻石加工和飞机制造等。此外，其乳品加工、人造黄油、家用电器、电子仪器、特种船舶等在国际上享有盛誉。荷兰天然气资源丰富，是世界上仅次于美国、俄罗斯、加拿大的第四大天然气生产国，属第二大出口国，格罗宁根省气田是世界大气田之一，但荷兰其他资源贫乏，对外依赖较大，80%的原料依赖于进口，商品与服务的出口约占国民生产总值的 55%。荷兰农业以高度集约化、高产著称，以畜牧业和园艺业为主。荷兰是世界最大的花卉出口国，其交易额在全世界花卉交易总额中占 60%以上，西部莱茵河下游北岸是世界驰名的大园艺区，沿海地区盛产郁金香、水仙花等。荷兰的渔业发达，腌鲱鱼是其著名的出口商品。

由于荷兰经济为外向型经济，因此对外贸易在经济中占重要地位，出口额约占国民生产总值的 50%，长期顺差。进口主要为原料、半制成品、机械等，出口中制成品占 70%。

荷兰处于海陆交通过渡带的地理位置，加之稠密的内河水道、现代化的铁路、公路网，使荷兰各港口腹地延伸到欧洲大陆深处，这就使海运业不仅为本国经济发展服务，而且为莱茵河沿岸内陆国家所利用。所以海运在国民经济中地位突出。在莱茵河下游形成世界最大的港口鹿特丹港。

鹿特丹（Rotterdam）港位于莱茵河下游，距北海 18 千米处，是莱茵河进出的门户，是西欧和欧盟货物的集散中心，有“欧洲门户”之称。港区分布在莱茵河三角洲的马斯河河口两岸和新开河左侧。东西长 35 千米，全港 380 多个泊位分布在 19 个港区内，有多种专业码头，设备齐全，现代化水平高。鹿特丹港还是世界最大的集装箱港口之一，集装箱码头分布在埃姆、瓦尔两港区。

阿姆斯特丹（Amsterdam）是荷兰首都、最大城市、第二大港口，是西欧国际性港口之一，位于艾瑟尔湖之西南，有运河直通北海。该港主要码头泊位有 46 个，岸线长 10 千米，最大水深 15 米。各种装卸设备齐全，堆场容量达 300 万吨，谷物码头可靠泊 10 万载重吨的船舶，煤炭码头日装卸能力达 4 万吨，油码头可靠泊 10 万载重吨的油轮。由于围海造陆，距海较远，海上船舶进出需经 12 千米长的北海运河，10 万吨级船舶可自由出入港口。艾默伊登（Ijmuiden）是阿姆斯特丹的外港、北海运河的起点，利用进口原料建起了年产 500 多万吨的大型钢铁厂，还是北海石油、天然气的开采基地。主要进口货物为谷物、矿砂、煤、化肥、原油、可可粉、咖啡、纸张、机器、化工品及杂货等，出口货物有焦炭、成品油、小麦、化肥、金属器皿、运输设备、化工产品、肉类及日用品等。

（三）法国

法国国土大致呈不规则的六边形，三面环水、三面靠陆地，可谓海陆兼备的国家。东北部与比利时、卢森堡、德国接壤，东部与瑞士、意大利以孚日山脉和阿尔卑斯山脉为界，南以比利牛斯山脉为界与西班牙分开，其他三面分别濒临地中海、比斯开湾、英吉利海峡。法国面积约为 54.4 万平方千米，在欧洲是面积仅次于俄罗斯和乌克兰的第三大国。科西嘉岛是法国在地中海中唯一的岛屿。罗纳河、加龙河谷地自古以来就是沟通地中海、北海沿岸国家的通道，也是通往南欧、北非、亚洲的交通要道。

法国是以平原为主的国家，平原和丘陵占国土面积的 4/5，主要分布在西北部，属西欧平原的一部分，多为冲积平原，土质肥沃、土层厚，是法国的主要农业区。高大山脉多坐落在东部和西部边境上，地势由东南向西北倾斜，中南部是古老的中央高地。

河流多发源于中央高地，西部和北部注入比斯开湾和英吉利海峡的河流，上游流经山地，水流湍急，水力资源十分丰富。罗纳河水系位于中央高地和阿尔卑斯山脉东部之间，集中了全国50%多的水力资源，一些大水电站也建在这条河上。

法国的气候具有多样性的特点。西部与西北部属温带海洋性气候，东部则属温带大陆性气候，南部属地中海式气候。

法国自然资源丰富。森林面积占国土总面积的 25%，矿产种类多，铝土、铀矿储量在西欧各国中均居首位，铁矿和钾盐储量也很丰富。石油分布较广，但储量不大，煤炭不足，使法国能源供求失调，但天然气和水力资源较丰富，可补充部分矿物能源不足的问题。

法国人口约为 6 710.6 万（2017 年），约 90%是法兰西人。法兰西人是最早在这里居住的高卢人和后来征服者罗马人、法兰克人及日耳曼人、诺曼底人等经过长期融合而成的。少数民族多分布在边远山区，居民多信奉天主教。法国人口增长缓慢，致使法国人口在欧洲的比重从 1900 年的 10.5%降至 20 世纪 90 年代初的 7.1%，所以长期以来劳动力缺乏、劳动力价格比较昂贵，引进国外低廉劳动力是长期的历史现象。

法国农业发达，是西欧最大的农业生产国和出口国，是世界商品粮基地。法国有发展农业的良好自然条件，其农业生产的现代化水平和集约化程度均居世界前列，已形成以畜牧业为主、畜牧业和种植业并举、经济作物和园艺作物都很发达的现代化农业结构。法国农产品大量出口，在外贸平衡中起重要作用。

法国是欧洲资本主义发展较早的国家，它拥有比较完整的工业体系，在工业部门中，新兴工业如核能、石油化工、海洋开发、航空和宇航等部门近年来发展迅速，在工业产值中所占的比重不断提高。但工业中占主导地位的仍是传统工业部门，其中，钢铁、汽车、建筑为三大支柱。铁矿石资源丰富，蕴藏量约为 70 亿吨，主要分布在洛林地区，但品位低，开采成本高。进口矿石主要来自巴西、澳大利亚和瑞典等国。焦煤主要来自德国和波兰。钢铁工业主要分布在铁矿石资源丰富的洛林地区和依靠进口矿石为原料的北部沿海敦刻尔克周围地区及中南部的里昂、马赛、福斯港群一带。

汽车工业是法国的重要支柱产业和创汇的主要产业。其产量有一半以上供出口，汽车贸易连年顺差。汽车工业主要集中在巴黎、里昂、勒阿弗尔、斯特拉斯堡、圣太田、雷斯等地。法国航空工业技术水平和生产能力仅次于美国，居世界第 2 位，法国不仅能制造多种型号的军用、民用飞机及战术导弹，还拥有研制和生产多种人造卫星、航天设备和战略导弹的能力，且产品远销世界许多国家和地区。航空航天工业主要分布在巴黎、马赛、图鲁兹、波尔多、南特等地。

作为第二次世界大战后新兴的工业部门，电子电气工业发展迅速，其生产的无线电通信和导航设备居世界领先水平，产品多供出口，主要分布在巴黎、格勒诺尔布、里昂、里尔等地。法国石油加工技术仅次于美国居世界第 2 位。化学工业主要分布在巴黎、里昂、洛林、南锡等；南部地中海沿岸的马赛、福斯及北部沿海的勒阿弗尔为石化工业中心。法国能源的 70%依靠进口，煤炭主要来自德国、南非和波兰，石油主要来自中东地区。电力工业以核电为主，核电设备能力仅次于美国，居世界第 2 位，法国的电力还作为出口商品出口到邻国。作为传统的工业部门，法国纺织业发展相对缓慢，但服装业一直繁荣，服装业生产的特点是设计、生产技术先进，劳动生产率高，做工精良，产品在国际市场上享有很高的声誉。巴黎是时装设计中心，此外，纺织服装工业主要分布在里尔、里昂、鲁昂等地。

在对外贸易方面，受全球金融和经济危机的双重打击，2008 年，法国外贸增速明显放慢。据法国海关统计，2008 年，法国对外贸易额（不包括军火）达 8 821.4 亿欧元，较 2007 年增长 3.9%；其中，法国进口额达 4 766.2 亿欧元，出口额达 4 055.2 亿欧元，同比分别增长 5.3%和 2.3%。2007 年，法国对外贸易额 8 490.1 亿欧元，同比增长 4.4%；其中，进口额达 4 528 亿欧元，出口额达 3 962.1 亿欧元，同比分别增长 5.7%和 2.9%。法国进口商品主要有能源和工业原料等，出口商品主要有机械、汽车、化工产品、钢铁、农产品、食品、服装、化妆品和军火等。法国对外贸易的 71%在欧洲国家内部进行。美国是法国在欧盟之外的最大贸易伙伴。

法国的交通发达，航空、铁路、公路网密布，运输具有明显的国际性，首都巴黎是国际交通枢纽。法国航空运输发达，主要国际机场有戴高乐、奥尔利和勒布齐等。法国有较稠密的内河运输水系，主要河流塞纳河、卢瓦尔河、加龙河、罗纳河均可通航，且大河间有运河相通。法国是世界河网密度最大的国家，内河航道长 8 568 千米，其中运河航道长 4 613 千米。法国海岸线长约 3 000 千米，75%的进口货物和 20%的出口货物是通过海运来完成的。由于外部靠海，内部多大河，因此在沿海与河口处形成许多大港，罗纳河口的马赛港、塞纳河口的勒阿弗尔、卢瓦尔河口的南特—圣纳泽尔港、加龙河口的波尔多港等，还有东北部的敦刻尔克港。河口港便于利用内河作为货物集散的渠道，又可使海港因具有广阔的腹地而加强其地位。

马赛—福斯（Marseilles-Fos）港位于法国东南罗纳河三角洲东侧，濒临地中海，是法国最大的贸易港口，也是地中海沿岸的最大港口，主要承担法国对亚洲、非洲和大洋洲货物的吞吐。马赛港区地处马赛市之西。马赛港虽是全国最大的外贸门户，但由于水浅，其水道通航能力受到很大限制，于是在马赛以西 50 千米处的福斯兴建新港。马赛—福斯港周围已形成了一个巨大的沿海工业地带。该港背山面海，没有强劲的潮汐和海流，航道安全、昼夜通航，是一个天然良港，为地中海的最大商港，也是欧洲第三大港，又是世界最大客运港之一。本港不仅是公路、铁路和航空的枢纽，而且工商业发达，主要工业有炼油、纺织、食品、石油化工、造船及机械等，是欧洲第二大化学工业区。马赛港景色秀丽，气候宜人，多教堂、博物馆等名胜古迹，还是一个旅游胜地。该港属亚热带地中海式气候，盛行西北风，夏季多南到西南风。本港共包括 4 个港区：马赛、福斯、布克及圣路易罗拉港区。码头岸线总长 70 多千米，主要码头泊位有 112 个，岸线长 22 千米。本港主要进口货物为石油、煤、粮谷、木材、面粉、矿石、羊毛、蔬菜、水果、皮革、糖、硫黄及金属制品等，出口货物主要有水泥、机械、成品油、石灰、肥皂、酒及咖啡等。

勒阿弗尔（Lehavre）港位于法国西北部塞纳河口，为法国吞吐量第二大港和集装箱第一大港，也是塞纳河中下游工业区的进出口门户。该港承担法国与南、北美洲之间的货物转运，并且是来往西班牙、葡萄牙、爱尔兰和苏格兰的理想中转港口，还有高速公路与铁路通往巴黎，并与整个法国和西欧地区连接起来。主要工业有造船、机械、石油化工、木材加工、电工器材及食品等。该港属温带海洋性气候，盛行西风和西南风，冬温夏凉，常年有雨。港区主要码头泊位有 36 个，岸线长 8.5 千米，最大水深 29.8 米。主要进口货物为原油、煤、矿产品、皮革、纺织品、服装、肉类、电力机器及金属件等，出口货物主要有机器、车辆、石油产品、粮谷、纸张、运输设备、塑料原材料及杂货等。

鲁昂（Rouen）位于法国西北沿海塞纳河的下游至出海口处，为巴黎的外港，濒临塞纳湾的东南侧，是法国的谷物输出第一大港，港口距机场 80 千米。鲁昂以其精美的彩陶和瓷器成为法国的主要陶瓷中心。该港属温带海洋性气候，盛行西风，冬温夏凉，常年有雨。港区主要码头泊位有 58 个，岸线长 14 千米，最大水深 11 米。主要进口货物为煤、原油、矿石、焦炭、木材、车辆、纸浆、食品、酒及石油产品等，出口货物主要有谷物、水泥、滑石粉、糖、金属制品、化工品及杂货等。

敦刻尔克（Dunkerque）港位于法国北部，濒临多佛尔海峡，为法国第三大港，也是重要的渔港。该港自 1990 年开始大规模的建设，包括干散货码头的改建、铝土厂的新泊位及集装箱码头的扩大等。敦刻尔克港还是法国的一个重要的工业地区，它不仅是石油化工、机械工业中心，而且是法国的重要钢铁基地之一，还有造船、炼油及纺织等工业。港口有铁路轮渡同英国多佛尔港相连，并有铁路和运河直通比利时。该港属温带海洋性气候，盛行偏西风，冬温夏凉，常年有雨。港区有外港和内港两部分，外港分东、西两区，内港为一坞式港池，从外港进入内港有 3 个船闸出入。主要码头泊位有 45 个，岸线长 14.6 千米，最大水深 22 米。主要进口货物有矿石、煤、石油、木材、棉花、羊毛及杂货等，出口货物有粮食、水泥、化肥、石油制品、水果、蔬菜、糖及工业品等。

南特-圣纳泽尔（S. Nazaire-Nantes）港位于法国西部卢瓦尔河下游，圣纳泽尔在河口北岸，南特位于圣纳泽尔河下游，距河口 54 千米，是法国西部最大港口、全国第四大港口，还是重要的铁路和水运枢纽、工业中心，年吞吐量达 2 500 万吨以上，主要进口石油、煤、矿石等散货，占总吞吐量的 70%以上。其腹地经济发达，特别是炼油、造船、制糖、食品等工业，附近地带还是法国重要的农业区，是粮食、油菜籽、甜菜生产基地。该港属温带海洋性气候，盛行西到西北风。本港码头分布在南特以下直至圣纳泽尔的卢瓦尔河两岸，共有 10 个码头区，其中 8 个在北岸。主要码头泊位有 42 个，岸线长 7 千米，最大吃水 17 米。本港主要进口货物有石油、煤、糖、大米、茶、木材、纸浆、水泥、香蕉、蔬菜、咖啡、大麻、谷物、硝酸盐、磷矿及生铁等，出口货物主要有铁矿石、机器、豆饼、沙丁鱼、面粉、白兰地、奶油干果、蛋及石板等。

波尔多（Bordeaux）港位于法国西南部加龙河下游，距比斯开湾 98 千米，是法国西南部重要港口和铁路枢纽，也是大西洋东岸葡萄酒酿制中心，产量占全国葡萄酒总产量的 90%以上，有“世界葡萄酒皇后”之称。该港还可以通过加龙河连接图卢兹，经南运河进入地中海，成为沟通地中海与大西洋的重要水道。港口码头泊位有 27 个，岸线长 5 千米，最大水深 17 米。主要进口货物有石油、煤、木材、花生、矿石、烟叶、磷灰石等，出口货物有谷物、水泥、化肥、水果、蔬菜、酒类及杂货等。

五、南欧地区

南欧主要指阿尔卑斯山脉以南的巴尔干半岛、亚平宁半岛、伊比利亚半岛和附近岛屿。南面和东面临大西洋的属海地中海和黑海，西濒大西洋，面积为 166 万多平方千米。南欧三大半岛多山，平原面积甚小。地处大西洋—地中海—印度洋沿岸火山带，多火山，地震频繁。大部分地区属亚热带地中海式气候。河流短小，大多注入地中海。

南欧各国的地形以山地、丘陵为主，平原面积不大。地理位置正处于回归高压带和西风带交替地带，北部又有高大的阿尔卑斯山脉为屏障，除东北部为温带大陆性气候外，大部分地区属地中海式气候，夏季炎热干燥，冬季温暖湿润。

南欧各国除少数国家有石油、天然气和金属矿产外，大部分国家资源贫乏，尤其矿物能源多依靠进口，但水力资源丰富。主要矿物有石油、天然沥青、煤、铬、汞、铅、锌、铜等。

南欧的气候适合农业生产的发展，花卉与葡萄、柑橘、无花果等亚热带水果在国际市场占重要地位；农作物以小麦、玉米、烟草为主。盛产柑橘、葡萄、油橄榄、柠檬和栓皮等。牧羊业较发达，西班牙是世界著名的细毛绵羊美利奴羊的原产地；乳、肉用的畜牧业较发达，林、渔业占一定地位。南欧是油橄榄、葡萄、茴香、欧洲栓皮栎等栽培植物原产地。

地中海对南欧各国的自然地理、经济发展都有重要影响。自古以来，地中海航运业就很发达。地中海将欧洲、亚洲、非洲三洲沟通起来，尤其是苏伊士运河通航以后，地中海便成了联结东方、大西洋与印度洋的海上捷径。运河和直布罗陀海峡的存在，使南欧地理位置具有重要的战略意义。

（一）西班牙

西班牙国土由伊比利亚半岛大部及地中海上的巴利阿里群岛和大西洋上的加那利群岛组成，面积约为 50.59 万平方千米，是南欧面积最大的国家，人口约为 4 895.8 万（2017 年），以西班牙人为主，多数居民信奉天主教，首都为马德里。

西班牙东临地中海，西濒大西洋，北部以比利牛斯山脉为界与法国相邻，南端隔 14 千米的直布罗陀海峡与非洲相望，这里是地中海通往大西洋的咽喉，是欧洲通往非洲的陆上走廊，海岸线长达 3 900 千米，西北部多天然良港。

在农业方面，西班牙农业人口不断减少。可耕地面积为 4 000 多公顷，已经耕种面积约占一半。西班牙农业中以种植业为主，园艺业、畜牧业占比较大，粮食作物主要是小麦、大麦、燕麦和黑麦。橄榄和橄榄油产量仅次于意大利，居世界第 2 位；葡萄和葡萄酒产量仅次于法国和意大利，居世界第 3 位；柑橘次于美国和葡萄牙居世界第 3 位；地中海沿岸盛产杏仁。这些农产品都是西班牙的出口商品。森林面积达 1 179 万公顷，林业产值约占农业总产值的 5%。海岸线长 8 000 多千米，为其提供了丰富的渔业资源。7.5 万人直接从事捕鱼业，37.5 万人间接从事渔业加工和服务。拥有各种渔船约 1.9 万只，具有深海作业能力的大型渔轮约 2 000 艘，年捕鱼量达 200 万吨左右。

在工业方面，西班牙工业体系完善，水平较高。传统工业为纺织、建材、采矿、钢铁、制造、制鞋、食品加工等，新兴工业有汽车、机械、化工、电子、通信、核能及航空航天等。工业在内部结构上也有很大变化，从过去的以采矿和轻纺工业为主转为以钢铁、机械、造船、电器、电子、汽车、石油化工等为主的工业体系。西班牙是南欧唯一在地中海欧洲大陆架上采油的国家，原油年产量达 600 万吨。工业基本建立在本国原料的基础上，主要集中在东北部沿海，以巴塞罗那为中心，还有比斯开湾和首都马德里地区。

在对外贸易方面，2017 年，西班牙外贸出口总额为 3 015 亿美元，主要出口货物为机械、汽车、食品、制药、药物等；进口总额达 3 334 亿美元，主要进口商品为机械和设备、燃料、化学品、半成品、食品、消费品、测量和医疗仪器等。主要贸易伙伴是欧盟国家，主要包括法国、德国、意大利、英国及葡萄牙等。中国是西班牙第六大贸易伙伴和第一大贸易逆差来源国。拉丁美洲地区与西班牙有传统的贸易关系，贸易量约占西班牙外贸总量的 5%，其中墨西哥是西班牙在拉丁美洲地区最大的贸易伙伴。

西班牙三面环海，有些岛屿散布在大西洋中，气候宜人，风光绮丽，交通便捷，还有一些中世纪的名胜古迹和别具一格的民族习俗，旅游业十分发达，已经成了经济的重要支柱和外汇的主要来源之一。

西班牙交通运输基础设施完善，陆、海、空交通发达。西班牙航海历史悠久，海运十分发达，主要港口有 25 个，其中最大的港口有巴塞罗那、毕尔巴鄂、阿尔赫西拉斯、塔拉戈纳等。

巴塞罗那（Barcelona）港位于西班牙东北角地中海沿岸，是全国最大的工业中心和商港。全港共有 90 多个泊位，年吞吐量为 1 800 多万吨。该港属亚热带地中海式气候，上午多西及西北风，下午多南及西南风。本港主要进口货物为羊毛、棉花、粮谷、煤、油类、铁、木材、化肥、糖、机械、铜、黄麻纤维及化工品等，出口货物主要有纺织品、软木、酒、橄榄油、房瓦、肥皂、纸张、水果、羊毛制品、玻璃制品及杂货等。

毕尔巴鄂（Bibao）港位于北部比斯开湾东岸，是全国第二大海港，地处铁矿产区，输出铁矿砂，输入煤炭，是全国最大的钢铁基地。年吞吐量达 3 000 万吨以上。

阿尔赫西拉斯（Algeciras）港位于直布罗陀海峡东口北岸，临地中海—西欧间国际航道，为全国吞吐量第三大港，年吞吐量达 2 500 万吨以上。

塔拉戈纳（Tarragona）港位于巴塞罗那南部地中海沿岸，是西班牙第四大港，也是原油、煤炭输入港，年吞吐量达 2 000 万吨以上。

西班牙除上述港口外，还有巴伦西亚、卡塔赫纳、拉克鲁尼亚、希法、卡斯特利翁等。

（二）意大利

意大利领土由阿尔卑斯山脉南麓山地和波河平原、亚平宁半岛、西西里岛、撒丁岛及其附近岛屿组成，面积约为 30.13 万平方千米，亚平宁半岛和西西里岛把地中海分成东、西两部分，形成亚得里亚海和利古里亚海两个向北突出的大海湾。自古以来，意大利就是中欧到非洲的天然桥梁和地中海东西航线便捷的水路，发展海运的条件颇为有利。奥特朗托海峡、墨西拿海峡、突尼斯海峡、博尼法乔海峡成为海运中的必经水道。

意大利国土南北狭长，各地自然条件差异很大。北部大陆部分有高耸的阿尔卑斯山脉横贯东西，是莱茵河、波河、阿迪杰河等许多河流的发源地，各河蕴藏丰富的水力资源。山脉南部是波河平原，为意大利主要的农业区。半岛部分为亚平宁山地，半岛西部和西西里岛是火山、地震多发地带。埃特纳火山是欧洲最高的活火山，有历史记载已喷发多达 130 次。

意大利各地气候差异很大，南部是亚热带地中海式气候，大陆部分为温带大陆性气候。降水量较丰富，季节分配较均匀，适宜温带作物生长。意大利的矿产资源较贫乏，特别是矿物能源，只有少量的天然气、石油，但有丰富的水力资源、地热资源可弥补部分矿物能源的不足。意大利天然硫黄、汞、铝土矿较丰富，半岛上所产色泽美丽的大理石是著名的建筑材料。

意大利人口约为 6 213.7 万（2017 年），多为意大利人，有少数法兰西人，居民 90%以上信奉天主教。人口分布不平衡，集中分布在北部经济发达地区，60%的人口集中在城市。首都罗马是一座有 2 700 多年历史的古老名城，从 8 世纪起就是天主教的中心，多名胜古迹，是世界著名旅游中心。罗马城西北的梵蒂冈城是面积只有 0.44 平方千米的梵蒂冈城国的所在地，是各国天主教会的领导中心。

在农业方面，意大利是传统农业生产国，现代化程度很低，处于发达国家中的低水平。除波河平原自然条件较好为大农场经营外，其他地区经营规模都较小，农业生产率明显低于其他行业。由于意大利南部大多地区属地中海式气候，夏季干热，不利于牧草生长，因此，意大利农业以种植业为主，这与其他西欧国家不同。其主要粮食作物有小麦、玉米、稻谷等，除稻谷自给有余，还有出口外，小麦和玉米分别能满足需求的 85%和 77%，尚需进口。甜菜、烟草是两大经济作物，蔬菜在欧洲市场很受欢迎，是外汇收入的一部分，南部的柑橘、柠檬、葡萄、橄榄等地中海式水果以质优可口闻名于世，也是重要的出口商品。

意大利工业在国民经济中起主导作用。由于发展工业所需的能源和原料主要依赖进口，产品的 1/3 以上供出口，因此，意大利工业具有明显的“出口加工”特点。钢铁工业建立在进口原料的基础之上，焦煤的 100%、铁矿石的 90%、锰矿的 70%依赖进口。钢铁工业均分布于沿海，塔兰托、热那亚、萨沃那、那波利（那不勒斯）、威尼斯等沿海城市都是重要的钢铁工业中心，其中以塔兰托规模最大。意大利能源资源缺乏，煤炭和石油靠大量进口，只有天然气、水力和地热资源较为丰富。天然气分布于波河三角洲和波河上游，储量较大，但只能满足需求的一半。水力资源主要分布于阿尔卑斯山和亚平宁山区，地热资源主要分布于卡纳地区，拉尔德雷洛地热田是世界最大的地热田之一，佛罗伦萨建有地热发电站。在电力结构中，火电占 70%，水电占 25%，核电占 4%，地热发电占 1%。

机械工业是意大利重要的产业部门，主要包括动力机械、各种机床、制鞋机械、缝纫机械、打字机及其他精密机械等。汽车制造在国际市场上具有较强竞争力，都灵是全国最大的汽车工业中心。制鞋机械产量约占世界总产量的 50%，其中 65%以上供出口。意大利造船工业主要分布于沿海的里窝那、那波利（那不勒斯）、威尼斯、的里雅斯特等。传统化学工业主要以国内资源生产硫酸、化肥等产品，主要分布在米兰，加工石油能力居世界前列；石化工业主要分布在进口石油的沿海城市，如热那亚、那波利（那不勒斯）、奥古斯塔、卡里那里等，石油制品还出口到德国和瑞士。意大利纺织工业历史悠久，毛、棉纺产品出口均居世界前列。意大利素有“制鞋王国”之称，制鞋生产指数为63.7。

对外贸易是意大利经济的主要支柱，对国际市场依赖较大。进口以石油、煤炭、原材料、棉花和食品为主，出口则以机械设备、化工产品、家用电器、纺织、服装、皮鞋、印刷设备、办公设备、金银首饰等轻工产品为主。意大利外贸市场的重点在欧洲，主要贸易对象是德国、法国、英国和美国等发达国家，与欧盟国家间贸易超过其对外贸易总额的50%以上。2012年1～6月，意大利出口总额为1 951.45亿欧元，同比增长约4.2%。其中，对欧盟国家出口与2011年同期基本持平，约为1 072.89亿欧元；对非欧盟国家出口约878.56欧元，同比增长9.9%。同期，进口总额为1 952.30亿欧元，同比下降5.8%。其中自欧盟国家进口额为1 021.58亿欧元，同比下降7.5%；自非欧盟国家进口额为930.72亿欧元，同比下降3.8%。贸易逆差总额为8 500万欧元，较2011年同期198.79亿欧元逆差有大幅缩减。其中，6月实现贸易顺差25亿欧元，为2005年7月以来最高值。从国家和地区看，意大利对欧盟实现贸易顺差51.31亿欧元，对非欧盟国家逆差为52.15亿欧元。其中逆差最大来源地是石油输出国组织，达110.76亿欧元。

在交通运输方面，其国内运输主要依靠公路，也是意大利交通系统中最令人满意的运输类别。其公路系统是欧洲最发达最高效的公路系统之一。意大利每平方千米面积公路密度位居欧洲第三，但总长度份额占据欧洲44国整个公路网总和的16.2%。其中国家高速公路全长达6 600千米，在欧盟排第四；意大利铁路网星罗棋布，共有火车站3500多个。铁路线路有很多隧道，其中与瑞士的森皮奥内隧道长19.8千米，是世界第一长铁路隧道。意大利也是世界发展高铁项目最早的国家之一。目前，意大利与法国正在投入85亿欧元修建欧洲最大的跨国高铁，连接法国的里昂和意大利都灵；意大利空运系统也较为发达。意大利航空运输先天条件优越，至欧洲和地中海主要首都城市的飞行时间均不超过3小时，国内航线十分密集，从北部到南部飞行所需时间不超过1小时；意大利水运系统也非常发达，其中占主要地位的为海运，意大利近8 000千米漫长的海岸线上分布着148个大大小小的港口，主要港口有热那亚港（地中海第二大港）、那不勒斯（意大利最大客运港）、塔兰托（地中海最大军事港口）。

热那亚（Genoa）港位于利古里亚海热那亚湾北岸，为全国第一大港，是化工、钢铁和造船基地。年货物吞吐量达5 500多万吨，居世界第32位。热那亚还是瑞士的主要出海口，设有自由贸易区。

那波利（那不勒斯）（Napoli）港位于亚平宁半岛西南第勒尼安海沿岸，是意大利南部工业中心和大贸易港口，是意大利的主要炼油中心之一，也是钢铁工业中心之一。主要工业有炼油、钢铁、造船、机器、化学、汽车装配、纺织及食品等，还有较多的古代艺术、文物及风景游览区，旅游业发达。该港属亚热带地中海式气候，上午多北—东北风，下午多南—西南风。港口主要码头泊位有51个，岸线长8千米，最大水深14.3米。主要出口货物除石油制品外，还有煤、水果、钢铁、食品、建材、蔬菜及化工品等，进口货物主要有原油、矿石、谷物、木材、化肥、鱼、钢材及石油产品等。

利沃诺（Livorno）港濒临利古里亚海，较早开展集装箱运输，是意大利第三大集装箱港口，不仅承担意大利北部、中部工业区的货运任务，还中转德国、奥地利等国的货物。

拉斯佩齐亚（Laspezia）港位于利古里亚海东北岸，是意大利北方工业区重要的贸易口岸，也是北部的油港。有南北沿海铁路通西海岸沿海城市，距热那亚 80 千米，并有横穿亚平宁山脉的公路连接北方波河平原。主要工业有造船、铸铁、炼油和机械制造等。该港是意大利的大理石生产中心，年产大理石约 100 万吨。该港属亚热带地中海式气候，盛行东南和西北风。本港主要码头泊位有 23 个，岸线长 5.5 千米，最大水深 14.5 米。主要进口货物为原油、煤、天然气、木材、小麦、粗麻、废铁、纸浆及矿石等，出口货物主要有大理石、矿石、钢管、铁棒、铅块及爆炸品等。

墨西拿（Messina）港位于意大利南部西西里岛东北角、墨西拿海峡的西端，濒临第勒尼安海的东南侧，是意大利西西里岛上的主要海港之一，与意大利各港之间均有海上交通。该港属亚热带地中海式气候，盛行西北和南风。本港水域面积约为 78 万平方米，自西北方向入港，入口处水深达 58 米。港区主要码头泊位有 6 个，岸线长约 1 200 米，码头岸边最大水深约 24 米。主要出口货物有水果、酒、椰子油、鱼、亚麻籽、丝及杏仁等，进口货物主要有煤、木材、粮食、铜、铁、棉花、毛织品、石油、鱼及酒精等。

的里雅斯特（Trieste）港位于亚得里亚海威尼斯湾北部，有油管通向德国，是中欧和东南欧许多国家商品进出要港。

威尼斯（Venice）港位于亚得里亚海威尼斯湾北部，是地中海贸易中心之一，是著名的水城、旅游胜地。年货物吞吐量达 2 500 万吨以上。该港属亚热带地中海式气候，盛行东北—东风，冬季雾较多。当春季有强劲的东南风时，潮高增加，有时会淹没个别码头。本港港区之间及小岛与大陆之间都有公路、铁路桥相连。主要码头泊位有 59 个，岸线长 8.3 千米，最大水深 15 米。主要出口货物为棉纱、丝、大麻、铝矾土、纺织品、化肥、人造丝及杂货等，进口货物主要有煤、原油、矿产品、焦炭、谷物、铁、棉花、磷灰石及木材等。

杰拉（Gela）港位于西西里岛西南岸，是意大利主要商港，年货物吞吐量达 4 500 万吨左右，以进口原油、铁矿石、煤、粮为主。

塔兰托（Taranto）港位于爱奥尼亚海塔兰托湾，是意大利东南部重要港市，也是亚平宁半岛东南部农产品集散中心。本港建有意大利最大，也是世界最大的钢铁厂之一的塔兰托钢铁厂。年货物吞吐量达 3 000 万吨以上，主要为散货。

奥古斯塔（Augusta）港位于意大利南部西西里岛东海岸中部奥古斯塔湾的北侧湾口处，距卡塔尼亚港约 30 千米，是意大利西西里岛的主要油港，也是意大利的主要炼油中心之一。本港地处马耳他海峡和墨西拿海峡附近，是东西地中海航路的要冲，地理位置十分重要。该港属亚热带地中海式气候，盛行南风和东北风，冬季暖湿多雨。港区主要码头泊位有 18 个，岸线长 5 千米，最大水深 25 米。主要进口货物为原油、钾肥及矿石等，出口货物主要有燃油、煤油、汽油、水泥、化肥及成品油等。年货物吞吐量约为 3 500 万吨。

小　　结

欧洲作为世界第六大洲，是资本主义经济发展最早的洲，工业革命首先发生于此，在工业革命的推动下，欧洲的国内外市场开始扩大，促进了商业繁荣，为工业积累了资金。农业机械化程度和工业生产水平均较高，生产总值在世界各洲中居首位，其中工业生产总值所占的比重很大。欧洲是世界上拥有发达国家数量最多的洲，德国、法国、英国等国拥有良好的自然条件和丰富的资源，经济发达，因此欧洲未来的经济发展具有很大潜力。

欧洲的交通物流业发达，海运在欧洲物流业中占有重要的地位。欧洲拥有众多的优良港口和重要航道，每年世界各地不计其数的轮船和货物在这里进进出出，一片繁忙。

思考题

1. 试比较英国、法国、德国经济发展水平的差异程度。
2. 利用地图说明中欧交通位置的重要性。
3. 比较欧洲各国航运业和港口建设的发展情况，并列举欧洲各主要港口的进出口货物。
4. 俄罗斯的主要河流、平原、山脉、湖泊、海港和最长的铁路线有哪些？伏尔加河与鄂毕河的流向为什么不同？

第十一章 北美洲

知识点

美国和加拿大经济发展的地理背景、主要特征、主要经济部门，美国工、农业生产的地域分布，美国与加拿大的交通、外贸、海运与港口等概况。

技能点

着重掌握美国、加拿大的地理环境特征，学会利用这些知识分析两国经济发展及其对世界经济发展的影响。

案例导入

美洲包括北美洲和南美洲。美洲这个词是亚美利加州的简称。美洲的命名，普遍的说法是为纪念意大利的一位名叫亚美利哥·维斯普奇的著名航海家。1499年，亚美利哥随同葡萄牙人奥赫达率领的船队从海上驶往印度，他们沿着哥伦布所走过的航路向前航行，克服重重困难终于到达美洲大陆。亚美利哥对南美洲东北部沿岸作了详细的考察，并编制了最新的地图。1507年，他的《海上旅行故事集》一书问世，轰动全世界。这本书引人入胜地叙述了“发现”新大陆的经过，并对大陆进行了绘声绘色的描述和渲染。亚美利哥向世界宣布了新大陆的概念，冲垮了中世纪西方地理学的绝对权威普多列米制定的地球结构体系。于是，法国几个学者便修改和补充了普多列米的名著《宇宙学》，并以亚美利哥的名字为新大陆命名，以表彰他对人类认识世界所作出的杰出贡献。新《宇宙学》一书出版后，根据书中的材料，在地图上加上了新大陆——亚美利哥洲。后来，依照其他大洲的名称构词形式，将“亚美利哥”改成“亚美利加”。起初，这一名字仅指南美洲，到1541年麦卡托的地图上北美洲也算作美洲的一部分。

第一节　北美洲概况

北美洲北濒北冰洋，南滨墨西哥湾，东、西分别面临辽阔的大西洋和太平洋；东北隔格陵兰海、丹麦海峡与欧洲相望，西北隔白令海峡与亚洲相对。大陆东、西两个极点是拉布拉多半岛上的圣查尔斯角（西经 55°40′，北纬 52°13′）和阿拉斯加半岛上的威尔士王子角（西经 168°05′，北纬 65°37′）。本大陆北部伸入北极圈，最高纬度达北纬 84°，大陆最南端约为北纬 7°。北美洲地理区域分为东部地区（拉布拉多高原、阿巴拉契亚山脉以东的地区）、中部地区（拉布拉多高原、阿巴拉契亚山脉与落基山脉之间）、西部地区（属美洲科迪勒拉山系北段，落基山脉是本区骨架）、阿拉斯加、加拿大北极群岛、格陵兰岛、墨西哥、中美洲和西印度群岛 9 个地区。

北美洲国家包括巴哈马、伯利兹、美国、巴巴多斯、加拿大、哥斯达黎加、古巴、萨尔瓦多、格林纳达、危地马拉、洪都拉斯、海地、牙买加、圣卢西亚、墨西哥、尼加拉瓜、巴拿马、多米尼加、多米尼克、圣文森特、格林纳丁斯、特立尼达、多巴哥、安提瓜、巴布达、圣基茨和尼维斯。

一、北美洲的自然环境

北美洲的地理位置同亚欧大陆非常相似，它纬向延伸很广，穿越了北半球除赤道带以外的绝大多数气候带，南北各地地面受热状况有很大差异，这就决定了北美洲气候类型的多样性。由于北美洲大陆轮廓北宽南窄，略呈一倒置梯形，大陆的大部分面积位于北纬 30°～70°，其中北纬 50°～70°最为宽广，因此，北美洲主要属温带和亚寒带气候型，尤以亚寒带大陆性气候占优势。北纬 30°以南，因面积不大，亚热带气候所占面积很小。

北美洲东西均临大洋，因而使东西岸的气候类型完整而有规律地南北更替，只是由于北美大陆的面积比亚欧大陆小，冬夏海陆热力差异的程度没有亚欧大陆大。因此，北美大陆东部不具备亚洲东部那样典型的季风气候。

北美洲大陆海岸线长约 6 万千米。西部的北段、北部和东部海岸比较曲折，多岛屿和峡湾，南半部海岸较平直。半岛总面积约为 210 万平方千米，岛屿总面积约为 400 万平方千米，居各洲之首，格陵兰岛为世界最大岛。全洲海拔为 200 米以下的平原约占 20%，海拔为 200～500 米的平原和丘陵约占 22%，海拔为 500 米以上的高原和山地约占 58%，全洲平均海拔为 700 米。大陆地形的基本特征是南北走向的山脉分布于东、西两侧与海岸平行，大平原分布于中部。地形明显地分为以下 3 个区。

1）东部山地和高原：圣劳伦斯河以北为拉布拉多高原，以南为阿巴拉契亚山脉，地势南高北低，海拔一般为 300～500 米。阿巴拉契亚山脉东侧沿大西洋有一条狭窄的海岸平原，西侧逐渐下降与中部平原相接。

2）中部平原：位于拉布拉多高原、阿巴拉契亚山脉与落基山脉之间，北起哈得孙湾，南至墨西哥湾，纵贯大陆中部。平原北半部多湖泊和急流，南半部属密西西比河平原。

3）西部山地和高原：属科迪勒拉山系的北段，从阿拉斯加一直伸展到墨西哥以南，主要包括3条平行山地，东带为海拔2 000～3 000米的落基山脉，南北延伸5 000千米，是北美洲气候上的重要分界线；西带南起美国的海岸山岭，向北入海，形成加拿大西部的沿海岛屿，海拔一般为1 000～1 500米；中带包括北部的阿拉斯加山脉、加拿大的海岸山脉、美国的内华达山脉和喀斯喀特岭等。阿拉斯加的麦金利山海拔为6 194米，为北美洲最高峰。东带和中带之间为高原和盆地，大盆地底部海拔为800～1 300米，盆地南部的死谷低于海平面86米，为西半球陆地的最低点。

北美洲的外流区域约占全洲面积的88%，其中属大西洋流域的面积约占全洲面积的48%，属太平洋流域的面积约占全洲面积的40%。除圣劳伦斯河外，其他大河发源于落基山脉。落基山脉以东的河流分别流入大西洋和北冰洋，以西的河流注入太平洋。内流区域（包括无流区）约占全洲面积的12%，主要分布在美国西部大盆地及格陵兰岛。密西西比河是北美洲最大的河流，按长度为世界第四大河，其次为马更些河、育空河、圣劳伦斯河和格兰德河等。北美洲的河流上多瀑布，落差最大的瀑布是美国西部约塞米蒂国家公园的约塞米蒂瀑布，落差达739米。北美洲是一个多湖泊的大陆，淡水湖总面积约为40万平方千米，居各洲首位。湖泊主要分布在大陆的北半部。中部高原区的五大湖（苏必利尔湖、休伦湖、密歇根湖、伊利湖、安大略湖）的总面积为245 273平方千米，是世界上最大的淡水湖群，有“北美地中海”之称，其中以苏必利尔湖面积最大，为世界第一大淡水湖。北美洲的地表水十分丰富，88%为外流区域，分属于大西洋、太平洋、北冰洋水系。伊利湖与安大略湖之间的尼亚加拉河上有著名的尼亚加拉瀑布，落差为51米，宽为1 240米，为北美洲一大名胜。

二、北美洲的人文环境

北美洲的最早居民为印第安人，这里创造了玛雅、托尔特克和阿兹特克古代文明。哥伦布于1492～1504年4次率领西班牙船队到达西印度群岛探险，先后到达巴哈马群岛、安的列斯群岛和中美地峡沿海地带。继哥伦布发现“新大陆”后，欧洲人大量向北美洲移民，并对印第安人残酷掠夺，实行殖民统治。16世纪中叶，西班牙人在美国、墨西哥边界以北的大陆主体部分建立了圣奥古斯丁殖民地。17世纪初，法国人在现加拿大东海岸的新斯科舍建立第一个居住地，随后建立了魁北克殖民地，先后扩展到圣劳伦斯河和墨西哥湾沿岸地区。17世纪初，英国在弗吉尼亚建立第一个永久性殖民地。此后，荷兰、芬兰和瑞典在大西洋沿岸地区相继建立殖民地。英国的殖民活动虽然较晚，但采取了一些有效的移民措施，使英国移民大量增加。1705年，英国移民已达法国的20倍。18世纪中期起，通过战争手段，英国先后夺取了原法国在密西西比河以东和圣劳伦斯河沿岸的大片殖民地。之后英国移民及其后裔于1776年脱离英国，建立了美利坚合众国。一些亲英的反独立者北迁今加拿大安大略省和魁北克省，形成美国和加拿大的雏形。格陵兰早期由丹麦和挪威共管，1814年起成为丹麦的殖民地，1953年划为丹麦的一个行政区，1979 年 5 月 1 日实行内部自治。北美大陆南部、中美地峡和西印度群岛地区早期主要为西班牙殖民地，英国、法国、荷兰等国家从 16 世纪末在小安的列斯群岛建立殖民地。

北美洲有 6 个国家，人口总数约为 4.91 亿（2018 年）。中部和北部有美国和加拿大及丹麦属格陵兰，南部为墨西哥和英属百慕大群岛等。人口分布极不平衡，86%左右集中于美国、墨西哥、加拿大 3 个国家，其中，美国占 61.4%左右。美国、加拿大两国城市化水平最高，城市人口占 75%以上。由于近几百年来人口的集居，民族成分较为复杂。主要居民为白种人、黑种人、印第安人和混血种人。美国、加拿大以白种人为主，墨西哥以印欧混血种人为多，西部山地高原印第安人较为集中，中美地峡和西印度群岛以西班牙移民的混血种人为主，巴巴多斯、海地、巴哈马、格林纳达、牙买加等岛国则以黑种人为主。英语为美国的官方语言，英语、法语为加拿大通用的官方语言，美国、英国、法国的海外属地通用英语和法语，加勒比地区绝大多数国家通用西班牙语。

第二节　北美洲的经济状况及发展

北美洲丰富的自然资源和多种多样的环境类型为经济的多样化发展奠定了基础，西欧国家早期的殖民统治、人口的大量移入促进了本洲的早期开发和发展。美国和加拿大是当代发达的资本主义国家，拥有雄厚的物质技术基础，形成了复杂的工农业生产体系，其中，美国工业产值约占资本主义世界的 40%，其他国家和地区均为发展中国家，多为单一的种植园经济，经济基础薄弱，成为这些发达资本主义国家资源掠夺和经济控制的目标。

一、北美洲的农业

北美农业生产水平较高，农场、种植园和牧场为主要的生产组织形式，机械化、化学化、良种化程度较高，具有高度的地区专门化生产，如美国中部平原区的小麦带、玉米带和棉花带，五大湖和新英格兰地区的乳酪带等。产品的商品化程度很高，如小麦带所产小麦在国际小麦贸易中占重要地位，西印度群岛各国的蔗糖在国际食糖贸易中也相当重要。种植业主要分布于平原地区，中部平原是全洲也是世界上重要的现代化农业区，粮食作物以小麦、玉米为主，经济作物有棉花、大豆、香蕉、烟草、咖啡等。棉花主要分布于美国的棉花带，以及墨西哥、尼加拉瓜、萨尔瓦多和危地马拉。中美地峡是世界上最大的香蕉输出地。畜牧业也是北美洲重要的农业部门，五大湖和新英格兰地区以饲养乳牛为主，大平原南部半干旱区则以肉牛为主。美国玉米带的养猪业和东南部的养鸡业也相当发达。渔业以海洋捕捞为主，纽芬兰岛东南部为寒、暖流交汇处，为世界最大的渔场，盛产鳕鱼和鲽鱼。美国东北部海岸外渔场盛产龙虾。

二、北美洲的工业

北美洲是世界工业发达地区之一，尤其美国和加拿大为世界重要工业大国。美国的电子、宇航、电力、化学、机械制造等工业居世界领先地位，轻工、石油、煤炭、钢铁、汽车等部门也很发达。加拿大是世界主要矿业国之一，在已开采的60余种矿物中，锌、镍、石棉、钾盐、铀、钼、硫黄、黄金、白银、铜、铅、锌、铁产量均居世界前列，为世界最大的矿产品出口国。加拿大制造业发展水平也相当高，是其最大的工业部门。此外，木材和纸浆、造纸工业在世界上也占有突出地位。墨西哥的石油和采矿业（银、镉、萤石等），特立尼亚和多巴哥的石油、天然气和沥青开采，牙买加的铝土开采，古巴的制糖和采矿等也很著名。

工业部门的空间分布可以分为以下区带：

1）中部大西洋沿岸工业带，为从美国波士顿到巴尔的摩的狭长地带，早期工业有纺织等，今已发展成为具有纺织、食品、化学、机械制造、造船、钢铁、电子等部门的综合性工业基地。纽约是带内最大的港口和工业城市。

2）五大湖工业区，分布在五大湖以南的圣保罗—辛辛那提—布法罗三角区内，是北美主要的制造业基地，钢铁工业、汽车、农机等居重要地位。匹兹堡有钢都之称，底特律是世界知名的汽车城，克利夫兰是美国重型机器制造业中心，芝加哥为本区最大的工业城市、铁路枢纽。

3）圣劳伦斯工业带，主要分布在加拿大境内的圣劳伦斯谷地和五大湖下游地区，为加拿大工业最集中的地区，主要有钢铁、汽车、机械制造、造船、化学、食品等工业部门，多伦多、蒙特利尔为全国两大工业中心，温莎是汽车制造中心，哈密尔顿是全国最大的钢铁和重型机器制造中心。

4）墨西哥湾沿岸工业区，是在墨西哥湾油田基础上发展起来的新兴工业区，以石油开采、石油化工、飞机制造和宇航工业为主。

5）太平洋沿岸工业区，北起西雅图、南到圣迭戈，是美国另一新兴工业带，以电子、宇航、石油工业为主。西雅图和洛杉矶是美国飞机制造中心，附近的硅谷是世界上最大的微电子工业中心。

6）墨西哥中央高原工业区，位于墨西哥高原南部，是以石油、采矿工业为基础的墨西哥最重要的工业区。本区最大的工业中心是墨西哥城和瓜达拉哈拉。

三、北美洲的交通运输业

北美洲的交通运输业比较发达，铁路总长42万多千米，内河通航里程为5.5万多千米，公路四通八达。大宗外贸商品主要依靠海运，重要的国际性海港有纽约、新奥尔良、休斯敦、巴吞鲁日、费城、洛杉矶、温哥华、蒙特利尔、科隆、哈瓦那等，纽约的伊丽莎白港、奥克兰、西雅图等为重要的集装箱港口。公路运输是陆地运输的主要形式，美国、加拿大两国之间的高速公路网发达，运输繁忙。洲际运输主要依靠航空，著名的国际航空港有芝加哥、亚特兰大、纽约、迈阿密、洛杉矶、旧金山、温哥华、多伦多、渥太华、墨西哥城、哈瓦那等。铁路通车里程虽仍居世界前列，但铁路客运日趋萧条，主要用作货物运输。美国东北部是交通最发达的地区，其次是美国中部、东南部、西部沿海地区，加拿大东南部和墨西哥东部以公路和铁路运输为主。古巴的糖厂铁路专用线较发达。加拿大中部地区的夏季河运、冬季雪橇运输也很重要。北部沿海地区以雪橇运输为主。

四、北美洲的经济贸易

北美洲特别是美国、加拿大工农业生产的高度发达使本洲成为世界最重要的进出口贸易地区，而且对于国外市场有重要的依赖性。出口产品有农林和畜产品，如小麦、大豆、原油、木材、纸浆、蔗糖、香蕉等，以及工业品电子、仪表、飞机、汽车、各种机械和化工产品等。美国、加拿大边界的自由贸易区在北美洲商业和贸易发展中具有十分重要的意义。

北美洲中美国与加拿大都是世界上发达的资本主义国家。美国的经济和综合国力均居世界首位，加拿大是西方 7 国经济集团的重要成员之一。美国是世界第一贸易大国，其科技水平世界领先，尽管美元在世界的地位有所下降，但仍是主要的国际货币，将近一半的世界贸易用美元结算，自苏联解体以后，美国成为世界上唯一的超级大国。加拿大是后兴起的移民国家，也是高福利、高工资的国家，GDP 居世界第 7 位，许多工农产品的产量和出口量在世界上占有突出地位，其能源、机械、钢铁等的消费量都居世界前列，加拿大的农业和第二、第三产业也十分发达，加拿大还是世界五大粮食出口国之一，其农业地位不可小视。

另外，在 1988 年 1 月 1 日美国与加拿大正式签署“美加自由贸易协定”，并于 1989 年 1 月 1 日生效。1991 年 6 月，美国、加拿大和墨西哥就 3 国建立自由贸易区开始了谈判。北美自由贸易区于 1994 年 1 月建成，3 国于 2010 年之前分段取消关税壁垒。这将在北美建成世界上最大的区域性经济集团，形成一个与欧盟相抗衡的共同市场，无疑将对世界经济格局产生重大的影响。北美自由贸易区现正积极向南扩展，1994 年 12 月，在迈阿密召开的美洲国家首脑会议上，34 个与会国决定在 2005 年建立一个囊括北美、中美、南美的美洲自由贸易区，成为范围更大、跨洲的自由贸易区。这个美洲自由贸易区现已初步建成并在逐步完善之中，相信，在不久的将来，对美洲经济乃至世界经济的发展将发挥越来越重要的作用和影响。

第三节　北美洲的主要国家

一、美国

（一）自然状况

美国（全称为美利坚合众国）位于北美洲南部，面积约为 937.26 万平方千米，仅次于俄罗斯、加拿大和中国，居世界第 4 位。全国划分为 50 个州和 1 个区。本土 48 个州，北面大致以北纬 49° 和五大湖与加拿大为邻，西南邻墨西哥，东南濒墨西哥湾，隔海可与西印度群岛相望，东临大西洋，西濒太平洋。另外，还有两个“海外州”：一是北美大陆西北端的阿拉斯加；二是太平洋中的夏威夷。阿拉斯加州位于北美西北角，东邻加拿大，西隔白令海峡与俄罗斯相望，三面被海包围，战略地位十分重要，它是美国最大的一个州，森林、水力、矿产资源都很丰富，被人们称为“没有上锁的宝库”。近年来，随着石油资源的发现和开发，石油在美国经济生活中的地位越来越高。夏威夷州地处太平洋中央，从美洲西海岸到亚洲、大洋洲的航海线，横跨太平洋的航空线，穿过太平洋的海底电缆都从这里通过，所以夏威夷州常被人们称为“太平洋的十字路口”，对美国的海外活动起重要作用。

美国土地广阔，耕地（28 亿亩）、森林（46 亿亩）、草原（32 亿亩）面积均较大。本土地处北纬 25°～49°，大部分属温带和亚热带。在辽阔的土地上气候类型多样，既有东部的温带大陆性气候，又有南部墨西哥湾沿岸的亚热带气候；既有太平洋沿岸北部的温带海洋性气候，又有太平洋沿岸南部的地中海型气候，而西部高原山地气候较干燥。多样的气候类型为农业生产的多部门发展创造了有利的自然基础。同时，美国广阔的土地上有庞大而完整的水系、多样而丰富的矿产资源，这一切都为美国经济的发展提供了极为有利的条件。

美国本土地形东西两侧高、中间低，明显分为 3 个纵列带。西部为科迪勒拉山系的一部分，由一系列山脉、山间高原、盆地和谷地组成。这里蕴藏着丰富的资源，由铜、铅、锌、钼、钴、金、银等金属矿物，还有煤、石油等矿物燃料，水力和森林资源也很丰富，是美国重要的资源基地。中部地区为五大湖平原和密西西比河平原，其面积约占国土面积的一半。这里有稠密的水网，便于灌溉和航运。苏必利尔湖附近是著名的大铁矿区，墨西哥湾沿岸是著名的石油产区。这里还是美国重要的农牧区，是世界著名的“谷仓”。中部平原地区往东就是阿巴拉契亚山地和大西洋沿岸低地。山脉西侧有丰富的石油和黄金。夏威夷州位于太平洋北部，由夏威夷岛、毛伊岛、莫洛岛、瓦胡岛、考爱岛等 8 个大岛和 100 多个小岛组成，是太平洋上海空航运中心，其地理位置十分重要。夏威夷州气候宜人，风景秀丽，历史名胜较多，旅游资源丰富。

（二）人文环境

美国人口约为 3.266 亿（2017 年），占世界人口的 5%，仅次于中国、印度，居世界第 3 位。人口密度较小，平均每平方千米 28 人。人口分布不平衡，3/4 的人口集中在城市，百万以上人口的大城市有 20 个，纽约集中了 1 700 万人口。人口最多的州是加利福尼亚州，占美国人口的 10%。近十几年来，人口逐渐由北部向南部的“阳光地带”转移。所谓“阳光地带”，是指美国北纬 37° 线以南一直到墨西哥湾沿岸这一广大的地区，包括 13 个州的全部、加利福尼亚州的大部分和内华达州的一部分。这里日照时间长，气候温暖，被称为“阳光地带”。西部人口较为稀少。

美国是一个“民族大熔炉”，几乎汇集了世界各国、各民族的人种。在现有人口中，白种人占 72.4%，黑种人占 12.6%，亚洲人占 4.8%，印第安人和阿拉斯加原住民占 0.9%，本地夏威夷和其他太平洋岛民占0.2%，其他占6.2%，两个或两个以上种族人数占2.9%。在多人种、多民族化的过程中，移民的作用是不可忽视的。自美国建国以来，从世界各地移居到美国的人数约为5 000万。这些移民大部分来自欧洲，一部分来自美洲的其他国家及亚洲、非洲和大洋洲国家。大量的移民涌入美国，对其人口和经济发展起着重要作用，特别是西部广大地区的开发及工业劳动力的源源不断补充，促进了美国各地区经济的发展与繁荣。移民的不断涌入，使美国人口迅速增加。1776 年建国时美国只有 240 万人，1915 年达 1 亿人。几千万移民在长期的共同生活中进行经济、文化的广泛交流，“美国化”把移入的人口融合成为统一的、操英语的美利坚民族。大量的移民还为美国的发展提供了丰富的廉价劳动力和广阔的国内市场。他们垦殖种植园，开发矿山，修筑铁路，使美国广袤的土地得到开发，茂密的森林得到砍伐利用，丰富的矿产资源得到开采。来自世界各地的移民还将各自的生产经验带入美国，相互融合在一起，促进了美国各地的经济发展。此外，移民中还有少数抱着发财目的而来的资本家，他们带来了发展经济的资金。20 世纪以来，美国经济的发展水平一直居于世界领先地位，这与移民的努力是分不开的，特别是美国采取多种措施吸收大量专家、技术人员和熟练工人移居美国，这些移民对美国科技和经济的现代化发展起着重要的作用。在移民中，人数最多的是黑种人，他们是被欧洲殖民主义者从非洲贩运到北美大陆的黑人奴隶的后裔。黑人长期集中在美国东南部的 12 个州（被称为“黑人地带”），大部分从事农业劳动。随着美国南部农业中资本主义危机的加深与机械化程度的提高，大批破产的黑人农民由南部各州涌向北部，从农村流向城市，现在 80%多的黑人集中在城市，多居住在人口稠密、拥挤的黑人聚居区内。墨西哥人是除黑人以外美国最大的少数民族，人口为 700 多万，绝大部分居住在西南部各州，其中约 100 万人聚居在洛杉矶，其余则散居各地。波多黎各人在美国有 100 多万人，大多居住在东部大城市，纽约是最大集居中心。此外，美国还有日本人、菲律宾人和华人等。美国的华人有 80 多万，主要居住在太平洋沿岸诸州和纽约，华侨对美国西部的开发曾作出很大贡献。

美国现分为50个州和1个特区，分别是亚拉巴马州、阿拉斯加、亚利桑那、阿肯色、加利福尼亚州、科罗拉多、特拉华、哥伦比亚特区、佛罗里达州、乔治亚州、夏威夷、爱达荷州、伊利诺伊州、印第安纳州、艾奥瓦州、堪萨斯州、肯塔基州、路易斯安那州、缅因、马里兰、马萨诸塞州、密歇根州、明尼苏达州、密西西比州、密苏里州、蒙大拿、内布拉斯加州、内华达州、新罕布什尔州、新泽西、新墨西哥州、纽约、北卡罗来纳州、北达科他州、俄亥俄州、俄克拉荷马州、俄勒冈州、宾夕法尼亚州、罗得岛州、南卡罗来纳、南达科塔州、田纳西州、得克萨斯州、犹他、佛蒙特州、弗吉尼亚州、华盛顿、西弗吉尼亚州、威斯康星州、怀俄明州及华盛顿特区。还有美属萨摩亚、贝克岛、关岛、霍德兰岛、贾维斯岛、约翰斯顿环礁、金曼礁、中途岛、纳弗沙岛、北马里亚纳群岛、巴尔米拉环礁、波多黎各、维尔京群岛、威克岛。

（三）经济发展概况

1. 经济的一般特征

第二次世界大战后，60 多年的时间内，美国的经济经历了多次繁荣和衰退的过程。

当前，美国经济主要有以下特征。

（1）当今世界经济实力最强大

美国虽然受2008年爆发的金融危机的冲击和影响，但之后经济逐渐复苏，2017年，美国的GDP达到19.36万亿美元，人均GDP达到59 500美元，经济总量稳居世界之首。主要工农业产品产量，如钢铁、石油、煤炭、汽车、发电量、谷物等，居世界前列。但与第二次世界大战后初期相比，它所处的地位有所下降。战后初期，美国国民生产总值曾占世界国民生产总值的40%～45%，工业产值占世界工业总产值的1/2以上，出口贸易额占世界贸易额的1/4左右，黄金储备占世界黄金储备总量的一半以上。

（2）对许多科学技术的研究成果领先，应用却落后

第二次世界大战后，美国在物理学、计算机科学、生物技术、材料科学、宇航技术、海洋开发技术和军事技术等方面都处于世界领先地位，第一代至第四代电子计算机都是美国首先研制成功的，其他如核能利用、宇航、金属复合材料、酶工程等，都居世界第 1 位。但是，美国在科技成果的应用上落后于日本和西欧。目前，美国在集成电路开发、光导通信、精密机床、机器人应用等方面与日本和西欧相比，已不占有明显优势。

（3）产业结构日趋高级化

高技术产业和服务业在国民经济中所占的比重迅速增长，目前在GDP中的比重已超过70%。

（4）资本和生产的垄断与集中不断加强，中小企业仍占重要地位

以洛克菲勒、杜邦、梅隆、加利福尼亚州等为代表的十大垄断财团控制了美国石油、钢铁、汽车、化学、金融等主要产业和部门。占企业总数 90%以上的小工厂、小企业，只拥有6%的资产，它们对缓解美国失业危机、为企业实行最佳的专业化生产，适应市场上对商品小批量、多品种的需求，仍发挥着重要的作用。

（5）跨国公司和海外投资不断增加

第二次世界大战后，美国跨国公司发展很快，现在已占世界跨国公司总数的1/3以上。目前，美国在海外子公司的生产值已经相当于美国出口总值的 4 倍，美国的对外投资主要是依靠跨国公司来进行的，投资对象主要是欧洲，其次是加拿大和拉丁美洲国家。美国正是利用跨国公司在海外投资和经营，使自己的商品绕过东道国的种种关税或非关税壁垒，打开国外市场，促进本国对外贸易的发展。跨国公司和海外投资支持着美国经济的增长，使美国保持在世界经济的地位。

2. 农业

美国的农业十分发达，在世界占有举足轻重的地位。早在美国建国以前，英国殖民主义者就利用这里的有利条件种植水稻、棉花、烟草和蓝靛等作物，成为供应西欧粮食和原料的基地。工业化的发展更促进了农业的发展。第二次世界大战后，美国农业生产全国实现了机械化、电气化、化学化和良种化。占全国人口总数 2.2%的农业人口生产了占世界21%的谷物，美国约1/3的农产品可供出口，玉米出口量长期以来占世界的1/2，大豆占2/3。虽然美国农业在国民生产总值中所占的比重不到3%，但仍不失

为美国经济发展和进行全球扩张政策的重要物质基础。美国的农业主要有以下特点。

（1）农业部门结构齐全，商品性较高

农业中种植业、畜牧业、林业、渔业等各个部门都很发达，其中以种植业和畜牧业最为主要，而且长期以来畜牧业产值略高于种植业，两者保持均衡发展。种植业主要以小麦、水稻、黑麦等谷物、饲料和油料、棉花、糖料、烟草等经济作物为主。畜牧业主要是养牛、养猪和养鸡。

美国农场的产品大部分投入市场，而农业生产所需要的农机具、化肥、农药、种子、饲料等都需要从市场购入。

（2）应用最新科学技术的现代化资本主义大农业

美国农业的垄断程度较高，农业的生产总值，许多重要农产品产量、出口量，机械化程度，在世界上都居先进行列。美国每农业劳动力每年平均可生产谷物 10 万吨以上，可生产肉类 1 万吨左右。

现在，美国农业生产的全过程都实现了机械化，农业生产中广泛使用化肥、除草剂和农药，对农畜良种的培养、推广十分重视。随着科学技术的发展和推广应用，美国农业生产中正广泛使用电子计算机和生物技术，电子计算机已普遍应用于灌溉、施肥、灭虫等各个环节，通过基因工程研究，在改变动植物遗传本性、培育新品种方面也得到了很大的发展。随着生产和资本的日趋集中，垄断资本对农业的控制也越来越强。

（3）农业生产的专业化

美国农业生产的专业化，一方面表现在个别农业部门和农产品地域分布上的高度集中，即地区专业化；另一方面表现在各地区农业部门结构的专业化，即农场专业化。

根据地区专业化，全国可划分为以下专业化农业带。

1）乳畜带。乳畜带是美国最大的农业带之一，主要位于新英格兰地区和滨湖地区。这里人口密集，工业发达，城市众多，是肉、奶和奶制品的主要消费区，加之这里位置偏北，土壤较贫瘠，不利于种植谷物而适于牧草的生长，且这里的居民多是西欧和北欧的移民，他们有种植牧草和发展乳育业的经验。因此，这里以饲养奶牛、肉牛为主，奶牛占全国奶牛头数的 1/3，并且提供了全国 1/2 的奶制品。

2）玉米带。玉米带也称为玉米大豆带，位于乳畜带以南。这里土壤肥沃，无霜期长，夏季高温多雨，适宜大豆、玉米的生长。目前，这里的玉米产量占全国总产量的 70%，大豆的产量占全国总产量的 60%。养畜业也很发达，生猪饲养量占全国饲养量的 1/2，肉用牛饲养量占全国饲养量的 1/3。

3）小麦带。小麦带位于中部平原的西部，这里冬寒夏热，秋季干燥，适宜小麦生长。北部一般种植春小麦，南部种植冬小麦，美国 70%的小麦田集中在本区，这里也是世界最主要的小麦产区之一。

4）棉花带。棉花带位于美国东南部、北纬 35° 以内，东起大西洋沿岸，西至得克萨斯州东部。由于这里植棉时间已久，土地肥力下降，病虫害蔓延，原有的植棉农业正在向以畜牧业为主的多部门综合农业演化。这里棉花产量占全国棉花产量的 70%以上。

除了以上 4 个主要的农业专门化地带以外，佛罗里达州、墨西哥湾沿岸和南部的加利福尼亚州是美国亚热带作物带和水果、蔬菜的供应基地。落基山以西的内陆高原及盆地是放牧和灌溉农牧区，这里气候干燥，降水量少，土壤比较贫瘠，但有大面积干旱草地，因而可以发展灌溉农业和天然放牧业。

（4）农产品严重依赖出口

自 20 世纪 20 年代以来，农产品生产过剩一直困扰着美国政府和农场主。美国是世界上最大的农产品出口国，每年生产的 1/5 的小麦、1/3 的大米、2/5 的大豆要投入国际市场。国际市场需求的变化和政治风云的动荡，都会给美国农业生产带来巨大的影响，尤其进入 20 世纪 80 年代以后，美国迅速膨胀的农业生产能力遇到了“供过于求”的国际市场，使农业生产处于严重的危机之中，美国政府不得不采取减少种植面积、给农场主补贴和对农产品进行价格支持等办法来维持农场主的利益。但由于长期的“生产过剩”，政府的支持措施只是杯水车薪，无法解决根本问题。

3. 工业

第二次世界大战以后，美国已经成为世界上最大的工业强国，拥有世界上最大的生产能力，技术水平和生产效率也处于领先的地位。美国工业体系完整，部门结构齐全，重工业在整个工业中占绝对优势，轻工业也很发达；主要工业部门包括制造业、采矿、煤气、电力等，其中制造业是工业的主体。从 20 世纪 60 年代中期开始日渐衰退的工业部门有冶金、金属加工、皮革、制鞋、服装等传统工业部门，而橡胶、塑料工业、电子与电器工业、仪器仪表工业、化工、电力等增长迅速，以计算机、复印机、电子通信设备、医疗设备、宇航等为代表的新技术产业迅速发展，美国在尖端技术和工业方面仍然处于世界领先地位。

美国的工业主要分布在著名的“制造业带”，这是位于美国东北部的一条狭长地带，其范围西起密西西比河，东至大西洋岸，南起俄亥俄州波托马克河，北至五大湖南岸及新英格兰，这里集中了美国的 1/2 的制造业。此外，太平洋沿岸的加利福尼亚州在第二次世界大战及战后也发展成为新兴的工业区，这里以军火工业及航空工业、电子工业等新兴工业部门为主。南部的得克萨斯州等主要石油产区已经发展成为重要的石油化工中心。从 20 世纪 70 年代开始，西部、南部地区的发展速度已大大超过了东北部地区。

（1）燃料动力工业

美国的能源资源包括煤、石油、天然气和水能，蕴藏量都很丰富。据美国国家能源信息署资料，美国煤炭的探明储量为 2 000 亿～3 000 亿吨。2017 年，全美煤炭产量为 7.023 亿吨，主要煤田分布在 3 个地区：阿巴拉契亚煤田、中部煤田和落基山煤田。以阿巴拉契亚煤田产量最大，约占美国煤产量的 3/4。美国已探明石油储量为 34.4 亿吨，主要分布在墨西哥湾沿岸的得克萨斯州和俄克拉荷马州、太平洋沿岸的加利福尼亚州、北冰洋沿岸的阿拉斯加州，以及宾夕法尼亚州等地。美国作为世界产油大国，其石油资源的 70%产于墨西哥湾沿岸地区。美国石油和天然气的产量远远不能满足本国需要，每年需要大量进口。第二次世界大战后，美国的电力工业发展很快，以火电为主，现在火力发电约占全部电力生产的 80%，水力发电不到 10%，主要分布在田纳西河、哥伦比亚河、科罗拉多河上；核电占电力生产总量的 12%，居世界首位，主要分布在北部地区。

（2）钢铁工业

钢铁工业是美国的传统工业部门，在两次世界大战中，由于受战争的刺激，产量增加很快。第二次世界大战后，美国钢铁产量一直波动在年产量 7 000 万吨到 1 亿吨之间。1973 年，产量达到 1.37 亿吨，为历史最高水平。以后开始走下坡路，2011 年，美国的粗钢产量为 8 620 万吨，原因是需求量减少和生产技术落后、成本较高等。虽然美国在 20 世纪 80 年代以来采取了一系列措施，使钢铁工业生产出现了转机，但其在国际市场的竞争力已大不如前。

钢铁工业的地域分布的集中性十分明显，主要是北部地区，其中芝加哥、匹兹堡等五大湖周围地区的产量约占全国的 80%。此外，大西洋沿岸的巴尔的摩与费城，南部的伯明翰、休斯敦等，也是钢铁工业的重要产地。

（3）汽车工业

汽车工业原为美国经济的一大支柱产业，也是 20 世纪 20 年代以后迅速崛起的产业。第二次世界大战后，其产量和消费急剧增长，1978 年曾创年产 1287 万辆的历史最高纪录，此后产量和销量出现下降的趋势。2009 年汽车产量仅为 570 万辆，主要原因是在“能源危机”的冲击下，美国生产的汽车不适应节能的需要，加上日本、德国生产的小型节能汽车打入美国市场，使其失去竞争优势。为适应这种竞争局面，美国汽车公司增加投资、采用新技术、提高生产效率，使汽车工业出现一些新的转机。美国汽车工业的垄断程度很高，通用汽车公司、福特汽车公司、克莱斯勒汽车公司三大公司的产量和销售额占全国的 80%以上。2017 年全美汽车销量达 1 724.6 万辆。

美国汽车工业的分布特别集中，以底特律为中心，其产量占美国汽车总产量的 60%，那里有美国的“汽车城”之称。此外，亚特兰大、洛杉矶等地也有汽车工业的分布。

（4）航空、航天工业

航空、航天工业是美国处于世界领先地位和最具有竞争优势的工业，其产品不仅与民用航空有密切联系，也是美国军事装备的重要生产部门，它包括民用和军用飞机、导弹、人造卫星、宇宙飞船和航天飞机等。美国的航空工业历史悠久，发展速度快。第二次世界大战以后，美国在原来生产军用飞机的基础上，积极发展民用飞机的生产，目前年产飞机约 1.7 万架。美国的飞机制造高度集中于波音公司、洛克希德公司，其中尤为突出的是波音公司，其产品的质量和产量都居世界第 1 位。宇航工业是美国政府大量投资发展起来的一个重要部门，它以最新的科学技术为基础，主要为国防、军事服务，也有相当部分为民用事业服务。

航空、航天工业中心主要分布在西部的西雅图、洛杉矶，东部的巴尔的摩、纽约及中南部的堪萨斯、达拉斯、休斯敦。西部各地以生产巨型喷气客机和重型军用飞机为主，产量占美国总产量的一半以上。东部则主要生产发动机和仪器仪表，休斯敦是宇航基地和航天与宇航飞行器制造中心。

（5）电子工业与高科技工业

美国的高科技工业包括微电子、软件、机器人、通信设备、纤维光学和生物工程等工业部门。美国政府把这一部门作为提高经济增长率、稳定物价、保证长期就业人员的数量与质量及军事工业发展的主要手段。美国的计算机技术、电子电信、生物工程、化学等大多数高技术部门居世界首位，仅在机器人、金属冶金等方面落后于日本。

电子工业是美国发展最快的工业部门，其中尤以电子计算机、电子元器件发展最快。电子计算机的生产主要由美国商用机械公司所控制，其产值约占全国电子工业产值的70%。电子工业主要分布在圣弗朗西斯科（旧金山）附近的“硅谷”，在东部的一些科学、教育发达的地区也有分布。

（6）机械工业

机械工业是美国最重要的工业部门之一，门类较齐全，包括机床、农机、电器设备、电机、动力设备、家用电器等。机床工业不仅技术先进，产量也大，约占世界总产量的25%。机床工业中心主要是辛辛那提、芝加哥，电机与电器制造中心在芝加哥、纽约、费城、洛杉矶，而芝加哥也是最大的农机制造中心。造船工业也具有较高的水平，能生产最先进的核动力航空母舰和核潜艇等。造船工业中心主要分布在沿海各港口，洛杉矶是著名的造船工业中心。

4. 交通运输业

美国交通运输业十分发达，技术先进、门类齐全，在铁路、公路、内河、海运、管道和航空运输各个方面，其运能、运量、设备数量均居世界首位。稠密的运输网、科学的管理为其经济发展和对外交流提供了十分便利的条件。

国内运输主要以铁路、公路为主。铁路全长达31.8万千米，占世界第1位，承担美国国内货运量的1/3左右，以北部和东北部铁路网最为稠密，约占全国的1/2。全国最大的铁路枢纽是芝加哥，有30多条铁路通向全国各地；其次是纽约、匹兹堡等。在铁路网中，以东西向的干线最重要，其中以西雅图—底特律、奥克兰—纽约、洛杉矶—巴尔的摩的横贯线为“大陆桥”运输的重要干线。但是，近些年美国由于应对公路和管道运输的激烈竞争，铁路货运的比例逐年下降。

美国公路总长538万千米，其中高速公路为8万多千米，都占世界第一。美国各州之间及92%的城市之间有高速公路相通。

美国内陆水运航道约为5万千米，五大湖与密西西比河水系之间有运河和天然水道相连，并有伊利运河、圣劳伦斯河、芝加哥—伊利诺斯运河3个入海口，形成四通八达的内河水运网，在美国经济发展中具有十分重要的意义。

海上运输分为沿海和远洋两部分：沿海航运主要是由墨西哥湾沿岸向东北部运送石油和化工原料，多为本国船只承运；远洋运输承担了进出口货物的90%以上。美国最大的港口为纽约，年吞吐量超过1亿吨，其他主要海港多分布在大西洋沿岸。

此外，航空运输在客货运输中也占有重要地位，空运客货周转量居世界第1位，主要航空港有纽约、芝加哥、洛杉矶等。

5. 美国的主要港口

1）纽约（New York）港也叫新泽西港，是世界上最大的天然深水港之一，位于纽约东南的赫德森河口，濒临大西洋。港区面积有3 800平方千米，有水深9～14.6米的深水泊位 400 多个，主要集装箱码头有 37 个，是世界上港区面积最大的港口。整个港区有 140 多条货、客运输线通往世界各地，2017 年集装箱吞吐量为 674 万 TEU。

纽约港港口宽深，天然掩护条件好，潮差小，冬季不冻，自然条件非常优越。

2）西雅图（Seattle）港位于美国西北部华盛顿州西部沿海普吉特湾的东岸，濒临太平洋东海岸的胡安德富卡海峡的东南侧，是美国距离远东最近的港口。该港始建于 1852 年，由于北太平洋铁路的修建和阿拉斯加金矿的发现而逐渐兴起。该港交通运输发达，是北美大陆桥的桥头堡之一，即横贯美国东西向的主要干线北太平洋铁路的终点站，东部的桥头堡为纽约。港口距机场约 15 千米，有定期航班飞往世界各地。

该港属温带海洋气候，盛行南风。年平均气温为 5℃，夏季约为 20℃。全年平均降雨量约为 1 000 毫米。平均潮差为 5.5 米。装卸设备有各种岸吊、集装箱门吊、重吊、回转吊、拖船及滚装设施等，其中，集装箱门吊最大起重能力达 50 吨，重吊达 200 吨。港区露天堆场面积达 14 万平方米，仓库总容量达 70 万吨，货棚面积约达 30 万平方米。集装箱码头面积达 140 万平方米，其中最大的是哈珀岛第 18 号码头（水深 15 米），有铁路站场可以从集装箱船上直接向双层集装箱列车装箱，扩大了多式联运的运输。谷物码头全部自动化，最大可靠泊 20 万载重吨的船舶，装卸效率为每小时装 3 500 吨。大船锚地水深达 36 米。本港对外贸易区自 1945 年建立，目前面积已达 5.67 平方千米。由于受到 2008 年金融危机的影响，西雅图港 2017 年集装箱吞吐量为 382 万 TEU，同比增长 3.5%。主要出口货物为谷物、鱼、牛油、机械、小麦、纸浆及废纸等，进口货物主要有纺织品、木材、新闻纸、轿车、胶合板、石膏、香蕉及杂货等。

3）奥克兰（Oakland）港位于美国西部加利福尼亚州西海岸，隔圣弗朗西斯科湾与旧金山相望，由 13 千米长的海湾大桥相连，是美国重要的集装箱港之一。该港北有西雅图、塔科马，南有洛杉矶、长滩港，地理位置十分优越。该港交通运输发达，有横贯美国东西的太平洋铁路线，并可通行双层集装箱列车，便于实行多式联运。主要工业有汽车、计算机、电气设备、造船、金属加工、炼油及化学等。港口距国际机场约需 15 分钟的车程。

该港属温带海洋性气候，盛行西北风。1 月平均气温为 9.2℃，7 月平均气温为 17℃。夏季常有雾发生，冬季多晨雾。全年平均降水量约为 1 000 毫米，平均潮差为 1.5 米。

本港包括内、中、外港区，主要码头泊位有 29 个，岸线长 6 332 米，最大水深为 12.2 米，装卸设备有各种岸吊、门吊、汽车吊、浮吊、拖船及滚装设施等，其中门吊和集装箱吊最大起重能力为 50 吨，浮吊达 100 吨。港区有仓库及货棚面积为 27 万平方米。大船锚地水深达 15.2 米。本港对外贸易区面积为 5.26 万平方米。主要出口货物有石油、棉花、机械、化肥、镁等，进口货物有铬矿、木材、钢铁、新闻纸、胶合板、咖啡等。2017 年，该港集装箱吞吐量为 244 万 TEU。

4）洛杉矶（Los Angeles）港位于太平洋沿岸圣彼得罗湾北岸，是北美大陆桥的桥头堡，是横贯美国东西向的主要干线圣菲铁路的西部桥头堡，东部大西洋岸的桥头堡为费城。另一条铁路干线是南太平洋铁路，从洛杉矶开始经过新奥尔良港向东延伸至大西洋的杰克逊维尔港。洛杉矶是美国西海岸的最大工业城市，著名的工业为飞机制造业和石油工业，美国两大飞机制造公司之一的洛克希德公司（是美国飞机和导弹制造业的垄断组织）位于市区北部，加利福尼亚油田位于洛杉矶附近。此外，汽车制造业、电子仪器、化学、钢铁及印刷等也占主要地位。西北部的好莱坞是美国电影业的中心，东部的迪士尼游乐中心举世闻名。港口距机场约 30 千米，有定期航班飞往世界各地。

该港属亚热带地中海式气候，盛行西风。1 月平均气温为 13℃，7 月平均气温为 21℃。全年平均降水量约为 800 毫米。

港区内有主要码头泊位 65 个，岸线长 13 千米，水深 13～15 米。装卸设备有各种岸吊、可移式吊、龙门吊、浮吊、集装箱吊、装卸桥及滚装设施等。其中，集装箱吊最大的起重能力为 40 吨，浮吊为 350 吨，还有直径为 150～300 毫米的输油管供装卸使用，集装箱码头可堆放 2.5 万 TEU，并备有自动龙门吊。港区最大可靠泊 22 万载重吨的油船，油罐容量达 50 万吨，露天堆场面积达 100 万平方米，集装箱吞吐能力位居美国前列。主要出口货物为石油、水泥、机械、化学品、棉花、钾碱、水果、鱼制品及罐头等，进口货物主要有钢材、天然橡胶、纤维制品、糖浆、木材、纸张、干果、羊毛、车辆、咖啡、玻璃等。2017 年，该港集装箱吞吐量为 942 万 TEU，美国国内排名第一。

5）长滩（Long Beach）港是全美第二繁忙港口，如果加上洛杉矶港，它将是全世界第三繁忙港口，仅次于中国香港和新加坡港。2017 年，该港集装箱吞吐量为 742 万 TEU。其主要贸易伙伴为中国（主要包括内地、香港和台湾）、日本、韩国。每年经由此港进出的货物价值超 1 000 亿美元。

6）费城（Philadelphia）港位于特拉华河滨，是世界较大的河口港之一。港区沿特拉华河西岸分布，岸线长达 80 多千米，有 300 多个码头。航道水深 12.2 米，河口处达 16.6 米，可供远洋海轮出入，有运河沟通特拉华河和切萨皮克湾，水深 7.6～10.7 米。该港设有面积约 29 公顷的自由贸易区，有 3 条铁路干线、稠密的公路网与港口连接，水陆联运便捷。市内有地下铁道、高架铁路，公共交通设施完备。大市区内有 6 座大桥横跨特拉华河，与对岸新泽西州各城镇相连。

6. 对外贸易

美国是世界上最大的贸易国。美国资源丰富、实力雄厚、部门结构较完整，同大多数的发达国家不同，它在经济上对外依赖程度较小。进出口额在国民生产总值中所占的比重为 16%，2017 年出口额达到 1.576 万亿美元，进口额达到 2.352 万亿美元。

美国主要出口的商品及占比为：农产品（大豆、水果、玉米）占比为 9.2%，工业用品（有机化学）占比为 26.8%，资本货物（晶体管、飞机、汽车零件、计算机、电信设备）占比为 49.0%，消费品（汽车、药物）占比为 15.0%（2018 年）。主要进口商品及占比为：农产品占比为 4.9%，工业用品占比为 32.9%，原油占比为 8.2%，资本货物（计算机、电信设备、机动车配件、办公设备、电力机械）占比为 30.4%，消费品（汽车、服装、医药、家具、玩具）（2018 年）占比为 31.8%。同其他发达国家相比，美国的工业制成品虽然在出口产量中占主要地位，但仅原料、半成品就占 30%左右。在尖端技术和大型工业设备的出口方面，美国始终保持着世界领先的地位。

美国的贸易伙伴主要出口国及出口占比为：加拿大占比为 18.3%，墨西哥占比为 15.9%，中国占比为 8%，日本占比为 4.4%（2016 年）。主要进口国及出口占比为：中国占比为 21.1%，墨西哥占比为 13.4%，加拿大占比为 12.7%，日本占比为 6%，德国占比为 6%（2016）。

中美两国自 1971 年恢复贸易往来，到 1978 年双边贸易额已达 9.91 亿美元。2017 年，中美双边贸易额已达到 3.95 万亿人民币，同比增长 15.2%。美国从中国进口的商品主要有纺织品、服装、鞋类、玩具、农畜产品、食品、轻工产品、五金工具等，中国从美国进口的商品主要有粮食、飞机、运输设备、通信设备、化工产品等。

二、加拿大

（一）自然状况

加拿大的地势大致西高东低，大致可分为 3 部分，西部为科迪勒拉山系组成的高大山地，中部为北美大平原的一部分，东部是拉布拉多高原。地表湖泊密布，淡水资源丰富。加拿大领土绝大部分位于北纬 49° 以北，大部地区为亚寒带针叶林气候，冬季长而寒冷，而南部水热条件较好，适于发展农业。大部分地区降水较多而蒸发量小，水系的水量大而稳定。

加拿大有丰富的自然资源。森林面积为 440 多万平方千米，约占国土面积的 44%，居世界第 2 位。加拿大最大的林区在魁北克省，以针叶林为主，西部太平洋沿岸为阔叶林，矿产资源也相当丰富，镍、铅、锌、铝、钠、银、黄金、铁、石油、煤等都很丰富，其中许多矿产的储量和产量居世界前列。东部的劳伦高地被称为加拿大的“矿藏宝库”。铁矿主要分布在拉布拉多半岛中部，煤大部分蕴藏在西南部，石油、天然气主要分布在西部。加拿大还有世界著名的纽芬兰渔场，鱼类资源丰富，这里是世界四大海洋渔场之一。此外，加拿大还有丰富的水力资源，目前水力发电占全国发电量的 67%以上。

（二）人文环境

加拿大位于北美洲北半部，南北相距 4 600 多千米，东西宽 1 500 多千米，横跨 6 个时区，面积约为 998.467 万平方千米，居世界第 2 位，而人口仅约 3 562.3 万（2017 年），人口密度为每平方千米仅 2.5 人。加拿大是一个气候寒冷、地广人稀的国家，而且绝大部分人口和经济活动集中在与美国毗邻的气候条件较好的南部狭长地带，尤其是这一地带的城市中，城市人口占总人口的 3/4。加拿大海岸线长达 2.8 万多千米，因所处纬度较高，大部分海域结冰期达半年以上，不利于航行。

加拿大是一个多民族的国家，国民多为英、法移民的后裔，其中，加拿大人占总人口的 32.2%，英国人占总人口的 19.8%，法国人占总人口的 32.2%，苏格兰人占总人口的 14.4%，爱尔兰人占总人口的 13.8%，德国人占总人口的 9.8%，意大利人占总人口的 4.5%，中国人占总人口的 4.5%，北美印第安人占总人口的 4.2%，其他占总人口的 4.2%。法裔居民主要居住在魁北克省。居民主要信奉天主教和基督教，英语和法语为官方用语。

（三）经济发展状况

1. 经济概况

加拿大是后起的、工农业生产水平较高的发达国家，农矿原料生产和出口在经济上占重要地位，外国资本对经济的发展起着巨大作用，因此，它具有发展中国家经济的某些特征。加拿大是世界重要的工业国，且拥有大规模的发达的农业，2017 年 GDP 达到 1.764 万亿美元。

加拿大是移民国家，独立迟，现代经济发展较晚。当 19 世纪末加拿大经济开始迅速发展时，自由资本主义已经结束，加拿大经济只能在英国资本控制下，第一次世界大战后又在美国资本控制下，先后顺应英国、美国的需要而发展，使农矿原料生产和出口在国民经济中占重要地位。加拿大是世界上最大的矿产原料净出口国之一，金属矿和有色金属出口值占世界首位。加拿大是世界重要油、气生产国之一，其能源资源丰富，天然气大量输往美国。同时，它是世界上重要的农产品生产国和出口国之一，小麦、乳、肉产品大量出口。东、西海岸渔产资源丰富，尤其纽芬兰岛东南海面素为世界著名渔场之一，水产品大量出口。此外，加拿大森林面积广阔，占全国总面积的 1/3 强，林产品出口值居世界首位。它和俄罗斯同为世界最大的珍贵毛皮出口国。近几年来，加拿大的制造工业发展较快，目前已占工农业生产总值的 1/2 以上，其中最重要的是汽车、飞机、铁路车辆等交通工具的制造，其他如农机、电机、林业和矿山机械制造等也较发达，并有出口。但轻工业不够发达，食品工业有相当一部分是为出口服务的。总体来说，加拿大工农业生产水平较高，国民生产总值居世界前列，许多工农业产品的产量和出口量居世界突出地位。工农业生产的技术水平高，人均国民收入及能源、机械和钢铁的消费量均居世界前列。本国也有资本输出，不过经济的主要部门受外国资本控制，加拿大是世界接受外国资本最多的国家之一。据统计，20 世纪 60 年代以来，全国投资总额中外国资本（80%是美国资本）占 2/3 以上，外国资本控制了近 3/5 的制造业和 3/5 以上的采矿业。由于领土辽阔，加之生产大量笨重的初级产品，因此交通运输业十分重要，铁路网长达 9 万多千米，仅次于美国、俄罗斯，居世界第 3 位。

2. 农业

加拿大是世界上主要的农产品生产国和出口国，无论种植业、畜牧业、林业和渔业都很发达。

（1）种植业

加拿大的种植业以小麦为主，还有大麦、燕麦、玉米等。经济作物主要有亚麻（籽）和油菜（籽）、大豆、甜菜及烟草等。亚麻籽和油菜籽的出口量占世界出口总量的 60%以上，小麦主要产在中部平原地区，那里号称加拿大的“谷仓”，也是世界小麦重要产区之一。

（2）畜牧业

加拿大的畜牧业以饲养牛、猪为主，家禽以饲养火鸡为主。牧场主要分布在中西部草原地带。畜产品的出口值超过了粮食出口值，而畜产品的产值也超过了种植业的产值，加拿大的乳肉产品大量出口。

（3）渔业

加拿大的渔业资源丰富，主要水产品有鳕鱼、鲱鱼、沙丁鱼等，主要产自纽芬兰海域渔场。而淡水鱼业主要在五大湖和温尼伯湖，水产品的2/3供出口，主要输往美国。

3. 工业

加拿大主要工业部门有采矿、能源、钢铁、汽车、木材加工、纺织、电子及食品工业等。

1）采矿工业。加拿大的采矿业相当发达，是重要的产业部门，在矿产品中，能源产品约占70%，金属矿产品约占20%。铁矿主要分布在拉布拉多高原的魁北克、纽芬兰等地。矿产品主要出口到美国、日本和欧盟国家。

2）能源工业。在发达国家中，加拿大是一个能源较丰富的国家，煤、石油、天然气产量都较大。电力工业很发达，电力除满足国内消费外，还大量输往美国。

3）加工制造业。加拿大加工制造业门类较多，有汽车、炼铝、铁、木材加工等工业。汽车工业是第二次世界大战以后加拿大新兴的工业部门，受美国垄断资本控制程度较大，由美国提供配件，在加拿大装配，然后出口。汽车工业主要分布在与美国交界的一些城市。加拿大有丰富的森林资源，木材加工和造纸工业发达，西部林区主要以木材加工为主，东部林区主要以造纸和纸浆工业为主，木材、胶合板、纸和纸浆是重要的出口商品。

4. 交通运输业

加拿大有发达的交通运输业。人均铁路和公路长度都居世界第 1 位。铁路干线总长9.8万多千米，主要为东西走向，公路总长为90多万千米。国内水运系统主要是圣劳伦斯湾经圣劳伦斯河与五大湖区连接的航道，全长3 900多千米，但这一航线每年有4个月结冰期，需要破冰船开辟航道通航。

5. 主要港口

1）蒙特利尔（Montreal）港是一座繁忙的港口，位于圣劳伦斯河中游北岸，是加拿大著名的农作物输出港，小麦输出量居世界第一。港口货物年吞吐量为2 500万吨，仅小麦年出口量就达1 000万吨，此外，该港还是加拿大的第一大集装箱吞吐港，也是世界上最大的河港之一。

2）鲁珀特王子（Prince Rupert）港为海峡港，港区主要码头泊位有19个，岸线长3 015米，最大水深为23.5米。装卸设备有可移式吊、浮吊、吸粮机、装载机、拖船及滚装设施等，其中浮吊的起重能力为50吨，可移式吊最大起重能力为60吨。港区露天堆场面积为18.5万平方米，仓库容量达20万吨。煤码头最大可靠泊25万载重吨的船舶，谷物码头可泊6.5万载重吨的船舶。火车车厢可直接在码头装卸，并经过大桥与国内铁路线相接。主要出口货物除煤、粮外还有木材、纸浆及鱼类等，进口货物主要为石油及杂货等，其中煤炭出口约占总出口额的1/2，糖谷出口约占总出口额的1/4。

3）温哥华（Vancouver）港位于加拿大西海岸。年吞吐量达7 000万吨，以散货为主，为全国吞吐量第一大港和集装箱第二大港，2017年完成317万TEU，还是全国最大、世界第七大的煤炭输出港和世界上最大的小麦装运港。温哥华为加拿大第三大城市，工商业发达，为加拿大西海岸的金融、贸易中心，主要工业有木材加工、食品、炼油、造船。

温哥华港属于温带海洋性气候，盛行东南、西南风，1 月平均气温为 2.5℃，7 月平均气温为 17℃，每年 7～10 月多雾，有时可延续数天。全年平均降水量约为 1 100 毫米，大潮潮高为 1.9 米。

4）多伦多（Toronto）港位于安大略湖西北岸，为天然良港、主要的小麦输出港。多伦多是加拿大第一大城市，工业发达，主要工业有机械、汽车、化工、木材加工等。

6. 对外贸易

对外贸易在加拿大的国民经济中占有重要地位，自 20 世纪 70 年代以来，其出口贸易以每年 10%的速度增长。2017 年，加拿大的进出口额已达到 8 656 亿美元，其中，出口额达 4 235 亿美元，进口额达 4 421 亿美元，都在世界前 10 位以内。

出口产品以农矿原料和半制成品为主，进口则以制成品为主，其外贸商品构成在某种程度上与发展中国家相似。20 世纪 60 年代，农矿等初级产品出口所占比重曾高达 2/3，为改变这种出口商品结构，历届政府做了很大努力，并取得了一些效果。主要出口商品是纸、纸浆、木材、燃料、小麦、有色金属、汽车及零配件、食品等，进口商品主要是机械设备、汽车零配件、计算机及电子产品、通信设备、纺织品和食品等。最大的贸易伙伴是美国，对美出口额约占加拿大出口总额的 75%，其次是欧盟、日本等。加拿大与发展中国家的贸易约占其对外贸易额的 10%，主要贸易对象是中国等。

自中国和加拿大正式建交以来，双边经贸关系稳步发展。目前，中国已成为加拿大第七大贸易伙伴国。中国向加拿大出口的主要商品是纺织品、服装、食品、轻工产品、机械设备等，加拿大向中国出口的商品主要是小麦、化肥、纸浆、仪器、有色金属、铁路设施、通信设备等。

小　　结

美国地理位置优越、幅员广大、自然条件多样、资源丰富，给其经济发展提供了充足的物质基础。美国工业部门齐全、农业发达，是世界第一贸易大国。

加拿大地大物博、人口稀少、气候寒冷，从地理状况来看，并不利于经济的发展，但丰富的矿产、森林、水力资源，广阔的耕地和邻近美国的地理位置却对经济发展极为有利。采矿业和农业在国民经济中占有重要地位，制造业以汽车、钢铁、木材加工、纺织为主。工业主要分布在安大略省、魁北克省和不列颠哥伦比亚省等。其最大贸易伙伴是美国。

思考题

1. 试述北美洲经济贸易的特征。
2. 试分析美国 3 个工业区（重点是北部工业区）建立的条件。
3. 简要说明美国农业生产的特点及农作物的分布。
4. 试分析加拿大经济发展与自然条件的联系。
5. 第二次世界大战后，加拿大经济发生了何种变化？
6. 说明美国、加拿大之间的经济合作与贸易关系。

第十二章

南美洲

知识点

主要南美洲国家巴西、阿根廷等国的经济、运输条件、内容、特点和发展方向。

技能点

学会利用所掌握的有关南美洲国家的地理特点、历史与发展状况，分析南美洲国家的经济发展的内部条件及海陆交通对各国经济产生的影响。

案例导入

很多人喜欢把南美洲地区称为拉丁美洲，这也有一定道理。因为，拉丁美洲这个名称的由来与这一地区流行的语言有关。从 15 世纪末，这个地区的绝大部分国家先后沦为西班牙和葡萄牙的殖民地，大批移民蜂拥而入。19 世纪以后，这些国家才陆续获得独立。由于殖民统治长达 300 年，因此，它们深受西班牙和葡萄牙的社会制度、风俗习惯、宗教习惯、宗教信仰和文化传统的影响，而且当地的印第安语逐渐被属于拉丁语系的西班牙语、葡萄牙语所取代，这两种语言成为许多国家的国语，所以人们就把这个地区称为“拉丁美洲”。当然，从严格的地理分区的角度来看，南美洲不包括墨西哥、古巴和危地马拉等中美各国，它仅指巴拿马运河以南的美洲地区。

第一节　南美洲概况

南美洲位于西半球的南部，东濒大西洋，西临太平洋，北濒加勒比海，南隔德雷克海峡与南极洲相望，一般以巴拿马运河为界同北美洲相分。大陆东至布朗库角（西经34°46′，南纬7°09′），南至弗罗厄德角（西经71°18′，南纬53°54′），西至帕里尼亚斯角（西经81°20′，南纬4°41′），北至加伊纳斯角（西经71°40′，北纬12°28′）。

南美洲北部诸国包括圭亚那、苏里南、法属圭亚那、委内瑞拉和哥伦比亚，安第斯山地中段诸国包括厄瓜多尔、秘鲁、玻利维亚，南部诸国包括智利、阿根廷、乌拉圭、巴拉圭，东部国家巴西，面积约占大陆总面积的一半。

一、南美洲的自然环境

南美洲大陆地形可分为3个南北向纵列带：西部为狭长的安第斯山，东部为波状起伏的高原，中部为广阔平坦的平原低地。南美洲海拔300米以下的平原约占全洲面积的60%，海拔300～3 000米的高原、丘陵和山地约占全洲面积的33%，海拔3 000米以上的高原和山地约占全洲面积的7%，全洲平均海拔为600米。安第斯山脉由几条平行山岭组成，山体最宽处达400千米，全长约9 000千米，大部分海拔在3 000米以上，是世界上最长的山脉，也是世界最高大的山系之一。安第斯山脉有不少高峰海拔在6 000米以上，其中阿空加瓜山海拔为6 962米，是南美洲最高峰。南美洲东部有宽广的巴西高原、圭亚那高原，其中巴西高原面积为500多万平方千米，为世界上面积最大的高原，南部则有巴塔哥尼亚高原。南美洲平原自北向南有奥里诺科平原、亚马孙平原和拉普拉塔平原，其中亚马孙平原面积约为560万平方千米，是世界上面积最大的冲积平原，地形坦荡，海拔多在200米以下。

南美洲是世界上火山较多、地震频繁且多强烈地震的一个洲。科迪勒拉山系是太平洋东岸火山带的主要组成部分，安第斯山脉北段有16座活火山，南段有30多座活火山。尤耶亚科火山海拔为6 723米，是世界上最高的活火山。太平洋沿岸地区地震最为频繁。

南美洲大部分地区属热带雨林和热带草原气候。气候特点是温暖湿润，以热带为主，大陆性气候不显著。全洲除山地外，冬季最冷月的平均气温均在0℃以上，占大陆主要部分的热带地区，平均气温超过20℃，冬季远比北美洲暖和；夏季最热月平均气温为26～28℃，远不及非洲和澳大利亚大陆的热带地区炎热。南美洲各地气温的年较差较小，不像亚洲、北美洲那样变化剧烈。全洲降水充沛，年降水量在1 000毫米以上的地区约占全洲面积的70%，为各洲中沙漠面积较小的一洲。

南美洲水系以科迪勒拉山系的安第斯山为分水岭，东西分属于大西洋水系和太平洋水系。太平洋水系源短流急，且多独流入海。大西洋水系的河流大多源远流长、支流众多、水量丰富、流域面积广。其中，亚马孙河是世界上最长、流域面积最广、流量最大的河流之一，其支流超过 1 000 千米的有 20 多条。南美洲水系内流区域很小，内流河主要分布在西中部的荒漠高原和阿根廷的西北部，内流区多内陆盐沼。南美洲除最南部外，河流终年不冻。南美洲多瀑布，安赫尔瀑布落差达 979 米，为世界落差最大的瀑布。南美洲湖泊不多，安第斯山区的荒漠高原地区多构造湖，如的的喀喀湖、波波湖等，南部巴塔哥尼亚高原区多冰川湖，南美洲西北部的马拉开波湖是全洲最大的湖泊。

二、南美洲的人文环境

2017 年，南美洲人口约为 4.22 亿。在南美洲的内部，人口的增长速度很不平衡，北部地区自然增长率较高，南部的自然增长率则相对较低。南美洲的种族成分复杂，既有原来的印第安人，又有后来的白种人与黑种人，更有 3 种人相互通婚所形成的混血人种，混血人种约占南美洲人口总数的 40%。此外，还有近代从亚洲移入的印度人、日本人、华人、爪哇人等。南美洲人口分布很不平衡，沿海地区人口较密，内陆地区人口较少，主要原因就是内陆的高山、雨林和南部温带干旱气候条件不利于人口的聚集，人口稀少的南美洲内陆平均每平方千米仅有 10 余人。

印第安人用印第安语，巴西的官方语言为葡萄牙语，法属圭亚那官方语言为法语，圭亚那官方语言为英语，苏里南官方语言为荷兰语，其他国家均以西班牙语为官方语言。

南美洲居民绝大多数信奉天主教，少数信奉基督教。

第二节　南美洲的经济状况及发展

第二次世界大战后，南美洲经济发展很快，经济结构发生显著的变化，但各国经济水平和经济实力相距甚远，巴西、阿根廷已建立了比较完备的国民经济体系，两国 GDP 约占全洲的 2/3，委内瑞拉、哥伦比亚、智利、秘鲁经济也较发达。

一、南美洲的农业

20 世纪初至第二次世界大战期间，南美洲是世界最大的农牧产品供应地，农牧业在各国经济中占有十分重要的地位。第二次世界大战以后，南美洲的农业发展相对缓慢，在国民生产总值中所占的比重有所下降。粮食生产不足，已从粮食净出口区变为净进口区。发展缓慢的原因是土地利用率较低、机械化程度不高、化肥施用量较少、片面强调工业而忽略了农业的发展等。针对这种情况，近些年来，不少南美洲国家调整农业政策，采取相应的措施，取得了一定成效，使农业发展缓慢的状况有所改观。

1. 种植业

南美洲粮食作物中产量最多的是玉米，其次是小麦、稻米。巴西、阿根廷是主要的玉米生产国，这两国玉米产量均居世界前列。阿根廷是著名的小麦出口国，南美产稻米最多的国家是巴西。

南美洲的经济作物在世界上居重要地位，主要有咖啡、香蕉、可可、甘蔗、棉花等。咖啡是南美洲除石油外最重要的外汇收入来源，被称为“绿色的金子”。南美洲有多个国家生产咖啡，产量最多的国家是巴西。香蕉是南美洲向国际市场大量销售的另一种重要农产品，以巴西产量最多，但以国内消费为主。厄瓜多尔、哥伦比亚等国的香蕉则以外销为主。甘蔗是南美洲主要的糖料作物，巴西的产量居世界第 1 位，并是世界上出口蔗糖最多的国家。巴西的可可产量居世界第 2 位。棉花是南美洲重要的经济作物，有大量输出，巴西是重要的棉花输出国。

2. 畜牧业

南美洲的畜牧业比较发达。阿根廷和乌拉圭是世界肉类的重要生产国和出口国。巴西以养牛为主，养猪次之，家禽数量较多。南美洲沿海有丰富的渔业资源，盛产金枪鱼、沙丁鱼、鲭鱼、鳕鱼及各种虾类。主要渔业国有秘鲁、智利、阿根廷和厄瓜多尔，秘鲁、智利等国的水产品在出口贸易中占有重要的份额。

二、南美洲的工业

1. 采矿业

南美洲的矿产资源种类繁多，采矿业发展较早，采矿业是南美地区传统的工业部门之一。矿产品在南美出口贸易中占有十分重要的地位。铁矿主要分布在巴西、委内瑞拉、智利、秘鲁等国。有色金属的种类也很多，铜矿主要分布在智利、秘鲁、玻利维亚等国，储量占世界总储量的 1/3。铝土矿主要分布在南美洲东北部。玻利维亚的锑矿和锡矿的产量都居世界前列。此外，铅、锌、铌、钼、钒、铍、铀等矿的储量也比较丰富。南美洲的石油工业发展迅速，它是世界上重要的石油产区之一，主要集中在委内瑞拉。天然气工业发展也很快，以委内瑞拉、阿根廷产量较多。

2. 制造业

第二次世界大战以后，南美洲工业发展较快，钢铁、有色冶炼、机械、炼油、石化、纺织、食品等都有相当的发展。但各国发展不平衡，以巴西、阿根廷、委内瑞拉比较发达，智利、秘鲁、哥伦比亚的工业也具有相当的基础，其他国家的工业水平则较低。钢铁工业主要集中在巴西、阿根廷两国，机械工业也以巴西、阿根廷最发达，从 20 世纪 70 年代中期以来，两国已经能生产近 30 种型号的军用飞机和民用飞机。家电工业产品已有部分可供出口。巴西生产的汽车除自用外，还远销几十个国家和地区。化学工业是南美洲发展较快的部门，主要产品有合成纤维、化肥、药品、聚乙烯、农药等。在大多数南美洲国家中，轻工业被作为工业的主体，主要轻工部门有食品、纺织、服装、制鞋、家具、皮革、饮料等。巴西的纺织工业较发达，阿根廷的食品业较突出，主要有肉类加工、面粉、乳制品等。此外，巴西、智利的面粉加工，乌拉圭的肉类加工等也很重要。南美洲的水力资源丰富，已经建成了许多水电站，巴西和巴拉圭合建的伊泰普水电站是目前世界第二大水电站。

三、南美洲的交通运输业

南美洲的交通运输业发展很不平衡，这是殖民主义者长期统治的结果。

铁路分布在南美洲很不平衡，各国之间铁路网密度相差悬殊，主要集中分布在以下地区：阿根廷东部、乌拉圭、巴西东南部、智利中部。广大内地交通不便，主要依靠公路联系。

在南美洲各国中，民航旅客周转量最大的是巴西、阿根廷、委内瑞拉，货物周转量最大的是巴西、哥伦比亚、阿根廷。

海上运输主要为对外贸易服务，主要港口有布宜诺斯艾利斯、里约热内卢、马拉开波、瓦尔帕莱索等。其中，阿根廷的布宜诺斯艾利斯是南美洲最大的商港，位于拉普拉塔河口。巴西的里约热内卢则为南美洲第二大商港。沟通太平洋和大西洋的巴拿马运河在世界航运上具有重要地位，巴拿马运河在巴拿马境内。南美洲各国的海上运输多被外国轮船公司所掌控。内河航运以拉普拉塔河较繁忙，亚马孙河因为地处炎热的热带雨林中，沿岸人烟稀少，通航作用不大。

四、南美洲的经济贸易

1. 经济发展特点

1）第二次世界大战前，南美洲经济“单一化”较为突出。在两次世界大战期间，美国凭借有利的地理位置和雄厚的经济实力，排挤了其他国家的势力，把南美洲变成了“美国的后院”。美国向南美洲进行大量投资和经济侵略，使南美洲“单一经济”突出，如智利的铜、委内瑞拉的石油、玻利维亚的锡、中美洲各国的香蕉等主要产品，绝大部分被美国资本所控制。

2）第二次世界大战后，国有化及经济一体化运动蓬勃发展，南美洲国家纷纷实行经济国有化，在此基础上建立了几个地区性经济一体化组织，对促进本地区经济合作、抵御外来控制起到了积极的作用。

3）经济发展不平衡。南美洲各国经济发展水平相差很大，全地区 GDP 约有 2/3 集中在巴西、阿根廷两国，其余以委内瑞拉、哥伦比亚、秘鲁、智利 4 国的比重较大。制造业产值的 80%以上集中在以上 6 个国家，而其余大多数国家单一经济的性质并未得到根本改变。

2. 对外贸易

南美洲对外贸易发展较快。近些年，南美各国由于民族经济的发展与国内市场的扩大，对外贸易在 GDP 中的比重虽有所下降，但平均仍占 20%以上。南美洲主要贸易对象国是美国，其次是西欧国家。在西欧各国中，同南美洲贸易额较大的有德国、荷兰、意大利、西班牙、英国、法国。南美洲同日本的贸易也占一定的比重。20 世纪 70 年代以来，南美洲国家之间的贸易量明显增长。近半个世纪以来，南美洲国家同中国的贸易往来和经济合作发展迅速。

20 世纪 50 年代以前，南美洲对外贸易商品结构以初级产品占绝对优势。由于制造业的发展，60 年代中期以后，制成品出口有较大增长。但总的看来，南美洲出口贸易仍以初级产品占主要地位。在出口贸易中，原油、铜、锡、铁矿石、铝土、原糖、咖啡、香蕉、棉花、肉类、大豆等 10 多种初级产品约占南美洲出口总收入的一半，是南美洲国家外汇收入的重要来源。

在南美洲国家中，对外贸易额最大的是巴西，其次是委内瑞拉、阿根廷。为了反对超级大国对资源的掠夺，争取经济独立并推动本地区经济的发展，南美洲国家近 20 多年来陆续成立了 6 个地区性的经济贸易与合作组织：南美洲自由贸易协会、中美洲共同市场、拉普拉塔河流域组织、安第斯条约组织、加勒比共同体、南美洲经济体系。它们对繁荣本地区的经济起了重要作用。

第三节　南美洲的主要地区

一、南美洲西部

1. 秘鲁

秘鲁（全称为秘鲁共和国）位于南美洲西部，西濒广阔的太平洋，海岸线长 2 254 千米，陆上与智利、玻利维亚、巴西、哥伦比亚和厄瓜多尔为邻。秘鲁的面积约为 128.5 万平方千米，人口约为 3 199 万（2018 年），首都利马年平均气温为 18.7℃，秘鲁被誉为“世界不雨城”。秘鲁是美洲古文明发源地之一，南部的库斯科城曾是印加帝国的首都。秘鲁是世界最大的渔业生产和出口国之一，远在印加帝国时代，秘鲁人民就已从事渔业生产。第二次世界大战以后，秘鲁近代渔业随世界水产品需要量的增加而得到很大发展。20 世纪 60 年代初，渔获量曾一度跃居世界首位，1970 年达 1 200 多万吨。渔业在秘鲁经济中占重要地位，近年来虽然工业发展较快，但渔产品仍占本国出口总额的 10%以上。该国的渔业生产在世界上占有突出地位，尤其是鳀鱼（又称“秘鲁沙丁鱼”）的捕获量和鱼粉产量及出口量一直居世界首位。

秘鲁渔获量大，是与其沿岸海域得天独厚的自然条件分不开的。秘鲁沿海有强大的秘鲁寒流经过，由于受到地球偏向力和盛行东南风的影响，寒流表层海水向西偏离海岸，促使近岸的下层海水上泛，这不仅降低了表层海水的温度，还带上大量的硝酸盐、磷酸盐等营养物质。同时，秘鲁沿海多云雾笼罩，日照不强烈，利于沿海浮游生物的滋生与繁衍，对于冷水性鱼类，特别是鳀鱼的繁殖和生长提供了极为有利的条件。所以，秘鲁沿海一带成为鱼群密集的大渔场，渔区宽约 200 海里。秘鲁所捕鱼种绝大部分是作鱼粉用的鳀鱼，而供人们食用的鱼产量比重很小。近年来，秘鲁强调食用鱼的捕捞和加工，并鼓励人们以食用鱼代替肉类进口，因此，食用鱼的捕获量及其加工业均有一定增长。

2. 智利

智利（全称为智利共和国）位于南美洲西南部，西濒大西洋，东倚安第斯山脉，是世界上国土最狭长的国家，南北长达 4 270 千米，东西宽度不到 180 千米，面积约为 75.66 万平方千米。人口约为 1 792.5 万（2018 年）。

大致在南纬 30° 以北的地区为北部智利，沿海属热带干旱气候，这是信风带西岸型气候。因为副热带高压东缘的下沉气流，且沿海有强盛的秘鲁寒流经过，风向与海岸平行或为离岸风，所以气候具有少雨多雾的特点，年降水量一般不超过 50 毫米，且变率很大，有些地方甚至多年不雨，如北端的阿里卡的年平均降水量为 0，西海岸的安托法加斯塔也只有 5 毫米，而伊基克就曾一连 14 年没有下过雨。气候的另一个特点是夏季并不太热，最热月平均气温很少超过 20℃，这比同纬度内陆或东岸要低 5℃以上，年温差也很小，一般不足 8℃。南纬 30° ～37° 的智利中部，属地中海式气候。在气温上是夏季凉爽，1 月平均气温为 16～20℃；冬季温和，7 月平均气温在 8℃以上，年温差不大。在降水方面以冬雨夏干为特点，年降水量南北相差很大，自南向北约由 1 000 毫米减至 250 毫米。南纬 37° 以南的智利南部，属温带海洋性气候，本区地处西风带，主要受极地南太平洋气团和热带南太平洋气团影响，并正当极锋面气旋活动的路径上，沿海山地又对海洋气流起着重要的抬升作用，所以降水非常丰富，年降水量一般在 2 000 毫米左右。本区不仅终年多西风，风暴之多、风力之强也很突出。雨日多、风力强、纬度较高及沿海寒流的影响，在气温方面表现了冬温夏凉的特点，7 月平均气温为 4～8℃，2 月平均气温为 8～16℃，年温差很小。

智利国民经济以工矿业为主，工矿业占工农业生产总值的 70%以上，矿产品占出口总额的 85%左右。由于智利以盛产铜著名，人们常把它称为“铜矿之国”，铜矿资源十分丰富，已探明储量（按金属含量计算）达 1.07 亿吨，约占世界储量的 1/4，铜产量名列世界前茅，最近几年一直保持在 100 万吨以上。智利所产的铜大部分作为原料出口，近几年每年出口铜 100 万吨左右，居世界第 1 位。铜是智利的经济支柱，占国民经济收入的 1/4 左右，占出口总额的一半以上，是国家外汇收入的最重要来源。坐落在智利北部沙漠区的楚基卡马塔有世界最大的露天铜矿，蕴藏量达 1 800 多万吨，产量占智利全国铜产量的 45%。2017 年，智利的 GDP 达 4 521 亿美元。

二、南美洲东北部

1. 委内瑞拉

委内瑞拉（全称为委内瑞拉玻利瓦尔共和国）位于南美大陆最北端，地处圭亚那和哥伦比亚之间，南邻巴西，北濒加勒比海，面积为 91.67 万平方千米，人口约为 3 130.4 万（2017 年）。

委内瑞拉拥有丰富的石油资源，已探明储量达 27 亿多吨，名列世界第 10 位、美洲第 2 位、南美洲第 1 位。已探明全国有五大石油沉积盆地，面积约占全国总面积的一半，广泛分布于马加里塔岛、马拉开波湖和委内瑞拉湾沿岸及东部奥里诺科河下游北岸各州。此外，委内瑞拉还有广阔的海湾和大陆架尚未进行全面勘探，并已在奥里诺科河流域发现了储油丰富的重质油带。目前，主要的石油开采区有 3 个，即西北部的马拉开波湖油区、东部的奥里诺科河平原油区，以及西南部的阿普雷和巴里纳斯油区。其中以马拉开波湖油区最为重要，它约占委内瑞拉全国石油储量的 1/4、原油产量的 4/5，是世界石油储量最多的地区之一。委内瑞拉的石油在本国经济及在世界石油生产和出口中均占重要地位，又是南美洲首屈一指的石油生产国，故被称为“南美洲的石油国”。不过，长期以来形成的单一石油经济结构，也给委内瑞拉国家和人民带来了不利影响，使其国民经济过分依赖国际市场，国内农业发展缓慢，食物约半数依靠进口。目前，委内瑞拉已注意到这一问题，并采取措施大力发展农业和制造业，以促使国民经济向多样化方向发展。

2. 巴西

巴西（全称为巴西联邦共和国）是南美洲最大的国家，面积约为 851.49 万平方千米，几乎占南美洲的一半，在世界各国中仅次于俄罗斯、加拿大、中国和美国，居第 5 位。人口约为 2.07 亿（2017 年），仅次于中国、印度、美国、印度尼西亚，居世界第 5 位。首都巴西利亚面积为 5 814 平方千米，人口约为 186.4 万（包括周围 8 个卫星城镇的联邦区）。巴西位于南美洲东部及中部，除厄瓜多尔与智利外，南美洲诸国均与巴西相邻。

在巴西国民经济中，农业一向占有重要地位，在出口总额中，农牧产品约占 3/5。巴西是世界上重要的农产品出口国，热带经济作物无论在巴西国民经济中还是在国际市场上均占有重要地位，其中咖啡是该国最重要的经济作物。咖啡原产于东非的埃塞俄比亚，1727 年被巴西引进来，18 世纪以来种植面积不断扩大，1825 年咖啡成为巴西第一大出口产品。由于巴西广大地区处在热带和亚热带，气候湿热，极宜咖啡生长，同时巴西土地多，对需要大量土地而资金、技术要求不高的咖啡种植有利，而且 19 世纪上半叶，巴西蔗糖生产和采金业逐渐衰落，有大批的劳动力可供利用，加之欧洲市场饮料需求的扩大等原因，使巴西咖啡生产迅速发展。19 世纪至 20 世纪 60 年代，咖啡是巴西国民经济的支柱；20 世纪初，其产量占世界总产量的 3/4。在较长一段时期中，咖啡占国家出口总收入的 2/3 左右。巴西的咖啡广销世界许多国家，它是国际咖啡市场上的最大供货者，因此，巴西被人们誉为“咖啡王国”。

第二次世界大战以后，巴西努力改变过去的单一经济状况，致力于经济的多样化发展。自 1947 年以后的 40 多年来，经济发展速度较快，被誉为“巴西经济奇迹”，其中，1968～1973 年的 GDP 年平均增长 10%以上，这种增长速度在世界上是少见的。目前，按 GDP 来说，巴西已超过加拿大和澳大利亚，成为世界上屈指可数的经济大国。1960～1981 年，其 GDP 翻了四番多，人均 GDP 由 247 美元增至 2 241 美元。截至 2017 年，巴西的 GDP 达到了 3.27 万亿美元，许多工业产品产量已跻身于世界前几位，钢铁、汽车、飞机及军工产品生产均较发达。巴西石油、煤炭资源贫乏，正大力发展水电和核电。巴西与巴拉圭联合兴建的伊泰普水电站，1991 年 5 月建成，发电能力达 1 260 万千瓦。利用甘蔗等生产酒精以代替石油，大规模生产以酒精为动力的汽车，是巴西引人注目的工业项目。巴西优越的自然条件和富饶的自然资源固然是巴西经济发展的物质基础，但政局相对稳定和较为符合国情的经济政策是在经济迅速发展中发挥积极作用的主导因素。自20世纪50年代开始，巴西加速推行“进口替代”的工业化方针，并着手发展重工业；60年代中期，采取外向发展战略，加强与国际市场的联系；70年代中期以来，则强调执行进口替代与鼓励出口相结合的工业化方针，利用外资、积极引进国外技术专利和先进设备，并进行创新改造，使之“巴西化”，以推动国内资本更新和技术革命。此外，追加智力投资，努力开发本国人力资源，大力培养、造就科技人才，也是促进巴西工业发展的重要因素之一。但是，巴西经济发展也面临不少困难，主要问题是资金不足、燃料动力紧张、粮食缺乏、外债骤增、通货膨胀率高、国民收入分配不合理及贫富两极分化等。巴西经济对世界市场依赖较深，从而使其经济的发展直接受制于世界经济形势的好坏，在世界经济危机的冲击下，近几年巴西国民经济亦呈下降趋势。

自中国与巴西建交以来，双边经济贸易关系不断发展。原油、钢铁、铁矿砂为中巴贸易的三大支柱，双边贸易交换的品种还在逐渐增加。在经济合作方面，除在劳务出口、水坝咨询等方面合作外，中国在巴西还兴办了一些独资或合资企业。

里约热内卢是巴西第二大城市和全国最大的海港之一，是世界著名的天然良港，南临大西洋，与对岸的尼泰罗伊城隔海相望，有长14千米的海峡大桥把两个城联结起来，共同扼守着瓜纳巴拉海湾的出口。里约热内卢面积约为1 171平方千米，人口为500多万，码头长约6000米，是南美洲最大的船只停泊中心之一。有矿石、煤、石油等多种专业化泊位码头和客运泊位及集装箱码头。港口设备条件现代化，各种储存仓库有30多个。里约热内卢是全国最大的进口港，其港口年吞吐量为3 500万吨以上，进口占全国的1/4，出口占全国的1/5。进口主要物资有煤、石油等能源原料，输出物资有咖啡、蔗糖、皮革、铁、锰矿石等。

另外，桑托斯港（圣保罗的外港）是世界最大的咖啡出口港。

三、南美洲东南部

阿根廷（全称为阿根廷共和国）位于南美洲东南部、大西洋西岸，西以安第斯山与智利相邻，北同玻利维亚、巴拉圭接壤，东北与巴西、乌拉圭以河流为界。国土轮廓似楔状，北宽南窄，南端直指南极，面积约为278万平方千米。阿根廷是南美第二大国，仅次于巴西。人口约为4 429.3万（2017年），首都布宜诺斯艾利斯人口约为290.8万。

阿根廷的自然环境较为优越，占有南美洲温带草原的大部分，潘帕斯平原的主要部分在阿根廷境内。潘帕斯是南美洲拉普拉塔大平原的一部分，潘帕斯原是印第安语，意为“没有树木的平原”，它以首都布宜诺斯艾利斯为中心，向西半部扩展，颇似一个极大的半圆形分布于阿根廷的中东部地区。这一肥沃的冲积平原，地势低平，坦荡开阔，纵横60多万平方千米。这里气候温和，年平均气温为17℃，夏无酷暑，冬无严寒，降水量较为丰沛，东部常达900毫米以上，向西逐渐递减。平坦而广阔的土地，温和湿润的气候，加上肥沃的黑钙土及丰富的地下水，非常有利于农牧业的发展。经过阿根廷人民几个世纪的辛勤开发与经营，潘帕斯平原已成为阿根廷最重要的农、牧结合的现代化食品生产基地，成为世界著名的肉库与粮仓。它虽然只占阿根廷全国土地面积的1/4，但拥有全国一半以上的人口和4/5以上的耕地，出产全国4/5以上的小麦、玉米和大豆，以及一半左右的畜产品，提供了全国农牧业产值的近7/10。农、牧业是阿根廷经济的重要部门，是本国财富积累和经济发展的基础，农、牧业产品出口值常占全国出口总值的4/5，是外汇的基本来源。因而潘帕斯作为主要的农、牧业生产基地，在阿根廷国民经济和社会发展中起着重要作用。潘帕斯平原还是全国的政治、经济、文化中心，首都布宜诺斯艾利斯、全国第二大城市和主要农、牧产品集散地罗萨里奥，以及圣非、布兰卡港等重要经济中心都集中在该地区，全国4/5的工业企业和产业工人及3/5的铁路、公路也分布在这里。因此，潘帕斯平原成为阿根廷经济的心脏，在人们的心目中，潘帕斯成为阿根廷的同义语。

近些年来，阿根廷重视发展多元化的贸易关系，实行“奖出限入”政策。出口主要有谷物、牛肉、皮革、羊毛、钢材、化工产品等，进口主要有机械、化肥、石油产品。主要贸易对象国是南美洲国家、欧盟国家、美国、独联体国家、日本等。中国与阿根廷签署了经济合作协定，中国向阿根廷出口棉花、涤纶布、绸缎、玩具、农具等，阿根廷向中国提供机械设备、钢材、农药、纸张、羊毛、粮食、小麦等。

小　结

南美洲尽管没有一个经济发达国家，是一个纯粹的发展中大陆，但其经济发展水平不低。南美洲自然资源丰富，农业自然条件优越，经过几百年的经济开发，自然而然地形成了一些外向性鲜明、对世界市场的供求关系有重要影响的采矿业和农业。南美洲交通运输发展较快，内陆运输以铁路和公路为主，外运以海运为主，这主要得益于它拥有绵长的海岸线，为其提供了得天独厚的建港条件。巴拿马运河成为连接太平洋和大西洋的重要通道。

思考题

1. 详细描述南美洲的范围。
2. 南美洲的经济发展特点有哪些？
3. 描述南美洲的各产业发展状况。
4. 试比较秘鲁和委内瑞拉各自经济发展的优势。
5. 说明巴西农业发展的特点。
6. 试分析阿根廷自然条件的优越性。

第十三章

非　洲

知识点

非洲的地理位置、人口构成、主要国家、重要资源、经济发展和主要航道及港口，以及航运在非洲的发展状况。

技能点

了解非洲经济发展的现状和发展潜力，具备能够自主查找非洲主要航道和港口的能力，并能够分析非洲交通运输业（尤其是航运业）的状况和预测未来的发展。

案例导入

时任中国人民银行行长周小川在“2007年非洲开发银行集团理事会年会”开幕式上表示，当前中国国内储蓄率较高，投资资金比较充足，大量流向发达国家并不是最优选择，非洲地区可以成为中国资本流动和对外投资的重要目的地之一。他还表示，中国企业以民间形式投资非洲也已出现明显升温态势。因此，中非之间应适应经济金融全球化趋势，积极加强金融领域的交流合作。

周小川在会上表示，中非经济与金融合作前景看好。今后除了要继续发展传统贸易外，还应更加注重非洲经济的可持续发展，双方合作的重点包括：一是加强教育、科技、文化、项目管理等领域的交流与合作；二是加强中非企业间的合作，鼓励更多的中小型私营企业在非洲投资；三是鼓励更多金融机构到非洲设立分支机构，同时欢迎非洲金融机构在中国设立分支机构或代表处，共同为中非经贸合作提供资金支持和金融服务。

目前，中国已经正式成为西非开发银行的成员国，中国国家开发银行也已与东非开发银行、东南非贸易发展银行签订了框架合作协议。周小川认为，随着中非金融交流合作的深化，将有更多的中国和非洲企业寻找市场商机，使中非互惠型的经济关系真正落到实处。他表示，这次年会的成功举办，将成为加强各方合作，促进亚洲和非洲共同发展的新起点。

第一节　非洲概况

非洲是阿非利加洲的简称，希腊语意为“阳光灼热”的洲，位于东半球的西南部，东至东经 51°24′，西到西经 17°33′，北到北纬 37°21′，南达南纬 34°51′，地跨赤道南北，西北部的部分地区伸入西半球。它东濒印度洋，西临大西洋，北隔地中海和直布罗陀海峡与欧洲相望，与欧洲相隔仅 14 千米，东北隅以狭长的红海与苏伊士运河紧邻亚洲。非洲总面积约为 3 020 万平方千米，约占世界陆地总面积的 20.2%，仅次于亚洲，为世界第二大洲。非洲大陆海岸线长 3.05 万千米，海岸线比较平直，除索马里半岛、几内亚湾和锡尔特湾以外，半岛、海湾很少。马达加斯加岛是非洲最大的岛屿，为世界第四大岛，位于非洲东南部与大陆之间，隔着长 1 670 千米、最窄处宽 420 千米、最小深度 18 米的莫桑比克海峡，是好望角航线上重要的通航海峡。非洲地理位置具有重大的战略意义，它所扼守的苏伊士运河和好望角航线是世界海上贸易非常重要的通道。

非洲目前有 59 个国家和地区，在地理上习惯将非洲分为北非、东非、西非、中非、南非 5 个地区。

北非指非洲北部地中海沿岸国家，有埃及、苏丹、利比亚、突尼斯、阿尔及利亚、摩洛哥、亚速尔群岛和马德拉群岛（葡）。

东非包括埃塞俄比亚、厄立特里亚、索马里、吉布提、肯尼亚、坦桑尼亚、塞舌尔等非洲东部印度洋沿岸国家及乌干达、卢旺达、布隆迪 3 个内陆国家。

西非包括西撒哈拉、毛里塔尼亚、塞内加尔、冈比亚、几内亚比绍、几内亚、佛得角、塞拉利昂、利比里亚、科特迪瓦、加纳、多哥、贝宁、尼日利亚和加那利群岛（西）等非洲西部大西洋和几内亚湾沿岸国家及马里、尼日尔、布基纳法索 3 个内陆国家。

中非通常指喀麦隆、赤道几内亚、加蓬、刚果（布）、刚果（金）、圣多美和普林西比等几内亚湾沿岸国家及乍得、中非 2 个内陆国家。

南非通常包括安哥拉、纳米比亚、南非、莫桑比克、马达加斯加、科摩罗、毛里求斯、留尼汪岛（法）、圣赫勒拿岛（法）与阿森松岛（英）等大西洋和印度洋沿岸国家及岛屿，以及赞比亚、津巴布韦、马拉维、博茨瓦纳、斯威士兰、莱索托等内陆国家。

一、非洲的自然环境

非洲被称为高原的大陆、炎热的大陆、富饶的大陆、黑色的大陆。

1. 高原的大陆

非洲大陆地形以高原为主，地面起伏不大，平均海拔在 750 米左右，海拔 200～2 000 米的台地和高原占总面积的 86.6%，所以非洲被称为高原大陆。其西北部和东南部边缘，分别耸立着阿特拉斯山脉和德拉肯斯堡山脉。大陆周围有狭窄的沿海平原。整个地形由东南向西北倾斜。

大陆的东部和南部有埃塞俄比亚高原、东非高原和南非高原。东非高原的乞力马扎罗山海拔为 5 895 米，是非洲的最高峰。东部的东非大裂谷带长 5 800 千米，深 1 000～2 000 米，形成一系列狭长而深陷的谷地和湖泊，是非洲地震最频繁、最强烈的地区，并有很多火山和温泉。大陆的中部和北部地势较低，中部有非洲最大的刚果盆地，称为“非洲的心脏”，还有乍得盆地等。北部的撒哈拉沙漠，西起大西洋海岸，东到红海之滨，面积为 777 多万平方千米，约占全州面积的 1/3，是世界上最大的沙漠，西南部有卡拉哈里沙漠、纳米布沙漠。

2. 炎热的大陆

非洲的气候有三大特征：气温高、干燥地区广、气候带呈明显的南北对称分布。

非洲绝大部分地区的年平均温度在 20℃以上，气候炎热，故非洲有“热带大陆”之称。南部和北部的季节相反。非洲北部气温高于南部，干燥少雨。

非洲的降水量一般由赤道地区向南北逐渐减少。由于普遍高温少雨，除赤道附近雨量较为丰富以外，年平均降水量在 500 毫米以下的地区占 50%，其中大部分地区每年平均降水量在 250 毫米以下，部分地区年降水量在 100～200 毫米，有些地方甚至连续多年不降滴雨，干燥地区分布较广大。

非洲的气候呈明显的、有规律的带状分布，而且南北大致对称。赤道两侧的刚果盆地、几内亚湾沿岸和马达加斯加岛东部等地是热带雨林气候。热带雨林气候带南北两侧和地势较高的东北高原的广大地区，属于热带草原气候。这里年降水量在 750 毫米以上，有明显的干湿季，一般夏季是雨季，冬季是干季。非洲的热带草原是许多大型食草动物，如非洲象、长颈鹿、斑马和犀牛的良好生活环境。从热带草原气候带往南、往北，到南北回归线附近，属于热带沙漠气候，降水非常稀少，气候炎热干燥，沙漠分布很广。北部有著名的撒哈拉大沙漠，南部有卡拉哈里沙漠。沙漠区的动植物稀少。非洲大陆的南北两端是夏季炎热干燥、冬季温和多雨的地中海式气候。

非洲大河多流入大西洋。尼罗河为非洲最长的河流，也是世界第一长河，全长约 6 671 千米，刚果河为非洲第二大河，流域面积和流量仅次于亚马孙河，居世界第 2 位。还有尼日尔河、赞比西河等大河。各河流上多瀑布，赞比西河上就有 70 多处瀑布，其中有世界闻名的维多得亚瀑布，落差 122 米，宽约 1 800 米，为非洲一大名胜。维多利亚湖为世界第三大湖和第二大淡水湖。

3. 富饶的大陆

非洲自然资源丰富，是一个“富饶的大陆”。矿产种类多，储量大，有多种战略物资，而且分布地区相对集中。北非和西非几内亚湾是石油集中产区，已探明储量达 78 亿吨；煤炭储量达 800 多亿吨，集中分布在南非等地；铁矿资源为 300 多亿吨，分布在北非、西非等地；黏土矿、磷酸盐、金刚石储量分别为 90 亿吨、270 亿吨和 9 亿多克拉，居世界首位；铜矿的储量约为 5 000 万吨；黄金储量占世界总储量的 2/3 左右，南非、加纳、津巴布韦、刚果是主要产金国，其中南非一国的储量占世界总储量的 40%。

锰、铀、铅、锌、锑、钒、钴、铂、锂、铌、钽、铍、镉、锗、锡、石棉、石墨、天然气等矿产储量也在世界上占有重要地位。

非洲动植物资源非常丰富。森林、草原广阔，植物有4万多种，森林面积达6.4亿平方千米，约占世界森林总面积的19%，森林覆盖率达到23%，绝大部分为阔叶林，主要集中分布在刚果河流域和几内亚湾沿岸。非洲是世界上热带木材重要产区之一，盛产红木、黑檀木、柯巴树、乌木、樟树、栲树、胡桃木、黄漆木、栓皮栎等经济林木。非洲草原面积广大，达8.9亿平方千米，占全洲总面积的29%，主要分布在南纬5°以南及北纬1°～17°，居各大洲第1位。

非洲热带经济作物种类繁多，咖啡、花生、棉花、可可、丁香、棕榈油、剑麻、天然橡胶、甘蔗、烟草、油橄榄、茶叶在世界贸易中都占有重要地位，是非洲的主要出口商品。埃塞俄比亚是非洲最大的咖啡生产国，埃及、苏丹两国的长绒棉产量占世界总产量的18%。东非热带国家盛产茶叶和剑麻，西非盛产花生，烟草生产主要集中在东南部地区，中西部盛产天然橡胶。

非洲是世界著名的天然动物园，动物种属多，有世界重要的自然保护区，为发展旅游业提供了优越条件。非洲渔业资源丰富，盛产沙丁鱼、金枪鱼、鲐和鲸等。

非洲可开发的水力资源极为丰富，估计年可发电量达2万亿千瓦时，约占世界可开发水力资源的21%。尼罗河、刚果河（扎伊尔河）、尼日尔河和赞比西河多发源于赤道附近的多雨地区，在流经高原、山地不同的地形时，形成许多瀑布，水力资源非常丰富。

4. 黑色的大陆

非洲是黑种人的故乡，约有55%的人口为黑种人，所以又称“黑色的大陆”。

二、非洲的人文环境

非洲是地广人稀的大陆，全洲人口约为12.64亿（2018年），占世界总人口的14.8%，居各大洲第2位，但人口密度相对较小，只有340人/平方千米。在漫长的历史进程中，非洲大陆形成了复杂的种族。目前，黑种人占全洲总人口的55%，主要分布在撒哈拉沙漠和埃塞俄比亚高原以南的中非和南非。白种人占非洲总人口的26%，主要是阿拉伯人从西亚迁入北非，在南非还有一部分欧洲白种人的移民及其后裔，他们在非洲人口中的比重不足2%，还有15%是黑种人和白种人的混血种人，主要分布在埃塞俄比亚高原和撒哈拉沙漠的南缘；马达加斯加岛上还有2%的从东南亚迁入的马来人及黄种人与黑种人的混血种人。

高出生率和高死亡率是非洲人口增长的一大特点。非洲人口出生率和死亡率之高在世界各大洲中均遥遥领先。20世纪50～90年代，非洲的人口出生率始终保持在45‰～48‰的高水平，2009年，平均出生率为41‰，死亡率为14‰，自然增长率为29‰，远远超过其他各大洲；全世界出生率超过5‰的11个国家中有10个在非洲，死亡率超过2.2‰的7个国家中有6个在非洲。

非洲人口分布极不平衡，1/3 的人口集中在占总面积 1%的区域内，其平均密度达到每平方千米 500 人以上。而反之，密度小于每平方千米 4 人的地区占全洲面积的 60%以上，这里只居住了总人口的不到 6%，其中撒哈拉、卡拉哈里和纳米布三大沙漠区的人口密度均在每平方千米 0.5 人以下。上述情况显然是历史和自然的因素共同造成的。一般来说，非洲人口稠密区分布在以下地带。

1）滨海地带。尤其是地中海、几内亚湾和印度洋沿岸。由于欧洲殖民者一般均自海上侵入，他们在沿海地带建立起一批侵略据点和统治中心，并发展起为掠夺服务的工农业和交通运输业，因此集中了较多的人口，特别是城市人口。据统计，非洲沿海 200 千米范围内面积占全洲的 19%，却居住着总人口的将近一半。

2）内陆高地。包括东非高原上的维多利亚湖、基伍湖等附近地区，埃塞俄比亚高原中部，尼日利亚的高原及南非和津巴布韦的高原地带。这些地区海拔在一两千米，气候较为温和湿润，由于海拔高于疟蚊、萃萃蝇分布上限，自古以来这里就是当地人民的主要居住区，农、牧业生产比较发达。

3）铁路沿线。殖民者为掠夺非洲资源，沿铁路沿线发展起面向出口的农、矿业，从而形成带状的人口稠密区，如赞比亚中央铁路两侧 20 千米范围内集中了全国 12%的人口。

4）干燥区的沿河地带和“绿洲”。当地人民从古代起就在河流的两岸发展起灌溉农业，形成浩瀚沙漠中的一条条绿色长廊，如苏丹北部尼罗河谷的绿色长廊，宽度平均仅 0.9 千米，长度则超过 1 600 千米，人口密度高达每平方千米 540 人。

非洲共有 200 多个民族，非洲古代的居民主要有分布于撒哈拉以南的黑种人及红海地区属于欧罗巴人种的含米特人。后来阿拉伯人迁入北非，马来人从东南亚迁入马达加斯加岛，又有欧洲殖民者的全面入侵。在此过程中，非洲多数地区的居民经历了大规模的迁移、混合和融合，形成了一批新的人种——混血种人。

根据语言近似的程度，非洲的民族属于几种基本语系：苏丹语系，居民约占全洲人口的 32%，肤色黝黑，分布在撒哈拉以南、赤道以北、埃塞俄比亚以西至大西洋沿岸的地带；班图语系，居民约占全洲人口的 30%，肤色浅黑，分布在赤道以南地区；闪含语系，居民约占全洲人口的 21%，是阿拉伯人（白种人），主要分布在北非各国。此外，还有少数黄种人，属马来—波利尼西亚语系的马达加斯加人等。欧洲白种人不到全洲人口的 2%，他们主要是荷兰、英国等欧洲移民及其后裔，主要分布在非洲南部地区。非洲居民多数信奉原始宗教、伊斯兰教，少数信奉天主教和基督教。原居民多信奉原始宗教，伊斯兰教信徒占非洲人口的 1/4，基督教信徒占非洲人口的 25%。

第二节　非洲的经济状况及发展

一、非洲的农业

农业是非洲最重要的经济部门，是非洲经济的基础，在各国国民经济中具有极重要的地位，除利比亚等十几个国家外，其他国家的经济均以农业为主，农业占国民生产总值的30%以上。在非洲的出口贸易中，农产品比重仅次于矿产，全洲有30多个国家的出口贸易以农产品为主。

非洲的大部分地区拥有发展农业生产的良好条件。全洲地势坦荡，95%的面积属热带和亚热带。农作物可常年生长，土地和热量资源之丰富在各大洲中是很突出的。但荒漠面积广大，干旱少雨，所以粮食生产发展缓慢。

非洲各国由于自然条件、经济发展状况不同，农业生产具有明显的地域差异，类型虽然复杂，但分布都有一定规律和特点。

农业各部门生产的特点如下：

1）热带经济作物比重大，在出口中占有重要地位。非洲是世界上热带和亚热带经济作物主要产区之一。咖啡、可可、天然橡胶、棕仁、棕油、丁香、剑麻、花生、棉花、甘蔗、油橄榄、栓皮等历年产量和出口量都在世界上占有重要地位。

2）粮食生产发展缓慢，普遍不能自给。由于非洲耕作方式和技术落后，生产力水平低，自然灾害频繁，抗御力量差，粮食单产和生产增长率都低于拉丁美洲和亚洲。近20多年来，非洲连遭旱涝、虫灾，旱灾最重的1984年，人均产量仅为117千克（低于1962年全洲的186千克），致使全洲40%的人口陷于粮荒，致百万人饿死。1985年、1986两年，灾情减少，全洲谷物产量增加到8 600万吨，但1987年和1988年，旱灾、蝗灾、水灾纷至沓来，谷物产量又急剧减少。加上战乱和人口增长过快，以及一些国家农业政策不当，部分国家片面发展工矿业等原因，粮食发展缓慢。

非洲的粮食作物主要有玉米、高粱、谷子、小麦、稻谷和薯类等。玉米是非洲广大居民的主粮，地区分布很广，以南非为最多；高粱主要产于尼日尔河和尼罗河中游地带，尼日利亚、苏丹、埃塞俄比亚等为主要生产国；谷子分布较广，尼日利亚是最大的生产国；小麦在非洲粮食作物中占第4位，主要产在地中海沿岸各国，但以南非产量最多；稻谷产在埃及和马达加斯加，占全洲的1/2以上，近年来有较大发展；薯类作物非洲大部分地区可生长，分布很广泛，以尼日利亚产量最多。

3）畜牧业地位重要，生产水平低下。除热带雨林区外，畜牧业在非洲其他地区均为重要经济部门之一，其中博茨瓦纳、索马里、埃塞俄比亚等国从事畜牧业的人口都在50%以上。非洲畜牧业现仍以游牧和半游牧为主，经营粗放，饲养业很少，因此，生产率和商品率都很低下。畜产品多由牧民自己消费，输出以活畜为主。

4）林业发展较快，利用不合理，潜力大。森林资源主要集中在几内亚湾沿岸和刚果河流域，是世界上第二个热带雨林区和热带林业生产基地。树种繁多，有许多热带优质名贵用材，工业价值大、商品性高，主要分布于加蓬、刚果、扎伊尔、喀麦隆、尼日利亚、科特迪瓦等国，这里木材采伐量占非洲的1/2。近20多年来，非洲木材采伐量大增，超过世界平均数，使自然生态平衡遭到严重破坏，尤其是所伐木材90%左右作薪柴，严重浪费，工业用材也多以原木出口，利用很不合理，不过林业发展潜力还很大。近年来，各木材生产国注重提高加工能力，使锯木、板材、胶合板、纤维板等制材工业有所发展，产品也有出口。

二、非洲的工业

非洲拥有丰富的矿产资源，金刚石、金、铜、钴、钒、铀、铬和磷酸盐等矿产品一向居世界前列。近 20 多年来，随着石油、天然气、铁、铝土等一批新矿产的大规模开发，非洲的采矿业有了巨大的发展。非洲矿产品种类多、产量大，且绝大部分供出口，在国际市场上处于举足轻重的地位。

近几年来，采矿业已经是非洲超过农业的第一大经济部门，尤其是石油开采，矿产品在出口总值中约占 2/3，超过农产品的出口总值。

非洲矿产分布广又相对集中，从国家或地区看，尼日利亚、利比亚、南非和阿尔及利亚 4 国约提供了全洲矿业总产值的 80%。按矿种来说，石油独占总产值的 3/4，金占 10%，铜、金刚石和煤大约各占 2%。

非洲虽拥有丰富的资源，但工业基础很薄弱，是世界上工业化水平最低的大洲。目前主要工业有食品（包括制糖、榨油、饮料等）和纺织两大部门。除南非的重工业比重较大外，其他国家都以轻工业为主，钢铁、机械、化工等部门非常薄弱。非洲重工业中以炼油和有色冶金稍具规模。炼油和石化工业近些年在北非和西非产油国家发展较快，非洲炼油能力有所增强。有色冶金工业主要是赞比亚、扎伊尔的炼铜，几内亚、加蓬、加纳、喀麦隆的炼铝等。非洲不少国家对电力工业比较重视，利用水力资源发电在非洲占有很大比重。

非洲工业的发展很不平衡。南非集中了非洲工业总产值的 2/5 以上，其中重工业所占的比重更大，如钢产量、发电量都占 50%以上，其他工业基础较好的埃及、阿尔及利亚、毛里求斯、科特迪瓦、喀麦隆、加蓬等国工业都占国民生产总值的 20%以上。有一些国家工业很落后，如莱索托、冈比亚、卢旺达、埃塞俄比亚、毛里塔尼亚等，在国民生产总值中的比重很低。

三、非洲的交通运输业

非洲大陆东濒印度洋，西临大西洋，北接地中海和直布罗陀海峡，东北邻红海和苏伊士运河，海岸线全长 3.05 万千米。它所扼守的苏伊士运河与好望角航线是世界海上贸易的重要通道，沿岸的主要港口对非洲各国的经济贸易起着重要的作用。

非洲的现代交通运输业是几十年来随着帝国主义的掠夺而发展起来的，因此具有显著的殖民地性。除了非洲沿海港口地区和工矿业经济发达地区以外，非洲大部分内陆区没有现代交通运输线，形成现代化运输与传统的落后运输方式并存的特征。从现在的交通路线情况、管理水平、运输能力、运输设备等方面来看，都还不能适应非洲经济发展的需要，并且落后于世界其他各大洲。

非洲铁路线路总长约 9.5 万千米，占世界的 6%。铁路的长度和客货运量都以南部非洲居首位，其次是北部非洲，其余分布在几内亚湾沿岸和东部非洲沿海地区。坦赞铁路全长 1 860 千米（卡皮里姆波希—达累斯萨拉姆），有力地促进了坦桑尼亚、赞比亚经济的发展。现在还没有铁路的国家有冈比亚、几内亚比绍、西撒哈拉、乍得、中非、尼日尔、赤道几内亚、莱索托、布隆迪、卢旺达、索马里等。

非洲海运业较为发达，货物的装船量每年约为 4 亿吨，约占世界的 12%。非洲的海运主要以输出大宗原油、矿产品和农林产品及输入工业制成品和粮食为主。因而非洲的海运国际运输量大大超过国内运输量，装船数大大超过卸船数，主要海运国也是矿产输出国。非洲海运量大于 1 亿吨以上的是两大石油输出国尼日利亚和利比亚，其次是阿尔及利亚、埃及、突尼斯、利比里亚、南非、摩洛哥和毛里塔尼亚等。

第二次世界大战后，非洲的港口建设和海运事业发展较快。在沿海 31 个国家中，有 28 个国家至少有 1 个现代化港口，航线可通向世界各大洲的主要港口。按其营运特点可分为以下 4 类。

1）综合性海港，为客货运兼营、货运品种繁多的商港，也多为内陆国家外贸进出货物的转口港。

2）专业矿砂输出港，以输出铁矿石占多数。

3）石油输出港，主要装卸原油，停靠船舶以油轮居多。

4）国际航运停泊港，主要为各国货轮供应燃料、淡水和生活物资等。

非洲的公路和管道运输近几十年来发展较快，各国都有公路，非洲修建了一条横贯大陆的公路干线，东起印度洋沿岸肯尼亚的蒙巴萨，西迄大西洋沿岸尼日利亚的拉各斯，跨越 13 个国家，全长 5 000 千米。

非洲的主要产油国基本都有石油输出管道，还有横贯地中海的洲际输气管道，从阿尔及利亚的哈西鲁迈勒，经过突尼斯，穿越突尼斯海峡，到达意大利西西里岛的马察腊—德瓦洛，全长 1 070 千米。阿尔及利亚的天然气通过这条管道向意大利输送。

四、非洲的经济贸易

非洲具有悠久的历史、古老的文化，是世界文明发源地之一。古代非洲人民曾经创造了辉煌的人类文明，古埃及是历史上著名的四大文明古国之一。但是从 15 世纪开始，非洲遭受了来自葡萄牙、西班牙、荷兰、英国、法国等殖民主义者的侵入和掠夺。他们不仅大肆掠夺黄金、象牙、香料，还把大量的非洲黑人从非洲贩卖到美洲从事金、银采矿业和种植园农业，随后在非洲建立了大量殖民地。持续 4 个世纪之久的奴隶贸易，导致被殖民者掠走和屠杀的非洲黑人就有 1 亿多，使生产力遭到极大破坏，到第一次世界大战前，殖民地占全洲总面积的 96%。第一次世界大战前，非洲只有两个名义上的独立国家，即埃塞俄比亚和利比里亚。欧洲殖民主义者的持续掠夺和侵入，造成非洲经济发展的严重落后和畸形发展。非洲国家的经济虽比独立前有不同程度的发展，但由于受长期的殖民统治，独立较晚，经济发展起步较迟、起点较低，经济发展战略仍处于探索过程之中。

非洲国家与其他地区的发展中国家相比较有些共同之处：独立前都是帝国主义的投资场所、原料掠夺基地和商品倾销市场；长期的殖民统治造成经济结构的单一化和畸形发展；发展国民经济一般缺乏资金和技术。非洲发展中国家还有一些独特的特点：有些国家内部各个部族之间、派别集团之间，经常发生武装冲突，甚至长期内战，政变频繁，动乱不止；有些国家经济政策不当，“国有化”步子走得过快、过急并受封建残余势力的阻碍，在农业方面虽进行土地改革，建立国有农场，组织各种生产合作社，发动搞生产运动，但都未取得预期效果，另外，在“国有化”进程中，打击了作为国有经济补充力量的中小企业，而国有企业又不善于经营，长期亏损，发展缓慢，甚至停滞，于是有的国家退还了收归国有的部分外资企业。总体来看，非洲仍然是世界上最贫穷、最落后和最不发达的一洲。当前经济困难很多，目前经济状况主要呈现以下特点。

1. 经济发展起步迟、起点低、速度慢，仍然处于探索、发展和调整的过程中

非洲是目前世界上经济增长率最低和人均收入最少的地区。非洲人口占世界总人口的 14.8%，而经济总量仅为世界的 3.4%，国民生产总值约占世界国民生产总值的 2.8%，贸易额只占世界贸易总额的 5%。

2. 农业是非洲最重要的经济部门，但是粮食生产总量严重不足，缺粮现象非常普遍

农业是非洲最重要的经济部门，是非洲经济的基础。除利比里亚等国家，大部分非洲国家的经济以农业为主，农业占国民生产总值的1/3左右。

受非洲独特的地理位置和自然条件影响，非洲的农业生产具有明显的地域差异性。

1）在农业生产中，热带经济作物的生产占有重要的地位。非洲是世界上热带和亚热带经济作物主要产区之一。

2）粮食生产发展缓慢，自给能力差，依赖国外进口。

3）畜牧业是非洲重要的经济部门之一，但是生产力水平低下。

4）林业资源丰富，砍伐过度，浪费严重，但林业发展潜力很大。

3. 工业十分落后，基本上以采矿业为主，采矿业在国际上具有重要的地位和意义

非洲工业的发展很不平衡，工业受历史影响主要集中在北部非洲、沿海狭长地带及南非。矿产、炼油和石化工业是非洲的新兴工业，近年来得到迅猛发展。

4. 交通运输能力低下，现代化运输和传统的运输方式并存

非洲的现代交通运输是为了满足当年殖民主义者从非洲掠夺资源的需要，因此布局分散、运输能力低下、运输设备落后，既有现代化运输方式，也有传统的、落后的运输手段，没有形成完整的交通运输体系。

5. 对外贸易有着较快的增长，但是发展很不平衡，结构较为单一

非洲的对外贸易近 30 年有着较快的增长，但是非洲对外贸易的总额在世界贸易中所占的份额没有大幅度提高。非洲仍旧是比重最小的洲，而且绝大部分对外贸易集中在基础产品和原材料方面。在所有的对外贸易出口国家中，经济发展水平较高和资源较为丰富的国家占全洲外贸总额的绝大部分。南非是非洲最大的进口市场。

1）从进出口商品结构看，非洲主要进口的是工业制成品和生活消费品，进口产品中粮食的比重较大，其他为机器设备和运输工具等。南非、埃及、摩洛哥、尼日

利亚、突尼斯等国家是进口机电产品较多的几个国家。出口的主要是单一性农、矿产品和原油。

2）从外贸进出口的贸易对象来看，主要是法国、美国、德国、英国、日本等发达国家。

3）非洲的转口贸易非常活跃，西非、南非地区受地理环境和该地区宽松经济政策的影响，是理想的转口贸易区。

对外贸易在非洲国家的经济中占有重要地位。20 世纪 70 年代以来，非洲对外贸易有较快的增长，1979 年非洲的进出口贸易总额约为 1 637.7 亿美元（不包括南非），比 1970 年增长 4 倍多。80 年代以来，非洲进出口贸易占世界贸易的比重呈下降趋势。至 1990 年，非洲仅占世界外贸出口总额的 2.5%、进口总额的 2.4%。1996～2006 年，非洲出口额由 1 120 亿美元增至 3 610 亿美元。目前，非洲出口总额总的来说有所增长，但增长缓慢。非洲非石油商品出口收入每年占的比例较低。最近，某些商品（如矿产品）的价格虽略有回升，但许多商品（如咖啡、可可、茶叶）的价格仍在下降，总的来说，非洲商品价格继续处于历史最低水平。由于进口价格上涨，进口额的增加比出口额大，非洲贸易逆差状况更加严重。

非洲对外贸易的发展很不平衡，西非、北非地区原油出口值迅速增长，如尼日利亚、利比亚、阿尔及利亚 3 国进出口额占全洲的 50%以上。近几年，摩洛哥、突尼斯、加蓬、喀麦隆、科特迪瓦、刚果等国的对外贸易提高也较快，但其他地区对外贸易增长缓慢，有的地区甚至出现负增长。

目前，在非洲出口商品中，初级产品特别是原油出口比重不断增加，每年生产的原油绝大部分供出口，另外，铜、锰、铝土等多种有色金属和磷酸盐等矿产成为非洲重要的出口商品，制成品出口比重很低。在进口商品中，由于非洲许多国家开始重视利用本国资源，发展相应的工业，因而制成品特别是各种机器设备和运输工具等进口的比重有所上升，粮食进口比重很大。

非洲出口农矿原料初级产品的 80%及进口工业品的 90%，它与西方国家特别是与原宗主国的贸易关系更为密切。进口地区主要有美国、德国、日本。近年来，俄罗斯向非洲市场的出口有所增加，英国、法国等西欧国家对非洲贸易的控制略有减弱，但目前西方工业国家仍然基本控制着非洲的进出口贸易。

非洲自然资源丰富，有着发展生产的良好条件。非洲国家为了消除殖民统治恶果，摆脱落后状态，争取经济的独立发展，近年来不断调整政策，从多方面采取措施，其中有些国家已经取得了显著的成就。

第三节　非洲的主要地区

一、北非地区

北非地区面积约为 826.9 万平方千米，人口约为 2.36 亿（2018 年），其中阿拉伯人约占 80%，区内普遍信奉伊斯兰教。

北非按自然条件可分为阿特拉斯和撒哈拉两大部分。西北部为阿特拉斯山地，东南部为苏丹草原的一部分，地中海和大西洋沿岸有狭窄的平原，其余地区大部分为撒哈拉沙漠。广大区域气候非常干燥，沙漠和戈壁广布。尼罗河谷地和散布各地的“绿洲”成为区内人口稠密区和工农业生产的重要区域。北非经济发展水平在非洲属于较发达的经济区。

本区矿产资源丰富，采矿业占很重要的地位，矿产以石油、天然气、磷酸盐为主，钴、锰、铁矿等资源较为丰富。

北非撒哈拉地区以北以生产原油为主。利比亚的锡尔特盆地、阿尔及利亚东北部和东南部及埃及的苏伊士湾是四大产油区。北非所产石油主要通过输油管道经地中海岸的祖埃提纳、卜雷加、锡德尔、阿尔泽、贝贾亚、斯基克达等油港输出到美国和西欧。

北非的阿特拉斯区是世界上最大的磷酸盐蕴藏区，占世界总储量的 3/4 以上，其中摩洛哥探明储量为 570.3 亿吨，占世界总储量的 3/4，目前年产量居世界第 3 位，出口量居世界第 1 位。突尼斯磷酸盐储量为 20 亿吨，居世界第 4 位。

北非的主要农作物是玉米、小麦、高粱、谷子和稻谷等，还包括棉花、蔬菜、油橄榄、葡萄、柑橘、无花果、椰枣等。埃及、苏丹是非洲产棉大国。此外，埃及甘蔗、洋葱的产量和出口量近年也有大幅度增加，苏丹则生产花生、芝麻、树胶等。摩洛哥的栓皮产量居全洲第 1 位，每年大量出口。除埃及外，北非其他国家的粮食都不能自给。

北非各国畜牧业也较发达，主要饲养牛、绵羊和骆驼等大牲畜。苏丹拥有骆驼数居世界第 2 位。阿尔及利亚和苏丹羊毛产量在非洲分别居第 2 位、第 3 位。

北非工业的规模仅次于南部非洲。

北非铁路长度，仅次于南部非洲，多分布在地中海沿岸和尼罗河各地，以埃及为多，但各国之间缺少联运干线。

北非的海运也较发达。埃及是本区各国中海上商船队的运力最大的国家。

北非的主要港口有以下几个。

1）达米埃塔（Damietta）港又称杜姆亚特港，位于埃及地中海沿岸，在尼罗河三角洲东北部，距达米埃塔河口 13 千米，濒临地中海，现在是非洲第一大港，地理位置十分重要。达米埃塔是古代重要贸易口岸。达米埃塔城市在古城废墟上重建，有面粉、鱼类罐头、轧棉、丝织、制革、制鞋工业。为了更好地适应运输的要求，埃及政府对达米埃塔港进行了扩建改造。新达米埃塔于 2004 年 12 月落成，位于地中海沿岸塞德港以西 70 千米处，港口可延伸 11 千米的范围，处于东、西高速公路之间，还与埃及各主要城市连接。该港耗资 1.9 亿埃镑，港口分几个码头和修船厂，配合运营。达米埃塔港是埃及最先进的港口，全部为电子化运作，是埃及第一座电子化运作的港口，也是最大的出口港之一。埃及还将在达米埃塔港附近设立一个新的自由区，以满足投资者日益增长的投资需求。该港是埃及亚历山大港的集装箱港区，也是本区最大的集装箱港口。

2）塞得（Said）港位于埃及东北沿海苏伊士运河的北口，濒临地中海，是埃及第二大港，也是世界煤炭和石油储存港之一。该港自 1859 年随着苏伊士运河的开通而逐步发展。它是澳、新地区及南亚与地中海各港之间的转口港，也是尼罗河三角洲东部所产棉花及稻谷的输出港。主要工业有造船、化工、鱼类冷冻及加工等。有铁路可通国内各主要城市。港区主要码头泊位有 23 个，岸线长 5 188 米，最大水深为 137 米。塞得港主要出口货物为棉花、卷烟、皮革、棉籽及盐等，主要进口货物有机械、食品、煤、酒、建材、石油制品、金属制品及黄麻等。

3）亚历山大（Alexandria）港位于埃及北部沿海尼罗河口，在阿拉伯湾东岸入海处，濒临地中海的东南侧，是埃及最大港口之一。亚历山大始建于公元前 332 年，是古代欧洲与东方贸易的中心和文化交流的枢纽，第二次世界大战后发展迅速，现为著名的棉花市场，也是埃及重要的纺织工业基地，造船、化肥、炼油等工业亦很发达。亚历山大还有世界古代七大奇迹之一的法罗斯灯塔，吸引着各地游客前来观赏。港口的国际机场有定期航班飞往世界各地。港区主要码头有 60 个，岸线长 10 143 米，最大水深为 10.6 米，包括煤炭、粮食、木材及石油等专用码头。亚历山大港主要出口货物为棉花、矿石、水果、糖浆、盐、纺织品、粮谷、轮船、棉花、黏土及农产品等，进口货物有钢铁、汽车、茶叶、咖啡、木材、轻重型机械、烟草及工业品等。埃及每年有 80%～90%的外贸货物经本港中转。

4）突尼斯（Tunisia）港位于突尼斯东北沿海的突尼斯湖口，在突尼斯湾的西南岸，濒临突尼斯海峡的西侧，是突尼斯的最大港口，也是突尼斯的首都和全国政治、经济、文化及交通的中心。突尼斯交通运输发达，不仅公路可与国内联网，而且铁路西可通阿尔及利亚境内，南可达本国的加贝斯港。主要工业有棉毛纺织、炼油、金属加工、制革、罐头及烟草等，尤其以织造地毯闻名于世。该港工业产值及对外贸易额各占全国工业总产值及外贸总额的一半左右。该港风景秀丽，气候宜人，果树成行，品种繁多，特别是橄榄最为著名，故被誉为“橄榄之都”。由于靠近欧洲，突尼斯港经常成为国际会议的地点。港口的迦太基国际机场有定期航班飞往世界各地。突尼斯港主要出口货物为磷酸盐、石油、橄榄油及纺织品等，进口货物有粮食、机械及工业原料等。

5）卡萨布兰卡（Casablanca）港位于摩洛哥西北沿海，濒临大西洋的东侧，是摩洛哥的最大港口。卡萨布兰卡始建于 1770 年，19 世纪末发展为海上贸易中心，是全国经济及交通的中心，拥有全国约 4/5 的现代工业，工业产值占全国总产值的 2/3。主要工业有炼油、炼铁、化工、纺织、鱼类加工、水泥、烟草、汽车制造、橡胶、罐头及木材加工等。该港还是一个重要的渔港。铁路可通往国内主要城镇及产区。港区主要码头泊位有 44 个，岸线长 7 000 米，最大水深为 12 米。卡萨布兰卡港主要出口货物为磷酸盐、柑橘、鱼类产品、铅锌矿及农产品等，进口货物有粮食、钢铁、木材、水泥、煤炭、石油、机械及电子产品等。

6）苏丹（Sudan）港位于苏丹东北沿海的中部，濒临红海的西侧，是苏丹唯一的对外贸易港口，也是全国重要的产盐基地。全国有 90%以上的进出口货物经此运往世界各地。主要工业有炼油、电力、汽车、船舶修理及农牧产品加工等，并拥有大型炼油厂，其输油管道长达 815 千米，直达首都喀土穆。港区主要码头泊位有 14 个，岸线长 2 381 米，最大水深为 12 米。苏丹港主要出口货物有花生、皮张、棉花、油饼、瓜子、棉籽、牛、羊及石油制品等，进口货物有粮食、原油、棉织品、铁器、麻、茶、面粉、糖、豆、杂货等。

埃及（全称阿拉伯埃及共和国）位于非洲东北部和亚洲西南角的西奈半岛，面积约为100.2万平方千米，全国面积的96%为沙漠。2017年，全国人口总数达到9 704.1万。即将超过1亿，其中阿拉伯人占87%。国语为阿拉伯语，国教为伊斯兰教。

尽管埃及是历史上著名的文明古国，但是由于多次外族的入侵，埃及的文明发展进程常常中断。现在埃及工业在非洲各国中位居第 2 位。埃及经济以农业为主，主要农产品有棉花、稻谷、小麦、玉米等。优质长绒棉产量居世界首位。近年来，埃及的石油、钢铁、电力、化肥、水泥、机械等工业发展迅速，石油产品出口值约占总出口值的 70%，工业高度集中在尼罗河三角洲的中部和南部，开罗和亚历山大两大城市集中了全国工厂总数的 75%左右，是埃及经济的核心地区。另外，埃及的旅游业和石油出口、苏伊士运河收入并列为全国三大外汇来源。

埃及的主要城市和港口如下：

1）开罗（Cairo）是世界著名的文化古都，也是埃及的首都，是非洲第一大城。它濒临尼罗河，是全国最大的水、陆、空交通枢纽和国际重要的航空港。工业、文化、金融、贸易等方面在埃及有着重要地位，工业以冶金、建材、仪表、纺织为主。

2）亚历山大城（Alexander City）是埃及最大港口和地中海沿岸著名的旅游胜地。工商业都较为发达，纺织、机械、石油化工等部门尤为突出，全国进出货物和国内所产的棉花绝大部分由此出口。

埃及同 120 多个国家和地区有贸易关系，主要贸易伙伴是美国、意大利、德国、中国、法国等。埃及是第一个承认我国并同我国建交的非洲国家。1956年5月30日建交后，两国友好合作关系不断发展。1999年，两国建立面向21世纪的战略合作关系，双边关系的发展进入了一个崭新的阶段。

二、东非地区

东非地区面积约为370万平方千米，人口约为1.65亿，居民中黑种人占2/3，其余主要是属于黑种人和白种人混合类型的埃塞俄比亚人和索马里人。

东北部的索马里半岛被称为“非洲之角”，突出在印度洋与亚丁湾之间，扼红海、苏伊士运河的出入，位置非常重要。

东非坐落在东非高原和埃塞俄比亚高原上，仅印度洋沿岸有狭窄的平原。东非大裂谷带纵贯东非高原中部和西部，乞力马扎罗山是最高峰。区内大部分属热带草原气候。受地势影响，气候和自然带呈明显的垂直变化。

在非洲五大区域中，本区经济发展水平是最低的，被列为世界上最不发达的地区之一。

东非地区最显著的特点是农业比重大，采矿业比重小。仅有坦桑尼亚的金、锰、铜、黄金的矿产资源较为丰富。

区内各国工业以食品和纺织等轻工业为主，而且主要分布在几个大城市，如达累斯萨拉姆、摩加迪沙、亚的斯亚贝巴等。

东非的丁香、剑麻、棉花、咖啡、除虫菊、茶叶等农产品在世界或非洲占重要地位。咖啡的主要出产国是埃塞俄比亚和乌干达。东非的剑麻产量约占世界总产量的1/3。主要生产国是坦桑尼亚和肯尼亚，产量和出口量分别居非洲第 2 位、第 1 位。东非的丁香、乳香在世界上占重要地位。丁香主要供应地是坦桑尼亚的奔巴岛，这里被称为“香岛”；乳香的主要生产国和出口国是索马里。非洲最大的茶叶出口国是肯尼亚，茶叶主要销往英国。肯尼亚也是世界上除虫菊产量最多的国家。

埃塞俄比亚、索马里是非洲畜牧业较为发达的国家。埃塞俄比亚牛的数目居非洲第一，索马里的骆驼数目居非洲第一。

塞舌尔是本区海运运力最强的国家，拥有千总吨以上船舶 5 艘，计 4.2 万总吨/6.4 万载重吨。

东非主要港口如下：

1）阿萨布（Assab）港位于厄立特里亚东南沿海的阿萨布湾内，濒临曼德海峡的西北侧，是厄立特里亚的最大港口。厄立特里亚原为埃塞俄比亚的一个省，1993 年 5 月 24 日，厄立特里亚正式宣告独立。阿萨布战略地位重要，早在 1869 年苏伊士运河修通时，它作为船只加煤站而逐渐兴起，是一个发展较快的港口，现为厄立特里亚对外联系的重要口岸。该港拥有现代化的炼油厂及制盐和船舶修理等小型工厂。有全天候公路可通埃塞俄比亚首都亚的斯亚贝巴及吉布提港。港内可同时靠泊 7 艘大船。港区主要码头泊位岸线长 1 524 米，最大水深为 11 米。阿萨布港主要出口货物为棉籽、芝麻、咖啡、盐、皮张及干鱼等，进口货物有石油、钢铁、机械、棉织品及建材等。

2）吉布提（Djibouti）港位于吉布提东南沿海，濒临亚丁湾的西南侧，是吉布提的最大海港，也是东非最大的现代化港口之一。吉布提原为法属索马里，1977 年 6 月宣告独立，改为现名。吉布提自 1949 年就开始实行自由港政策，独立后仍保留自由港地位。它是埃塞俄比亚的重要转运港，还是一个加油站及供应站。以港口为基础的服务业收入在国家经济中居首位。工业产值在 GDP 中所占比重很低，工业基础薄弱，仅有矿泉水、机械修配、制革及发电等小型企业。沿海渔业较发达，有采捞珍珠贝等。港口主要码头泊位有 11 个，岸线长 2 300 米，最大水深为 12 米。吉布提港主要出口货物为皮张、咖啡、食盐及牲畜等，进口货物主要有纺织品、粮食、钢铁、水泥、机械设备、电器产品及运输材料等。主要贸易对象为法国，吉布提从法国的进出口分别占吉布提进口总额的 30%和出口总额的 50%左右。

3）蒙巴萨（Mombasa）港位于肯尼亚东南沿海的蒙巴萨岛，有铁路桥与海堤和大陆相连，濒临印度洋的西侧，是肯尼亚的最大港口。由于地处非洲东岸中部，因而由此向北直到红海几乎再没有大港，向南直到南非只有德班港才能与其媲美，因此，蒙巴萨港成为非洲东岸最大的港口。早在 3 000 多年前这里就是重要的通商口岸，中国明代的郑和也曾到过这里。蒙巴萨是东非的工商业中心，主要工业有炼油、纺织、修船、水泥及农产品加工等。肯尼亚、乌干达的大部分外贸物资及卢旺达、坦桑尼亚以至扎伊尔东部、苏丹南部的一部分货物均由此中转。蒙巴萨国际机场有定期航班飞往世界各地。港区有各类万吨级以上泊位 21 个，岸线长 2 343 米，水深为 13.4 米。蒙巴萨港主要出口货物为象牙、皮张、纤维、棉花、茶叶、椰干、咖啡、木材、糖浆、肉类及奶制品等，进口货物有机械、车辆、纺织品、粮食、建材、食品、糖及工业品等。

4）达累斯萨拉姆（Dar Es Salaam）港位于坦桑尼亚东部沿海的达累斯萨拉姆湾内，濒临印度洋的西侧，是坦桑尼亚最大的海港，也是东非的著名港口之一。达累斯萨拉姆是坦桑尼亚的首都和全国政治、经济、文化及交通中心，又是非洲重要的政治都市，非洲有许多重要会议在这里举行。达累斯萨拉姆的工业产值占全国的一大半，主要工业有炼油、轻纺、机械、化肥、食品、水泥、机车修理、农具修配及火力发电等。达累斯萨拉姆港水域开阔，约有 95 万平方米，港内避风浪条件良好，即使外口有强风大浪，对港内也无大的影响。港区主要码头泊位有 11 个，岸线长 2 016 米，最大水深为 10 米。达累斯萨拉姆港主要出口货物为剑麻、茶叶、棉花、豆饼、木材、咖啡、铜及油籽等，进口货物有钢铁、棉制品、食品、机械、石油及车辆等。

三、南非地区

南非地区面积约为 536.2 万平方千米，人口中 75%以上为黑色人种，其他为马达加斯加人、白人移民。本地区位于非洲大陆南部，印度洋和大西洋环绕东、西、南三面。经南非海域的好望角航线是沟通东西方交通的要道，战略地位十分重要。

本地区的经济发展水平在全非洲是最高的。工业和运输业占全洲的 1/2 以上，黄金产量占世界总产量的 70%，金刚石产量占世界总产量的 1/4 以上，铬矿石产量约占世界总产量 30%，蔗糖、烟草、羊毛等产量占非洲总产量的 70%以上。但区内经济发展水平和生产力分布很不平衡，南非和津巴布韦占全区工矿业总产值的 70%以上，其他国家的经济都是单一的农矿经济，工业较为落后。本区北部是加丹加高原“铜带”的南延部分，蕴藏着以铜为主的多种有色金属资源。赞比亚是世界著名的“铜矿之国”，占世界铜总蕴藏量的 5%左右，赞比亚铜的出口量居世界第 2 位，主要出口英国、德国、日本、美国等。

赞比西河以南的广大地区是世界上十分稀少的矿产资源高度密集地区。津巴布韦也是南非地区重要的矿产国，以石棉、黄金、铬、镍、铜、煤为主。纳米比亚以钻石、铀、铜、铅、锌和钨等为主，所产钻石由于品质较好，80%用于首饰制造。博茨瓦纳也以盛产钻石闻名。斯威士兰以优质石棉闻名于世，莫桑比克的钽储量居世界第一位。

南非是非洲唯一的一个经济较发达的资本主义国家，其工业产值占全非洲国民生产总值的 24%左右。冶金、金属制品、运输设备、机械制造、化工、炼油、原子能工业、食品、纺织等工业发展很快，但车辆、飞机、石化产品等需要大量进口。

南非地区的农业生产较落后。除南非、马拉维外，其他国家每年都要进口粮食。南非农、牧业较发达，是世界上六大农产品出口国之一，羊毛、玉米、水果是重要的出口商品。

毛里求斯号称“甜岛”，盛产甘蔗，蔗糖是本国大宗出口产品；津巴布韦的棉籽年产量居于非洲第 3 位；莫桑比克是非洲第一大椰子生产国；马拉维和莫桑比克是南非地区的茶叶生产国。

南非主要港口如下：

1）马普托（Maputo）港位于莫桑比克东南沿海，地处马普托湾的西岸，濒临印度洋的西南侧，是莫桑比克的最大海港。马普托始建于1544年，1855年通往南非的铁路建成后，该城迅速发展起来，马普托港成为南非地区最大的港口之一。马普托现为莫桑比克的首都及全国政治、经济中心，扼印度洋、南大西洋的航道要冲，地理位置重要。它还是全国最大的工业基地，主要工业有炼油、纺织、锯木、化学、制糖、食品加工及水泥等，并拥有全国最大的腰果加工厂。马普托港的腹地除莫桑比克南部外还包括津巴布韦、南非及斯威士兰等地。港区主要码头泊位有11个，岸线长3 275米，最大水深为12.8米。马普托港主要出口货物为煤、铁、石棉、铬、锰、玉米、蔗糖、水果、剑麻及棉花等，进口货物为木材、燃料、机械及粮食等，其中约90%为中转货物。

2）德班（Durban）港位于南非东部沿海德班湾的北侧岸，濒临印度洋的西南侧，是南非地区最大的集装箱港。德班是南非第三大城市。德班港西北部的奥兰治自由邦和德兰士瓦两个省长达408千米的一条弓形地带是金矿的主要产区，黄金储量约为2万吨，居世界第1位，年产值占南非矿产总值的50%以上。德班主要工业有化学、纺织、炼油、船舶修造、橡胶、制糖食品及汽车装配等，并拥有大型炼油厂、制糖厂及汽车修配厂等。德班港有防波堤围护，水域面积达16平方千米。港区主要码头泊位有43个，岸线长9 230米，最大水深为12.8米。德班港主要出口货物为锰矿、钢材、黄金、煤炭、铁矿、糖、花生、玉米、羊毛、皮张、柑橘及生铁等，进口货物有小麦、机械、化肥、原油、交通设备、纺织品、木材、纸张、烟叶及化工产品等。

3）开普敦（Cape Town）港位于南非西南沿海桌湾的南岸入口处，南距好望角52千米，濒临大西洋的东南侧。它是南非的立法首都，是南非的主要港口之一和第二大城市。开普敦港口地理位置重要，是欧洲沿非洲西海岸通往印度洋及太平洋的必经之路。开普敦是南非的金融和工商业中心，交通运输发达，有铁路可直达行政首都比勒陀利亚，公路与国内各地相通接。港口距机场约20千米，每天有航班飞往约翰内斯堡，再连接国外航班。开普敦港有防波堤，长1 567米。在好望角附近的桌湾地区，即使无风天气，也常有涌浪自西南袭来，故冬季期间不宜锚泊。开普敦港主要出口货物为羊毛、皮张、酒、干鲜果、饲料、蛋品、玉米、鱼油及矿砂等，进口货物有木材、机械、小麦、汽车、纺织品、原油及杂货等。

4）路易（Louis）港位于毛里求斯岛西北岸，三面环山，挡住了来自东方和东南方的信风，属天然避风港。另外，它还是南印度洋的重要海底电缆中心，与外洋电讯联系十分方便。外资企业从20世纪70年代开始就纷纷落户这里的出口加工区，发展了规模比较大的服装加工、玩具加工、钟表组装、塑料制品和首饰加工业。港口是印度洋上重要的航站。在苏伊士运河开通之前与运河关闭之时，路易港是印度洋上重要的海上货物中转基地。

5）罗安达（Luanda）港位于安哥拉西海岸北部，濒临大西洋的东侧，是安哥拉最大的海港，也是南非地区的主要港口之一。罗安达始建于1575年，曾经是奴隶贩运出口港，现为安哥拉的首都及全国政治、经济、文化的中心，也是全国的主要工业中心。安哥拉的钻石储量约为1亿克拉。罗安达主要工业有炼油、食品加工、机械制造、冶金、水泥、化学、建材、纺织、造纸和服装等，并拥有大型炼油厂及纺织厂。农业以咖啡及剑麻为主，其中咖啡的产量居非洲第 2 位和世界第 4 位，咖啡的出口占安哥拉外贸总出口的第 3 位，仅次于石油及钻石。罗安达港主要出口货物为咖啡、玉米、糖、豆、木材、盐、花生、棕榈油及锰矿等，进口货物主要有机械、石油制品、汽车、棉织品、麻袋、酒、水泥及药品等。

南非位于非洲大陆最南端，东、南、西三面分别被印度洋、大西洋包围，海岸线长达 954 千米，交通位置十分重要。面积约为 122.1 万平方千米，人口约为 5 484.1 万（2017 年）。

南非是非洲经济实力最强的国家，也是第二次世界大战后新崛起的工业化国家。南非工业生产自成体系，工业现代化程度在新兴工业化国家中名列前茅，在非洲首屈一指。第二次世界大战以后，南非经济逐渐由农工矿业转为制造业为主导，如今制造业已经成为南非最大的经济部门和国民经济最重要的支柱产业，主要工业部门包括钢铁、有色冶金、化工、机械制造、电子、军火、纺织、食品等，其中，冶金和机械制造是南非制造业中最大的生产部门，产值占整个制造业的 1/3。南非钢的年产量约为 1 000 万吨，产品主要销往欧美、中东和亚洲等地的 50 多个国家和地区，在国际市场具有较强的竞争力。南非石油资源贫乏，20 世纪 70 年代大力发展用煤炼油、电气工业，目前生产规模和技术水平居世界领先地位。南非也是世界上唯一运用液化煤炭提取石油的国家。机械工业部门主要生产矿山机械、农用机械、汽车、飞机、船舶等。电气电子工业是南非新兴的工业部门，生产能力正不断增强。军火工业发展迅速，产品涉及枪炮、导弹、军用飞机、舰艇等，南非是南半球最大的军火生产国，也是世界重要的武器出口国。南非工业高度集中在约翰内斯堡、比勒陀利亚、开普敦、德班等地。采矿业是南非的第二大经济部门，南非以丰富的矿产资源为基础，发展起规模巨大的采矿业，是世界上最重要的矿物生产国和出口国之一，被称为“非燃料矿物的波斯湾”，其矿产品的 75%以上供应出口，主要销往西欧、美国和日本等国家和地区。南非是世界上最大的产金国，黄金一直处于采矿业的主导地位，黄金产量一直高居世界第一。南非黄金主产区位于以约翰内斯堡为中心的兰德盆地，并不断向东南、西南两翼伸展，一条总长约 500 千米的巨大“金弧”，这一地区成为世界规模最大的金矿采炼区。铀作为金矿的副产品，其产量也位居世界前列。南非是世界尤其是西方国家核电工业原料的重要供应地。

南非是世界上天然钻石生产国和出口国之一，其钻石由于质地优良，在国际市场上享有盛誉。南非所产钻石多数用于加工首饰，按产值计算，位居世界首位；主要产地位于金伯利和比勒陀利亚等地。南非的铂族金属储量占世界的近 80%，年产量占世界总产量的近一半，主要分布在德兰士瓦省的布什维尔德及金山地带，大部分供出口。铬矿储量占世界的 35%，年产量占世界的 2/5，主要分布在布什维尔德和博普塔茨瓦纳地区。钒的储量约为 780 万吨，钒矿主要集中于布什维尔德地区，年产量达 3 万吨左右，约占世界的一半。

南非是非洲煤炭蕴藏量最多的国家和非洲最大的煤炭生产国，已探明可采储量达 270 亿吨，占全非洲的 80%，年产量达 2 亿吨左右，占全非洲煤炭总量的 95%以上。主要产煤区分布在德兰士瓦省东南部和纳塔尔省北部。南非的煤炭除了用作电力燃料和煤化工原料外，还成为仅次于黄金的第二大出口矿产品。

南非是世界上重要农、牧产品出口国之一，其农、牧业相当发达，在非洲占有重要地位，羊毛、玉米、水果是重要的出口商品。目前，农、牧业以种植业为主，除粮食生产外，还生产棉花、烟草、甘蔗、茶叶、水果等经济作物，园艺业很发达。南非利用南北半球的季节差异供应西欧淡季市场大量鲜果、鲜菜。南非的畜牧业在非洲占重要地位，牛肉、羊毛产量居非洲第 1 位，鸵鸟饲养和鸵鸟产品加工业是南非的新兴产品，南非也是当今世界上最大的鸵鸟肉、皮革、羽绒的供应地。

南非交通运输与通信网络非常发达，表现如下：

1）公路。总里程约为 23 万千米，居非洲首位，高速公路连接各主要大城市。

2）航空。约翰内斯堡、德班和开普敦是南非主要的几个国际机场，可以直飞国内各大城市和世界各大洲近 50 个国家和地区。2015 年，有 25 个国家注册航空公司，总计 216 架飞机。

3）海运。南非海运非常发达，好望角航线是波斯湾通往西欧和美洲的巨型油轮通道，被西方国家视为“海上生命线”。

南非主要港口为德班、开普敦、伊丽莎白、东伦敦等。

南非现代化的港口，四通八达的铁路和公路网，加之南非与南部非洲国家结成关税同盟，盟国之间的商品可以自由流通，免征关税，世界各国商人都把南非视为进入南部非洲市场的桥梁，他们在南非设立许多贸易公司，从事转口贸易。

南非是非洲第一大贸易国，其近年出口贸易总额占非洲各国之首，对外贸易在南非经济中占重要地位。南非是农、矿原料和初级产品的出口国，是制成品、资本和高技术的进口国。南非出口的主要矿产品有黄金、钻石、煤炭、铁矿、铂族矿、铜、锰等；主要出口的工业制成品包括钢材、非金属制品、化工产品、食品、纸制品等；主要出口的农产品有玉米、羊毛、水果、蔬菜、蔗糖等。南非进口的产品以机电产品和设备、汽车部件、化工产品、轻纺织品和橡胶品等为主。

南非最主要的贸易伙伴是美国、英国、德国、日本等西方发达国家，其中，英国是南非最大的贸易伙伴。近年来，南非致力开发亚洲市场，南非已经成为中国在非洲最大的贸易伙伴，中南经贸合作得到迅速发展。中国庞大的国内市场对南非有着强大的吸引力，两国贸易之间存在较强的互补性。目前，我国主要向南非出口粮油食品、轻纺产品、机电产品、家用电器、化工产品和土特产品，我国从南非进口矿砂（战略原料）、珠宝制品、纸浆、羊毛等。

南非在采矿、冶金、工程设备制造、尖端滑雪工业等方面的技术水平居世界前列，而我国的中医治疗和中药制造、远洋巨型货轮制造、农业技术和设备、工艺品制造等有优势，因此，双方加强科技领域内的合作贸易有着广阔的前景。

四、西非地区

西非地区位于撒哈拉沙漠、乍得湖和几内亚湾之间，面积约为 640.9 万平方千米，是非洲人口最多、人口密度最大的地理区域。

区内大部分是起伏和缓的浅平盆地，沿海有狭窄平原。几内亚湾沿岸地区多属热带雨林气候，盛产热带经济作物；中部为热带草原气候，主要发展农牧业；北部为撒哈拉沙漠，全年干旱。尼日尔河呈弧形，流经干旱草原，对中部地区的农业灌溉具有重要意义。

西部非洲的大多数地区的自然条件对经济发展较为有利，全区农耕垦殖指数高于其他地区。区内经济分南、北两部分，南部包括几内亚、尼日利亚等 8 个几内亚湾沿岸国家，经济发展较高，这一地区自然条件较好，对外交通方便，曾是殖民者重点经营的地区，采矿业和热带经济作物占突出地位；北部包括马里、布基纳法索、尼日尔等 9 个内陆国家和地区，自然条件较差，沙漠占总面积的一半，农业以游牧为主，经济发展水平十分低下，人均国民生产总值不及南部国家的一半。

区内各国均以农业或矿业为主，石油、铝土、金刚石、铁、锰、铌、铀等储量丰富，可可、棕油、棕仁、天然橡胶和花生等占非洲或世界的重要地位。

尼日利亚是非洲最大的产油国，也是世界第七大产油国，已探明石油储量约为 34.25 亿吨。由于油层压力稳定，油质好，开发条件较好，加上油田紧邻油港，管道运输距离短，在欧美市场上具有较强的竞争力。同时，尼日利亚在石油工业的带动下，逐渐改变了过去一直以农业为主的经济，带动了炼油、化工、纺织、车辆装配、电器装配、钢铁、水泥等其他工业的发展，成为非洲居第 3 位的经济大国。尼日利亚全国有 13 个港口，拉各斯居全国之首，其中博尼是最大的原油输出港。另外，科特迪瓦、贝宁、几内亚比绍、几内亚等国沿海均有丰富的石油资源。

西非铝土矿的产量占世界总产量的 15%左右，占全非洲总产量的 90%以上，其中，几内亚是世界上铝矾土资源最丰富的国家，已探明储量达 56 亿吨，占世界总储量的 26%。几内亚的铝土矿埋藏浅，质量好，分布普遍，以三水铝为主。

几内亚铁矿估计储量为 150 亿～400 亿吨；利比里亚探明储量达 18 亿吨，品位高达 70%，目前开采量居全非洲第 1 位，所产铁矿绝大部分供应出口；毛里塔尼亚铁矿石储量为 28 亿吨，是西非主要的铁矿石生产、出口国。

西非的金刚石产量占世界总产量的 12%左右，其中，加纳和塞拉里昂是重要的出产国。加纳已探明金刚石储量约为 872.85 万克拉，产量居世界第 4 位。塞拉里昂目前钻石产量为 2 万多克拉，金刚石也是该国重要的出口矿产品。同时，加纳的黄金储量达到 20 亿盎司，是世界上重要的黄金生产国。

西非盛产可可、咖啡、棕仁、棕油等热带经济作物，它们是重要的出口商品。

可可的主要生产国是科特迪瓦、加纳和尼日利亚等国，年产量达 100 万吨以上，占世界市场的 70%左右，其中，科特迪瓦的产量和出口量居世界第 1 位。

棕仁、棕油的生产主要集中在尼日利亚、科特迪瓦、贝宁 3 个国家，尼日利亚的棕仁和棕油的产量在非洲居第 1 位，科特迪瓦是非洲最大的棕油出口国。

西非的花生出口量占世界的第 1 位，主要生产国是塞内加尔、尼日利亚、尼日尔和马里等。

天然橡胶的生产集中在利比里亚、尼日利亚、科特迪瓦等国，尤其是利比里亚、尼日利亚两国的橡胶产量占非洲总产量的 70%。利比里亚是非洲最大的橡胶生产国，其产量仅次于泰国、印度尼西亚和马来西亚，居世界第 4 位。

科特迪瓦还是非洲热带水果的重要生产基地，盛产椰子、香蕉、菠萝、杧果等热带作物，主要销往法国等西欧国家。

尼日利亚的森林覆盖率为 17%，是非洲生产热带木材产量最多的国家，在世界上居第 2 位，主要有红木、红白坚木、柚木、胡桃木等。

西非绝大多数国家粮食生产较落后，除科特迪瓦、利比里亚、加纳等国可基本自给或少数进口外，绝大部分国家需要连年大量进口粮食。

利比里亚是本区拥有海运运力最大的国家。利比里亚作为船舶开放登记国，上述船舶中的 95%为外国船东所有，有 44 个国家和地区的船舶在该国登记，其中，德国有 511 艘千总吨以上船舶，希腊有 149 艘，中国有 36 艘船舶在利比里亚登记。

除利比里亚之外，本区其他国家海运运力水平较低，千总吨以上商船队拥有量都在 70 万载重吨以下。

西非主要港口如下：

1）达喀尔（Dakar）港位于塞内加尔西部沿海，濒临大西洋的东侧，是塞内加尔最大的港口，也是西非的最大海港。达喀尔始建于 1861 年，现为塞内加尔的首都及全国政治、经济和交通的中心，是大西洋航线的重要中转港及加油港，也是西非极为重要的交通枢纽。达喀尔沿海的渔业资源丰富，盛产金枪鱼和沙丁鱼，有“金枪鱼港”之美称。达喀尔堪称塞内加尔的文化中心，拥有非洲研究海洋历史、人种学、艺术的博物馆及考古博物馆等。达喀尔港的国际机场不仅是国内，也是西非的航空枢纽，并与欧洲、北美、南美及非洲各地都有航空联系。达喀尔港主要出口货物为花生、花生油、鱼类、磷酸盐、纸张、水泥、皮鞋、布匹、火柴及面粉等，进口货物主要有纺织品、机器、大米、煤、糖、棉花、木材、陶器、石油及金属制品等。花生的出口值约占出口总值的 52%。出口的花生、花生油、鱼及磷酸盐大多运往法国。

2）阿比让（Abidjan）港位于科特迪瓦东南沿海，濒临几内亚湾的北侧，是科特迪瓦的最大港口，也是西非最大的集装箱港。阿比让是科特迪瓦的经济首都（政治首都为亚穆苏克罗）和交通枢纽。全国工业大多集中于此，主要工业有炼油、食品、纺织、木材加工及机械等。石油冶炼是工业发展中最为迅速的部门，拥有法语非洲国家中最大的炼油厂。阿比让港是农林产品的集散地。科特迪瓦的可可产量占世界第 1 位，约占世界可可总产量的 1/3。咖啡的产量居非洲第 1 位、世界第 3 位，仅次于巴西和哥伦比亚，其他如棕榈油、香蕉、天然橡胶和菠萝的产量在非洲也名列前茅。阿比让港还是非洲著名的水上城市，拥有高达 30 余层的“象牙旅馆”，象牙市场闻名于世。港口的国际机场是法语非洲国家的最大机场，非洲航空公司总部就设在阿比让，有定期航班飞往世界各地。港区主要码头泊位有 26 个，岸线长约 6 085 米，最大水深为 12.5 米。阿比让港主要出口货物为木材、可可、咖啡、香蕉、棕榈油、矿砂、橡胶、棉籽及金刚石等，进口货物有粮食、水泥、机器设备、燃油及消费品等。主要贸易对象为法国、美国、意大利、德国、马里、布基纳法索、贝宁及尼日尔等。

3）洛美（Lome）港位于多哥西南沿海的贝宁湾的西北侧，是多哥最大的海港。洛美是多哥的首都和全国政治、经济、文化中心，陆、海、空交通发达。该城楼宇林立，绿树成荫，风景秀丽，有“非洲瑞士”之称。洛美地理位置适中，一些非洲地区国家及国际组织的会议常在这里举行。港口的洛美机场有定期航班飞往巴黎及中非、西非等国家。港区仓库面积约为 26 万平方米，堆场面积达 13 万平方米。洛美港主要出口货物为磷酸盐、可可、咖啡、棉花及水泥等，进口货物有机械、车辆、石油、棉花、食品及药品等，其中，磷酸盐占出口总值的40%左右。

4）拉各斯（Lagos）位于尼日利亚南部沿海，濒临贝宁湾的北侧，是尼日利亚的最大港口。拉各斯始建于20世纪初，由6个岛屿和周围一大部分大陆组成，并有宽阔的高架铁桥相连，是著名的水上城市，故有“非洲威尼斯”之称。拉各斯现为尼日利亚的经济、文化和交通中心，是西非最重要的航空中心，有23家外国航空公司的航班及24条航线连接世界上的47个城市。拉各斯还是尼日利亚的重要旅游和疗养胜地。拉各斯港库场面积达24万平方米。拉各斯港主要出口货物为花生、菜油、可可、橡胶、木材、棕榈果、棉花籽、皮张、锌及废钢等，进口货物有纺织品、面粉、机械、水泥、盐、糖、啤酒、糖果、食品。

尼日利亚（全称为尼日利亚联邦共和国）位于西非东南部、尼日尔河中下游，南临几内亚湾，面积约为9.24万平方千米，海岸线长约800千米。

尼日利亚是非洲古老国家之一，早在1 000多年前就有自己的文化。15世纪中叶，葡萄牙殖民者入侵，于 1914 年沦为英国殖民地，1960 年 10 月 1 日独立，1963 年 10 月 1 日成立联邦共和国，1971 年 2 月 10 日同我国建交。

尼日利亚居民超过 1.906 亿（2016 年），尼日利亚是非洲人口最多的国家。全国共有 250 多个部族，大部族是豪萨族、伊博族、约鲁巴族、富拉尼族和米努里族等。居民多信奉伊斯兰教，其他信奉基督教和拜物教。北部通用豪萨语，西部通用约鲁巴语，东部通用伊博语，英语为官方语言。

尼日利亚全境可分为南部沿海平原区、东南部喀麦隆高原区、中部尼日尔河一贝努埃河盆地区，以及西北部的索科托河谷盆地区和东北部乍得盆地区。南部沿海地区属热带雨林气候，往北过渡到热带草原气候，年平均降水量从东南往北由3 200毫米递减到500毫米。

尼日利亚自然资源丰富。矿物主要有石油、天然气、锡、铌、钽、铁、煤、金、银、石灰石、铅、铀，石油探明储量达70亿吨，主要分布在东部和尼日尔河三角洲及近海地区；锡储量估计为 14 万吨，铌为 42 万吨；锡、铌和钽共生，主要分布在包奇高原地区；铁主要分布在洛科贾附近；煤主要分布在埃努古附近。森林面积约占全国面积的 14%，多贵重的红、白坚木。水力蕴藏量估计为950万千瓦。

尼日利亚原为农业国，后因石油工业崛起，成为非洲最大的产油国。石油、天然气工业为国民经济的支柱，石油产值约占国民生产总值的 13%，石油产量位居非洲首位。农业人口占全国人口的 70%。北部多种花生、棉花、大豆，南部多种油棕榈、可可、天然橡胶，其中最重要的农产品是棕榈仁、可可和花生，天然橡胶产量居世界前列。主要粮食作物南部是薯类和木薯，北部是玉米和高粱。工业还有石油、水泥、橡胶、轮胎、玻璃、纺织、塑料、制药、车辆装配等部门。尼日利亚是西非唯一的产煤国，热带木材的产量占世界第 2 位。尼日尔河上新建的卡因吉水库，其潜在发电能力为 96 万千瓦，是发展工业的重要电力来源。尼日利亚出口原油、可可、花生、棕榈仁、橡胶、锡、矿砂、铌矿石、木材和皮张，进口机器、运输设备、食品等。尼日利亚有铁路 4 000 多千米、公路 1 300 千米。尼日尔河及其支流大多可以通航，但不能通达三角洲诸港，河运发展受到一定限制。全国有 11 个海港，总吞吐量为 3 200 万吨。尼日利亚拥有一支 10 条船的海上运输船队，总吨位为 44.2 万吨。主要港口有拉各斯的阿帕帕港、丁坎港、科科港、瓦里港、哈尔科特港、卡拉巴尔港和萨派勒港。

尼日尔是一个内陆撒哈拉沙漠以南的国家，其经济以自给自足的农作物、牲畜和一些世界上最大的铀矿为中心。2017 年，其 GDP 达到 1.118 万亿美元。农业约占 GDP 的 40%，为 80%以上的人口提供生计。2016 年，联合国将尼日尔列为世界第二大最不发达国家，原因有多种，包括粮食不安全、工业缺乏、人口增长迅速、教育部门薄弱，以及仅能维持生计的农业和畜牧业以外的工作前景渺茫。

自 2011 年以来，由于尼日尔加大公共投资，特别是与基础设施相关的公共投资，以及安全支出的增加，公共债务有所增加。政府的大部分财政预算依赖于外国捐赠资源。近年来，由于其铀矿附近的恐怖主义活动，以及马里和该国迪法地区的不稳定，经济受到了损害；出于对安全的担忧，来自地区和国际伙伴的防务支持有所增加。低铀价、人口结构和安全支出继续给政府的财务带来压力。

尼日尔的政府计划开采石油、黄金、煤炭和其他矿产资源，以维持未来的增长。虽然尼日尔有大量的石油储备，但油价长期下跌降低了盈利能力。粮食不安全和干旱仍然是尼日尔的长期问题，政府计划加大对灌溉的投资。尼日尔与 IMF 签订的为期 3 年的 2012～2015 年延期信贷安排协议延长至 2016 年年底。2017 年 2 月，IMF 组织批准了一项新的 3 年期 1.34 亿美元延期信贷安排。2017 年 6 月，世界银行国际开发协会在 3 年内向尼日尔提供了 10 亿美元，用于资助 IDA18 项目，该项目旨在促进该国发展并减轻贫困。从 2018 财年开始，一项针对尼日尔的 4.37 亿美元千年挑战账户契约将侧重于大规模灌溉基础设施开发和基于社区的气候适应性农业，同时促进农业生产率和销售的可持续增长。鉴于该国有限的国内市场、获得信贷的机会和竞争力，经济多样化和增长所需的正规私营部门投资仍然是一项挑战。

五、中非地区

中非地区除乍得和中非是内陆国家，其他都濒临大西洋，但各国海岸线都较短，港口较少。中非面积约为 536 万平方千米。与非洲其他地区相比，人口密度只有全洲平均数的一半，明显具有地广人稀的特点；居民绝大部分是黑种人，最北部还居住着部分阿拉伯人。

本区界于南纬 18° 和北纬 23° 之间，南北延伸达 4 500 千米，地形上具有典型的非洲大陆特点。北部属撒哈拉沙漠，中部属苏丹草原，南部属刚果盆地及几内亚和隆达—加丹加高原。从赤道向两侧，气候和自然带呈现出有规律的变化，跨越热带雨林、草原、沙漠三大地带，这造成本区农业生产地域差异很大。

区内经济发展在非洲属中下水平，人均国民生产总值仅相当于全非洲平均数的60%，各国经济发展水平及其结构类型差异很大。刚果（金）、加蓬、刚果（布）和安哥拉采矿业都比较发达，加蓬、刚果（布）的林业和刚果（金）、喀麦隆、安哥拉的热带经济作物在非洲处于前列。区内其他国家是比较落后的农业国。

本区森林资源丰富，森林面积达 320 万平方千米，占全非洲森林面积的 50%，主要集中于刚果（金）、刚果（布）、喀麦隆、赤道几内亚和加蓬。喀麦隆的森林覆盖率达 50%～80%，盛产热带名贵木材，原木是喀麦隆重要的出口商品之一。

本区矿产资源丰富，主要集中在刚果盆地的外缘地带，在刚果（金）与赞比亚毗邻的加丹加高原，有一条长达 550 千米、宽 60～100 千米的巨型“铜带”，矿石中含有大量的锌、银、铀、锡、锗等矿物，其中铜、钴的储量居世界前列。这条矿带东段盛产锡、钽、铌、钨等矿产，西段则为世界最大的金刚石产区。

中非金刚石产量占世界总产量的 40%左右，刚果（金）和安哥拉的金刚石产量分别居世界第 1 位、第 5 位。刚果（金）有“中非宝石”之称，储量居世界之首，其中，姆布吉—马伊是世界上最大的金刚石矿区，占世界总产量的 1/3 以上。

刚果（金）还是世界上著名的铜钴生产国和出口国，也是非洲资源最丰富的国家之一，素有“世界原料仓库”的美誉。刚果（金）的钴储量、产量和出口量都占世界第 1 位，主要出口美国、日本、德国、英国和法国。矿产品多从坦赞铁路东运到达累斯萨拉姆出口，或经本格拉铁路由洛比托港运出。

加蓬的锰和铀储量丰富，锰矿储量约为 4.5 亿吨，占世界储量的 1/4 左右，是世界第三大生产国和出口国，年产量稳定在 200 万吨左右。二氧化锰出口量占世界第 1 位。铀储量约为 450 万吨，居世界第 6 位，所产铀供出口，主要向法国出口。中非的铀、金刚石，喀麦隆的铝土矿等都是重要的矿产资源。

几内亚湾和西部沿海国家的石油资源丰富，加蓬和安哥拉的原油产量较大；刚果（金）已探明石油储量约为 20 亿吨，主要分布在黑角一带海域和陆地上。

中非热带经济作物种类多，盛产棕油、棕仁、咖啡、可可、天然橡胶等。

喀麦隆是中非地区粮食生产可以自给的国家。喀麦隆在独立后强调“农业是优先的优先”，开展“绿色革命”运动，因地制宜地大力发展粮食（薯类、小麦、水稻、玉米、高粱）和各种经济作物，取得了成效。现在粮食、食油、食糖、肉类基本满足需要或自给有余并有部分出口。可可、咖啡、棕油产量跃居非洲前列，棉花、橡胶、香蕉、茶叶等经济作物的产量也有稳步发展。

中非的加工工业，由于原料供应影响，发展缓慢。

刚果（金）工业分布高度集中，首都金沙萨和卢本巴希也是工业中心。

加蓬的石油、木材、锰、铀四大产品是其经济的四大支柱，人均国民生产总值在非洲仅次于利比亚、阿尔及利亚，居第 3 位。加蓬对外贸易额增长较快，主要向法国、美国、西班牙、意大利、荷兰、巴西等国出口，进口商品主要以食品、机器、运输器材、五金和精密仪器为主。

刚果（金）位于非洲中央，有“非洲心脏”之称，西部有狭长的走廊通向大西洋；东部是乌干达、卢旺达、布隆迪和坦桑尼亚；南部接赞比亚、安哥拉；北部连接苏丹和中非共和国；西部隔刚果河与刚果（布）接壤。其面积约为234.5万平方千米，海岸线长37千米。

刚果（金）全境大部分地区位于刚果盆地东部。地势西面低，北、东、南三面高，从东南向西北倾斜。东部有东非大裂谷西支，这里多洼地、湖泊、山脉和火山，鲁文佐里山的最高点玛格丽塔峰海拔为5 109米，为非洲第三高峰，北、西、南部是一系列高原山地。刚果（金）拥有非洲最稠密的水系网，水利资源极为丰富，非洲第二长河刚果河流贯全境，全长4 640千米，流域面积达376万平方千米。其主要支流上均多瀑布，其中，利文斯敦瀑布群共有32个瀑布，总落差达267米。刚果（金）湖泊众多，坦噶尼喀湖是仅次于贝加尔湖的世界第二深湖，水深为1 435米。刚果（金）的矿物、森林、水力资源都极为丰富，一向有“世界原料仓库”“中非宝石”“地质奇迹”等美誉，盛产有色金属和稀有金属，铜、钴、锌、锰、锡、钻石、铀、钽、锗、镭的储量均居世界前列。刚果（金）的森林面积约占全国面积的 53%。水力资源蕴藏量占非洲水力资源的40%。

中国和刚果（金）1972年11月24日实现关系正常化后，两国关系发展顺利，在政治、经贸、文化等领域开展了广泛的友好交往与合作。

小　结

非洲作为世界第二大洲，由于长期受到外国殖民者的掠夺和剥削，其虽然拥有良好的自然条件和丰富的资源，但是经济发展仍然比较落后，呈现两极分化和极不平衡的状态。非洲人民摆脱了殖民统治后，努力发展经济，非洲未来的经济发展具有很大潜力。

非洲的交通运输业发展比较不平衡，海运在非洲交通业中占据重要的地位，非洲拥有众多的优良港口和重要的航道，每年向国外出口大量的特产。世界各国和非洲的贸易主要通过海运完成。

思考题

1. 比较非洲五大地理区经济发展水平的差异程度。
2. 非洲经济发展的特点是什么？
3. 列举非洲各主要港口的进出口货物。
4. 比较非洲各国航运业和港口建设的发展情况。
5. 非洲的出口创汇的货物主要有哪些？
6. 结合地图熟悉非洲的5个地理区域。

第十四章

大洋洲

知识点

大洋洲的经济状况及发展，澳大利亚和新西兰的自然、人文、经济环境等情况。

技能点

熟悉大洋洲各国的地理环境、人口构成、特产资源和经济发展情况，能够分析澳大利亚和新西兰两国的经济产业结构，具备根据地图查找大洋洲主要国家、港口和航道的能力。

案例导入

在经历了 1987 年的经济衰退之后，澳大利亚股市从 20 世纪 80 年代末期开始以强劲的势头上升。2017 年，澳大利亚股普通股价指数上涨 7.84%。

过去的几年里，人们热衷于讨论中国经济持续增长与澳大利亚自然资源的关系。如果在未来的 5～10 年，中国的 GDP 增长速度能够维持在 9%～11%，那么毫无疑问，整个澳大利亚，尤其是澳大利亚西部地区的经济将因此保持强劲的增长态势。

为了顺利实现这一经济愿景，澳大利亚政府必须在物流、资金和劳动力几个方面努力，需要在自然资源的开采提炼、加工处理，运输装卸等一系列流程中投入大笔资金，建设许多配套项目。目前，这些项目有的正在规划之中，有的已经注资启动。受专门教育的劳动力的巨大短缺，将成为制约澳大利亚发展的主要瓶颈。然而，整个澳大利亚仅有 2 323.2 万人口，而且普遍实现了就业，因而很难有特别的方法去解决人才缺口问题。

总而言之，澳大利亚自然资源丰富无比，劳动力资源却严重匮乏。并存的机遇和挑战，都将激发更多投资者去参与澳大利亚的发展与成长。

第一节　大洋洲概况

大洋洲位于太平洋西南部和南部的赤道南北广大海域中。它介于亚洲和南极洲之间，居太平洋与印度洋之间的交通要冲，由 1 万多个岛屿组成，包括澳大利亚、新西兰、伊里安岛、波利尼西亚群岛、密克罗尼西亚群岛、美拉尼西亚群岛。大洋洲总面积约为 900 万平方千米，约占全球陆地总面积的 6%，是世界上面积最小、分布最散的一个洲。目前，大洋洲独立国家共有 14 个，包括澳大利亚、新西兰、巴布亚新几内亚、斐济、所罗门群岛、瓦努阿图、汤加、西萨摩亚、图瓦卢、基里巴斯、瑙鲁、马绍尔群岛、密克罗尼西亚联邦、贝劳。其余一些岛屿至今仍分别被美国、英国、法国等国控制。

澳大利亚、新西兰、巴布亚新几内亚是大洋洲最主要的国家，3 国面积占了大洋洲的近 94%。其中，澳大利亚一国就占该区域面积的 85%，是大洋洲面积最大的国家，也是世界上唯一一个独占一个大陆的国家。除澳大利亚等 3 国之外，其他国家和地区散布在西南太平洋的三大群岛之中。除澳大利亚和新西兰属于发达国家外，其他均属发展中国家。

大洋洲地处亚洲、北美洲、拉丁美洲之间，太平洋与印度洋之间的海空航线上，在世界交通与战略上起着重要的桥梁与加油站的作用。大洋洲的海域和海峡在国际海运中具有十分重要的意义，有阿拉佛拉海、珊瑚海、塔斯曼海、大澳大利亚湾、卡奔塔利亚湾、托雷斯海峡、巴斯海峡、库克海峡等。

大洋洲各国经济发展水平差异显著。澳大利亚和新西兰两国经济发达，其他岛国多为农业国，经济落后。大洋洲的工业主要集中在澳大利亚，其次是新西兰，主要有采矿、钢铁、有色金属、冶炼、机械制造、化工、建筑材料、纺织等部门。其他岛国工业多分布在各自的首都，一般比较落后，仅以采矿及农、林、畜产品加工为主，多为外资控制，产品多供出口。大洋洲的种植业以小麦为主，小麦产量占世界总产量的 3%。当地居民的主要粮食是薯干、玉米和稻米等；畜牧业以养羊为主，绵羊头数占世界绵羊总头数的 20%左右，羊毛产量占世界羊毛总产量的 40%左右。澳大利亚和新西兰两国农、牧业现代化程度很高。

一、大洋洲的自然环境

大洋洲是世界上最小的一个洲，大陆海岸线长约 1 900 千米，岛屿面积约为 133 万平方千米，其中新几内亚岛为最大，是世界第二大岛。

大洋洲地形分为大陆和岛屿两部分，澳大利亚大陆西部为高原，中部是平原，东部为山地。岛屿按成因分为 3 种类型：大陆岛、珊瑚岛及火山岛。其中，新几内亚岛，新西兰的南、北两岛及美拉尼西亚群岛属大陆岛；波利尼西亚和密克罗尼西亚绝大部分岛屿属珊瑚岛；夏威夷群岛、帕劳群岛、所罗门群岛等多属火山岛。

大洋洲大部分处在南、北回归线之间，绝大部分地区属热带和亚热带，除澳大利亚的内陆地区属大陆性气候外，其余地区属海洋性气候。澳大利亚昆士兰州的克朗克里最高气温达 53℃，为大洋洲最热的地点。澳大利亚中部和西部沙漠地区气候干旱，年平均降水量不足 250 毫米，是大洋洲降水最少的地区。夏威夷的考爱岛东北部年平均降水量达 12 000 多毫米，是世界上降水量最多的地区之一。新几内亚岛北部及美拉尼西亚、密克罗尼西亚、波利尼西亚三大岛群属热带海洋性气候。澳大利亚东南部及新西兰属各月降水较均匀但以冬季稍多的温带降水区，年平均降水量大多在 500～1 000 毫米；澳大利亚南部和西南沿海属地中海式冬季降水区，冬季降水量占全年降水量的 40%～60%。

澳大利亚东部和新西兰 1～4 月受台风影响较大，波利尼西亚的中部和密克罗尼西亚的加罗林群岛附近是台风的源地。

在大洋洲的河流和湖泊中，外流区域约占大洋洲总面积的 48%。墨累河是外流区域中最长和流域面积最大的河流。内流区域（包括无流区）约占大洋洲总面积的 52%，均分布在澳大利亚中部及西部地区，主要的内流河都注入北艾尔湖。大洋洲的瀑布和湖泊均较少，最大的湖泊是北艾尔湖，面积约为 8 200 平方千米。最深的湖泊是新西兰南岛西南端的蒂阿瑙湖，深达 276 米。

大洋洲自然资源丰富。主要矿物是镍、铝土矿、金、铬、磷酸盐、铁、银、铅、锌、煤、石油、天然气、铀、钛等，镍储量约为 4 600 万吨，居各洲首位，铝土矿储量为 46.2 亿吨，居各洲第 2 位。各岛上的鸟粪资源也很丰富。大洋洲的森林面积约为 7 600 万公顷，占总面积的 9%，占世界森林面积的 2%，其中，98%为自然林，盛产松树、山毛榉、棕榈树、桉树、杉树、白檀木和红木等多种珍贵木材。大洋洲草原面积广阔，占总面积的 50%以上，约占世界草原总面积的 16%，为农、牧业的发展提供了十分有利的条件。

二、大洋洲的人文环境

大洋洲地广人稀，全洲共有人口约 3 140 万（2018 年），除南极洲外，它是世界上人口最少的洲，但城市人口占 60%以上，是城市人口比例最大的洲。大洋洲居民主要有巴布亚人、澳大利亚人、塔斯马尼亚人、毛利人、美拉尼西亚人、密克罗尼西亚人、波利尼西亚人等，当地居民占大洋洲总人口的 20%，在外来移民中，欧洲移民的后裔占总人口的 70%，尤以英裔澳大利亚人最多，印度人约占 1%。此外，还有华裔、华侨、日本人及混血种人等。华裔主要分布在澳大利亚、新西兰和斐济。

大洋洲绝大部分居民使用英语。三大岛群上的当地居民分别用美拉尼西亚语、密克罗尼西亚语和波利尼西亚语。绝大部分居民信奉基督教，少数信奉天主教，印度人多信奉印度教。

第二节　大洋洲的经济状况及发展

在大洋洲国家中，除澳大利亚和新西兰经济发达外，其余国家都是在 20 世纪 60

年代后独立的。长期的殖民统治造成大多数国家经济发展水平低、经济结构畸形，除农业和采矿业有一些发展外，制造业落后。

一、大洋洲的农业

农、牧业在大洋洲经济中占有非常重要的地位，主要粮食作物有小麦、薯类、玉米、稻子等，澳大利亚是世界最大的小麦出口国之一，其他绝大多数国家和地区粮食生产落后，不能自给。热带经济作物种植业是太平洋岛国的主要经济部门。盛产供出口的椰子、甘蔗、菠萝、天然橡胶、棕榈、香蕉、咖啡、可可等。椰子种植最为普遍，其产量占世界总产量的7%～8%，占世界总出口量的10%～12%，以巴布亚新几内亚、瓦努阿图、所罗门群岛、斐济和西萨摩亚产量最多。澳大利亚是大洋洲最大的甘蔗生产国，烟草和亚麻是新西兰的主要经济作物。大洋洲畜牧业发达，以养羊业为主，绵羊头数占世界绵羊总头数的 20%，羊毛产量占世界羊毛总产量的 40%左右。澳大利亚是世界上羊毛产量最高的国家，新西兰人均拥有绵羊头数占世界第一，被称为“畜牧之国”。

二、大洋洲的工业

采矿业是大洋洲一些国家的又一重要经济部门。采矿业中以采掘铁、镍、铜、磷酸盐、金、铅、钳土矿、煤为主。澳大利亚是世界上主要的矿产品生产国和出口国之一，巴布亚新几内亚是主要的产铜国，新喀里多尼亚的镍产量居世界第 2 位，斐济的金和瑙鲁的磷酸盐开采较发达。

三、大洋洲的交通运输业

大洋洲介于亚洲和美洲之间，南遥对南极洲，是联系各大洲航线的必经之路，许多国家的海底电缆通过这里，因此，海运成为国与国、岛与岛互相交往的重要手段。陆上交通主要是铁路和公路，铁路总长约 46 万千米，公路总长 100 万千米以上。内河航运里程约为 1 000 千米。有航线通往洲内各国和主要地区的首都，与洲外各主要港口城市也均有联系。大洋洲的主要通航海峡如表 14.1 所示。

表 14.1　大洋洲的主要通航海峡

海峡名称	沿岸国家	连接的海域	最窄处宽/千米	长度/千米	最小深度/米
托雷斯海峡	澳大利亚、巴布亚新几内亚	阿拉佛拉海—珊瑚海	85	400	90
巴斯海峡	澳大利亚	塔斯曼海—印度洋	160	350	64
库克海峡	新西兰	塔斯曼海—太平洋	85	110	71

四、大洋洲的经济贸易

对外贸易在大洋洲国家的经济发展中的地位颇为重要。澳大利亚是传统的农、牧、矿产品出口国。新西兰的畜产品出口在对外贸易中占很大比重。工业品的进口对澳大利亚和新西兰至关重要。太平洋岛屿国家对外依赖性很强，农产品大量销往国际市场，粮食、机械设备和日用消费品主要靠进口。大洋洲对外贸易额仅占世界贸易总额的 1.5%左右，它是各大洲中份额最小的一洲。大洋洲主要的贸易伙伴是美国、日本及西欧国家，同时，大洋洲内部贸易往来十分频繁。与大洋洲进行贸易往来，应考虑大洋洲市场的以下独特之处。

1）相对独立的地理位置。大洋洲由 1 万多个岛屿组成，四面环海，远离世界各大洲，因此，运输成本成为大洋洲各国及地区贸易的重要因素。

2）采购季节特殊。大洋洲地处南半球，季节和北半球相反，北半球的冬季正是南半球的夏季，因此，采购季节也与北半球相反。

3）集中城市化的市场。城市人口占该洲人口的 60%以上，城市大多是政治、经济、文化中心，因此，对城市的市场调研是了解、开拓大洋洲市场的重要环节。

4）多元文化市场。大洋洲是拥有大量移民的地区，尤以欧洲移民的比例大，但近年来，亚洲移民也在上升。大量移民的涌入，带来了宗教、文化、风俗习惯等多方面的差异，使大洋洲市场呈现多元文化倾向。

中国先后与大洋洲的澳大利亚、新西兰、斐济、西萨摩亚、巴布亚新几内亚、基里巴斯、瓦努阿图、密克罗尼西亚、马绍尔群岛、库克群岛、汤加建立了外交关系，双边经济贸易来往稳步发展。

第三节　大洋洲的主要地区

一、澳大利亚

（一）自然环境

澳大利亚位于南半球，介于太平洋的西南部和印度洋之间，由澳大利亚大陆和塔斯马尼亚等岛屿组成。澳大利亚四面临海，面积约为 769.2 万平方千米，海岸线长 36 735 千米。其中，沙漠和半沙漠占全国面积的 35%，耕地仅占国土面积的 6%。澳大利亚全国分为东部山地、中部平原和西部高原 3 个地区。在东部沿海有全世界最大的珊瑚礁——大堡礁。南回归线横穿大陆中央，除大陆东南部和塔斯马尼亚属于温带气候外，大部分属于热带和亚热带气候。内陆地区干旱少雨，年降水量不足 200 毫米，东部山区年降水量为 500～1 200 毫米。这种多样的气候使水果和蔬菜有多次收获期，可向北半球提供相反季节的商品。

澳大利亚矿产资源丰富，是世界重要的矿产资源生产国和出口国，被誉为“坐在矿车上的国家”。澳大利亚已探明的矿产资源达 70 余种，其中，铅、镍、银、钽、锌的已探明储量居世界首位。澳大利亚是世界上拥有铝矾土资源最多的国家，也是世界上最大的铝土和氧化铝出口国，钻石、铅、钽、黄金、铁矿石、煤、锂、锰矿石、镍、银、锌等蕴含量和出口量也位居世界前列。澳大利亚是世界上最大的铀矿资源国，其铀储量丰富，占有全球全部铀矿资源的 44%，还有石油、天然气等。它还是能源的净出口国。澳大利亚铅产量世界排名第一，锌产量居世界第二，仅次于中国，银产量居世界第三，在墨西哥和秘鲁之后。

澳大利亚大陆与其他大陆分离较远，成为一块被海洋包围的孤立大陆。这里至今尚保存着一部分独特的动植物资源，如袋鼠、袋熊、鸭嘴兽、鸸鹋、黑天鹅等珍奇动物。澳大利亚森林覆盖率为 20%，天然森林面积约为 1.55 亿公顷，用材林面积为 122 万公顷，其中占 2/3 的桉树是澳大利亚的国树。

（二）人文环境

澳大利亚人口约为 2 323.2 万（2017 年），原为土著人居住。1770 年，英国航海家詹姆斯·库克在澳大利亚东海岸登陆，并宣布澳大利亚为英国殖民地。1788 年 1 月 26 日，英国首批移民抵达澳大利亚。此后，英国陆续在澳大利亚各地建立了一些分散的殖民区。19 世纪下半叶，澳大利亚各殖民区先后成立自治政府。1900 年 7 月，英国议会通过《澳大利亚联邦宪法》，1901 年 1 月 1 日，澳大利亚各殖民区组成澳大利亚联邦，成为自治领土。1931 年，澳大利亚成为英联邦内的独立国。

澳大利亚是典型的移民国家，被社会学家喻为“民族的拼盘”，现有来自全球 120 个国家、140 个民族的移民来到这里谋生和发展。多民族形成的多元文化成为澳大利亚社会的一个显著特征。澳大利亚人口中 70%是英国及爱尔兰后裔，18%为欧洲其他国家人的后裔，6%为亚裔（华人、华侨约 56 万人），土著居民占 2.3%（约 46 万人）。澳大利亚是世界上人口稀少的国家之一，其人口密度小，每平方千米仅 1.94 人。澳大利亚人口的分布也不平衡，主要集中于大陆东南部，75%的人口集中在沿海地区，而广大内陆地区人烟稀少。澳大利亚人口的城市化趋势较为突出，100 万人口以上的城市有 5 个，分别为悉尼、墨尔本、布里斯班、阿德莱德、帕斯。

澳大利亚有 69%的居民信奉基督教，5%的居民信奉佛教、伊斯兰教、印度教和犹太教，非宗教人口占总人口的 26%。通用语言为英语。

（三）经济环境

澳大利亚是一个开放的市场，对商品和服务的进口限制最小。对外开放提高了生产力，刺激了经济增长，使经济更加灵活和富有活力。澳大利亚在 WTO、亚太经合组织、20 国集团等贸易论坛中发挥着积极作用。继与韩国、日本、智利、马来西亚、新西兰、新加坡、泰国、美国等现有自由贸易协定，以及与东盟和新西兰的区域自由贸易协定之后，澳大利亚与中国的自由贸易协定于 2015 年生效。澳大利亚继续与印度尼西亚谈判双边协议，以及与太平洋邻国和海湾合作委员会国家谈判更大的协议，以及包括东盟 10 国，以及中国、日本、韩国、新西兰和印度在内的全亚洲区域全面经济伙伴关系。

澳大利亚是一个重要的自然资源、能源和粮食出口国。澳大利亚丰富多样的自然资源吸引了大量的外国投资，包括丰富的煤、铁、铜、金、天然气、铀和可再生能源。一系列重大投资，如400亿美元的高更液化天然气项目，将显著扩大资源领域。

在截至2017年的近20年里，澳大利亚得益于贸易条件的大幅提升。由于澳大利亚出口价格增长快于进口价格，经济持续增长，失业率低，通货膨胀得到控制，公共债务非常低，金融体系强劲稳定。进入2018年，澳大利亚面临一系列增长限制，主要受主要出口大宗商品全球价格大幅下跌的推动。亚洲特别是中国对资源和能源的需求增速放缓，出口价格大幅下跌影响了经济增长。

2017年，澳大利亚的GDP为1.248万亿美元，工业增长率为1.4%，农业生产总值占3.6%，主要农产品有小麦、大麦、甘蔗、水果及牛、羊、家禽。工业生产总值占25.3%，主要行业是采矿、工业和运输设备制造、食品加工、化学品、钢铁。第三产业占71.2%。2017年，澳大利亚全年出口额为2 316万美元，进口额为2 210万美元。

（四）主要港口

1）悉尼（Sydney）位于澳大利亚东南部，人口为502.9万（2016年），是澳大利亚第一大城市和重要海港。悉尼是新南威尔士州的首府、全国最大的经济中心。工商业发达，铁路、公路和航空网与广大内地相通，有定期海、空航线与世界各国相联系。悉尼港是澳大利亚进出口物资的主要集散地，港湾总面积为55平方千米，口小湾大，是世界上著名的天然良港。1933年建成的横跨港口上空的悉尼海港大桥长达1 149米，其单孔跨度为503米，桥面高出海平面59米，如长虹凌空，气势壮观，是南半球第一大拱桥，将市区南北两部分联成一体。横卧港底的海底隧道长23千米，1992年建成后使港湾两岸的运输能力提高了50%。目前，港口主码头长18千米，商用码头岸线长20多千米，国际航线杂货泊位有80多个，国内洲际航线泊位有40多个，年接纳轮船达2.8万多艘。悉尼港主要输出小麦、煤炭及羊毛、畜产品、纺织品等。2015年，该港集装箱吞吐量为231万TEU，全球排名第69位。

2）墨尔本（Melbourne）又称新金山，人口约为500万（2018年），位于澳大利亚东南部，地处悉尼、阿得莱德和霍巴特三角地带的中央，为重要的交通枢纽及贸易和工业中心。该港是澳大利亚主要的杂货和集装箱港，海外集装箱货运量居全国第一。该港有5个船坞和3个码头，可为商船提供50个泊位。2015年，该港集装箱吞吐量为261万TEU，全球排名第59位。

3）阿德雷德（Adelaide）位于澳大利亚东南海岸，是重要的工业中心之一，有集装箱码头泊位1个，总长218米，低水位深12米。

4）布里斯班（Brisbane）人口为227万（2014年），为澳大利亚主要交通枢纽，位于澳大利亚东海岸中部昆士兰州东南部的布里斯班河口，是昆士兰州的最大海港，也是澳大利亚的第三大城市，现为商业和文化中心。布里斯班有铁路与公路腹地相连。布里斯班的主要工业有制糖、毛纺、肉类加工、炼油、机械制造、水果罐头、汽车装配、木材加工等。布里斯班港主要进出口货物为羊毛、肉类、糖、铜、锡、粮谷、煤、石油、水泥、化肥等。该港有集装箱码头泊位 3 个，总长 790 米，低水位深 12 米。

5）弗里曼特尔（Fremantle）位于澳大利亚西南海岸，为珀斯的外港。该港有集装箱码头泊位 2 个，总长 429 米，低水位深 11 米。

6）霍巴特（Hobart）位于塔斯马尼亚岛上，有集装箱码头泊位两个，总长 765 米，低水位深 12.8 米。

二、新西兰及太平洋岛屿

（一）新西兰

1. 自然环境

新西兰是南太平洋西南部的一个岛国，扼太平洋的海空要冲，战略地位重要。该岛远离世界各大陆，距离最近的澳大利亚大陆也有 1 600 千米，因而被称为“世界边缘的国家”。全国由南、北两大岛和斯图尔特及一些小岛组成，总面积约为 27.05 万平方千米，海岸线长 6 900 千米。其领海面积约达 400 万平方千米，是陆地面积的 15 倍，渔产丰富。

新西兰全境多山，平原狭小，山地和丘陵占全国面积的 3/4 以上。北岛多火山和温泉，南岛多冰河与湖泊。陶波湖是全国最大的湖泊。苏瑟兰瀑布落差 580 米，居世界前列。境内河流多短而湍急，航运不便，但水力资源丰富，全国 80%的电力为水力发电。

新西兰除北岛北部属于亚热带湿润气候外，绝大部分属温带海洋性气候。夏季平均气温为 20℃左右，冬季平均气温为 10℃左右，年平均降水量为 600～1 500 毫米。温和湿润的气候、面积广阔的草原，为新西兰发展农、牧业提供了极为有利的自然条件。

新西兰森林、草原、矿产等自然资源十分丰富，森林面积约占全国面积的 1/4，多属优质名贵树种，草原面积占全国面积的 1/2 以上。其矿藏主要有煤、金、铁矿、天然气，还有银、锰、钨、磷酸盐、石油等，但储量不大，石油储量达 3 000 万吨，天然气储量为 1 700 亿立方米。

2. 人文环境

新西兰人口约为 451 万（2017 年）。早在 1350 年，毛利人就在此定居，1642 年荷兰人登陆此地，并将它命名为“新泽兰”。1769～1777 年，英国库克船长先后 5 次到此，以后英国向此大批移民并宣布占领，把“新泽兰”改为“新西兰”。新西兰 1840 年成为英国殖民地，1907 年成为英国自治领，1947 年成为主权国家，仍是英联邦成员。新西兰是典型的移民国家，现在欧洲移民后裔占 71.2%，毛利人占 14.1%，亚洲人占 71.2%，太平洋人民占 7.6%，中东、拉丁美洲、非洲占 1.1%。新西兰人口分布不均衡，奥克兰地区的人口占全国总人口的 30.7%，首都惠灵顿地区的人口约占全国总人口的 11%。奥克兰市是新西兰全国人口最多的城市，有居民 38 万人。南岛克赖斯特彻奇市有居民 32 万人，也是全国人口最多的大城市之一。新西兰官方语言为英语和毛利语，通用英语，毛利人讲毛利语。70%的居民信奉基督教新教和天主教。

3. 经济环境

（1）经济发展水平

新西兰是经济发达国家。20 世纪 50 年代初，新西兰是世界上较富裕的国家，人均 GDP 居世界前列。自 20 世纪 70 年代起，新西兰经济开始滑坡，人均 GDP 退居世界 30 位以下。1984 年，工党执政后，新西兰政府开始调整经济政策，经过几年努力收到一定成效。2017 年，新西兰的 GDP 为 2 008 亿美元，年增长率为 3.5%。

（2）产业结构

新西兰于 1840 年沦为英国殖民地，经济发展较单一。农业，尤其是畜牧业是国民经济的唯一支柱。1947 年完全独立后，新西兰政府积极鼓励发展多种经营，经过近 50 年的努力，新西兰的经济结构已发生重大变化：工业比重上升，农、牧业比重下降，服务业发展迅速。

1）农业。新西兰农业高度机械化，主要农产品有乳制品、羊肉、牛肉、家禽、水果、蔬菜、酒、海鲜、小麦和大麦。粮食不能自给，需从澳大利亚进口。畜牧业发达，是新西兰经济的基础。畜牧业占地为 1 352 万公顷，占国土面积的一半。羊肉和奶制品出口量居世界第 1 位，羊毛出口量居世界第 2 位。新西兰的渔产丰富，它是世界第四大专属经济区。专属经济区海域每年商业性捕捞和养殖鱼、贝类为 60 万～65 万吨，其中一多半用于出口。2017 年，其农业产值占 GDP 的 3.9%。

2）工业。新西兰工业以农、林、牧产品加工为主，主要有奶制品、毛毯、食品、皮革、烟草、造纸和木材加工等轻工业，产品主要供出口。近年来，新西兰陆续建立了一些重工业，如炼钢、炼油、炼铝和制造农用飞机等企业，工业产值占 GDP 的 26.2%（2017 年）。

3）服务业。服务业是新西兰的新兴产业，近年来发展迅速，服务业产值已占国民生产总值的 69.9%。

4）旅游业。新西兰气候宜人，风景优美，旅游胜地多，其中，北岛的鲁阿佩胡火山和周围的 14 座火山的独特地貌形成了世界罕见的火山地热异常带。在这一区域内，分布着 1 000 多处高温地热喷泉，这些千姿百态的沸泉、喷气孔、沸泥塘和间歇泉形成一大奇景，吸引了世界各地的游客前来观光。新西兰旅游业收入占全国 GDP 近 10%，提供了 1/11 的就业机会，是仅次于乳制品业的第二大出口创汇产业。

5）运输业。新西兰交通运输业发达，通信联络畅通。进出口货物主要靠海运，但空运在对外贸易中的重要性日益增强。铁路总长 3 913 千米，客运量达 1 130 万人次，货运量为 2 216.7 万吨。公路总长 93 459.8 千米。海运有国际航线 6 条，主要港口有 13 个。奥克兰、惠灵顿、利特尔顿、达尼丁、陶朗阿是重要的集装箱港口。新西兰有机场 123 个，国际机场有奥克兰机场、克赖斯特彻奇机场和惠灵顿机场。新西兰民航客机飞亚洲、北美洲和欧洲的多个国家和地区。

4. 对外贸易

（1）对外贸易的地位

对外贸易在新西兰的经济中发挥着举足轻重的作用。新西兰贸易的最大特点是外向型、国际化。政府实行较为开放的贸易政策，除涉及食品卫生、环境保护和安全时有较严格的审批外，一般货物进口没有许可和配额限制。进口商品的平均关税税率为3.7%。新西兰没有外汇管制，资金自由进出，汇率自由浮动。外贸政策和法规的透明度很高，进出口主要由市场调节。

（2）对外贸易的商品结构

新西兰出口商品以畜牧业和农林业产品及制品为主。2017 年，其出口总额约为381.8 亿美元，主要出口商品为乳制品、肉类和食用内脏、原木和木材，水果、原油、酒。

新西兰进口商品以制成品为主。新西兰进口额较大的几类商品依次为石油和产品、机械设备、汽车及零部件、电气机械、纺织品。2017 年，其进口总额约为 401.2 亿美元，主要进口商品为石油和石化产品、机械、车辆和零件、电机、纺织品等。主要的进口贸易对象为中国、澳大利亚、美国、日本、德国、泰国、韩国等。

（3）对外贸易的地区结构

由于地理上和传统上的原因，澳大利亚、美国、日本和英国过去一直是新西兰主要的货物贸易伙伴，它们与新西兰的贸易额占新西兰货物贸易总额的 50%以上。近年来，中国与新西兰的双边贸易发展得很快。近些年，新西兰自中国的进口和对中国的出口在新西兰进出口总额中已占首位。新西兰其他主要的贸易伙伴还有德国、韩国等。

（4）外国直接投资

外国直接投资在新西兰经济中起着非常重要的作用。新西兰是传统的资本输入国，1 000 万新元以下的投资项目不需政府批准，对外国投资实行国民待遇。外资的投入、外国企业的广泛设立，刺激了社会经济的发展，强化了商品的竞争力，服务水平不断提高，就业机会增多，先进的知识、技术在国内市场被充分利用。因此，新西兰鼓励外商投资，并将视其为长期的发展战略。外资主要来源于澳大利亚、英国、中国、荷兰、加拿大、美国和法国等，外资主要分布在银行、电讯、交通、房地产、林业、畜牧业和旅游业等部门。

（5）中新经贸关系

中国和新西兰自 1972 年建交以来，经贸关系一直稳定、健康发展。1973 年 10 月，两国签订了政府贸易协定。1978 年 10 月，新西兰给中国出口商品普惠制待遇。1988 年 11 月，双方签订两国投资保护协定。1997 年 8 月，新西兰在西方国家中率先与中国就中国加入 WTO 市场准入问题达成双边协议，为双边经贸合作关系的进一步发展打下了良好的基础。

从出口结构来看，中国对新西兰出口的主要是工业产品，农产品很少。机电产品是中国对新西兰出口的最大类商品，也是近年来增长较快的产品，占对新西兰出口的近 1/3。纺织品是中国优势出口产品，在对新西兰出口中占第 2 位，占出口总额的 1/4 左右。出口纺织品中纺织原料较少，主要是服装和其他纺织制成品。轻工产品也是中国出口的主要优势产品之一，占出口总额的 20%以上。中国对新西兰出口的轻工产品涉及范围比较广，主要包括玩具、鞋类、家具和灯具、旅行箱包、陶瓷制品、玻璃制品等。中国的名优家电产品已逐步进入新西兰市场，市场份额不断扩大。中国对新西兰出口商品结构得到进一步改善。

从进口构成看，中国从新西兰进口的主要是农林产品，占进口总额的84%，其中，农产品占62%，主要包括乳制品、羊毛、肉类产品、生皮革等；林产品占22%，包括木材、纸浆及纸和纸板。海产品也是中国从新西兰进口的重要产品之一，占进口总额的3%左右，主要包括鱼类和贝类产品。中国从新西兰进口的机电产品主要包括变压器、电话电报设备、用于电气控制或电流分配的盘板台柜、机械器具、农机等。此外，中国也进口部分铝、铜、铁等金属及其产品。目前，中国从新西兰进口的商品中，虽然初级产品仍占较大比重，但机电产品等制成品的份额也在不断扩大，双边贸易的内容正在不断丰富。

随着中国经济的增长和双边经贸合作关系的不断巩固与发展，中新两国已从单一的贸易关系发展到了多领域、多层次、多形式的经贸合作关系。新西兰在华投资主要分布在农林、轻工、纺织、冶金、食品加工、医药、计算机等领域。

5. 新西兰的主要港口

1）奥克兰（Auckland）为新西兰的最大港口，位于新西兰北岛北部，是新西兰第一大城市和全国工业、贸易及航运中心，又是国际交通枢纽。奥克兰主要工业有轻工、机械制造、钢铁、造船、乳肉加工、制糖、造纸及化工等，全国有1/3的工厂集中在此。奥克兰还是新西兰北部地区的畜牧产品集散中心。奥克兰铁路、公路沟通北岛各地，海空航线可达亚洲、欧洲、美洲各大洲。奥克兰现有码头泊位19个，其中，集装箱7个。奥克兰港主要出口货物为肉类、乳制品、羊毛、皮革、木材、农业机械、钢材及黏土等，进口货物有纺织品、棉纱、石油、纤维制品、粮食、服装、鞋类、油籽、玻璃及化学制品等。其主要贸易对象为日本、澳大利亚、北美、中国和韩国等。

2）惠灵顿（Wellington）位于新西兰北岛南端库克海峡东北岸，是新西兰的第二大港，新西兰的首都，全国政治、文化、金融、航运及工业中心。惠灵顿居南、北两岛联系的要冲，战略地位重要。该港是现代化程度较高的港市，街区宽阔，市面繁华，牛、羊肉市场繁荣，乳制品种类较多，显示出新西兰畜牧业国家的固有特点。惠灵顿著名的传统加工工业有冻肉、炼乳、毛毯、食品、皮革等，还有新兴的汽车装配、橡胶制品和电子工业等。现有集装箱码头泊位2个，总长579米。惠灵顿港主要出口货物为羊毛、肉类及乳制品等，进口货物有煤、石油制品、汽车及轻工业产品等。

（二）太平洋岛屿

太平洋岛屿除新西兰的南、北岛外，绝大部分散布在赤道两侧的南北纬30°和东西经130°范围内的太平洋中部热带水域，陆地面积约为100万平方千米。

太平洋岛屿属热带雨林和热带草原气候，终年高温多雨，植物繁茂，生长许多热带经济作物，主要有椰子、咖啡、可可、香蕉、菠萝、甘蔗、橡胶等。沿海地带牧草丰盛，有利于发展畜牧业。美拉尼西亚热带森林茂密，盛产自檀木、红木等珍贵木材，驰名世界。太平洋岛屿矿种较多，最重要的是磷酸盐矿，分布在瑙鲁（储量达2 400万吨，品位居世界第1位）、基里巴斯的大洋岛及所罗门群岛等；镍矿储量较多，主要在新喀里多尼西亚，储量占总储量的 30%；铜储量丰富，主要分布在巴布亚新几内亚，铜矿储量达 9.44 亿吨，铜金共生矿储量约为 4 亿吨；此外，还有钴、银、铝土矿等。太平洋岛屿渔业资源丰富，波利尼西亚盛产金枪鱼、珍珠贝。

在长期殖民统治和外国垄断资本的控制下，太平洋岛屿的国家和地区的经济结构畸形发展，面向出口的农矿产品片面发展，形成了典型的“单一经济”。其主要经济部门是热带经济作物种植业和采矿业，后又发展了旅游业。瑙鲁以开采和出口磷酸盐维持居民的收入。巴布亚新几内亚以农业为主，农业产值占国民生产总值的 40%，农业人口占全国总人口的 87%，对外贸易以出口农产品和矿产品为主。本区域主要出口商品有椰子、棕榈油、咖啡、可可、蔗糖等农产品，铜砂、磷酸盐、镍、铬、锰、黄金等矿物；进口商品有粮食、燃料、机械设备、日用品等。贸易对象国有美国、英国、法国、日本、德国、澳大利亚、新西兰等。

太平洋岛屿处于亚洲、澳大利亚和南美洲、北美洲之间，东西沟通太平洋和印度洋，其中，关岛、威克岛、中途岛、瓦胡岛等都是太平洋航空航运线之中途要站，因此，在国际交通和战略上具有非常重要的地位。太平洋岛屿的海、空运输相当发达，特别是海空交通线使各岛与世界各地有了广泛的联系。海运除了本地区岛屿之间的联系外，同其他各大洲主要国家的重要港口的贸易往来最为重要。太平洋岛屿大多为重要国际港口，主要有莫尔兹比、阿普拉（阿加尼亚）、火奴鲁鲁、苏瓦港、帕皮提、莱城、腊色尔、楠迪、苏托卡、莱维卡、霍尼亚拉、努库阿洛法、纳阿夫、维拉港、桑托、努阿美。

太平洋岛屿的主要贸易港口如下：

1）莫尔兹比（Moresby）港位于新几内亚岛南部的巴布亚湾东岸，出口铜砂、木材、椰干、椰油、可可、咖啡、棕榈油、橡胶等，进口食品、纺织品、化工产品、燃料、金属制品等。主要贸易对象国是日本、德国、澳大利亚、英国和美国等。

2）阿普拉（Apra）港是关岛西部的天然良港，是美国在西太平洋的重要海、空军基地，旅游业兴盛。

3）火奴鲁鲁（檀香山）（Honolulu）港位于夏威夷群岛东部的瓦胡岛东南岸，是美国在太平洋上的重要国际商港和中途站，地处太平洋的北部，是夏威夷州的最大港口。火奴鲁鲁是夏威夷的首府，华人称它为“檀香山”。它不仅是全州的政治和经济中心，而且是太平洋上重要的海、空交通枢纽，其战略位置特别重要，大多数横渡太平洋的船要进港靠泊。火奴鲁鲁港主要工业有制糖、菠萝罐头、石油提炼、水泥、钢筋、炼铝及服装等。港西 9.5 千米处的珍珠港是美国在太平洋上的重要海军基地。夏威夷是驰名世界的火山岛，风景优美，也是旅游胜地。港口有大型国际机场，主要航空公司都有班机，它是重要的国际航空站。

该港属热带雨林气候，盛行东北风。1 月平均气温为 23℃，7 月平均气温为 27℃，每年 6～11 月可能会受热带风暴和飓风的袭击，在冬季经常发生强风暴雨，油船系泊区可能在数天内不能使用。全年平均降水量约为 1 400 毫米，平均潮差为 0.6 米。

本港外有岛屿作屏障，它是一个天然良港，港域面积为 22 平方千米，港内为两大港池，有很多突堤及顺岸码头。港区主要码头泊位有 23 个，岸线长 4 252 米，最大水深为 12.2 米。装卸设备有各种岸吊、集装箱吊、装载塔、拖船及滚装设施等，其中，集装箱吊的最大起重能力为 45 吨，还有直径为 300～750 毫米的输油管供装卸使用。单点系船浮最大可靠 12.5 万载重吨的油船。该港主要出口货物为糖浆、咖啡、糖及菠萝等，进口货物主要为杂货。

4）苏瓦（Suva）港位于南太平洋维提岛东南部，是斐济最大的深水港，是南太平洋的经济中心，是海、空交通枢纽，也是自由港，有南太平洋的“十字路口”之称。斐济早在 1874 年就沦为英国殖民地，1970 年 10 月宣布独立，成为英联邦成员国。苏瓦现为斐济的首都，是全国政治、经济和交通中心。其糖业和旅游业是国民经济的两大支柱。工业以榨糖为主，其次是椰子加工、木材加工和黄金开采等，其中，糖占出口总值的 70%。港口距机场 28 千米。

该港属热带雨林气候，年平均气温在 24～30℃，常受热带飓风袭击。全年平均降水量约为 3 000 毫米，平均潮差为 0.8 米。

本港内水深，风平浪静，主要码头泊位有 3 个，岸线长 678 米，水深为 12.1 米。装卸设备有岸吊、可移式吊、叉车及滚装设施等，还有直径为 203.2 毫米的输油管供装卸石油使用。码头最大可靠 5 万载重吨的船舶，散装、滚装及集装箱均可装卸。大船锚地水深达 36 米，每年接待各国远洋货轮近千艘。苏瓦港主要出口货物为糖、椰油、木材及糖浆等，进口货物主要有粮食、燃料油、机器及化工产品等。主要贸易对象国是英国、澳大利亚、新西兰。

5）帕皮提（Papeetea）港位于南太平洋社会群岛中塔希提岛西北岸，是波利尼西亚的最大港口，又是南太平洋上的重要航站。帕皮提为法属波利尼西亚的首府。港口距国际机场约 6 千米。

该港属热带雨林气候，年平均气温约为 27℃，每年 12 月至次年 3 月有北风或西北大风，风力达 8 级，港内有涌浪。全年平均降水量约为 1 600 毫米，潮流的流速可达每小时 4～5 海里。帕皮提港主要出口货物为椰油、香草、水果和珍珠贝等，进口货物主要有谷类食品、石油产品、金属制品等。主要贸易对象为法国、美国、新西兰、澳大利亚、新加坡等。

小　结

大洋洲经济结构传统，产业较为单一，矿产丰富，畜牧业和农业发达，人口以外来移民为主，工业基本集中在澳大利亚和新西兰两国。

大洋洲的交通运输以海运为主，是联结各大洲的重要枢纽，与世界各国保持着紧密的贸易往来，港口现代化程度较高。

思考题

1. 试说明澳大利亚是“骑在羊背上的国家”和“坐在矿车上的国家”的含义。
2. 简要分析澳大利亚的人口、城市、经济分布与其自然条件之间的关系。
3. 试分析澳大利亚和新西兰的港口发展情况。
4. 试分析大洋洲航运业发展中存在的问题。
5. 中国应如何加强与澳大利亚和新西兰的经济合作？
6. 澳大利亚的对外贸易有什么特点？

参 考 文 献

班武奇，2004．地理分册[M]．北京：中国人事出版社．
程伟，2004．世界经济十论[M]．北京：高等教育出版社．
丁萍萍，程玉申，2002．经济地理学[M]．北京：中国财富出版社．
韩渊丰，2000．中国区域地理[M]．广州：广东高等教育出版社．
胡兆量，1987．经济地理学导论[M]．北京：商务印书馆．
季铸，2003．世界经济导论[M]．北京：人民出版社．
潘学标，2000．经济地理与区域发展[M]．北京：气象出版社．
世界经济年鉴编辑委员会，2017．世界经济年鉴 2017[M]．北京：经济科学出版社．
王晶，唐丽敏，1999．海运经济地理[M]．大连：大连海事大学出版社．
王学锋，陆琪，马修军，2005．国际物流地理[M]．2 版．上海：上海交通大学出版社．
吴传钧，刘建一，甘国辉，1997．现代经济地理学[M]．南京：江苏教育出版社．
吴郁文，2001．21 世纪中国区域经济发展[M]．北京：中国轻工业出版社．
杨万钟，1999．经济地理学导论（修订四版）[M]．上海：华东师范大学出版社．
于志达，2004．国际贸易地理概论[M]．天津：南开大学出版社．
俞坤一，马翠媛，2004．新编世界经济贸易地理[M]．北京：首都经济贸易大学出版社．
曾廷藩，张同铸，杨万钟，1991．经济地理学原理[M]．北京：科学出版社．
张伯里，陈江生，2003．世界经济基本知识[M]．北京：中共中央党校出版社．
张曙霄，吴丹，2005．世界经济概论[M]．北京：经济科学出版社．
中华人民共和国国家统计局，2018．2017 国际统计年鉴[M]．北京：中国统计出版社．
竺仙如，2003．国际贸易地理[M]．北京：对外经济贸易大学出版社．